D1655893

Himmelsgaben

☆

Zweiter Band

☆

Himmelsgaben

Worte aus der Höhe der Höhen,
neben den großen Werken der Neuoffenbarung
kundgetan durch

Jakob Lorber

Zweiter Band

Nachdruck
der Auflage von 1936

Lorber-Verlag Bietigheim/Württ.

ISBN 3-87495-149-9 (Band 1)
ISBN 3-87495-150-2 (Band 2)

Liebe, die Grundkraft des Lebens

Am 18. November 1841

„Wachet und betet, damit ihr nicht in Versuchung fallet! Ist auch euer Geist willig, so ist aber doch schwach euer Fleisch."

2] Wer diese ewige Wahrheit nicht beständig im Herzen und im Munde führt, ist nie sicher vor dem Falle. Wie schwer es aber für den Gefallenen ist, sich wieder aufzurichten und dann völlig aufzustehen, das zeigt euch die ganze Welt und, als ein überaus verständliches Beispiel, euer Leben selbst, so ihr dasselbe nur ein wenig durchachten wollet. Die ganze sichtbare Schöpfung samt den Menschen besteht ja nur aus Partikeln des großen, gefallenen und in die Materie gebannten Geistes Luzifer und seines Anhanges.

3] Das „Fleisch" also ist schwach! Ihr sollet aber darunter nicht etwa das Fleisch eures Leibes verstehen, welches da ist ein totes Fleisch — sondern das Fleisch des Geistes, was dessen Liebe ist. Dieses, sollet ihr verstehen, ist das sehr schwache Fleisch, welches noch aller Versuchung ausgesetzt ist. Dieses Fleisch ist bei euch noch gleich einem Rohre im Wasser und einer Wetterfahne — welches alles sich richtet nach den Winden.

4] Ich sage euch aber, wessen „Fleisch" noch schwach ist, der scheuet zu besteigen die Berge und kann sich auf denselben auch keinen festen Fels aussuchen, darauf er sein Haus setzen könnte; sondern er bleibt gemächlich lieber in der Taltiefe und bauet da sein Haus auf Sand.

5] Solange keine Wässer und Sturmwinde an die schwachen Wände seines Hauses schlagen und stoßen, stehet das Haus wohl gleich dem auf hohem, festem Felsen; und ihr wundert euch über den Felsenbewohner, wie es ihm doch habe einfallen können, sein Haus auf solch hohen, nackten Felsen zu bauen. — Wenn da aber das Ungewitter kommt und die Wässer und Winde [sich erheben], wird euch da der Bewohner des Felsens nicht auch fragen: „O ihr gemächlichen Toren! Wie hat euch denn je einfallen können, im Sande des Tales euch ein Haus zu erbauen?!"

6] Sehet, also ist noch schwach euer „Fleisch", und ihr könnet euch noch nicht trennen vom Haus am Sande. — Ich sage euch darum, daß ihr wachen und beten sollet, damit — so das Ungewitter kommen wird — ihr nicht erlieget der Versuchung. Was nützet euch alle Erkenntnis, was die Willigkeit, wenn der Wille nicht unterstützt wird von der Liebe, welche ist des Geistes Fleisch!? Wird da wohl je eine Tat erfolgen?

7] Die Liebe ist die ewige Triebfeder des Willens, wie der Wille das Werk selbst. Urteilet aber selbst, wozu ein starkes Uhrwerk nützet, wenn es nicht auch zugleich eine Triebfeder hat, die stark und mächtig genug ist, dieses starke Werk in die zweckmäßige Bewegung zu setzen? — Wer weiß es nicht, wie so manches der Wille berührt, und es geschieht doch nichts, weil es der alleinige Wille, nicht aber auch zugleich die Liebe berührt hat. — Wie viele Mädchen ergreift oft der Wille eines ehelustigen Werbers; doch wird dann nicht selten keine von allen den also Ergriffenen des Werbers Weib, sondern eine ganz Fremde, darum er diese nicht mit dem alleinigen Willen, sondern in Vereinigung des Willens mit der gerecht starken Liebe ergriffen hat.

8] Worin aber war der Grund der Tat? — Im Willen sicher nicht, da dieser ist gleich einem Uhrwerke, das entweder gar keine Triebfeder oder eine viel zu schwache, schläfrige hat — sondern in der gerecht starken Liebe, welche die allein bewegende Kraft des Willens ist.

9] Daher stärket eure Liebe! Das ist das wahre Wachen und Beten mit Mir, der Ich die Ewige Liebe selbst bin! — Oder noch mehr auf deutsch zu euch gesprochen:

10] Liebet und handelt in dieser Liebe mit Mir! Seid nicht nur willig, sondern seid liebetätig, d. h. seid tätig aus Meiner Liebe zu euch und daraus dann aus eurer Liebe zu Mir!

11] Beachtet Mein leichtes Gebot der Liebe, vertrauet euch ganz Mir! Bauet auf diesen Felsen euer Haus, so werdet ihr sicher sein und spotten können den Gewässern und den Winden, wenn sie kommen! Denn euer Haus stehet auf einem Felsen, und das Uhrwerk eures Lebens hat eine gute, haltbare Triebfeder. Ihr habt dann mit dem willigen Geiste ein starkes Fleisch. Ja ihr habt dann erlebt die wahre Auferstehung des Fleisches, in welchem Fleische ihr ewig Gott, die Ewige Liebe, von Angesicht zu Angesicht schauen und eine neue Liebe zu Gott leben und genießen werdet ohne Ende!

12] Sehet, das ist das wahre Abendmahl! Das ist der wahre Leib der Ewigen Liebe, der für euch gegeben, und das wahre Blut, das für euch vergossen wurde! Diesen Leib und dieses Blut nehmet hin und esset und trinket alle davon, damit dadurch euer Fleisch stark werde und auferstehe zum wahren, ewigen Leben!

13] Meine Liebe ist das wahre, große Abendmahl! Wer Meine Gebote hält, welche nichts als lauter Liebe sind, der hält auch Meine Liebe, was da ist, daß er Mich wahrhaft liebt.

14] Wer Mich aber liebt in der Tat, der isset wahrhaft Mein Fleisch und trinket im rechten Sinne Mein Blut, welches alles ist das wahre Brot und der wahre Wein der Himmel, der Engel und alles Lebens! — Wahrlich, wer von dem Brote essen und von dem Blute trinken wird, den wird nimmerdar hungern und dürsten in Ewigkeit!

15] Und nun noch ein Wort für die eine!

16] Siehe, du eine, dieser Mein Leib und dieses Mein Blut sei auch dir das höchste Bindeband deines Leibeslebens mit dem Meinen! Esse und trinke davon, soviel dir nur schmeckt! Ich sage dir, du wirst dich nie überessen und übertrinken! Denn dieses Brot sättigt beständig und erzeugt dabei aber doch stets noch eine größere Eßlust, wie dieser Wein eine stets größere Trinklust!

17] Wenn du solches tun wirst, so wirst du, wenn der „Bräutigam" kommen wird, des Oeles in großer Menge haben und wirst mit Freuden vom Bräutigam aufgenommen werden. Denn Meine Liebe ist das wahre Lampenöl des Lebens, welches da auch ist eine wahre Salbung des noch schwachen Fleisches zur lebendigen Auferstehung!

18] Was nützt der Lampe der alleinige Docht, welcher da ist ein williger Geist, wenn ihm das Oel der Liebe mangelt? — Also versehe dich daher nur mit dem Oele! Der Docht wird dir gegeben mit der Lampe. Aber das Oel mußt du dir selbst frühzeitig holen bei Mir, ehe es zu spät werden möchte.

19] Das aber ist das „Wachen und Beten mit Mir", und solches ist auch das „wahre, heilige Abendmahl", das Ich dir heute wie allezeit zum freien Genusse darreiche. — Esse und trinke davon! — Aber mische unters Brot keine Welt-Zibeben und keinen Welt-Sauerteig und wässere den Wein nicht — so wirst du wahrhaft auferstehen im Fleische der Liebe des Geistes zum wahren, ewigen Leben! — Amen.

20] Das sei dir von Mir ein ewiges Bindeband! — Amen.

☆

Haltet euch an die Liebe!

Am 4. Dezember 1841, nachmittags

„Und Er sprach zu ihnen: »Von Herzen hat Mich verlanget, dies Osterlamm mit euch zu essen, bevor Ich leide. Denn Ich sage euch: Ich werde von nun an nicht davon essen, bis daß es vollendet werde im Reiche Gottes.«" Lukas 22, 15 u. 16.

Daß ihr derlei Dinge, die doch leicht sind, noch immer nicht fasset, liegt lediglich daran, daß ihr euch noch stets mehr an die Weisheit eures Verstandes haltet als nur allein an die Liebe, in der alles vereinigt und daher überleicht alles zu finden ist — während in der törichten Verstandes-Weisheit alles also zerstreut und zertragen ist, wie die Sterne in der Unendlichkeit, von denen da niemand erschauen kann mit seinem Verstande, wie und was sie sind und was darinnen ist.

2] Daher nehmet zur Liebe, zur alleinigen Liebe eure Zuflucht, an diese haltet euch! Sie allein ist der vollkommene Brennpunkt der ganzen Unendlichkeit, ebenso der Ewigkeit und der ganzen Tiefe und unendlichen Vollkommenheit Gottes! So ihr die Liebe recht ergriffen habt, und diese euch, dann könnet ihr alles erfahren und Dinge begreifen, davon noch keine Weisheit sich etwas träumen ließ!

3] Und das ist es auch, da Ich zu ihnen sprach: „Von Herzen hat Mich verlanget", oder: „Die Liebe, Meine Liebe zu euch, nötigte Mich, die Liebe zuvor noch mit euch zu teilen, bevor diese Meine Liebe Rechnung halten wird mit der Welt und dieser das Ihrige zurückgeben wird, um das Eurige zu erhalten, welches ist das wahre ewige Leben aus derselben und durch dieselbe."

4] Und so ist auch das Folgende eines und dasselbe: „Ich werde von nun an nicht davon essen, bis daß es vollendet wird im Reiche Gottes!" — oder zu euch Harthörigen auf Deutsch gesagt: „Ich werde von nun an nicht mehr essen, als nach dem Gericht der Welt oder des Fürsten der Welt im Gottesreiche, welches ist das Reich der Liebe oder die Wiedergeburt des Geistes."

5] Das wahre Osterlamm aber ist die reine Liebe des Herzens zu Mir, wodurch das Herz wird zu einer Wohnung des Heiligen Geistes.

6] Sehet, solches Leichte und Leichtfaßliche besagen diese zwei Verse! — Suchet daher fürder das Verständnis solcher Texte nicht mehr mit dem Verstande und im Verstande mit einem metallenen Welt-Geiste, sondern **mit der Liebe in der Liebe mit dem demütigen Geiste der Wahrheit**, da euch alle Dinge leicht werden. Sonst werde Ich noch gar lange nicht im Reiche des Lebens mit euch das neue Osterlamm speisen können! — Verstehet es wohl! — Amen.

☆

An eine Weltmüde

Am 17. Dezember 1841

O Abba Emanuel! In tiefster Demut flehe ich Dich Allerbarmer an, der Du alle Mühseligen und Beladenen erquickest, die zu Dir kommen — siehe gnädigst an das niedergebeugte Herz meiner **Schwester Cäcilia**, deren Welthoffnungen sämtlich zerstört sind und die nicht die Kraft besitzt, ihr umnachtetes Gemüt zu Dir, o heiliger Vater, zu erheben, bei Dem allein Trost und Friede und neues, wahres Leben zu finden ist!

2] In der großen Finsternis ihres Herzens ahnet sie es nicht und kann es kaum glauben, daß die Pforten des Himmels in dieser großen Gnadenzeit weit geöffnet sind und daß Du, o liebevollster, heiliger Vater, all Deinen verlorenen Kindern mit ausgebreiteten, verzeihenden und segnenden Händen entgegenkommst.

3] O, so sende Dein Licht und Deine Wahrheit in ihr Herz, das des Erdenlebens müde und überdrüssig scheint. Zeige ihr, da sie es wünscht, die Krankheit ihrer Seele sowie ihres schwächlichen Leibes! Schenke ihr mildreichst, Du göttlicher Heiland, nur etliche stärkende und wiederbelebende Worte aus Deinem von Mitleid und Erbarmung überströmenden Vaterherzen!

4] Ein Infusionstierchen aus der Schlammtiefe bittet Dich mit zerknirschter Seele darum! Dein allerheiligster Wille geschehe in und an dieser, zur reformierten Kirche sich bekennenden Schwester! Amen.

5] Du aber, o heiligster Herr und Vater, bist der wahre und einzige Reformator, Erlöser, Wiederbringer und Wiedergebärer! Dir allein aller Dank, alles Lob und alle Liebe! Denn freundlich bist Du, o Herr, und Deine Güte währet ewiglich! Amen.

Antwort des Vaters an Cäcilia

6] Wer sein Auge in was immer der Welt zuwendet, der wird früher oder später gewahr werden, womit und wie die Welt ihre Verehrer, Bewerber und Arbeiter lohnt.

7] Was ist die Welt? — Nichts als des Todes Leib, der da ist gleich einem Grabe, darin nicht viel Rares zu finden ist, nämlich nichts als stinkender Moder, der allerekelhafteste Unflat und in die Verwesung übergehende Gebeine und zu allem dem eine Legion fressender Würmer! — Siehe, das sind die „Schätze der Welt"! — So scheußlich sie auch immer sind, so werden sie aber besonders in dieser Zeit doch mit einer solchen leidenschaftlichen Heftigkeit gesucht, daß die Menschen, so Ich sie auch, ihrer Freiheit unbeschadet, durch Meine Vaterliebe wie möglich davon abhalte, beinahe verzweifelnd, ja mit Selbstentleibungssinne umgehen, wenn Ich es nicht alsobald zulasse, daß sie in das Grab des ewigen Todes sich stürzen!

8] Siehe, also ist nun die Welt! Und also unaussprechlich töricht und häufig wahrhaft böse sind nun auch die Menschen in ihr beschaffen! Und Ich sage dir noch hinzu, daß es gegenwärtig unter hundert Menschen kaum einen Halbgerechten und unter tausend kaum einen Vollgerechten gibt. Denn die Welt hat sie alle mehr und (nur selten) weniger mit aller Blindheit geschlagen.

9] Siehe die schändliche Kleidermode! Ich sage dir, sie ist ein grausamer Wurm des Todes, der schon beim lebendigen Leibe die Herzen anzufressen beginnt. Auf ihr liegt einer der größten Flüche von Mir! Denn sie ist die „Schminke des Todes", durch welche schon Tausende und Millionen um das ewige Leben betrogen worden sind.

10] Siehe weiter den verfluchten Tanz! Dieser ist den Dampfgelegenheiten[1] gleich, mittels welcher man sowohl in leiblicher, aber noch viel mehr geistiger Hinsicht mit wahrhaft riesenhafter Schnelle das doppelte[2] Grab erreichen kann! Der Tänzer und die Tänzerin führet den Tod unter den Armen. Was soll dann Ich mit ihnen machen? Ich lasse sie gehen, denn sie haben ja schon ihren Lohn, um den sie sich so zerschwitzet haben!

11] Und weiter siehe den Wucher, den Neid, den Geiz! — Diese drei sind von oben bis unten die „Seele" der Menschenlarven (der Name Mensch ist für solche arg tote Knechte des Todes ja doch

[1] Eisenbahnen. — [2] leibliche und geistige.

zu erhaben!). Ja sie können nicht einmal mehr „Sünder" heißen. Denn der Sünder ist [doch zuweilen] reumütig und hat [manchmal] doch wenigstens noch den Wunsch, sich zu bessern. Allein diese Dreiheit von einer Weltseele, die jedes Menschen Wert nur nach dem ewig verfluchten Gelde bestimmt, hat keine Reue. Wo ist der Reiche, den es gereuen möchte, reich zu sein! Wenn einer auch schon soviel hat, daß er, so er jährlich fünftausend Gulden verzehren möchte, allein vom Kapitale hundert Jahre und länger ausreichen könnte, dann will er noch stets reicher und reicher werden. Und so er einem Armen einmal hundert Gulden schenken soll, wie ungern wird er es tun! — Wie wenige unter den Reichen es gibt, die da freudigen Herzens reich sind für ihre armen Brüder und Schwestern — solches weiß Ich sicher am allerbesten. Ich sage Dir, so du sie an den Fingern zählen möchtest, da dürften dir wohl einige Finger noch übrigbleiben für diese Stadt, wo es doch mehr als fünfhundert Reiche gibt!

12] Siehe weiter die Treulosigkeit der nur sich selbst liebenden Menschen! Meinst du, daß einer von denen, die sich dir erklärt haben, dich deiner selbst willen geliebt hat? — O glaube es Mir, sich selbst nur liebte ein jeder in dir! — Allein da in deiner besseren Brust das arge Auge deiner Erklärten sich in einer gewissen Hinsicht verkleinert erblicken mußte, so wurde es ihnen unbehaglich, da ihre Eigenliebe darunter litt und nicht minder stark ihre fleischliche Sinnlichkeit. Siehe, und daher wurden sie dir untreu!

13] Und nun magst du trauern in deinem Herzen, daß Ich dich sorglich bewahrte und befreite von denen, die niemandem als nur sich selbst liebend treu sind?! — Ich sage dir aber: Freue dich vielmehr dessen, darum du trauerst! Und glaube Mir, daß du in deiner heiteren Brust durch die Heiterkeit in Mir doppelt genesen wirst und es dann Mir auch gar nicht schwer werden wird, dein Mir ergebenes Herz mit einem Manne zu belohnen schon hier, der dir ewig ein Engel des Himmels bleiben wird!

14] Glaube es diesem Meinem Worte: Ich bin dir näher, als du dir je träumen möchtest! — Darum, so du Mich suchest mit der Liebe deines Herzens, die du an deiner Liebe Unwerte so reichlich verschwendet hast und noch verschwendest — fürwahr, schon lange hättest du Mich vollkommen gefunden!

15] Siehe, deine leibliche Krankheit bin Ich! Ja, Ich Selbst bin krank in Dir; ja, liebekrank bin Ich in dir! Und darum bist du selbst schwächlich und kränklich! — Wende aber nun fürder alle deine Liebe von der Welt allein zu Mir, so werde Ich bald gesund und stark werden in dir, und du dann mit Mir und in Mir!

16] Du meinst, es fehle bei dir an der Lunge! — O nein, solches ist irrig — sondern bei dir fehlet es im Herzen! Denn nicht von unten, sondern von oben bist du! Darum dir auch das Weltglück nicht wohlwill!

17] Wenn dein Herz geheilt wird, wirst du auch [leiblich] gesund sein durch und durch! Denn solches [Kranksein] ist ja nur deine Prüfung!

18] Aber die Welt, wie sie nun ist und Ich sie dir anfänglich gezeigt habe, wird dir für dein in doppelter Hinsicht krankes Herz keinen heilenden Balsam bieten, sondern allein Ich, so du dich zu Mir kehrest! Denn nur allein in Mir wirst du die vollste, freieste und heiterste Ruhe finden und nirgends anderswo — auch nicht im Kleide einer sogenannten privilegierten Barmherzigkeitsschwester und auch nicht in den kalten, gemauerten Kirchen; sondern allein bei Mir, durch das Vertrauen und durch die stets zunehmende Liebe zu Mir!

19] Siehe, Mein Knecht war auch ehedem, dir gleich, krank. Seit er aber Mich gefunden hat, ist er gesund und heiter und frei!

20] Du aber kannst ebenso gesund werden, so du dich zu Mir kehren willst! Siehe, Ich, dein ewiger, heiliger Vater, werde dich nicht verlassen! Aber zu Mir mußt du kommen in deinem Herzen!

21] So du aber zu Mir kommen wirst, sollst du mit einer großen Herrlichkeit geschmückt werden! Denn Ich sehe allein auf die Konfession des Herzens; alles andere ist Mir gleich!

22] Darum komme zu Mir, deinem Vater, zu deinem Jesus! Amen.

☆

An den Knecht

Am 17. Dezember 1841, Fortsetzung

Das Liedchen, das du einmal nach einem anderen Sänger, etwas verändert, für dich niederschriebst unter dem Titel: „Die stille Welt" — siehe, das ist ein gutes Liedchen und wird von guter Wirkung sein, besonders für jene, denen ihr Herz allerlei zu schaffen gibt, da sie nicht Kinder der Welt sind, die Welt aber desto geschäftiger ist, sich dieselben anzueignen.

2] Aber etwas verändert muß das Liedchen werden. Denn wie es ist, klebet noch manches Unreine daran, und es hätte darum keine wirkende Kraft.

3] Statt des bestehenden Titels schreibe: „Die innere Welt". — Und der Ans. H.-W. kann dann darüber sogar Töne setzen, die er, von Mir gegeben, in sich finden wird. Und so wird dieses Liedchen seinen guten Zweck nicht verfehlen. — Und also schreibe denn!

4] Ich sage dir: Jeder Arbeiter ist seines Lohnes wert. Und so du redlich arbeitest und ohne Gewinnsucht, wie bis jetzt, so wird auch für dich ein der Arbeit angemessener Lohn zu rechter Zeit in Bereitschaft stehen. Doch denke nie an den Lohn, sondern stets nur an Mich und an die Arbeit von Mir aus — so hast du schon den größten Lohn in dir. Wo aber der ist, da ist alles! — Und darum schreibe nur zu! Amen.

Die innere Welt

1. So recht tief im Menschenherzen
eine Stätte ohne Schmerzen
ist von heil'gem Licht erhellt.
Dort ruht still die inn're Welt.

2. Leise schweben ohne Klage
dort die Schatten herber Tage,
werden endlich sonnenhell
an des Lebens heil'gem Quell.

3. Hier erweiset wahres Gute
dir die flüchtige Minute,
ja sie trägt, vom Trug befreit,
wahre Lebensseligkeit!

4. Und den wahren Freundschaftsstunden
wird ein ew'ger Kranz gewunden.
Selbst der Ton, den Schmerz erzwang,
löst sich auf in frohen Sang!

5. O der Welt im inn'ren Herzen!
Nur am heißen Tag der Schmerzen
findst du die verborg'ne Tür,
findst den schmalen Pfad zu ihr!

6. So dich nun des Lebens Schwere
drückt und in der Welten Leere
dir sich auch kein Sternlein hellt,
flieh' in diese inn're Welt!

7. Wenn auf deines Lebens Höhen
schwarzen Zweifels Stürme wehen
und an nichts dein Glaube hält,
flieh in diese inn're Welt!

8. Und wenn dann am Wanderziele
wohl dir wird, und sanft und stille
einst des Lebens Schleier fällt,
wirst Mich finden in der Welt!

9. Diese Welt mußt du dir wählen,
sie wird dir dein Selbst erhellen.
Sie ist Meine Welt in dir,
deines Lebens Lichtrevier!

10. Was dein Auge nie gefunden
und dein Herz noch nie empfunden
beut die Welt als Lebenspfand
dir aus heil'ger Vaterhand!

☆

Geistige Hausordnung

Winke zur Kindererziehung

Am 27. Dezember 1841

1] A. H.-W.! Warum bist du nicht auch so emsig für die Kinder, die Ich dir zum Reinigen gegeben habe, wie du emsig bist in Meinem Worte?

2] Siehe, du bist zu lau für deine Mädchen, darum sie sich wenig aus dir machen. Und da sie listigerweise wohl wissen, daß du ihnen gut trauest und dein Auge für ihrer Herzen Welttätigkeit schläft und du sonst nicht nach ihnen siehst, außer bei einem Bedürfnisse für dich — so haben sie freien, willkürlichen Raum und tun hinter deinem Rücken, besonders mit ihrem Herzen, was sie wollen. Und fragst du sie auch dann und wann um etwas, so sagen sie dir, da sie wissen, daß mit dir sehr leicht abzukommen ist, was sie wollen, nur nicht die Wahrheit — bei wichtigeren Fällen! Und siehe, du bist damit zufrieden; und Ich sage dir, deine Töchter dann auch nicht minder mit dir!

3] Ich sage dir aber, du sollst in deinem Hause eine ganz andere Ordnung einführen! Du sollst dich an jedem Tage wenigstens eine Stunde geistig mit ihnen abgeben und dabei weise liebeernstlich eine sichere „Türsperre" anlegen, willst du dein Haus vor Unglück und Schande verwahren und es so halten, daß Ich nicht genötigt werde, das eine oder das andere deiner Mädchen zur Besserung der übrigen fallen zu lassen oder deine Kinder [gänzlich] der Welt zu überlassen.

4] Siehe, schon jetzt mag Ich nicht in die Zimmer deiner Wohnung gelangen! Was wird's dann werden, so Ich dein Haus ganz der Welt übergeben sollte? — Das ist's, davon Ich dir durch den Knecht von Kärnten einen zu beachtenden Wink geben ließ und dich selbst zu mehreren Malen mahnte, du sollest dich in acht nehmen vor deinem unbekannten Nachbar! — Allein du verstandest nichts davon!

5] Nun, so dir das Wasser schon beim Dache hereinbricht, muß Ich wieder schreien gleich einem Nachtwächter, daß du wachen sollest, damit ihr nicht alle ersaufet! Ich warne dich jetzt auf deutsch, da du noch nicht verstehst Meiner Liebe geistig Wehen! Lasse deine Töchter M., W., P. und J. nicht mehr zu jenem Nachbar und habe ein sorgsames Auge auf sie und dulde nicht die gefährlichen Zusammenkünfte, sonst wirst du dir üble Tage bereiten! Was alles dahinter lauert, das sehe nur Ich!

6] Willst du aber deine eigenen Kinder mit der Zeit zu Judassen machen, so kannst du es ja auch tun, so dir etwa diese Warnung und ihr Gegenstand zu geringfügig sein sollte. Doch die Folge möchte dir wohl klärlich machen, ob Ich schärfer sehe oder du!

7] Daher ergreife diese „deutsche" Warnung, bevor es zu spät sein möchte! — Versteh es wohl! Amen.

8] Und wer dir dieses sagt — begreife es! Amen.

Gebet des Herzens

Eine Universal-Medizin für alle Uebel

Am 30. Dezember 1841, vormittags

Jesus helfe dir! Jesus mache dich gesund! Jesus erhalte dich! — Jesus, Du ewiger Helfer aller Leidenden, Jesus, Du einziger Arzt aller Krankheiten, Jesus, Du ewiger König aller Macht und Kraft, Jesus, Du ewige Liebe und Erbarmung, hilf diesem (oder dieser) leidenden Kranken! — Dein heiliger Wille geschehe! Amen. — (Unser Vater...)

2] Dieses Gebet des Herzens vermag [wenn die gesundheitliche Besserung nach dem Willen Gottes zum Heil der Seele dienlich ist,] auch in die Ferne zu wirken, indem man die Hände segnend nach dem Orte hin ausbreitet, wo der Kranke sich befindet.[1]

Anmerkung von Ans. H.-W.: Jakob Lorber sagte, daß die Apostel dieses Gebet bei Krankenheilungen gesprochen haben.

[1] Es sei hier bezüglich des geistigen Heilens auf die Winke im „Großen Evangelium Johannis" hingewiesen, so hauptsächlich in Bd. 9, Kap. 43, 6: „Ein viertes Zeichen Meiner mächtigen Gegenwart bei, in und unter euch wird auch das sein, daß es, so ihr den leiblich kranken Menschen aus wahrer Nächstenliebe in Meinem Namen die Hände auflegen werdet, mit ihnen besser werden soll, wenn das Besserwerden zum Heile ihrer Seelen dienlich ist." — Ueber das Händeauflegen siehe auch „Großes Evangelium Johannis", Bd. 4, Kap. 40, Bd. 6, Kap. 180, Bd. 10, Kap. 128. D. Hsg.

Bitte eines Familienvaters

Am 5. Januar 1842, abends

O heiligster Herr und Vater! Du willst von mir, daß ich leite, führe und überwache ein Weib und neun Kinder und habe nur zwei Augen dazu und erkenne meine Ohnmacht und meine Blindheit! — Wie kannst Du, allein Allwissender, Allgegenwärtiger und Allmächtiger etwas wollen, das dem Wesen, von dem Du es willst, als eine bare Unmöglichkeit erscheint?! — Mich selbst erkenne ich noch nicht — wie soll ich so viele der Meinen durchschauen? Ich werde mit mir selbst nicht fertig — wie soll ich die Meinen zum Ziele führen?

2] Ich sehe in dieser Lage keinen anderen Ausweg, als daß ich Dich, o liebevollster Herr und Vater, bitte, Du wollest das auf Deine mitleidigsten Schultern nehmen, was zu tragen ich so wenig imstande bin, wie wenn eine Mücke einen Mühlstein fortschleppen sollte!

3] Vergib mir, o Herr, meine kühne Rede nach Deiner großen Barmliebe und erquicke meine Seele mit tröstendem Lichte! Amen.

Antwort des himmlischen Vaters

Am 6. Januar 1842, morgens

Wahrlich, eine kühne Rede habe Ich hier in diesem Falle dir mitnichten zu vergeben, wohl aber eine grenzenlos törichte! — Denke doch einmal, entfernt von deinen stets weiblichen Gedanken, nur ein wenig nach, was du alles schon von Mir — höre! von Mir, deinem Schöpfer, deinem Gott, deinem Erlöser, deinem ständigen Wiedergebärer! — für dich und für dein ganzes Haus empfangen hast! Und dir muß eine große Schande übers Angesicht und über deinen ganzen Leib vor dir selbst, geschweige erst vor Mir gelaufen kommen, darum du zu Mir in aller Trägheit deiner Seele und großer Kreuzesscheue mit derlei Fragen kommen kannst.

2] Damit du aber doch einmal deine große Blindheit ersehen mögest, daran du ganz allein Schuld bist, wie an der geistigen Verwahrlosung deiner Kinder, so will Ich aus großer Erbarmung dir das Uebertörichte deines gegenwärtigen Verlangens ein wenig vor die Augen stellen.

3] Siehe, du beschuldigst Mich einer unbilligen Forderung, darum Ich von dir eine Mir wohlgefällige Erziehung deiner Kinder verlange und dir doch nicht mehr als zwei Augen gegeben habe, mit welchen du kaum deine Ohnmacht und Blindheit zu erkennen wähnst.

4] Ich aber sage dir, erkenntest du solches an dir, dann hättest du Mich hier nicht einer solchen Unbilligkeit beschuldigt, der Ich dir doch allezeit den sichersten, richtigsten und leichtesten Weg vorgezeichnet und nichts weiter von dir verlanget habe, als dich doch wenigstens täglich ein einziges Stündchen in Meinem Namen mit deinen Mägden so recht väterlich liebeernstlich abzugeben! — Das also ist es, wozu du vielleicht tausend Augen haben möchtest!

5] Also dieses unendlich leichte Kreuzlein willst du auch noch auf Mich schieben, der Ich für dich ohnehin schon von jeher ein weltenschweres Kreuz unausgesetzt bis auf den gegenwärtigen Augenblick zu schleppen habe! — O du bequemer Geist! Es war dir doch nicht zuviel, in der stummen Lust deines Fleisches all die Kinder zu zeugen! — Aber solche geringe Forderung von Mir zur Tilgung deiner Fleischsünden ist dir ein Mühlstein am Halse!

6] Sage Mir, ist es dir denn wirklich unmöglich, dich in Meinem Namen täglich mit den Deinen ein Stündchen nur liebeernstlich abzugeben, sie zu belehren und ihre Herzen für Mich zu erwecken? — Oder traust du dir nicht einmal soviel Kraft zu, daß dich deiner Töchter Fleisch nicht locke, beschwichtige und am Ende unfähig mache, dich mit ihnen in Meinem Namen zu besprechen!? So lerne es doch wenigstens von Meinem Knechte, der sich täglich mehr als Freundbruder mit ihnen abgibt, denn du als Vater! Er hat alle wahrhaft von ganzem Herzen lieb und kann doch, wenn es von Mir aus not tut, sehr ernst mit ihnen umgehen, ohne darum etwas von der wahren inneren Liebe hintangeben zu müssen!

7] Weltliche Konversation aber mit den Kindern von Seite der Eltern ist ein Gift für ihre Herzen; ja Ich sage dir, ein wahres Klapperschlangengift! Und siehe, doch hättest du dazu eher Kraft, Sucht und Begierde, mit deinen Töchtern zu reden wie mit den verteufelten Masken auf einer höllischen Tanzredoute!

8] Da du dich in solchem nicht zu erkennen scheinst, muß Ich dir es schon deutlich unter die Augen reiben, daß du durch manche solche läppisch-törichten Gespräche und unüberdacht hingeworfenen Wortschlammbröckchen deinen Töchtern bis jetzt mehr geschadet als im eigentlichen, rein geistigen Sinne genützt hast! — Ich könnte dir noch viel mehr des stärksten „Zimmts“ unter deine Augen reiben! Allein Ich habe dir alle die Fehler schon lange nachgesehen, habe dich schon lange gesegnet. Nur das einzig Geringe, das „tägliche Stündchen“, verlange Ich von Dir für so viele deiner Gebrechen und Sünden vor Mir, deinem Vater. Und du hast Mich einer Unbilligkeit beschuldigen können, als wenn Meine Liebe und Weisheit unvollkommen wäre, da sie unausführbare Forderungen stelle an die Kräfte der Menschen!

9] Oder meinst du denn, so du Meinen Weg wandeln möchtest, daß Ich dir nicht voll behilflich sein möchte? Habe Ich dir bis jetzt nicht alles liebeernstlich angezeigt, was nur immer dein Haus nachteilig hätte belangen mögen, damit du Mich ergreifen könntest und Ich dir dann hülfe, wie Ich dir noch allezeit geholfen habe!? Und doch konntest du Mich einer Unbilligkeit wegen des leichten Kreuzes beschuldigen!

10] Wärest du nur ein wenig weniger blind, als du es bist, dann müßtest du dich ja doch wahrlich verkriechen vor Mir, deinem ewigen, heiligen Vater, der dich also liebt, daß Er dir alle deine vielen groben Fehler nachgelassen und dich dafür über und über gesegnet hat!

11] Es steht dir alles zu Dienste von Mir aus, um was du nur immer bitten magst! Und habe Ich nicht dein schwaches Gebet in jeder billigen Sache allzeit voll erhört?! Welche langen Wege habe Ich dich schon auf Meinen Vaterhänden tragend geführt und habe dir von tausend Seiten mehr Gnadenlicht zukommen lassen als tausendmal tausend anderen! Denke nur ein wenig nach! — Denke aber auch, ob Ich wegen dieses letzten kleinen Versuchskreuzchens von dir wohl verdient habe, einer unbilligen und dir unmöglich ausführbaren Forderung an dich also beschuldigt zu werden!

12] Wenn du also fortfährst, da wirst du mit dir wohl schwerlich je fertig werden! Und vom wahren Ziele der Deinen wird wohl auch noch gar lange nicht die Rede sein!

13] Was Ich dir gebe und rate, du Blinder, das ist ja ohnehin schon Meine große und allergesegnetste Hilfe! So du sie nur annehmen und befolgen möchtest, so würde dein ganzes Haus schon lange über und über in den hellsten, heiligsten Liebeflammen stehen. — Allein du willst nichts tun, was nur ein wenig bekreuzt ist, und rufst dafür Meine Allmacht und Allwissenheit an, ohne zu bedenken, daß du dir darinnen nicht das Leben, sondern nur den Tod erbittest! — Sollte Ich denn noch mehr Wunder vor deinen Augen tun, als Ich ohnehin schon getan habe und noch immer Tag für Tag tue?

14] Oh, was des Törichten verlangst du von Mir?! — Mein durch Meine Gnade scharf sehender Knecht kann und darf dein ganzes Haus durchschauen und klebet mit seinen Ohren beständig an Meinem Munde und kommt täglich zu dir. — Wenn du Glauben hast, daß er solches aus Mir vermag, warum machst du deine Kinder nicht ernstlich darauf aufmerksam in ihren Herzen!? — Alle Schwierigkeit wäre da behoben!

15] Ich sage dir, wie unter vielen Tausenden und tausendmal Tausenden keinem stehen dir wahrhafte Wundermittel zu Gebote, durch welche du dir deines Kreuzleins Last bis zur barsten Null verringern könntest, wenn du sie nur recht ergreifen und gebrauchen wolltest! Aber du möchtest jetzt schon des höchsten Himmels Wonne müßig genießen, ohne das dazu erforderliche Kreuzlein auch nur des Tages ein Stündchen lang zu tragen! — Siehe, solches ist aber wahrhaft rein unmöglich! Du mußt das Leichte tun, du mußt darinnen Mir deinen Glauben und deine Liebe lebendig erweisen, willst du zu Mir kommen! Du mußt dich verleugnen, dein Kreuzlein auf deine Schultern laden und Mir nachfolgen!

16] Du mußt Mich in der Tat mit dem Kreuzlein in der Hand suchen, willst du Mich im Ernste finden! Willst du etwas empfangen von Mir, dann mußt du bitten mit dem Kreuzlein in der Hand! — Und die Pforten des ewigen Lebens werden dir nur aufgetan, so du klopfen wirst an dieselben mit dem Kreuzlein!

17] Siehe, kein anderer als nur allein der Weg des Kreuzes führt zum Leben! — So du aber eine Kreuzesscheue in dir hast, welchen Weg willst denn du hernach gehen, um zu Mir zu gelangen? — Ich sage dir, du wandelst einen bequemen Weg zwar; allein zu Mir führet ein ganz schmaler, unbequemer und oft sehr steiler Pfad himmelwärts bergan! — Beurteile daher den deinen genau und siehe, ob er zu Mir führt?

18] So du es etwa durchaus willst, daß Ich dir auch dieses nur süßleichte Kreuzlein abnehmen solle, wenn es dich denn wirklich so drückt wie ein Mühlstein eine Mücke, siehe, das kann Ich ja auch tun, und das sehr leicht. Ich nehme dir deine Kinder alle zu Mir von der Erde weg und lasse sie hier erziehen durch Meine allerbereitwilligsten Engel! — Sage, wird dir solche Abnahme deines Kreuzleins wohl auch angenehm und in deinem Vaterherzen recht sein?

19] Ja, Ich gebe dir noch dazu die teuerste Versicherung, daß sie allda samt und sämtlich besser erzogen werden als bei dir; und alle Meine Lehrengel werden das dir abgenommene Kreuzlein mit übergroßem Danke von Mir annehmen. Und du selbst wirst dich dann allein doch gewiß hinreichend durchschauen können, indessen du es jetzt trotz Meiner so großen Gnade und Erbarmung nicht imstande zu sein vorgibst.

20] Worin besteht denn so ganz eigentlich die „unerträgliche Last“ deines Kreuzleins? — Siehe, Ich will sie dir noch einmal ganz darstellen! — Diese unerträglich schwere Last besteht in nichts anderem, als daß du dich ein Stündchen im Tage liebeernstlich als Vater und wahrer Lehrer über Meine dir wohlbekannten Wege mit deinen erwachsenen vier Mägden abgibst; aber nicht mit ihnen gleich einem weltlichen Liebhaber schäckerst, was sie verdirbt und dir unheimelig und untraulich macht; sondern, wie gesagt, als wahrer Vater, liebeernst!

21] So dich aber deine Mägde also als Vater ersehen werden, werden sie sich auch nicht verbergen vor dir und werden dich wahrhaft achten und durch ihr Benehmen auch deine Achtung zu erstreben suchen, indem du sähest auf ihren Geist, aber nicht auf ihren etwas schöner geformten Leib.

22] Siehe, der Vater ist der erste Mann, den die Tochter als wahren Mann in ihrem Herzen wohlgefälligst und ehrbarst erkennen soll. Wenn aber dieser erste Mann vor seiner Tochter in aller Schwäche schmachtet und sie an ihm allerlei Schwächen gewahret — sage Mir dann, welche Richtung wird dann wohl das Herz der Tochter in Anbetracht der anderen Männer nehmen? — Sie wird die anderen Männer dann alle in gleicher Schwäche erschauen. Und wer aus der Zahl der jungen Männer ihr dann nur ein wenig zusagen wird, den wird sie ohne weiteres Bedenken auch sobald wählen, und zwar in der und aus der inneren, losen Siegesfreude, eine schwache männliche Frühjahrspuppe zu ihren Füßen schmachten und seufzen zu sehen! — Siehe, solches ist auch schon zumeist der Fehler bei deinen Mägden! — Sage oder urteile, wie soll Meine Allmacht ihnen da zu Hilfe kommen!

23] Sollte Ich ihnen etwa durch eine Art unsichtbaren „himmlischen Magnetismus“ ihren schon ziemlich in eine verderbliche Gärung übergehenden Weltgeist, der (verstehe Mich wohl, und unter vier Augen sozusagen) von dir in sie gelegt wurde, wieder also herausziehen, daß in ihnen darüber eine völlige, blinde Vergessenheit entstehen solle? — Sollte Ich sie, auf deutsch gesagt, töten?!

24] O siehe, dessen bedarf es nicht! Sondern, was da für dich wie für deine Mägde hinreichend ist, habe Ich dir treulichst gezeigt. Beachte es nur sorgfältigst, und die Folge wird dich hinreichend überzeugen, daß derlei Uebel auch ohne Allmachtswunder von Meiner göttlichen Seite gar leicht durch deine nur etwas regere Mitwirkung mit Meiner Gnade und Liebe gehoben werden können!

25] Eifere sie an zum Guten! — Da einige darunter auch Musik lernen, eifere sie dazu an und betrachte diese Sache nicht als nutzlos und geringfügig bei ihnen. Und dein Wohlgefallen darinnen wird nicht wenig ihre Herzen veredeln und wird sie von vielen anderen, unreinen Gedanken abziehen.

26] Und wie gesagt, [beschäftige dich mit ihnen] wenigstens täglich ein Stündchen wahrhaft in Meinem Namen geistig! — Du kannst auch manchmal, da sie wohnen, nachsehen, was sie tun! — Siehst du unter ihnen Augendeutereien oder Flüsterworte tauschen, da lasse dir's nur einige Male gleich laut kundgeben, warum sie also taten; und verweise es ihnen ernstlich und schäckere ja nicht mit ihnen, so wirst du bald sehen, daß, fürs erste, Mein Kreuzlein dir durchaus nicht so schwer ist wie ein Mühlstein einer Mücke; und du wirst dazu auch völlig einsehen, daß Ich nichts Unbilliges in der Tragung dieses Kreuzleins von dir verlange, sondern daß Ich, der heilige Vater, nur allezeit voll Liebe und Erbarmung bin.

27] Verstehe dieses wohl! Amen.

Das Geschick der Unerlösbaren

Am 12. Januar 1842, abends

Was dereinst mit den Verdammten nach der Wiederbringung aller Dinge geschehen wird, ist niemandem zu wissen gestattet. Solches weiß auch kein Engel, selbst der höchste fürs Licht geschaffene Geist nicht. Nur die Gottheit des ewigen Vaters in Ihrer Heiligkeit sieht vorher die Schicksale aller Kreatur durch alle Ewigkeiten der Ewigkeiten — jeder nach dem heiligen Willen Gottes in dieser übergeheimnisvollen Sache Erleuchtete aber erst in künftigen Zeiten.

☆

Der rechte Liebeernst

Winke zur Kindererziehung

Am 13. Januar 1842

An Meinen lieben A. H.-W.! — Höre, gestern warst du ein Mann nach Meinem Sinne! Bleibe also, so werde auch Ich bleiben bei dir und in deinem ganzen Hause! Siehe nicht an die Welttränen! Und das Weinen der Kinder nach dem Verluste weltlicher Dinge soll dich niemals rühren! — Dann bist du geschickt zu Meinem Reiche.

2] Wenn jemand in der Weltliebe erkrankt, da er sein Gemüt zerreißt um der Welt und Eigenliebe wegen, siehe, den drückt das Kreuz Meiner Erbarmung. — Dieser soll nicht getröstet werden eher, als bis er das Kreuz willig und mit Liebe angenommen hat.

3] Hat er aber das, so hat er auch schon den sichersten Trost auf der eigenen Schulter. Darum sollte es dich nicht zu sehr mitleidig bedrücken, so dein gerechtes Wort die Deinen zu Tränen zwang! Denn wahrlich siehe, diesmal hast du Mich zum ersten Male recht verstanden und hast treulich wiedergegeben, was Ich dir für die Deinen gegeben habe im Geiste der wahren Liebe zu Mir und zu den Deinen.

4] Ich sage dir aber, eher magst du deine ganze Familie verlassen und allein Mir nachfolgen, bevor du um Meines Namens willen an sie etwas weltliche Nachsicht vergeben solltest. Und könntest du solches nicht, wie wärest du da Meiner wert? — Also bleibe fest in Meinem Namen, das ist ein rechter Liebeernst!

5] Siehe, alle solche Flitterarbeiten der Kinder ekeln Mich also an, daß Ich sie nicht ansehen mag! Sie sollen lieber Wäsche für Arme flicken, statt Reichen eitle Präsente sticken!

6] So werde Ich ihren Arbeitstischen sicher näher stehen denn also [wie bisher]! — Siehe, Ich sage dir, gestern hast du Mir eine so große Freude gemacht, daß Ich darum wesentlich die ganze Nacht bei dir zugebracht habe. Wäre ein Umstand dir nicht hinderlich (du wirst es leicht erraten!), hättest du Mich fürwahr persönlich gesehen.

7] Also bleibe, also folge Mir, und also werde Ich zu Dir kommen und werde dich ziehen, Ich, dein Jesus! Verstehe es, dein Abba Emanuel sagt dir das, damit du Mir fürder unerschrocken folgen sollst. Amen.

☆

Zeichen der Zeit

Am 25. Januar 1842, nachmittags

Jetzt ist eine tanzende und springende Zeit, die allerfinsterste! Das ist ein Zeichen, daß die Welt sehr nahe ist einem ungeahnten Sprunge, und zwar einem Sprunge von Meiner nun höchsten Liebe über eine unendliche Kluft ins Meer Meines höchsten Zornfeuers!

2] Die schändliche Kleidertracht ist ein Zeichen, daß die Welt in die schändlichste Hurerei übergegangen ist, wodurch jeder sich selbst ein finsterer Götze geworden ist und sich selbst, nahe anbetend, dienet und möchte auch vor allem angebetet sein. — Siehe da Sodom und Gomorra! — Darum ist herangekommen das Ende!

3] Die stets zunehmende Ehelosigkeit, da um der reichen Wucherer wegen der ärmere Mensch ohne Weib, also wie ein halber Mensch, zu verbleiben genötigt wird, ist ein schreckliches Zeichen! Bei allen Heiden durften sogar die Sklaven Weiber nehmen. Jetzt aber setzt man dem freien Menschen Schranken, darum er arm ist und damit der Wucher keinen Schaden leide! — Darum sei verflucht diese letzte Zeit und jeder Wucher mit ihr!

4] Siehe an die sogenannte Industrie, dieses arge Zeichen dieser Zeit! Sie ist die Seele alles Wuchers, die Unterdrückung aller Nächstenliebe und der letzte, breiteste Weg zur Hölle. Den Beschluß werden die metallenen Wege machen! — Verstehest du dieses sprechende Zeichen dieser Zeit!?

5] Die stolze Erweiterung der Städte, da unter vielen tausend Häusern nicht zehn für die Armen gebaut werden, ist ein starkes Zeichen dieser Zeit. Denn auch zu Sodom schob man fremde arme Brüder aus der Stadt, um dadurch den inneren [einheimischen] Prassern ihre Schätze zu sichern? — Verstehst du diese Zeichen?

6] Was gilt jetzt der Mensch dem Menschen? — Ich sage dir, man zahlt für eine Fuhre Unrat mehrere Silberstücke; doch halte einmal einen Markt von armen Menschen, daß sie gekauft würden zur Unterstützung, und du wirst einen spottschlechten Markt halten! So arg war es wieder zu Sodom nicht! — Verstehest du dieses Zeichen der letzten Zeit?

7] Siehe die papierne Zeit! — Welche Festigkeit soll sie bieten? Ich sage dir, sie wird keinen Druck mehr vertragen! Wie leicht aber das Papier zerrissen wird, zeigen schon die schwächsten Kinder! — Verstehest du dieses Zeichen?

8] Verstehest du die Farbe der Häusertünche? — Ist sie nicht die des Todes? — Also stehet es schon überall an den Wänden der Häuser geschrieben, um welche Zeit es sei!

9] Es ist durch Johannes gezeigt worden, was da geschehen wird, wenn das Brot verteuert und versteuert wird! Lies nur, was den Heuschrecken verkündet ist, so sie es täten! — Siehe, diese Zeit ist da!

10] Schaue an, der Wucher ist bekleidet mit allem Schutz, Schild und Schirme, und eine ganze Welt voll Sachwaltern steht mit Macht ausgerüstet da, um seine „Rechte" zu verteidigen. Siehe an, wie sie Meine Erde zerreißen und zerstücken! Soll Ich dazu schweigen? Erkenne dies Zeichen, dies letzte, dies höllische! Eigentums-Rechte über Rechte! Und doch bin Ich allein der Herr! — Daher erkenne auch dies arge Zeichen!

11] Siehe an die Unzucht der Weiber dieser Zeit und die gänzliche Gefühllosigkeit der Jugend, die jetzt nur fürs Leibliche erzogen wird und endlich zur frühzeitigen Hurerei vor aller Welt! — Wohin mit der Welt?! — Ja, in die Hölle mit ihr! Dies ist die letzte Zeit! — Verstehest du sie?

12] Endlich siehe, um was jetzt fast gar alle Kirchen sich streiten! Siehe, es ist das Gold der Welt. Gold und Tod aber ist bei Mir in Hinsicht der Welt gleichbedeutend! Siehe, das ist der wahre Antichrist, der große Wunder nun tut! Aber seine Zeit ist vor der Türe! Verstehe es, des Frevels Ende und sein letztes Gericht ist vor dir und euch allen! Amen. Amen. Amen.

Liebe um Liebe

Am 29. Januar 1842

An Julie H., Tochter des Ans. H.

Mein A. H.-W.! Also habe ein Wörtchen für die du Mich gestern batest, darum sie näher ist deinem Herzen und daher auch nicht ferne dem Meinen!

2] Möchtest du, [Julie H.] Mir zuliebe wohl der Welt und allen ihren stark anlockenden Reizen entsagen? Möchtest du Mich, deinen lieben, heiligen Vater, recht aus allen deinen Kräften lieben, so wie Ich dich liebe und dich bis jetzt noch immer auf Meinen Vaterhänden gleich der „Ghemela"[1] und der „Purista"[1] getragen habe, von denen du schon gehört hast, wie lieb sie Mir waren und jetzt noch immer sind?

3] Siehe, du Mein liebes Töchterchen, Ich bin noch immer derselbe liebevollste, gute, heilige, himmlische Vater, wie Ich damals war, und bin jetzt noch viel zugänglicher denn damals. Denn jetzt stehen die Pforten der Himmel ununterbrochen offen. Damals aber waren sie verschlossen. Und so jemand damals Mich nicht durch ein außerordentliches Leben aus eigenem Antriebe und durch lange, gewaltige Selbstverleugnung fand, dann war für ihn die Erde ein erschrecklich harter Boden voll Todes!

4] Jetzt aber ist sie schon lange durch Mein Blut gesühnet! — Wie leicht ist es jetzt, zu Mir zu kommen!

5] So du, Mein Töchterchen, es nur einigermaßen fest willst und magst Mich allein lieben über alles, wie Ich dich über alles liebe — so will Ich dich noch dreimal inniger an Mein Vaterherz drücken als die zwei, die du kennst aus der ersten Zeit der Menschen!

6] Erkenne aus diesen Worten nur, wie lieb Ich dich habe; so wird es dir gewiß auch nicht schwer werden, Mich, deinen guten Vater, über alles zu lieben.

7] So du Mir recht treu wirst — höre! — da werde Ich deiner, wie schon allzeit, gar wohl gedenken an Deinem Namenstage und werde Dir ein Bindeband geben, das dich, so du Mich recht lieben wirst, gewiß mehr erfreuen wird, als gewännest du die ganze Welt!

8] Sei Mir gesegnet in aller Liebe und Treue zu Mir, deinem lieben, guten, heiligen Vater. Amen.

☆

[1] Ghemela und Purista, Jungfrauen der Urväterzeit, aus dem Lorberwerk „Die Haushaltung Gottes".

Fünf Worte im geistigen Lichte

Am Faschingssonntag, den 6. Februar 1842, nachmittags

Fünf Worte, vorgelegt von Alexandrine und Angelika H.: „Stern, Sonne, Blume, Spiegel, Löwe" wurden vom Herrn durch den Knecht J. L. wie folgt beleuchtet:

Nicht wahr, Ihr Meine lieben Kleinen, die Sterne sind wohl gar schön, und es ist eine wahre Lust, sie anzusehen bei einer ruhigen, heiteren Nacht! — Aber sehet, diese Sterne sind nicht so klein, wie sie aussehen; sondern gar groß sind sie, ja manche gar übergroß; und sind überfüllt von den außerordentlichsten Wundern aller für euch unaussprechlichen und unzähligen Arten!

2] In manchen gibt es sogar so große menschliche Wesen, deren Köpfe größer sind als die ganze, euch noch unbekannte, große Erde, die ihr bewohnt! — So ihr recht fromm sein werdet, da werdet ihr einst, an Meiner Hand geleitet, noch alle diese Meine endlosen Herrlichkeiten und Wunder schauen können und werdet eine unaussprechliche Lust und Freude dabei haben!

3] Sehet, Meine lieben Kleinen, die Sonne, die eurer Erde den Tag gibt, die sonst nur voll Finsternis wäre, ist schon auch ein solcher Stern. Jetzt denkt euch aber, so dieser Stern von so weiter Ferne her schon die finstre Erde also schön macht, daß ihr eine große Lust habt, die durch das Sonnenlicht verherrlichte Erde anzuschauen — wie schön und herrlich muß es erst in der Sonne selbst, als der Naturquelle aller Schönheiten der Erde, sein!

4] Möchten euch wohl die Blumen gefallen in einem ganz finsteren Orte? — Gewiß und sicher nicht; denn ihr würdet sagen: „Die Blumen sind ja nur am Tage schön!" — Ich frage euch aber: Was macht denn am Tage selbst die mageren Blumen der Erde so schön, daß euch das Herz vor Freude hüpft, so ihr im Frühjahre die ersten erschauet? — Sehet, Meine lieben Kleinen, das bewirket ja alles das Licht der Sonne! — Wenn aber das Licht der Sonne schon auf der Erde so schöne Blumen zeugt, wie viel schöner werden sie dann erst in der Sonne selbst sein!

5] O glaubt es Mir, es ist ganz gewiß also: In der Sonne ist alles viele Millionen Mal schöner als auf der Erde!

6] Und doch ist das alles nur ein schwacher Anfang der Schönheiten und der unendlichen Wunderpracht Meiner endlosen Schöpfungen! — Seid nur also recht fromm und habet Mich, euren lieben, guten, heiligen Vater, so recht von ganzem Herzen lieb und seid willig und gehorsam euren Eltern, so werdet ihr dieses alles und zahllos mehreres noch an Meiner Hand mit Mir anschauen können.

7] Denn Meine Hand ist gleich einem Wunderspiegel! — Auf dieses allmächtigen Spiegels Fläche ist die ganze unendliche Schöpfung wie in einem Punkte beisammen. Aber, Meine lieben Kleinen, das ist auch ein sehr großer Punkt, an dem ihr euch ewig nie genug werdet sattsehen können!

8] Da ihr aber hier schon auch einen Löwen genannt habt, so mache Ich euch recht sehr darauf aufmerksam, daß es da auch am sogenannten Firmamente ein Gestirn gibt unter dem Namen „Der große Löwe“[1].

9] Dieses Gestirn ist der überlichte und nahezu endlos größte Raum der ganzen Schöpfung, der da bestimmt ist, zu einer seligsten Wohnstätte denen zu dienen, welche in der Liebe, Selbstverleugnung, Demut und aller Geduld bis ans Ende ihres Lebens beharren und gleich einem Löwen mutig um Meiner Liebe und Meines Namens willen mit aller Welt gekämpft haben.

10] Dieses Gestirn[2] ist das größte und das herrlichste der ganzen Unendlichkeit. — Es ist eine Mittelsonne aller Mittelsonnen.[3]

11] O Kinderchen! Zu dieser Sonne ist eure Sonne nur ein stockfinsteres Stäubchen, geistig und körperlich! Denn höret, da bin Ich Selbst zumeist wesenhaft zu Hause — obschon ich in Meiner Liebe, Erbarmung und Gnade auch sonst überall und vorzüglich bei denen auf der Erde bin, die Mich von ganzem Herzen liebhaben und darum auch überaus gerne alle Meine leichten Gebote halten.

12] Seid also nur recht fromm, Meine lieben Kinder! So werdet ihr dereinst alle zu Mir dahin kommen, allwo Ich Meine beständige wesenhafte Wohnung zu halten pflege!

13] Was aber die von euch gegebenen Worte noch sonst alles bedeuten, könnet ihr jetzt noch nicht fassen. — Aber seid nur recht fromm, so werden auch gar bald für euch andere Sterne, andere Sonnen am Firmamente eures inneren Lebens für ewig aufstehen. Amen.

☆

[1] d. h. eine Gestirn-Gruppe „Der große Löwe“ mit dem Hauptsterne „Regulus“; d. Hsg. — [2] Der Hauptstern Regulus. — [3] in der geistigen Welt die „Gnadensonne“ genannt; d. Hsg.

Das Angebinde

Am 15. Februar 1842

Mein A. H.-W.! Als ein gutes, wertvolles Angebinde gib diese Zeilen der, du weißt es schon, die da gemeint wird. Und die du auch meinest![1]

2] Sieh, du Liebe, sieh, du Junge! Ich, dein Vater groß, dein Vater gut, dein Vater voll Liebe, Gnade, Macht, Kraft und Gewalt, dein Vater ewig, sage dir:

3] Liebe Mich, bleib Mir treu, hab große Freude an Meinen alten und neuen Worten, suche Mich in der Liebe deines Herzens zu Mir, halte Meine leichten Gebote, fliehe die arge, arge Welt, komm zu Mir in dir, in deinem Herzen komme zu mir, da Ich deiner harre für und für — so will Ich dich umfangen, wie ein allerzärtlichster Bräutigam umfanget eine allerinnigst geliebte Braut, und will dich zum ewigen Leben an Meine Vaterbrust drücken also, als hätte Ich in der weiten Unendlichkeit niemanden als nur dich, Mein liebes Töchterchen!

4] Komm, o komme doch recht bald zu Mir — zu deinem so überaus guten, heiligsten, liebevollsten Vater!

5] Denke dir ja nicht, daß es etwa doch recht schwer sein sollte, Mich zu finden und zu Mir zu kommen! — Siehe, so du irgend gehest, da führe Ich dich an Meiner Hand! So du schläfst, da halte Ich getreue Wache an deinem Bette! So du issest, da segne Ich dir jeden Löffel voll Speise, die du zu deinem Munde führest!

6] Ich gehe mit dir in das Bethaus! — Ja, denke dir, so du deine Hühner und Küchlein fütterst, bin Ich bei dir und helfe dir, dein Geschäftchen segnend! — Wenn du am Klaviere sitzest und dich übest, bin Ich an deiner Seite!

7] Nur so du irgendwann möchtest Tänze dir vorspielen, dann freilich wäre Ich wehmütig hinter dir. Und wenn du möchtest der weltlichen Dinge gedenken, da freilich auch wäre Ich hinter dir wie trauernd. Und wann du möchtest zeigen ein eigensinniges Herz und möchtest dich erheben über jemand andern — siehe, da freilich wäre Ich auch hinter dir wie weinend.

8] Sonst aber bin Ich ja immer bei dir!

9] Siehe nun du, Mein liebes Töchterchen, wie leicht ist es, zu Dem zu kommen und Den zu finden, der dir mit aller Seiner Liebe

---

[1] Anselm Hüttenbrenners Tochter Julie.

stets überaus gegenwärtig ist! — So du an Mich denkest, siehe, da rede Ich, dein lieber Vater, mit Dir! — Wann du betest in der Andacht deines Herzens zu Mir, siehe, da sage Ich allzeit ganz sanft und leise zu dir:

10] „Mein liebes Töchterchen! Ich, dein guter, lieber Vater, bin auch ein gar sehr heiliger Vater! Jesus Jehova ist Mein Name! — Baue, baue, Mein liebes Töchterchen, auf diesen Namen! Denn Er ist über alles mächtig und heilig, überheilig! In diesem Namen wirst du das ewige Leben finden!"

11] Siehe, solches rufe Ich dir allezeit zu! — Und wann du aufgehört hast zu beten, da segne Ich, dein heiliger, guter Vater, dich allzeit mit Meiner mächtigen Vaterhand!

12] Solches, o Mein Töchterchen, ist wohl gewiß und wahr! — Daher darfst du nicht mehr fragen: „Aber wann wird denn der gute, heilige Vater zu mir kommen und Sich anmelden bei mir?" — Denn Ich bin schon lange fest bei dir und lasse dich nicht aus Meinen Augen und Händen!

13] So dir aber diese Worte schwer zu glauben vorkommen sollten, da sammle dich nur einmal oder, noch besser, mehrere Male in der Liebe zu Mir! Habe aber dabei wohl acht auf alle Gedanken in dieser Andachtszeit! — Siehe, alle diese Gedanken werden Meine an dein Herzlein sanft, leise und stille gerichteten Worte sein!

14] Ein leiser Hauch um deine Stirne und Augen und ein ganz leichtes fiebriges Wehen durch die Brust wird dir ein sicheres Zeichen sein, daß Ich, dein guter, lieber, heiliger Vater, dich segnend stärke und also doch ganz sicher bei dir bin.

15] Und somit segne Ich dich auch jetzt durch dieses wertvollste Angebinde. — Bleibe Mir treu, bleibe Mir im Herzen treu, bleibe Mir, deinem lieben, guten, heiligen Vater in aller Deiner Liebe treu!

16] Solches ist der heilige Wunsch deines lieben, guten, heiligen Vaters. Amen.

☆

Selig, wer da liest und Gehör gibt

Am 22. Februar 1842, nachmittags

Schreibende: Marie H. — Marie H. fragt über Offbg. Joh., Kap. 1, Vers 3: „Selig, wer da liest und Gehör gibt den Worten dieser Weissagung und bewahrt, was in ihr geschrieben steht, denn die Zeit ist nahe." — Wilhelmine H. fragt über Joh. Kap. 7, 29: „Ich kenne Ihn, denn Ich bin von Ihm, und Er hat Mich gesandt. — Pauline H. über Joh. 6, 48: „Ich bin das Brot des Lebens!" — Julie H. über Joh. 8, 1: „Jesus aber ging hin an den Oelberg." — Der Herr sprach durch Seinen Knecht hierüber folgendes:

Was diese vier Verse betrifft, so sind sie alle dem Johannes entnommen, und zwar aus verschiedenen Kapiteln des Evangeliums wie auch aus einem der Offenbarung. Wird etwa diese Unordnung in der Wahl der Verse nicht eine kleine Schwierigkeit bieten, sie zu verbinden also, als wenn sie schon von jeher miteinander wären verbunden gewesen?

2] Wir wollen denn sehen, wie sich diese durchaus nicht gleichgültige Sache machen wird. — Daß die Sache nicht gleichgültig ist, werdet ihr im Verlaufe der folgenden Darstellung sehr leicht und gründlich erkennen.

3] „Selig, wer da liest und Gehör gibt den Worten dieser Weissagung und bewahrt, was in ihr geschrieben steht, denn die Zeit ist nahe!" — also lautet dieser erste Vers aus der Offenbarung Johannis.

4] Was wird da verstanden unter dem Worte „selig"? — Sehet, Meine lieben Kindlein, Ich will euch für diesmal den Sinn in aller Kürze gleich einem guten Schulmeister auseinanderlegen und also entfalten, daß ihr mit gar leichter Mühe der Sache auf den Grund kommen werdet!

5] Unter dem Worte „selig" wird soviel verstanden als: „Durch die Liebe lebendig". — Unter dem Worte „wer da liest" wird verstanden: Ein Mensch, welcher das Wort in sein Herz aufnimmt. — Und unter dem Worte „Gehör geben den Worten dieser Weissagung" wird verstanden: Ein Mensch, welcher, nachdem er das Wort in sein Herz aufgenommen, sich dann werktätig nach demselben richtet.

6] Welcher Mensch also liest und hört das Wort der Weissagung, der bewahrt wahrhaft in sich lebendig, was in ihr geschrieben steht. Und dieser ist es auch, dem die „Zeit nahe gekommen" ist.

7] Was aber ist denn das für eine „Zeit“? — Meinet ihr etwa, diese „Zeit“ sei das Jüngste Gericht? — O Meine Lieben, solches ist hier mitnichten der Fall! Denn unter der hier besprochenen „nahen Zeit“ wird nicht eine Zeit des Unterganges, wohl aber eine Zeit der Auferstehung verstanden. Und somit gilt diese Zeit nur dem, der das Wort in sich aufnimmt und danach lebt — aber nicht auch für den, der das Wort gar nicht kennt und es auch gar nicht erkennen will.

8] Wer aber das Wort nicht werktätig in sich hat auf die schon bekanntgegebene Weise, der ist ja ein Toter. Was aber haben die Toten mit der Zeit zu tun? Oder wann ist für einen abgestorbenen, toten Baumklotz Morgen, wann Mittag, wann Abend, wann Mitternacht? Wann ist ihm die Zeit nahe, wann ferne? Daraus werdet ihr doch sicher deutlich ersehen, daß die besprochene „nahe Zeit“ keine Zeit der Toten, sondern eine Zeit der Lebendigen ist.

9] Wenn ihr nun das bereits Gegebene nur ein wenig aufmerksam durchgehet, so werdet ihr doch auch bald mit Mir wie im Johannes-Evangelium ausrufen können: „Wir kennen Ihn!“ — nämlich im Worte. Denn solches kommt von Ihm und ist das heilige Ich in jedem lebendigen Menschen und ist gesandt vom Vater als ein wahres Wort des Lebens!

10] Wer demnach dieses „Brot des Lebens“ in sich hat, welches ist das lebendige Wort aus Mir, der ist auch gleich einem lebendigen „Oelberge“, auf welchen Jesus oder die ewige Liebe des Vaters überging.

11] Denn ein jeder Mensch gleicht einem Berge der Erde und ist demnach entweder ein Gletscher oder ein kahler, schroffer Steinberg oder eine mit sparsamen Moosen bewachsene Alpe oder ein tüchtiger Waldberg oder ein niederer Erzberg oder ein Weinberg oder endlich — freilich wohl seltener — ein Oelberg.

12] Wie aber ein Mensch zu einem Oelberge werden kann, das sagt eben der erste Vers dieser Aufgabe: „Selig, wer da liest und Gehör gibt dieser Weissagung und bewahrt, was in ihr geschrieben steht; denn die Zeit des Oelberges ist nahe zu ihm gekommen“. — Und selig und überselig wird jedes Menschen innerer Oelberg des Lebens sein, so Jesus kommen und denselben hinangehen wird!

13] Sehet nun, Meine lieben Kindlein, also hätten wir diese vier verschiedenen Verse schon glücklich unter ein Dach gebracht! Bis auf den Oelberg in euch ist euch alles ziemlich klar. Ich aber will euch nichts vorenthalten, und so wisset denn, daß der „Oelberg“ die wahre Demut, Sanftmut und die allerwilligste Gelassenheit und gänzliche Selbstverleugnung bezeichnet, welches alles ist das „Oel des Lebens“, davon der Berg den Namen führt und endlich gleichbedeutend wird mit seiner Frucht selbst.

14] Und daß ferner der „Oelberg“ auch gleichbedeutend ist mit der reinen Liebe und dem eigentlichen ewigen Leben aus ihr (so Jesus sich am Oelberge befindet), ist beinahe überflüssig zu erwähnen, nachdem bereits schon in der Ueberfülle gezeigt wurde, was alles die Liebe ist und was alles sie enthält.

15] Und so brauche Ich euch hier keine weitere Erklärung zu geben, als bloß nur noch zu sagen: Ganz und voll Liebe ist der erste Vers, ebenalso der zweite, der dritte und der vierte. Habt ihr sonach die Liebe, so habt ihr alles!

16] Es wird sich immer manches, ja gar vieles auf dem Wege der Weisheit nicht ordnen und einen lassen — unter dem Regimente der Liebe aber findet sich alles also wohlgeordnet, daß in ihr die Zahl Tausend nicht entfernter ist von der Zahl Eins als die Zahl Zwei. — Geht die Weisheit nicht aus auf eine gewisse Rangordnung und hat nicht sie das Zahlensystem erfunden?! Welche Rangordnung aber beachtet die wahre Liebe, und welche alleinige Zahl ist ihr eigen? — Sehet, der Liebe — ist alles eins!

17] Wenn ihr einen Stein nehmen möchtet, der schon Jahrtausende lang auf einem Berge gelegen ist, und ihn traget auf einen ganz andern Berg, wird er daselbst nicht ebensogut ruhen wie auf seinem vorigen Platze? Sehet, so ist in der Liebe alles auf dem „rechten Platze“ und alles in der „rechten Ordnung“. Ein Sandhaufen, welchen alle vier Winde zusammengetragen haben, ist auf dem Felde der Liebe nicht minder in der größten Ordnung, als so ein allerweisester Baumeister denselben von Körnchen zu Körnchen aufgebaut hätte. Und also paßt auch ein Tropfen des südlichen Meeres also vollkommen zu einem Tropfen des nördlichen, daß er ebensogut der erste wie der tausendste oder der äonste sein kann.

18] Und gerade ebenso verhält es sich mit jedem einzelnen Worte, Verse und Kapitel der Heiligen Schrift, da sich in der Liebe auch hier alles kreuz und quer, auf und ab, hin und her, vor- und rückwärts und so auch durcheinander also wohlgeordnet verhält, daß da an eine Unordnung oder an einen Widerspruch ewig nimmer zu denken ist.

19] Haltet euch daher bei allem und in allen Dingen an die Liebe — so werdet ihr das Leben also sicher finden, daß es eher möglich wäre, den Standpunkt der Sonne am hellsten Tage mit offenen, wohlsehenden Augen zu verlieren, als auf dem Wege der Liebe zu verfehlen die ewige Ordnung und mit ihr das ewige Leben!

20] Meine geliebten Kindlein, beachtet alles dieses wohl und nehmet es lebendig in eure Herzen, so werdet ihr auch Mich und das ewige Leben so gewiß und sicher finden, ja um tausend Male gewisser und sicherer, als ihr mit eurer Hand, wenngleich sie blind ist, findet jeden beliebigen Teil eures Leibes!

21] Also zum Ueberflusse noch einmal gesagt: Haltet euch in allem nur an die Liebe, so habt ihr Mich und das ewige Leben! — Amen.

22] Meine Liebe, Meine Gnade, Meine Erbarmung und Mein Segen sei mit euch allen! Amen.

☆

Briefe vom Vater

Am 28. Februar 1842

Der Knecht bat um gnädigste Weisung, was in zwei Fällen, ihn und seine Angehörigen betreffend, zu tun sei? — Darauf erhielt er nachstehende Antwort durch die innere Stimme:

Ja, ja, so zeichne dir's denn auf! — Was die Theresia[1] betrifft, über welche dir deine Mutter eine kleine Nachricht gab, so kann sie ja zu dir kommen, was da besser ist, als so du zu ihr gehen möchtest; da sie dann schon den sichersten und besten Rat von Mir bekommen wird. — Wann sie aber kommt, da soll sie noch in der Fastenzeit, und zwar an einem Sonntagvormittag zwischen acht und zehn Uhr kommen.

2] Wolltest du aber zu ihr, dann wähle dir zwar ebenfalls einen Sonntag, jedoch den Nachmittag! — Daß sie aber dann ja alles stille für sich im Herzen behält!

3] Was aber den Brief[2] betrifft, da magst du immer dem Wunsche deiner Mutter Gewähr leisten. Aber derselbe muß in Marburg auf die Post gegeben werden, und das erst um einen Monat später.

[1] Schwester Jakob Lorbers. — [2] an eine Schwägerin Jakob Lorbers; d. Hsg.

Er wird aber nicht viel fruchten. Denn für Menschen wie das sehr dumme Weib deines amtsredlichen Bruders taugen solche Briefe zu ihrer Besserung nicht.

4] Ich allein habe Briefe für derlei stumpfsinnige Menschen. Wenn ein solcher von Mir an sie abgesendet wird, so wird er von sehr starker Wirkung sein! — Siehe, und es ist schon einer abgesandt — und dieser wird wahrhaft von starker Wirkung sein!

5] Es werden kaum sieben mal sieben Tage verstreichen, und deine Mutter wird die Wirkung dieses Meines Briefes, des unsichtbaren, erfahren. — Darum möge sie mit dem ihren diese Zeit zurückbleiben bis auf einen Monat und ihn erst dann abschicken, so es ihr notwendig dünken sollte. Amen. — Versteh es! Amen.

Ueber Träume und drei geträumte Worte

Am 5. März 1842, nachmittags von 3 bis 6 Uhr

Die Träume sind ja zumeist leere Schäume, an denen nicht viel mehr gelegen ist als an dem Frühjahrsschnee, welcher vor Millionen Jahren der Erde unfruchtbare, kahle und lebensnackte Gefilde befruchtete. Dessenungeachtet aber ist doch ein gar gewaltiger Unterschied zu machen zwischen den Träumen derjenigen Menschen, die da selbst keinen größeren Wert haben als ihre Träume selbst; und dann wieder den Träumen solcher Menschen, die da sind in Meiner Gnade, Liebe, Erbarmung und in Meinem Worte und tun nach demselben aus Liebe zu Mir, so viel es ihnen nur immer möglich ist.

2] Sehet, Meine lieben Kindlein, damit ihr aber solchen Unterschied in euch auch völlig einsehet, so will Ich ihn euch ein wenig mehr erleuchten. Und so merket denn:

3] Wenn einem Weltmenschen etwas träumt, so ist ein solcher Traum eitel nichts anderes als eine verworrene Anschauung der nichtigsten Welteindrücke, welche die Seele des nach außen gekehrten Menschen des Tages hindurch in sich aufnahm und somit als dasselbe nichtige Zeug im Schlafe wieder beschaut. Wenn aber die Dinge der Welt schon in der Wirklichkeit an und für sich keinen Wert haben, um wieviel weniger wird ihr Werk erst sein, so sie in einer leeren Seele als dreifach leere Träume vorkommen!

4] Aber ganz anders verhält es sich mit den Träumen eines um Mein Wort und um Meine Liebe beflissenen Menschen, der sich schon zum größten Teil nach innen gekehrt hat. Dessen Träume sind dann nicht mehr Anschauungen, sondern Wahrnehmungen der inneren geistigen Zustände, weit entfernt von aller naturmäßig-weltlichen Sinnenhudelei und darauf begründeter, phantastischer Seelentäuschung.

5] Zu einer solchen inneren Wahrnehmung kann ganz füglichermaßen das vorliegende Traum-Trilogon[1] gerechnet werden, und zwar aus diesem sehr bedeutenden Grunde, weil jedes Wort der Heiligen Schrift, namentlich aus dem prophetischen Teile, an und für sich ein solches „Trilogon" ist.

6] Denn da ist der erste Teil, welches ist der Buchstabensinn, gleich einer „Lizitation"[2], wobei die alte, aber viel werte, gute, edle Ware an den Meistbietenden hintangegeben wird.

7] Wer aber diese Ware erstanden hat für sein Herz, welches einzig und allein nur die [rechte] Zahlmünze für diese Ware, nämlich die reine Liebe zu Mir, enthält, der hat in sich einen neuen „Staat" angelegt, welcher ist die innere Ordnung des geistigen Lebens, gleich so wie da der äußere, weltliche Regierungsstaat eine gesetzlich-ordnungsmäßige Verbindung der Völker unter einem leitenden Oberhaupte ist.

8] Wer aber ist das leitende Oberhaupt dieses inneren Staates? — Dieses zu beantworten sollte euch kaum mehr schwer fallen, da nämlich Ich Selbst dieses leitende Oberhaupt bin. — So aber Ich das leitende Oberhaupt bin in diesem inneren Staate durch Meine Liebe, Gnade und Erbarmung, da geht doch unfehlbar eine geistige Verbindung zwischen Mir und einem jeden solchen für Meine alte Ware meistbietenden „Lizitanten" vor sich. — Was aber ist diese Verbindung, dieses unzerreißbare Band des ewigen Lebens? — Sehet, das ist die „Kirche", und zwar die wahre, lebendige Kirche des Menschen, in welcher erst der wahre Sinn des Wortes vollkommen erleuchtet enthüllt wird.

9] Wer demnach zum inneren Verständnis Meines Wortes gelangen will, welches da ist die Schrift des Alten und Neuen Bundes mit all den späteren Offenbarungen bis auf diese Stunde, der muß, wie es jemandem[3] durch dieses „Trilogon" im Geiste angezeigt

---

[1] Dem Knecht J. L. waren im Traum die drei Worte: „Lizitation" — „Staat" — „Kirche" entgegengetreten. — [2] Versteigerung, Meistbietung. — [3] dem Knecht J. L.

wurde, sich bei dieser „Hauptlizitation“ unfehlbar als allermeistbietender Lizitant einfinden, ansonst es ihm nie möglich wird, den wahren inneren Sinn der Schrift zu erforschen.

10] Denn die vollrichtige Erkenntnis des inneren, geistigen Sinnes ist eine lebendige Erkenntnis. Wie aber kann jemand zu dieser gelangen, so er nicht vorher [durch die wahre „Lizitation“ oder „Meistbietung“] als ein treuer Bürger in den inneren Staat des Geistes gelanget, allda Ich als das alleinige, leitende Oberhaupt Mich befinde, herrschend durch die Liebe, führend durch die Gnade, suchend durch die Erbarmung und rufend durch die lebendige Demut des Herzens!?

11] Sehet, also ist die „Lizitation“ die erste, allernotwendigste Bedingung zum Empfange des ewigen Lebens aus Mir, welches im eigentlichsten Sinne die lebendige Kirche im Menschen ist. Denn die wahre Kirche ist ja nur eine lebendige Einswerdung mit Mir. Wer aber mit Mir eins geworden ist, der wird doch wohl auch in sich unfehlbar das ewige Leben und alles, was endlos desselben ist, im vollkommensten Sinne besitzen und somit auch die Enthüllung des Schriftsinnes bis in den dritten oder allerinnersten Himmel, in welchem sich alles einet in der alleinigen, allerreinsten Liebe zu Mir.

12] Nun sehet, was da dieses „Trilogon“ besagt! — Merket euch aber vor allem, was die „Lizitation“ betrifft! Denn ohne diese wird niemand in den besagten „Staat“ und noch viel weniger in die lebendige „Kirche“ gelangen!

13] Denn wahrlich, wahrlich, sage Ich euch: Wer da nicht alle seine weltlichen Schätze für Meine „alte Ware“ bietet, dem wird diese ewig nimmer zuteil werden, weder hier noch jenseits! Daher werden diese Ware die Reichen sehr schwer erstehen, während die Armen sie gar leicht überkommen werden; denn für diese wird sie umsonst feilgeboten. Die Armen sind ja von Mir schon lange dazu ausersehen worden, daß ihnen das „Evangelium gepredigt“ werde — während zu derselbigen Zeit zum reichen Jüngling gesagt wurde: „Verkaufe alle deine Güter; teile das dafür gelöste Geld unter die Armen und folge Mir nach, so wirst du einen Schatz im Himmel finden und haben!“

14] Diesen Schatz habe Ich euch heute gezeigt! Wer ihn gewinnen will, wird demnach wohl auch wissen, was er zu tun hat! — Die Welt samt allen ihren zahllosen Torheiten, die da sind voll innerlich versteckter Bosheit des Satans, wird diese Ware nimmerdar erstehen! Amen.

15] Solches beachtet getreuest in euren Herzen aus Liebe zu Mir, wollet ihr leben! — Amen.

☆

Die Fliege

Am 8. März 1842, von 3/4 4 Uhr nachmittags bis 1/2 7 Uhr abends

Schreibende: Wilhelmine und Pauline H. — In den geistigen Unterrichtsstunden, welche Jakob Lorber mit Anselm Hüttenbrenner und dessen Töchtern in dieser Zeit pflegte, empfingen die Schüler durch den „Knecht" an diesem Tage den nachstehenden ersten Teil der in der Schrift „Die Fliege" veröffentlichten aufschlußreichen Kundgaben.[1]

Die Fliege, ein kleines Tierchen zwar und nicht selten lästig dem Menschen wie auch vielen anderen lebenden Geschöpfen der Erde, besonders zu jener Zeit des Jahres, da der Sonne Strahlen heftiger den Boden der Erde berühren, ist aber dennoch in der Ordnung der Dinge so unbedeutend nicht und auch nicht also zwecklos, wie sie eben zu sein scheint.

2] Um das alles vollkommen und nützlich einzusehen, wollen wir eine kleine Vorbetrachtung über die natürliche Beschaffenheit dieses Tierchens machen.

3] Es wäre wohl überflüssig, euch die Gestalt der eben zu besprechenden Fliege der Form nach kundzugeben, nachdem ihr doch schon ganz sicher viele Fliegen gesehen haben werdet. Aber ihre merkwürdigen Einzelheiten und die Art ihrer Entstehung sind da auf keinen Fall zu umgehen, sondern mit recht vielem Fleiße und aufmerksamen Geistes zu beachten.

4] Wie entsteht demnach die Fliege?

5] Es wissen zwar Naturgelehrte, daß die Fliege eine Art Eier legt, welche also klein sind, daß sie vom menschlichen Auge kaum wahrgenommen werden und daher auch ein so geringes Gewicht haben, daß sie gleich dem Sonnenstaube sich gar leicht in der Luft schwebend erhalten können.

6] Wohin aber legt die Fliege ihre Eierchen, da die Zahl dieser von einer Fliege gelegten Eierchen nicht selten Millionen übersteigt? Und wo und wie werden sie ausgebrütet? — Ihr habt sicher noch

---

[1] Jakob Lorber „Die Fliege, Einblicke in die Wunder der Schöpfung".

nie eine junge Fliege gesehen; die Mücklein aber dürfet ihr ja nicht etwa für junge Fliegen ansehen!

7] Sehet, die Fliege legt ihre Eier, so sie einmal legreif geworden ist, überall hin, wo sie sich nur immer hinsetzt, und kümmert sich dann weiter gar nicht mehr darum, was mit ihnen geschieht. Millionen werden von den Winden in alle Weltgegenden geführt und zerstreut; Millionen kommen in das Wasser; ja, ihr könnet euch beinahe kein Ding auf der Erde denken, das da verschont bliebe von den Eiern der Fliege. So wie der Fliege selbst kein Ding gewisserart zu heilig ist, darum sie sich nicht auf dasselbe setzen und dasselbe beschnüffeln möchte, also ist außer der glühenden Kohle und der lodernden Flamme auch beinahe kein Ding vorhanden, das sie nicht mit ihren Eierchen bekleckſen möchte.

8] Wohin alsonach die Fliege ihre Eierchen legt, und wie sie aussehen, wüßten wir jetzt schon. Wie sie aber ausgebrütet werden und wie viele von den unzählbar gelegten, davon soll sogleich die Rede sein.

9] Alle diejenigen Eierchen, welche entweder an den feuchten Mauerstellen der Häuser, vorzugsweise der Tierstallungen, oder an faulem Holze, oder an anderem Moderfeuchtem gelegt werden, kommen fast meistens davon. Was aber da ein Raub der Winde und des Wassers geworden ist, davon werden freilich wohl unbeschreiblich wenige zu Fliegen ausgebrütet — obschon dessenungeachtet nichts verlorengeht, daß es irgendeine andere weise Bestimmung verfehlen sollte — ja sogar diejenigen nicht, welche von Menschen und Tieren nicht selten zu Millionen mit einem Atemzuge eingeatmet werden. Doch lassen wir diejenigen, welche den vielen anderen Bestimmungen zugeführt werden, und wenden wir uns sogleich zu denjenigen, welche da ausgebrütet werden!

10] Wie also werden denn diese *ausgebrütet*?

11] Sehet, wenn die Sonne einmal hinreichend die Erde zu erwärmen anfängt, da fangen diese Eierchen auch an zu wachsen, bis sie einmal so groß werden, daß sie auch ein mittelmäßig scharfes Auge zu entdecken imstande ist, und zwar als einen weißlichgrauen „Blumenstaub“, natürlicherweise an den Stellen nur, da sie von der Fliege hingelegt wurden. Das ist dann die Zeit der Ausbrütung, welche also vor sich geht:

12] Die Eierchen springen auf, von den erwachten Geistern der in einem solchen Eichen angesammelten, ordnungsmäßigen Vorgangstierchen genötigt. Diese Geister vereinigen sich in der Gestalt eines kaum sichtbaren kleinen weißlichten Würmchens zu einem Leben. Dieses Würmchen nährt sich dann einige Tage von der Feuchtigkeit der Stelle, da es ausgebrütet wurde, welche Nahrungszeit eben nicht gerade bestimmt ist, sondern allzeit von dem Umstande der Reichlichkeit des vorhandenen Nahrungsstoffes abhängt.

13] Bis daher geht es mit der Zeugung der Fliege ganz natürlich vor sich.

14] Ich habe euch aber schon gleich anfangs gefragt, ob ihr noch nie eine junge Fliege gesehen habt. Sehet, darin liegt das eigentliche Wunder dieses Tierchens begraben: Es ist auf einmal da, ganz vollkommen ausgebildet, und niemand weiß es, woher es kam und wo sein Geburtsort ist.

15] Wie geschieht denn dieses Wunder?

16] Ihr habt vielleicht schon dann und wann von alten Leuten sagen hören: „Die Fliegen entstehen zum Teile aus einer Art Staub und zum Teile aus den zerstreuten Körperteilen alter, toter Fliegen." — Dem Anscheine nach ist es wohl also, aber der Wirklichkeit nach freilich wohl nicht.

17] Denn so das Würmchen einmal die reife Größe erhielt, welche ungefähr die Ausdehnung hat wie ein kleiner Beistrich bei einer mittelmäßig großen Schrift, sodann zerplatzt das Würmchen und zerlegt dadurch das Innere nach außen. Dann dehnt sich die frühere Außenhaut des Würmchens zum eigentlichen Leibe der Fliege aus, wohlversehen mit allen den inneren Verdauungsgefäßen. Die frühere Innenseite des Würmchens aber bringt dann die äußeren sichtbaren Teile der Fliege hervor, welche, sobald diese Umkehrung vor sich ging und die Teile mit der äußern Luft in Berührung kommen, binnen längstens fünf bis sieben Sekunden zu ihrer vollkommenen Ausbildung gelangen, bei welcher Gelegenheit die Fliege auch ganz vollkommen fertig ist.

18] Sehet, das wäre demnach die Geburt oder vielmehr die gewiß nicht wenig merkwürdige Entstehung der Fliege, und sie muß jedem Betrachter wunderbar genug vorkommen!

19] Allein dieses alles ist dessenungeachtet noch das am wenigsten Wunderbare bei diesem Tiere. Was da noch folgen wird in der möglichsten Kürze, darüber werdet ihr erst groß erstaunen und euch verwundern. Und so lassen wir dieses Merkwürdige an einem nächsten Tage folgen!

☆

Ursache und Wesen des Lichts

Im Rahmen der Mitteilungen über die Fliege wurde im März 1842 den „Schülern" Anselm Hüttenbrenner und seinen Töchtern durch den „Knecht" Jakob Lorber eine höchst bedeutsame geistige Lichtlehre geoffenbart. Diese Bekundungen sind in den Kapiteln 9 bis 11 der Schrift „Die Fliege" zu lesen. Obwohl etwas späteren Datums, mögen sie hier im Anschluß an die Eingangskapitel (S. 34 ff) wiedergegeben werden.

Am 22. März 1842, von 3/4 4 Uhr bis 1/4 7 Uhr nachmittags

Schreibender: Ans. H.

1] ... Was ist das Licht an und für sich selbst und wie pflanzt es sich fort?

2] Um dieses darzutun, wird es keineswegs nötig sein, was immer für eine bestehende irrige Theorie namentlich anzuführen; sondern wir stellen unsere Erklärung auf, und diese mag euch und jedem zu einem Probiersteine dienen, wieviel des edlen oder unedlen Metalles in all den anderen Theorien sich befindet.

3] Was ist also das Licht?

4] So ihr das Licht, wie es in der Zeit und im Raume zur Erscheinung kommt, wohl und gründlich erfassen wollet, da müsset ihr dasselbe weder ganz materiell, noch ganz geistig betrachten, sondern materiell und geistig in Verbindung und es ansehen als eine also gestellte Polarität, bei der der geistige Teil den positiven, der materielle aber den negativen Pol ausmacht.

5] Diese Polarität ist aber also gestellt, daß sie sich nicht verhält wie Vorderes und Hinteres, sondern wie Inneres und Aeußeres, allwo dann das Innere der positive und das Aeußere der negative Pol ist.

6] Wie kommen aber diese beiden Polaritäten sonach als Licht zur Erscheinung?

7] Sehet, diese Schwierigkeit soll bald behoben sein! — Wenn ihr einen sogenannten Feuerstein nehmet und streichet mit einem gehärteten Eisen darüber hinweg, so werdet ihr auch alsobald eine Menge sprühender Funken der Stelle entfahren sehen, an welcher das gehärtete Eisen den Stein bestrich. — Diese Funken waren Licht; wo haben sie denn das Leuchten hergenommen — aus dem Steine oder aus dem Eisen oder aus beidem zugleich?

8] Es ist nicht nötig, hier noch näher zu erwähnen, daß bei diesem Akte die Fünklein lediglich vom Eisen herrühren, von welchem äußerst kleine Teile durch den harten Stein abgeritzt wurden und sich dadurch entzündeten, daß die in den Poren des Eisens eingeschlossenen Luftteilchen dem durch das Streichen bewirkten Drucke nicht ausweichen konnten, sich daher entzündeten und die also abgelösten Eisenteilchen alsbald in den Weißglühzustand versetzten.

9] Dieses wüßten wir! Aber auf welche Weise wird denn die also gequetschte Luft entzündet, und was ist demnach das Leuchtende bei dem Akte der Entzündung der Luft?

10] Hier kann die Sache unmöglich anders erklärt werden, als daß euch zu wiederholten Malen kundgegeben wird, daß da die Luft zur Hälfte nichts anderes ist als ein materieller Leib der in ihr enthaltenen intellektuellen Geister. Die Physiker würden es zwar lieber hören, wenn Ich hier anstatt „Geister" — „freie, ungebundene Kräfte" gesetzt hätte. Allein, da wir gründlich gehen wollen, so nehmen wir auch statt der Eigenschaft die mit der Eigenschaft behaftete Sache selbst, welche da ist der Geist selbst oder, da wir es hier nicht mit einem, sondern mit sehr vielen Geistern zu tun haben, alsonach die Geister selbst.

11] Da wir nun solches festsetzten, so können wir jetzt der Sache alsogleich auf die alleruntrüglichste Spur kommen. Und so vernehmet es denn:

12] Da der Geist eine positiv-polarische Kraft ist, so strebt er fortwährend nach der allerungebundensten Freiheit und ist im gebundenen Zustande nur so lange ruhig, als er von der ihn umgebenden negativen Polarität oder — noch verständlicher — von seiner Hülse keine ungewöhnliche Beeinträchtigung erfährt. Erleidet aber diese von außen her was immer für einen Druck, so wird der Geist alsbald aus seiner angewohnten Beengungssphäre geweckt und gibt sein Dasein durch seine ausdehnende Bewegung zu erkennen, welches Erkennen sich dann allzeit durch das euch bekannte Phänomen des Leuchtens kundgibt.

13] So weit hätten wir es nun gebracht! Aber dessenungeachtet wird ein jeder sagen: „Solches mag wohl richtig sein; aber was das eigentliche Leuchten an und für sich ist, wissen wir denn doch noch nicht!"

14] Ich aber sage: Nur noch eine kleine Geduld! Denn ihr wißt es ja alle, daß eine bejahrte, umfangreiche Eiche nicht auf einen Hieb fällt!

15] Wir werden somit auch mit dem ganz eigentlichen Leuchten ja wohl noch zurechtkommen.

16] Was ist demnach dieses Leuchten an und für sich?

17] Ein Beispiel wird euch die Sache anschaulich machen! — Was bemerket ihr an einem Menschen, dessen Herz noch voll Hochmutes ist, so er von irgendwoher einen so recht derben, demütigenden Stoß erhält? Wird er nicht alsbald über die Maßen in Zorn geraten, also zwar, daß er darob am ganzen Leibe vor Grimm zu beben wird anfangen und seine Augen glühend werden, als wäre hinter ihnen eine Feueresse angebracht, und seine Haare sich sträuben werden nach allen Seiten?! So er sich in einer gleichgesinnten Umgebung befindet, wird diese nicht auch sobald, wenn auch nicht in diesem hohen Grade, aber dennoch nach dem Grade der Befreundung, entweder mehr oder minder mit zornig werden?!

18] Ich bin der Meinung, diese Erscheinung bedarf hier keiner näheren Erklärung, sondern ihr brauchet eure Augen nur auf ein Kriegsheer zu richten, und es kann euch unmöglich entgehen, wie diese Zornausstrahlung oder dieses „Grimmfieber" Tausende und abermals Tausende ergreift und mitreißt in das blutige Gefecht.

19] Nun, so ihr dieses nur einigermaßen innerlich betrachtet, so hätten wir unser Leuchten an und für sich ja so gut wie völlig erläutert.

20] Denn der in der negativen Polarität eingeschlossene positiv-polarische Geist gerät durch einen Stoß ebenfalls in einen Zorn welcher da ist ein Innewerden seiner Gefangenschaft. Durch dieses Innewerden erwacht in ihm die große Begierde, sich auszudehnen oder frei zu machen. Da aber seine äußere, negative, ihn umgebende Polarität also beschaffen ist, daß sie zwar bis zu einem gewissen Grade wohl ausdehnbar, sonst aber dennoch unzerstörbar oder vielmehr unzerreißbar ist, so dehnt sich der frei werden wollende Geist in derselben zwar so weit aus, als es tunlich ist. Da er aber dessenungeachtet nicht durchbrechen kann, so zieht er sich schnell wieder zurück, versucht aber dann in irriger Meinung wieder mit erneuerter Kraft seine Hülle zu zerreißen — welchen Akt mancher Geist in einer Sekunde viele tausend Male zu wiederholen imstande ist. Dieser Akt wird der „Grimm" genannt und ist begleitet von dem stets wachsenden Zorne.

21] Was ist aber alsonach die ersichtliche Folge dieses Aktes, welcher an und für sich das wahrhafte „Grimmfieber" genannt werden kann?

22] Nichts anderes, als daß die einem solchen zornergrimmten Geiste nahestehenden anderen, noch ruhigen Geister dieses Fieber wahrnehmen, worauf sie an ihrer äußeren Polarität in ein ähnliches Mitfieber gesetzt werden, welche Fortpflanzung der Mitfieberung natürlicherweise um so schneller fortgesetzt werden kann, da die negativen Umhüllungen der Geister, aus denen eigentlich die Luft besteht, knapp aneinanderliegen.

23] Nun haben wir eigentlich schon das Ganze! Denn eben dieses Fiebern eines solchen Geistes wird vom Auge sowohl des Tieres, als auch vorzugsweise des Menschen wahrgenommen. Diese Wahrnehmung ist eigentlich das, was ihr das „Leuchten" nennet. Denn das Auge ist also eingerichtet, diese allerleisesten Schwebungen wahrzunehmen, und zwar aus dem Grunde, weil jegliches Auge mehr oder weniger an und für sich selbst auch zur Hälfte geistig und zur Hälfte materiell ist und mit dem, was da „Licht" genannt wird, eine ganz gleiche Polarität hat, darum es dann auch alles ihm Verwandte aufnehmen und empfinden kann.

24] Wenn dann auf diese beschriebene Weise irgendeine solche geistige Polarität in sich erbrennt, so findet auch dabei allzeit der Akt der Beleuchtung statt. Die Beleuchtung aber ist dann an und für sich wieder nichts anderes als das Mitergriffensein derjenigen geistigen Polaritäten, welche sich in der Nachbarschaft einer solchen in sich erbrannten geistigen Polarität befinden. Diese Fortpflanzung ergreift je nach dem Grade der Größe und Heftigkeit einer entzündeten geistigen Polarität entweder nähere oder weitere Distanzen und versetzt sie, wennschon nicht in einen zu heftigen, aber doch empfindlichen Fieberzustand. Natürlicherweise wird das Fiebern immer schwächer, je entfernter dem Raume nach sich andere geistige Polaritäten von der eigentlichen, in sich erbrennenden Hauptpolarität befinden.

25] Nun werdet ihr sagen: „Ueber das Leuchten wären wir wohl im klaren, aber noch nicht über das, warum wir beleuchtete Gegenstände ihrer Form nach erschauen, und auch noch nicht über die Beschaffenheit des verschiedenartigen Lichtes, namentlich des Lichtes der Sonne".

26] Allein Ich sage euch hier nur so viel, daß solches wohl keine große Kunst mehr sein wird, nachdem wir in dieser Hinsicht ganz gründlich schon die allergrößte Schwierigkeit besiegt haben.

27] Was demnach die Anschauung der Gegenstände betrifft, so ist diese an und für sich nichts anderes als eine durch die materielle, feste Form eines Gegenstandes ihr vollkommen entsprechende Verhinderung solcher uns schon bekannten Fortpflanzung, oder sie ist eine verdoppelte Rückkehr von irgendeinem Gegenstande, von welchem sie einen Gegenstoß erhielt.

28] Was aber das Licht der Sonne anbelangt, so ist ihr Leuchten mit dem uns [nun schon] bekannten Leuchten eines Fünkchens gleichartig. Der Unterschied liegt nur darinnen, daß das weiße Licht der Sonne dem Beben der Liebe fast auf dieselbe Weise entstammt wie das euch bekannte rötliche Brandlicht dem Beben des Zornes.

29] Und da das Licht der Sonne dem Beben der Liebe entstammt, so ist auch seine Fortpflanzung verschieden von der Fortpflanzung des Lichtes, welches dem Beben des Zornes entstammt. Worin aber dieser Unterschied besteht, soll euch nächstens klärlich gezeigt werden! — Und somit lassen wir es für heute wieder gut sein!

Am 23. März 1842, von 3/4 4 Uhr bis 1/4 6 Uhr, nachmittags

Schreibender: Ans. H.

30] Ihr werdet vielleicht schon dann und wann gehört haben, daß, je tiefer eine Gegend der Erde ist, desto dichter auch die Luft in derselben ist. Dieses ist eine ganz natürliche Folge, nach der nicht nur die Luft, sondern auch alle Dinge desto dichter werden, je näher sie strahlenförmig dem gemeinsamen Mittelpunkte rücken. Je mehr sie sich aber von diesem Mittelpunkte entfernen, desto lockerer kommen sie auch nebeneinander zu stehen.

31] Was an und für sich die einen Erdkörper umgebende Luft ist, wüßten wir schon zum Teile aus dem Verlaufe der gegenwärtigen Mitteilung, noch mehr aber aus anderen, schon lange gegebenen Erläuterungen über die Dinge der naturmäßigen Welt.

32] Um euch, Meine Lieben, aber doch eines längern Nachsuchens zu entheben, so sage Ich es noch einmal, daß die Luft, wie alle gesamte Materie, nichts anderes als ein geistig-materieller und materiell-geistiger Konflikt ist, und daß alle diese geistigen Potenzen, je tiefer sie liegen, desto ärger sind, und je höher über den Planeten sie sich aufhalten, desto lieblicher, friedsamer und beständiger sind.

33] So wir nun dieses wissen, da wird es uns doch nicht schwer fallen, wenigstens in einem allgemeinen Ueberblicke die Erde samt der sie umgebenden Luft nach ihrem Gehalte zu erkennen und darob mit leichtem Mute zu sagen: Das Gesamtwesen des Erdkörpers samt der ihn umgebenden Luft, soweit hinaus auch diese reicht, ist nichts als eine Gradation[1] der Geister, welche sich in einen solchen Planeten gesetzt haben, um den uns schon bekannten „Rückweg" anzutreten.

34] „Ja," werdet ihr fragen, „was erfüllt denn hernach den weiten Raum zwischen der Sonne und einem Planeten?"

[1] Abstufung; d. Hsg.

35] Die Naturforscher lassen hier einen äußerst leichten und nachgiebigen „Aether" auftreten. Was würden aber die Physiker sagen, so sie ersichtlich dartun müßten, was denn dieser Aether an und für sich ist?

36] Wahrlich, eine solche Frage würde sich schwer einen Preis von fünfzig Dukaten erringen! — Denn fürs erste läßt sich der Aether durch kein Mikroskop betrachten, nachdem schon die viel dichtere Luft von keinem Mikroskope mehr partiell empfunden wird. Aber chemisch könnten die Physiker den Aether untersuchen, so sie in ihre Retorten irgendeinen bekommen könnten. Da aber die Region des eigentlichen Aethers erst bei einer Höhe von zwei, drei, vier und bis gegen den Nordpol hin gar erst zehn deutschen Meilen hoch über der Erde beginnt, so wird es wohl allen Naturforschern etwas schwer werden, sich zum Behufe ihrer Untersuchung bei ihrem Leibesleben von dorther einen Aether zu verschaffen.

37] Wir aber wollen einen viel bequemeren und sichereren Weg gehen, nämlich den des innern Glaubens, Vertrauens und den Weg der wahren Liebe. Auf diesem Wege steht einem Ochsen- und Schafhirten der Sirius beschaulich näher als auf dem finstern Wege des überaus kurzsichtigen Forschens von seiten des menschlichen Verstandes ein Regentropfen, der einem überaus mathematischen Naturforscher auf die Nase gefallen ist.

38] Und so sagen wir: Der Aether ist ebenfalls ein geistiges Wesen, welches sich zwar zu allen Planeten positiv, zu den Sonnen aber negativ verhält.

39] Den Aether bilden somit äußerst reine friedliche und duldsame Geister. — Denn wären sie das nicht, wie schwer würden es da die Weltkörper auf dem Wege um die Sonne haben, welcher da ist eine weitgedehnte Bahn, durch welche sich der Planet mit außerordentlicher Geschwindigkeit bewegen muß!

40] Da aber diese Aethergeister alsonach äußerst reine, friedsame und nachgiebige Geister sind, so findet an ihrem Dasein nichts irgendein Hindernis in seiner Bewegung, und möge das sich bewegen wollende oder sich zu bewegen genötigte Wesen oder Ding noch so gering und unscheinbar sein.

41] Sehet nun, Meine Lieben, da wir nun dieses wissen, so wird es wohl nicht mehr schwer sein, das Leuchten einer Sonne und die Fortpflanzung ihres Leuchtens zu ermitteln! — Jedoch bevor wir noch solches zu tun vermögen, müssen wir gegenüber den

Planeten auch der leuchtenden Sonne einige Augenblicke schenken und uns fragen: „Wie sieht es da aus, und was geschieht daselbst?“ — Solches ist ja doch notwendig! Denn sonst müsset ihr über kurz oder lang euch ja doch selbst fragen: Wie kann man jemandem die Wirkung erklären, so man ihm die Ursache der Wirkung verschweigt?!

42] Daß die Sonne ein äußerst stark leuchtender Weltkörper ist, braucht niemandem näher erklärt zu werden. Denn solche Erklärung geben jedem seine eigenen gesunden Augen. Wie aber wird sie also überaus stark leuchtend? Und wie sieht es auf ihrer Oberfläche aus und also auch bis zu ihrem Mittelpunkte?

43] Sehet, das ist eine ganz andere Frage, welche noch in aller Kürze beantwortet sein muß, bevor wir zu unserem Hauptthema fruchtbringend zurückkehren können!

44] Es muß euch bei den Sonnen zuallererst schon ihre außerordentliche Größe auffallen, derzufolge eine Sonne nicht selten eine, ja mehrere Millionen Male größer ist als ein oder der andere ihrer Planeten.

45] Was ist sonach die Sonne für sich selbst?

46] Die Sonne für sich selbst ist ein Planet in vollkommenem Zustande; und alle Planeten sind nur „Trabanten“ dieses großen und vollkommenen Planeten.

47] Woher rührt denn hernach das außerordentliche Licht, das einen solchen vollkommenen Planeten umgibt?

48] Das Licht rührt von der geistigen Liebefreude der diesen vollkommenen Planeten umgebenden Geister her.

49] Sind diese Geister etwa schon vollendete Geister?

50] Diese Frage muß wieder geschieden werden, und zwar in sieben verschiedene Punkte, welche aber dessenungeachtet nicht zu schwer zu verstehen sein dürften, da sie sich in der schönsten Ordnung nebeneinander befinden. Diese sieben Punkte sind sieben verschiedene Geistergattungen in der Sonne, welche miteinander gemeinschaftlich das große Licht der Sonne bedingen.

51] Wollet ihr die innere Natur dieser Geister näher erkennen, so blicket auf die sieben Gebote der Nächstenliebe und die diesen sieben Geboten zur Unterlage dienenden drei, durch welche der Mensch sein Verhältnis zu Gott, seinem Schöpfer, erkennen soll; so habt ihr dann alsbald den vollendeten Zyklus des Geisterverbandes auf einem Sonnenkörper. — Auch die Farben eines Regenbogens geben euch diese Ordnung zu erkennen.

52] Was folgt aber nun aus dieser Vorerinnerung?

53] Aus dieser Vorerinnerung folgt nichts anderes, als daß die Sonne in ihrer innern Sphäre ein Sammelplatz von siebenerlei Geistern ist. Darunter sind solche, welche zur Prüfung von der Sonne erst in die Planeten hinaus versetzt werden, und wieder solche, welche als vollendet zurückgekehrt sind. — Die erste, noch zu vollendende Klasse bildet dann des Sonnenkörpers innern Gehalt, die zweite, aber schon vollendete, des Sonnenwesens äußere, lichte Umhüllung.

54] Sehet, so ihr ein bißchen scharf zu sehen imstande wäret, so wäre eigentlich der Stein des Anstoßes nun schon gehoben. Aber da ihr noch immer von schwachen Augen und daneben auch etwas harthörig seid, so muß Ich euch schon noch hinzusetzen, daß diese Geister [der vollendeten Klasse] es sind, welche durch ihr Liebe- und Wonnebeben das eigentliche Leuchten der Sonne ausmachen!

55] Was aber die Fortpflanzung dieses Lichtes betrifft, so mache Ich euch nur auf die noch zu vollendenden Geister aufmerksam, die sich da noch immerwährend von der Sonne entfernen müssen. So habt ihr ja auf ein Haar diejenige Fortpflanzung des Lichtes erläutert, von der schon vorher bei der Bildung des „Planetenknotens" die Rede war. Und hiermit habt ihr auch das Wesen der euch schon oft erwähnten, von der Sonne ausgehenden atomischen Tierchen[1], welchen die Schwingungen der schon vollendeten Geister als eine stärkende Gabe auf die Reise ihrer Vollendung mitgegeben werden.

---

[1] Lichtatome — von den bedeutendsten Physikern der Gegenwart nach ihren Erkenntnissen „Licht-Energiequanten" genannt. — Die durch Jakob Lorber geoffenbarte Lichtlehre bestätigt in wunderbarer Weise die großen Entdeckungen und Feststellungen der Strahlenforschung unserer Zeit und überbietet dieselben noch weit durch die Enthüllung der geistig-lebendigen Natur der atomischen Lichtträger. Die Lorbersche Lichtlehre vereinigt das Wahre der von dem englischen Forscher J. Newton 1678 aufgestellten Emissions- oder Aussendungstheorie (wonach das Licht aus winzig kleinen, substanziellen Partikelchen besteht, die von der Lichtquelle mit großer Geschwindigkeit nach allen Seiten hinausfliegen) — mit der im 19. Jahrhundert von dem Forscher Huygens aufgestellten Vibrations- oder Wellentheorie (wonach das Licht in wellenförmig sich fortpflanzenden Schwingungen des den Weltraum erfüllenden Aethers besteht) — Nach Lorber besteht das Sonnenlicht aus atomischen, geistigen Kleinwesen, welche, mit den starken Lebensschwingungen höherer Wesen geladen, als Lichtträger den Planeten zueilen, um dort alles Leben mit Sonnenkraft zu speisen. D. Hsg.

Am 24. März 1842, von 1/4 4 Uhr bis 3/4 7 Uhr, nachmittags

Schreibender: Ans. H.

56] Ihr werdet euch wohl fragen und sagen: „Es ist alles gut und wahr; aber was treibt denn die Geister der ersteren Art, die noch unvollendet sind, von der Sonne hinaus in die weiten, endlosen Räume?“

57] Und Ich gebe euch darauf zur Antwort: Nichts anderes als Meine ewige Ordnung, vermöge welcher diese aus der Sonne wandernden Geister zwar eine positiv-polarische Sättigung haben, aber von Grund aus an und für sich nur negativ sind.

58] Was geschieht denn aber, so zwei gleiche Pole sich nahe zu stehen kommen? — Nichts anderes, als daß sie sich so lange abstoßen, bis der positiv genährte, aber doch im Grunde an und für sich nur negative Pol alles Positive hintangegeben hat!

59] Nun sehet, also sind diese uns bekannten atomischen Wesen im Grunde negative Wesen und können so lange in der Sonne bleiben, solange sie lediglich diesen Charakter beibehalten. Nehmen sie aber allzu gierig eine Lichtsättigung aus dem positiven Polgebiete der Sonnengeister an, so daß sie sich dadurch, dem Wesen des Lichtes nach, sehr wenig mehr unterscheiden von den eigentlich positiv-polarischen Geistern, welche schon vollendet sind, so werden sie dann auch alsbald von den positiv-polarischen Wesen hinausgetrieben, und das zwar mit einer wahrhaft geisterhaften Geschwindigkeit.

60] Diese also hinausgetriebenen Geister sind das eigentliche ausstrahlende Licht der Sonne, welches sich, wenn es auf einen Weltkörper fällt, dem positiven Teile nach (welches das mitgenommene Licht oder vielmehr die noch fortdauernde Liebfreudebebung der vollkommenen Geister ist) demselben mitteilt.

61] Dem negativen Teile nach aber werden, besonders bei der Annäherung an einen Weltkörper, diese ausgehenden atomischen Wesen bald ihres positiven Teiles ledig und kehren dann als antipolarische Wesen wieder zur Sonne zurück — und das ist das Zurückstrahlen des auffallenden Lichtes aus der Sonne. Und da diese Wesen vermöge ihrer großen Schnelligkeit allzeit in einer geraden Linie sich bewegen, so wird es auch erklärlich, warum vom Sonnenlichte beleuchtete Gegenstände überaus klar zu sehen sind, besonders wenn in der atmospärischen Luft keine Aufregungen stattfinden.

62] Wie aber eine also erleuchtete Form allen ihren Teilen nach vollkommen gesehen werden kann, das rührt wieder daher, daß jede Materie, aus welcher eine Form gebildet ist, ebenfalls — wie ihr schon wisset — nichts als ein Konflikt geistiger Potenzen ist.

63] *Wenn sonach diese schnellen Lichtträger aus der Sonne an eine Form stoßen, so nimmt die Form — je nachdem sie ihrem innern Gehalte nach beschaffen ist — alsbald die ihr zusagenden Teile an sich und läßt das für sie Unbrauchbare wieder in der allerhöchsten Schnelligkeit nach allen Richtungen hin von sich weggehen.*

64] Sonach ist denn das Auge nur ein Aufnahmeorgan für die mannigfachen Unterschiede des Haupt- und des zurückgeworfenen Lichtes. Und diese mannigfachen *Unterschiede des Lichtes* sind dann auch natürlicherweise die *Bildner* aller der verschiedenen *Dinge*[1] in dem für solche Lichtunterschiede tauglichen Auge.

65] So ihr nun dies wisset und, soviel es euch mit leiblichen Sinnen möglich ist, begreifet, so muß es euch doch endlich klar werden, daß somit alles, was sich nur immer materiell darstellt, im Grunde dennoch nichts Materielles, sondern *lauter Geistiges* ist. Nur könnet ihr das Geistige nicht schauen, weil ihr noch nicht in der geistigen Polarität seid. Werdet ihr euch aber einmal in der geistigen Polarität befinden, alsdann wird sobald die entgegengesetzte Erscheinlichkeit eintreten, vermöge welcher ihr dann nur das Geistige schauen werdet; aber alles Materielle werdet ihr euch ebenso hinzudenken müssen wie jetzt das Geistige zum Materiellen.

66] Darum muß es euch nun auch nicht allzusehr wundernehmen, so ihr im Verlaufe dieser Mitteilung hier und da auf Punkte treffet, die euch nicht allzu klar werden können. Denn sollten euch nun schon alle diese Verhältnisse ganz vollkommen klargemacht werden können, so müßtet ihr ganz aus der Materie ins rein Geistige hinübertreten, was für jetzt noch nicht an der Zeit ist...

☆

Weltlust und Ewigkeit

Liebesmahnung an eine junge Tochter.

Am 10. März 1842

Bewahre treu vor der Welt das Heiligtum der Liebe zu Mir, deinem Vater, in deinem Herzen! Lasse dich nicht gelüsten der eitel nichtigen Dinge der Welt, die da alle für den Geist gar bald vergehen werden wie ein loser Spreu im Winde.

2] Denn was die Welt für ein nichtig Ding ist, das wirst du erst im *Geiste* völlig ersehen. Lasse dich darum von nichts Welt-

[1] d. h. der verschiedenartigen Farb- und Formerscheinungen der Dinge; d. Hsg.

lichem verleiten, so werde Ich dich bald aufnehmen zu einer gar lieben Tochter Meiner ewigen Vaterliebe und werde dich setzen auf Meinen Arm und dich drücken an Meine Brust, daselbst du erst schmecken wirst, was alles Meine ewige, unendliche, allein wahrhafteste Vaterliebe ist!

3] O du Meine angehende Braut und Tochter! Wäre es tunlich und deinem schwachen Leben erträglich, daß Ich deinen schwachen Augen enthüllen könnte, wie nahe Ich um dich bin und wie Meine Sehnsucht, Mich dir völlig zu zeigen, bei weitem größer ist als die deinige, Mich, deinen heiligen, liebevollsten Bräutigam und Vater, zu sehen — dein Herz würde vor Liebe zerspringen und du könntest keine Minute lang leben!

4] Siehe und entnehme aber doch wenigstens aus diesem Meinem durch den Schreiber an dich gerichteten lebendigen Worte, daß es also ist, daß Ich dir, für dich freilich wohl unbegreiflich, näher bin, als du es je zu ahnen vermagst. Und glaube fest diesem Worte, welches dir da kund gibt, daß Ich nur einzig und allein durch die Liebe und Demut zugänglich bin!

5] Höre, Töchterchen! — Wahrlich wahr, Ich sage es dir, so du glaubest und Mich wahrhaft liebest in deinem Herzen und tust aus dieser wahren Liebe zu Mir nach dem Worte, das dir schon über und über bekannt ist sowohl aus der alten wie aus der neuen Zeit, vor deinen Augen wunderbar — so hast du Mich schon ganz, wenn auch in Rücksicht auf deine Wohlfahrt nicht sichtbar und laut vernehmbar, aber desto inniger im Herzen, in aller heiligen Liebstille für deine ewige Wohlfahrt treulichst und unablässig sorgend!

6] O Töchterchen, glaube, glaube, daß es also ist, damit du Mich, deinen heiligen Vater über alles zu lieben vermagst, wie Ich dich gerade auch also liebe, als wärest du in Meiner weiten Unendlichkeit der ganz alleinige Gegenstand Meiner unendlichen und ewigen, allertreuesten Vaterliebe!

7] Aber, Mein liebes Töchterchen, nur von der Welt ziehe deine Sinne und vorzüglich aber dein Herz zurück! Denn, glaube es Mir, da Ich als der alleinige Schöpfer der Welten es wohl am allerbesten weiß: Alle Welt ist ein gar nichtig Ding, und es ist vollsternstlich nichts an ihr! — Glaube es Mir: Alles, was nur immer deinen Augen begegnet und dein Auge körperlich anzieht, ist eitel nichts mehr und nichts weniger als bloß nur eine fixierte Erscheinlichkeit, bestimmt zur Prüfung des unsterblichen Geistes für die kurze Zeit, in welcher das Erdenleben eines Menschen begriffen ist.

8] Und da in geistiger Beziehung tausend Jahre kaum wert sind, ein allerschnellster Augenblick genannt zu werden, was ist demnach erst die höchst kurze Prüfungslebenszeit eines einzelnen Menschen! — Siehe daher, du Mein liebes Töchterchen, wie eitel demnach es ist, sich mit dem Herzen an die gar so nichtigen Dinge der Welt zu hängen und sich Reichtümer der Welt zu sammeln für eine gebrechliche und verderbliche Einviertelsekunde zeitlichen Lebens, dafür aber dann notwendig das ewige Leben einzubüßen!

9] Ich sage dir: Wenn es so mancher hochmütige reiche Welttor einsehen könnte und möchte, was da hinter seinem Gelde und anderen Gütern stehet, so würde er darob augenblicklich also heftig erschrecken, daß er von der endlos großen Angst bis auf einen Punkt verzehret würde — was jedoch aus einem allerwichtigsten Grunde nimmer zugelassen werden kann und darf, den du aber jetzt noch nicht begreifen würdest.

10] Bete aber für alle diese an Weltschätzen Reichen! Denn sie sind [ob ihrer Selbstsucht und ihrem Hochmute] diejenigen, denen am allerschwersten zu helfen ist; darum sie auch in geistiger Hinsicht die allerärmsten Wesen sind. Sie werden in alle Ewigkeiten schwerlich je Mich, den Vater, zu Gesichte bekommen, da sie sich mit ihren Schätzen selbst zur Speise des Satans gestaltet haben und somit verschlungen werden von ihm und ewige Wohnung nehmen werden in seinem Bauche!

11] Doch nun nichts mehr davon! — Sondern du, Mein liebes Töchterchen, glaube diesem Worte, ja glaube fest, daß es also ist wahrhaftig wahr! — Verachte die Welt, kehre dich völlig zu Mir, und du sollst dich bald, ja recht bald noch in deinem Erdenleben überhelle in dir überzeugen, daß es also ist und daß diejenigen, die Mich wahrhaft lieben, ewig nimmer einen Tod schmecken werden, und du also auch gewiß und sicher nicht!

12] Aber nur bleibe Mir treu, wie Ich dir getreu bin! — Das ist der heilige Wunsch deines ewigen, heiligen Vaters. Amen.

☆

Dank- und Bittgebet des Knechts

Am 14. März 1842

O Du mein geliebtester Gott, Vater, Meister, Lehrer, Führer, Erlöser und Lebendigmacher Jesus! Du ewige Liebe, Du ewiges Licht — ja Du endlose Liebe aller Liebe, Du endloses Licht alles Lichtes! O Du ewige Erbarmung selbst! — Mit was für einem Herzen und mit was für Worten soll ich armer, sündenvollster Mensch Dir danken für diese Deine gar so unbegreifliche große Gnade, die Du, o mein geliebtester und angebetester Vater Jesus, mir Allerunwürdigstem bereits schon zwei volle Jahre hindurch hast also überaus liebevollst angedeihen lassen?!

2] Hättest Du mir eine wundertätige Kraft verliehen, wie viel Schaden hätte da mein arges Herz vor Dir schon sicher angerichtet, und ich schmachtete auch schon lange dafür in irgendeiner harten Landesverweisung! — Hättest Du mir weltliche Reichtümer beschieden, wie unglücklich wäre ich da! Denn sicher hätte mich dieses allergefährlichste Gift für den Geist schon lange getötet und unempfindlich gemacht für alles Wort von Dir und für alles, was wahrhaft Deinem allerheiligsten Willen gemäß ist. — Hättest Du mir sonst irgendein weltlich ansehnliches Amt verliehen, wie hätte ich da vielleicht gar oft einen unbarmherzigen Richter gemacht, hätte mich von der Welt verblenden lassen und wäre dadurch meinen Brüdern zur schrecklich drückenden Last geworden!

3] Kurz, Du hast mir alles das nur gegeben, was mich am allerglücklichsten machen mußte, nämlich die alleinige Liebegnade, durch welche Du, liebevollster Vater Jesus, schon lange vorher mich erzogen und vorbereitet hast und hast mich öfter gedemütiget, durch Sünden sogar, damit ich dadurch dieser unaussprechlichen, allerhöchsten Gnade, der Du mich gegenwärtig noch immer würdigst, aufnahmefähig werden sollte, fast ähnlich einem Johannes, der da war und noch ist ein allergrößtes Wortwunder Deiner Liebe und Erbarmung zur Lebendigmachung eines jeden, der sein Leben darnach kehret!

4] Ja, solches hast Du unleugbar an mir getan! Du hast mich einer also hohen Gnade gewürdigt, daß ich den allergeringsten Teil derselben ewig nie erfassen werde! — Ja wahrlich, ich erkenne es nun, was das ist, was Du mir nun gibst! — Es ist das Allerhöchste! — Es ist Dein lebendiges, heiliges Wort, davon ich nicht eines Buchstaben würdig bin! — Ja also ist es wahr und wahr!

5] Aber wie Dir danken für solche undenklich allerhöchste Gnade!? — Ich? — der ich nicht einmal würdig bin, daß mich des schlechtesten Erdentages Licht bescheinet, der ich ein barstes Scheusal vor Dir, o Du überheiliger Vater Jesus, bin! — Siehe gnädigst herab auf mich armen, großen Sünder vor Dir! Erbarme Dich meiner und nehme dafür meine unvollkommene Liebe an, als wäre sie etwas vor Dir!

6] Das ist alles, was ich tun kann aus mir durch Deine gütigste Zulassung. Alles andere, was da aus der kleinen Reihe meiner Taten nur immer als gut erscheint, ist ja ohnehin nur Dein Werk — wie die Sünde das allein meinige!

7] Darum, o Du heiligster Vater Jesus, sei mir armem Sünder barmherzig und gnädig und nehme diesen meinen allergeringsten Dank an für Deine allerhöchste Gabe!

8] Und lasse Dich von mir und uns allen demütigst bitten, daß Du mit dieser Deiner unschätzbaren Gnade noch fernerhin, ja ewig bei uns verbleiben möchtest! — Und wenn Dein heiliger Wille es wäre, so lasse Dich bitten, mir auch heute für die Brüder ein heiliges Wörtlein zukommen zu lassen!

9] Doch Dein heiliger Wille geschehe jetzt wie allezeit und ewig! Amen.

☆

Von der Herrlichkeit der ewigen Liebe

Am 14. März 1842

Ja, ja, ja, so schreibe, schreibe, schreibe! — Daß Mir die Liebe, verstehe, die reine, mit nichts Weltlichem getrübte Liebe, der allerangenehmste Dank ist und, so du Mir dankest wahrhaft im Herzen, daß Ich da nicht mehr von dir verlange — solches brauche Ich dir nicht noch einmal zu sagen.

2] Aber solches tut dir not und wohl, daß du einmal erkennest in dir, daß das, was Ich dir gebe, unaussprechlich mehr ist, als so Ich dich mit einer Kraft bescheiden möchte, durch welche du Sonnen und Welten ins Dasein rufen und die bestehenden vernichten könntest nach deiner Willkür. — Welche sonstigen namhaften Wunder hat denn Mein größter und somit auch lebendigster Wortträger Johannes verrichtet — obschon er gerne Feuer vom Himmel hätte über die bekannte Stadt fallen gesehen!?

3] Ja, er hätte gerne [aus übergroßem Zorneseifer] die ganze Erde verbrennt! — Allein, da er insgeheim die größte Liebe zu Mir hatte, so wurde ihm darum auch das Allerhöchste gegeben, nämlich: das allerinnerste, lebendige Wort der Liebe und des ewigen Lebens aus ihr!

4] Siehe und betrachte nun das, was du von Mir empfängst! — Was ist der Inhalt? — Ist es nicht die allerinnerste und allerhöchste, heiligste, lebendigste Liebe aus Mir? — Wie könnte Ich dir da mehr noch geben, nachdem Ich dir gebe, was das Allerhöchste ja schon ohnehin ist!?

5] Welcher Tor möchte oder könnte da wohl ein nichtig Wunderwerk als Beweis dieses allerhöchsten Wunders aller Wunder verlangen?! Oder verlangen, daß Ich solle eine Mücke zerstören, auf daß er glauben kann, daß die lebendige Sonne mit allen ihren zahllosen Wesen, die Ich vor seinen Augen plötzlich ins Dasein rief, wahrhaft und wirklich von Mir ist?! — O der schändlichsten Torheit! O des allerblindesten Verlangens!

6] So dir deine Braut einen allerwärmsten Kuß gäbe zur Beteuerung ihrer heißesten Liebe an dein Herz — wem würdest du dann wohl gleichen, so du als Beweis ihrer Liebe von ihr noch verlangen möchtest irgendeine Nichtigkeit?! — Siehe, gerade also auch verhält es sich hier!

7] Oder, so da jemand hunderttausend Pfunde des allerreinsten Goldes hätte gewonnen bei einem Handel und verlangete hernach von dem, der ihm in solch unerhörtem Maße das Geld gab, daß er ihm zum Beweise des schweren Goldes noch einige schlechte Kupferpfennige hinzulegen solle! — Was meinst du, wie stünde es da mit einem solchen unerhörten Narren?!

8] Und so könnet ihr alle auch völlig zufrieden sein, so Ich euch nun des allerhöchsten Himmels Schätze allerreichlichst gebe, Schätze der reinsten, heiligsten Vaterliebe, Schätze des wahren, lebendigen Jerusalems! — Wer will noch mehr? Wer ist unzufrieden mit dieser Gabe? Wem genügt sie nicht allein?!

9] So da jemand sein sollte von solcher Blindheit, für den gebe Ich dir einen Schlüssel, der da gemacht ist aus altem Unrate der Getöteten. Mit diesem kannst du, wenn du willst, die Schleusen der Erde eröffnen; und sie, die Wundersüchtigen, sollen alle ersäufet werden in den allertrübsten Gewässern!

10] Worin aber dieser Schlüssel besteht, braucht außer dir niemand zu wissen. — Wenn aber die Nacht des Todes jemanden ereilen wird, dann wird er sich wohl entsinnen, welch einen Schlüssel Ich dir übergab!

11] Warum hat sich denn da einer von euch den Magen verderben lassen durch den Dreck der Welt, darum ihm nimmer schmecken will dieses Brot der reinsten, ewigen Liebe des heiligen Vater? — Er soll sich ja wohl in acht nehmen, daß er einst nicht zu dem „Wege" gezählet wird, darauf ein Teil des Samens fiel! — Jemand aber läßt auf seinem guten Acker Dornen und Disteln aufkeimen; er solle bedenken, welches Endlos da des lebendigen Samens harret! Denn Ich und die Welt lassen sich ewig nicht unter ein Dach bringen!

12] Du Ans. H.-W. aber hast dir einen ebenen Weg bereitet. Sei versichert Meines Segens! Siehe, Ich bin nun schon bleibend unter deinem Dache! — Des kannst du fröhlich sein, darum Ich dir nun wesenhaft Selbst helfe dein Haus reinigen. Denn du wirst Mir sicher nimmer die Türe weisen, so Ich auch Mein Kreuz dir zur Verwahrung gebe.

13] Siehe, so da irgend Reisende einkehren, da bringen sie ja auch verschiedenes Gepäck mit und geben es dem Hauswirte zur Verwahrung. Ich bin auch ein Reisender und Mein ganzes Gepäck besteht in einem Kreuze. Bei dir habe Ich nun Herberge genommen! Und du wirst Mich ja wohl also behalten.

14] Denn siehe, wo Ich nicht mit Meinem Kreuze komme, da bin Ich auch nicht willens zu bleiben. So Ich aber komme mit Meinem heiligen Gepäcke, dem Kreuze, da bin Ich dann auch „mit Sack und Pack" da und bin, glaube es fest, nicht so leicht wieder hinauszubringen!

15] Also denn sei froh und fürchte ja keine Welt mehr! Denn diese vermag nun nichts mehr auszurichten und wähnt sich glücklich im finsteren Taumel ihrer lang getriebenen Hurerei!

16] Du K. G. L. aber bleibe, wie du bist! Denn du kennst die Welt und was an ihr ist! So du aber dann und wann gute Zeit und Weile hast, da setze dich manchmal zum Schreibtische, und du sollst schon allzeit ein fertiges Liedchen in deinem Herzen finden, welches du dann zu Papier bringen kannst. Mußt aber dabei nicht nachdenken; sondern was dir zuerst das Herz geben wird, das ist dann schon das Rechte, Gute und Wahre aus Mir!

17] Siehe, es gefällt Mir bei dir! Daher lasse es zu, daß Ich in dein Haus auch wesenhaft einziehe „mit Sack und Pack“.

18] Einem Lieben von Mir aber sage Ich: Gottesfurcht und des eigenen Herzens tiefste Demut ist jedes aus dem Wasser und Feuer Getauften unerläßlichste Pflicht, ohne die an kein ewiges Leben zu gedenken ist! Siehe, du hast die rechte Gottesfurcht und eine lobenswerte Demut — aber glaube es Mir, diejenigen Kinder, die ihre Eltern zu sehr fürchten und werfen sich vor ihnen allzeit in den Staub, mögen nimmer so recht heiß ihre Herzen erheben zu denen, die sie allzusehr fürchten!

19] Suchst Du Mich mit Furcht und Zittern, wie wird es dir ergehen, wann Ich zu dir komme?! — Wirst du da nicht anfänglich gleich jenen Tätern des Uebels rufen: „Berge, fallet über uns!?“ — Und Ich werde Mich dir aus großer Erbarmung lange nicht nahen können bis zur Zeit, allwann sich alle deine Furcht in die vertrauensvollste Liebe zu Mir umgestalten wird!

20] Liebe und Furcht aber halten nicht gleichen Schritt! Denn wo mehr Furcht, da ist weniger Liebe. Wo aber weniger Furcht, da ist mehr Liebe, Vertrauen, Kraft und Mut und somit auch mehr des wahren Lebens!

21] Swedenborg ist wahr und gut, solches kannst du glauben. — Aber solches glaube auch: Die Liebe ist über alles erhaben und heilig! Wer demnach diese hat, der hat alles; denn er hat wahrhaft Mich Selbst. Und siehe, das ist mehr denn alle Propheten, alle Apostel samt Petrus, Paulus und Johannes und so auch mehr denn Swedenborg!

22] Es ist aber noch jemand hier; diesem möchte Ich gerne sagen, daß die Welt ein eitles Ding ist, schlechter als ein allerschalster Traum. Aber er soll Mich erkennen, daß Ich es bin, der ihm solches saget! Denn der Welt Tage sind flüchtiger als ein Sturmwind und die Jahre vergehen wie einzelne Augenblicke aneinandergereihet!

23] Wohl dem, für den die Ewigkeit diesseits kein Traum ist!

24] Und nun sage Ich euch allen: Seid heiter und fröhlich untereinander in Meinem lebendigen Namen! Denn Ich bin wahrhaft mitten unter euch! — Wer da zurück ist irgend, der beeile sich vorwärtszukommen! — Und merket alle: Die Zeit ist kurz, und es stehet [die Erfüllung] nahe vor der Türe! Amen.

☆

Weisung an den Knecht

Am 15. März 1842

Der Knecht: „Mein geliebtester, allerheiligster Herr, Gott und Vater Jesus! Siehe, ich habe schon wieder ein kleines Anliegen!“

Nun, nun, es ist schon gut, mache nicht so viele Worte umsonst! — Es ist Mir ja schon bekannt, um was du Mich fragen möchtest. Habe Ich dir ja ohnehin schon die deutlichste Anweisung gegeben!

2] Warum bist du dem besseren Teile derselben denn nicht gefolgt? — Wärest du geblieben, wo du früher gewohnt hast, dann wäret ihr alle schon um vieles reicher geworden. Denn ihr hättet da schon den ganzen Saturn und hättet alle die von dir gezeichneten Berge und auch vom Hauptwerke schon soviel wie jetzt.

3] Siehe sonach, um wie vieles ihr zurück seid! — Wann du aber nicht bald zusiehst, mit diesen sehr wichtigen [Natur-]Zeugnissen in die Ordnung zu kommen, so werde Ich sie euch gar nicht mehr geben.

4] Da, wo du aber jetzt wohnest[1], kann solches der Kinder und des neuen sogenannten Hofmeisters wegen nicht eben zu leicht geschehen, da du kein abgeschlossenes Zimmer für dich allein also haben kannst, daß du fürs erste keine Horcher hättest, wenn du jemandem etwas in die Feder sagen sollst, und fürs zweite dann dadurch auch die Kinder des Andr. H.-W. noch mehr zerstreut würden, so sie wüßten, was im Beisein eines oder des anderen Schreibers, den Ich dir anzeigen möchte, nun eben geschieht — was dich selbst dann unfrei und ärgerlich machen würde und somit auch unfähiger für die reine Aufnahme Meines Wortes!

5] Können alldort alle diese Hindernisse beseitigt werden, was sehr schwer gehen wird, dann kannst du ja bleiben, wo du bist; sonst aber ist es dir sogar Pflicht für Mich, daß du dir wieder eine eigene Wohnung nimmst, wie die frühere es war!

6] Jetzt weißt du alles, was dir nötig ist! — Siehe, Ich gebiete nicht und sage nicht: „Also tue!“ — Willst du aber frei sein, so mache dir aus Meinem Rate selbst ein Gebot! Dann wirst du gut gehen, und der Brüder Splitter werden dich nicht stechen!

7] Der Andr. H.-W. aber möge sich bei dem neuen Hofmeister wohl in acht nehmen, daß an dessen stattlicher Jugendseite seine „Gefäße“ nicht noch einen stärkeren Stoß bekommen, als bei dem früheren! — Solches sage Ich dir darum, daß er in Meinem Namen vorbaue in

[1] Bei Andreas Hüttenbrenner, Bürgermeister von Graz.

seinem Hause! Denn Ich bin da noch nicht „zu Hause“ — außer wie ein armer, schwacher Bettler in einem Krankenhause, so er da bettelt ganz entkräftet um eine Schale stärkender Suppe.

8] Darum kann Ich dort auch wenig oder oft gar nichts wirken. — Nur allein Mein Name ist da mächtig, da er der Himmel Allerhöchstes ist. Aber nicht ebenso mächtig ist das aus Mir gehende Ich in euch, welches anfangs nur ein allermattester Strahl ist, der euch belebt, aber für die Vollkraft erst durch eure Liebe zu Mir vollkommen werden muß und, ist er das geworden, alsdann erst euch neu beleben und völlig erwecken kann zum ewigen Leben!

9] Siehe, wo demnach Ich noch ein schwacher Bettler bin ohne Macht und Kraft — was soll Ich da wirken? — Da wirket, wie gesagt, nur allein Mein Name! — Wann Ich aber im Menschen geweckt werde, dann auch wird geweckt alle Meine Kraft in ihm. — Aber dazu gehört noch vieles in jenem Hause; d. h. es ist dort noch viel Weltliches in allen Kästen und Schränken, das da hinaus muß, bevor Ich komme.

10] Solches möchte mein lieber Andr. H.-W. wohl beachten — und unter dem „Hause“ zumeist seine Familie verstehen! — Amen.

11] Verstehe es aber auch du! — Amen.

☆

Stärkungswörtlein an eine schwache Seele

Am 4. April 1842, nachmittags

Gut, gut! Wahr, wahr! — Ich habe es schon vernommen! — Darum schreibe nur ein ganz kurzes Wörtlein an die, welche da hat, in ihrem Herzen verborgen, ein noch schwaches Verlangen nach Mir, aber desto lebendiger nach dem, was die Welt ist!

2] Sie möge sich ja fleißig bestreben, ihr Herz bei jeder Gelegenheit zu Mir zu kehren und soll Mich lieben Meiner Selbst willen — und nicht aber auf daß Ich ihr bald geben möchte einen Mann und andere weltglücklichere Umstände. Denn alle diese Dinge schlagen hart und schwer an Mein Herz!

3] Wird sie Mich allein zu suchen und zu lieben anfangen, da werde Ich ihr auch das Geringste nicht vorenthalten, was sie nur immer im Herzen fühlen wird. Aber bevor Ich solches jemandem tue, da muß auch zuvor Mir gegeben werden, was Mir gebührt Meiner Selbst willen, aber nicht um der weltlichen Dinge willen!

4] Daher sei das Mein erster Gruß an die, die da gewünscht hat ein Wörtlein von Mir! Wird sie es achten, so werde Ich ihr schon gar bald einen anderen „Stern“ zeigen und ein starkes und großes „Bindeband“ geben.

5] Wenn sie aber darüber eifern würde ihrer Schwestern wegen, dann wird sie — ihres eigenen ewigen Heils willen — lange zu bitten haben, bis Ich sie voll erhören werde! — Amen.

6] Solches sage Ich, ihr und aller Menschen, Kinder und Kindlein heiliger, liebevollster Vater! — Amen, Amen, Amen.

☆

Mahn- und Verheißungswort an Gabiela

Am 9. April 1842, vormittags

So sage denn kurzhin der, die da hier trägt einen Mannsnamen, aber eigentlich innerlich heißet Gabiela[1]:

2] Warum sie das überhört hat, was Ich ihr schon nahe vor einem Jahre unaufgefordert gab, da Ich sie beim Namen rief, und sie aber dennoch verkannt hat Meine Vaterstimme?

3] Ich lasse ihr darum, liebevollst ermahnend, sagen, sie solle ja vor allem das [frühere Wort] in die Hand und recht tief ins Herz nehmen. Sodann erst werde Ich sie wieder vollkommen zu Meiner Tochter aufnehmen und werde ihr ein anderes Wort geben, das sie erfüllen wird mit einer großen Kraft, zu kämpfen gegen alle Anfechtungen der Welt. Denn sie ist zufolge Meiner Ordnung nicht frei von Versuchungen der Finsternis. Aber so sie sich ernstlich zu Mir wendet, da soll sie frei werden!

4] Sie soll nur auch recht ernstlich beten, nicht veränderlich sein in ihrem Herzen und nicht mit heimlichem Wohlgefallen dann und wann zur Welt hinausblicken, sondern soll beharrlich sein in allem, was da der Liebe ist zu Mir! So wird dann ein mächtigeres Wort sicher nicht lange unterm Wege bleiben.

5] Dessen alles soll sie in ihrem Herzen wohl achten und nicht vergessen des ersten Wortes, das Ich an sie gerichtet habe! Amen.

6] Das sage und lasse ihr sagen Ich, ihr liebevollster Vater!

☆

[1] Wilhelmine, die Tochter Anselm Hüttenbrenners; d. Hsg.

„Vater“ und „Sohn“

Am 9. April 1842, nachmittags

Zum 1. Sendschreiben Johs. 2. Kap., 23. Vers: „Jeder, der den Sohn leugnet, hat auch den Vater nicht; wer den Sohn bekennet, der hat auch den Vater!“

So da jemand eine erwählte Jungfrau hat und verlanget Liebe von ihr, sagt ihr dabei aber ins Gesicht: „Du hast kein Herz!“ — da er ihr solches erweiset und nimmerdar zugeben will, daß sie ein Herz habe — wie mag denn hernach der Tor von ihr verlangen, daß sie ihn lieben solle? — Verstehet ihr solches? — Oder kann da jemand anders zur Liebe gelangen denn allein nur durch das Herz, das allein nur ein Wohnhaus der Liebe ist?

2] Oder so jemand möchte an einen Ort gelangen, leugnet aber den Weg dahin — wie wird der ohne einen Weg wandeln? — Und so ihr zu jemanden saget: „Siehe, wenn du schon keinen gebahnten Weg zugibst, so gehe doch über die Steppen, Felder, Wiesen, Fluren und Aecker!“ Der Gegner aber erwidert euch: „Auch dergleichen gibt es nicht, sondern allein ein unergründliches Meer!“ Saget, wie wird dieser an den Ort gelangen? — Und so ihm der Führer dann sagt: „Wenn du denn schon nichts denn lauter Meer siehst, so steige in ein Schiff und lasse dich vom Winde dahin tragen und schieben!“ Der andere aber leugnet auch die Schiffe. Saget, wie wird der wohl an den Ort gelangen? — Oder wie will jemand zu jemandem kommen und von ihm etwas erlangen, so er ihm die wirkliche, wesenhafte Existenz abspricht? — Kurz und gut, und genug der Gleichnisse!

3] Wie kann aber jemand zum Vater gelangen und leugnen zugleich durch die Nichtannahme des Sohnes die Wesenheit des Vaters Selbst — während doch allhier Sohn und Vater also vollkommen Eines sind wie das Herz und die Liebe im Herzen, oder wie ein Mensch und sein Leben, oder wie Licht und Wärme, oder wie ein Ort und irgendein möglicher Weg dahin.

4] Wenn sonach aber der „Sohn“ die eigentliche wirkliche Wesenheit des „Vaters“ und das mächtige Gefäß ist, in dem der „Vater“ oder die „Ewige Liebe und Weisheit“ (in welcher da begriffen wird die allerhöchste „Fülle der Gottheit“) wohnet — wie kann da jemand zum Vater gelangen, wenn der Sohn für ihn so gut wie eine bare Null ist?

5] Ich meine, das sollte euch genügen, um obigen Vers aus dem Grunde zu verstehen. Sollte aber jemandem trotz aller dieser handgreiflich enthüllenden Darstellungen der Vers noch dunkel sein, dann rate Ich ihm einen Versuch zu machen, wann er so recht hungrig ist, und zwar diesen, daß er sich sättige von einem bloß gedachten Brote — da es ihm unglaublich ist, daß da in der gewisserart groben, sichtbaren Materie des Brotes sich aufhalten solle ein ätherisches Brot zur Nährung und Belebung der Geister des natürlichen Lebens!

6] Mehr brauche Ich euch nicht zu sagen. Denn wer das nicht fasset, dem sind vorher noch zwei Aerzte nötig, nämlich ein Augen- und ein Ohrenarzt. — Solches verstehet wohl und haltet euch an den „Sohn", so wird euch der „Vater" nicht durchgehen, indem der Sohn und der Vater auf ein Haar, wie ihr zu sagen pfleget, eines und dasselbe sind.

7] Aber ohne den Sohn gibt es keinen Vater, wie ohne den Vater keinen Sohn! — Solches verstehet auch wohl in euch! Amen.

☆

Aerztlicher Rat bei Besessenheit

Am 12. April 1842, nachmittags

O Herr, die Kranke F. G. kann seit vierzehn Tagen ihre Augen nicht öffnen, ärztliche Mittel helfen nicht; auch ich Unwürdigster versuchte heute dreierlei magnetische Erweckungsmittel vergeblich, nämlich das Adspirieren, Gegenstriche und das Bestreichen der Augenlider mit kaltem Wasser. — Ich bitte Dich demütigst, Du mächtigster und barmherzigster Arzt aller Aerzte, voll der höchsten Liebe, Gnade und Erbarmung, daß Du mir ein Mittel anzeigen wollest durch Deinen Knecht, wodurch dem Mädchen die krankhaft geschlossenen Augen wieder geöffnet werden könnten. Dein heiligster Wille geschehe in und an uns jetzt und in alle Ewigkeit! Amen.

Aber Mein lieber Ans. H.-W., willst du denn schon wieder barmherziger sein, als Ich Selbst es bin? — Kennst du Meine Wege und weißt du denn, warum Ich solches geschehen lasse? — Ich sage dir aber, [bei dieser Kranken] da werden bis zu einer gewissen Zeit alle ordentlichen Mittel nicht viel fruchten! Wann es aber warm wird, da soll sie nur Bäder gebrauchen, erstens laue und dann kältere und stets kältere, so wird es wohl besser mit ihr. Aber ganz gesund wird sie nie, außer durch anhaltendes Gebet so viel möglich von ihrer Seite, und auch hauptsächlich durch das Gebet ihrer Angehörigen. — Denn dies Mädchen hat einen alten, lustigen, aber sehr blinden Familien-Geist in sich, und dieser ist über die Ohren vernarrt in dies Kind; daher zieht er bei jeder Gelegenheit und auf verschiedene Weise das Kind an sich.

2] Allein da das Kind seiner nicht achten kann, so hat er es nun an den Augen gepackt! — Und da werden fast alle Kuren vergeblich sein, sympathetische jedoch besser als medizinische. — Magnetische [Kuren] werden den Geist noch mehr erwecken und erbittern; wird er dadurch auch hier zum Weichen gebracht, so wird er aber dafür, sich noch gewaltsamer rächend, auf einen andern, dem Leben viel gefährlicheren Teil verstohlenerweise hinwenden und das Mädchen daselbst zu verstümmeln anfangen.

3] Daher, wie Ich schon oben bemerkt habe, werden da die Heilmittel keine großen Fortschritte bringen, außer mit der Zeit Bäder und Gebet.

4] Besser aber als alle bisher angewandten Mittel wäre Milch von einer gesunden Kuh, frisch gemolken, in linnenen Fetzchen warm auf die Augen gelegt und alle zwei bis drei Stunden gewechselt. Nur müßten die Fetzchen dann allzeit in reinem fließendem Wasser gereinigt werden, bevor sie wieder gebraucht werden sollten.

5] Jedoch die warme Zeit, Bäder und Gebet können im Vollvertrauen auf Mich allein das etwas geplagte Kind wieder völlig gesund machen; sonst aber wird ihm alles für bleibend wenig nützen. — Also steht es mit dem Kinde!

6] Wenn ihr aber für es ernstlich betet und ihm in Meinem Namen im Geiste die Hände aufleget, so werdet ihr dem Mädchen dadurch mehr nützen als durch alle eure anderen magischen oder medizinischen Mittel.

7] Verstehest du A. H.-W. solches? — Betet, und Ich aber werde dann schon tun, was des Rechtens sein wird. Amen.

☆

Sinnbilder der Liebe und ihr „Hauptschlüssel“

Am 14. April 1842, nachmittags

„Dieser ist's, der da kommt mit Wasser und Blut, Jesus Christus, nicht mit Wasser allein, sondern mit Wasser und Blut. Und der Geist ist's, der da zeuget, daß Geist Wahrheit ist. — (Denn die drei sind es, die da zeugen im Himmel: der Vater, das Wort und der Heilige Geist; und diese drei sind eins.) — Und drei sind es, die da zeugen auf Erden: der Geist und das Wasser und das Blut; und die drei sind beisammen.“

Zu dieser Schriftstelle (1. Joh. 5, 6—8) wurde von Jakob Lorber die Bitte ausgesprochen: „Geliebtester, heiligster, barmherzigster und allerweisester Vater Jesus! Siehe, hier liegt schon wieder eine harte Nuß vor uns! Wir alle können ihrer nicht Meister werden. — Wäre es Dein heiligster Wille, so könntest Du sie uns ja wohl aufdecken. Aber nur Dein heiliger Wille geschehe! — Amen.“ — Die Antwort lautete:

Saget selbst, ob es euch nicht groß wundernehmen muß, daß ihr bei so viel Licht aus Mir dennoch so blind seid, um einen so leichten Text nicht auf den ersten Blick völlig zu erfassen!

2] Was ist das „Wasser?“ — Solches ist euch schon bei mancher Gelegenheit klärlich gezeigt worden. — Was ist das „Blut“? — Auch solches wurde schon gezeigt. — Und was ist der „Geist“? — Solches auch wurde euch schon gar oft gezeigt.

3] Ich setze aber den Fall, es wäre euch allein entweder das Wasser oder das Blut oder der Geist gezeigt worden — da aber diese drei eines sind, so müsset ihr ja dennoch das Ganze verstehen, wenn ihr am rechten Orte, nämlich im Herzen, zu denken vermöchtet! Aber ihr alle seid noch Verstandesritter, und so geht es dann freilich wohl nicht mit derlei Texten, die nur im Herzen allein vollwahr und lebendig erklärt werden können.

4] Kennet ihr denn den „Hauptschlüssel“ noch nicht, mit welchem allein alle Geheimnisse der Himmel allezeit vollgültig bis in den tiefsten Grund können erschlossen werden? — So ihr ihn doch nicht kennen solltet, da muß Ich ihn euch ja wohl noch einmal nennen! — Und so höret denn:

5] Dieser Hauptschlüssel ist und heißet die Liebe, d. h. die wahre, reine Liebe eures Herzens zu Mir, wie vorzugsweise Meine unendliche zu euch!

6] Sehet, das sind die eigentlichsten Schlüssel Petri! Darum Petrus zuletzt noch von Mir dreimal gefragt wurde, ob er Mich liebe.

7] O ihr Blinden, sehet und merket ihr denn noch nichts?! — Warum wächst denn auf oder in einer ganz trockenen Erde nichts? — So aber das Erdreich bewässert wird, werden da nicht bald zahllosartige Pflanzen, jede nach ihrer Art, ihre vollkommene Nahrung finden?

8] Was also ist das Wasser? — Ist es nicht die Liebe, welche da bei euch auf der Erde allen Wesen und Dingen eine alleinige Nahrung aus Mir ist wie das alleinige Leben selbst?! — Nun, was entspricht denn diesem natürlichen Wasser für ein anderes, geistiges Wasser? — Habt ihr denn noch nie etwas vom „lebendigen Wasser" gehört, darunter verstanden wird Mein Evangelium und ganz besonders Mein lebendiges Wort in euch, so es sich kund gibt in einem Mich liebenden Herzen?

9] Ich meine aber, mehreres über das „Wasser" zu sagen, wird doch wohl unnötig sein; denn ein vollkommeneres Bild für Meine Liebe bei euch läßt sich doch wohl nicht auffinden als das Wasser, davon ein jeglicher Tropfen schon eine Nahrung und ein Leben in sich trägt für zahllose Wesen naturmäßig, wie demnach erst geistig!

10] Also das „Wasser" hätten wir! — Aber jetzt kommt das „Blut"! — Was wird etwa doch das „Blut" sein? — Merket ihr noch nichts? — O ihr Blinden und Tauben! — O das Blut, das Blut, das ist dem Verstande freilich wohl stark im Wege! Denn je weniger Blut im Kopfe, desto heller der Verstand. Darum die echten Gelehrten auch nicht selten aussehen wie unglückliche Geister. — Aber das Herz muß Blut haben! Dem kann es nicht gleichgültig sein, ob Blut oder kein Blut. Denn des Herzens Leben ist das Blut!

11] Was wird demnach doch das „Blut" sein? — Jetzt spitzet eure Ohren und höret: Das „Blut" ist hier vollkommen dasselbe, was das „Wasser" ist — also schon wieder: Liebe — nur mit dem Unterschiede, daß darunter verstanden wird jene Liebe, die von euch in euren Herzen ins Leben aufgenommen wird zu eurer ewigen Belebung — also wie vom Leibe die Nahrung, die da sämtlich dem Wasser entstammt, aufgenommen und in ihm verkehret wird zum nährenden und alle Leibesteile belebenden Blute.

12] Also hätten wir auch das „Blut"! — Aber nun kommt noch der „Geist". — Was etwa der Geist hier ist? — Doch, wir wollen uns vor solchen kommenden Neuigkeiten nicht auf eine zu lange Folterbank spannen lassen; und so spitzet denn nun wieder eure Ohren und vernehmet, was ganz anderes Neues der „Geist" ist:

13] Er ist schon wieder nichts, als was das „Wasser“ und „Blut“ waren, nämlich Liebe! Aber nur die lebendige, wesenhafte Liebe in euch, welche ist „Mein Geist“ oder das sich ewig klar bewußte unvergängliche Leben in euch, das euer allereigentlichstes Wesen selbst ist.

14] Was ist aber demnach die „Erde“ oder der Träger des Wassers, des Blutes und des Geistes? — Greifet euch bei der Nase, so habt ihr die Erde schon zwischen euren Fingern!

15] Welcher Unterschied ist nun wohl zwischen „Wasser“, „Blut“ und „Geist“, da alle drei eine und dieselbe Liebe sind? — Da sie eine und dieselbe Liebe sind, so werden sie ja doch wohl auch vollkommen eins sein?!

16] Also damit wären wir auch im Reinen! — Aber jetzt kommen die drei großen „Zeugen des Himmels“, als der Vater, das Wort (der Sohn) und der Heilige Geist oder die Ewige Liebe in Gott, oder das große lebendige Zeugnis, das da Fleisch geworden ist und hat unter euch gewohnet und wohnt im Geiste noch jetzt als „der Heilige Geist aller Liebe und aller Wahrheit“ bei euch, unter euch, und so ihr es wollet auch allerlebendigst in euch!

17] Sehet, da haben wir nun schon alles! — Nur der „Himmel“ geht uns noch ab. Doch für so dumm will Ich euch nicht halten, daß ihr da nicht wissen solltet, daß unter dem „Himmel“ verstanden wird das ewige Liebeleben in Mir, dem heiligen, liebevollsten Vater!

18] Sehet, nun habt ihr alles: Wasser, Blut, Geist; Vater, Wort und Heiligen Geist und die Erde und den Himmel! Und dieses alles, sage Ich euch, ist eine und dieselbe Liebe.

19] Darum haltet euch an die Liebe, so habt ihr alles!

20] Verstehet dies alles wohl! — Amen.

☆

Maria und Martha

Am 15. April 1842

Nun denn, so gebe Ich dir dies Wörtlein! — Was fragst du denn hier: für welche? — Wirst es doch noch nicht vergessen haben, für welche du verlangtest in deinem Herzen? — Also der gebe es! — Aber beachten sollen es alle, wohlverstanden!

2] So höre denn, Mein liebes Töchterchen, und gebe ja wohl acht auf das, was Ich dir hier sage! — Sammle alle deine Liebe in eine Liebe zu Mir, deinem guten, heiligen, liebevollsten Vater, so wirst du zu einer großen Kraft gelangen; und in dieser Kraft erst, glaube es Mir, wird dir jeder gute Wunsch deines Herzens in die allerhöchste Erfüllung gehen.

3] Willst du aber diesen Rat werktätig befolgen, dann stelle dir nur recht oft die Martha und deren Schwester Maria vor, und denke bei dir so recht fest und tief im Herzen nach, warum Mir denn doch die gewisserart müßige Maria bei weitem lieber war als die so sehr emsig beschäftigte Martha — und was Ich zu der Martha gesagt habe, als sie Mich bat, daß Ich die Maria beheißen solle, daß sie ihr helfe.

4] So du solches recht nachdenkend betrachten wirst, dann wird es dir schon einleuchtend werden, warum Ich dich, Mein liebes Töchterchen, nun darauf aufmerksam gemacht habe!

5] Glaube es Mir, deinem lieben, heiligen Vater: „Nur eines tut not, und dieses eine ist die wahre Liebe zu Mir! — Alles andere gehört der Welt an und ist ein eitel nichtiges Zeug!"

6] Also, Mein liebes Töchterchen, halte auch du dich an dieses eine, so wirst auch du gleich der Maria bei Mir, deinem liebevollsten, heiligen Vater wohnen — hier schon, wie noch viel mehr jenseits ewig, ewig, ewig. — Amen.

Vatergabe zum Geburtstag

Am 21. April 1842

Und so schreibe denn: Da das sogenannte Gratulieren bei euch schon an der Tagesordnung ist, so will denn auch Ich von dieser Tagesordnung keine Ausnahme machen, und zwar aus dem sehr einfachen Grunde, weil Ich fürs erste der größte Freund der Ordnung bin, und fürs zweite, weil Ich die ewige Ordnung Selbst bin.

2] Aber nur erwarte da niemand irgendeinen sogenannten Glückwunsch von Mir, der an und für sich nichts als eine allerbarste, nur weltlich etwas artigere Lüge ist und einer Frucht gleichet, welche in der vollen Unreife vom Baume gefallen ist und dann auf der Erde ganz unbeachtet zertreten wird. Denn es ist um vieles besser, so du jemanden einen kupfernen Pfennig gibst, als so du ihm tausend Pfunde des allerreinsten und schwersten Goldes gewünscht hättest.

3] Daher wünsche Ich dir, Mein lieber Ans. H.-W., gar nichts, sondern gebe dir Meinen Vatersegen für dich wie für deine Familie — und ein *Kreuzlein* hinzu als Bestätigung dieser Meiner dir jetzt dargereichten heiligen Vatersegensgabe. Und sei versichert, solches wird dir mehr frommen, als wenn Ich dir wünschte eine ganze Erde voll des allerbarsten Goldes!

4] Darin aber bestehet diese Meine Vatersegensgabe, daß Ich dein Herz bereichern will und werde mit Meiner *Vaterliebe* und du dann dadurch zu der inneren Anerkennung gelangen wirst, daß es dem Kinde, das sich noch im Mutterleibe befindet, nicht wohl möglich ist, den Vater mit den Augen zu schauen. Wenn aber das Kind aus dem Leibe geboren wird und erschauet das Licht der Sonne, d. h. die erleuchtenden Strahlen aus ihr, so wird es auch bald den Vater in diesen Strahlen erschauen und nach kurzem Zeitenfluge ihn als solchen auch völlig erkennen.

5] *Siehe, du bist nun auch noch im Mutterleibe Meiner Liebe in Dir*; daher kannst du Mich auch noch nicht *sehen*! So du aber aus diesem Leibe Meiner Barmliebe in dir bald vollends ausgeboren wirst im Geiste der Liebe und aller Wahrheit aus ihr, da wirst du auch den *Vater sehen* und Ihn als solchen *erkennen*. Des sei vollkommen versichert!

6] Es ist aber dennoch ein Unterschied zwischen der Geburt eines Kindes aus dem Fleischleibe der Mutter und der *Geburt des Geistes* aus und durch Meine Liebe. Denn die erste Geburt ist bedingt durch die Notwendigkeit der Natur; die zweite aber durch den freien Willen des Menschen und demzufolge dann durch Meine unmittelbare, nie unterm Wege bleibende Gnade.

7] Wenn demnach jemand ganz vollkommen *ernstlich* will und verleugnet sich in aller Demut seines Herzens, genötigt durch Meine Liebe in ihm, der wird dann auch sicher um vieles eher zum heiligen Endziel alles Segens gelangen, welches da ist die dir schon wohlbekannte Wiedergeburt des Geistes.

8] Wenn da aber jemand ist voll *Lauheit* gleich einem (dir in gegenwärtiger Zeit wohlbekannten) Musikschüler, der da bald kocht, bald Holz spaltet, bald die Gasse kehrt, bald näht, bald drischt, bald lustwandelt, bald den Schweinen das Futter bereitet, bald unnützes Zeug plauscht, bald wieder faulenzt, ja bald dies und jenes tut und unternimmt, aber nur selten ein halbes Stündlein kaum beim Klaviere oder bei einem anderen Instrumente zubringt — wann und wie wird ein so „emsiger" Musikschüler ein freier Künstler werden?! — Und wann wird alsonach derjenige, der Mich nur so gewohnheits- und manchmal besserer Zerstreuung halber neben aller seiner Welt so recht nachlässig mitstreifen läßt, zur Wiedergeburt des Geistes gelangen?!

9] Ich sage dir: Auf dieser Erde schwerlich je — sondern vielleicht, wenn er sich nicht ganz tot gemacht hat, nach dem Tode des Leibes höchst mühsam und beschwerlich, da er gleichen wird einem mühsamen und übermüden Wanderer, der da zu kämpfen wird anfangen müssen, wo er die endliche, allersüßeste und allerseligste Ruhe erwartet hatte.

10] Wenn du, Mein lieber Ans. H.-W., dieses alles wohl beachtest, so wird es dir wohl einleuchtend werden, was Großes du mit dieser Meiner Vatersegensgabe von Mir erhalten hast!

11] Die Wiedergeburt des Geistes ist die einzige Bedingung dieses Erdlebens, wie das Endziel alles freien Seins. Diese aber kann ohne den hinreichenden Wärmegrad Meiner Liebe in euch nicht erfolgen. Darum aber gebe Ich dir hiermit eine große Liebeberührung, damit du bald zum gerechtesten Liebwärmegrad, nötigst zur vollen Wiedergeburt, gelangen sollest.

12] Und so denn nehme hin Meine heilige Vatergabe, auf daß du dadurch leben mögest ewig im Schoße deines heiligen Vaters. Amen.

13] Solches gebe Ich dir heute wie allezeit — ja, Ich, dein heiliger, liebevollster Vater Jesus! Amen, Amen, Amen.

Zur Frage der Dreieinigkeit

Am 27. April 1842

Es steht geschrieben: „Wer Mich sieht, der sieht auch den Vater!" (Joh. 14, 9). — Bei Markus (13, 32) heißt es aber: „Allein von jenem Tage und von jener Stunde weiß niemand; auch nicht die Engel im Himmel, auch nicht der Sohn, sondern nur der Vater." — Wie können diese beiden Stellen in Uebereinstimmung gebracht werden? — Und heißt es nicht auch: „Der Vater ist größer denn Ich."?

Das ist Mir schon eine rechte Anfrage zwar; aber nur hätten die Fragenden zuvor recht emsig versuchen sollen, durch den Hauptschlüssel der Liebe zu erörtern und dadurch in sich selbst zu sehen und zu erfahren und zu bemessen, wie tief sie schon in ihr Inneres gedrungen sind. — Doch es gibt ja noch tausend Stellen, die sie noch lange nicht bis in den Grund des Geistes erkennen, und so bleibt für sie schon noch immer eine Arbeit übrig!

2] Was sonach aber die vorliegenden Stellen betrifft, da vernehmet und schauet offenen Herzens in die heilige Tiefe Meiner Liebe in euch! — Denn also spricht das Liebelicht:

3] Der „Vater“ ist die reinste „Ewige Liebe in Gott“ oder das „Ewige wesenhafte Wort“ in Sich Selbst. — Der „Sohn“ aber ist das vom Vater ausgesprochene Wort oder der Sich euch wesenhaft im Sohne offenbarende Vater Selbst. Es verhalten sich beide wie ein gedachtes und ein ausgesprochenes Wort, da der Gedanke ist der Grund oder der Vater des ausgesprochenen Wortes, das ausgesprochene Wort aber wieder nichts anderes als der sich offenbarende Gedanke oder der Vater des Wortes selbst.

4] Wenn ihr nun dieses verstehet, so muß es euch ja doch schon sonnenklar sein, daß wer den Sohn siehet und höret, ja auch den Vater notwendig sehen und hören muß, und daß demnach Vater und Sohn eines und dasselbe sind, wie der Gedanke und das danach ausgesprochene Wort — und daß der Vater im Sohne und der Sohn im Vater ist, wie der Gedanke im ausgesprochenen Worte und das ausgesprochene Wort im Gedanken.

5] Auch müsset ihr darnach verstehen, warum der Vater mehr ist als das Wort oder der Sohn. Das Wort wäre ja ohne den Vater oder den vorhergehenden Gedanken eine allerbarste Unmöglichkeit! Also ist der Vater als der ewige Zeuger des Wortes mehr als das gezeugte Wort. Wenn aber das Wort gezeuget ist, dann ist es ja doch völlig identisch mit dem Vater!

6] Und so ihr dies alles verstehet, da meine Ich, es dürfte da wohl fast unnötig sein, euch noch ferner zu erhellen, warum (bei Markus 13, 32) „niemand“ vom kommenden Tage und der Stunde des kommenden großen Gerichtes über die ganze Erde, im Geiste genommen, etwas weiß, außer allein der Vater — und nicht auch „der Sohn“. So ihr nur ein Senfkörnlein groß Verstandes im Herzen (nicht im Gehirne des Kopfes) besitzet, da müsset ihr ja doch auf der Stelle einsehen, daß durch das Wort wohl die Wissenschaft des Gedankens sich kundgibt — aber ist darum das Wort die Wissenschaft selbst? — Daher kann solches wie alles andere ja doch nur der Vater wissen, nicht aber der Sohn, der da gleichsam ist die Zunge im Munde des Vaters.

7] Damit ihr aber über Vater, Sohn und Geist die volle Anschauung habet, so wisset denn:

8] Der Gottmensch Jesus war wesenhaft der Vater Selbst oder die Sich mit menschlichem Fleische bekleidende Ewige Liebe und Weisheit Selbst — oder die Fülle der Gottheit leibhaftig.

9] Das ausgesprochene „Wort" des Gottmenschen Jesus oder dessen Lehre aber ist der „Sohn".

10] Da aber der Vater schon von Ewigkeit her wußte, was Er tun wird, so war ja der Gottmensch Jesus auch schon von Ewigkeit her „im Vater", manifestierte Sich aber als „Gottmensch" erst dann leibhaftig, da Sich der Vater Selbst offenkundig ausgesprochen hatte!

11] Saget Mir, begreifet ihr etwa jetzt noch nicht, wie der Sohn und der Vater eines und dasselbe sind? — Solltet ihr aber jedoch noch Skrupel haben, da sehet auf den Geist, der muß euch ja in alle Wahrheit leiten!

12] Denn derselbe Geist, der da ewig war im Vater (der da ist der urewige Grundgedanke oder die ewige reinste Liebe Selbst) — ist ja doch auch sicher in des Vaters ausgesprochenem „Worte". Wo aber ein Geist, da wird ja doch etwa wohl auch eine und dieselbe Wesenheit sein! Wenn es nicht also wäre, wie hätte da der Gottmensch Jesus von Sich aussprechen können: „Ich bin der Weg und die Wahrheit und das Leben! Niemand kommt zum Vater denn durch Mich!"[1] — was soviel heißt als: Ich bin die Liebe oder der Vater, und die ewige Weisheit oder Gott Selbst, oder der Geist und das ausgesprochene Wort, oder das ewige Leben Selbst, in welchem da wohnet alle Fülle der Gottheit leibhaftig!

13] Da es aber also ist, saget, auf welchem andern Wege kann jemand zum Vater gelangen, wenn er sich vom selben nicht ergreifen und ziehen läßt, darum er hat die Freiheit des eigenen Willens!?

14] Wer sonach das vom Vater ausgesprochene Wort tätig oder lebendig in sich aufnimmt, der nimmt dann ja auch den Sohn auf. Wer aber den Sohn in sich aufgenommen hat, der wird ja etwa doch den Vater auch aufnehmen, da der Sohn und der Vater eines und dasselbe sind!

15] Wer aber somit Sohn und Vater in sich aufgenommen hat, der wird doch auch sicher den „Geist" oder das „Licht", das da ist gleich wie im Vater also auch im Sohne, in sich haben und wird aus diesem

[1] Joh. 14, 6.

Geiste sein „in aller Wahrheit“, und das zwar aus dem ganz einfachen Grunde, weil es außer diesem Lichte kein anderes Licht mehr gibt und alles Licht somit nur diesem alleinigen Lichte entstammt. — Wer aber in dem Lichte ist, der ist auch im Vater durch den Sohn.

16] Da aber der Vater das urewige Grundliebeleben ist und alles Licht von diesem Leben ausgehet, so wird der Mensch doch wohl sicher auch das ewige Leben haben, wenn er in selbem[1] ist und dasselbe in ihm durch den Sohn, Geist und Vater!?

17] Ich meine aber, so ihr nicht noch blinder seid als der Mittelpunkt der Erde, so dürfte euch dieses wohl genügen, um einzusehen, daß wer da im Geiste Jesum sieht, keinen Tubus mehr brauchen wird, um auch den Vater zu erschauen!

18] Daß ihr aber solches nicht verstehet, so ihr es leset, daran schuldet lediglich euer materiell-heidnisches Drei-Göttertum, das da zu Nizäa ausgeheckt wurde und später noch stets mehr, sogar bis zur Plastik, vermaterialisiert ward, so daß ihr euch nun mehr oder weniger nicht davon zu trennen vermöget. Daher müsset ihr nun allem früheren (Wahn-)Lichte absterben, so ihr wollet zum reinen Geisteslichte aus Mir gelangen!

19] Solches verstehet und tuet auch darnach, so werdet ihr leicht und bald zu Mir, dem heiligen Vater, gelangen! — Amen.

☆

Der Großglockner

Am 30. April 1842, nachmittags von 1/2 4 bis 1/2 8 Uhr

An diesem Tage begann eine große Kundgabe über den „Großglockner“, welche in mehreren Fortsetzungen bis zum 28. Mai 1842 erfolgte. — Nachstehende Worte sind dem Eingangskapitel entnommen:

Schreibender: Ans. H.

Es deucht euch wunderbar das wohlgelungene Bild, wie majestätisch da ein König der Berge, der „Großglockner“ genannt, aus der Mitte seiner großen Brüder kühn sein Haupt erhebt und gewisserart nach allen Seiten hin schaut, wo seine Kinder, von ihm auslaufend, sich befinden. Aber noch wunderbarer wird es euch bedünken, wenn Ich euch, nach der guten Ordnung bei seinen kleinsten Abkömmlingen anfangend, bis zu ihm hinführen werde...

2] Es gibt gar viele Menschen, die da sagen: „Ich habe einen sanften Hügel, der mit Aeckern, Wiesen, Baumgärten, Waldungen

[1] im Lichte; d Hsg.

und Viehweiden belebt ist, um unvergleichbar vieles lieber denn hundert Großglockner!"

3] Solche Menschen haben zwar einesteils wohl recht. Denn auf dem ewigen Schnee und Eise des Großglockner läßt sich durchaus kein Weinberg anlegen; ja nicht einmal die allerletzte Pflanze, wie z. B. das harte Steinmoos, kommt da fort.

4] Ich frage aber: Ist denn ein Berg nur nach seiner vegetabilen Fruchtbarkeit zu taxieren? — Wenn es auf die Fruchtbarkeit ankommt, da ist ein jeder Berg überflüssg. Denn in der Ebene arbeitet sich's ja doch offenbar leichter als auf was immer für einem Berge. Und die Erfahrung wird euch schon gar wohl belehrt haben, daß in der Ebene alles recht gut fortkommt.

5] Sonach ist es doch sicher eine Albernheit, einen Berg nach seiner Fruchtbarkeit zu taxieren. Denn die Fruchtbarkeit der Berge ist nicht die Bedingung ihres Daseins, sondern diese dreht sich um eine ganz andere Achse. Sonach werden diejenigen wohl ihr Wort zurücknehmen müssen, welche einen fruchtbaren Hügel höher schätzen als einen unfruchtbaren hohen Gletscher. Und sie werden es sich gefallen lassen müssen, wenn Ich sage: Ein Quadratklafter vom Eise des Großglockner ist an und für sich mehr wert als eine Quadratmeile voll der fruchtbarsten Hügel!

6] Hier werdet ihr schon wieder fragen: „Wieso denn? Wie ist das möglich?"

7] Ich aber sage euch: Wenn es nur auf den gewissen Erwerbsertrag ankommt, da könnt ihr euch mit den Augen eures Kopfes, für sich allein genommen, sicher nicht einen Heller verdienen, wohl aber mit euren Händen und Füßen! Ist aber darum das Auge nicht mehr wert als die Hände und die Füße, welche ihr ohne das Licht des Auges schwerlich gebrauchen würdet?! Und doch ist die Pupille des Auges gar klein im Verhältnis zu dem Maße der Hände und Füße! Und müßt ihr nicht zuvor ein jedes Ding, das ihr mit der Hand ergreifen wollt, mit dem Auge ergreifen, und so auch mit dem Auge den Füßen allzeit vortreten?!

8] Wenn ihr nun dieses beachtet, so wird euch wohl ersichtlich werden, warum Ich eine Quadratklafter des eisigen Großglocknergrundes höher ansetzte als eine ganze Quadratmeile des fruchtbarsten Hügellandes. Denn so wie ihr ohne das Auge wenig Früchte tragen würdet an den Händen und Füßen, so auch würden die Ebenen und Kleinhügelländereien gar spottwenig Früchte tragen ohne den ewigen

Schnee und das Eis der Gletscher. Und in dieser Hinsicht dürfte dann wohl so mancher wohlhabende und gesegnete Landmann eine Reise nach dem Großglockner machen und daselbst in Meinem Namen sein Eis küssen. Denn es hängt von der kußgroßen Fläche des Eises am Großglockner die ganze Fruchtbarkeit seines Grundes ab.

9] Möchtet ihr hier denn nicht schon wieder fragen: „Wieso denn? Wie ist das möglich?" — Nur eine kleine Geduld; es wird gleich kommen!

10] Ihr wißt, daß sich nach dem alten Sprichworte Gleiches mit Gleichem gerne vergesellschaftet. Wenn ihr in eurem Zimmer irgendeinen feuchten Stein in der Mauer habt, so wird dieser Stein nicht so leicht trocken werden, sondern wird vielmehr noch Feuchtigkeit von allen Seiten an sich ziehen und sonach seinen Feuchtigkeitsüberfluß der andern, ihn umgebenden Mauer mitteilen und wird somit einen großen feuchten Fleck in eurem Zimmer bewirken.

11] Sehet, also verhält es sich auch schon wieder mit unserem Großglockner! — Er ist ebenfalls ein sehr großer, feuchter Stein in den weit ausgedehnten Ländereien eines Erdteiles und zieht dadurch von weit und weit her die in der Luft überflüssig schwebenden Feuchtigkeiten an sich. — Wenn aber diese Feuchtigkeiten in tropfbarem Zustande an seinen Steinwänden blieben, so würden sie dann auch alsbald wieder in großen Strömen diesem Riesensteine entweichen und viele Ländereien um ihn herum verheeren. Damit aber solches nicht geschieht, so bewirkt er durch seine Höhe und Gesteinseigentümlichkeit, daß die in sich gesogenen Feuchtigkeiten alsbald zu Schnee, Hagel und Eis werden.

12] Aber hier werdet ihr sagen: „Wenn das wirklich also ist und geschieht, so muß er dadurch mit der Zeit ja über ganz Europa hinauswachsen!"

13] O ja, das würde auch sicher der Fall sein, wenn er keine „Kinder" und „Kindlein" hätte. Aber diese Kinder entbürden dann ihren Vater, und zwar auf diese Art:

14] Wenn seine Eis- und Schneelast von oben und außen hinzuwächst, da werden die unteren Teile oder die unteren und alten Schnee- und Eismassen eben auch stets mehr gedrückt und gequetscht, wobei sich dann diese Wasser- und Luftteile durch solchen Druck in zahllosen kleinen Partien entzünden, sich dann wieder in neblichte Dünste auflösen und diesem ihrem Gefängnisorte entsteigen. Und da ein solcher Gletscher seine vorzügliche Anziehungskraft nur in seinen höchsten Regionen hat, so würden diese aus seinen niederen und unteren Regionen entwichenen Dünste sich entweder als tropfbare Flüssigkeit stromweise in die tieferliegenden Ebenen, alles zerstörend, ergießen, oder sie würden sich, wenigstens auf den höheren Punkten, dem Schnee und Eise anschließen und dasselbe also fort und fort ausdehnen und mehren, daß da in einem Jahrtausende ganze Ländereien von ihnen begraben würden.

15] Aber damit weder das eine noch das andere geschieht, so sind einem solchen „Gebirgslandesvaters" auch eine unübersehbare Menge „Kinder" an die Seite gestellt, welche gar begierig die Ueberbürdung ihres Vaters auf sich nehmen; und was ihnen selbst noch zuviel wird, da hocken um sie herum schon wieder eine Menge „Kindlein", welche den Ueberfluß gar begierig an sich nehmen. Und was denen auch noch zuviel wird, damit erst segnen sie das ganze andere weitgedehnte Flachland.

16] Und so ihr dieses nur einigermaßen begreift, da werdet ihr es auch leicht einsehen, warum sich von einem solch hohen Berge so weitgedehnte, zusammenhängende Bergketten nach allen Richtungen hin fast strahlenartig erstrecken. Und es wird euch auch nicht eben zu lächerlich klingen, wenn Ich euch sage, daß ihr selbst aus euren Hausbrunnen noch Großglocknerwasser trinket und daß es in eurem Lande[1] gar spottwenig Quellen geben wird, die ursprünglich ihr fruchtbares Dasein nicht diesem Gebirgslandesvater verdanken möchten...

17] Aber das ist nur eine naturmäßig-nützliche Verrichtung und Bestimmung dieses „Gebirgslandesvaters".

18] Es stecken nebst dieser noch zwei andere und viel wichtigere im Hintergrunde, welche wir in der Folge dieser Mitteilung erst werden kennenlernen. Und wenn ihr erst diese werdet kennenlernen, so werdet ihr auch stets einen vorteilhafteren Begriff von der großen Nützlichkeit eines solchen totscheinenden Gebirgsriesen in euch lebendig erschauen.

19] Denn wahrlich, Ich sage euch: Auf der Welt verhält sich alles verkehrt! Wo ihr viel Lebendigkeit sehet auf der Erde, da ist auch ebensoviel des Todes. Wo ihr aber glaubet, es sei alles in einen ewigen Tod versunken, da herrscht zumeist des Lebens größte Fülle und eine unberechenbar eifrige Tätigkeit desselben.

20] Aus diesem Grunde waren zumeist alle Propheten und Seher auf den Bergen zu Hause. Und Ich Selbst, als Ich Mensch auf der Erde war, hielt Mich vorzugsweise gern auf den Bergen auf. Auf dem Berge gab Ich dem Versucher den ewigen Abschied; auf einem Berge speiste Ich viele Hungrige; auf dem Berge gab Ich in Meinem Worte den ganzen Himmel preis; auf

---

[1] Steiermark.

einem Berge zeigte Ich Mich als das urewige Leben verklärt den drei euch Bekannten; auf einem Berge betete Ich, und auf einem Berge wurde Ich gekreuzigt.

21] Darum achtet die Berge! Denn wahrlich, je höher sie ihre Scheitel über die Schlammtiefe des menschlichen Eigennutzes erheben, desto geheiligter sind sie auch und desto segnender das ganze andere Land.

22] Wie solches zugeht, haben wir schon zum Teile gehört. Die Folge aber wird euch erst alles dieses ins klarste Licht stellen — und so lassen wir es heute bei dem bewendet sein!

☆

Von der Ausbreitung des neuen Wortes

Am 5. Mai 1842, von 4 bis 7 Uhr nachmittags

O heiligster Herr und Vater! Wir sind wohl tief durchdrungen von der Wahrheit des 7. Verses im 7. Psalm , den uns Deine große Liebe und Erbarmung gnädigst geschenkt hat. Da heißt es wohl mit vollstem Rechte: „Denn wer kann Dir danken im Tode und wer in der Hölle Dich loben und preisen?" Und im darauf folgenden Verse: „Wie kann der Unheilige dem Heiligen fürs Heilige danken?"

Oh, so sage uns denn, o liebevollster Herr und Vater, zu einem Troste: Wird denn nicht bald der frohe Tag herankommen, an welchem Dein heiliges, neues, lebendiges Wort, welches jetzt an uns wenige Unwürdigste ergeht durch den Mund und die Feder Deines Knechtes, bekannt werden wird auch andern, reineren Herzen und besseren Kindern als wir sind? Verherrliche, ach verherrliche baldigst, o Herr Jesu, Deinen heiligsten Namen! Laß uns im großen Feuerbrande, den die Veröffentlichung Deiner gnadenreichsten Offenbarung verursachen wird, hell auflodern in Liebe zu Dir, Du heiligster Vater, in Liebe zu Dir allein, Du guter, liebevollster Vater Jesus, Jehova, Emanuel! Amen.

Höre du, Mein lieber Ans. H.-W., du hast eine eitle Sorge, darum du nicht kennst den Lauf der Zeit. Also fragten dereinst auch Meine Apostel und Jünger, wann die Zeit kommen wird, so dieses alles geschehen solle, was Ich ihnen vorsagte von der „letzten Zeit". Ich habe ihnen zwar auch das gesagt, allein sie verstanden es nicht, also wie auch ihr das nicht verstehet bis zur Stunde! Und es ist gut und recht, daß ihr es nicht verstehet; denn verstündet ihr es, da wäre es auch teuer um die Freiheit eures Lebens!

2] Was kümmerst du dich denn also um die Ausbreitung dieser Meiner, an euch wenige ergangenen Morgengabe? — So du dich also kümmerst, gleichst du da nicht den Kindern, die da nicht abwarten können die Vollreife einer Frucht, sondern langen mit Händen und Stöcken darnach, um die unreife Frucht vom Baume zu treiben, auf daß sie dann in dieselbe beißeten und sich ergötzeten an den gegenseitigen sauren Gesichtern. So sie aber einen Bissen dieser Frucht in dem Munde haben, werden sie ihn wohl hinabzehren? Und so sie solches täten, würde es ihnen nicht leicht gar übel bekommen?

3] Siehe, daher ist auch hier zuvor die Reife dreifach nötig! Und zwar zuerst als ein zu Ende gebrachtes Werk. Obschon da zwar an und für sich jedes Wort schon ganz reif ist, so wird aber dennoch unter der Vollreife die Beendigung des [gesamten] Werkes verstanden. — Fürs zweite aber wird unter der Vollreife verstanden ein reifes Volk zur Aufnahme eines solchen Lichtes. — Die dritte Reife aber betrifft die Reife eurer Herzen. Denn ohne die müsset ihr euch gefallen lassen, daß die Welt euch frage: „Wo habt ihr denn die Früchte dessen, was ihr uns anbietet?" — und ihr müßtet dann darauf antworten: „Solche erwarten wir erst selbst mit großer Zuversicht!" Und die Welt möchte euch dann darauf wiederum erwidern: „Ja, wenn es so ist, da behaltet ihr nur euer Licht so lange selbst, bis es in euch sichtbare Früchte zeugen wird. Und wird es das, dann erst wollen wir es auch annehmen!"

4] Sehet, daher ist die Reife eine Hauptbedingung dessen, was da genossen werden solle mit Nutzen von allem Volke.

5] Siehe, Ich aber habe die Reife also eingeteilt, daß ihr nur für die Reife eures Herzens zumeist zu sorgen habt und daneben für die wenige Schreiberei dessen, was da kommt zu euch durch Meine Gnade, Liebe und Erbarmung. — Das Wort selbst ist ja Meine Sorge. Und zu der Reifmachung der Völker werdet ihr wohl ohnehin nicht viel beitragen können.

6] Daher sorget euch nur um das, was vorderhand euch anvertrauet ist, und lasset das übrige rein Mir über, der Ich die Zeit und die Reife kenne — so wird alles gut gehen. Und fraget nicht: wie und wann? — sondern denket euch: für jetzt gebe Ich es nur euch.

7] Wenn es aber fertig[1] wird, dann denket euch: Wir haben eine köstliche Perle umsonst empfangen, diese soll nicht unter die Schweine

---

[1] d. h. wenn alles der Menschheit vom Vater zugedachte durch den Knecht Jakob Lorber geschrieben ist; d. Hsg.

geraten! Wenn wir sie aber hergeben, da geben wir sie, wie und um welchen Preis sie uns gegeben ward und wann ich solches von euch ausdrücklich verlangen werde.

8] Du hast des neuen Psalms Stelle zwar zu dem Zwecke berührt — ist aber daher nicht die Reife zuerst nötig, bevor das Licht diese Finsternis des Todes und der Hölle durchbrechen kann? — Freilich wohl mag da im Tode Mir niemand danken und in der Hölle Mich niemand loben und preisen; oder was kann das Unheilige dem Heiligen bieten und geben und tun, das da wohlgefiele dem Heiligen, so es nicht zuvor durch wahre Buße und gänzliche Umkehr zu Mir geheiliget wird?

9] Aber das ist ja eben das „Reifwerden", von dem hier die Rede ist! Denn solches besagt der Psalm ja überlaut und sonnenklar, daß der Tote nicht aufnahmsfähig für Liebe, wie der Blinde nicht geschickt ist zum Lichte. — Wo aber noch kein Leben und kein Licht ist, sondern nur Tod und Hölle, saget Mir, was soll da der Himmel voll Lebens und heiligsten Lichtes zu tun haben?

10] Ich sage dir aber: Es würde sich weit erträglicher machen, so du bewohnen möchtest ein Totenhaus oder eine Gruft, die da ist voll Totengebeins, Moder- und Ekelgeruchs, als so du vor der rechten Zeit der Reife dieses Mein Wort hinausstoßen möchtest in die noch sehr stark tote und überaus finstere Welt!

11] Ich sagte zwar einmal zu euch: die Welt bedarf dessen in der Bälde. Solches aber bedeutet ja eben auch nur die Reife, welche nun schon überall vorbereitet wird.

12] Daher — wachet und arbeitet! Denn ihr wisset nicht und dürfet es auch nicht wissen, wann die Zeit der Reife eintreten wird. Sicher dann und so, da ihr es euch am wenigsten versehen werdet!

13] Aus dem Grunde habe Ich ja auch einmal zu euch gesagt: „Vorderhand gebe Ich es nur euch!" — Warum beachtet ihr denn solches alles nicht tiefer?! — Wer aber mag Mich fragen: „Vater, so Du Mir zu essen gibst, warum lässest Du denn die andern hungern?" — Wahrlich, den möchte Ich schier entgegenfragen: „Habe Ich dich zu Meinem Haus-Rate denn je gemacht, darum Ich dir Rechnung legen solle?!"

14] Daher bleibe du bei der dir gereichten Schüssel und esse sorglos daraus und schreibe Mir darüber nicht vor, was Ich tun solle! Denn Ich weiß es gar wohl, was Ich tue!

15] Wenn Ich aber zu euch sagen würde: „Gehet hinaus usf. —“, da würdet ihr sicher beben vor der Welt. Da Ich aber eure Stärke kenne, also verlange Ich auch solches nicht von euch. — Somit bleibet bis zur Reife dabei, wie ihr's habt, dann aber werde Ich euch das Weitere schon berichten!

16] Sollte es euch aber also nicht recht sein, so könnet ihr ja alles weglegen und euch begatten mit aller Welt! Ich aber werde Meine Absicht anderwegs sicher wohl bezweckend erreichen. Denn auf euren schwachen Glauben, der da stets voll Anstände ist, stehe Ich wahrlich nicht an — wohl aber ihr ewig auf Meine Treue! — Nun habt ihr sie, so behaltet sie auch! — Amen.

☆

Vom Werben der göttlichen Liebe

Gleichnis.

Am 7. Mai 1842, nachmittags

Ohne die Bibel zur Hand zu nehmen, wählte Jakob Lorber zur Betrachtung Jeremia 3,10: „Und in diesem allem bekehret sich die verstockte Juda, ihre Schwester, nicht zu Mir von ganzem Herzen, sondern heuchelt also, spricht der Herr.“ —

Ans. H. wählte Epheser 3,7—9: „Deß ich ein Diener geworden bin, nach der Gabe aus der Gnade Gottes, die mir nach Seiner mächtigen Kraft gegeben ist. Mir, dem allergeringsten unter allen Heiligen, ist gegeben diese Gnade, unter den Heiden zu verkündigen den unerforschlichen Reichtum Christi und zu erleuchten jedermann, welches da sei die Gemeinschaft des Geheimnisses, das von der Welt her in Gott verborgen gewesen ist, der alle Dinge geschaffen hat durch Jesum Christum.“

Der Herr erklärte durch den Knecht:

Höret und sehet, wie's der Zufall gibt! Aber nur betrachtet nicht den „Zufall“ als irgendein vanes, blindes Geschick, sondern als das nur, was da euch „hinzufällt“ als eine gute Beigabe von Mir!

2] Was brachte somit der „Zufall“? — Er brachte eine vorbildende, heuchlerische, verstockte Schwester Juda; dann einen getreuen Diener durch Meine Gnade, einen überaus demütigen Bekehrer der Heiden und treuen Verkünder des großen Geheimnisses Gottes in Jesus, dem Gekreuzigten, durch Den alle Dinge sind erschaffen worden, an eben dieses Volk der Nacht. — Also, das ist alles, was hier der „Zufall“ gab!

3] Wie aber wird sich diese zerstreute Gabe des Zufalls unter ein Dach bringen lassen? — Das ist eine ganz andere Frage!

4] Damit aber der gute „Zufall" nicht einen vergeblichen Zufall getan habe, so wollen wir zu einem leicht faßlichen Gleichnisse unsere Zuflucht nehmen und also wie im „Zufalle" euch erzählen:

5] Es war ein Mann voll Liebe und Weisheit; sein Alter war von etlich vierzig Jahren. — Dieser Mann verachtete aus dem Grunde seines Herzens alle Reichtümer der Welt, da er im Vollbesitze der höchsten geistigen Güter war.

6] Da er aber also auch ein überaus liebevolles Herz hatte, so dachte er bei sich: Wozu alle diese meine Liebe, die also mächtig ist, daß sie auslangen könnte für sehr viele Weiber? Ich will diese meine Liebe aber dennoch nicht teilen, sondern will da zusehen auf der Erde und mir dann wählen ein rechtes Weib, ja die schönste soll sie sein von allen Weibern der Erde und die kräftigste und vollkommenste!

7] Ihr Kopf soll gleichen einer aufgehenden Sonne. Ihre Augen sollen glänzen wie zwei allerhellste Morgensterne. Ihr Mund soll sein gleich der herrlichsten Morgenröte; ihre Stirne wie ein feurigster Regenbogen, ihre Wangen gleich jenen Wölkchen, welche zunächst um die aufgehende Morgensonne spielen, und ihr Kinn gleich einem jener zarten Nebelchen, welche da voll des herrlichsten Duftes am Morgen den blumenreichen Fluren entschweben. Die Haare sollen sein gleich dem reinsten Golde. Und an ihrem schneeweißen Leibe will ich keinen Makel gewahren! — Also mit diesem vollkommensten Weibe will ich meine Liebe teilen, dachte bei sich dieser liebe- und weisheitsreichste Mann. Und wie gedacht, also auch getan!

8] Der Mann ging aus und suchte — und fand auch im Ernste bald, was er suchte! — Das Weib hieß Juda. — Ihr gefiel anfangs der Mann wohl, denn sie wußte wohl, daß solche Liebe und Weisheit mehr wert ist als alle Schätze der Welt. Darum hat denn auch der Mann bei sich ernstlich beschlossen, um ihr Herz zu freien, ihr aber jedoch keinen Zwang anzutun.

9] Es hatte aber dieses Weib dennoch ein schalkhaftes Herz. Denn sie gelobte [zwar] dem Manne ihre Liebe allezeit teuer, so oft er sie heimsuchte. Wann er aber verzog, um ihr Gelegenheit zu geben, damit sie ihr Herz erforsche, ob es wohl achte der großen Liebe dieses Mannes bei sich selbst, da fiel sie allezeit von ihm ab und gab sich gleich einer feilen Dirne aller Gemeinheit preis und mißachtete also überstark diesen Mann in ihrem Herzen.

10] Trotzdem aber gab sich der gute Mann alle erdenkliche Mühe mit ihr. Er sandte Boten zu ihr, einen um den andern. Vor einigen heuchelte sie, andere wieder ließ sie ergreifen von ihren Weltpfuhlgötzen und töten!

11] Noch verstieß sie der gute Mann nicht und gedachte wieder: Ich muß Mich ihr einmal selbst wieder vorstellen und gar ernstlich um ihre Hand freien. Sie wird dann ihre Unbilligkeit an Mir einsehen und sicher tief bereuen. Ich werde ihr alles vergeben, und sie wird Mein Weib sein fürder ewig!

12] Siehe, der Mann kam. Sie aber wollte ihn nicht erkennen, ließ ihn ebenfalls *ergreifen* und *töten*! — Wie gefällt euch dieses Weib?

13] Da aber solche Liebe sich nicht töten und solche Weisheit sich nicht zerstören läßt, so ließ der Mann auch nur aus großer Liebe zu ihr sich martern und nur zum Zeichen seiner großen Liebe scheinbar töten, um dadurch des Weibes Liebe wieder zu erringen! — Aber — umsonst! Die Hure blieb eine Hure! — und der Mann noch bis zur Stunde ohne Weib!

14] Höre, dieser gerechte Mann wandte sich dann von diesem Weibe und erwählte sich einen andern Boten, einen getreuen und demütigen, der von sich und dem Manne aussagt: „Sein Diener bin ich geworden nach der Mitteilung der Gnade Gottes, die mir verliehen ist, nach der Wirkung Seiner Macht. Mir, dem Geringsten unter allen Geheiligten, ward diese Gnade gegeben, unter den Heiden zu verkündigen den unerforschlichen Reichtum Christi und alle zu belehren, welches da sei die neue Veranstaltung dieses Geheimnisses des von Ewigkeit her in Gott Verborgenen, durch den alles erschaffen ist!"

15] Wer sind denn hernach die „*Heiden*"? — Sehet, das ist ein *zweites Weib*, dem dieser Mann seine Liebe verkündigen ließ und noch immer fort und fort verkündigen läßt. Stets mehr und mehr läßt er ihm von seinen unermeßlichen Schätzen zukommen. Er überhäuft es mit Liebe und allen lebendigsten Liebesbeteuerungen, da ihm seine frühere Gewählte untreu und völlig abtrünnig wurde.

16] Aber wie gebärdet sich auch dieses zweite Weib?! Wenn es von Mir etwas hört, so erbrennt es vor Grimm, Rache und Wut! Was ist ihm der unermeßliche Reichtum, ja der unerforschliche, der unendliche, von dem der demütige Bote spricht, weil er nicht im irdischen Golde und Silber besteht — was jede neue Veranstaltung dieses Geheimnisses der ewigen Liebe in Gott, wenn kein Herz sie mehr aufnehmen will!?

17] Sehet, also ist der Mann ein fortwährend Betrogener und Verkannter und Verabscheuter!

18] Was wird der Mann aber tun, so ihm auch ein drittes Weib tun wird, wie es da gemacht hat das erste und zweite? — Das ist nun wieder eine andere Frage! — Doch auf diese Frage gibt der zum dritten Male hoffende Mann noch keine Antwort, als daß das seine letzte Werbung ist! — Dieses verstehet wohl! — Amen.

Drei Fragen

Am 18. Mai 1842, vormittags

1. O allerliebster, heiligster Vater Jesus! Was hat der Brand der großen Stadt H. zu bedeuten?

2. Was bedeutet das sonderbare Wolkenabbild, das ich am 16. d. M. in meinem Geburtsorte (Jahring bei Marburg) geschaut habe?

3. Ist am selben Nachmittage das so heftig androhende Hagelwetter wohl durch die Macht Deines Namens, den ich anrief, gewichen? Und was hatte der furchtbar starke Donnerschlag zu bedeuten?

Obschon deine Fragen mehr deiner Neugierde entstammen als deinem wohlwollenden Glaubensdurste, so will Ich dir aber dennoch eine kurze und sehr bestimmte Antwort geben. Denn siehe, die neugierige Seele dürstet zwar durch die Neugierde, aber dieser Durst ist besser als gar keiner, da nur eine tote Seele keines Durstes fähig ist.

2] Aber dessenungeachtet gleichet solcher Durst jenem Leibesdurste, der da sich einstellet nach einer Fieberkrankheit oder der manchmal eigen ist den Wanderern an schwülen Tagen, allwann sie mit großer Vorsicht trinken müssen, um sich keine Lungensucht an den Hals zu ziehen. Wie aber diese [Wanderer] nur tropfenweise das Wasser schlürfen dürfen, um so nach und nach sich des Durstes zu entledigen, geradeso auch will Ich mit drei Tropfen nur deinen Durst kühlend löschen.

3] Und so tue denn die Ohren als den Mund der Seele auf und empfange die drei Tropfen, welche also lauten und schmecken:

4] Merke! Was den Brand der benannten Stadt betrifft, so ist er ein lange und zu öfteren Malen schon durch geheime Seher angedrohter Strich durch die überweit getriebenen Weltrechnungen, welche diese ganz nach außen gekehrten, übermütigsten Menschen mit aller Welt geführt haben!

5] Ist's denn nicht die allerhöchste und böseste Torheit eines Menschen oder einer ganzen Nation, welcher oder welche ohnehin schon so viel des Weltreichtums besitzet, daß er oder sie in Tausenden von Jahren denselben nimmer aufzuzehren imstande sein möchte bei ordnungsmäßiger Lebensweise — noch stets und stets mehr der allerschändlichsten Trugmittel zu ergreifen, um dadurch allen Weltreichtum an sich zu ziehen und dann übermütig stolz vom Goldthrone zu aller Welt sagen zu können: „Ihr müßt uns alle kommen, damit wir euch nach Belieben umbringen können oder leben lassen, wie wir wollen!" oder: „Nun sind wir die Herren der Welt!"

6] Was meinst du denn, was da zu tun ist einer solchen Nation — was solchen Frevelmenschen, die von Mir nichts mehr wissen und auch nichts mehr wissen wollen — die das Gold zu ihrem ausschließlichen Gott gemacht haben und unter der Maske des Handels kein Laster mehr zu verüben sich scheuen, um nur möglichst bald zum Vollbesitze dieses Höllengottes zu gelangen. — Siehe, auf diese Frage ist dieser Mein Strich durch solche Rechnungen die lebendige und daher tatkräftige Antwort!

7] Und solches kannst du dir daraus für die Folge merken, daß da ähnliche „Striche" im Großen wie im Kleinen, d. h. bei ganzen Nationen wie bei einzelnen Goldspekulanten, durch alle solche verdammlichen Rechnungen gemacht werden. — Die Zukunft wird dies Gesagte bestätigen!

8] Siehe, solches gehört auch in die Reihe Meiner „Wege", um die Menschheit vorzubereiten und reif zu machen für etwas anderes — du wirst es wohl erraten, was Ich meine! — Aber es werden zuvor noch gar viele Städte durchs Feuer und durchs Wasser geläutert werden! — Solches sei dir vorderhand genug von dem besagten Brande!

9] Was aber deine zweite Frage betrifft, so wird sie schon ohnehin bei der folgenden Großglockner-Enthüllung [1] auseinandergesetzt werden; daher bleibt sie hier unbeantwortet.

10] Nun ist somit nur noch der dritte Punkt zu beantworten übrig. — Siehe, wenn es da heißt, daß mit Mir alles ausgerichtet werden kann, ohne Mich aber nichts — und wieder: „Was ihr

---

[1] Siehe die Lorberschrift „Der Großglockner".

immer den Vater bitten werdet in Meinem Namen, das wird euch gegeben werden" — und wieder: „Wenn ihr Glauben hättet, so groß da ist ein Senfkörnlein, so möchtet ihr zu dem Berge sagen: »Hebe dich und stürze ins Meer!«, und es wird geschehen nach eurem Worte" — und auch heißt es: „Ihr werdet noch Größeres tun, denn Ich!" — Und wenn also noch gar viele Stellen davon sprechen, was die Mich gläubig Liebenden vermögen, ja, daß sie sogar Tote dem Leibe nach zu erwecken imstande sind — siehe, wenn alles solches geschrieben stehet und auch buchstäblich wahr ist — wie magst du denn hernach noch fragen, ob ein allfälliges loses Ungewitter sich wohl gekehret habe nach der ausgesprochenen Macht Meines Namens, der da doch ist der mächtigste Name, vor dem sich alle Himmel, alle Erden und alle Höllen beugen müssen!?

11] Wahrlich, wer da liebgläubig Meinen Namen anruft, der soll auch die Macht desselben erfahren, wenn er nicht zweifelt im Herzen. Wer aber an der allzeit sicher wirkenden Macht Meines Namens noch zweifeln kann, der ist auch noch nicht tüchtig zu Meinem Reiche und wird nicht viel vermögen, da er noch keinen festen Grund hat.

12] Es mag niemand, auf dem Sande stehend, eine Last heben, ohne dabei selbst in den grundlosen Sand zu sinken. Wer aber da stehet auf einem Felsen, wird der wohl auch in den Felsen sinken, wenn er eine große Last hebt? — Mein Name aber ist der Fels! Wer darauf bauet, der wird nimmerdar zuschanden werden!

13] Siehe, wenn du also durch Meinen Namen der tückischen Wolke geboten hast, unschädlich zu sein, gibt es denn da wohl etwas zu wundern, so sich deren Ungestüm sobald beugen mußte vor der Macht Meines Namens aus deinem Munde, bezeichnet durch deine Hände?!

14] Daher glaube, daß es also ist und sein muß! — Denn die Elemente sind gehorsamer als die Menschen, und der tote Stein hat schärfere Ohren und das verdorrte Gras schärfere Augen als die weltlebendigen Menschen!

15] Solches magst du wohl verstehen und treu entnehmen deiner „Wundertat" — wenn du bei der allerhöchsten Natürlichkeit solcher Erscheinungen [überhaupt] noch an ein „Wunder" denken kannst, indem doch alle Wirkung allein Meinem Namen (oder Worte) entstammt!

16] Was da aber den starken Donnerknall betrifft, der da allzeit die Folge ist, wenn die Friedensgeister gewaltigst schnell die Unholde ergreifen und binden, so ist darüber ja ohnehin schon bei anderen Gelegenheiten Erwähnung getan worden. Daher solltest du solches wohl verstehen. Denn also endet ja immer jeder unterdrückte Zorn und Grimm. Und kein ausgetriebener böser Geist verläßt ruhig seine Wohnung, sondern „reißt" sie beim Entweichen, damit er nur desto mehr Verdammnis empfange!

17] Denn der bösen Geister Liebe ist die Hölle! — Was tut denn ein zorniger Mensch? — Siehe, er schlägt mit den Fäusten, was ihm unterkommt, und reißet sich und anderen die Kleider vom Leibe und dergleichen mehreres. Wenn er aber gefangen wird, da bricht er sobald in alle Wut aus und macht noch seinen letzten Wutstoß oder Riß.

18] Siehe, da rührt auch der große Donnerknall her! — Mehr brauchst du vorderhand nicht zu wissen. Und so habe denn für jetzt Genüge an den „drei Tropfen." — So du aber gehörig abgekühlt sein wirst, dann wird ein „Wolkenbruch" dir und auch allen übrigen Ströme des Lichtes bringen!

19] Solches aber ist für jeden Liebgläubigen wahr und gewiß aus Meinem Munde! Amen.

20] Verstehet und beachtet es wohl! Denn mein Wort ist ewig eine und dieselbe ewige Wahrheit! Glaubet es fest! Amen, Amen, Amen.

Der Fels Petri

Am 18. Mai 1842, abends

Was ist denn der Papst, der da sich auch nennet: Ein Fels? — Ist das wohl in Wahrheit ein „Fels" oder „Fels Petri"?

Ja, ehedem, vor dem Konzilium in Nizäa, war er ein tüchtiger Fels. Aber dann hat der böse Feind rings um den Felsen ein starkes Feuer der Eigenliebe, der Selbst- und Herrschsucht angezündet — und der Fels wurde zu einem Kalksteine.

2] Wenn nun von allen Seiten Wässer des Himmels über ihn kommen, so ergeht es ihm, wie es da ergehet dem naturmäßig gebrannten Kalksteine, so das Wasser über ihn ausgegossen wird — da er dann auch zu zischen, zu sausen, zu brausen, in aller Hitze zu sieden und dann heftig zu kochen und zu dampfen anfängt, aber endlich, alles dessen ungeachtet, dennoch zerfällt in einen lockeren Berg, der da unter den Sand gemengt wird, um mittels desselben die toten Steine einer noch toteren Mauer zu verbinden.

3] Wenn aber dann eine solche Mauer durch einen anderen Bauherrn niedergerissen wird, so wird solcher Mörtel als unnützer Schutt in Gräben geworfen, um da die Pfützen auszufüllen! — Siehe, das ist nun der vermeintliche „Fels"!

4] Doch dieses Blatt behaltet bei euch! Denn die Sache ist ohne das Blatt auch tatsächlich dieselbe. Daher behaltet das Blatt nur bei und für euch! Amen.

☆

Von Sekten und Orden

Am 23. Mai 1842, abends

Alle sogenannten Sekten und Orden sind vor Mir, dem Herrn, ein Greuel. Denn Ich habe alle Menschen berufen zur Liebe und daraus zum ewigen Leben. Die Liebe aber kennt nur Brüder, aber keine Sekten und Orden!

2] Wer hat denn da solche Schranken zwischen euch gezogen, durch welche Brüder und Schwestern oft auf das allerschroffste und gehässigste voneinander getrennt werden?! — Die Liebe hat keine Schranken!

3] Aber die Weltsucht und die allerartige Eigenliebe hat allerlei Grenzsteine gesetzt! Sie ist die alleinige Stifterin aller Sekten und Orden, die sich unterscheiden in allerlei törichtem Zeuge und allerlei albernen Gebräuchen, die da alle dem Aeußern nach gehalten werden, innerlich aber sind sie voll Moders und Ekelgeruchs, dieweil keine Liebe darinnen ist, sondern allein Neid, Mißgunst, Verfolgung, Ehrsucht und oft übermäßige Ranglust, hier und da auch große Hoffart, Stolz, Pracht, Verachtung des Geringen und somit die Herrschsucht in aller ihrer Ausdehnung.

4] Siehe, das sind die Sekten und Orden derzeit, wie sie ehedem auch um nicht viel besser waren, und [die Triebkräfte,] wodurch sie entstanden sind.

5] Daher sollet ihr keiner Sekte und keinem Orden angehören, wollet ihr leben, sondern allein Meiner Liebe, darinnen keine Schranken sind ewig! — Amen.

☆

Geld und Welt

Am 23. Mai 1842, nachmittags

„O Herr! Kann denn die Welt
besteh'n nicht ohne Geld?
Es scheint, daß Du als Mensch kein Geld berührt;
den Beutel hat nur Judas stets geführt.
Und als die Steuer man von Dir gefordert,
da hast Du schnell den Petrus hinbeordert,
zu angeln einen Fisch, in dessen Mund
die nöt'ge Münz' er finden würd' zur Stund'!"

O ja, Mein lieber Ans. H.-W., Meine Welt sehr leicht, d. i. die Welt der wahren Liebe; aber die weltliche Welt des Eigennutzes gar nicht!

2] Siehe, die Arbeiter wollen bezahlt sein, weil sie sonst nichts hätten, womit sie sich bei den geldsüchtigen Bäckern (und diese bei den Müllern und diese bei den Bauern usf.) möchten ein Brot anschaffen.

3] Der Handwerker will auch gut bezahlt sein; denn sonst könnte er sich ja keine Werkzeuge anschaffen, mit denen er etwas zu erzeugen imstande wäre, und ebenfalls kein Brot. Denn die Habsucht der Menschen gibt jetzt kein Brot mehr umsonst.

4] Der Handelsmann und der Krämer wollen ganz besonders viel Geld; denn ohne dieses bekommen auch sie nichts, damit sie handeln könnten. Und ohne Geld gibt's auch für sie kein Brot.

5] Der Weber will auch Geld, der Schmied auch; denn es gibt ohne Geld fast nirgends mehr Brot, nicht einmal das des Bettlers.

6] Der Staat will sehr viel Geld, wie würde er sonst die vielen, vielen Beamten auszahlen und ihnen das Brot geben für eine oft nicht gar schwere Arbeit, wenn sie es sich nicht mit dem vom Staate empfangenen Gelde verschaffen möchten?

7] Du kannst jetzt denken, wie du willst; in der weltlichen Welt tut es sich ohne Geld in der [jetzigen] Zeit auf keinen Fall mehr! Ja, Ich sage dir, jetzt ist das Geld der Welt ebenso notwendig, wie Ich dem Himmel. Denn wie ohne Gott kein Ding denkbar ist, also ist auch ohne Geld jetzt wie allezeit keine Welt denkbar möglich.

8] Es lebt und besteht aber ja jede Welt aus ihrer Gottheit. Wie aber die Himmel alle bestehen und leben aus Mir, also besteht auch alle Welt aus dem Gelde und lebt aus diesem Weltgotte.

9] Oder sucht nicht ein jeder das, was noch kein Geld ist, sobald zum Gelde zu machen, damit der Gott der Welt desto mächtiger werde bei jedem insbesondere wie im allgemeinen?

10] Was ist jetzt der Mensch, der diesem Weltgotte nicht notgedrungen würde sogar einen Haustempel halten? Und tut er das nicht, in welche Verlegenheiten wird er da kommen?

11] Damit aber diesem Gotte öffentlich gedient wird mit einer Sorgfalt, Pünktlichkeit und ängstlichen Genauigkeit, wie Mir nur gar selten gedient wurde, sind ja die herrlichsten Tempel aller Art ihm erbaut worden, als Börsen, Banken, allerlei Kassen und Fonds.

12] Selbst die Bethäuser sind und stehen schon stark diesem Gotte zur Verfügung. Ich bin dabei nur kaum noch dem Namen nach etwas in denselben. Denn mit dem Geldgotte kann man sich nun sogar den „Himmel" und das „ewige Leben" erkaufen!

13] Welcher Mensch will denn nun noch einen besseren, mächtigeren und wirksameren Gott?

14] Willst du dir ein Weib nehmen, siehe, wenn Ich auch sichtbar mit dir in ein Haus ginge und möchte für dich bitten bei irgendeinem Weltvater um die Hand seiner Tochter — Ich sage dir, er wird uns beiden die Türe weisen, wo nicht gar uns hinauswerfen, so wir uns nicht mächtig genug davor verwahren möchten.

15] Du brauchst aber Mich gar nicht, weder bei dir, noch in dir, sondern wende dich an den Gott der Welt! Hast du dir den zu eigen gemacht, dann magst du aber schon anklopfen, wo du nur immer willst, und du wirst allenthalben sogar um die Mitternachtsstunde eingelassen werden.

16] Wo aber lebt jetzt der Vater, dem nicht seine Töchter alle um diesen Gott zuallermeist feil sind? Denn die verheirateten Töchter wollen als Weiber ja auch essen und schön gekleidet sein! Wo bekommt man aber jetzt Kleid und Brot ohne Geld?

17] Siehe, also kann für jetzt niemand mehr ganz ohne Geld leben! Ja wahrlich, Ich sage dir: Käme Ich Selbst jetzt in die Welt, so wie einst in Bethlehem, so müßte Ich auch Geld hernehmen von irgendwoher. Und kämen wieder irgend drei reichbeladene Weise vom Morgenland, da müßte Meine Leibesmutter das Gold sicher sogleich einer Sparkasse anvertrauen, damit Ich hernach etwas in Händen hätte, so Ich erwüchse, um in der Welt mit heiler Haut davonzukommen und etwas zu essen zu haben.

18] Siehe, also ist das Geld ja *nötig* in der Welt für die Welt, denn *es ist der Welt-Gott.*

19] Wer aber *aus Mir* ist, der wird dennoch dessen leicht entbehren. Denn er wird desselben allezeit so viel haben, als er bedarf, um der Welt ihren Tribut zu entrichten und den Wirten ihre Zeche zu bezahlen.

20] Wer aber nicht aus Mir ist, dem diene immerhin das Geld. Es wird ihm aber dereinst dort [im geistigen Reiche] schlechte Interessen bringen, und wenn er es auf der Welt auch zu hundert Prozent angelegt hätte in allen Bethäusern der Welt und hätte alle Banken voll!

21] Ich sage dir aber: Wahrlich, wahrlich, Ich und das Geld sind die zwei entferntesten Pole der ganzen Unendlichkeit!

22] Solches beachte wohl und sei versichert, daß Ich die Meinen auf der Erde dennoch gar wohl zu erhalten imstande bin, auch wenn sie keinen Heller besäßen! — Du aber halte dich an Mich, so wirst du das Leben haben ewig aus Mir, deinem Vater! — Amen.

☆

Geistiger Segen der Bergwelt

Am 25. Mai 1842, nachmittags von 1/4 5 bis 3/4 7 Uhr

Schreibender: Ans. H.

Was lehren und predigen die Berge noch? — Was die Berge noch lehren und predigen, davon kann sich ein jeder unbefangen denkende Gebirgsbesteiger auf den ersten Blick überzeugen. Er kann in seinem Gefühle recht klar und deutlich Worte vernehmen, welche also lauten dürften:

2] „Siehe uns an, du staubbelasteter Erdenpilger, wie frei und unabhängig wir von unseren hohen Scheiteln in die weite Ferne der Schöpfungen Gottes dahin blicken! Eine freie Luft weht um unsere Stirnen, und der Sonne Strahl bricht sich sanft über unseren hohen Rücken! Kein Grenzstein sagt hier dem Wanderer: »Bis hierher und nicht weiter!«, sondern wo immer er seinen Fuß hinsetzt, betritt er mehr als seinen eigenen Boden. Denn von dem Boden, auf welchem er geboren ward, muß gesteuert werden; wir aber sind ohne Grenzsteine, und für unsere Scheitel wird keine Steuer entrichtet. Daher bist du, Wanderer, auf unseren Höhen vollkommen zu Hause!“

3] Daß diese Worte vollkommen richtig sind, davon kann sich ein jeder leicht überzeugen, wenn er je solche hohen Triften der Gebirge betritt. Wie da seine Augen einen weit gedehnten Sehkreis bekommen, also bekommt auch sein Gemüt einen weit gedehnten Gefühls-

kreis, und dadurch werden seine Gedanken mit dem Gefühle vereinigt. Und er, der vielleicht noch nie im Herzen gedacht hat, empfindet nun zum ersten Male, wie süß, lieblich und frei die **Gedanken des Herzens** schmecken und um wie vieles weiter sie sich über den Horizont des gewöhnlichen Verstandes erstrecken.

4] Wenn solches nun der Fall ist, wird es da nicht behaglicher in dem armseligen Kopfe, da auch um seine Stirne freiere Lüfte aus dem hohen Reiche der Geister wehen?! Und wird es nicht einheimischer und traulicher sein, sich allda zu befinden, wo die Strahlen des sonst so hitzigen Verstandes sanft gebrochen werden und sich nach solcher Brechung gar lieblich in das frei gewordene Herz hinabsenken?!

5] Wo ist auf diesen Höhen ein Zollverein der Gedanken anzutreffen und wo eine Taxierkammer dessen, was da ist ein freies Eigentum des unsterblichen Geistes?! Wo ist da ein Grenzstein anzutreffen, über welchen die fühlende Seele nicht treten soll?!

6] Ja, hier lernt der unbefangene Wanderer — wenn er nicht mit verstopften Ohren und verbundenen Augen solche Höhen betritt — was das heißt: frei sein in der Höhe seiner Gedanken und in der Tiefe seines Gefühls, und wie selig es ist, wenn diese zwei sich unbefangen die Hände reichen können, und wie selig da der Gedanke an Gott ist, wenn Ihn der Wanderer aus der Tiefe seines Herzens frei bekennen und Ihn lieben und anbeten kann in dem freien, großen Tempel der Unendlichkeit!

7] Saget Mir, welcher nur einigermaßen innerlich geweckte Mensch wird nicht von diesem heiligen Gefühle beseelt sein, so er sich an einem heitern Morgen auf einer solchen geheiligten Höhe befinden möchte?!

8] Der Mensch kann zwar auch in der Tiefe Heiliges und Großes denken; aber es geht ihm dabei, wie wenn er mit ziemlich hungrigem Magen in einem Buche die Beschreibung einer guten Mahlzeit liest, bei welcher Gelegenheit ihm die wirkliche Mahlzeit ums hundertfache lieber wäre denn hundert noch vortrefflichere Mahlzeitbeschreibungen, von denen er aber dessenungeachtet dennoch nichts herabbeißen kann.

9] Also ist auch auf solchen Höhen ein inneres Gefühl und die innere Wahrnehmung gerade um so viel kräftiger und mächtiger gegen das, was er in seiner Kammer empfindet, als um wieviel da kräftiger und mächtiger ist eine wirkliche Mahlzeit gegenüber einer beschriebenen. Oder welcher Mensch hat ein lebendigeres Gefühl: einer, der seine lebendige zukünftige Braut am Arme führt, oder derjenige, der sich dieselbe mit den allerschönsten Farben kunstgerecht entweder gemalt oder beschrieben hat? Sicher wird ein jeder die lebendige ergreifen und wird dem andern sein Gemälde und seine Beschreibung unangetastet lassen!

10] Also ist es auch hier der Fall! — Auf solchen Höhen findet der Wanderer gastfreundlichst dasjenige, was ihm in der Tiefe alle Mühe und Anstrengung nicht zu geben vermag. Daher ist es wohl gar gut und nützlich in jeder Hinsicht, sich zu öfteren Malen die Mühe nicht gereuen zu lassen, eine oder die andere Gebirgshöhe zu besteigen.

11] Der Gewinn ist ja ein doppelter und reichlicher: Fürs erste werden dadurch alle naturmäßigen Lebensgeister gestärkt. Jedoch ist dieser Gewinn der geringere, obschon eine Gebirgsbesteigung besser ist denn zehn Apotheken und ebensoviele der renommiertesten Aerzte.

12] Bei weitem größer aber ist der Nutzen für den Geist, weil er da eine so große Stärkung von seiner ursprünglichen Heimat aus bekommt.

13] Wer von euch, so er Gebirge bestiegen hat, wird sich dessen nicht erinnern, daß ihm zwischen den hohen Alpen traulicher und heimlicher zu Gemüte war, als wenn er sich in einer noch so volkreichen Stadt befinden möchte?! — Woher rührt denn solches Gefühl?

14] Frage nur die Berge, und sie werden dir alsbald durch eben dieses Gefühl sagen: „Siehe, was dir dein inneres Gefühl — freilich wohl noch etwas dunkel — sagt, ist volle Wahrheit. Denn hier bist du wahrhaft zu Hause, und zwar im Kreise deiner vielen Voreltern, welche sich in entsprechender Weise schon lange hier überselig befinden!"

15] Sehet, solches alles lehren auch die Berge! — Was lehren und predigen sie aber noch? — Höret sie nur ferner an; sie wissen noch allerlei zu erzählen!

16] Um euch solches, was da noch kommt, ein wenig näher vor Augen zu stellen, so will Ich euch auch eben aus einer solchen Gebirgsbegebenheit ein kurzes Histörchen zum besten geben:

17] Es war einmal ein frommer Mann; er war an Jahren schon sehr vorgerückt. Dieser Mann hatte gar viele Prüfungen zu bestehen, und unter diesen Prüfungen war auch diese eine der stärksten, daß er bis auf seine jüngste, nahezu zwanzig Jahre alte Tochter alle seine Kinder samt seinem treuen Weibe verlor.

18] Also stand er nun allein mit dieser seiner Tochter da, ein Häuschen am Fuße einer bedeutend hohen Alpe bewohnend, bei dem sich eben so viele Grundstücke befanden, daß sie ihn und sein Töchterchen nebst einer bejahrten Magd und einem alten Knechte kümmerlich ernährten.

19] Dieser Mann betete in Gesellschaft seines Töchterchens oft und viel zu Mir, weinte dabei auch viel um die Seinigen und hatte oft eine große Sehnsucht, ihnen bald nachfolgen zu können.

20] Als er einmal an einem Sonnabende mit seiner Tochter nahezu über die Mitternacht hinaus gebetet und geseufzt hatte und er samt der Tochter betend und seufzend einschlief, da träumte es der Tochter, als sei sie mit dem alten Vater auf dem höchsten Gipfel der Alpe gestanden. Und wie sie da freudig um sich her blickte in die weiten Fernen hinaus, da bemerkte sie alsbald eine ganze Menge lieblich weißer Wölkchen der Höhe zuschweben. Und als diese Wölkchen vollends zu der Höhe hinangeschwebt waren, da gewahrte sie alsbald, daß diese Wölkchen vollkommen menschliche Wesen waren.

21] Diese Wesen waren anfangs verschleiert, aber bald lüfteten sie ihre Schleier. Und sie, die Tochter nämlich und der alte Vater, erkannten sogleich überseligen Herzens, daß diese Wesen ihre vorangegangenen Teuren waren, von denen die Mutter alsbald zu ihrem geliebten Gatten trat, ihn herzte und koste. Der Gatte, als der Vater der Tochter, aber weinte vor übergroßer Freude ob dieses seligen Wiedersehens. Darauf aber begab sich die Mutter zur Tochter, küßte auch sie und sagte zu ihr:

22] „Liebe Tochter, also wie du dich mit deinem Vater jetzt allhier befindest, eben also sollet ihr euch beide morgen nachmittag hier befinden, da werdet ihr noch mehr sehen und empfinden denn jetzt. Aber darob sollet ihr daheim nichts versäumen, was euch die Ordnung der Dinge vorschreibt!"

23] Nach diesen Worten erwachte die Tochter sogleich und weckte ihren noch schlafenden Vater. Und da dieser den Anbruch des Tages merkte, so blieb er nach alter Gewohnheit auch sofort wach, stand auf, kleidete sich an und weckte dann auch das Hausgesinde. Nach dieser Arbeit aber begab er sich wieder in sein Zimmerchen, allwo er sein Töchterchen schon angekleidet und das Morgengebet verrichtend fand.

24] Er segnete sein Töchterchen und küßte sie, kniete dann selbst nieder und verrichtete mit ihr seine Morgenandacht. Als aber beide damit fertig waren, da standen sie auf. Die Tochter umarmte ihren alten Vater und küßte ihn gar traulich und herzlich, so daß der Vater es ihr ansah, daß sie übergewöhnlich fröhlichen und heiteren Mutes war. Er fragte sie auch alsobald: „Mein liebes Töchterchen, wie kommt es denn, daß du heute gar so munter und fröhlich bist?"

25] Das Töchterchen aber sagte zu ihm: „Aber lieber Vater, hat denn dir heute gar nichts geträumt?“

26] Der Vater aber erwiderte: „Es kommt mir wohl vor, als hätte mir etwas geträumt; allein was — das wäre mir unmöglich herauszubringen!“

27] Das Töchterchen aber erzählte nun dem Vater seinen Traum, welchen er mit großer und sichtbarer Bewegung seines Gemütes anhörte. Und nach beendeter Erzählung sagte der Vater:

28] „Höre, mein liebes Töchterchen, was dir geträumt hat, das wollen wir heute auch in der Wirklichkeit ausführen! Daher wollen wir uns sogleich jetzt in der Frühe in die nicht ferne Kirche begeben, daselbst dem Gottesdienste wohlandächtigen Herzens beiwohnen, sodann zu Hause unser Mahl nehmen und uns dann in Begleitung unseres alten Knechtes hinauf auf die Höhe begeben. Wenn wir nur eine Stunde vor dem Mittage fortgehen, so sind wir bis zum Nachmittag um die dritte Stunde ja gar leicht auf der besagten Vollhöhe unserer herrlichen Alpe und können bei dieser Gelegenheit auch im Namen des Herrn nachsehen, was unser Hausvieh und unsere zwei Hirten da oben machen, und ob alles gesund und in gutem Zustande ist.“

29] Wie gesagt, also auch getan! Um drei Uhr nachmittags stand unsere kleine Familie schon auf der Vollhöhe. Wie aber das Töchterchen es im Traume gesehen hatte, so sah sie auch jetzt in der Wirklichkeit ganz gleiche Wölkchen sich gegen die Höhe begeben.

30] Als diese Wölkchen näher und näher kamen, bemerkte sie auch der Vater und mit ihm auch der alte Knecht. Und als die Wölkchen endlich vollends die Höhe umschwebten, da gestalteten sie sich auch alsbald zu den im Traume schon kundgegebenen Wesen.

31] Als der alte Vater in diesen Wesen die Seinigen erkannte und sah, wie diese auch gar so liebend ihn umfingen, daß er darum nicht im geringsten mehr zweifeln konnte, daß das wahrhaft seine seligen Teuren seien, da weinte er laut vor Freude und dankte Mir mit dem inbrünstigsten Herzen, daß Ich ihm noch in diesem Erdenleben eine so große Seligkeit habe zukommen lassen.

32] Nach solchem Dankgebete aber wurde seinem Geiste die innere Sehe völlig geöffnet. Da ersah er alsbald die ganze Höhe verklärt und verwandelt in eine himmlische Gegend und sah da die herrlichen Wohnungen der Seinigen. Und aus einer Wohnung sah er einen Mann treten, der da hatte ein großes Gefolge; und dieser Mann begab sich schnurgerade zu unserm alten Manne hin und sagte zu ihm:

33] „Sieh, mein lieber Sohn, wo es auf der Erde bunt und lebendig zugeht, da sieht es im Geiste leer und tot aus. Wo es aber auf der Erde aussieht, als hätte der Tod für alle Zeiten seine Ernte gehalten, da ist es im Geiste um so lebendiger und lebensvoller!

34] Siehe, auf den hohen Alpen wächst zwar kein Getreide, und es sind keine Weinberge, keine Fruchtbäume, wie auch keine Goldbergwerke anzutreffen. Was aber dafür anzutreffen ist im Geiste, das siehst du jetzt im Geiste durch die Gnade des Herrn vor deinen Augen enthüllt!

35] Du wirst noch eine kurze Zeit die Erde mit deines Leibes Füßen betreten. Wachse aber in dieser Zeit in der Liebe zum Herrn! Und siehe dort neben meiner Wohnung einen zweiten herrlichen Palast! Dieser ist schon für dich bestimmt und für die Deinigen, wenn du das Zeitliche verlassen und antreten wirst das freie, ewige Leben!"

36] Bei diesen Worten erkannte unser alter Mann, daß dieser Redner sein irdischer Vater war.

37] Nach dieser Erkennung verschwand alsbald das selige Gesicht. Unsere Wanderer aber behielten davon das lebendige, selige und stärkende Gefühl, priesen und dankten Mir darauf für solche erzeigte Gnade und kehrten heiteren und gestärkten Mutes wieder in ihre irdische Heimat zurück.

38] Der bisher traurige Mann verlebte dann die übrige Zeit noch recht heiteren Mutes und voll Liebe und Dankbarkeit zu Mir auf der Erde. Und so sich seiner noch dann und wann eine überflüssige Schwermut bemächtigte, dann machte er, wenn es nur immer seine leiblichen Kräfte gestatteten, alsbald einen Besuch unserer vorbezeichneten Höhe, von welcher er allzeit wieder neugestärkt zurückkehrte.

39] Sehet, solche Geschichte erzählen euch die Berge — wenn auch nicht für jedermann mit vernehmlichen Worten, aber desto mehr mit einer sehr wahrnehmbaren Einflüsterung in das Gefühl der Seele und durch diese auch zur Liebe des Geistes.

40] Wenn ihr euch zufolge dieser Wissenschaft bei guter Gelegenheit auf irgendeinen Berg von einer bedeutenderen Höhe begebet und euch daselbst solche Gefühle anwandeln, so könnet ihr daraus sicher schließen und sagen: „Ja das sind wahrhaft *heimatliche* Gefühle! Wie süß und angenehm sind sie, und wie herrlich muß es sein für diejenigen, welche sich schon für ewig in diesem stillen Heimatlande befinden!"

41] Denn ihr könnet es glauben, daß solche Gefühle nicht etwa allein Wirkungen der für sich dastehenden Höhen sind, sondern sie entstammen den euch umgebenden *seligen Geistern*, die gleich Mir euch vorangegangen sind, um für euch eine bleibende Stätte zu bereiten.

42] Doch müsset ihr dabei etwa nicht einseitig sein und denken: Dieser oder jener Berg ist es, wo solche Wohnungen im Geiste aufgerichtet sind! — sondern was hier gesagt ist, das gilt zumeist von jedem Berge, auf welchem die Grenzsteine des zeitlichen Eigentumsrechtes weit voneinander abstehen.

43] Aehnliche Gefühle möget ihr wohl auch schon auf unbedeutend hohen Hügeln gewahren; aber lebendig werden sie erst da, wo die Axt des Holzhauers nichts mehr zu tun hat.

44] Solches also erzählen, lehren und predigen euch die Berge!

Falsche und echte Nachfolge

Am 26. Mai 1842, um 4 Uhr nachmittags

Jakob Lorber wählte zur Betrachtung Joh. 7, 13: „Doch redete keiner frei von Ihm, aus Furcht vor den Juden".

Ans. H. wählte Lukas 13, 30: „Und siehe, es sind Letzte, die werden die Ersten sein. Und es sind Erste, die werden die Letzten sein".

Sie fürchteten sich, Ihn frei zu bekennen, da ihr Gemüt voll Angst vor den Juden war. — Siehe, das sind die Letzten, wenn sie auch die Ersten sind, an die da ergehet das Evangelium, da sie mehr fürchten die Menschen denn Mich.

2] Jene aber, die, obschon sie keine Zeugen sind, in späterer Zeit und an entlegenen Orten erst das Wort überkommen, selbes aber alsogleich annehmen und mit ihrem Leben bereit sind, dasselbe sobald zu verteidigen, so es von irgendwoher angefochten würde — diese sind der Zeit nach zwar die Letzten und also auch dem Orte nach, aber der Tat nach sind sie die Ersten. Denn sie haben keine Furcht vor den Juden oder vor der Welt. Denn das Wort sagt es ihnen in ihrem Herzen, daß Ich mächtiger bin als alles Welt- und Judentum und als die Finsternis aller Priesterschaft.

3] Nur der Pharisäer fürchtet sich vor dem Judentum und will sich nicht verfeinden mit ihm, solange dasselbe noch reich und mächtig an Gold und grausam tyrannisch ist — und solange dasselbe noch große Ehrenämter und sehr viel Gold tragende Stellen zu vergeben hat.

4] Wenn aber das Judentum zerfällt, was wird wohl da der wetterwendische Pharisäer tun? — Ich sage: Er wird zwar den Mantel nach dem Winde drehen, aber der Erste wird er darum nimmer, sondern der vollkommen Letzte. — Warum denn? — Oh, die Antwort läßt sich leicht finden.

5] Ein dummes Mädchen gibt dieselbe Antwort ja schon ihrem Liebewerber, der zu ihr spricht: „Aber sage von unserem Verhältnisse ja niemandem etwas!" — „Warum denn?" fragt sie und sagt darauf: „Das befremdet mich! Wenn du mich wahrhaft ernst liebtest, da hättest du sicher keine Scheu darum, so es auch jemand erführe, daß du mich liebst. Du aber huldigst mehreren und willst dir es mit ihnen nicht verderben. Daher hast du diese Furcht! Du warst zwar der Erste, an den sich mein Herz schmiegte — also aber bist du der Letzte, der an meiner Gegenliebe teilnehmen wird!" — Sehet, ist das nicht eine vollkommen gute Antwort auf die obige Frage?

6] Ich aber sage euch: Dieselbe Antwort werde auch Ich tatsächlich denjenigen geben, welche gegen Mich solche Pharisäer machen werden und darum sich vor dem Judentume fürchten, weil ihre zeitlichen Vorteile daran geknüpft sind als: Ehre, weltlich guter Name und noch eine Menge anderer Dinge, die vor Mir ein Greuel sind.

7] Ich sage: Solche „Erste" werden einst sehr stark die Letzten sein! — Jene aber, welche auf Mich alles halten und fürchten aus Liebe zu Mir die Welt gar nicht, diese werden dann auch bei weitem die Ersten sein.

8] Und darum aber werden auch die Nachfolger höher stehen als die Zeugen Meiner Gnade — da sie das Judentum nicht also fürchten werden wie die Pharisäer.

9] Solches ist sehr wohl zu beachten — auch in dieser Zeit! — Amen.

☆

Weise Seelenpflege

Am 27. Mai 1842, vormittags

„Ueber alles geliebter Vater in Jesu, dem Herrn, möchtest Du mir denn nicht ein ganz kurzes, Dir wohlgefälliges Wörtlein für eine Tochter des Ans. H.-W., deren Namenstag morgen ist, zukommen lassen? — Ich weiß es zwar nicht, ob sie wohl ein lebendiges Verlangen darnach hat. Doch so sie eines hätte und ich brächte ihr nichts von Dir, da könnte sie sich ja denken, ich hätte ihr etwa aus einem von ihr vermeintlichen Aerger über ihr manchmal etwas abstoßendes Benehmen gegen mich (sie dadurch gewisserart strafen wollend) von Dir kein Wörtlein gebracht. Daher, so es Dein heiliger Wille wäre, wäre ich gar willig bereit, etwas zu schreiben, Du lieber Vater Du!"

Auf diese Bitte empfing der Knecht Jakob Lorber die Worte des Vaters:

Hat dies stark nach außen gekehrte Kind dich denn darum gebeten? — Du sagst: „Nein, das eben nicht!" — Und wenn du Mich fragst, ob sie etwa heimlich voll Liebe und Zutrauens Mich darum gebeten habe — siehe, da kann Ich dir auch keine andere Antwort geben, als gerade diejenige nur, welche du Mir gabst auf Meine Frage.

2] Was sollen wir nun demnach hier tun, wo kein lebendiges Verlangen zugrunde liegt? — Sollen wir etwa das lebendige Wort solchen Kindern auf den Rücken nachwerfen oder sie damit schoppen, wie da schoppet eine Bäuerin ihre Kapaunen?

3] Oh, das tun wir nicht! Verstehst du!? — Denn täten wir solches, da würde diese überköstliche Gabe ja gar bald in ihrem höchsten Werte herabsinken wie ein schlechtes Papiergeld!

4] Siehe, daher tun wir solches nicht eher, als bis wir lebendigst darum angegangen werden!

5] Dieses Mädchen hat aber jetzt ihr Herz angefüllt mit allerlei Jünglings- und Heiratsgedanken und läßt ihre Augen, wie ihr Herz, allerorts umherspringen um jemanden, der sie von weitem her grüßete. — Siehe, bei solcher Herzens- und Augengeschäftigkeit werden wir zwei sehr leicht ratgehalten![1]

6] Weißt du, welche Gratulation diesem Mädchen nun am liebsten wäre? — Siehe, wenn Ich ihr statt eines lebendigen Wortes gäbe einen jungen, reichen und schönen Bräutigam — das wäre ihr nun lieber als Ich und du und ein ganzes Buch des allerlebendigsten Wortes hinzu!

7] Ich sage aber das auch nur dir, auf daß du daraus erkennen sollst, auf welchem Grunde da fußet das Herz derjenigen, die Mich zwar auch anrufen und manchmal sogar im geheimen wie Liebende zu Mir seufzen, aber nicht darum, daß sie Mich etwa lieber hätten als alle Welt; sondern nur, damit Ich so recht geschmeidig würde, um ihnen baldmöglichst zu geben, wonach ihr Herz dürstet!

8] Solche scheren sich gar wenig um den Himmel, den Ich ihnen geben möchte; sondern nur den Himmel wollen sie, den sie sich selbst erbaut haben aus ihren Begierlichkeiten!

9] O siehe, um wie vieles besser Ich die Menschen kenne als du! — Siehe, der Landmann betet zu Mir, wenn es trocken ist, um einen Regen. Und wenn es ihm zuviel regnet, wieder um Sonnenschein! — Ein Händler betet, daß er recht wohlfeil kaufe und recht sündig teuer verkaufe. — Der Wucherer macht eine fromme Stiftung sogar, auf daß nur recht schlechte, magere Jahre kommen sollen. — Der Lottospieler betet sich oft die Zunge wund um einen Treffer. —

[1] entbehrt

Ein Mädchen geht emsig in die Kirche und kleidet sich dazu an, als ginge sie in ein Theater — warum denn? — Etwa aus Liebe zu Mir? O nein! — sondern daß sie entweder bei dieser fromm scheinenden Gelegenheit mit einem zusammenstoßen möchte, den sie lieber sieht als Mich; oder daß sie baldmöglichst einen Gemahl sich erbeten möchte!

10] Siehe, also werde Ich wohl als Mittel, aber nicht als Zweck angebetet! Man kehret sich zu Mir der Welt wegen, aber nicht Meiner Selbst willen!

11] Von solcher Liebe aber werden wir beide, Ich sage dir, sicher wenig herabbeißen! — Oder wäre dir wohl gedient, so irgendein Mädchen dir schön täte, um durch dich einen anderen für ihr Herz zu gewinnen? Was würdest du da tun mit einer solchen Geliebten?

12] Würdest du ihr da nicht sagen: „Höre, du taube und lose Schmeichlerin! Was du im Herzen trägst, dahin wende dich auch selbst! Der, den du liebst, wird dir doch sicher näher sein als ich!? Daher laß mich so lange ungeschoren, bis du mit der Liebe zu mir dich mir nahen wirst!"

13] Siehe, also antworte auch Ich! — Denn für einen Unterhändler lasse Ich Mich durchaus nicht gebrauchen! — Wer Mich liebt, der muß Mich lieben Meiner Selbst willen, aber nicht der weltlichen Vorteile halber — und Ich werde ihm darum geben Meine Liebe, welche da ist das wahre, ewige Leben; und alles was Mein ist, wird auch sein sein.

14] Wer Mich aber nur sucht der weltlichen Vorteile wegen — wahrlich, der ist Mir ärger und unerträglicher als einer, der Mich noch nie gesucht hat, weder in der einen noch in der anderen Hinsicht. Solche Schmarotzer können sich allezeit fernehalten von Mir; denn Mir ekelt es vor ihnen!

15] Siehe, aus diesem Grunde kann Ich heute auch deiner Bitte kein Gehör geben! — Lasse daher dein Mädchen, bis ihr Herz eine andere Richtung nehmen wird! Dann kann sie auch etwas empfangen von Mir — aber bei dieser Verfassung nicht! — Ich will zwar sehr freigebig sein, aber immer zur rechten Zeit nur und am rechten Platze!

16] Der J. Martha und der mehr weltlichen P. H. aber vermelde, daß es Mir voller Ernst ist um ihr Heil, und daß sie es darum mit Meiner Liebe zu ihnen auch völlig ernst nehmen sollen. Und solle Mir die eine gesegnet, die andere aber sanft ermahnet sein! — Amen.

17] Das sage Ich, den du batest — da Ich die Menschen besser kenne als du! — Verstehe es wohl! — Amen.

☆

Von den Gaben des Geistes

Am 31. Mai, 1842, vormittags

„Herr Jesus! Du lieber, heiliger Vater! Möchtest Du mir denn nicht kundgeben, was es da mit den Erscheinungen des J. V., der da ist ein Feuerwächter am Schloßberge, für eine Bewandtnis hat? — Warst Du es wohl, der ihm einige Male erschien, aus einer weißen Wolke hervortretend? Was soll ich davon halten? — Und sind ähnliche Anschauungen schon allzeit eine Bedingung zur völligen Wiedergeburt? — Lieber heiliger Vater, wenn es Dein heiliger Wille wäre, so möchtest Du uns doch nur einige Worte darüber geben! — Aber nur Dein heiliger Wille geschehe allezeit! Amen."

Auf diese Bitte wurde dem Knechte Jakob Lorber nachstehende Antwort zuteil:

Siehe, was da deine noch etwas blinde Frage betrifft, so sind die Menschen versehen mit verschiedenen Vermögen oder Talenten. Der eine hat die Gabe des Rates, der andere die Gabe des Verstandes, ein anderer die Gabe der Sprachen, ein anderer die Gabe der Weissagung, ein anderer die Gabe des Gesichtes. Wieder ein anderer die Gabe der Wahrnehmung, was ihr Ahnung nennt, und wieder ein anderer die Gabe des Gehörs. Mancher hat die Gabe des Geruches, mancher die Gabe des Geschmackes. Und zwischen jeder dieser sind zahllose Abstufungen und Mischungen. Mancher hat die Gabe der Willensstärke, ein anderer wieder eine Macht in seinen Augen. Und so hat einer in dem, und einer wieder in etwas anderem eine besondere Auszeichnung.

2] Durch die wahre Demut und Liebe zu Mir aber kann jeder sein angeerbtes Talent erhöhen bis ins völlig geistige Leben! — Jedoch hat darum keiner etwas vor dem anderen; sondern, daß er mit seinem besonderen Talente seinen Brüdern in aller Liebe dienen könne und solle — darum wird jedem auch Besonderes gegeben!

3] Denn hätte da jeder ein völlig Gleiches empfangen und wäre somit gleichvermögend — denke! — würde da wohl ein Bruder zum andern gehen und sich von ihm einen Dienst erbitten? — O siehe, das würde da wohl keiner tun; denn er wäre ja ohnehin mit allem versorgt!

4] Da aber zufolge Meiner Liebe in der ganzen Unendlichkeit kein Wesen vollkommen mit allen Talenten versorgt ist, so ist eben die Ermangelung an einem oder dem andern Talente ja das schönste und haltbarste Band der gegenseitigen Liebe, durch welches ein Bruder dem andern notwendig wird und sich an ihn anschmiegen muß, um sich des Talentes des Bruders bedienen zu können.

5] Daher können die Gesichte des frommen Mannes, über den du die Frage gestellt hast, gar wohl ebenso in der Ordnung sein, wie das Hören für dich in der Ordnung ist!

6] Es wird aber darum niemand von ein oder dem andern Talente gänzlich ausgeschlossen; sondern der Unterschied besteht nur in dem Ueberwiegen eines oder des anderen Talentes bei dem einen oder anderen Menschen. — So der Mensch aber übergeht ins geistige Leben, da wird dann auch das hervorstehende Talent zuerst geweckt.

7] Und so ist zur vollen Wiedergeburt durchaus weder das Schauen für sich, noch etwas anderes für sich unbedingt nötig, sondern allein die Demut und die Liebe. Alles übrige ist dann nur eine Folge dessen und richtet sich allzeit nach der ursprünglichen Inhabung irgendeines Talentes.

8] Solches solltest du jetzt wohl schon aus dir selbst zu fassen imstande sein. — Die Gesichte des J. V. sind demnach richtig, obschon auch manches Unreine daran klebet.

9] Du aber bleibe beim Worte! Denn in ihm ist das reinste Schauen! — Darum ist es ja der Urgrund alles Lichtes und alles Schauens! — Verstehe es wohl! — Amen.

☆

Aufmunterung an den Knecht

Am 7. Juni 1842, vormittags

Bitte des Knechts: „O Du mein allergeliebtester Herr und Vater Jesus, Du allerheiligster, Du liebevollster Gott von Ewigkeit zu Ewigkeit, Du allerbarmender Ratgeber in jeglicher Not! — Du siehst, daß mein Herz durch so manche Erscheinungen bedrängt ist und kennst sie. Darum habe ich nicht nötig, sie Dir, o Du überheiliger Vater, mit dem Munde oder mit den Buchstaben der Schrift vorzutragen. — O so gebe mir denn einen Trost, damit ich nicht durch derlei Schläge auf mein wahrhaft armes Herz unfähig werde, das von Dir mir anvertraute Geschäft des Geistes zu vollziehen und am Ende durch solche Unfähigkeit wohl gar verliere, was Du mir armem Sünder also gnädigst anvertraut hast! — O Du heiliger, lieber, überguter Vater, erbarme Dich meiner und befreie mich von dieser großen Herzensnot! — Dein Wille geschehe! — Amen."

Ja, ja, Ich kenne gar gut, was dir fehlet. — Doch merke dir für solche Fälle solches: Wo du nichts ändern kannst zufolge der jedem Menschen eigenen Willens- und Erkenntnisfreiheit, da erspare dir für alle Zukunft jede Mühe und Arbeit! Denn einen aus dem Zentrum ganz verfaulten Baumstock wirst du nimmerdar zum Leben erwecken, wenn du ihn auch noch so emsig täglich begießen möchtest.

2] Daher bekümmere dich auch der Rede nicht, welche da aus dem Munde unsauberer, rein weltsüchtiger Menschengeister kommen! Laß diese nur aus dem Schatze ihrer Weltklugheit schöpfen, welche von der Welt ist und rein der Welt angehört! Lasse sie reden und lasse sie ihre hochgepriesenen Geldtugenden üben! Lasse solche Weltweise reden schwarz und weiß, lasse ihnen sogar Mein altes und jedes neue Wort eine allerbarste Torheit sein! Denn siehe, diese wahrhaft elende, kurze Seligkeit müssen wir ihnen für ihre Geldtugenden ja doch zukommen lassen, da sie ja ohnehin auf der Welt mit diesem ihnen so einzig rechtesten Leben auch alles beschließen!

3] Siehe, solche allerpurste Materialisten sind allzeit die allerlauesten Geistesmenschen! Ja sie sind ebenso träge wie die Materie selbst, an der sie hängen — weshalb sie sich auch nicht über die tote Natur ihrer und jeder anderen Materie erheben können.

4] Da aber die Materie für sie etwas Festes und allein Begreifliches ist, so geht auch ihr Geist ganz in diese über, überläßt sich ganz der Materie und denkt, solange in ihm noch ein Lebensfunke glühet, ganz aus derselben. Und es ist ihm darum alles Geistige nichts anderes als eine allerbarste Torheit.

5] Da der Geist aber ganz in seiner Materie steckt, so geschieht es denn auch, daß er aus seiner Materie manchmal witzig und scheinbar scharfsinnig redet, welche Rede dann eine weltklugheitsvolle ist. — *Aber jetzt erst kommt das große Aber! Jetzt sollst du ganz was Neues hören!*

6] *Aber* wenn solcher Menschen Materie also verzehret hat ihren Geist, wie ein brennender Docht das Oel in der Lampe (bei welcher Gelegenheit dann die matte Flamme erlischt) — da wird ebenalso auch für alle ewige Zeiten der Zeiten ihr *Geist erlöschen*. Denn siehe, das sind eben diejenigen Menschenlarven, welche weder kalt noch warm, sondern lau sind — das heißt, sie sind weder böse noch gut, sondern *tot* wie die Materie selbst. Daher werden sie auch ausgespien aus Meinem Munde — oder mit anderen Worten: sie hören nach diesem Leben für ewig auf zu sein. Denn einer belebenden Züchtigung sind sie ebensowenig fähig wie ein toter Stein. Daher sie auch unverwes-bar sind.

7] Wo aber kein Leben mehr denkbar ist, an was soll da ein Lohn übergehen, der an und für sich nur das allereigentlichste ewige Leben ist?! — Daher auch ist gesagt, daß es einem Kamele leichter ist, durch ein Nadelöhr zu gehen, als einem geisttoten Reichen zum Leben! — Wahrlich sage Ich dir: Wenn der Reiche nicht tun wird, wie Ich es geraten habe dereinst dem reichen Jünglinge, so wird er das Leben nicht überkommen.

8] Wer da aber sagt: „Ich spare für meine *Kinder*, um sie der-einst versorgen zu können und unabhängig zu stellen" — auch dem wollen wir seine Freude nicht mißgönnen und wollen ihn auch ungestört das ewige Totengrab für seine Kinder bereiten lassen. — Meinst du, Mir liege etwas an solchen Menschen? — Ich sage dir: Ein fauler Apfel stehet bei Mir höher als solche Menschen!

9] Daher brauchst du dich auch nicht zu kränken, noch zu sorgen, sondern ihnen freudig zu gönnen diese kurze Glückseligkeit, also wie Ich es tue. — Denn so sie das alte Evangelium verachten und Mich Selbst einen „armen Schlucker" nennen, so werden sie vor *dir* doch sicher nicht anders tun, da du nur von Mir zeugest, von Mir, dem Verachteten und Verspotteten, von Mir, dem Gekreuzigten.

10] *Ich sage dir aber: Hätte dein Wort den Beifall der Welt, so wäre es nicht aus Mir! Die Verachtung der Welt aber ist allzeit das größte Zeugnis dessen, was aus Mir kommt.*

11] Wer dich somit schmähet und fliehet, der schmähet und fliehet auch Mich! Denn was aus dir kommt, das kommt ja auch aus Mir. — Daher sei fröhlich! — Amen.

☆

Familien-Seelsorge

Am 7. Juni 1842, vormittags

Schreibe von Mir an die drei Töchter des Ans. H.-W. namens J. H., P. H. und W. H., auch an den Ans. H.-W. selbst und an dessen Weib!

2] An J. H.: Ich, dein lieber, heiliger Vater, sage und rate dir, daß du Mir treu verbleiben sollst! — Und solches sage Ich dir, weil Ich es bei dir erschaue, daß dein Herz anfängt, sich ein wenig hin und her zu schwingen zwischen Mir und der Welt.

3] Solches aber ist nicht gut, da das Herz, so oft es sich zur Welt hinausschwinget, allzeit, gleich einem in einen Brunnen gelassenen Eimer, allerlei Arges in sich aufnimmt, wie Mißtrauen, Aerger, Bangigkeit, Lauigkeit in allem Guten und wahrhaft geistig Schönen, Gefallsucht, Untreue, Zorn, Neid, Hoffart und Rachlust.

4] Siehe, diese großen Uebel sind anfänglich gar klein; sind sie aber einmal als böser Samen im Herzen aufgenommen, so wachsen sie sehr schnell an und ersticken als ärgstes Unkraut gar bald jedes edle Körnchen, das Ich zuvor ins Herz gesät habe.

5] Siehe, du Meine liebe Tochter, da dein Herz sich in einer solchen kleinen Gefahr befindet, erinnere Ich, dein heiliger, lieber Vater, dich daran, auf daß du Mir ja keinen Schaden leiden möchtest.

6] Hast du aber gefunden, daß sich Mein Schreiber und Knecht gegen dich etwas verändert zeigen mußte, trotzdem er dich innerlich sehr lieb hat — siehe, dazu ward er von Mir im geheimen beheißen, um dir anzuzeigen, daß sich dein Herzchen leise zu schwingen hat angefangen. Mein Knecht aber muß sich allzeit also benehmen, wie er beheißen wird, und muß schreiben, was ihm gesagt wird, damit dadurch jemand erwecket werden möchte.

7] Wenn aber schon alles, was du nur ansiehst, so du aufmerksameren Herzens bist, dir zu einem weisen Lehrer werden kann, um wie viel mehr wird und muß es dir ein mit Mir im geistigen Verbande stehender Knecht sein! — Daher beachte du in der Zukunft nur alles, was dir der Knecht sagt! Denn solches redet er nicht aus sich, sondern aus Mir, wie gestaltet es auch immer lauten möchte, ob wie ein Scherz, ob wie eine Neckerei oder ob wie ein Ernst.

8] Wenn du nur darauf achten willst, so wird es dich zum lebendig Guten leiten. Liebes Töchterchen, beachte solches wohl! — Amen.

9] An P. H.: Denke, Meine Liebe ist der größte Reichtum und der herrlichste Schmuck des Lebens! Wer diese hat, der hat alles!

10] Uebe dich daher in Meiner Liebe! Sei geduldig in allem und befolge gerne Meine leichten Gebote! Hab viele und große Freude an Meinem Worte und glaube es im Herzen, daß Ich es bin, der euch nun so reichlich regnen läßt das Manna aus den Himmeln, so wird es dir ein leichtes sein, dein Herz zu stärken in aller Liebe und beständigen Treue zu Mir!

11] So du aber haben wirst ein festes Herz in Meiner Liebe, dann wird dich auch sobald jedes Uebel des Leibes verlassen. — Daher sollst du aber auch nicht ein geteiltes Vertrauen auf Meine Hilfe setzen, so dich noch manchmal eine kleine Leibesübelkeit befällt. Denn Ich sage es dir, sie wird vergehen, sobald dein Herz fester wird in Meiner Liebe!

12] Sagen aber nicht schon die Menschen: „Die wahre Liebe muß gezanket werden!"? — Siehe, auch Ich pflege mit denen, die Mir lieb sind, so lange durch allerlei, dem Leibe unangenehme Empfindungen zu zanken, solange Ich in irgendeinem noch so verborgenen Herzenswinkel etwas entdecke, das für Meine heilige Liebe nicht taugt. — Darum fragte Ich auch den getreuen Apostel drei Male, ob er Mich liebe!

13] Siehe, Ich bin wirklich sehr eifersüchtig und kann daher nichts vertragen, was sich nur in eine allerkleinste Untreue verwandeln könnte. — Da Ich dich, Mein Töchterchen, aber sehr lieb habe, so sage Ich dir solches! Beachte es ja recht wohl, und du wirst Mir, deinem heiligen, liebevollsten Vater, eine große Freude machen! — Ich aber werde dich dafür Meiner Liebe versichern ewig. — Amen.

14] An W. H.: Dir aber sage Ich, daß du dich ja nicht stoßen sollest an irgend etwas, wodurch du dich dann und wann als zurückgesetzt betrachtest. Denn siehe, Ich ziehe Mich, besonders bei deinesgleichen, oft also zurück, daß sie auch manchmal ausrufen möchten: „Mein Gott, mein Gott, warum hast Du mich verlassen?!"

15] Allein Ich sage dir: Solches ist dir sehr heilsam zur ewigen Gesundheit des Geistes. — Merke aber dabei dieses: Ich bin dir nie näher als gerade dann, so du Mich am entferntesten glaubst!

16] Sei daher sanften Herzens, hebe deine Weltgedanken zu Mir empor und sei geduldig in allen Dingen! Befleißige dich Meiner Liebe, so wirst du dich nimmer in irgendeinem Hintergrunde erschauen!

17] Solches beachte wohl und treu in deinem Herzen! — Amen.

18] An A. H.-W.: Dir aber sage Ich: Habe in allen Dingen Meine Liebe und Meine Erbarmung unablässig vor Augen, so wirst du nie in eine Schwermut des Herzens geraten! Betrachte die Erscheinungen wie sie sind, aber nicht wie sie sein sollen — so wirst du dir ein reines Bild in deiner Seele hervorrufen und dein eigener Geist wird es dir enthüllen, warum die Dinge also und nicht anders zum Vorscheine kommen.

19] Siehe, wenn du eins bist mit Mir in der Liebe zu Mir, so wirst du auch eins sein mit Meinem Willen. Bist du aber das, so wirst du ja auch leicht einsehen, daß da ohne Meinen Willen und ohne Meine Zulassung kein Sperling vom Dache fällt, daß jedes Härchen gezählet ist und keines ohne Meinen Willen gekrümmet werden kann.

20] Solches wird dir ein fröhliches Herz bereiten! — Also liebe Mich, streue bei deinen Kindern stets guten Samen aus, so wirst du gar wohl gedeihen in Meiner Liebe! — Amen.

21] Dein Weib aber soll sich nur vorzüglich an Meine Liebeluft halten und in ihrem Herzen in die „Bäder Meiner Liebe“ reisen, so wird sie gesund am Geiste und am ganzen Leibe!

22] Wenn sie ausgeht, da soll sie auch allezeit Mich mitnehmen. Wann sie aber nach Hause kommt, da auch soll sie Mich treulichst zu ihr einladen, so wird sie gar bald gewahren, was alles Ich vermag!

23] Und daher soll sie auch nicht manchmal zu sehr nachsinnen, was sie wieder völlig gesund machen könnte! Denn Ich, der Arzt aller Aerzte, der Ich ihr schon so weit geholfen habe, werde ihr schon noch weiter helfen.

24] Es liegt nicht zu viel daran, ob auf den Gebeinen viel oder wenig Fleisches hänget, aber alles liegt daran, wieviel der wahren Liebe zu Mir in irgendeinem Herzen sich vorfindet!

25] Daher soll sie sich auch mehr an Meine Liebe halten denn an alles andere — so wird sie doppelt und vollkommen genesen! — Amen.

☆

Seelen-Mitternacht

Am 13. Juni 1842, nachmittags

Frage des Andr. H.-W.: „O Herr! Mir kommt vor, ich bin mehr tot als lebendig. Wird die Mitternacht nicht bald durch Deine große Liebe, Gnade und Erbarmung vorüber sein?"

Das kommt nur auf dich an! Wenn du mit aller Welt vollends brechen wirst samt deinem ganzen Hause, dann wird die Mitternacht bald vorüber sein! — Wenn da aber jemand zwischen zwei voneinander schroff abstehenden Pfeilern noch also gebunden ist, daß, während er von jemand gen Morgen zum lebendigen Pfeiler gezogen wird, er aber auch noch mit ebensolchen Stricken von jemand anderem gen Abend an den Pfeiler des Todes gezogen wird — wie muß es dem werden bei diesem Doppelzuge?

2] Ihr sagt ja aber selbst: „Der Gescheite gibt nach!" — Und Ich sage dir, daß da allzeit Ich den „Gescheiten" machen muß und muß mit Meinem Zugwerke allezeit nachgeben an Meinem Morgenpfeiler, wenn der geschäftige Meister am Abendpfeiler zu straff sein Schnürwerk zu spannen anfängt.

3] Ziehe Ich bei solchen Gelegenheiten auch an, da wirst du nahezu zu einem Insekte, daß dir darob der geistige Atem ausbleibt. Und gerade dieser Zustand bei dir ist das, darum du sagst, es komme dir vor, als wärest du „mehr tot als lebendig"!

4] Wann du aber willst und magst (denn es steht vollkommen bei deinem freien Willen, dich von den Stricken des Abendpfeilers loszumachen!) — so wird auch sobald deine vermeintliche „Mitternacht" vergehen; denn der Morgenpfeiler wirft dann keinen Schatten mehr, aber einen desto größeren der Abendpfeiler!

5] Wer Mich aber durch seinen Glauben verherrlicht und wen Ich schon von allen Seiten mit Liebesstricken umwunden habe, tut wohl daran, so er sich sobald losmacht von alledem, was ihn noch an den Abendpfeiler hinzieht.

6] Und solches ist ja doch nicht also schwer, wie sich's da jemand denken mag! Eine wahre, lebendige Liebe zu Mir macht alles leicht, und kein Ding ist ihr unmöglich!

7] So du aber mit dir so manchmal eine kleine Rechnung des abendlichen Pfeilers wegen halten möchtest, Ich sage dir, du würdest gar leicht ersehen, wie du noch so einige Schnüre vom Abende her um deinen Leib duldest!

8] Diese aber müssen vom Leibe! Ehedem wird es nicht viel besser werden mit deiner vermeintlichen „Mitternacht“! — Beachte dieses wohl! Denn nun brauche Ich dir ja nicht mehr beizusetzen, von wem diese Gabe ist! — Amen.

☆

Christus lebet in mir!

Am 22. Juni 1842, vormittags

Schreibe nur, schreibe! Denn daran du dich in der Zeit schwach nur erinnerst, das war schon von Ewigkeit klarst vor Mir!

2] Also gebe dies Hand- und Herzenszettelchen der Tochter des Ans. H.-W., die da führet den Namen Meines lieben Apostels Paulus, und sage ihr, daß Ich ihr sagen lasse durch dich:

3] Sie solle Mein Wort sich ebenso aneignen, wie sie sich durch die Wassertaufe angeeignet hat den Namen des Apostels, welcher da sein soll ihr rechter Name — nicht nach „Paulinus“, auch nicht nach der „Paulina“, sondern nach dem Paulus, der zuvor Saulus hieß und erst von Mir dann den rechten Namen Paulus erhielt, welcher nach himmlischer Art alles das besagt, was da in Meinem Namen tat dieser aus Mir große Apostel.

4] Da sie aber dessen Namen führt, so soll sie auch führen in ihrem Herzen, was der Apostel in dem seinigen geführet hat, nämlich Mich Selbst vollkommen, darum er auch Paulus hieß und klar von sich aussagen konnte: „Nun lebe nicht mehr ich, sondern Christus lebet in mir!“

5] Ich sage aber hier: Wohl dem, der mit dem Paulus ein „wahrer Paulus“ ist! Denn obschon ihn der alleinige Name nicht heiligt, so wird aber dieser Name ihm dennoch zu einem großen Zeugnisse werden, so er ihn werktätig im Herzen trägt, also wie ihn der Apostel getragen hat.

6] Ich sage aber auch: Wer immer da nicht „Paulus“ heißen wird in seinem Herzen, der wird keinen großen Teil an Meinem Reiche haben. Denn „Paulus“ besagt nach himmlischer Weise: „Christus lebet in mir, und mein ganzes Wesen ist eine Wohnstätte des Heiligen Geistes!“

7] Siehe nun, du Mein Töchterchen, solches besagt der Name, den du führest! Suche daher in dir die Wahrheit dieses Namens, den du führest, sonst lügst du dich und Mich allezeit an, so oft du sagst: „Ich bin und heiße Pauline", welches ebensoviel heißt, als sagtest du: „Nun lebe ich vollkommen! Denn nicht ich, sondern der Geist der göttlichen Liebe lebet in mir!"

8] Darum also aber sollst du deinem Namen also getreu leben, daß dir dieser nicht wieder genommen wird, wenn du zur Enthüllung des Geistes durch die Geist- und Feuertaufe gelangen wirst, welche Taufe ist die volle Ueberkommung des ewigen Lebens!

9] Siehe, solches gebe Ich dir darum zu dem Tage deines Namens, damit du daraus entnehmen sollst, was da dieser dein Name besagt und wie du diesen Namen recht werktätig in dein Herz aufnehmen sollst. Und das ist viel mehr wert denn Gold und Silber und alle anderen Schätze der Welt!

10] Werde daher eine würdige Trägerin deines Namens! So erst wirst du Mir eine wahre, liebe „Paulina" werden jetzt wie ewig. Amen.

☆

Von der Freundschaft des Herrn

Geburtstagsgabe

Am 26. Juni 1842, vormittags

Dieses gar große Geschenk gib der, die da heute ihren Geburtstag feiert und heißet J. H. = Martha.

„Ich sage hinfort nicht, daß ihr Knechte seid. Denn ein Knecht weiß nicht, was sein Herr tut. Euch aber habe Ich gesagt, daß ihr Meine Freunde seid. Denn alles, was Ich gehört habe von Meinem Vater, habe Ich euch kundgetan.

Ihr habt Mich nicht erwählet, sondern Ich habe euch erwählet und gesetzt, daß ihr hingehet und Frucht bringet und eure Frucht bleibe, auf daß, so ihr den Vater bittet in Meinem Namen, Er es euch gebe." (Joh. 15, Vers 5 und 16).

Verstehest du, Mein Töchterchen, was Ich dir durch diese zwei Verse sagen will? — Siehe, das Größte, was der menschliche Geist je erfassen wird — nämlich die Wiedergewinnung der vollkommenen Freiheit, welcher da zu Grunde liegt Meine wahre, intimste Freundschaft mit denen, die Ich erwählet habe!

2] Siehe, keiner von euch allen hat Mich erwählet, sondern nur Ich kam zu euch und habe euch erwählet! — Daß Ich euch aber erwählet habe, kannst du daran je zweifeln? — Gebe Ich euch allen nicht alle Schätze der Himmel, die da sind des Vaters, welcher die ewige Liebe in Mir ist!?

3] Da Ich dich und euch aber erwählet habe, so habe Ich euch und somit dich, Mein Töchterchen, ja auch gesetzt in das Paradies des ewigen Lebens, damit ihr da die edelsten Früchte zu bringen vermöchtet und Mich da auch allzeit bitten könnet, um was ihr wollet, damit Ich es euch allzeit gebe.

4] Da es aber nun klar vor deinen Augen ist, daß Ich euch alle erwählet habe aus und von der Welt, die da gefangen ist in den härtesten Ketten aller Knechtschaft und ärgsten Sklaverei, was meinst du wohl — habe Ich euch und somit auch dich wohl erwählet zur abermaligen Knechtschaft und Sklaverei oder zur Freiheit des inneren Lebens der Liebe zu Mir und somit zu Meiner vollen Freundschaft!?

5] Wer aber ist der, zu dem Ich sage: „Geliebter Freund, geliebte Freundin!" — O Töchterchen, bedenke, bedenke, was das ist, so Ich auch zu dir sage: „Meine geliebte Freundin!"

6] Wahrlich, Ich sage es dir: So Ich dir schenken möchte alle Reiche der ganzen Unendlichkeit, alle Engel und alle Himmel — da wärest du nur ärmlich beteilet gegen dem, daß du bist eine „Erwählte", und daß Ich auch zu dir sage: „Meine Freundin, Meine Schwester!"

7] Beachte daher überaus wohl und allerhöchst, was du hiemit überkommst! — Siehe, an diesem deinem Leibesgeburtstage überkommst du Meine Freundschaft und wirst empfangen von Meiner Erbarmung, damit du schnell reifen möchtest in ihr zur vollen Wiedergeburt deines Geistes zum ewigen Leben!

8] Wahrlich, die da sind Meine erwählten Freunde, die haben auch Meinen Heiligen Geist schon in und über sich — darum sie nimmerdar sollen Knechte der Sünde werden. — Also sollst auch du Mir nimmerdar eine Dienerin der Sünde werden, sondern ewig bleiben in Meiner Freundschaft! — Amen.

☆

Ein Eherat

Am 27. Juni 1842, vormittags

Schreibe nur, schreibe; denn Ich weiß es gar lange schon, um was du Mich fragen willst!

2] Mein lieber K. G. L., der du Mich lieb hast und trauest Mir in deinem Herzen, darum du in der dir wohlbewußten Sache einen guten Rat haben möchtest von Mir! Siehe, hier ist wieder ein Punkt, wo, wie ihr zu sagen pflegt, der „gute Rat teuer" ist! Denn Ich sage dir, und du kannst es Mir pünktlich glauben: In der Hölle und bei der jetzigen Zeit auf der Welt ist für Mich Selbst ein guter und wirksamer Rat im Ernste schwer; außer Ich wollte mit dem Rate zugleich auch schon mit Meiner Allmacht dareinschlagen.

3] Täte Ich aber solches — wofür wäre dann der vorhergehende Rat gut und tauglich? — Siehe, vor gar nicht langer Zeit habe Ich dem sogenannten Westindien, wegen seines zu industriösen und menschenfreundlichen Strebens, einen solchen mit Meiner Allmacht verbundenen Rat gegeben, auf daß sie sich von der Welt zu Mir zurückkehren sollten. Aber dieser Rat hat vielen Menschen (Ich will hier Mich keines anderen Ausdruckes bedienen) — das Leben und so manchen Ortschaften das Dasein gekostet!

4] Siehe, was dir aber hier dieses Beispiel im Großen gezeigt hat, und wie dir für die Zukunft noch mehrere ähnliche, wo nicht noch größere Beispiele zeigen werden, was da Mein mit Meiner Allmacht verbundener und somit auch sehr handgreiflicher Rat vermag — dasselbe kann auch bei einzelnen Menschen der Fall sein, so Ich ihnen einen allmächtigen Rat erteilen würde, der dann freilich wohl für den Augenblick wirksam wäre.

5] Erteile Ich aber den Weltmenschen einen freundlichen Rat entweder durch den besseren Trieb ihres Herzens oder, wie es hier der Fall ist, durch einen geweckten Seher und Wortknecht, sage Mir, wo ist **der**, **der** solches völlig glaubt und darum auch treulichst beachtet? — Denn also verkehrt sind die Sinne der Menschen, daß ihnen das größte Wunder des lebendigen Wortes so gleichgültig ist, wie nur immer eine andere alltägliche Erscheinung auf der Welt!

6] Daher kannst du Mir ja glauben, daß so bei manchen Gelegenheiten und in so manchen Punkten einen guten Rat zu geben, wahrhaft selbst für Mich schwer wird!

7] Dessenungeachtet aber will Ich dir denn doch noch in deiner dich kümmernden Angelegenheit etwas sagen, aber natürlich also nur, wie es bei Mir steht und nicht wie es in der tollen Weltordnung der Menschen, wie sie gegenwärtig sind, sich vorfindet.

8] Siehe, so da jemand eine Magd beschlafen hat, so daß er dadurch auch gezeuget hat aus ihr eine Frucht, nachdem er sich zuvor ihre intimste Neigung durch allerlei eheliche Vorworte verschafft hatte — da sind nur drei Fälle möglich, die ihn seines gemachten Bundes entledigen. Und diese drei Fälle sind: erstens, der ein- oder anderseitige Tod des Leibes; zweitens, eine durch was immer für Umstände herbeigeführte gänzliche Untauglichkeit für den ehelichen Stand; drittens, wenn das Mädchen dem Manne gänzlich und ohne sein Verschulden in ihrem Herzen untreu wird und den Liebesantrag eines anderen in ihrem Herzen angenommen hat.

9] Siehe, nur diese drei Fälle können und werden bei Mir als ein voll entschuldigender Grund angesehen. Alle anderen Gründe aber, welche auf dem mageren und überaus trüglichen Boden des Weltverstandes gewachsen sind, werden allzeit für null und nichtig betrachtet!

10] Wer da sagt aus seinem Verstande: „Ich möchte ja das Mädchen wohl nehmen zum Weibe, wenn es meine Vermögensumstände gestatteten!" — dem sage Ich: „Du, der du nach der Sünde also gut rechnen kannst, warum hast du dir denn vor der Sünde keine Rechnungstafel angeschafft?! — Wahrlich, für jetzt kommst du Mir zu spät mit dieser deiner Rechnung!

11] Denn Ich kenne keine solche Rechnung, die da die Sünde entschuldige und dich enthebe deines gemachten Bundes! Warum? — Weil der Mensch durch die Sünde mit Mir ohnehin schon den ewigen Bund gebrochen, den er Mir geschworen hat in der Wassertaufe, so soll er zu diesem Hauptbruche nicht noch einen andern hinzufügen, der dem Hauptbruche völlig gleich kommt."

12] Fürs zweite aber soll der also rechnende Mensch bedenken, daß seine Versorgung nicht so sehr von den weltlichen Vermögensumständen abhängt, als vielmehr, ja ganz allein, von Mir — so wird er mit einem gläubigen Herzensverstande gar leicht finden, daß die Probe der Weltrechnung besser ist als die Rechnung selbst!

13] Denn für den Ich sorge, der ist wahrhaft versorgt; während so manche in den Weltkerkern doppelter Art schmachten, weil die

Proben ihrer Rechnungen schlechter ausgefallen sind als die vermeintlich gut geführten Weltrechnungen!

14] Siehe, das ist der einzige Rat, den Ich dir geben kann, der da auch allein nur gut und wahr ist! — Wer aber wird ihn befolgen? Wird er wohl überhaupt befolgt werden?

15] Wahrlich, wer da aus Liebe zu Mir nicht ehelicht, der tut ja besser. Wer aber einmal einem Mädchen das Wort gegeben hat, der tut eine grobe Sünde, wenn er sein Wort bricht. Hat aber jemand einmal gar schon wider Mein Gebot einem Mädchen beigewohnt, um wieviel mehr muß er darum auch verpflichtet sein, seine Sünde an dem Mädchen wiedergutzumachen — ohne welche Tat sie ihm nie von der Schuldtafel gelöscht wird im Reiche des Lebens!

16] So du, Mein lieber K. G. L., willst solchen Rat deinem Freunde erteilen wie aus dir, kannst du es ja tun! Ob er aber fruchten wird, solches lassen wir in der Welt unterdessen dahingestellt sein. — Amen.

Erweckungsbewegung in Schweden

Am 28. Juni 1842, nachmittags

„O Herr! Ist der Offenbarung der vielen Kinder in Schweden, die einhellig zur Buße ermahnten und aussagten, daß nach drei Jahren das Tier mit sieben Köpfen und zehn Hörnern aufsteigen werde und daß ein Haupt und zwei Hörner schon ersichtlich seien, Glauben beizumessen? — Die arge Welt nennt diese wunderbare Erscheinung die Predigtseuche! — O Herr! Vergib ihnen, denn sie wissen nicht, was sie lästern!“

Ich habe es euch ja schon bei so mancher Gelegenheit vorhergesagt, und ganz vorzüglich im Verlaufe der euch wohlbekannten „Zwölf Stunden[1]“, daß Ich an mehreren Orten der Erde werde Mein Licht und Meine große Erbarmung aus den Himmeln herniedersteigen lassen. — Wenn es nun geschieht und noch immer mehr und mehr geschehen wird, hier und da und bald so und bald so, was Ich euch vorausgesagt habe, kann euch das wundernehmen?

2] Was predigen die schwedischen reinen Kinder, wenn sie von Meinem Geiste angeregt werden? — Sie predigen wahre Buße! — Wer kann da meinen, solches sei eine Krankheit des Leibes oder etwa gar ein Werk des Satans?!

[1] Jakob Lorber, „Die zwölf Stunden“.

3] O glaubet es Mir und sehet an das große Volk der Städte und was da ihr Tun ist und ihr loses Treiben — und ihr werdet selbst sagen: „Nein, nein! Ein solches Evangelium predigt der Satan nimmer! Sondern [dieser predigt] ein anderes nur, darnach da vorzugsweise lebet und webet das große Volk der argen Städte!"

4] So ihr aber wisset, daß derjenige, der in seinem Herzen Christum wahrhaft bekennet im Glauben und vorzüglich in der Liebe, nicht ist wider Christum, sondern für Ihn und somit auch für Sein ewiges Reich, dann werdet ihr ja dadurch auch desto leichter und sicherer erkennen, von welchem Geiste getrieben und gezogen diese schwedischen Kinder weissagen und predigen! Steht es denn nicht geschrieben: „Aus dem Munde der Kleinen habe Ich Mir ein Lob bereitet?"

5] Sehet, auch dieses gehört allezeit zu einem großen Vorzeichen, wann da kommen solle gar bald ein richtender großer Tag der Löse über die Erde!

6] Was da aber das „dem Meere" wieder, und zwar zum letzten Male, „entsteigende Tier" betrifft — Ich meine, dazu werdet ihr keine Augengläser brauchen, um das klar zu ersehen, so ihr nur ein wenig das Tun und Treiben der großen Hurenstädte betrachtet, und ganz besonders das Tun und Treiben einer Stadt, die ihr wohl kennet, die Ich euch aber dennoch nicht nennen mag und will!

7] Dort steigt das alte „Tier" also, wie es schon der Kahin nach seiner Greueltat gesehen hat, vorzugsweise empor, um sein altes Gewerbe zu treiben, und hat bereits schon „zweieinhalb Haupt und viereinhalb Horn über der Erde"! — Daher ist es auch nötig, daß sich jeder durch Meine Gnade rüste, damit er nicht verschlungen wird von der Macht und vorgeblichen Gewalt des Tieres. Denn es wird große Zeichen tun, nicht mehr durchs Feuer zwar, aber desto mehr durch die Macht der Zunge!

8] Doch sage Ich euch auch bei dieser Gelegenheit: Die schwere Wolke aber steiget nun auch schon mehr denn gleichen Schrittes aus den Himmeln, in welcher der das Tier für ewig tötende Blitz aufbehalten ist!

9] Was ist aber das „Malzeichen des Tieres" für seine Bekenner? — Auf der Stirne — der Weltverstand! — Auf der Hand aber — die Industrie! — Daran wird das Tier am besten zu erkennen sein!

10] Das Zeugnis der Aerzte[1] aber ist ein Schirm für Meine Sache! — Jetzt wißt ihr alles, was euch davon not tut, beachtet es wohl! — Amen.

Zu diesem Ereignisse berichtete die „Grazer Zeitung" vom 20. August 1842, Nr. 132: Stockholm, 2. Aug. 1842. „Am Sonntag, den 10. Juli, waren über dreitausend Menschen von nah und fern in Eksrote versammelt, um diese Leute predigen zu hören. Mehrere in der Volksmasse rissen sich die Kleider vom Leibe und die Ringe von den Fingern und Ohren und traten mit den Füßen darauf, indem sie riefen, diese Kostbarkeiten seien Teufelsschmuck. Ein Soldat sammelte in einem Korbe eine Menge Goldringe, die eingegraben wurden. Die Krankheit scheint ihren Gipfelpunkt erreicht zu haben, bemerkt die Staatstidning, und es kann nur wenig mit Ermahnungen und Warnungen, noch weniger aber mit Zwangsmitteln dagegen ausgerichtet werden."

Der „Oesterreichische Beobachter" vom 7. November 1842 brachte den Bericht eines lutherischen Geistlichen über die Predigtsucht der Kinder in Schweden, worin es heißt: „Sie predigen gegen Spiel, Tanz und hoffärtiges Leben; sie berufen sich auf den Propheten Joel, 2. Kap., 28. Vers. Sie sprechen vom Untergange der Welt, ermahnen zur Buße. In ihren Visionen sehen sie die Qual der Verdammten. Auch erblicken sie einen langen Abendmahlstisch, an dem die Seligen sitzen. Sie predigen aus innerem Zwange, und auch da, wo ihnen niemand zuhört, usw."

☆

Elias, der Vorläufer

Ein zeitgemäßer Lebenswink

Maleachi 4,5: „Siehe, Ich will euch senden den Propheten Elias, ehe denn da komme der große und schreckliche Tag des Herrn!"

Matthäus 17,10: „Und Seine Jünger fragten Ihn und sprachen: »Was sagen denn die Schriftgelehrten, Elias müsse zuvor kommen?«"

Am 30. Juni 1842, nachmittags

„Bittet, so wird euch gegeben, suchet, so werdet ihr finden, und klopfet an, so wird euch aufgetan!" — Saget Mir, von wem sind diese tröstenden Worte? — Ihr saget, sie sind von Mir. — Gut, sage Ich, so aber diese ewig wahren Worte von Mir sind, saget, was hält euch denn ab, sie werktätig zu befolgen, damit es jedem von euch ein leichtes würde, solche wichtigste und auch am leichtesten faßliche Stellen aus der Schrift des Lebens zu verstehen?

2] Wisset ihr, was daran schuldet? — Ich sage euch und habe es euch schon oft gesagt: Daran schuldet nichts als eure noch immer törichte Vorstellung von Mir, derzufolge ihr Mich noch immer

---

[1] welches die geistige Erscheinung als eine „Predigtseuche" erklärt hat. d. Hsg.

mehr im unendlich Gewaltigen, Mächtigen, Großen und Ueberheiligen suchet, statt in der alleinigen sanften Liebe.

3] Ihr sehet in Mir wohl den Gott, den unendlich Großen, der da durch Sein Wort erschuf Himmel und Erde; aber den Gott, den lieben Vater, der es nicht unter Seiner Würde hält, sogar die Flügel einer Pfützenmücke in Bewegung zu setzen und die Schimmelpflanzen an einer feuchten Brotkrumme zu pflegen, daß sie gedeihen — sehet, dieser Sich so tief herablassende, dieser sanftmütigste, dieser geduldigste und liebevollste Gott und Vater ist noch stets mehr oder weniger fremd eurem Herzen!

4] Jesum, der die Sünder auf Seine Schultern lud, der die Müden und Beladenen zu Sich rief, Jesum, den allein guten Hirten, Ihn, den Gekreuzigten, kennet ihr noch nicht!

5] Da euch aber dieser allersanfteste Jesus noch fremd ist in dem, wie und was Er ist, so ist euch auch fremd der große Prophet Elias und fremd „der große und schreckliche Tag des Herrn!"

6] Wenn ihr Dinge, die nicht da sind oder euren Sinnen zu entfernt liegen, nicht fasset, so möget ihr wohl, euch entschuldigend, sagen: „Herr, solches zu fassen ist nur jenen gegeben, die Du dazu berufen hast!" — Die Schrift des Lebens aber ist ja in euren Händen; mit welcher gültigen Entschuldigung könnet ihr da wohl auftreten, so Ich euch frage: „Warum verstehet ihr solches nicht, das ihr doch zuallererst und zuallernächst fassen solltet?"

7] Wer ist hier der Prophet Elias? — Nun machet doch einmal die Ohren auf und höret: Es ist Meine Liebe, welche jedem Gerichte vorangehet, wie es soeben bei euch der Fall ist und bei noch so manchen andernorts[1]! Das ist der „Elias"! Wann diese (Meine Liebe) anfängt zu euch zu kommen, so ist der „Elias" auch schon da. Elias ist somit die Vorstrahlung Meiner Liebe, welche nun in ihrer unendlichen Feuerkraft, ja in ihrer ganzen unendlichen Fülle auf dem Wege zu euch ist.

8] Wer da ergreift die sanften Strahlen dieses „Elias" und lässet sich durchglühen von ihnen, der wird auch bestehen in dem kommenden Feuermeere Meiner unendlichen Liebe.

9] Wehe aber dem, der sich den „Elias" nicht wird zu eigen gemacht haben! Wahrlich, er wird nicht bestehen im großen Feuer Meiner Liebe, wenn sie kommen wird in ihrer Fülle über alle Kreatur!

---

[1] in der Offenbarung durch Jakob Lorber und andere; d. Hsg.

10] Wer da nicht mit dem Elias vermag, im feurigen Wagen der Liebe sich zu Mir gen Himmel erhebend, im Geiste zu bestehen, wie wird der erst dann bestehen im Grunde des Feuers, von dem der Wagen des Elias nur ein kleines Fünklein ist?

11] Sehet, das besagt die euch dunkle Stelle, die euch aber dennoch heller als die Sonne am Mittage sein sollte! — Verstehet nun solches wohl und achtet des „Elias", der sich nun unter euch befindet, damit ihr von Meinem kommenden großen Feuer nicht vernichtet werdet! — Solches verstehet wohl! Amen.

☆

Kennzeichen wahrer und falscher Propheten

Am 4. Juli 1842, vormittags

Zum ersten Buch der Könige, Kap. 19, 7—18.

Wenn du das hier Gesagte nur einigermaßen aufmerksam durchgehest und beachtest die gleichlautende Antwort dieses größten aller Propheten Israels, so kann es dir ja unmöglich entgehen, wodurch sich ein rechter Prophet klärlichst unterscheidet von einem falschen, der da ist allezeit ein Diener Baals und ein blinder Pharisäer im vollkommensten Sinne des Wortes.

2] Damit aber du und jeder es genau merken und wissen solle, wie die Sachen stehen zwischen einem wahren und einem falschen Propheten, so will Ich aus den Anführungen des Propheten Elias dich nur auf folgendes aufmerksam machen. Und so höre denn:

3] Für Wen allein nur eiferte der wahre Prophet Elias? Eiferte er für weltliche Rechte, für weltliche Macht und Gewalt und für weltliches Einkommen, bestehend in Gold und Silber? — Er spricht: „Ich habe um den Herrn, den Gott Zebaoth geeifert!"

4] Siehe, so da aber jemand eifert ohne Entgelt um den allein wahren Gott und tut sonach, wie es da getan hat der Prophet Elias, sage mir, ist das ein falscher Prophet? — Also ist der Eifer das sicherste und untrüglichste Zeichen eines wahren und eines falschen Propheten.

5] Wenn aber der eine eifert um ein weltliches Ansehen seiner Kirche und seines Oberhauptes, das da begraben ist in Gold, Silber und allen Edelsteinen, ein anderer aber eifert allein um Mich — welcher von den zwei Propheten ist da wohl der allein wahre? — Ich meine, um das zu erraten, wird niemand zur Mathematik seine Zuflucht nehmen müssen.

6] Da aber der Elias ein vollkommen wahrer Prophet war, wie erkannte er Mich da, als Ich vorüberzog an der Türe der Höhle am Berge Horeb, da er noch in selber verborgen lag? — Etwa im großen und starken Winde? — Siehe, also bin Ich auch nicht in denen, die da viel Wind und Aufsehens machen. Denn das ist die Art der echten, blindesten Pharisäer.

7] Oder hat Mich Elias erkannt im darauf folgenden Feuer? — Siehe, also bin Ich auch nicht in jenen Feuereiferern, aus deren Munde nichts als ein Gericht ums andere und eine Verdammnis um die andere sprühet, da sie Gott nur im richtenden Feuer, aber niemals nur in der Liebe erkennen wollen.

8] Der wahre Prophet Elias aber hat Mich, den Gott Zebaoth, nur im stillen, sanften Wehen oder Säuseln erkannt, d. h. mit anderen Worten nichts als: Elias hat Mich erkannt wahrhaftig allein nur in der Liebe!

9] Wenn du[1] Mich aber ebenso sanft wehend in der alleinigen Liebe erkennst gleich dem Elias, wie bist du demnach ein falscher Prophet? — Lasse die Weltpropheten nur reden und rufen wider uns! Am Ende wird sich ja wohl zeigen, wer da heimführen wird die Braut!

10] Elias aber ward berufen zu einem Richter über Israel in der Liebe, darum er mußte ziehen nach Damaskus und zu Königen salben den Hasael und den Jehu und zum Propheten den Elisa, damit diese erhalten möchten die, welche sich nicht gebeugt haben vor Baal, und mit dem Schwerte der Treue absondern die Spreu Baals von Meinem reinen Weizen. Was aber da geschah im kräftigen Vorbilde, siehe, das geschieht auch jetzt im Geiste wahrhaftig. Darum am Ende doch die Liebe über alles siegen und zu Grunde richten und zu Schande machen soll alle die „Winde", „Erdbeben" und alles „Feuer"!

11] Nun aber urteile selbst und finde den wahren Propheten aus der falschen großen Menge heraus, die da ist eine Dienerin der Welt.

12] Elias also ist ein rechter Prophet. Aber ebenso auch jeder, der da Mich findet, wie Mich Elias gefunden hat — nämlich in der Liebe. — Verstehet es! Amen.

☆

[1] Jakob Lorber.

Mann und Weib im Rahmen der göttlichen Ordnung

Am 6. Juli 1842, vormittags

So schreibe denn einige Punkte an Elise H., weil sie es wünschet in ihrem Herzen, da Mir wohlgefällt, so jemand allezeit ein großes lebendiges Verlangen nach Mir hat.

2] Siehe an, Mein liebes Weib, einen Kreis, wie er ist eine vollkommen rundgezogene Linie um einen Mittelpunkt! Siehe, der Mittelpunkt bin Ich, und der Kreis ist die große Macht Meiner ewigen Ordnung, die da bestehet aus Mir ewig. In diesem Kreise stehen alle Geschöpfe.

3] Dieser Kreis aber ist in sich geteilt in sieben (konzentrische) Kreise. — Auf jenem Mir, dem Mittelpunkte, zunächst liegenden Kreise befinden sich die Menschen der Erde, welche da sind Meine Kinder. — Auf dem zweiten Kreise, von innen aus, stehen die Menschen aller Gestirne. — Auf dem dritten Kreise stehen die Tiere der Erde. — Auf dem vierten die Tiere der Gestirne. — Auf dem fünften stehen alle Gewächse der Weltkörper ohne Unterschied. — Auf dem sechsten stehen sämtliche Planeten, Monde und Kometen. — Und auf dem großen siebenten stehen endlich alle Sonnen, ohne Unterschied ihrer Größe.

4] Siehe, das ist Meine Ordnung! — Es gehet da vom Mittelpunkte aus alles Leben und Sein. Und es geht solches durch alle Kreise bis an den äußersten Kreis. Auf jedem Kreis aber gestaltet es sich zu einem anderen Geiste, daraus dann Meine sieben Geister fortwährend entstehen und bestehen. Darum sie auch heißen: die sieben Geister Gottes, welche aber an und für sich nichts sind denn allein geordnete Mäche des Mittelpunktes, wirkend nach ihrer Art der Ordnung aus Mir.

5] Nun denke dir aber den ersten, inneren Kreis. — Daselbst ist das Weib mit dem Kopfe gekehrt nach dem Mittelpunkte — der Mann aber mit dem seinen über den Kreis hinaus, dem Weibe sonach gerade entgegengesetzt. — Hier fragt sich's: Warum denn also? Siehe, siehe, so das uranfänglich vom Mittelpunkt ausgehende Leben bis zum siebenten Kreise der Sonnen gelanget, da stoßet es sich und kehret sodann wieder durch alle Kreise zum Mittelpunkte zurück.

6] Wie aber geschieht solche Rückkehr alles Lebens? — Nun siehe, der Mensch sauget geistig das zurückkehrende Leben auf durch seine Beschaffenheit und seine Stellung. Ist er einmal geladen mit der Substanz des Lebens, so läßt er es dann ausströmen in seinen wohlgedüngten Gegensatz. Hier wird es genährt und sodann wieder ausgeboren wesenhaft zur größeren Vollendung. Ist es sonach vollendet, sodann kehrt es wieder als ein freies, sich selbst bewußtes Leben nach dem Mittelpunkte zurück. Ein unvollendetes aber wird wieder hinausgetrieben an den heißen Feuerkreis der Sonnen, damit es sich neuerdings kräftige und stärke durch alle die sieben Geister aus Mir!

7] Wenn du aber nun diese wahre Stellung betrachtest im Geiste, sage Mir, wer ist da wohl Mir beständig näher, der Mann oder das Weib? — Du mußt ja sagen: das Weib, indem es gestellt ist innerhalb des innersten Kreises. — Nun ziehe aber im Geiste eine Linie vom Mittelpunkte bis hinaus zum äußersten Feuerkreise der Sonnen, was bezeichnet wohl diese Linie? — Siehe, diese Linie bezeichnet Meine große Geduld!

8] Da aber das Weib sich befindet innerhalb des Kreises und ist somit Mir näher als der mit dem Kopfe nach außen des Kreises gekehrte Mann — was muß da wohl natürlich von selbst daraus folgen? — Siehe das, daß Meine Geduldlinie, die da zuerst das Weib berührt, doch auch sicher kürzer sein muß als beim Manne, auf den die Linie erst später, vom Weibe aus, übergeht!

9] Da aber solches in Meiner ewigen Ordnung schon also begründet ist, was folgt hernach fürs Weib für eine Regel? — Siehe und höre, daß das Weib auch viel williger sein soll als da ist jeglicher Mann, sonst komme Ich auch viel eher mit einer richtenden Strafe über sie denn über den Mann!

10] Wie aber das fromme, willige Weib sein kann eine Wurzel alles Lebens, wie es da war Maria leibhaftig, also kann auch das unfolgsame Weib sein ein Grund alles Verderbens. Daher ist auch fürs Weib Meine Geduldlinie um ein bedeutendes kürzer denn beim Manne.

11] Solches beachte wohl, du Mein liebes Weib, für dich und deine Töchter, so wirst du gesund sein geistig und leiblich allezeit. — Amen.

☆

Verhaltungswinke bei Sonnenfinsternis

Am 7. Juli 1842, vormittags

Da habt ihr eine kleine Vorsichtsmaßregel bezüglich der morgigen Finsternis der Sonne in Hinsicht auf die Gesundheit des Leibes!

2] So ihr die Geschichte zur Hand nehmen würdet, allda die Begebenheiten am Firmamente aufgezeichnet sind, und sodann die Geschichte großer Sterblichkeiten, so würdet ihr gar bald das merkwürdige Zusammentreffen solcher Umstände finden, daß da fast allezeit auf ähnliche starke Sonnenverfinsterungen auch die erwähnten großen Sterblichkeiten folgen, als z. B. der schwarze Tod, die Schnupfseuche, die bösartige Grippe, verheerender Typhus oder Gedärm-Nervenfieber, schädliche Aussätze, Lausseuche mit Wulsten, die da gewöhnlich erfüllt sind mit Blutläusen, allerlei Ruhren und dergleichen mehr.

3] Sehet, das Zusammentreffen solcher Umstände ist nicht so ganz und gar ohne Einfluß, wie es die sogenannten aufgeklärten Großen und Reichen und Gelehrten der Welt meinen.

4] Fraget die Geschichte aller Zeiten und aller Völker, selbst die der Juden, der weisen Aegypter, der Griechen und alten Römer — und sie wird es euch sagen, daß alle diese Völker nie eine Freude an einer solchen Erscheinung hatten, sondern allezeit nur eine große Furcht, so zwar, daß einige heulten und wehklagten, einige sich furchtsam verkrochen in unterirdische Höhlen, Klüfte und Gemächer der Gebäude. Wenn zwei Völker noch so erbittert gegeneinander zu Felde zogen, so war eine eintretende Sonnenfinsternis hinreichend, um augenblicklich entweder einen langen Waffenstillstand oder wohl auch einen vollen, lang anhaltenden Frieden zu bewerkstelligen. [Auch] heutzutage gibt es noch bei solchen Gelegenheiten ähnlich handelnde Völker auf der Erde in Menge.

5] Welcher nur einigermaßen tiefer denkende Mensch sollte da nicht fragen: Worin liegt denn der Grund, warum fast alle alten und auch noch der allergrößte Teil der jetzigen Erdbewohner nebst fast allen Tieren einen solch großen Respekt vor einer Sonnenfinsternis haben?"

6] Höret, die Antwort ist sehr leicht zu finden; denn sie liegt auf eines jeden Menschen Zunge und lautet: „Experientia docet!" — oder: „Die Erfahrung lehret es!" — Denn der Mensch konnte ja erst dann also furchtsam werden vor der Erscheinung, so er sich durch das öftere Zusammentreffen solch widriger Umstände zufolge der Erscheinung eine Regel gemacht hatte, daß nämlich solchen Erscheinungen auch allezeit bedeutende Uebel folgen.

7] Aus diesem Grunde glaubt der Landmann noch jetzt, daß zur Zeit der Finsternis es Gift regne vom Himmel auf die Erde. — Saget Mir verständigerweise, wie kam der Landmann denn auf diesen Gedanken? — Hier würden gar manche sagen: weil er es von seinen Eltern gehört hat. — Ich frage aber: Von wem haben es dann seine Eltern oder seine Großeltern oder seine Urur- und Ich setze noch hinzu, seine Ururur-Eltern gehört? Kurz, es muß doch irgendein A geben, auf das man, vom Z aus rückgehend, gelangen kann und muß, damit man wisse, wer denn der eigentliche Urheber eines solchen Glaubens war. — Was aber wird und kann da am Ende herauskommen? — Ich sage euch: Nichts anderes, als daß da jeder dem A das Zeugnis geben muß: „Die Erfahrung lehret es!"

8] Da in Europa zu mehreren Malen auf derartige Erscheinungen der sogenannte schwarze Tod erfolgte, so kamen die Menschen auf den Gedanken, daß da während einer solchen Erscheinung ein grünliches Gift vom Himmel falle, wodurch da vergiftet werden die Brunnen (weshalb später Dächer über dieselben gemacht wurden) und dann durch solch vergiftetes Wasser Menschen und Tiere. Ja, einige gaben vor, daß sie während der Dauer der Erscheinung ein oder mehrere drachenartige Tiere in der Gegend der verfinsterten Sonne haben am Himmel herumziehen gesehen, darum sie dann auch die Vergiftung der Gewässer denselben zugeschrieben haben.

9] Es fragt sich aber: Was soll von einer solchen Tradition gehalten werden? — Ich sage euch: Nichts anderes als ein vorsichtiges Verhalten bei solchen Gelegenheiten zu dem alten „experientia docet". Denn diese Sagen sind nicht also leer, wie so manche glauben, sondern es ist im Ernste etwas daran.

10] Denn fürs erste tritt hier schon ein außerordentlicher kosmischer Konflikt ein, dessen Grund und Wirkung nur Mir allein bekannt ist. Solches aber könnet ihr euch wohl denken: Wenn der Segen für alle Natur aus Mir in den Strahlen der Sonne liegt, so wird zur Zeit, wann der Sonne Strahlen eine Unterbrechung von mehr denn 50000 Meilen erhalten, auch der Strahlensegen eine bedeutende Unterbrechung erhalten — arggeistiger Umtriebe bei solchen Gelegenheiten nicht zu gedenken, die da doch [auch] eine haupt-arge Rolle spielen.

11] Wollt ihr aber mit heiler Haut davonkommen, so versehet euch heute noch mit Wasser für die Küche bis zum Mittage des morgigen Tages, nehmet euer Frühstück vor dem Eintritte der Erscheinung und esset und trinket während der Erscheinung ja nichts und im Freien den ganzen Tag nichts, sondern in den Zimmern, welche während der Erscheinung geschlossen bleiben und gut geräuchert sein sollen mit Wachholderbeeren.

12] So ist es auch viel besser, während der Erscheinung in den Zimmern zu bleiben, als im Freien zuzubringen. Wer aber schon ins Freie will, der beschmiere seine Haut mit Baumöl, das mit einigen Tropfen Wachholderöles gemengt sein kann. Auch das Haupt kann er damit bestreichen, welches zu bedecken ist während der Erscheinung. Im Munde aber halte er einige zerkaute Wachholderbeeren und trage auch welche bei sich in den Taschen.

13] Vorzüglich aber halte jeder fest in der Liebe, im Glauben und Vertrauen — so darf er furchtlos sein.

14] Ergötzen aber solle sich ja niemand daran, sondern denken, daß da solche Erscheinungen noch einen ganz andern Grund haben als den mathematischen der Astronomen. Sonst dürfte es geschehen, daß für so manchen die Schaugebühr für derlei Weltspektakel ziemlich hoch ausfallen möchte.

15] Solches also beachtet wohl, so werdet ihr gesund verbleiben am Leibe! Amen.

16] NB.! Ich sage es dir und sage es auch allen Meinen Lieben: Du und sie sollen den 71. Psalm Davids, besonders vom 13. bis zu dem letzten, 24. Vers nehmen und beten, so wird euch daraus ein großer Trost und eine mächtige Hilfe werden, schützend euch vor allem, was sich irgend feindlich nahen will. Aber mit großem, vertrauensvollem, wahrem Ernste müssen die Verse in euerer ganzen Wesenheit ausgesprochen werden.

17] Solches beachtet ja unerläßlich! Bedenket, wer Der ist, der euch erteilet solchen Rat und warum Er ihn euch erteilet! — Amen. Amen.

☆

Naturereignisse als Zeitzeichen

Am 21. Juli 1842, vormittags

Bitte des Knechtes: „O Du liebevollster hl. Vater Jesus! Siehe, es geschehen nun so manche Dinge ganz ungewöhnlicher Art, als: große Feuersbrünste, Erdbeben, Wasserhosen, Ueberschwemmungen und dergleichen mehr. Was soll alles dieses im geheimen Schilde führen? — Ich armer, schwacher Sünder bitte Dich darum, daß Du es mir, wie uns allen, durch wenige Worte nur anzeigen möchtest, was daraus zu entnehmen sein solle?! Aber allezeit und ewig geschehe nur Dein allerheiligster Wille! Amen."

So schreibe denn! — Was meinst du denn, was pflegt man wohl so allmählich nach und nach mit denen zu tun, die da einen überaus starken Schlaf haben, wenn der werdende Tag schon stark im Anzuge ist, so zwar, daß es wahrlich die höchste Zeit ist, zu erwachen, aufzustehen und sich anzukleiden zum neuen Geschäfte des neu gewordenen Tages?

2] Siehe, solche stark Schläfrige rüttelt, stupft, stößt, schüttelt, kneipt und begießt man mit Wasser und tut solches so lange verstärkt fort, bis derjenige, der sich nicht ganz in den Tod hineingeschlafen hat, wieder erwacht in und für den neuen Tag. — Wer da aber unerweckbar ist, für den wird das Grab gemacht!

3] Siehe, somit sind all diese Zeiterscheinungen nichts denn solche Rüttler, um so manche starke Schläfer, deren es nun gar viele gibt, aus ihren süßen Weltträumereien zu erwecken, die ganz Toten aber aus dem Wege zu räumen.

4] Glaube es fest, eine andere Zeit ist nahe! Daher wird es auch schon immer besser kommen. Und so wirst du in nicht gar langer Zeit auch von einem Begebnisse hören, das da in so mancher Hinsicht alle die übertreffen wird, von denen du bis jetzt Kunde erhalten hast. Und da werden dann viele sagen:

5] „Wo sind nun jene Erdensöhne, deren stolze Legionen Zwietracht und Krieg in allen Landen hätten anzünden sollen? Die Nacht hat sie versammelt; aber der Tag sieht sie zerrinnen wie schwache Bäche, welche durch einen Platzregen aufgeschwellt wurden, dann zwar über Felsen dahinrauschten und tobten, als sollten diese sich beugen vor ihnen; allein ihre wilden Wogen zerschellten und zerschäumten an den festen Stirnen und eilen nun mit wütender Hast dahin, da des Meeres mächtiger und breiter Arm für sie den sehr nahen Untergang in vollster Bereitschaft hält!"

6] Ich sage es dir, habe acht darauf, wann solches geschieht! Und es soll da niemand bangen davor! Denn je mehr sich da häufen werden solche Begebnisse, desto mehr wird auch von den Strahlen der großen Morgenröte sichtbar werden auf der Erde und in der Erde des Menschen![1]

7] Auf der Hut aber soll da ein jeder sein! Denn ein Gedanke zu spät — und der Dieb wird dringen in die Gemächer und wird rauben, morden, brennen und sengen!

Sieh, das Wasser Funken sprüht,
und das Erdreich wird durchglüht!
Die Sonne hat ihr Maß bekommen
und der „Karmel" ist erklommen!
Bedenk, bedenk, wie weit, wie weit
noch reicht die arge, finst're Zeit!
Ich sag' es dir darum noch heut':
Sie rüstet sich zum letzten Streit!

8] Sieh, es ruft die Welt aus ihrem Traum, ja aus einem letzten Traume ruft sie bei sich: „Gott! Was ist denn der Mensch? — Ein Wunderding? — Ist er eine sich selbst widersprechende Zusammensetzung von lauter Widersprechendem? Ist er ein unauflösliches Rätsel? — Oder ist er nicht etwa ein Rest von sich selbst, ein Schatten nur kaum noch seines Ursprungs, ein zerfallenes Gebäude, das da in seinen Ruinen kaum etwas aufweiset, das da ein Zeuge sei von seiner früheren Schönheit, Erhabenheit und Größe?"

9] Ja, er selbst hat sich vom hohen Gipfel seines freien Willens, den er verdorben hat, herabgestürzt auf die Mauern und ist so auf den Grund gefallen. — Siehe, der Traum ist nicht schlecht! — Und darum also auch die Begebnisse!

10] Ich sage dir, wahrlich, die Menschheit ist zu einer alten, sehr verwitterten und zerklüfteten Ruine geworden. Aber die „Ruinen" wissen es nicht, daß unter ihrem Schutte noch so manche große Schätze begraben sind. Daher sind jetzt die „Schatzgräber" gekommen, um die Schätze unter den Ruinen zu suchen. Siehe, das ist der äußerste Entschluß!

11] Es muß aber der Herr einen guten Grund haben, darum Er sich nun „an den Karren spannen" läßt gleich einem Lasttier! —

---

[1] d. h. im Herzen.

Es wird aber endlich alles an die Deichsel kommen müssen und mitziehen an dem Karren und sich schmiegen unter das Joch!

12] Siehe, davon zeugen die Begebnisse! — Wer da ein Licht hat, der lasse es nun brennen in den vollen Tag hinein! — Amen.

13] Das sagt der Erste und der Letzte. — Amen, Amen, Amen.

☆

Der Stern im Osten

Am 25. Juli 1842, nachmittags

In „Die Haushaltung Gottes" (Bd. 1, Kap. 1, 12) ist zu lesen: „Schon steht ein Stern im Osten, welcher dem Orion die Bahn brechen wird. Und das Feuer des großen Hundes wird sie alle verzehren!"

Was ist hier der Ost, was der Stern, was der Orion, was das Feuer und was der große Hund? Wer sind die, welche verzehren wird des großen Hundes Feuer?

Der „Ost" ist das innere, lebendige Wort und durch dieses das wahre Verständnis der Heiligen Schrift des Alten wie des Neuen Bundes.

2] Der „Stern" ist das Liebelicht in diesem Worte selbst.

3] Der „Orion" ist die Liebe Gottes.

4] Das „Feuer des großen Hundes" bedeutet die große Treue dieser Liebe, weil der Hund ein Zeichen der Treue ist.

5] Die aber, „welche das Feuer verzehren" oder zu Schanden machen wird, sind die Welt-Menschen.

6] Also heißt obiger Satz mit anderen Worten nichts anderes als: Das Liebelicht des neuen Wortes wird der göttlichen Liebe Bahn brechen. Und die Treue dieser Liebe wird alle Frevler, alle Ungläubigen und Lauen zu Schanden machen. Denn der Ost ist frei, und der Stern der Liebe stehet schon hoch!

7] Das ist das leichte Verständnis dieser etwas höher gestellten Worte. — Da Ich sie aber nun noch mehr enthüllt habe, so sollen sie auch um so mehr beachtet werden! Amen.

8] Das sagt der große „Orion" durch Seinen „großen Hund". — Amen. Amen.

☆

Gericht der Welt

Am 30. Juli 1842, nachmittags

Schreibe nur, schreibe; denn Ich weiß schon, was du möchtest! — Lese nach im „Daniel", dem 3. Kapitel, 14. bis 20. Vers! — Da wirst du schon finden, was da betrifft das Reich der Erde, das da eben nun ganz taub geworden ist für die Stimme der armen, am Leibe wie am Geiste nahe zu Tode hungernden Brüder!

2] Ich sage dir aber jetzt ohne „Daniel": Das Land im Meere wird untergehen und die stolze Königin der Wogen wird zerwehet werden wie Spreu, wenn sie sich nimmer wird erweichen lassen von den Tränen der Weheklagenden! — Siehe nach Amerika hin! Dort hat der „zahlende Tag" schon einen Anfang genommen! — Hier aber bricht er heran!

3] Die Not wird, ja sie muß erst die Völker belehren, daß die Erde ein Gemeingut aller Menschen, nicht aber nur jener verruchten Satanswucherer ist, die sich derselben durch geprägtes Blech und nun gar schon durch beschmierte, allerlumpigste Papierschnitzel bemächtigt haben. — Es ist schon ohnehin der Schande genug, daß die Menschen vor den Toren ihrer Häuser Schlösser und Riegel anschlagen, damit sie ja nicht dessen beraubt werden, womit die Hölle gepflastert ist! Verflucht aber sei, wer [da in höllischem Eigennutz] um seinen vermeintlichen Grund Schranken zieht! Wahrlich, wahrlich! Ich, der Herr des Lebens und des Todes, sage dir: Wer da immer also eigensüchtig ist und karg gegen seine Brüder, den will Ich dereinst an den Schranken und Grenzsteinen nagen lassen, solange diese Sonne dem Weltalle leuchten wird! Und ein steinernes Herz soll ihm vorgehalten werden! Wann sich dieses wird von seinen Tränen erweichen lassen, dann erst soll er eine schwache Erbarmung bei Mir finden!

4] Gedulde dich nur! Denn dieses sind nur leise mahnende Anfänge von dem, was da kommen wird über die reichen und großen Kinder des Satans! — Siehe, das Gericht sitzt ihnen schon am Genicke!

5] Wahrlich, dieses Geschlecht soll seinen [Menschen-] Namen verlieren! Die Scheusale will Ich zu Krokodilen und Drachen im Pfuhle des ewigen Todes umgestalten! Und der Hölle weitester Schlund soll an ihnen einen zahllosen Zuwachs bekommen! Wahrlich sage Ich dir: Von dieser Nation Landen bekommen täglich zehntausend jenseits den wohlverdienten Lohn schon jetzt; aber es soll schon besser werden!

Das Gefühl

Sonntag, den 7. August 1842, nachmittags

1. Im Gefühle ist's gelegen,
was das Leben mag begreifen.
Und auf allen finstren Wegen
mag das Licht allein nur reifen,
wenn das Leben im Gefühle
sich dir gibt getreu zur Kunde
unter gläubig lichter Hülle,
treu in jeder Zeit und Stunde.

2. Magst du reden, disputieren,
was dir immer mag gefallen,
magst dich geistig instruieren,
was das Leben in den Allen
— nimmer doch wirst du es finden,
was in sich da ist das Leben.
Im Gefühl nur wird sich's künden,
wie das Leben ist gegeben.

3. Darum lebe im Gefühle,
treu nach alter Lebenskunde,
und in aller Herzensstille
auf dem öden Erdenrunde!
Dann lebst du ein wahres Leben
selbst ein Leben, dir gestellet,
treu und wahr von Gott gegeben,
also auch von Ihm erwählet! —
So denn fühlet sich das Wahre
selbst als ein'ge Kraft hienieden;
und einst über Zeit und Bahre
reicht es dir den ew'gen Frieden.

☆

Unsere Sonne

Am 8. August 1842, von 1/4 4 bis 1/4 6 Uhr nachmittags

Schreibender: Ans. H.

Mit der nachstehenden Kundgabe begannen die umfangreichen Eröffnungen über die „natürliche", d. h. naturmäßige Sonne (so genannt im Gegensatz zu den späteren Eröffnungen über die geistigen Sphären der Sonne). Sie wurden fast täglich fortgesetzt bis zum Abschluß, am 21. November 1842, wobei stets Anselm Hüttenbrenner als eifriger Schreiber des durch Jakob Lorber ergehenden Wortes diente.[1]

Es wird hier nicht nötig sein, wie allenfalls bei der Darstellung eines andern Sternes, den Standort eben dieses leuchtenden Sternes (Sonne; d. Hsg.) näher zu bestimmen, da solches ja jeder Tag ohnedies überaugenscheinlich tut. Daher wollen wir zuerst die Frage stellen und lösen: Was ist die Sonne? — Nach der Löse dieser Frage wird sich alles leicht ordnen und gewiß wunderklärlich dartun lassen. Und somit stellen wir diese Frage nocheinmal und fragen: Was ist die Sonne?

2] Die Sonne ist wohl in Hinsicht auf die um sie kreisenden Planeten ein Fixstern; für sich selbst aber ist sie nur ein vollkommener Planet, indem auch sie (wie die Erde mit ihrem Monde um eben diese Sonne kreiset), um den euch schon bekannten Zentral-Sonnenkörper mit allen ihren sie umkreisenden Planeten sich bewegt, eine Reise, welche aber freilich etwas länger dauert, als die der Erde um die Sonne; denn sie braucht zur Vollendung dieser großen Bahn beinahe 28 000 Erdjahre.

3] Somit wüßten wir, daß die Sonne nicht nur pur Sonne ist, sondern daß sie vielmehr ein vollkommener Planet ist, der da im Verhältnisse zu seiner weltkörperlichen Größe auch in eben dem Verhältnisse mit mehr Licht umflossen ist, als jeder ihn umkreisende, bei weitem kleinere Planet.

4] Wenn die Sonne aber selbst an und für sich ein vollkommener Planet ist, so muß sie auch ganz sicher alle jene planetarischen Bestandteile im vollkommensten Maße in sich fassen, welche auf allen den andern kleineren, sie umkreisenden Planeten in sehr verminderten Potenzen vorkommen. Und so muß in der Sonne in großer Vollkommenheit zu finden sein, was in viel kleinerer Form und somit

[1] Die gesamten Mitteilungen über die naturmäßiae Sonne sind enthalten in dem Lorberwerk „Die natürliche Sonne".

auch viel unvollkommener entweder im Planeten Merkur, Venus, Erde und ihrem Monde, im Mars, in den vier kleinen Partikular-Planeten Pallas, Ceres, Juno und Vesta, im Jupiter und dessen vier Monden, im Saturnus, dessen Ringe und sieben Monden, im Uranus und dessen fünf Monden und in einem noch entfernteren Planeten und dessen drei Monden, und endlich in allen den bei 12000 Millionen (zählenden; d. Hsg.) Kometen vorkommt, welche in weitesten Distanzen sich noch um die Sonne bewegen.

5] Oder mit kürzeren Worten gesagt: Der vollkommene Planet Sonne ist der naturmäßig vollkommene Inbegriff aller seiner Weltkinder; oder: in diesem vollkommenen Planeten kommt alles dieses selbst in naturmäßiger Hinsicht lebendig vollkommener vor, als es da vorkommt in was immer für einem Planeten, Monde und Kometen. — So wollen wir alsogleich des besseren Verständnisses wegen einige Beispiele hinzufügen.

6] Das Erdreich eures Planeten ist tot, hart, steinig und ist nicht fähig, ohne das Licht der Sonne etwas hervorzubringen. Das Erdreich der Sonne hingegen ist sanft und mild, ist nicht steinig und nicht sandig, sondern es ist also weich, wie da ist das Fleisch eines Menschen. Oder damit ihr es noch besser verstehet, es ist fast allenthalben elastisch, so daß da niemand, der allenfalls am Boden hinfallen würde, sich irgend schmerzlich beschädigen möchte; denn er fiele da gerade also, als fiele er über mit Luft gefüllte Polster. Dieses Erdreich ist aber bei dieser Beschaffenheit nicht also zähe wie bei euch allenfalls das sogenannte Gummi elasticum, sondern es ist ganz locker und ist nicht (nur; d. Hsg.) im ganzen also elastisch, sondern in dessen kleinsten Teilen schon, welche an und für sich lauter mit dem wahrhaften Lebensäther gefüllte Hülschen sind.

7] Solches ist zwar wohl bei dem Erdreiche eures Planeten auch der Fall; aber die Hülschen sind an und für sich zu spröde und geben bei einem Stoß oder Falle nicht nach, sondern pressen sich dadurch nur fester aneinander; und wenn sie viele Jahre hintereinander ungestört also neben- und übereinander geschichtet liegen, so ergreifen sie sich endlich also hartnäckig, daß sie dann dadurch, zufolge ebendieser gegenseitigen Ergreifung, gänzlich zu Stein werden und in diesem Zustande dann auch natürlicherweise noch einen bei weitem hartnäckigeren Widerstand leisten als zuvor, da sie noch gesondert lockerer übereinander lagen; aus welchem Grunde dann auch die Vegetation auf einem Planeten viel kümmerlicher sein muß als auf dem vollkommenen Sonnenplaneten.

8] Denn auf einem Planetenerdkörper, wie z. B. eure Erde es ist, muß ein mit einem lebendigen Keime versehener gröberer Same erst im Erdreiche verwesen und muß eben durch diesen Akt die ihn umgebenden Erdhülschen zur Mitverwesung oder vielmehr zur Weichwerdung nötigen, damit dann der freigewordene, lebendige Keim alsbald aus diesen erweichten Erdhülschen seine ihm zusagende ätherische Nahrung saugen kann. Sodann aber muß er alsbald eine Menge Wurzeln zwischen die Erdhülschen hineintreiben, diese dadurch erweichen, dann durch sein Zunehmen in seinem Volumen hartnäckig zerdrücken, um dadurch die fernere nötige Nahrung zu seinem Pflanzenwachstume zu gewinnen.

9] Ist solches auch auf dem vollkommenen Sonnenplaneten nötig? — Sehet, da herrscht ein großer Unterschied. Weil das Erdreich dieses Planeten so sanft, zart und mild ist, so ergreifen sich die was immer zu einer Pflanze gehörigen Teile ohne Samen schon unmittelbar im Erdreiche selbst und sprossen über dasselbe in den zahllosesten, verschiedenartigsten und nützlichsten Gewächsen empor, deren Schönheit, Güte und Nützlichkeit alles Erdenkliche auf allen andern Planeten ums so Vielfache übertrifft, als die Sonne mit ihrem Licht und mit ihrer Größe alle diese ihre Weltkinder überragt.

10] In der Sonne hat dann weder ein Baum, welcher Art er auch immer sein möge, noch ein Gesträuch, noch eine Pflanze Wurzeln und Samen, sondern alles wächst und entsteht allda nahe auf die Art, wie bei euch das ursprüngliche Steinmoos, die Schimmelpflanze und die Schwämme. Nur sind diese Gewächse nicht also vergänglich und von so kurzer Dauer wie die früher benannten auf eurem Erdkörper; sondern wo solche Kräfte irgend etwas erwachsen lassen, da wächst es dann immerwährend fort. Und wenn solches Gewächs auch von den natürlichen Sonnenbewohnern gewisserart abgehauen wird, so wird es dadurch nicht getötet, sondern der abgehauene Baum oder die abgenommene Pflanze erneut sich bald wieder. Denn da die Wurzeln eines solchen Gewächses nicht also grobmateriell, sondern nur gleich sind feurigen Aether-Adern, so ergreift sich nach der früheren Wegnahme solche vegetative Kraft wieder und wächst in neuer Pracht und Herrlichkeit empor.

11] Es dürfte sich hier mancher denken und sagen: Ja, wenn da die Gewächse auf diese Weise nicht ausrottbar sind, werden sie da nicht bald jeden Flächenraum dieses Planeten so stark in Beschlag nehmen, daß dann neben ihnen kein anderes, frei wandelndes Wesen wird bestehen können?

12] Solches aber ist allda durchaus nicht der Fall, denn die naturmäßigen Menschen dieses vollkommenen Planeten haben auch eine noch viel stärkere Willenskraft als da ist die vegetative Triebkraft des Sonnenerdbodens. Aus diesem Grunde wächst dann auf der Sonne auch weder ein Baum, noch ein Gesträuch, noch eine Pflanze oder ein Grashalm ohne das Hinzutun des menschlichen Willens. Der menschliche Wille ist dort sonach das alleinige, unendlich viel- und verschiedenartige Samenkorn für alle Vegetation auf diesem vollkommenen Planeten. Daher wächst nur da z. B. ein Baum oder eine Pflanze aus dem Erdboden der Sonne, wo ihn ein Sonnenmensch haben will, und wie gestaltet er ihn haben will. Daher auch gibt es auf diesem vollkommenen Planeten durchaus keine bleibende, gleichförmig vorkommende Art im Reiche alles Pflanzentums, sondern diese richtet sich allzeit nach dem jeweiligen Wollen eines Menschen. — Wann aber ein Mensch irgendeinen Baum oder eine Pflanze durch seinen Willen aus dem Boden gerufen hat, so kann sie kein anderer vertilgen, außer nur derjenige, der sie hervorgerufen hat; oder ein anderer nur dann, wenn er von dem Zeuger willensbevollmächtigt wurde.

13] Aus eben diesem Grunde herrscht dann auch auf der Sonnenerde eine wahrhaft unendliche Mannigfaltigkeit im Reiche des Pflanzentums. Denn bei zwei nächsten Nachbarn schon finden sich nicht zwei gleichartige Pflanzen vor, sondern ein jeder entlockt auf dem Boden, den er bewohnt, auch andere Pflanzen. Und so möchte einer von euch da viele tausend Jahre die weiten Flächen der Sonnenerde durchwandern, so wird er zwar wohl auf immer neue und wunderherrliche Pflanzenarten und Formen kommen; aber zwei Arten würde er auch auf dieser langen Reise nicht auffinden, die sich vollkommen gleichsehen möchten. — Sehet, aus diesem Beispiele könnet ihr euch schon einen kleinen Vorbegriff machen, warum die Sonne ein vollkommener Planet ist. Denn es kommt wohl auf jedem Weltkörper oder kleineren Planeten Aehnliches vor; aber gegen die Sonne[1] nur unvollkommen.

14] So können auch auf eurer Erde bestehende Pflanzen verändert und veredelt werden, aber auf eine viel mühsamere und bei weitem gebundenere Art. — Nur im Geiste ist ähnliche Vollkommenheit bei den Menschen auch auf den andern Planeten ersichtlich, wie z. B. die Früchte der dichterischen Phantasie, sei es in der Sprache der Bildnerei, welche durch entsprechende Bilder ausgedrückt wird mit Hilfe der Farben oder anderer, für die Bildnerei tauglicher Gegenstände;

[1] D. h. im Vergleich zur Sonne.

ganz besonders aber durch die Sprache der Töne, worin ein solcher Tondichter die größte Mannigfaltigkeit entfalten kann, wenn er in diesem Fache vollends geweckten Geistes ist. Aber alles dessen ungeachtet ist selbst diese erscheinliche Vollkommenheit auf den Planeten nur ein mattes Abbild von allem dem, was sich da in jeder erdenklichen Hinsicht vorfindet auf dem vollkommenen Planeten der Sonne.

☆

Väterliche Ratschläge

Am 8. August 1842

Ich will es also, und Mein Grund ist allzeit Liebe und ewiges Wohlwollen, und alle Meine Wege sind voll Lichtes. Daher mußt du solches wohl beachten, sonst nehme Ich heute noch Meine Gnade von dir insoweit, daß du von Mir nichts empfangen sollst, außer was da betrifft das Hauptwerk, und selbst von dem nicht mehr als allein sechs Blätter in der Woche, von denen dann außer von dir und von Ans. H.-W. von niemand anderem eher etwas gelesen werden dürfte, als erst zu Ende der Woche!

2] Was ist es denn aber, das du beachten sollst? — So höre denn, es sind folgende drei Punkte, und diese lauten also:

3] Nr. 1 sollst du sowohl deiner leiblichen wie auch noch viel mehr deiner geistigen Gesundheit halber kein warmes Frühstück nehmen, und bei deiner Hausfrau schon gar nicht, die da Mir höchst ärgerlicher Weise alles auf einen Heller prozentisch berechnet! — Mehr brauche Ich dir nicht zu sagen.

4] Ebenso will Ich auch aus demselben Grunde, daß du fürder nicht mehr über Mittag die drei Mahle in der Woche am Tische dieses Weibes essen sollest. Denn du bist Mein Knecht zur Kundgabe Meines ewigen Reiches, das da ist Meine Liebe. Bist du auch aus dir nichts, so bist du aber dennoch in Meinem Namen alles Meiner Liebe und Erbarmung. — Wer dich demnach in Meinem Namen zu Tische ladet, der hat in dir Mich Selbst am Tische.

5] Hast du aber noch nie in dir empfunden, wie sehr es Mich allzeit bedrängt hat, so du, besonders in der [letzten] Zeit, nun auch bedrängt, Speise genommen hast am Tische der Frau, die Mich und dich nur dann etwas mehr achtend anerkennen möchte, wenn Ich durch dich auf ihren Gartenbäumen möchte blanke Taler und Dukaten in großer Menge wachsen lassen?

6] Da du nun weißt, wer da mit dir zu Tische sitzet, so vermeide den Tisch, an dem Ich kein Wohlgefallen habe! Verstehe solches und tue darnach, so wird dir Meine Gnade verbleiben bis ans Ende deiner Zeit auf Erden zur Gewinnung Meiner Liebe für ewig. Sonst aber will Ich dir tun, wie da schon gesagt wurde!

7] Der Tisch aber, zu dem Ich Mich mit dir setze, muß ein liebgastlicher sein, also wie bei Meinem lieben Ans. H.-W. — Wenn du aber nur Brot essen würdest an den drei Tagen, so wird es dir besser bekommen als ein berechnetes Gericht der wohlschmeckendsten Speise, über der lauter geldwirtschaftliche Reden anstatt Meines Wortes geführt werden. — Siehe, das ist der erste Punkt!

8] Nr. 2: Was da die Mitteilung über die Sonne betrifft, die Ich von heute an dir und durch dich auch dem Ans. H.-W. werde zu geben anfangen, so soll sie erst dann von den übrigen nachgelesen werden, wenn sie vollendet sein wird. Denn sonst wird der Magen des Geistes von dem Erhabensten überladen, und diese allerhöchste Speise wird dann also genossen, als wäre sie eine gemeine Alltagskost einer dummen Zeitschrift. Wie aber von den albernen Zeitschriftsspeisen kein Geist gesättigt und dadurch etwa gar lebendig wird, also würde es auch mit diesem Meinem Worte von der „Sonne" sein, so es alsogleich zur gewöhnlichen Alltagskost würde.

9] Ich gebe mit der „Sonne" ein größtes Licht. In der Fülle und Gesamtheit wird es jeden durchglühen und durchleuchten, während es, einzelstrahlig genossen, höchstens den Vorwitz erkitzeln, keineswegs aber beleben möchte den Geist und erleuchten seinen Kerker — in welcher alleinigen Absicht Ich dies größte Licht doch nur gebe!

10] Darum auch werde Ich den Segen erst am Ende hinzufügen und nicht im voraus schicken! — Das ist der zweite, wohl zu beachtende Punkt! — Alles andere[1] aber kann tagtäglich nachgelesen werden. Unterdessen würde aber jedem zu raten sein, „Die Fliege", den „Großglockner" und den ganzen „Saturn" nachzulesen; denn es gibt da gar viele Punkte, die beim ersten, einzelstrahligen Lesen gar unbedachtsam flüchtig verschluckt worden sind, daher sie bei den wenigen Lesern auch mehr die Neugierde des Verstandes als den wahren, lebendigen Liebehunger nach Meiner Liebe geweckt haben im Geiste!

---

[1] was außerdem durch Jakob Lorber gegeben ward; d. Hsg.

11] Solches alles ist wohl zu beachten, sonst tue Ich, wie Ich gesagt habe. Wer wird Mich dann zwingen und wer nötigen und betreiben können?!

12] Nr. 3: Gebe es dem gutherzigen J. D., der da auch ist ein Bruder zu dir und ein Freund des Ans. H.-W., liebekund, daß er auch teilnehmen möge derzeit an diesem Meinem Liebelichtmahle. Und Ich werde ihm geben ein fröhliches Herz und werde ihn umgestalten zum ewigen Leben, so daß er hinfort keinen Tod mehr sehen, schmecken und fühlen solle.

13] Denn Ich habe sein Herz angesehen und habe darinnen Biederkeit und Rechtschaffenheit gefunden. Und so soll er nun auch hinzubekommen Mein lebendiges Liebelicht und soll essen an eurer Tafel Mein lebendiges Brot im Worte des Lebens, welches da ist Meine Liebe!

14] Er möge es ja tun, so viel er kann und wann er kann! Es soll alles hochgesegnet sein, was er aufnehmen wird!

15] Glaube es Mir, jetzt sage Ich es dir: Ich habe zu diesem Manne eine große und wohlgenährte Liebe. Darum auch will Ich ihm von jetzt an zeigen, wie lieb er Mir ist!

16] Du fragst Mich, warum erst von jetzt an und warum nicht schon eher? — Und Ich sage dir: Aus Liebe! Denn vor den Kleinen bin Ich zurückhaltend, damit sie nicht erschrecken vor Mir, wenn Ich sie berufe. So Ich aber den rechten Zeitpunkt sehe, dann rufe Ich sie auch, und sie hören Meine Stimme und verstehen Mich, Meinem Rufe folgend. Daher habe Ich auch jetzt erst diesen Meinen Mann berufen, damit er nehmen solle des Segens Fülle für sein Herz aus Meiner liebesanften Vaterhand.

17] Solches [mitzuteilen] hast du auch nicht zu unterlassen! — Mein lieber Ans. H.-W. aber wird solches tun und wird diesem Freunde täglich die Haustüre offen halten, wie er es bis jetzt getan hat. Und Mein Segen wird für ihn nicht unterm Wege verbleiben. Amen. — Verstehet es alle!

☆

Vom Geist der Wahrheit

Am 15. August 1842, vormittags

Wenn du denn schon durchaus heute etwas schreiben willst, so schreibe aus dem Johannes, 16. Kapitel, 8. bis 15. Vers; schlage es dir aber auf und siehe, wie es allda lautet:

2] „Und wenn derselbige kommt, wird er die Welt strafen um die Sünde und um die Gerechtigkeit und um das Gericht. Um die Sünde, daß sie nicht glauben an Mich; um die Gerechtigkeit aber, daß Ich zum Vater gehe und ihr Mich hinfort nicht sehet; um das Gericht, daß der Fürst dieser Welt gerichtet ist. — Ich habe euch noch viel zu sagen; aber ihr könnet es jetzt nicht tragen. Wenn aber jener, der Geist der Wahrheit, kommen wird, der wird euch in alle Wahrheit leiten. Denn Er wird nicht von Sich Selbst reden, sondern was Er hören wird von Mir, das wird Er reden, und was zukünftig ist, wird Er euch verkündigen. — Derselbe wird Mich verklären; denn von dem Meinen wird Er es nehmen und euch verkündigen. Alles, was der Vater hat, ist Mein. Darum habe Ich zu euch gesagt: Von dem Meinen wird Er es nehmen und euch verkündigen."

3] Solches gebe Ich durch dich dem Ans. H.-W. vorderhand unenthüllt, wie auch den anderen, so sie es annehmen wollen. Wer es aber annimmt, der soll in sich die wahre, innere Bedeutung dieser freilich wohl etwas schweren Texte suchen und wohl beachten die unterstrichenen Worte.

4] Wer es aber annehmen wird, dem will Ich auch ein kleines Lichtlein in sein Herz geben, darum er dann viel Wunderbares entdecken wird in dieser kleinen Aufgabe.

5] Nachträglich aber will Ich sie dann auch dir[1] völlig gelöset geben. — Solches also möge wohl geschehen! — Das sage Ich, Jesus. Amen.

☆

[1] Jakob Lorber.

Vom Geist der Wahrheit

Am 29. August 1842, vormittags

Gemäß der Voraussage vom 15. August 1842 empfing der Knecht Jakob Lorber zu Joh. Kap. 16, 8—15 nachstehende Erklärung über den „Geist der Wahrheit".

Wenn der geeinte Geist der Liebe und aller Weisheit und Wahrheit aus ihr kommen wird aus der Höhe in der Menschen Herzen, so wird dadurch zugrunde gehen die Sünde — da die Welt wird überführt werden, daß der Sohn und der Vater vollkommen eins sind, also nur ein wesenhafter Gott aller unendlichen Macht und Kraft und aller Heiligkeit, Liebe und Gewalt [vorhanden ist] und somit auch ein einiger Herr einer unwandelbaren Ordnung, in der da alle Welt bestehet und auch schon gerichtet ist in aller ihrer Herrschaft. Denn nur das wahrhaft Freie ist auch in und bei Mir frei, alles andere aber ist gerichtet und könnte nicht bestehen ohne das Gericht.

2] Denn unter dem „Fürsten der Welt" wird ja verstanden alle wie frei wirkende Macht der Welt. Dessenungeachtet aber befindet sie sich dennoch in Meiner alleinigen Macht, und es kann ohne Meine Zulassung kein Sonnenstäubchen von der Stelle bewegt werden.

3] Da aber „strafen" soviel heißt, als jemanden werktätig überzeugen, was da ist der Ordnung und was wider dieselbe, so werden ja die Ungläubigen dadurch werktätig ihrer Nacht überführt werden, wenn sie aus den Werken derjenigen, die in Meiner Gerechtigkeit und Ordnung sind, ersehen werden, daß der Sohn und der Vater eins sind und der Sohn aus dem Vater hervorgegangen ist, wie da hervorgeht ein Licht aus hellodernder Flamme.

4] Wie aber da Flamme, Licht und Wärme eines sind, also ist auch Vater, Sohn und Geist eines!

5] Die Wärme aber, welche hervorgeht aus dem Lichte, wie dieses aus der Flamme, ist der Geist, der da an und für sich nichts ist, sondern nur die Einung des Vaters mit dem Sohne und somit alles belebt.

6] Daher heißt es auch: „Ich hätte euch noch viel zu sagen, allein ihr würdet es jetzt noch nicht ertragen können. Wenn aber der Heilige Geist kommen wird, der wird euch in alle Wahrheit leiten." — Wer da solches noch nicht verstehet, der lasse nur z. B. die Sonne im Winter reden, und er wird in naturmäßiger Hinsicht ganz dasselbe sinnbildlich wahrnehmen. Denn spricht die Sonne im Winter nicht also zu einem Teile der Erde: „Siehe, mein Licht hat aus deinem

Boden noch gar viel zu entwickeln, allein in diesem deinem dermaligen Zustande bist du einer solchen Entwicklung gar nicht fähig. Wenn aber mit dem Lichte auch die Wärme kommen wird — das ist die tatkräftige Liebe — so wird diese all die zahllosen Formen aus deinem Boden ziehen (oder dich in alle Wahrheit leiten)."

7] Wird aber die Wärme des Lichtes etwa neue Formen dem Boden entlocken? O nein, sondern die alten Formen der ewigen Ordnung wird sie entfalten! Also wird auch der Geist nicht von sich selbst reden, sondern Dessen Worte nur, da er ausgeht.

8] Wie aber durch die Wärme in den entfalteten Formen das Licht der Sonne verklärt und verherrlicht wird, da es in seinen Urformen sich wieder wie verjüngt erschaut, also wird auch der Geist den Sohn, der da eins ist mit dem Vater, in euch verklären. Denn er wird aus sich nicht sich selbst in euch hervorrufen, sondern Den nur, aus Dem er hervorgehet von Ewigkeit. — Darum ist auch gesagt: „Vom Meinen wird er's nehmen und euch verkündigen!" — d. h.: Meinen Samen wird er in euch zum Wachstume bringen, und ihr werdet dann in euch Meine Herrlichkeit schauen!

9] Solches also besagen diese Texte. Beachtet sie sehr wohl! Denn in ihnen liegt das Wesen der vollen Wiedergeburt. Verstehet sie daher wohl im Geiste werktätig! — Amen.

Erklärung zum „Saturn"

Am 10. September 1842, vormittags

Herr, Du allerliebevollster, heiligster Vater! Lasse nicht unerhört die Bitte eines armen Knechtes! Wie Du mich armen Sünder noch allzeit erhört hast, so ich Dich um etwas gebeten habe, also wirst Du mich ja auch diesmal treulichst erhören!

Denn Du allein bist getreu in allen Deinen Verheißungen, da Du sie allzeit erfüllest so gewiß, wie da folget der Tag auf die Nacht. So denn baue ich auf Deine Güte, Liebe, Barmherzigkeit und Gnade und bitte Dich darum, daß Du mir kundgeben möchtest, wie da zu nehmen ist der kleine Widerspruch in Hinsicht auf die Bewohnbarkeit der Ebenen im Planeten Saturnus, den Du mir allergnädigst enthüllet hast. — O Herr, Du mein allerliebster Vater Jesus, lasse nicht unerhört diese meine armselige Bitte und nicht unbeantwortet diese Frage! Doch Dein heiliger Wille geschehe allzeit! Amen.

Was soll es da mit dem „Widerspruche"? — Ich Selbst habe dich ja darauf aufmerksam gemacht! Denn du hast beim Diktieren fürs erste bei drei Nebenwörtlein überhört und hast es überhören müssen zufolge der Anschauung und — weil Ich es also gewollt habe.

2] Warum aber habe Ich solches gewollt? — Damit euer Geist einen neuen kleinen Stoß bekommen solle und darum emsiger und lebendiger suchen solle in dem, was Ich also lebendigst gebe aus Meiner Liebgnade; und solle Meine Gabe nicht betrachten als eine Alltagskomödie.

3] Fürs zweite aber ist da ein kleiner Widerspruch entstanden, weil du bei Meiner Vorsprache zufolge einiger vorgefallener äußerer Störungen einen Umstand nachzutragen vergessen hast, da Ich doch laut genug bei der letzten Bewohnbarkeitsanzeige beigesetzt habe und sagte: „Und zwar besonders einiger Kontinentländer, und zwar deren südlichere Teile."

4] Aber du fragst, warum Ich dich denn nicht sogleich darauf habe aufmerksam machen wollen? — Siehe, Meine Schule ist eine andere als die der Menschen auf der Welt! — Ich lasse daher solches oft geflissentlich zu und lege, wo es immer nur sein kann, den „verworfenen Eckstein" auf alle Meine Wege, damit daran die Welt ihr Gericht finden solle. So aber dann jemand zu Mir kommt und bittet Mich um die Wegräumung des Ecksteines, so will Ich solches ja auch tun. Aber nur hüte sich da ein jeder vor Bemerkungen!

5] Wohl dem, der korrigiert nach Meiner Angabe! Denn der wird das Licht überkommen. Wer aber Mir wollte die Zulassung solch kleiner Widersprüche zum Vorwurfe machen, der soll mit dem Unglauben bestraft werden!

6] Was immer da geschieht, hat seinen weisen und liebevollsten Grund. Daher soll dir auch an Meinem Urteile mehr als an dem der Welt gelegen sein! — Was Ich gebe, das gebe Ich nicht der Welt zu einem Vorteile, sondern nur zum gerichtlichen Anstoße!

7] Daher tue, was Ich dir sage; und bedenke nie, was dereinst die Welt dazu sagen möchte! Denn Meine Gabe soll nicht vom Verstande, sondern vom Herzen in den Geist lebendig aufgenommen sein. Allda wird sich die rechte Ordnung schon vorfinden! — Verstehet solches wohl und beachtet es! Amen.

☆

Zum Geburtstag

Am 13. Oktober 1842

Schreibe für heute etwas an den A. H.-W., das da ihm dienen solle zur Erkenntnis, daß der Vater im Himmel es gar wohl weiß, wann und an welchem Tage ein Mensch dem Fleischleibe nach zur Welt geboren worden ist.

2] Höre, Mein lieber A. H.-W.! Es ist wahrlich nichts Geringes, wenn ein Mensch aus dem Mutterleibe zur Welt geboren worden ist. Denn was dazu gehört, bis eine Menschenseele aus allen Stufen reif wird zur Ausgeburt in die Welt, glaube es Mir, ist fürwahr mehr als du in Ewigkeiten zu fassen imstande sein wirst! Daß die Werdung eines Menschen für Mich Selbst keine solche Kleinigkeit ist, wie sich einige philosophische Toren träumen lassen, beweisen ja alle die Taten und alle die Vorschöpfungen, welches alles allein nur für den Menschen bewerkstelligt und gemacht wurde!

3] Demnach aber ist es denn ja auch billig und gerecht, daß selbst der leibliche Geburtstag für jeden Menschen ein wichtiger Tag sein muß, da er kein zufälliger, sondern ein schon von Ewigkeit her wohlberechneter Tag ist. — Warum und wie aber ein solcher Tag ein von Ewigkeiten her wohlberechneter ist — soll sogleich gezeigt sein! Und also höre denn:

4] In dem endlos tiefen Zeiten- und Ewigkeiten-Raume wurden nach der Zahl 3 und 7 in der endlosesten Zahlenfülle Geister, Mir ähnlich, von Mir aus ins freie Dasein hervorgerufen. — Eine Unzahl hat sich durch den Mißbrauch ihrer Freiheit von Mir getrennt; aber auch eine Unzahl hat sich mit Mir auf ewig vereinigt. — Was sollte denn mit der getrennten Unzahl werden? Sollte sie für ewig zugrunde gehen oder sollte sie, nur Mir allein möglicher Weise, zurückgeführt werden?

5] Siehe, das war selbst für Mich, den Allmächtigen und allerhöchst endlos weisen Schöpfer, keine so geringe Frage! Denn lasse Ich sie zugrunde gehen, so ist auch in Mir der Tod zu Hause. Führe Ich sie aber zurück, dann ist die unantastbare Heiligkeit Meiner urewigsten Ordnung gefährdet. — Was war und ist sonach hier zu tun?

6] Siehe, die Löse dieser großen Fragen liegt jetzt noch vor deinen Augen, und gar viele Ewigkeiten werden damit nicht fertig werden!

7] Worin aber bestand diese, bestehet sie jetzt noch und wird sie ewig bestehen? — Die Liebe, als das alleinige Leben in Gott, mußte sich gewisserart trennen, die getrennte Unzahl der Geister ergreifen, sie binden mit ihrer Macht und aus ihnen gestalten zahllose Weltenmassen aller endlosen Arten nach der Beschaffenheit der Geister, die darin eingefangen wurden.

8] Als nun die Welten von den Urzentralsonnen abwärts ausgebildet waren, da auch erst wurde jedes Welten-Atom genau auf den tausendsten Teil einer Sekunde berechnet, wann es solle gelöst werden. Und war die große Rechnung einmal bestimmt, da erst begannen die organischen Schöpfungen auf den Weltkörpern durch alle Stufen in der allerhöchsten, weisesten, wohlberechneten Ordnung. Und hernach kam endlich erst der Mensch, als ein vollkommenstes Aufnahme-Organ aller ihm vorangegangenen endlosen Stufen und als ein vollkommener Wiedervereinigungspunkt des einst aus Mir gegangenen Lebens!

9] Damit es aber bei dieser Neugestaltung der alten Wesen an der Seite Gottes gegen Ihn Selbst keine Widerordnung gebe, mußte Gott Sich gewisserart durch Meine Menschwerdung Selbst neu gestalten, hernach bauen einen neuen Himmel und endlich machen, daß da alles neu werde, gleich Ihm!

10] Nun siehe, solches alles steckt hinter einem einzigen Geburtstage!

11] Beachte daher wohl, was er in sich birgt, damit dir dadurch bald ein neuer großer Geburtstag werde im Geiste!

12] Nimm somit diese Enthüllung als einen Glückwunsch zu diesem deinem Geburtstage im Herzen von Mir, deinem liebevollsten Vater, auf, so wirst du an jedem deiner Geburtstage hier wie jenseits eine große Freude haben. Denn auch jenseits erscheinen in entsprechender Form dergleichen Tage glanzvoller denn die andern, für den, den sie betreffen! Nehme damit aber auch Meinen vollen Vatersegen hin und verharre in Meiner Liebe ewig! Amen.

☆

Erklärung zur „Sonne"

Sonntag, den 30. Oktober 1842, vormittags

O Du mein allein geliebtester Herr und heiligster Vater in Jesu! Ich armer, allerwertlosester Sünder und träger, unachtsamer Knecht bitte Dich aus dem innersten Grunde meines Herzens, daß Du mir wieder aus einer Verlegenheit helfen möchtest! — Siehe, wie es Dir bekannt ist und allzeit war, so hat sich in dem Diktate über die Sonne ein kleiner Zahlenwiderspruch vorgefunden, und das beim letzten Planeten, von dem da anfangs in der Einleitung gesagt ist, er habe nur drei Monde. Jetzt in der speziellen Behandlung dieses Weltkörpers aber wird gesagt, daß er zehn Monde habe! — Wie soll solches genommen werden?

Hier bin ich, Herr und Vater, vor Dir und bekenne es aus meinem innersten Grunde, daß da mich selbst solcher Zahlengeist noch nie beirrt hat. Denn ich weiß es nur zu gut und zu bestimmt, daß sich in Dir am Ende alles löset und zur schönsten Harmonie ausgleichet. — Aber nicht also stehet es mit jemand anderem, den Du, o Herr und Vater, gar wohl kennest! — Dieser hat seinem Verstande die Schulspitzen noch nicht genug stumpf gemacht mittelst eines demütigen und Dir ergebenen Glaubens; und es genügt ein ausgelassenes Wörtchen schon, um seinen Glauben wankend zu machen und mich armen Knecht dabei des Truges zu verdächtigen. — Also dieses Mannes wegen gebe, o Herr, mir eine Vorlöse des vorliegenden Zahlenwiderspruches. Oder führe mich sicher hinweg von da, wo ich in beständiger Gefahr bin, des Truges in Deinem Namen verdächtigt zu werden und gebe diese Gnade irgendwo jemand anderem; mich aber belasse in Deiner alleinigen Liebe und Erbarmung! Denn ich bin also nicht sicher vor den Schlingen der Welt.

Daher helfe mir entweder auf die eine oder auf die andere Art. Bin ich für dies heilige Amt Deiner großen Gnade zu schwach, dann stärke mich entweder in allem oder setze irgend jemand anderen an diese meine Stelle! Denn wahrlich, sie ist mir schon zu einer großen Last geworden, da sie ein wahrhaftiges, großes und schweres Kreuz ist! Aber wie allezeit, also geschehe auch diesmal Dein heiliger Wille! Amen.

Also schreibe denn, du Sohn Adams, der du noch Feuer vom Himmel rufest, wenn du irgend bemängelt wirst, darum du aus altem Grund ein wahrer Jakob bist!

2] Siehe Mich an! Was alles haben die Menschen schon aus Mir gemacht! Wie oft wurde Ich ein Betrüger, ein Volksaufwiegler, ein israelitischer Faulenzer, Vagabund, Sonderling, Narr, ein Zauberer, ja sogar ein Diener Beelzebubs genannt! Ja selbst in dieser [jetzigen] Zeit geht es Mir auf der Erde um kein Haar besser. Man verhöhnt, verlacht und verspottet Mich allerorts. Oder man leugnet Mich ganz und vernichtet dadurch auch sicher bis aufs letzte Häkchen Mein Wort und somit auch alle Meine Gnade und Erbarmung.

Wo Mir aber noch allenfalls zum Scheine gedient wird, da brauche Ich dir nicht näher zu bezeichnen, wie ein solcher Dienst an und für sich zuallermeist bestellt ist. Denn solches kennst du wohl schon zum meisten Teile!

3] Und siehe, dennoch lasse Ich nicht Schwefel und Feuer vom Himmel regnen! — Also sei auch du sanft und bescheiden und sei allezeit voll Liebe, Sanftmut und Geduld gegen deine Brüder und Schwestern, so wirst du allezeit mehr richten mit ihnen als durch Schwefel und Feuer vom Himmel!

4] Wenn der Ans. H.-W. hier und da so manches beanstandet, so müssen wir ihm darum noch nicht gram werden. Er tut es ja nicht, um dich zu verdächtigen; sondern nur des Lichtes wegen tut er es. Darum also, Jakob, noch kein Feuer vom Himmel! Darum also ist es noch nicht nötig, daß du Mir deshalb das Amt der Gnade zurückgeben willst. Sondern fahre du nur fort! Es wird das rechte Licht über einen jeden äußerlich scheinenden Widerspruch schon zu rechter Zeit und am rechten Platze vorkommen.

5] „Denn so jenes, das erste, untadelhaft gewesen wäre, würde nicht Raum zu einem andern gesucht!“[1] — Solches sollst du wohl verstehen und beachten, warum das Alte Testament getadelt und ihm gesetzt wird ein Neues! — Siehe also auch hier! — Drei Körner werden ins Erdreich gesetzt und bringen zehnfältige Frucht. Warum nicht dreifältige? Warum müssen die drei gesetzten Körner in der Erde ehedem „vertadelt“ werden, ja warum zu Grunde gehen, um den neuen zehn Kindern freies Emporwachsen zu gewähren?

6] Bei euch widersprechen sich drei und zehn wohl eurer Härte willen; aber nicht also ist es bei Mir. Denn in Meinem Reiche sind tausend wie eins, und eins gleich unendlich vielen!

7] Daher warte du auch nur geduldig ab und traue es Mir zu, daß Ich im Ernste allerhöchst weise bin. So wird sich am rechten Platze wohl zeigen, warum da im ersten „Testamente“[2] drei, und im jetzigen, gleichsam neuen, zehn Monde stehen!

8] Damit du Mir aber nicht wieder in ein unnötiges Feuer gerätst, so sage Ich dir im voraus, daß da in der Veroffenbarung der „Sonne“ noch ein paar Beschaffenheitswidersprüche vorkommen und noch ein paar vorkommen werden. Wenn aber die „Sonne“ wird vollendet sein, so werden sich alle Widersprüche lösen!

9] Daher sollst du nicht feurig und der Ans. H.-W. nicht ängstlich werden! Denn was du empfängst, ist Meine Sache. Und Ich werde schon

[1] Hebr. 8,7. — [2] „Testament“ heißt Zeugnis — also hier: Bekundung; d. Hsg.

in allem Sorge zu tragen wissen, daß sie [die Sache] wird, wie sie sein soll. Du aber tust hinreichend, so du Meinen Willen erfüllest.

10] Mit dem Verstande aber bleibe ein jeder hübsch ferne von Meiner Gabe! Sonst gleicht er dem Samen, der da aus der Hand des Sämanns fiel unter Dornen und Disteln. Denn im Verstande ist die Wohnung von allerlei Sorgen. Wer demnach Mein Wort mit seinem Verstande statt mit seinem Herzen bemißt, der wird schwerlich je die Früchte aus Meinem Samen ernten.

11] Bedenke zum Beispiel: Beim Matthäus kommen zwei Weiber zum Grabe; ein Erdbeben geschieht; ein Engel erscheint, wälzt den Stein vom Grabe, setzet sich darauf und gibt den zwei Weibern Bescheid von Mir.[1]

12] Beim Markus kommen drei Weiber, kümmern sich des Steines wegen; dieser wird durch eine unsichtbare Macht hinweggetan, und sie gehen dann ins Grab, finden da einen Jüngling mit einem weißen Hemde zur Rechten sitzen, welcher sie tröstet und ihnen über Mich Auskunft gibt.[2]

13] Beim Lukas kommen mehrere ungenannte Weiber, mit Spezereien sogar, und finden den Stein schon abgewälzt, gehen sogleich ins Grab hinein, finden da noch niemanden; nach einer Weile, da sie sich schon gekümmert hatten, treten zu ihnen zwei Männer in glänzenden Kleidern und geben ihnen Auskunft über Mich."[3]

14] Beim Johannes kommt nur ein Weib, die Magdalena nämlich, findet das Grab offen, aber niemanden darinnen. Darum läuft sie zu Petrus. Der Petrus und die andern Jünger kommen eiligst zum Grabe, finden außer den zusammengelegten Leichentüchern nichts und gehen sodann wieder nach Hause. Nachher erst guckt die weinende Magdalena ins Grab und erblickt zum Kopfe und zu den Füßen zwei Engel in weißen Kleidern, die bloß nur fragen: Weib, was weinest du? — Und nach der Beantwortung dieser Frage bin auch Ich schon hinter ihr![4]

15] Wer da äußerlich, rein weltgeschichtlich nach seinem Verstande urteilt, was muß der bei diesen vier sehr verschiedenen Angaben wohl notwendig finden, so er recht spitzkritisch zu Werke gehen will!?

16] Ich sage dir: Entweder den Tod seines Verstandes oder den Tod seines Glaubens! — Den Tod seines Verstandes, so er da ein göttliches Geheimnis ahnet und stellt solches Meiner Weisheit und Allmacht anheim. Den Tod des Glaubens aber, so er spricht: „So das Faktum authentisch wäre, da müßten über dasselbe nicht nur vier, sondern hundert Geschichtszeichner in der Zahl, in der Art, in den Worten und überhaupt in allem völlig überein-

[1] Matth. 28, 1—7. [2] Mark. 16, 1—7. [3] Luk. 24, 1—7. [4] Joh. 20, 1—14.

stimmen. Von den vier Geschichtszeichnern aber sagt jeder etwas ganz anderes! Welcher hat recht? Keiner! Und somit glaube ich auch nichts!"

17] Siehe, es soll aber weder der Verstand noch der Glaube getötet werden! — Wie aber kann solches geschehen? — Ich sage dir: Allein durch Liebe, Demut, Sanftmut und Geduld!

18] Wenn diese vier eins werden im Menschen, da wird auch des lebendigen Lichtes in größter Menge werden im Herzen, in welchem sich alle Widersprüche lösen werden!

19] Beachtet das, so werdet auch ihr ins Reine und Klare kommen! — So ihr aber mit eurem Verstande wollet Meine Schatzgräber sein, wahrlich, dann sollet ihr nichts denn Unrat finden!

20] Denn Meine Gaben sind nur fürs Herz, nicht aber etwa vorerst für den Verstand bemessen! — Wer da will sein Herz aber durch den Verstand wecken, der sei versichert, daß er es nur tötet. Denn schwächer ist wohl keine Liebe als die des Verstandes!

21] Wer aber das Leben überkommen will, der liebe und glaube sanft und geduldig! Und er fordere von Mir nicht wie von einem schlechten Sachverwalter eine unzeitige Rechenschaft! Denn wahre Kinder lieben den Vater und hadern nicht mit Ihm!

22] Solches verstehet wohl! Amen.

Wahre, lebendige Wissenschaft

Am 4. November 1842

Also schreibe nur, was du schreiben möchtest! — Schreibe, daß Ich dem A. H.-W. sagen lasse, daß da des Leibes Geburtstag so manches besagt, was der Mensch in seinem Weltleben nicht erfassen kann, solange er nicht völlig ins geistige Leben übergegangen ist.

2] Sollte Ich es hier etwa völlig kundgeben? — Das würde wenig nützen. Denn alle äußere Wissenschaft belebt den Geist des Menschen so wenig, wie da die äußere Luft die Organe der Lunge belebt, so sie nicht eingeatmet wird, oder wie wenig das alleinige Anschauen von allerlei Speisen einen hungrigen Magen sättiget.

3] Wer demnach wahrhaft geistig gesättigt werden will, der muß die Speisen werktätig in sich aufnehmen, damit durch die stets rege innere Tätigkeit der Geist sich übe, dadurch kräftige, stärke, dann durch diese beständige Tätigkeit sich erwärme, erhitze und endlich erbrenne. Wenn solches geschehen ist, dann hat auch der Mensch die wahre, lebendige Wissenschaft überkommen, durch welche er in alle Weisheit geleitet werden kann.

4] Daß unter dem „Erhitzen" und „Erbrennen" die Liebe zu Mir, und unter dem „Erwärmen" aber die Liebe zum Nächsten verstanden wird, braucht kaum erwähnt zu werden. — Es steht aber ja schon im Worte: „So du den Nächsten, den Bruder, nicht lieben kannst, den du siehst, wie willst du dann Gott lieben, den du nicht siehst?" — Heißt das nicht ebensoviel, als so Ich sagen möchte: Wenn da ein Ding, zum Brennen tauglich, nicht erwärmt ist, wird es ohne die nötigst vorhergehende Erwärmung erhitzt werden? — und wie ohne Erwärmung und Erhitzung dann erst erbrennen zum Lichte des inneren Lebens und daraus zur inneren, lebendigen Wissenschaft und daraus hervorgehenden Weisheit?

5] Man wird sagen: Das Pulver entzündet sich doch sicher ohne vorhergehende Erwärmung und Erhitzung, und der Blitz zuckt aus kalter Luft und eisiger Wolke hervor! — O ja, sage Ich, aber es ist mit dem Lichte des entzündeten Pulvers wie mit dem Blitze eben nicht viel geholfen, da keins für die Dauer taugt, und zudem noch diese beiden Schnelligkeitsentzündungen allezeit verheerend und zerstörend sind. Was immer plötzlich geschieht oder entsteht, vergeht gewöhnlich wieder so, wie es entstand, und läßt sicher nichts als nur die arge Wirkung zurück, wo nicht für bleibend den Tod. Daher gehört zum wahren, wohltätigen Erbrennen die gerechte Erwärmung und Erhitzung zum voraus, ohne die es nie zu einer inneren Erbrennung und dadurch zum wahren, bleibenden Lichte kommen kann.

6] Werde daher auch du, Mein lieber A. H.-W., vollends warm und erhitzt, so wirst du die heilige Wirkung des inneren Erbrennens bald gewahren. — Aber das „Welt-Eis", was da sind die weltlichen Sorgen, mußt du aus dir schaffen, sonst wird es mit dem Erwärmen und Erhitzen nicht gut vorwärts gehen. Denn glaube es Mir: Weltsorgen, welcher Art sie auch sein mögen, und Weltschätze sind pur Eis für den Geist. Und des Verstandes Wissen allein ist des Geistes Knechtschaft und Sklaverei!

7] Werde aber gleich dem Kaufmanne, der alle seine Schätze für eine echte und schwere Perle hintan gab, so wirst du am Glanze dieser Perle das heilige Morgenrot des ewigen Lebens in dir erschauen. Glaube es Mir, daß es also ist! Denn Ich, dein heiliger Vater, gebe dir ja solches kund für deine Geburtsstunde aus Meinem Munde. Amen.

☆

Himmlische Zinszahlung

Am 4. November 1842

Dieses gebe Meinem lieben K. G. L., denn es ist ja doch pflichtgemäß, daß die Zinsparteien dem Hausherrn zur rechten Zeit ihre Zimmermiete entrichten. Und so will denn auch Ich desgleichen tun.

2] Schreibe daher, wie folgt:

3] Höre, Mein lieber K. G. L.! Du weißt es, daß Ich dir einmal sagte: Ich will bei dir so ein wenig „mit Sack und Pack" Mich einquartieren! — Siehe, Ich habe auch Mein Wort gehalten, was du sicher wahrgenommen hast durch so manche, dich äußerlich betrübende Erscheinungen, welche aber dennoch für deinen Geist von für dich unberechenbarem Nutzen waren!

4] Da Ich also sicher bei dir gewohnt habe, noch wohne und noch länger bei dir zu wohnen und dein Haus zu hüten treulichst gedenke, so ist es ja auch für Mich, als manchmal etwas lästige Wohnpartie, nicht mehr als recht und billig, dir als dem Hausherrn zur rechten Zeit den Haus- und Wohnzins zu entrichten.

5] Siehe, hier bin Ich ja schon mit einer guten „Lebensversicherungsbanknote" in der Hand! Nehme sie nur auf in deine innere hauswirtschaftliche Kasse, und du wirst es mit der Zeit erfahren, wie wunderbar sich dieses seltene himmlische Staatspapier von selbst hundertfältig verzinst!

6] Es steht auf dieser Banknote zwar nichts anderes darauf als bloß nur, mit gut leserlicher Schrift geschrieben, das einfache Wort: Liebe. — Aber du kannst versichert sein, daß dieses Staatspapier in Meinem Reiche als die allein gangbare Münze kursiert, ohne welche in diesem Meinem Reiche durchaus niemand bestehen kann. Mit dieser Banknote aber im Herzen und in der Hand kommst du leichtlichst durch Mein ganzes Reich und endloses Himmelsland!

7] Liebe also gebe Ich dir, Mein lieber K. G. L., Meine Liebe als das alleinige Pfand des ewigen Lebens in Mir! Lege sie in die gute „Kasse" deines Herzens und du wirst dich ehestens überzeugen, daß dieses Mein „Staatspapier" nie einem fallenden, sondern einem ewig ins Unendliche steigenden Kurse unterliegt.

8] Der Liebe ist die ganze Ewigkeit und alle Unendlichkeit zinspflichtig! Daher sind auch ihre ewigen „Lebensprozente" unendlich.

9] Hast du demnach Meine Liebe, so hast du alles und brauchst dich um nichts mehr zu sorgen. Denn diese Meine

Liebe sorgt schon in Sich ewig für alles und hat schon für alles gesorgt.

10] Du wirst nicht sagen können: O Vater! Gib mir daher diese Deine Liebe! — Denn Ich gebe sie dir ja eben jetzt als „Mietzins". — Nehme sie hin und gebrauche sie allzeit eifrigst! Denn du wirst ihrer nicht leichtlich mehr los werden. Je mehr du sie aber gebrauchen wirst, desto größer und wertvoller wird sie auch, und ihr Wert wird ewig steigend lebendigst bestehen.

11] Für diese Bezahlung aber mußt du dir schon auch gefallen lassen, daß Ich noch länger bei dir wohnen werde. Und so es Mir nun stets mehr und mehr noch in deinem Hause gefallen wird, so mußt du dir es mit der Zeit schon auch gefallen lassen, daß Ich dein Haus Mir gänzlich zu eigen machen werde durch einen guten Kaufschilling, damit du dann mit Paulo wirst sagen können: Nun lebe nicht mehr Ich, sondern Christus lebet in Mir!

12] Nehme also solches liebreich an aus Meiner Hand, als das teuerste Lebenspfand zu deinem Tage! Denn Ich gebe es dir für ewig. Amen.

☆

Behandlung eines Halsstarrigen

Am 11. November 1842, vormittags

Schreibe nur, Ich weiß schon, was du hast!

2] Mein lieber Andr. H.-W.! Siehe, wie es dir mit deinem dummen alten Onkel geht, also geht es Mir ums Tausendfache ärger noch mit Millionen Menschen, die da nun Meine Geduld schon auf den äußersten Punkt treiben! Aber noch habe Ich die Sonne nicht ausgelöscht und die Wolken von der Erde nicht hinweggerückt, damit diese dann wasserlos werde und sich sofort entzünde an allen Punken.

3] Solange du Mich aber noch also geduldig erblickest, so lange auch lasse du dich deine Geduld nicht gereuen! Lasse dem alten Narren seinen unbeugsamen Willen, denn lange wird es mit ihm ja ohnehin nicht währen. Jenseits aber wird sich für ihn schon ein Platz finden, auf dem seine Halsstarrigkeit wie Wachs geschmolzen wird!

4] Gebe ihm, was du ihm bis jetzt gegeben hast. Und du magst auch für die Winterszeit ihm allenfalls ein paar Klafter Holz irgendanweisen — oder ihm monatlich noch einen guten Gulden hinzufügen, so ihm das lieber ist als das Holz; und er möge sich damit dann selbst mit Holz versehen!

5] Wenn es ihm recht arg gehen wird, so wird er dir wohl kommen. Und ist er aber da noch [immer] eigensinnig, so bist du ohne Schuld, und wenn der alte Narr in seinem Zimmer zu Eise erfrieren oder gänzlich verhungern sollte! — Denn wahrlich, dieser Mensch ärgert auch Mich!

6] So du und der Anselm es aber wollet, da könnet ihr ihn einmal zu euch bestellen, ihm eine vollernste Vorstellung über seinen Eigensinn machen und ihm zeigen, welche Folgen das dereinst mit ihm haben dürfte, so er stets in seinem Eigensinne beharren wird.

7] Siehe, der Alte ist noch voll Hochmutes! Darum ist er also unbeugsam! — Daß ihm aber diese Eigenschaft jenseits nicht viel Glück bringen wird, brauche Ich dir nicht noch näher darzutun! — Und so sind Demütigungen für ihn eine viel größere Wohltat, als so du ihn jede Woche möchtest mit hundert Gulden beschenken.

8] Wenn er kein Brot hat, und es hungert ihn, da gebe ihm Brot! Für den Durst aber gibt es eine Menge reiner Wasserquellen, die ihm besser behagen werden als Bier, Wein und besonders der verfluchte Branntwein!

9] Solches kannst du tun, und das ist genug! Mit Geld aber sollst du ihn nur, wie gesagt, sparsam unterstützen! — Macht er dabei Schulden, so magst du sie berichtigen, so du willst, aber nur dann, wenn ein armer Gläubiger von ihm übervorteilt worden ist. Sonst aber sollst du niemanden auch nur einen Heller erstatten. Denn dadurch wird der Alte nur noch beherzter, zu sündigen auf deinen Beutel.

10] Redet er darob schmählich über dich, glaube es Mir, es wird dir darob kein Haar gekrümmt werden. Denn Ich werde dich schon zu rechtfertigen wissen! Also magst du tun und um alles übrige dich nicht im geringsten kümmern! Denn Ich kenne ja und sehe, was du tust. Also sei fürder ruhig! Amen.

☆

Triumph und Fall der Kirche

Am 16. November 1842, vormittags

Siehe, ein anderes Land hat auch ein anderes Band. Aber Brudersinn und reines Christentum ist überall verbannt. Der Unterschied liegt nur im Mehr oder Weniger. Daß aber im Verlaufe von zwei Jahren bei euch im Lande dem Lichte die stärksten Fesseln angelegt werden, das könnet ihr mit großer Sicherheit annehmen. Denn der „Drache" hat schon mehrere „Häupter und Hörner" über den Erdboden gehoben!

2] Bald werdet ihr es erleben, daß man das Toleranz-Patent nebst allen staatskirchlichen Gesetzen nach Rom zur Zensur schicken wird, aus lauter Nächstenliebe und aus reinstem — Christensinne! — Was da gestrichen wird, braucht keiner weiteren Erörterung! — Das aber wird der sogenannte „Triumph der Kirche" sein — und bald darauf aber auch ihr Ende!

3] Solches aber muß auch geschehen. Denn käme der Drache nicht zum Steigen, so wäre auch sein endlicher Fall nicht möglich. Er wird zwar steigen, aber mit Fesseln angetan, und wird daher nur, wo es ihm zugelassen wird, verheerend wirken.

4] Eure Lande werden ihn verkosten. Wann er mächtig wird, wird er nicht schonen der Großen und der Kleinen! — Es muß aber das Volk ja von oben bis unten noch einmal auf das empfindlichste gewitzigt und gezüchtigt werden, da es Mich allzeit verabschiedet hat, so oft Ich es freundlichst heimgesucht habe!

5] Es soll einmal den wahren Segen Roms verkosten, da ihm der Meine nicht munden wollte! In seinem Blute soll es empfinden den Unterschied zwischen Meinem Evangelium und dem der großen Babelstadt! — Wann solches der Fall sein wird und jeder die Zeiten des Engelkaisers Joseph und ein reines Evangelium mit den Waffen in der Hand laut wieder herbeirufen wird — dann auch wird es erst an der Zeit sein, eine höhere Hilfe und Blitze vom Himmel zu senden.

6] So aber ein Volk, durch so viele bittere Erfahrungen zu öfteren Malen geweckt, noch immer schlafen kann im tiefsten Schlamme aller möglichen Hurerei, saget, wodurch allein kann es geweckt werden? — Ich sage: Durch nichts als durch einen allerderbsten Knallstoß!

7] Dieser aber wird soeben vor- und zubereitet. — Amen.

☆

Häusliche Seelenpflege

Ein Wort zum Namenstag

Am 19. November 1842, vormittags

O Du lieber, guter Vater, der Du heilig bist, überheilig! Wäre es Dir denn nicht wohlgefällig, mir ein kleines Wörtlein nur für die Gemahlin des Ans. H.-W. zu geben? — Sie hat sich sicher schon lange darauf gefreut und wird sich heute vielleicht um so mehr freuen, da sie gewiß etwas erwartet am Tage ihres Namens! — Wie Du meine Bitte um etwas in Deinem allerheiligsten Namen noch allzeit erhöret hast, also hoffe ich auch diesmal mit Zuversicht, daß Du, o heiliger Vater, mich erhören wirst. — Doch wie allezeit, also geschehe auch diesmal Dein allerheiligster Wille! Amen.

Was willst du denn für ein Wörtlein, ein süßes, ein feines, ein artiges, ein französisches; oder ein sanftes, ein weiches, ein schmeichelndes, ein lebendes; oder eine Liebeserklärung, eine Bestellung, eine Botschaft, eine Wahrheit, einen Wünschelbrief? — Siehe, das sind lauter Wörtlein! Erkläre dich daher bestimmter, was du willst! Denn Ich sehe in deinem Geiste keine Bestimmtheit.

2] Was soll Ich dir denn geben, wenn du dich nicht aussprichst in dir, was du möchtest? — Wer kein Brot hat, der bitte ums Brot, und er wird es überkommen. Wer ein Weib möchte, der bitte um ein Weib, und es soll ihm werden. Wer die Weisheit will, der bitte um die Weisheit, und sie soll ihm werden. Und um was da jemand bittet, volltrauend, ganz bestimmten Herzens, es solle ihm werden, so es nicht törichter oder unordentlicher Art ist.

3] So du aber um ein unbestimmtes Wörtlein bittest, was soll Ich dir da für eines geben? — Du sagst: Es wird jegliches das Beste sein, was Ich dir nur immer gebe! — Das ist wahr — aber das Beste ist nicht immer angenehm zu hören. Also ist auch von Mir aus ein Tadel besser als eine einschläfernde Tröstung. Und doch will jeder lieber eine süße Tröstung als einen etwas herberen Tadel vernehmen! — Daher erkläre dich nun bestimmter, was du willst, sonst gebe Ich dir nichts!

4] Nun gut, du willst beides! — So will Ich dir auch beides geben. — Und so sage denn in Meinem Namen dem Weibe des Ans. H.-W., daß Ich ihr sagen lasse an ihrem Tage:

5] Geistige Beschäftigungen, als etwa Betrachtungen über Meine Liebeführungen der Menschen und über Meine väterliche Fürsorge, sind besser und bei weitem viel mehr wert als eine ununterbrochene häusliche Zwirnindustrie!

6] Aus dem Grunde wäre es Mir auch lieber, wenn sich Meine liebe Elise H. manchmal vornehmen möchte, ihre Töchter auch ebenso emsig anzuhalten, für Mich ein Paar geistige Socken und Strümpfe, Hemden, Chemisetten, Kleider und dergleichen zu verfertigen — wie sie dieselben manchmal recht strenge anhält, ein materielles Kleid oder sonst etwas dergleichen zu verfertigen!

7] Siehe, Meine liebe Tochter, Ich will dir damit keinen Vorwurf machen. Es ist besser, zu arbeiten, als zu faulenzen. Aber solches ist auch wahr, daß es wieder dagegen um vieles besser ist, mehr für den Geist zu tun, als für den Leib.

8] Denn wer für den Geist arbeitet, der wird auch für den Geist ernten, der da ewig leben wird. Wer aber mehr für den Leib arbeitet, der wird einst in großer [geistiger] Armut stecken. Denn jenseits wird jedermann nur das haben, was er sich hier geistig erworben hat, und nicht mehr und nicht weniger.

9] Daher sei auch du, Meine liebe Tochter, für dich wie auch für deine Töchter künftig zuerst und mehr besorgt für das, was sie an einem Tage hindurch mehr für den Geist als den Leib gearbeitet haben, so wirst du dir und deinen Töchtern Reichtümer sammeln für die Ewigkeit!

10] Siehe, nur kurz und vorübergehend ist aller Weltgewinn und schlecht und bitter noch obendarauf. So du aber für Mich in deinem und deiner Töchter Herzen arbeitest nach deiner Fähigkeit, so wirst du dereinst sogar für Kleines einen überaus großen und ewig bleibenden Lohn haben! — Solches sage Ich dir heute und allezeit. Nimm es treu in deinem Herzen auf und lebe darnach, so werde Ich stets eine große Freude haben an dir und den Deinen! — Ich, dein lieber, guter Vater! Amen.

☆

Die geistige Sonne

Am 22. November 1842, von 4 Uhr nachmittags bis 1/2 7 Uhr abends

Als eine Fortsetzung der am 21. November 1842 abgeschlossenen Mitteilungen über die naturmäßige Sonne empfing Jakob Lorber vom 22. November 1842 bis zum 16. Dezember 1843, ebenfalls fast täglich, Eröffnungen über die geistige Sonne, d. h. über die den naturmäßigen Sonnenkörper durchdringenden und umgebenden geistigen Sphären. Als Schreiber des durch Jakob Lorber ergehenden Wortes diente auch hier stets Anselm Hüttenbrenner.

Nachstehende Worte bilden den Eingang der großen Enthüllung.[1]

Bevor wir uns in die eigentliche geistige Sonne begeben können, müssen wir doch sicher zuvor wissen, wo diese ist, wie sie mit der naturmäßigen Sonne zusammenhängt und wie beschaffen sie ist.

2] Um von der ganzen Sache sich aber einen möglichst vollkommenen Begriff machen zu können, muß zuallererst bemerkt werden, daß das Geistige alles dasjenige ist, welches das Allerinnerste und zugleich wieder das Allerdurchdringendste, das demnach Alleinwirkende und Bedingende ist.

3] Nehmet ihr z. B. irgendeine Frucht — was ist wohl deren Innerstes? — Nichts als die geistige Kraft im Keime. — Was ist denn die Frucht selbst, indem sie mit allen ihren Bestandteilen für die Deckung und Erhaltung des innersten Keimes da ist? — Sie ist im Grunde wieder nichts anderes, als das von der Kraft des Keimes durchdrungene äußere Organ, welches sich in allen seinen Teilen notwendig wohltätig wirkend zum vorhandenen Keime verhält.

4] Daß die äußere Frucht ein solches von der geistigen Kraft des Keimes aus bedingtes Organ ist, leuchtet ja auch schon aus dem hervor, daß nicht nur die Frucht, sondern der ganze Baum oder die ganze Pflanze aus dem geistigen Keime hervorgeht.

5] Was ist demnach das Geistige? — Das Geistige ist fürs erste die innerste Kraft im Keime, durch welche der ganze Baum samt Wurzeln, Stamm, Aesten, Zweigen, Blättern, Blüten und Früchten bedingt ist. Und wieder ist es das Geistige, welches alle diese genannten Teile des Baumes wie für sich selbst oder für die eigene Wohltat durchdringt.

6] Das Geistige ist denn darnach das Inwendigste, das Durchdringende und somit auch das Allesumfassende; denn was da ist das Durchdringende, das ist auch das Umfassende.

---

[1] „Die geistige Sonne", 2 Bände, je 500 Seiten.

7] Daß solches richtig ist, könnet ihr an so manchen naturmäßigen Erscheinungen beobachten. Nehmet ihr fürs erste eine *Glocke* — wo ist wohl der Sitz des Tones in ihr? — Ihr werdet sagen: Mehr am äußeren Rande; oder mehr in der Mitte des Metalles; oder mehr am inneren Rande? — Es ist alles falsch! — Der Ton ist das inwendigste, in den materiellen Hülschen verschlossene geistige Fluidum.

8] Wenn nun die Glocke angeschlagen wird, so wird solcher Schlag von dem inwendigsten Fluidum, welches als ein geistiges Substrat (nach eurem Ausdrucke) höchst elastisch und dehnbar ist, auf eine seine Ruhe störende Weise wahrgenommen. Und dadurch wird dann das ganze geistige Fluidum in ein freiwerdenwollendes Bestreben versetzt, welches sich dann in anhaltenden Schwingungen zu erkennen gibt. Wird die äußere Materie mit einer andern Materie bedeckt, welche von nicht also leicht erregbaren geistigen Potenzen durchdrungen ist, so wird diese Vibration der erregbaren geistigen Potenzen — oder vielmehr ihr freiwerdenwollendes Bestreben — bald gedämpft. Und eine solche Glocke wird auch somit bald ausgetönt haben. Ist aber die Glocke frei, so dauert die tönende Schwingung noch lange fort. Wenn aber noch dazu von außen ein sehr erregbarer Körper sie umgibt, als etwa eine reine, mit Elektrizität gefüllte Luft, so wird dadurch das Tönen noch potenzierter und breitet sich weit in einem solchen miterregbaren Körper aus.

9] Wenn ihr nun dieses Bild ein wenig durchblicket, so wird euch daraus ja notwendig klar werden müssen, daß allhier wieder ein Geistiges das Inwendigste, das Durchdringende und das Umfassende ist. — Wir wollen aber noch ein Beispiel nehmen.

10] Nehmet ein *magnetisiertes Stahleisen* — wo ist denn in dem Eisen die anziehende oder abstoßende Kraft? — Sie ist im Inwendigsten, d. h. in den Hülschen, welche eigentlich die beschauliche Materie des Eisens darstellen. Eben als solche inwendigste Kraft durchdringt sie die ganze Materie, welche für sie kein Hindernis ist, und umfaßt dieselbe allenthalben. Daß dieses magnetische Fluidum die Materie, der es innewohnt, auch äußerlich umfaßt, kann ja ein jeder leicht aus dem Umstande erkennen, wenn er sieht, wie ein solches magnetisches Eisen ein ferne gelegenes Stückchen ähnlichen Metalles anzieht. — Wäre es nicht ein umfassendes und somit auch über die Sphäre der Materie hinaus wirkendes Wesen, wie könnte es einen ferne liegenden Gegenstand ergreifen und denselben an sich ziehen?

11] Wir wollen zum Ueberflusse noch ein paar kurze Beispiele anführen! — Betrachtet einen *elektrischen Konduktor* oder auch eine *elektrische Flasche*! — Wenn ein solcher Konduktor oder eine solche Flasche mit elektrischem Feuer von einer geriebenen Glastafel aus angefüllt wird, so durchdringt dieses Feuer die ganze Materie und ist sodann zugleich ihr Inwendigstes und ihr Durchdringendes. Wenn ihr euch aber einer solchen Flasche oder einem Konduktor nur ein wenig zu nahen anfanget, so werdet ihr alsbald durch ein leises Wehen und Ziehen gewahr werden, daß dieses Fluidum auch die ganze Materie der Flasche und des Konduktors umfaßt.

12] Und noch ein sprechendes Beispiel gibt sich euch in matten Umrissen wohl bei jedem Menschen wie auch bei anderen Wesenheiten kund; laut schreiend aber wird es bei den Somnambulen. — Wie weit nämlich ein *Magnetiseur* und eine von ihm behandelte *Somnambule* sich gegenseitig rapportieren[1] können, werden schon so manche unter euch lebendigst erfahren haben. Wäre nun der Geist ein bloß inwendigstes und nicht zugleich auch ein durchdringendes Wesen, so wäre, fürs erste schon, keine sogenannte Magnetisierung möglich. Und wäre der Geist nicht auch zugleich das Umfassende und das alles Ergreifende, saget, wie wäre da wohl ein ferner Rapport zwischen einem Magnetiseur und einer Somnambule möglich?

13] Ich meine, wir haben der Beispiele genug, um aus denselben zu entnehmen, wo, wie und wiegestaltet das *Geistige* sich überall, somit auch sicher in, durch und bei der *Sonne* ausspricht.

14] Die *geistige* Sonne ist somit das *Inwendigste* der Sonne und ist ein *Gnadenfunke aus Mir*. Dann *durchdringt* das Geistige mächtigstwirkend die ganze Materie der Sonne. Und endlich ist es auch das die ganze Wesenheit der Sonne *Umfassende*. — Solches zusammengenommen ist demnach „*die geistige Sonne*“!

15] Und *diese* Sonne ist auch die *eigentlichste* Sonne. Denn die *sichtbare, materielle Sonne* ist nichts als nur ein von der geistigen Sonne bedingtes, ihr selbst wohltätiges *Organ*, welches in allen seinen Teilen also beschaffen ist, daß sich in und durch dieselben das *Geistige* äußern und sich eben dadurch selbst wieder in seiner Gesamtheit völlig ergreifen kann.

16] Wer demnach „*die geistige Sonne*“ schauen will, der sehe zuvor ihre *äußere Erscheinlichkeit* an und bedenke dabei, daß alles dieses von der geistigen Sonne in allem einzelnen wie im

[1] beeinflussen.

gesamten durchdrungen und umfaßt ist — so wird er dadurch schon zu einer schwachen Vorstellung der geistigen Sonne gelangen.

17] Wenn er sich aber noch hinzudenkt, daß alles G e i s t i g e ein vollkommen K o n k r e t e s oder ein sich allenthalben v ö l l i g E r g r e i f e n d e s ist, während das Naturmäßige nur ein T e i l w e i s e s, Getrenntes, sich selbst gar nicht Ergreifendes ist und, wenn es als zusammenhängend erscheint, dies nur durch das innewohnende Geistige ist — dann wird die Anschauung einer geistigen Sonne schon heller werden. Und es wird sich der Unterschied zwischen der naturmäßigen und der geistigen Sonne [für euch] immer deutlicher aussprechen.

☆

Einem angefochtenen Ehemann

Am 30. November 1842, vormittags

Dies Wörtlein gebe Meinem lieben Freunde A. H.-Willig!

2] Am Tage, an dem du den Namen deines Leibes und deiner Seele feierst, will auch Ich deiner g e d e n k e n und will dir eine N e b e n g a b e bieten. Nehme sie an, auf daß du genesest am Leibe und an deiner Seele! Denn diese zwei Teile an dir sind ein wenig krank. Im Leibe haftet etwas zuviel von der Galle, und deine Seele ist zu gedrückt, fürs erste von dem etwas kränklichen Leibe, und fürs zweite von den allerlei unbedeutenden weltlichamtlichen Sorgen.

3] Diese letzteren merkest du zwar wenig, weil du dich ihrer angewohnt hast. Aber sie hören darum nicht auf, das zu sein, was sie sind. Sie sind eine Last der Seele und verhalten sich zu ihr gerade also, wie ein schwerer Lastwagen zu einem Pferde, welches schon jahrelang solchen Wagen gezogen hat. Es fühlt freilich wohl nicht mehr die Last desselben, da es wie eine fühllose Maschine denselben zieht. Aber kannst du darum behaupten und sagen: Der Wagen sei dem Tiere keine Last mehr, weil es dieselbe nicht mehr zu empfinden vermag?

4] Setzen wir aber den Fall, ein solches Pferd möchte im Gespanne vor dem Wagen kränklich werden an irgendeinem Leibesteile. Meinst du wohl, daß es im Zuge davon wird geheilt werden können, weil es die Last des Wagens nicht fühlt? — Siehe, solches wissen die Fuhrleute gar wohl. Darum spannen sie es a u s und gönnen demselben auf eine Zeit Ruhe und gute Pflege. Das Tier wird darauf wieder gesund, frisch und heiter. Und so es dann wieder an seinen lang gewohnten Wagen gespannt wird, da zieht es denselben wieder also leicht fort, als hätte es nur einen Federflaum zu ziehen!

5] Du wirst zwar dieses Bild nicht völlig fassen; doch so Ich dir es nur ein wenig beleuchten werde, dann wird es dir klar sein, was Ich damit sagen will.

6] Du meinst nun, daß Ich damit sagen will, du sollest etwa dein staatliches Amt auf eine Zeitlang aus deinen Händen legen? — O nein, das meine Ich nicht! — Denn darinnen sind deiner Seele Sorgen nicht begraben. Aber in deiner weltlichen Häuslichkeit liegen sie!

7] Du hast Not mit Meiner Sache bei den überaus weltlichen Weltanverwandten, da ihnen die Welt alles, Ich aber gänzlich der Niemand bin!

8] Allein mache dir daraus lediglich nichts! Denn fürs erste können sie dir kein Haar auf dem Haupt krümmen. Und fürs zweite habe Ich sie schon lange vorgemerkt und weiß, was Ich mit ihnen tun will. Denn wahrlich, sie werden Meiner sie stark versuchenden Falle nicht entrinnen! Es sagt aber ja schon ein altes Sprichwort unter euch: „Wer zuletzt lacht, lacht am besten." — Siehe, also wird es auch allda gehen.

9] Ich sage dir aber: Mache frei dein Gemüt! Laß die Esel plärren! Wende deine Ohren von ihnen ab und erheitere dich bloß nur an Mir! Tue denen womöglich Gutes, die dich mißachten, und segne die, welche dich heimlich, wie fluchend, verachten!

10] Da werden die glühenden Kohlen über ihren Häuptern nicht unterm Wege verbleiben, und du wirst eine große Linderung über dein Herz bekommen! — Uebergebe diesem großtörichten Weibe deine Töchter und opfere sie Mir zuvor auf, dann werde schon Ich ganz heimlicher Weise das Ruder wenden. Und geht es dann, wie es geht, dann denke, Ich vermag ja noch eine Hure durch einen Blick zu Mir zu kehren, also werde Ich auch da den Weg nicht verfehlen.

11] Uebrigens sei ein Herr deines Weibes! — Belasse ihr weltlich Tun und Treiben; ihre Zunge aber wende in Meiner Sache allzeit gebietend und männlich kräftig von dir weg! — Wenn sie nicht schweigt, so gehe ihr aus der Zunge und zeige ihr, daß du nicht im geringsten an ihrem Gelde hängest, wohl aber sie an deiner getreuen Verwaltung desselben.

12] Ist sie damit nicht zufrieden, dann lege ganz sorglos ihren ganzen Kram völlig in ihre Hände und Sperre, auf daß sie damit mache, was sie will! — Solches jedoch kannst du als *äußerstes* Mittel betrachten!

13] Wirft sie dir deine Geringschätzung gegen sie vor, dann frage sie — höchst ernstlich aber! — welches Achtungsgewicht sie von ihrer Seite aufzuweisen hat in all den dir zugefügten Kränkungen? — Dann aber höre sie ja nicht weiter an, sondern gehe ihr geschwind aus der Zunge!

14] Wenn sich ein Sturm erhebt am Meere und kommt ein vorüberziehender Gegensturm, da wird Ruhe auf dem Meere. Siehe, also verhält es sich auch mit den „*häuslichen Windsbräuten*". Freilich wohl muß ein solcher Gegensturm aus einem zornlosen Herzen kommen, sonst kann er mehr Schaden anrichten denn ein früherer Vorsturm!

15] Mein *Knecht* aber muß baldmöglichst aus dem Welthause deines Weibes mit Sack und Pack ziehen, so wird dadurch deinem Weibe der Mund über die Hälfte verstopft werden! — „Mit Sack und Pack" aber besagt, daß er in deines Weibes Hause gar nicht mehr aus und ein gehen soll. — Unterstütze ihn nach seinem kärglichen Bedarfe etwa mit zwanzig und fünf Gulden — ganz geheim aber, daß davon niemand außer dir, deinem Bruder und dem Knechte etwas erfährt, so wirst du bald Ruhe haben.

16] Mache dir aber aus allem nichts und sei völlig heiteren Mutes, esse und trinke nach deiner Lust und deinem Bedürfnisse, mache in Gesellschaft deines Bruders und etwa des Knechtes wöchentlich, nach deiner Zeit, Ausflüge über das mehr unschuldige Land; unterhaltet euch von Mir, und Ich werde mit euch sein und werde euch jeden Atemzug segnen zu eurer dreifachen Gesundheit!

17] Und also wirst auch du, Mein lieber A. H.-Willig, ruhiger Seele, heiteren Geistes und freien Herzens dich gar ehestens der besten *leiblichen Gesundheit* zu erfreuen haben! — Siehe, Ich sage dir, es ist das Ganze nichts als eine leere Spiegelfechterei *Meines Feindes*. Es wird aber der lose Spiegel gar bald durchstoßen sein, und dann wird es wohl auch mit solcher „Fechterei" ein Ende haben!

18] Wo lebt aber ein Mensch oder ein Volk auf der Erde, der oder das da Meinetwegen nicht ein wenig *durchgehetzt* worden wäre?! — *Wohl aber dem, der da ist aus Liebe zu Mir ein getreuer Kämpfer für Mein Reich, wahrlich, sein Lohn* wird auch unermeßlich groß sein! — Denn fürs erste wird er den Tod auf der Erde nimmer schmecken in seinem Geiste. Was aber dann erst in Meinem Vaterhause seiner harret, dafür hat die ganze Unendlichkeit zu wenig Ohr, um es gebührend vernehmen zu können!

19] Also sei heiter und fröhlich, denn auch dein Kreuz ist eine Gabe von Mir, deinem ewig guten und heiligen Vater!

20] Vertraue dich Mir in allem! Und gehe es da in deiner Familie, wie es gehe, so denke, der große Steuermann ist dem Ruder nicht ferne!

21] Nehme somit hin Meinen Segen für allezeit und ewig! Amen.

☆

Der Herr als „prüfende Braut"

Am 1. Januar 1843

„Suchet, so sollt ihr finden, bittet, so wird man euch geben, und klopfet an, so wird euch aufgetan!" — Oder: „Betet ohne Unterlaß" — d. h. habet eure Herzen beständig bei Mir, und das vollkommen, nicht aber stets zur Hälfte auch bei der Welt, so werdet ihr gar bald und leicht finden, was ihr suchet, ebenso leicht und bald empfangen, um was ihr bittet, und die Pforten des Lebens werden euch ohne weiteren Verzug aufgetan werden.

2] So aber jemand also beschaffen ist, daß er nur suchet in der „Mauer"[1], die da angestopft ist voll von heidnischen Schnitz- und Pinselwerken, und bittet vor Statuen und betet vor dem gebackenen Brote und klopfet an die Steine, wahrlich, der wird wenig finden, noch weniger empfangen, und die Steine werden sich nicht an sein Klopfen kehren!

3] So aber da jemand sagen möchte: „Herr, ich habe schon eine geraume Zeit gesucht, gebeten und geklopft, und es hat sich dennoch nichts Eigentliches finden lassen, noch habe ich etwas Bestimmtes erhalten, noch hat sich vor mir etwas aufgetan!" — dem sage Ich: Freund, was sprichst du?! — Höre und siehe, Ich will dir gute Bilder zeigen, und diese sollen Mich rechtfertigen bei dir, auf daß du dich nicht grämest über Meinen Verzug!

4] Siehe, es hatte ein Bräutigam eine reiche und überaus schöne Braut. Die Braut aber war überaus klug und sprach bei sich selbst: „Ich weiß, was ich tun will, damit es sich zeige, ob mein

[1] d. h. im Tempel von Stein; d. Hsg.

Bräutigam es völlig ernstlich mit mir meine. Ich werde verreisen und er soll nicht erfahren wohin. So ich aber verreise, da will ich es also anstellen, daß ich es nur tue zum Scheine und verbleibe in Wirklichkeit dennoch in der Nähe des Bräutigams, damit mir nichts entgehe und ich es genau merke, wie sein Herz beschaffen ist."

5] Da aber die Braut verreist, da sagt der Bräutigam bei sich: „Siehe, meine Braut ist verreist und hat mir die Treue meines Herzens heilig anempfohlen und hat mich auch versichert, sie werde in aller Kürze wiederkommen. Allein statt ihr Wort zu halten, schreibt sie nur einen Brief um den andern, ermahnt mich stets zur Treue und will selbst doch nicht kommen. Was soll das? Sie vertröstet mich immer und sagt: »Ich komme, ich komme morgen« — und siehe, sie kommt nicht! — Was kann sie wohl haben, darum sie also stets verzieht?"

6] Die nahe Braut aber, verkleidet als ein Diener beim Bräutigam, spricht zum Bräutigam: „Mein Herr, erlaube dem Diener ein Wort mit dir zu sprechen, denn ich weiß es genau, was deine Braut verziehen macht. Siehe, deine Braut, welche dir näher steht als du es ahnst, erfährt stets und stets, daß du auch mit einer Hure reizenden Fleisches eine Sache hast und teilest dein Herz zwischen der Braut und der Hure. Und solches ist der Grund, warum deine Braut verreist ist und nun also verzieht. Lasse ab von der Hure, und deine Braut wird nimmer verziehen!"

7] Sehet das Bild und betrachtet es genau in euch, und ihr werdet es überleicht erraten, daß hier ihr die Bräutigame und Ich die Braut bin. Die Hure aber ist die Welt!

8] Ich sage euch aber: Die Braut ist verkleidet unter euch und beobachtet alle eure Schritte und Tritte des Herzens und spricht nun auch zu euch allen: „Lasset völlig ab von der Hure, und die Braut wird nicht mehr verziehen für jene, die sich völlig zu ihr gekehret haben!"

9] Also suchet, bittet und klopfet, so wird euch die Braut werden! — Suchet, bittet und klopfet „aber im Geiste und in der Wahrheit, und nicht in der Mauer und im Schnitz- und Bilderwerke und im gebackenen Brote", sondern, wie gesagt, im Geiste und in der Wahrheit in eurem Herzen, so werdet ihr es finden, erhalten, und die Braut wird auftun die Türe zu ihrem Gemache!

10] Dieses sei euch allen beschieden in diesem neuen Jahre! Amen. Das sagt die Braut! Amen.

☆

Die törichte und die kluge Jungfrau

Am 15. Januar 1843, Sonntagnachmittags von 3 bis 5 Uhr.

Schreibe nur, schreibe! Das Bild ist recht, aber die Worte sind noch weltlich und die Anwendung ist schief und somit nicht in allem Gefüge und in jeder Steigerung vom Körperlichen ins Geistige probehältig. Wir wollen aber die Sache also geben, daß sie allen Sphären durchaus entspricht. Und so schreibe das Bild in ein rechtes Gleichnis!

2] Wer da auf Meinen Wegen wandelt, der kommt zum Lichte. Ja, wer auf Meinen Wegen einhergeht, der wandelt schon im Lichte und wandelt schon lebendige Stege. Und Ich bin das Ziel der Wanderschaft auf dem lichten Wege des Lebens.

3] Wer aber wandelt die Wege der Welt und ihrer Klugheit, der wandelt in der Nacht. Die Nacht aber ist der Tod, und der Tod ist das Ziel der Wanderschaft in der Nacht.

4] Wer mit Mir wandelt, der wandelt recht und wird sein Leben erhalten, und wenn er es auch verlöre tausend Male. Wer aber ohne Mich suchet sein Leben im Dickicht der Weltnacht zu erhalten, der wird es verlieren, und so er es auch besäße tausendfach!

5] „Es werden aber zu der Zeit zwei auf dem Felde sein. Der eine wird aufgenommen und der andere im Gerichte belassen werden. Und zwei werden in der Mühle mahlen. Der eine wird aufgenommen und der andere gerichtet werden.“ — Also kannst du ohne Mich nichts tun zur Erhaltung deines Lebens. Mit Mir aber bist du ein Allgewaltiger gegen den Tod.

6] Sehet dafür ein Gleichnis an! Wer Ohren hat, der höre, und ein offenes Auge wende er nicht von Meinem Munde ab!

7] Es geschah, daß da in einem Flecken zwei leiblich verwandte Jungfrauen lebten. Die eine war reich an Weltschätzen und die andere daran arm. Doch hatten sie Gemeinschaft untereinander und lebten unter einem Dache. Denn die Reiche war unklug, und es war ihr darum die Klugheit der Armen nötig.

8] Solange es friedlich ging im Lande, da ging es wohl an, und sie kamen wohl fort miteinander. Da aber das Land heimgesucht wurde mit Krieg, seines Weltreichtums wegen, da kam auch eine starke Probe über die zwei Jungfrauen.

9] Als sich das Kriegsheer dem Flecken nahte, da übermannte die Reiche eine große Angst, daß sie darob ganz verwirrt wurde. Als sie sich aber ein wenig der ersten Angstbetäubung entsann, da raffte sie sobald alle ihre Kostbarkeiten zusammen und vergaß der goldenen Leuchter und Lampen nicht; aber des Brotes und Oeles gedachte sie nicht. — Damit floh sie in eine Gebirgsschlucht und verkroch sich daselbst in eine finstere Höhle.

10] Die Arme aber dachte bei sich: Was soll ich also eilen?! Meine ganze Habe ist ja nur die meines Lebens. Um dieses zu erhalten, brauche ich aber nichts als Brot und, um mich in einer Höhle des nahen schützenden Gebirges zurechtzufinden, ein Licht. Diese nahm daher eine rechte Menge Brotes und nahm eine gute Lampe mit Oel gefüllt und vergaß nicht eines rechten Feuerzeuges.

11] Da die Arme aber wußte, wohin ihre Freundin floh, so ging sie ihr nach, um ihr auch da mit ihrer Klugheit zu dienen. Als sie aber zur Höhle kam und gar gute Spuren fand, welche ihr ein sicheres Zeichen waren, daß ihre Freundin sich hier verborgen hatte, da rief sie alsobald dieselbe und suchte sie allerorts mit der brennenden Lampe. Allein nichts war mehr von der reichen Freundin zu entdecken!

12] Da dachte sich die Arme wieder: Was will ich denn nun tun? Meine Freundin hat sich vor mir verkrochen. Ich habe Brot und Licht und vorrätiges Oel, also will ich hier verharren, bis zu der Zeit, da das Heer vorüber ist, und dann wieder in meine Wohnung ziehen, will da dann die Nachbarn rufen, und sie werden mir helfen, die Freundin aufzusuchen!

13] Nach etlichen Tagen zog das Kriegsheer ab, und die Arme tat, wie sie es bei sich beschlossen hatte. Und siehe, es kamen die Nachbarn mit Fackeln und durchsuchten die Höhle, fanden auch gar bald die Reiche, aber diese — war tot. Denn sie hatte verhungern und ersticken müssen in der Modernacht der Höhle ihres Bergwinkels.

14] Die Arme aber überkam sonach alle Schätze der Reichen, „wucherte" mit denselben[1] und ward bald die Reichste im Lande!

15] Wer also das Leben der Welt sucht, der wird es verlieren und wird umkommen unter der großen Bürde desselben. Wer es aber gering achtet und suchet vielmehr das Leben der Seele zu erhalten, durch das lebendige Brot und durch das gerechte Licht, der ist ein Kluger und geschickt zum Himmelreiche.

16] Suchet daher vor allem das Reich Gottes und seine Gerechtigkeit; alles andere wird euch dann von selbst hinzukommen! — Wer mag wohl zweien Herren dienen, die untereinander Feinde sind? — Dienet daher einem Herrn in der Liebe und Wahrheit!

[1] d. h. verwendete sie in gottwohlgefälliger Weise; d. Hsg.

17] Wer so auf dem Felde seine Arbeit tut für den rechten Herrn, den wird der Herr auch erkennen und wird ihn aufnehmen. Wer aber dieselbe Arbeit tut auf dem Felde der Liebe und in der Mühle der Wahrheit, jedoch aus Eigennutz, der wird vom Herrn auch sicher nicht aufgenommen werden.

18] Wandelt sonach im Lichte und tut, was des Herrn ist, nämlich Seinen Willen, so werdet ihr nicht ersticken und verhungern in der „Höhle der Selbstsucht". Und der Gewinn, der euch aus dem Tode der Welt wird, wird groß sein, und ihr werdet die Schätze mit keinem Maße bemessen können. Solches verstehet und beachtet es geistig und leiblich! Amen.

Wo bleibt Gott?

Am 16. Januar 1843

Nachstehendes sprach Jakob Lorber heute beim Abschiede von seiner Mutter zu ihr als ein ihm plötzlich in den Sinn gekommenes Gleichnis zu ihrem Troste, da dieselbe sich mancher bitterer Erfahrungen wegen beklagte.

Es war ein Mann, den die vielen traurigen Ereignisse auf dieser Welt glauben machten, Gott kümmere Sich nicht viel um die Menschen und sehe ganz ruhig zu, wie die Schwachen von den Mächtigen unterdrückt und die Armen von den Reichen übervorteilt würden.

2] Da sandte Gott zu diesem Manne, der ein tugendhaftes Leben führte, einen Engel. Dieser sprach zu ihm: „Du sollst die unbegreiflichen Wege Gottes kennenlernen, folge mir!"

3] Da führte der Engel den Mann in einen Palast zu einem sehr reichen Herrn. Diesem schenkte der Engel eine große Geldsumme und viele Edelsteine. — Während dieser Beschenkung meldete sich ein Dürftiger beim Reichen. Diesen Armen tötete der Engel. — Darauf führte dieser den Mann in ein Dorf zu einer fast morschen Hütte, wo eine zahlreiche, überaus arme Familie wohnte. Diese Hütte steckte der Engel in Brand, und die armen Bewohner retteten nichts als ihr Leben.

4] Als der Mann all dieses sah, sprach er zum Engel: „Du bist kein Bote Gottes, sondern ein Bote des Teufels! Du häufst Ungerechtigkeit über Ungerechtigkeit!"

5] Der Engel sprach: „Höre, und du sollst bald anders urteilen! — Siehe, der Reiche, den ich beschenkte, war stolz und geizig. Als ich aber seinen Reichtum so bedeutend erhöhte, fing er an zu prassen und verschwendete alles, daß er endlich ein Bettler wurde und anfing, sich zu demütigen. — Der Bettler, den ich tötete, war auf gutem Wege, er hätte aber noch am selben Tage eine große Erbschaft gemacht, dadurch wäre er hochmütig geworden, hätte ausschweifend gelebt und wäre von Gott gänzlich abgefallen. — Die arme Familie, deren Hütte ich in Brand steckte, wurde zuvor im Dorfe fast gar nicht berücksichtigt. Das Brandunglück aber erregte nahe und ferne großes Mitleid, und die arme Familie wurde von allen Seiten reichlich beschenkt."

☆

Die besten Trostworte der Schrift

Am 2. Februar 1843

O Herr, Du allerbester, gnädigster, liebevollster Vater! Welche Stellen in der Heiligen Schrift bieten einem reuigen Sünder vor Dir den sichersten und größten Trost? O solches möchte ich, als ein großer Sünder vor Dir, wohl erfahren, auf daß ich stets mehr und mehr in der Liebe zu Dir, o heiliger Vater, zunehmen möchte, darum ich stets mehr und mehr erschauete Deine große Güte, Liebe, Gnade und Erbarmung! Wenn es Dein heiliger Wille wäre, da möchtest Du mir armem Sünder ja solches wohl anzeigen!

Dir ist auch am Troste mehr gelegen als an einer Demütigung! Aber es ist die Erde schon also bestellet, daß auf ihrem Boden gar wenig reine Engel fortkommen. Und so bleibt mir freilich nichts andres übrig, als zu trösten da, wo Ich Selbst Mich gedemütigt habe.

2] Siehe, die Schwachen stärke Ich mit sicherem Troste. Die Stärkeren aber demütige Ich, damit sie schwach werden — für Meinen lebendig stärkenden Trost. Denn der Trost ist ja schon eine Gnade des ewigen Lebens aus Mir!

3] Auf daß du und jeder aber die allertröstendsten Stellen aus der Heiligen Schrift wissest, so will Ich sie dir denn kundgeben. Und so höre denn:

4] Im Propheten Jesaia, Kapitel 54, vom 1.—17. Vers, ganz besonders vom 6.—10. Vers, steht namentlich für dich und vom 6.—10. Vers auch für jeden [andern] Sünder der größte Trost.

5] Im Neuen Testamente aber beachte die Stelle, allda Ich gesagt habe: „Kommet alle zu Mir, die ihr mühselig und beladen seid! Ich will euch alle erquicken." — Ich meine, einen größeren Trost kann es für einen reuigen Sünder doch wohl nicht mehr geben. Beachte also diesen und du wirst des Trostes für alle Ewigkeiten in der hinreichendsten Menge haben!

6] Glaube, daß es also ist! Ich bin ein guter Hirte, suche das verlorene Schaf und bereite dem verlorenen Sohne ein großes Gastmahl, daß sich darüber die „Gerechten" ärgern — wenn er nur wieder zu Mir kommt. Und möge er noch so zerlumpt und zerrissen sein, das soll bei Mir keines Unterschiedes sein — wenn er, wie gesagt, nur wieder zurückkehrt!

7] Solches also verstehe, und du mußt ja dadurch einen ewigen Trost haben. Denn bei Mir ist es wahrlich, wahrlich ewig also und wird es ewig bleiben. Amen.

☆

Das Vaterunser

in mehrfacher Ausdeutung

Am 13. Februar 1843, vormittags

Das ist ein guter Gedanke, denn er ist von oben! Also will Ich denn auch ein rechtes Licht hinzufügen. Wenn aber der A. H.-W. Mir mehr zutrauete, so hätte er auch das rechte Licht samt dem Gedanken empfangen.

2] Also magst du ja schreiben und aus Mir geben, was zu nehmen aus Mir der A. H.-W. noch nicht den rechten Traumut besitzt. Und so schreibe denn:

1. Das Vaterunser bezogen auf „Liebe"

3] „Unser Vater." — Da der Vater in Sich Selbst die alleinige, ewig unendliche Liebe ist, welche das Grundleben in sich und somit auch das Leben aller Geschöpfe und vorzugsweise der Menschen ist, so wird „unser Vater" wohl ja auch so viel besagen als: unsere Liebe, oder: unser Leben!

4] „Der Du bist im Himmel!" — Da aber der „Himmel" an und für sich nichts anderes ist als das Leben des Vaters in Sich Selbst, welches ist die werktätige Liebe oder das lebendige Wort Gottes im Menschen, so wird „der Du bist im Himmel" so viel heißen als: der Du, Ewige Liebe, wohnest in Deiner Liebe, aus der alles hervorgegangen ist!

5] „Geheiliget werde Dein Name!" — Was solches besagt, das ist wohl überleicht zu erklären! — Welchen Namen hat denn die Ewige Liebe? — Den alleinigen, ewigen, der da heißet „Vater“. Wenn aber die Liebe und der Vater eins sind und „heiligen“ nichts anderes besagt als: mit der eigenen Liebe werktätig lieben den Vater, so wird „geheiliget werde Dein Name“ nichts anderes heißen als: geliebet werde Du, Vater, als die Ewige Liebe von uns Menschen, Deinen Kindern, werktätig, d. h. lebendig, allzeit und ewig ohne Unterlaß!

6] „Dein Reich komme!“ — Was ist das Reich Gottes? — Es ist das, was da ist der „Himmel“! Da aber der „Himmel“ besagt das Wesenhafte der Liebe, weil das Werktätige, somit auch das eigentlich Lebendige der Liebe, welches sich in der Tätigkeit ausspricht, so wird ja „Dein Reich komme“ ebensoviel besagen als: Vater, oder: Du Ewige Liebe, komme zu uns, oder: werde unsere alleinige Tatkraft oder all unser Leben!

7] „Dein Wille geschehe wie im Himmel so auch auf Erden!“ — Was diese fünfte Bitte betrifft, so ist sie ganz eigentlich nur eine Bekräftigung der vierten. Denn was ist der Wille der Liebe? — Er ist eigentlich die werktätige Liebe selbst. „Im Himmel“ heißt denn so viel als: in sich selbst wesenhaft, oder: in der eigenen, sich selbst gleichen Werktätigkeits-Sphäre. Demnach wird diese Bitte ja für den Geist auch also lauten können: Vater! oder: Liebe! Deine werktätige Liebe werde in unserem Leben (welches verstanden wird unter der „Erde“) oder in unserer Liebe ebenso wesenhaft werktätig, wie Du in Dir Selbst wesenhaft werktätig bist! Denn „in Dir Selbst“ besagt ebensoviel als: „im Himmel“ oder: in Deiner werktätigen Liebe, oder: in Deinem Leben, oder: in Dir als Vater — was alles schon aus dem Obigen zu ersehen ist.

8] „Unser tägliches Brot gib uns heute!“ — Diese Bitte ist wieder nichts anderes als nur noch eine größere Bekräftigung der vorhergehenden. Denn unter „Brot“ wird verstanden das Zueigenmachen der werktätigen Liebe. Unter „täglich“ das völlige Zueigenmachen. — Sonach kann diese Bitte ja auch heißen: Gib uns, die wir aus Deiner Liebe sind, Deine werktätige Liebe völlig zu eigen, oder: mache unsere Liebe völlig zu der Deinigen, werde völlig unser Vater und mache uns völlig zu Deinen Kindern, oder: laß uns völlig eins sein mit Dir, d. h. sättige uns mit Dir Selbst und laß uns Deine Sättigung sein!

9] „Und vergib uns unsere Schulden!“ — Diese Bitte drückt nichts anderes aus als wieder ein lebendigeres Verlangen nach dem

Obigen. Denn sie besagt, daß der Vater die eigene [Selbst-]Liebe des Menschen ganz hinwegräumen solle, die da vorderhand das sonderheitlich jedem Menschen zu eigen gegebene Leben ist — und solle dafür ganz Seine Liebe im Menschen werktätig werden lassen. — Also könnte der Geist auch sagen: Vater, nimm mir die Welt und schaffe in mir den Himmel!

10] „Wie auch wir vergeben unsern Schuldigern." — Dieser Satz bezeigt das werktätige Maß, in welchem die obige Bitte im Menschen erfüllt werden soll — und könnte geistig also heißen: Vater! Laß nur in dem Maße Deine werktätige Liebe uns zu eigen werden, in welchem Maße wir durch Deine Liebe in uns die Welt oder den Tod aus uns hinausschaffen! — oder: Vater! Wiedergebäre uns nach Deiner Liebe, wie diese Deine Liebe in uns mächtiger wird und wir mit ihr uns selbst geräumiger machen zur völligen Aufnahme Deines Reiches, des Himmels oder Deiner werktätigen Liebe oder Deines Lebens!

11] „Und führe uns nicht in Versuchung!" — Auch diese Bitte ist an und für sich wieder nichts anderes als eine noch kräftigere Versicherung des Früheren. Denn das „Führe uns nicht in Versuchung" besagt nichts anderes als: Belasse uns ja nicht in unserer Eigen- oder Weltliebe, oder: laß uns nicht tätig sein ohne Deine werktätige Liebe in uns, oder: ohne den Himmel in uns! Also — halte unsere Liebe nicht außerhalb der alleinigen Deinigen!

12] „Sondern erlöse uns von allem Uebel! Amen." — Und in der letzten Bitte ist nichts anderes als allein der Wunsch, der Wille oder das lebendige Verlangen völlig bejahend über alles das ausgesprochen, um was es sich in der früheren Bitte wie in allen vorhergehenden gehandelt hat, und besagt so viel als: Vater! Mache uns bestimmt völlig frei von uns selbst und werde Du in uns völlig alles in allem, oder: Du alleinige, ewige, werktätige Liebe, mache alle unsere [Eigen-]Liebe zunichte und werde Du allein unsere Liebe, oder: laß uns völlig eins sein mit Dir!

13] Das also ist der wahrhaftige himmlische Sinn des Gebetes des Herrn! — Solches möge wohl beachtet werden! Denn es ist eine gar köstliche Gabe der Liebe aus dem obersten Himmel! — Wohlverstanden?! Amen.

14] Dieser lichtvollen Erklärung des Vaterunsers in Bezug auf „Liebe" folge nun:

2. Das Vaterunser, bezogen auf „Licht"

Am 14. Februar 1843, vormittags

15] Sage hier dem Ans. H.-W., dieser Gedanke ist nicht mehr so gut und so rein wie der erste. Denn es ist schon die Ordnungszahl vergriffen, da unter 2. nicht das „Licht", sondern das „Leben" zu stehen kommt. — So aber jemand dieses Gebet hat aus dem obersten Himmel, nämlich aus der alleinigen Liebe, so hat er es ja ohnehin schon im allerhöchst vollkommenen Maße. Wie mag er es denn dann auch noch in einem unvollkommeneren haben wollen!?

16] Da es aber schon heißt: „Um was immer ihr den Vater in Meinem Namen bitten werdet, das wird Er euch geben" — so muß Ich euch gleichwohl ja auch geben, um was ihr bittet.

17] Und so schreibe denn dies Gebet im Lichte aus dem Lichte, aber schreibe es ohne weitere „Beleuchtung"; denn das Licht bedarf keiner „Beleuchtung":

18] „Unser Licht alles Lichtes! Der Du wohnest in Deinem Lichte, als ein alleiniges Licht alles Lichtes, Dein ewiger Strahlenglanz werde von unserer Nacht und von unserem Tage, von unserer Feste zwischen den Gewässern als der alleinig wahre anerkannt!

19] O Du alleiniges Licht alles Lichtes, erleuchte unser an sich finsteres Erdsein!

20] Deines Strahles Macht wirke auf der Erde, in unserer Feste und in all unsern Gewässern also mächtig und ungeschwächt, wie Du in Dir Selbst ewig wirkest in der endlos vollsten Lichtesstärke!

21] Sättige, o ewiges Licht alles Lichtes, unser Erdreich, unsere Feste und all unser Gewässer mit Deinem allmächtigen Strahlenausflusse, auf daß dasselbe belebt werde mit samenreichem Grase, mit Kraut und Bäumen und das Gewässer mit aller Art Fischen und anderem edlem Getier und die Luft mit allerlei Gevögel!

22] O Licht alles Lichtes, mache zunichte alle Finsternisse und laß auf unserer Feste und über das trockene Land aufgehen Sonne, Mond und Sterne, auf daß wir gewahren die Zeichen des Tages und der Nacht und der Zeiten und der Jahre!

23] Mache also zunichte unserer Erde Nacht und große Finsternis, wie wir diese auf unserer Feste und über unsern Gewässern erkennen mit Hilfe des Lichtes, das Du schon am Anfange gesetzt hast auf unsere Feste, da Du sagtest: »Es werde Licht!«

24] O führe uns recht in der Nacht unserer Erde! Laß Deinen Strahl nicht schwächer werden über der Feste des Himmels in unserer

Sonnenmitte und laß nicht fruchtlos werden unser Erdreich und nicht ohne Samen das Gras und das Kraut und die Bäume! Und trübe unser Gewässer nicht, auf daß nicht alle die Fische und all das edle Getier umkomme und die Luft nicht verderbe und töte all das Gevögel und erstícke all das Getier unserer Erde,

25] sondern, Licht alles Lichtes, mache uns Dir verwandt, auf daß wir leuchten möchten als Dein Licht und seien mit Dir ein Strahlenglanz und werden nicht wieder zu einer Nacht und Finsternis ohne Dich! Amen."

26] Siehe, also lautet das Gebet im „Lichte"! — Wer es aber in der Liebe hat, der hat es im Grunde des Grundes, welcher in sich ewig derselbe bleibt, unverrückt, während das Licht ewig und endlos weite Wege tut, welche niemand je wird völlig zu überwandern imstande sein.

27] Daher haltet euch nur an die Liebe, dann habt ihr alles wie auf einem Punkte beisammen! — Verstehet solches wohl! Amen.

3. Das Vaterunser, bezogen auf „Leben".

Am 15. Februar 1843

28] „Unser Leben alles Lebens, das da lebet ewig in Seinem Leben! Werde von uns Menschen gelebet in der Befolgung Deines Wortes und in aller Demut und Liebe zu Dir!

29] Dein Leben komme zu uns und in uns!

30] Dein Leben sei unser Leben, wie in Dir selbst, also auch in uns, auf daß wir möchten vollkommen sein, wie Du, Leben alles Lebens, in Deinem Leben volltommen bist!

31] Dein Leben gib uns und sättige uns mit der Fülle Deines Lebens für und für!

32] Nimm uns aber zuvor unser Probeleben[1]; also zwar, wie wir desselben ledig zu werden die große Sehnsucht in uns tragen, da es voll ist von aller Selbstsucht und somit voll des Todes.

33] Belaß uns ja nicht fürder in diesem unserem Probeleben, auf daß es uns nicht bringe den Tod,

34] sondern nimm, o Leben alles Lebens, dieses Probeleben von uns und erfülle uns mit Deinem Leben! Amen."

35] Solches alles ist zu ersehen aus den Texten: „Seid vollkommen, wie der Vater im Himmel vollkommen ist!"[2] und: „Wer sein Leben liebt, wird es verlieren, wer aber dasselbe flieht, der wird es erhalten".[3]

---

[1] d. h. hier: unser selbstisches Eigenleben; d. Hsg. — [2] Matth. 5, 48; [3] Joh. 12, 25.

36] Also ist demnach dieses Gebet ein wahres Gebet des Lebens und werde als solches im Leben wohlbeachtet! Amen.

4. Das Vaterunser, bezogen auf „Kraft“

Am 17. Februar 1843, vormittags

37] Der Ausdruck „Kraft“ ist zu wenig besagend. Denn eine Kraft ist in allem vorhanden nach seiner Art. Das aus der Liebe und dem Leben hervorgehende aber ist nicht nur eine lebendige Kraft, sondern es ist eine produktive oder werkliche Tatkraft, welche ist der Zweck der Liebe und des Lebens aus ihr. Und so kann das Gebet nicht in der lediglichen Kraft, wohl aber in der werktätigen „Tatkraft“ gebetet werden und mag denn also lauten:

38] „O Du ewige Tatkraft der Liebe und alles Lebens, welche ist auch all unser Leben und all unsere Tatkraft, die Du wahrhaft und ewig tätig bist in und aus Deiner unendlichen Wirkungssphäre! Sei auch völlig allewig unsere Tatkraft nach unserer Liebe zu Dir und unserem Leben aus Dir und in Dir!

39] O belebe uns nach Deiner Fülle! Laß uns tatkräftig sein aus Dir in uns, wie Du in Dir es allezeit und ewig bist!

40] Erfülle uns und stärke unsere Schwachheit! Mache zunichte unsere Schwäche also, wie wir selbst unsere eigene Nichtigkeit und völlige Kraftlosigkeit in uns demütig erschauen!

41] O belaß uns ja nicht in unserer Schwachheit, in der wir wie Tote handeln, sondern erfülle uns alle mit Deiner allein wahrhaft lebendigen Tatkraft, damit wir dadurch tätig sein möchten, Dir wohlgefällig allzeit und ewig! Amen.“

42] Solches kann entnommen werden aus den Texten: „Ohne Mich könnet ihr nichts tun“.[1] — „Ich bin der Weinstock, ihr seid die Reben“.[1] — „Es ist nirgends eine Macht denn allein in Gott“, und „du hättest keine Macht über Mich, so sie dir nicht von oben zugelassen wäre“[2] und dergleichen Stellen mehr.

43] Daraus kann aber ja gar wohl ersehen werden, um was es sich in Meinem Gebete ganz besonders handelt. — Solches also verstehet ebenfalls sehr wohl, und das eben auch völlig tatkräftig! Sonst wird euch das heilige Gebet wenig Früchte und somit wenig des „täglichen Brotes“ bringen! — Also beachtet solches wohl allzeit lebendigst! Amen.

---

[1] Joh. 15,5; [2] Joh. 19,11.

5. Das Vaterunser, bezogen auf „Ordnung"

Am 18. Februar 1843, vormittags

44] Sage dem A. H.-W.: Diese „Ordnung" kommt hier sehr unordentlich zu stehen. Denn die Ordnung ist ja das Endresultat der Liebe, des Lebens und deren Folgen! — Ich will ihm aber das Gebet [dennoch auch in dieser Deutung] geben. Er aber möge es ordnen in sich! Und so schreibe denn:

45] „O Du ewige Ordnung, die Du bist in Dir ewig, ewig! Geordnet werde in uns unser Leben, welches Du uns gabst aus Dir, damit wir Dir, o ewige Ordnung, selbst geordnet, völlig nachahmlich getreu zu leben vermöchten!

46] Fließe daher als ein mächtiges Licht in uns ein! Sei uns hier der alleinige Lebensweg, wie Du es bist in Dir Selbst ewig!

47] Werde, o Du ewige Ordnung, als unser Leben völlig tatkräftig in uns! Werde das alleinige Brot zur Sättigung unseres Geistes!

48] Ersticke unsere große Unordnung in uns also, wie wir nach Deiner Erbarmung in uns diese Unordnung erkennen!

49] Laß uns ja nicht ins Dickicht gelangen und da in der Nacht den rechten Ausweg suchen! Laß nicht finster werden die Sonne, nehme dem Monde nicht den Schein und laß nicht vom Himmel fallen die Sterne, auf daß wir nimmer möchten den rechten Weg aus dem Dickicht finden,

50] sondern Du, ewige Ordnung, führe als eine hellste Sonne des Mittags und des Morgens uns aus dem Dickicht unserer eigenen Unordnung, welche ist das große »Uebel«, in Deine heilige Ordnung! Amen."

51] Solches kann entnommen werden aus dem Texte: „Wer Mein Wort hört und tut darnach, der ist es, der Mich liebt, zu dem werde Ich kommen und Mich ihm Selbst offenbaren. — Und es werden dann seinen Lenden Ströme des lebendigen Wassers entfluten".[1]

52] Solches also besagt dies Gebet in der Ordnung, in welcher da ist die *Vollendung* des Menschen oder die völlige *Wiedergeburt des Geistes*. Und solches sei also wiederum gar besonders wohl beachtet! Amen.

---

[1] Joh. 14,21; Joh. 7,38.

6. Das Vaterunser, bezogen auf „Freiheit“

Am 20. Februar 1843, vormittags

53] Was die „Freiheit“ an und für sich betrifft, so ist sie ein guter Begriff. Nur ist dieser Begriff gleichbedeutend mit der Zusammenfassung des wahren Liebelebens im Vollbesitze der reinen und tiefen Weisheit, welche alles Leben erst wahrhaft frei macht, wie da der Sohn oder das Wort oder die Wahrheit wahrhaft frei macht den Menschen, der sie lebendig, das ist tätig, in sich aufgenommen hat. — Darnach ist Freiheit, Weisheit, Licht, Wahrheit, der „Sohn“ oder das ewige göttliche „Wort“ ganz eins und dasselbe.

54] Wer demnach im [lebendigen] Worte betet, der betet auch in der wahren lebendigen Freiheit. Und es ist demnach eine weitere Abfassung dieses Gebetes völlig unnötig, indem es gerade also, wie im Buche, ebenfalls im lebendigen Worte steht.

55] Damit es aber der A. H.-W. habe zu seiner Einsicht, so will Ich es ihm geben auch in dem Begriffe! Und so schreibe es denn:

56] „Unsere Freiheit, die Du wohnest in Deiner ewigen Freiheit! Werde von uns Menschen als solche in aller unserer Demut erkannt!

57] Komme ewig und lebendig leuchtend zu uns und in uns! Mache uns völlig frei, also wie Du es bist ewig in Dir Selbst!

58] Sei uns das lebendige tägliche Brot als eine wahre Sättigung des Geistes zum ewigen vollkommenen Leben in Dir!

59] Befreie uns von unserer Knechtschaft, welche da ist unsere Sünde, also wie wir selbst lebendig streben nach Deinem Worte und wie wir als Brüder uns gegenseitig frei machen durch Deine Gnade!

60] Laß uns nimmer in die Gefangenschaft der Lüge, der Nacht und alles Truges geraten, sondern befreie uns alle durch Dein lebendiges, heiliges Wort von allem Uebel! Amen.“

61] Solches kann entnommen werden der ganzen Fülle des Wortes Gottes nach sonderheitlich aus dem Texte: „Die Wahrheit wird euch wahrhaft frei machen“.[1] — Denn solches besagt dieses Gebet in der wahren „Freiheit“.

7. Das Vaterunser, bezogen auf „Wahrheit“.

Am 21. Februar 1843

62] Da die „Wahrheit“ in sich die allereigentlichste Freiheit ist und daher auch alles völlig frei macht, so ist dieses Gebet in der „Wahrheit“ auch ganz vollkommen das, was es ist in der „Freiheit“. Denn wer da betet in der vollen Wahrheit, der betet auch in

[1] Joh. 8, 32.

der vollen Freiheit. Und wer betet in der wahren Freiheit des Geistes, der betet auch in der vollsten Wahrheit und kann demnach sagen:

63] „Unsere ewige Wahrheit, die Du ewig frei wohnest in Dir Selbst! Werde von uns Menschen der Erde als solche in aller Liebe und Demut erkannt!

64] Komm ewig leuchtend zu uns und in uns! Mache uns wahrhaftig frei, also wie Du es bist in Dir Selbst!

65] Sei uns allen als das lebendige tägliche Brot zu einer wahren Sättigung des Geistes zum ewigen, vollkommen freien Leben in Dir Selbst!

66] Befreie uns von unserer Knechtschaft, welche da ist die Nacht und der Tod unserer Sünde, also wie wir lebendig streben nach Deinem Worte und wie wir als Brüder uns gegenseitig frei machen durch Deine Gnade in uns!

67] O laß uns nimmer in die grobe Gefangenschaft der Nacht, der Lüge und alles Truges gelangen, sondern mache uns alle wahrhaft frei durch Dein lebendiges, heiliges Wort allzeit und ewig! Amen."

68] Wer dies Gebet also betet, der betet es im Geiste und in der Wahrheit, d. h. wenn er es zugleich aus und in der lebendigen Liebe betet — sonst aber ist es nur eine leere Lippenwetzerei, die vor Mir nicht den geringsten Wert hat. — Solches alles auch wohl verstanden! Amen.

☆

An eine schwachgläubige Martha

Am 16. Februar 1843, vormittags

Also magst du ja solches der kleinsündigen „Martha" am Tage ihres Leibestaufnamens geben!

2] „Wer Mich sieht, der sieht den, der Mich gesandt hat." Wahrlich, wahrlich, so du aber einen aufnimmst, den Ich sende, dann nimmst du Mich auf. Wer aber Mich aufnimmt, der nimmt den auf, der Mich gesandt hat; denn Ich und der Vater sind vollkommen eins.

3] „Glaube an das Licht, dieweil du es hast, auf daß du ein Kind des Lichtes wirst!" — Wer da Meine Liebe hat und prediget allezeit dieselbe und liebet auch alle seine Brüder und Schwestern, der ist wohl erkennbar als ein gültiger Jünger aus Mir. Denn es heißt ja in der Schrift: „Daran wird euch jedermann erkennen, daß ihr Meine Jünger seid, wenn ihr Liebe untereinander habet."

4] Wenn du, kleine „Martha", aber einen rechten Jünger[1] hast, der da, zufolge Meines Wortes, an der Liebe recht erkennbar ist, wie magst du denn oft in deinem Herzen zweifeln über ihn und seinen Worten nicht glauben? — Ich sage dir aber: So du mehr der Geistlichkeit trauest als einem Jünger von Mir, da bleibe bei deinem Glauben, und Ich werde dich darum ewig nicht richten. Aber also in der Zwieschwebe ist nicht gut sein. Denn zweien Herren läßt sich's schwer dienen.

5] Du bist emsig in der Hauswirtschaft und gehest gerne ins Bethaus. Aber siehe, Ich bin mehr als die Hauswirtschaft und das Bethaus! — Du hängst mehr am Fleische als am Geiste und bist eine „Martha". Aber das Leben wohnet nur im Geiste, nicht im Fleische!

6] Trachte also nach dem, was des Geistes ist, so wirst du das wahre, ewige Leben finden. Und willst du Mich lieben, so liebe Mich mit dem geistigen, aber nicht mit dem fleischlichen Herzen!

7] Du mußt keine Kokette sein und keine Doppelliebe haben, sondern du mußt festen Herzens Mich ganz lieben — aber nicht zur Hälfte hier und zur Hälfte dort.

8] So du aber fragst, wo Ich sei, so sage Ich dir: Wo die wahre Liebe ist, da bin auch Ich und Mein Reich mit Mir! — Aber in der „Mauer"[2] bin Ich so wenig wie im alten Tempel zu Jerusalem, da der Vorhang zerrissen ward.

9] Solches also verstehe wohl und lebe darnach, so wirst du erst völlig erkennen, woher diese Worte sind, ob von Meinem Knechte oder von Mir.

10] Sei fromm im Herzen und gedenke allezeit Meiner! Das ist es, was Ich von dir verlange an diesem Tage wie fortan! Amen.

☆

---

[1] in dem geistigen Lehrer Jakob Lorber; d. Hsg. — [2] d. h. im Tempel aus Stein; d. Hsg.

Wende dich zu Mir!

Am 21. Februar 1843

So gebe denn solches nach deinem Wunsche dem Töchterchen des Ans. H.-W., deren Name da auf der Welt ist Wilhelmina! Denn um was immer du oder jemand anders in Meinem Namen bittet, das will Ich dir und jedem ja auch allezeit gerne geben. Aber um Dinge der Welt komme mir ja nicht, denn diese sind der Tod. Ich aber, als das ewige Leben, bin am allerwenigsten geeignet und als Vater aufgelegt, Meinen Kindern den Tod zu geben! Und so schreibe denn von Mir ein zartes Handbillettchen an deine Klientin, und dieses laute also:

2] Höre, Mein Töchterchen! Es kann niemand zu Mir kommen, es sei denn, daß ihn ziehe der Vater, von dem Ich ausgehe. Wer aber vom Vater gezogen wird, den werde Ich auferwecken am „jüngsten Tage", d. h. in der jüngsten Zeit oder bald ehestens.

3] Diese „Auferweckung" wird für ihn sein die Wiedergeburt des Geistes. Und dieser „jüngste Tag" wird für ihn bleiben ein ewiger, lebendiger Geburtstag.

4] Solches alles steht schon in den Propheten Jesaias (54,13) und Jeremia (31,3), also lautend: „Und sie werden alle von Gott gelehrt sein!" — Wer es nun höret und lernet vom Vater, der kommt zu Mir — d. h.: Wer sich selbst verleugnet, nicht seine Augen der Welt zuwendet und sein Herz an eitle Dinge hänget, sondern die wahre Liebe zum Vater in sich lebendigst erwecket, den ziehet der Vater und lehret im verborgenen seinen Geist. Wer aber dann in solcher Liebe und Lehre getreu verbleibet, zu dem werde Ich als das lebendige Wort Selbst gar ehestens kommen und werde ihn völlig erwecken.

5] Siehe, Mein Töchterchen, der Vater ist schon gar lange mit dir beschäftigt und ziehet und lehret dich fortwährend; aber du magst noch nicht eine völlige Treue zu Ihm fassen in deinem Herzen und spielest noch zwischen Ihm und der Welt.

6] Ich sage dir aber, als eben dieser Vater: „Lasse die Welt und wende dich allein völlig zu Mir! Und liebe Mich, da Ich dich doch gar so zärtlichst liebe. Und dein jüngster Geburtstag deines Geistes wird bald leichtlich zu deinem ewig lebendig-neuen Geburtstage werden!"

7] Solches gebe Ich, dein lieber Vater, dir, Mein Töchterchen, als ein lebendiges Erinnerungszeichen Meiner großen Liebe zu dir an deinem Leibesgeburtstage. Beachte es und werde Mir Mein liebes Töchterchen, wie Ich dir allzeit und ewig bin ein liebevollster Vater! — Das ist Mein Liebewille an dich ewig. Amen.

☆

Des Herrn „Daheim"

Am 22. Februar 1843, vormittags

Zu Markus 9. Kapitel, 27. bis 29. Vers.

Sage zuvor Meiner Tochter, bevor Ich dir den Sinn dieser Texte kundtun werde, daß Mir solche Gedanken von ihr und solche Wünsche ihres Herzens ums unvergleichbare besser gefallen als alle sonstigen, welche mehr Weltliches im Schilde führen. Wenn sie so fortfährt, da könnte sie wohl gar ehestens ein Zärtling Meiner Liebe werden! — Solche Versicherung sei ihr ein sicheres Zeichen Meines Wohlgefallens über ihr Begehren und zugleich ein Zeichen, daß Ich Mich näher zu ihr gemacht habe! — Und nun folge die Bedeutung der Texte!

2] Dahin der Finger der Zeigerin fiel, wurden drei Texte berührt, nämlich der 27., 28. und 29. Vers des Markus-Evangeliums.[1] Daher wollen nun auch wir diese drei Texte berühren und in der bewußten Absicht ihren Sinn dartun. Und so höre denn!

3] „Und da Er heimkam, fragten Ihn Seine Jünger: »Warum konnten denn wir ihn nicht austreiben?« — Und Er sprach: »Diese Art kann mit nichts ausfahren denn durch Beten und Fasten.« — Und sie gingen von dannen hinweg und wandelten durch Galiäa. Und Er wollte nicht, daß es jemand wissen sollte."

4] „Da Er heimkam". — Wo ist Er denn daheim? — Allenthalben, wo Seine Jünger sind! Denn wozu man Liebe hat und wo man zugleich Liebe findet, da ist man daheim. — Also bin Ich auch bei euch daheim — da Ich euch liebe und ihr Mich liebet! — Und wenn ihr dahin ziehen werdet, wo mehr der reineren Liebe zu Hause ist denn hier und Ich im allgemeinen also auch „mehr daheim" bin denn hier[2] — da werdet auch ihr desto mehr daheim sein denn hier!

---

[1] Nach Luthers Uebersetzung der 28., 29. u. 30. Vers. — [2] Gemeint ist wohl die himmlische Welt oder auch allgemein ein Zustand höherer Geistesvollendung der Seelen; d. Hsg.

5] „Und die Jünger fragten Ihn". — Auch ihr werdet Mich da leichter und sorgloser fragen können als hier. Denn wo man „mehr daheim" ist, da kann man sich auch ungehinderter besprechen. Und ihr werdet gleich den Jüngern fragen: „Warum konnten wir ihn[1] nicht austreiben?" — oder: „Warum verstanden wir Dich früheren Orts nicht also wie hier, und warum warst du dort nicht so freimütig und kräftig wie hier?"

6] Und Ich sage euch und werde euch sagen: Fürs erste bin Ich hier mehr daheim als früheren Orts. Und fürs zweite hättet ihr für solche Gaben früheren Orts viel beten und fasten müssen, auf daß euch der Feind nicht in die Karte geschaut hätte. Denn wo Ich weniger daheim bin, da ist es der Feind desto mehr! Wo Ich aber mehr daheim bin, da ist es der Feind desto weniger, und es braucht da nicht so viel des Betens und des Fastens oder nicht so viel stetigen Wachens, um die höheren Gaben vor dem Geifer der Schlangenbrut zu verwahren.

7] Von da wird es dann auch leicht sein, „durch Galiläa zu wandeln", und es wird „niemand etwas davon erfahren". Denn wahrlich, es ist nicht Mein Wille, daß jemand unberufenermaßen vor der Zeit etwas davon erfahre! — „Galiläa" aber bezeichnet die Freiheit. Und „durch Galiläa wandeln" heißt: einen freien Fuß haben.

8] Ich meine aber, daß es kaum nötig sein wird, euch die Sache noch deutscher zu sagen; denn ihr könnet es ja gleich Meiner lieben Textzeigerin nun mit den Händen greifen, wo es mit der Sache hinaus will!

9] Daher beachtet solches wohl! Denn wie Ich die Hand Meiner Tochter auf den rechten Fleck im Buche hingeführt habe, also werde Ich auch euch, dieser Anzeige zufolge, auf den rechten Fleck führen, wo Ich „mehr daheim" bin denn hier. — Verstehet solches wohl! Denn Ich, euer Vater, gebe euch ja solches kund in dieser Stund. Amen.

☆

[1] den Geist der Finsternis; d. Hsg.

Vulgata oder Lutherbibel?

Am 23. Februar 1843, vormittags

Bitte: „O Herr, möchtest Du mir armem Sünder denn nicht kundtun, ob die Luthersche Bibel richtiger ist als die Vulgata? — Denn siehe, wie ich entdeckt habe, so gehen die Zahlen der Verse und noch so manches andere nicht zusammen. Darum möchte ich ganz bestimmt wissen, welches Buch da wohl das richtigere ist? — O du liebevollster Vater, gebe mir doch solches kund, so es Dein heiliger Wille ist!"

Also schreibe denn! Ich sage dir und euch allen: Weder die Vulgata[1] noch die Lutherische Uebersetzung ist [vollkommen] richtig und ist die eine wie die andere voll Fehlern. Ja, Ich möchte dir sagen: Die „Zerstörung Jerusalems" ist in der einen wie in der andern anzutreffen. Selbst die griechische ist voll Unordnung und Irrtümern. Darum denn auch in allen den Sekten kein wahrer Glaube und keine rechte Liebe mehr anzutreffen ist, weil allenthalben der Grund verstöret ist!

2] Diese Verstörung des Grundes aber rührt aus derselben grundeitlen Herrschquelle, aus welcher die ganz entsetzliche Kirchenversammlung zu Nizäa[2] geflossen ist! — Wie gestaltig aber war wohl diese schmähliche Quelle?

3] Siehe, als Mein Wort durch die Apostel und Jünger schon gar vielseitig ausgebreitet war, da gab es denn auch bald eine Menge Evangelisten, welche das niedergeschrieben haben, was sie entweder aus dem Munde der Apostel oder Jünger selbst vernommen haben oder was ihnen von Augen- und Ohrenzeugen wiedererzählt worden ist. Solche [Ur-]Aufzeichnungen, entweder in griechischer oder jüdischer Sprache, wären alle anzunehmen, denn da wirkte der Heilige Geist und war alles richtig.

4] Aber weil derlei Aufzeichnungen bald einen guten Handelsartikel zu bilden anfingen, so erstanden bald in allen Winkeln falsche Evangelisten, schrieben Evangelien zu Tausenden, ohne daß sie von der eigentlichen Lehre mehr wußten als jetzt die Chinesen, und behaupteten aber doch, solches aus dem Munde der wundertätigen Apostel selbst vernommen zu haben, und gaben sogar eidlich vor, daß sie dazu von den Aposteln selbst aufgefordert worden seien.

5] Ein gewisser, vorher rechtschaffener Mann, namens Arius, war gar ein berüchtigter solcher falscher Prophet und Evangelist.

[1] Lateinische Uebersetzung der Bibel; d. Hsg. — [2] vom Jahre 325 n. Chr.

Dieser behauptete am Ende sogar, daß er vom Geiste Gottes dazu aufgefordert worden sei, den Menschen klärlichst darzutun, daß Christus kein Gott, sondern nur ein ganz gewöhnlicher Prophet war und er [Arius selbst] es nun auch sei, so gut wie Christus!

6] Solche Lehre hatte damals besonders unter den Erzjuden und auch gar vielen Heiden ein großes und sogar vielfach willkommenes Aufsehen erregt. Und Arius befand sich dabei sehr wohl, und das eine geraume Zeit hindurch. Diese Lehre machte große Fortschritte und bedrohte bald die anderen, alten christlichen Gemeinden.

7] Die Bischöfe fingen daher an, sich untereinander zu beraten, wie dieser Sache abzuhelfen sei? Aber Mich besahen sie nicht und ließen Mich aus der Beratung.

8] Sie ließen alle Evangelien sammeln und prüften sie mit ihrem Verstande. Dieser aber konnte ihnen nicht zeigen, welches da das rechte wäre. Sie entschlossen sich daher zu einer allgemeinen Versammlung, in welcher der Heilige Geist offenbar zugegen sein würde, ja sein müßte!

9] Allein der Heilige Geist kam nicht, und so stritt die Versammlung statt um die Wahrheit des Evangeliums nur um das bischöfliche Primat[1], demzufolge denn auch der Patriarch von Konstantinopel und der Bischof von Rom einander in die Haare gerieten, welche Haarreißerei das bisher dauernde Schisma[2] zur Folge hatte.

10] Da nahm denn der Bischof von Rom[3] alle die gesammelten Schriften und ließ daraus die Vulgata zusammenschreiben[4] und authentisierte dieselbe. Seine Nachfolger taten noch eine Zeitlang dasselbe und feilten mit Hilfe der sogenannten Kirchenväter über einhundertsiebzig Jahre lang daran.

11] Desgleichen tat auch der Patriarch von Konstantinopel. Da aber der Patriarch seine griechische wegen der vorgeblichen Ursprache für die authentischere ausposaunte, so ward auch die Vulgata allerschnellst geheim ins Griechische [rück-]übertragen und wurde häufig unter die Griechen verteilt. Solchen Unfug erlaubten sich aber auch die Griechen. Darum ward denn für Rom wieder die lateinische geltend und für die Griechen die griechische.

---

[1] Der arianische Streit wurde durch die Verdammung des Arius und Aufstellung der Dreifaltigkeitslehre (Trinitätslehre) entschieden; d. Hsg. [2] Kirchenspaltung; [3] Hieronymus, 383 n. Chr.; [4] d. h. ins Lateinische übersetzen; d. Hsg.

12] Da der Arius aber noch sein Wesen in seinen Schülern forttrieb, trotz der vielfachen Verdammung sowohl von Seite Roms wie auch von Seite Konstantinopels, so fing man gar bald an, mit Schwertern in den Arianismus zu schlagen und verbrannte womöglich alle alten Urkunden, so sie nicht entweder mit der Vulgata oder mit der griechischen Bibel übereinstimmten.

13] Nun siehe, Luther hatte sonach zu seiner Zeit nichts als diese zwei Bücher, nämlich die von ihm verdächtigte Vulgata und die griechische Bibel, welche freilich wohl in mehreren asiatischen Sprachen zu haben war, dennoch aber stets dieselbe blieb.

14] Wenn du nun solches weißt, so wirst du gar leicht einsehen, daß weder die eine noch die andere völlig richtig ist. Die Lutherische jedoch ist der Vulgata in manchem vorzuziehen. Daher rühren denn auch bei Luther die versetzten Textzahlen her, da er dadurch das Abweichende der Vulgata und der griechischen Bibel andeuten wollte.

15] Jedoch ist in der Form dieser Bücher die Hauptsache aufbewahrt und für den Geist völlig rein. Denn der innere Sinn blieb völlig rein unter was immer für einer Form. Und das aber ist ja auch die Hauptsache.

16] Daher kannst du dich an eine oder die andere halten, und du kannst nicht irren und kannst darum auch ganz ruhig sein. Denn auf den Buchstaben kommt es nicht an, sondern auf den Geist; dieser ist es ja, der da lebendig macht!

17] Verstehe demnach solches wohl und sei völlig ruhig! Amen.

☆

Lieberuf des Vaters

Am 11. März 1843, vormittags

Also gebe denn dies Wörtlein dem Töchterchen Pauline des Ans. H.-W.:

2] O Kindchen! Es winkt dir in geistiger Fülle ein göttliches Leben aus Mir, deinem ewigen, heiligen, liebevollsten Vater! Betrachte die herrlichen Morgenstrahlen der ewigen himmlischen Sonne in dir, und du wirst es mit heiterstem Sinne im Herzen voll himmlicher Lust ja leichtlich gewahren, daß Ich dir gar nahegekommen sein muß, da du solches schon ahnst und empfindest in dir!

3] Dieses gebe Ich dir zur Erinnerung, daß du möchtest erkennen, wie gut Ich, dein himmlischer Vater, stets bin und gar treulich halte, was Ich dir schon einmal versprochen habe. O nimm dieses Wörtlein gar heil'ger Erinnerung in dein Mich stets mehr liebendes Herz, du Kindchen, nur auf — und du hast mit dem Wörtchen auch Mich aufgenommen!

4] Ich werde dich sänftiglichst ziehen und führen zum ewigen Leben durch die stets mehr wachsende Liebe zu Mir, deinem liebevollsten, heiligen Vater. Und bald wirst du in deinem lebendigen Geiste erleben einen viel schöneren Geburtstag als dieser da ist deines Leibes.

5] Nur liebe, liebe Mich, deinen gar überaus guten und heiligen und liebevollsten Vater, der ewig dich liebet und trägt auf Seinen allmächtigen, heiligen Händen! — O liebe Mich, liebe, Mein Töchterchen! — Ich segne dich allezeit! Amen.

☆

Vom Feiertag heiligen

Am 14. März 1843, vormittags

O Herr! Du allerliebevollster, allerbester, heiliger Vater! Siehe, es ist wieder ein Jahr verronnen und somit das dritte, da ich und all die wenigen anderen, Deine Freunde, uns erfreut haben und uns noch stets erfreuen Deiner endlosen Gnade und Erbarmung, der wir alle völlig unwürdig sind und ich schon ganz sicher am allermeisten unter allen.

Wie Du, o heiliger Vater, es sicher weißt, so möchten wir heute wieder einen Jahrestag in Deinem Namen feiern und bitten Dich darum, o heiliger Vater, daß Du diese unsere Jahresfreude, so wie es von Deiner Seite bisher der Fall war, auch heute mit Deiner liebevollsten, heiligsten Gegenwart im Worte wie in unserem Herzen beseligen möchtest.

O heiligster, gnädigster, allerbarmender, liebevollster Vater Jesus, erhöre diese meine, freilich Deiner wohl höchst unwürdige Bitte, so es Dein Wille ist! Doch wie allezeit, so geschehe auch jetzt Dein allein heiliger Wille! Amen.

So schreibe denn! — Was meinest du, welcher Tag wohl einer der vorzüglichsten ist, also zwar, daß er sich darob zu einem Erinnerungstage am besten schicken möchte, an dem man sich erinnern dürfte, wie Meine Gnade zu euch kam?

2] Du meinest, daß der erste Tag solcher heiligen Darniederkunft wohl der beste sei, indem man sich an demselben gewisserart aller anderen auch erinnern möge, an denen der heilige Gnadenstrom, bis jetzt unversiegbar und ununterbrochen, in eure Herzen geflossen ist.

3] Du hast einesteils recht, und es ist also die gewöhnliche Ordnung der Dinge auf der Erde, aus welcher hervorgegangen sind alle die wenig nützenden Feiertage aller Art, die da an und für sich nichts sind als, fürs erste, lauter Tage der Erinnerung an besondere Erscheinungen aus der Zeit Meines leiblichen Seins auf der Erde, oder, im viel schlimmeren Falle, an tausend verschiedene andere Heilige, von denen einige gar nie existiert haben, einige andere aber bis jetzt noch nicht für den Himmel geheiligt worden sind.

4] Fürs zweite aber sind diese Gedächtnistage wahre Faulenz- und Freßtage, an welchen zwar nichts Knechtisches gearbeitet, dafür aber desto mehr gesündigt wird.

5] Und endlich fürs dritte sind solche Gedächtnistage bei so manchem nichts als Langeweiltage. Haben die Menschen allenfalls in ein Bethaus hineingeschmeckt, dann gehen sie nach Hause und wissen sich dann auch, besonders nach dem Essen, vor lauter Langweile nicht zu helfen, ganz besonders noch dann, wenn es nachmittags regnet und dazu noch etwa jemandes Börse für so eine recht massive Nachmittags-Promenade nicht recht probehaltig ist; gleicherweise auch bei manchen Dirnen und Mädchen, wenn sie durch ein Ungewitter verhindert werden, mit ihren Buhlknechten an den verabredeten Orten aus lauter frommer und erbaulicher Erinnerung der Bedeutung des Feiertages zusammenzukommen.

6] O es wird Mir oft an derlei „Feiertagen" so gedient, daß ihr euch keinen Begriff davon machen könnet! Fürwahr, alle diese Feiertage sind oft volle Arbeitstage des Satans. Ihm wird da ein gutes Opfer gebracht, also, daß er sich's ja gar nicht besser wünschen kann. Denn es wird gefressen, gesoffen, gefaulenzt, Ehre abgeschnitten, sich hoffärtig gekleidet, gelustwandelt in sehr vielfachem Sinne, gespielt, geunzüchtigt mit den Augen, mehr als an einem Werktage, wirklich gehurt, auch geflucht und getanzt. Saget Mir, ob an einem Feiertage mehr für die Hölle gearbeitet werden könnte, als es ohnehin gearbeitet und dem Satan bestmöglich gedient wird.

7] Wenn Ich euch denn nun sage, daß Ich um der Bosheit der Menschen willen ein abgesagter Feind von solchen „Feiertagen" bin, so meine Ich, daß ihr dieses ganz natürlich finden werdet. Oder möchtet ihr wohl den Tagen Freunde sein, die euch erinnern und sagen möchten: „An diesem Tag sind wir alle oder diese und jene Kinder, Brüder und Freunde von den Räubern und Mördern auf das grausamste gemordet worden!“?

8] Also wende Ich samt allen Meinen Engeln an allen solchen Sonn- und anderen Feiertagen, welche da wahre Hinrichtungstage Meiner Kinder sind, Mein Angesicht völlig von der Erde hinweg und will nicht anschauen die Greuelszenen, die da an und von der Menschheit vorzugsweise begangen werden.

9] Wollet daher auch ihr keinen allfälligen Feiertag mit eurer Jahreserinnerungsfeier unter euch gründen — sondern es sei euch ein jeder Tag ein Ruhetag in Meiner Gnade, Liebe und Erbarmung! Ja ein jeder Tag sei euch ein Festtag, da Ich ja an jedem Tage des Jahres euch stets gleich Meine Gnade, Liebe und Erbarmung erwies.

10] Da ihr aber heute schon bessermaßen euch in Meinem Namen versammelt habt, so denket vorzugsweise dabei an Mich! Kehret eure Herzen zu Mir, und Ich werde dann nicht ermangeln, unter euch Mich einzufinden. Aber nur machet daraus keine Gewohnheit und haltet diesen Tag nicht für besser als einen andern! Dann werde Ich mit Wohlgefallen auf euch schauen und allezeit unter euch sein, wann immer ihr euch versammeln werdet in Meinem Namen.

11] Ihr wisset ja alle, wie wenig Ich bei Meinem menschlichen Sein auf der Erde auf den alten Sabbat gehalten habe. Und Ich habe darum auch keinen Feiertag eingesetzt, da Ich wohl sah, welche Früchte mit der Zeit die Feiertage tragen würden. Aber die spätere Habsucht der Priester hat dann dennoch zufolge ihres argen freien Willens, schnurgerade Meinem Willen entgegen, eine Menge solcher Feiertage eingeführt, welche nur für sie Gewinntage waren und noch sind. Für Mich aber und für die Menschen sind sie die größten Verlusttage. Darum denn auch auf allen schon gar lange statt Meines Segens nur Mein herbster Fluch ruhet.

12] So denn aber jemand von euch rein gewohnheitsmäßig an Feiertagen in den Gottesdienst zieht, dem sage Ich, daß er in den Dienst der Hölle zieht. Wer in ein Bethaus gehet, der bedenke, warum er dahin geht, will er nicht in die Ehrenlegion des Satans aufgenommen werden; denn ein Bethaus ist jetzt ein wahres Fanghaus des Satans geworden.

13] Ihr sollet also gar keinen „Feiertag" haben, sondern ein jeder Tag sei euch allen ein wahrer Sabbat in werktätiger Liebe zu Mir! Und Ich werde euch dann auch an jedem Tage fortwährend segnen — nicht aber nur etwa alle acht Tage durch die metallene Monstranz in der Hand eines oft habsüchtigen, hochtrabenden, arbeitsscheuen, gleisnerischen, fluchenden, verdammenden, richtenden, finsteren, nicht selten aller Liebe und Barmherzigkeit ledigen Priesters!

14] Solches also gebe Ich, euer allerliebevollster Vater, euch allen heute zu guter Beachtung und offenbare es damit euch allen, auf daß ihr alle klar erschauen sollet, welch eine Bewandtnis es nun mit den hochgepriesenen Feier-, Gedächtnis-, Erinnerungs- wie auch Sonntagen hat, und das im Geiste und der Wahrheit bei Mir, dem alleinigen Herrn über Leben und Tod.

15] Ihr aber, liebet Mich, da Ich euch so sehr liebe! Wann Mich aber jemand von euch flammend in seinem Herzen lieben wird, dann wird er auch in sich den wahren, lebendigen Sabbat halten und wird den vorbildenden Sabbath der Juden in sich zum allgemeinen, stets mit Meinem Segen erfüllten machen.

16] Solchen Sabbat sollet ihr allezeit in euch lebendig heiligen und also in euch den Erinnerungstag festsetzen. Dann werdet ihr diejenigen wahrhaftigen Anbeter Gottes sein, welche überall und allezeit Gott im Geiste und in der Wahrheit anbeten und an jedem Tage Mir ein herrliches Fest in ihrem Herzen bereiten.

17] Solches sei euch an diesem Erinnerungstage eine gute Gegenerinnerung! Beachtet sie, und Ich werde segnend in eurer Mitte sein. Amen.

☆

Eine rechte Predigt

Am 16. März 1843

O Herr, Du mein allerliebevollster, wahrer, heiliger Vater, erhöre mich wieder! Denn siehe, ich ganz für mich habe einen kleinen Anstand, weiß mir da nicht zu raten und nicht zu entziffern, was solches besagen soll?

Auf diese Bitte erging in etwas heftigem Tone die Antwort:

Gut, gut! — Was schreibst du denn aufs Papier, was du möchtest, als wüßte Ich es nicht anders, als bis du es aufs Papier gebracht hast!? — Ich sehe ja in dein Herz! Weißt du denn solches nicht?! — Also schreibe denn:

2] Was da betrifft das dir bewußte Predigerweib, da sage Ich dir, kümmere dich dessen nicht, indem du an Mir einen ganz anderen Prediger hast, der dir jetzt schon tagtäglich bei drei Jahre lang die innersten, großen Geheimnisse des Lebens predigt und dir noch länger, ja bis zu deinem Erdenlebensende stets heller und heller vorpredigen und dir dann geben will den Lohn der Knechte, so du in der Liebe zu Mir, dem wahren Prediger, und zu deinen Brüdern wachsen wirst also, wie Ich freiwillig in dir wachse in der Fülle Meines lebendigen Wortes, welches ist Meine Liebe, Erbarmung und Gnade in dir wie in jedem, der dieses hören und darnach leben wird.

3] So Ich aber nun in dieser bedeutungsvollen Zeit hier und da anfange, Meiner dir gemachten Verheißung zufolge die toten Menschen aus den Gräbern zu rufen und zu erwecken, so sei dir solches ein gutes Zeichen. Doch das beste sei dir dein eigenes [Gnadenlicht].

4] Denn wo Ich große Buße verkünden lasse, da stehe Ich als Richter vor der Türe. Wo Ich aber die Liebe predige, da stehet der Vater vor der Türe!

5] Daher kümmere dich um nichts als nur um Mich, und du kannst versichert sein, daß du ewig nicht wirst zuschanden werden vor jemandem, der vollernstlich wandelt auf Meinen Wegen.

6] Wer sich aber über dich ärgern wird, der wird sich auch ärgern über Mich. Lassen wir sie aber sich ärgern, die sich ärgern wollen! Am Ende wird sich dann ja wohl zeigen, was jeder durch sein Aergern wird erreicht haben.

7] Sei versichert, wer da immer etwas anderes sucht und erreichen will als allein, daß er Mich, den alleinigen Herrn, Gott und Vater, über alles liebe in seinem Herzen und seinen Nächsten ums Siebenfache mehr denn sich selbst — der soll entweder leer ausfahren, oder Ich will ihm gleichwohl die Geisterwelt eröffnen, damit so ein törichter Sucher dann von den Geistern verdummet und in zahllosem Falschen gefangen und begründet werden soll!

8] Wahrlich, wer Mich liebt eines andern Zweckes willen und nicht im Grunde des Grundes völlig Meiner Selbst willen, der ist Meiner Gnade nicht wert.

9] Wer da aber noch seine Brüder mustert und möchte weiser und besser sein als sie — und wer sich noch dünket wie ein Herr und kann noch nicht für seine Feinde beten und nicht segnen die, so ihm fluchen, wahrlich, der steht noch ferne von Meinem Gnadenleuchter!

10] Wenn aber ein reicher und ansehnlicher Bräutigam wüßte, daß eine ihm Liebe zuheuchelnde Braut ihn nur seines Reichtums und Ansehens wegen liebe, fürwahr, er würde zu solch einer Braut sagen: „Hebe dich von mir! Denn du hast Mein Herz noch nie erkannt, sondern nur Meine Schätze fesselten dich heuchlerisch an mich! Ich aber will dir geben nach deiner Liebe, was da tot ist in meiner Schatzkammer ohne mich. Mich jedoch sollst du ewig nimmer zu Gesichte bekommen! Und wann du den Tod verzehren wirst, dann soll Meine Schatzkammer für allezeit vor dir verschlossen werden!"

11] Ich aber bin ein gar allwissender Bräutigam! — Daher sehe Ich es auch genau, wie jemandens Herz bestellet ist! Und Ich sage daher: Wer zu Mir kommen will Meiner Selbst willen, der komme, und er wird sogleich die ewige Aufnahme finden. Aber ein jeder prüfe sein Herz genau! Denn solange nur noch ein Fünklein fremder Liebe darinnen hauset, werde Ich nicht einziehen und Mich völlig finden lassen!

12] Ein jeder Liebhaber aber, so er ein echter Liebhaber ist, ist sicher eifersüchtig, und das oft einer Kleinigkeit wegen, weil er ein rechter Liebhaber ist. Denn die Liebe will rein sein und rein haben. — Ich aber bin doch von Ewigkeiten her der größte und allerreinste Liebhaber! Daher bin Ich auch überaus eifersüchtig. Und es soll Mich niemand wesenhaft haben, als allein der nur, der Mich allein über alles liebt!

13] Siehe, das ist ein echtes Wort, eine echte Predigt! — Bei dieser bleibe du und kümmere dich nicht einer andern, so wirst du daran für ewig genug haben. Denn Meines Mundes Wort wird doch wohl besser sein als das einer verzückten Schwärmerin! — Daher lasse sie [jenes Predigerweib]! Denn Ich weiß, was Ich tue durch derlei Personen!

14] Was aber noch deine vier geträumten Schlangen betrifft, von denen dich am Ende die größte in die Oberfläche der Hand biß, so hat solches bloß nur eine Beziehung auf die heutige Rede des Drachen im Hauptwerke [1] und besagt, daß dich diese Rede anfangs etwas verletzen wird. Aber du wirst dann gar bald erwachen aus solcher Verletzung.

15] Siehe, das ist alles, was du heute wolltest! — Beachte es, liebe Mich und sei ruhig! Amen.

☆

[1] „Die Haushaltung Gottes", von Lorber in dieser Zeit niedergeschrieben.

Priesterliche Sündenvergebung

Am 28. März 1843 vormittags

Du möchtest wohl der ältesten Tochter Marie des A. H.-W. zum leiblichen Namens- und Geburtstage von Mir etwas geben? — Ja, Ich möchte ihr ja auch etwas geben, so sie nur ernstlich etwas möchte. Aber sie hat eben nicht das größte Zutrauen zu uns, sondern hängt noch am stärksten an der „Mauer Roms". Daher ist es auch etwas schwer, ihr etwas Rechtes zu geben, also, daß sie daran ein lebendiges Wohlgefallen fände.

2] Damit sie aber sehen möge, was da an der „Mauer Roms" liegt, so will Ich sie auf den mächtigsten Stützpunkt, worauf Rom fußt, bedeutlich aufmerksam machen. Es ist der 18. Vers des 18. Kapitels aus Matthäus und gleichlautend und -bedeutend auch der 23. Vers im 20. Kapitel aus Johannes.

3] Daß aber dieser Stützpunkt ein ganz fälschlicher ist, steht ja doch gar deutlich im ganzen 18. Kapitel des Matthäus und besonders vom 14. bis zum 35. Vers, und noch deutlicher im Vaterunser. Denn da [im Vaterunser] heißt es doch: „Vergib uns unsere Schuld, also wie wir unseren Schuldigern vergeben" — und stehet nicht: „Vergib uns unsere Schuld, wie uns dieselbe die Priester vergeben!"

4] Also besagt auch der römische Stützpunkt, der 18. Vers im 18. Kapitel des Matthäus, keineswegs die Sünden vergebende Macht von Seite eines Priesters, sondern die gegenseitige menschliche und brüderliche Liebepflicht, daß einer dem andern alle Schuld vergeben solle.

5] So die Menschen sich gegenseitig alles vergeben, dann wird ihnen auch von Mir alles vergeben. So sie sich aber gegenseitig ihre Schulden unter sich vorenthalten, da werde denn Ich sie ihnen auch vorenthalten!

6] Das ist die rechte Bedeutung dieser lang überaus stark verkannten und ebenso stark gemißbrauchten Stelle, und es gibt für Mich keine andere gültige! — Wer nach dieser Bedeutung leben wird, der wird zu Mir kommen; wer aber nicht, der wird draußen bleiben, und wenn er mit tausend priesterlichen Sündenvergebungen versehen wäre.

7] Solches solle denn auch die M. H. bedenken, so wird sie bald einsehen, daß Ich auch ohne Skapuliere und Brevets Sünden vergeben kann. Amen.

☆

Wie die Liebe, so der Lohn

Am 7. April 1843, vormittags

Schreibe für jedermann ein gutes Wörtlein! Wer es beachten wird, der wird einen „guten Teil“ erhalten, der von ihm nicht wird genommen werden! — Das Wörtlein, Lukas 10, 40—42, aber lautet also:

2] „Martha aber machte sich viel zu schaffen, um Mir zu dienen, darum sie denn auch zu Mir trat und sprach: »Herr, fragst denn Du nicht darnach, daß mich meine Schwester läßt allein dienen? Sage ihr doch, daß sie auch etwas angreife!« — Ich aber antwortete und sprach zu ihr:

3] »Martha, Martha, du hast viel Sorge und Mühe! Eines aber nur ist nötig! Maria hat sich den guten Teil erwählet, der soll nicht von ihr genommen werden!«“

4] Wenn aber Ich solches hinsichtlich der Maria, die sich den „guten Teil“ erwählet hatte, zur Martha sagte, die doch Mir diente — was soll Ich dann denen sagen, bei denen von einer „Maria“ nicht nur keine allerleiseste Spur ist, sondern die auch mit der „Martha“ nicht im geringsten zu vergleichen sind, indem sie nicht Mir, sondern nur der Welt dienen, und das fleißig den ganzen Tag hindurch, und sich vor lauter Weltgedanken und Weltgeplapper nicht einmal soviel Zeit nehmen, daß sie sich im Tage nur eine halbe Stunde, zusammengenommen, mit Mir unterhalten möchten; und wenn sie schon an Mich denken, so denken sie aber doch nur wie an einen vor zehn oder zwanzig Jahren vergangenen Winter.

5] Was also soll Ich zu solchen sagen, denen ein Strumpf im Tage hindurch bei weitem mehr zu denken, zu reden und zu handeln gibt als Meine Vaterliebe zusammengenommen in einem Monate, bei manchem wohl auch in einem Jahre?! Was zu denen, die den ganzen Tag messen, zählen und rechnen, wie lang ein Fetzen und in wieviele Falten und Maschen der andere solle gelegt werden? Was soll Ich also — nicht etwa der Maria, sondern bloß nur der Mir dienlich geschäftigen Martha gegenüber — denen sagen, die für ihren Leib nicht selten bis in die späteste Nachtzeit arbeiten und keine Mühe und Sorge allerwachsamst scheuen; so sie aber von Mir etwas hören sollen, da übermannt sie sobald der Schlaf?!

6] Was soll Ich noch ferner sagen denen, die da wohl tagelang bei sich nachsinnen können, so sie irgendein törichter, eitler Weltlaffe über die Straße angesehen hat; und werden sie ob solchem Sinnen an Mich gemahnt, so stehen sie ärgerlich auf und kehren dem Mahner den Rücken!

7] Ich rede aber hier nur von denen, von denen noch zu reden ist; denn von den *noch ärgeren Weltmenschen* rede Ich nicht. Denn diese sind es, die da allzeit nach dem Laufe der Welt gehen und nach dem Fürsten der Welt, der da wohnet in der Luft und herrschet in ihr, d. h. (nach dem Geiste!) der in dieser Zeit ganz besonders sein Werk hat mit den Kindern des Unglaubens, unter welchem sie alle wandeln in den Lüsten ihres Fleisches und ihrer Weltvernunft und darum schon von der Geburt aus Kinder des ewigen Zornes sind.

8] Also zu denen rede Ich nicht, sondern zu denen, die sich noch zu *Meinen Kindern* zählen, aber Mich, den heiligen Vater, ob ihrer kleinlichen Weltgeschäfte dennoch nicht selten im Geiste und in der völligen Wahrheit im Tage nicht sorglich höher in ihrem Herzen stellen als ein altes, abgetragenes Kleid. — Da frage Ich: Was soll Ich zu denen sagen? — Ja, Ich sage, da wird eben nicht viel mehr zu sagen sein!

9] Damit aber doch etwas gesagt werde, wennschon nicht wie zur Martha, so sage Ich aber dennoch: *Wie die Arbeit, so der Lohn! Wie die Liebe, so ihr Preis!*

10] Wer dem *Leibe* mehr opfert denn Mir, der soll von seinem Leibe den Lohn verlangen, so dieser zu Staub und Asche wird! — Wen die Liebe und der Beifall der *Welt* so bedeutend mehr anficht als Ich — gut, ist Mir ja auch recht — der begnüge sich immerhin damit. Aber des kann er auch völlig versichert sein, daß Ich Mich ihm nimmer aufdringen werde!

11] *Wie die Werke, so wird auch das Leben sein!* — Wer am Tode eine so große Freude hat, daß es ihm nicht bange wird, so er Tag für Tag in selbem herumwühlt, der tue immerhin, was ihn freut! Er soll am Ende in Seiner Freude auch seinen Trost finden nach seiner Art! Aber *Ich* werde hübsch ferne davon sein!

12] Mehr brauche Ich nicht zu sagen! — Es soll aber gar bald eine Zeit kommen, in der solche emsige Diener der Welt beiderlei Geschlechtes noch diesseits ganz gründlich erfahren werden, welch einen „guten Lohn" sie sich mit ihrer Arbeit erworben haben! — Mehr sage Ich nun durchaus nicht!

13] Wohl dem, der diese Worte lebendig beherzigen wird. Dem Lauen aber ist schon sein nahes Los, aus Meinem Munde gespien zu werden, ohnehin für ewig sicher vorbehalten. Amen. — Das sagt der heilige, vergessene Vater. Amen.

☆

Vergebliche Einladung

Am 16. April 1843

Schreibe nur, denn Ich weiß schon, was du hast, das eben nicht von großwichtigstem Belange ist!

2] Siehe, demjenigen, den du in der Anfrage hast, ist vorderhand weder zu raten noch zu helfen; denn er sucht noch fortwährend in der Welt sein Glück und will nur seine weltlichen Umstände gebessert haben, aber an Mir ist ihm im Grunde noch gar wenig gelegen, da er Mich nicht sucht Meinetwegen, sondern nur der tollen Welt wegen.

3] Ich habe ihn im vorigen Jahre gar freundlichst eingeladen zu Meinem Tisch und Gastmahle. Allein er hat sich vor lauter Welt noch nie eingefunden, zu tun, was Ich ihm geraten habe, damit er daraus erkannt hätte, warum er so ganz eigentlich, von Mir ausgehend, auf der Welt ist! Er dient und lebt nur der Welt, so muß er sich denn auch mit dem Lohne der Welt begnügen!

4] Es kann zwar jeder tun, was er will. Wen Ich lade, der mag kommen oder nicht. Und es ist einmal zwar jeder geladen — ob er darum kommt oder nicht, das ist Mir einerlei. Denn die Welt hat ihre Kinder, und Ich habe die Meinen. — Wenn Ich aber die Meinen rufe, und sie hören Mich nicht an und wollen Mich auch nicht verstehen und kommen darum nicht, da sie zu viel mit der Welt zu tun haben, dann lasse Ich sie die Welt so recht verkosten und lasse sie fühlen, wie sie schmeckt.

5] Wenn sie sich dann an der Welt hinreichend ein- und ausgekostet haben und der Welt schnödesten Lohn hinreichend haben schätzen gelernt, so werden sie Meinen Ruf dann nicht so leicht wieder in den Wind schlagen, wenn er wieder an sie ergehen wird!

6] Ich sage dir aber: Was da in der Sphäre dieses Menschen geschieht, lasse Ich gerade zu seiner Besserung zu. Ich lasse ihn die Welt in größeren Brocken kosten, damit er daraus ersehen soll, welchen

Nutzen ihm sein Amt bringt, da er aus lauter Amts- und Welteifer noch nie so recht Zeit gefunden hat, sich dabei auch mit Mir nur manchmal ein wenig zu befassen.

7] Da er auch sogleich zu erblinden glaubt, so er etwa manchmal ein Kapitel aus Meinem Buche lesen möchte, so soll er sich darum nur desto mehr in seinen Amtspapieren versuchen, was alles noch seine Augen zu ertragen imstande sind!

8] Mir gefällt seine ganze Lebensweise nicht. Er knickt auf der einen Seite, da er die schönste Zeit für Mich gewinnen könnte, und kann dann aber anderseits sogar flott sein, wo's für Mich keine Zeit [gilt] und für ihn nichts zu gewinnen ist!

9] Daher also ist dem Manne vorderhand nicht zu raten und zu helfen, also wie er es meint, sondern er wird von Mir homöopatisch geheilt, nämlich durch die Welt selbst![1]

10] Solches jedoch will Ich bloß nur dir und allenfalls den drei andern bemerkt haben. Und sie können ihm darum bloß mündliche Stöße und Rüttler zukommen lassen — es versteht sich von selbst, bei guter Gelegenheit nur!

Vorsicht mit dem himmlischen Licht

Am 17. April 1843

Mit dem Abschreiben der „Sonne"[2] durch einen Uneingeweihten tut es sich auf keinen Fall! Besonders dann schon am allerwenigsten, so es einer durch sein Alter schon so weit gebracht hat, daß er für ein neues Licht nicht mehr zugänglich ist, indem sein Geist notwendigerweise sich in so manchem Falschen begründet hat, das da mit dem Lichte der „Sonne" wohl gar sehr im Widerspruche steht!

2] Siehe, gäbest du aus Meinem neuen lebendigen Worte so einem Menschen etwas zum Abschreiben, der auf der andern Seite doch bei weitem mehr an den römischen Zeremonien-Verdiensten hängt als an der reinen Lehre des Evangeliums — so würdest du ihn offenbar dadurch nicht besser, sondern nur ärger machen. Denn auf der einen Seite würde er seine Kirche und sein Gewissen in sich zu verdächti-

---

[1] d. h. nach dem homöopathischen Grundsatze: „Similia similibus!" zu deutsch: Aehnliches wird geheilt durch Aehnliches. D. Hsg.

[2] Große, mehrbändige Eröffnung über die naturmäßige und die geistige Sonne. Siehe „Himmelsgaben", Bd. 2, Seite 124 und Seite 148; d. Hsg.

gen anfangen, auf der anderen Seite aber wird er gegenüber seiner katholischen Begründung das Abzuschreibende um so mehr verdächtigen, da es seinen alten Begründungen schnurgerade entgegenläuft.

3] Der Mann ist aber auch ein Mensch, und es muß Mir daran gelegen sein, daß er nicht zugrunde gehe. — Darum soll dergleichen innere Eröffnungen niemand zur Abschrift nehmen, außer er ist ein Sohn Swedenborgischen Lichtes oder selbst ein Geisterseher, oder er ist ein noch sehr beugsamer Jüngling, der in sich selbst den Papismus bezweifelt und ein Blutsverwandter zu dir ist und so auch seelen- und geistverwandt!

4] Siehe, dieses Wort[1] ist in sich gar mächtig, entweder zum Beleben oder zum Töten. Daher muß im Anfange damit wohl überaus vorsichtig mit ihm zu Werke gegangen werden. Wen es ergreift, den läßt es nimmer aus — entweder zum Leben oder zum Tode!

5] Da es aber ebenso mächtig wie zum Leben, so auch zum Gerichte leitet, so lasse Ich es auch nun geschehen, daß eben dieses mächtige Wort den, der es lebendig ergreift, auch lebendig macht und gar gewaltig wiedergebäret — den aber, der es nur ein wenig lau ergreift, sobald hinausstößt und ihn abhält, es ferner aufzunehmen, damit er möglicherweise dadurch noch dem Gerichte entgehe!

6] Denn es ist besser, von Meiner Liebe nichts zu vernehmen, als diese in sich lau zu handhaben, so sie an ihn einmal in solcher lebendigster Fülle ergangen ist.

7] Wer das Licht bekommen hat und wendet sich wieder vom selben, der kommt in die Finsternis. Wer aber die Liebe, als Mein eigenes Leben, bekommen hat und verläßt dann diese wieder, der kommt in den Tod, daraus es um so schwerer wieder zu entkommen sein wird, je mehr der Liebe jemand schon aus Mir in sich aufgenommen hat.

8] So sind auch Einzelstrahlen des lebendigsten Liebelichtes tötend für den, der sie aufnimmt in einem unvorbereiteten Zustande — während die alleinigen Gnadenstrahlen für niemanden tötend sind, gleichwie die Strahlen des Blitzes niemanden töten; wenn aber jemand vom Blitze selbst, d. i. von seinem Grundstrahle, getroffen wird, so wird er getötet, so er noch im Naturzustande ist. Ist aber jemand ein Somnambule, so hält er ein ganzes grundelektrisches Meer ohne den geringsten Schaden aus, da er in seinem Zustande demselben als Somnambule völlig verwandt ist.

[1] der Neuoffenbarung; d. Hsg.

9] Daraus aber sollst du ersehen, warum Ich nicht will und vor der Zeit nicht wollen kann, daß da jemand eine Abschrift von diesem Meinem lebendigen Liebeworte machen soll in unvorbereitetem Zustande, da dadurch seines Geistes Leben in die größte Gefahr käme!

10] Du wirst freilich wohl nicht ganz gründlich einsehen, wie solches möglich ist. — Bedenke aber: Wenn ein verkrüppelter Baum an einem Felsen sitzet und [daselbst ein schwaches] Leben hat, wirst du ihm dadurch das Leben retten, so du ihn von seinem mageren Platze nimmst und ihn in ein fettes Erdreich setzest? — Also ist es auch besser, die Begründeten da zu lassen, wo sie sind. Denn eine gewaltsame Umsetzung kostet ihnen das Leben!

11] Verharre dich aber noch eine kurze Zeit wegen der Abschrift, und du wirst schon noch alles auf einem guten und ganz gefahrlos sicheren Wege erhalten! — Solches ist wohl zu beachten! Amen.

☆

Die Seelenlampe der Selbsterkenntnis

Am 21. April 1843

Gebe dieses Meinem lieben A. H.-W. an seinem Leibesnamenstage, da er wissen möchte, warum die Schwachheit besser ist denn die Stärke.

2] Höre du, Mein geliebter Freund und Bruder in Meiner Liebe zu dir! Was da deine drei dir etwas dunkel vorkommenden Texte Meines lieben Paulus aus dem 12. Kapitel des zweiten Briefes an die Korinther betrifft, so sind sie von Mir auch schon im Evangelium wie auch in den Propheten hie und da ausgesprochen, besonders aber im Hiob, im Jeremias und in den Bußpsalmen Davids.

3] Dessenungeachtet aber sind sie für ein noch etwas schwaches Geistesauge ein wenig dunkel. Daher will Ich dir denn auch nun zu deinem Tage eine kleine Lampe, gefüllt mit dem Gnadenöle aus Meiner Liebe, geben. Diese Lampe wird dir dergleichen Texte so herrlich erhellen, daß sie dir wie von der Sonne durchsichtig erleuchtet vorkommen werden! — Und so höre denn! — Das aber ist und darin besteht die Lampe:

4] Als Ich Selbst einmal zu Meinen Fleischzeiten auf der Erde vor den Juden, Schriftgelehrten und Pharisäern die wahre Rechtfertigung vor Gott darstellte, da sagte Ich folgendes Gleichnis, welches aus dem Leben gegriffen war:

5] Ganz vorne vor dem Allerheiligsten brachte ein gar vornehmer Pharisäer dem Herrn sein Dankgebet dar, indem er laut also sprach: „O Herr! Ich danke dir, o Herr, daß Du mir solche große Stärke verliehen hast, derwegen ich seit meinen Kinderjahren dir allergetreuest dienen konnte und habe mich noch nie an einem Gesetze versündiget gegen Dich, o Herr! Denn ich habe die Gesetze Mosis gehalten bis auf ein Häkchen. Ich verrichtete meine Standespflichten genau, ich opferte Dir allezeit reichlichst und gab von allem den Zehnten pünktlich genau. Ebenso auch verunreinigte ich mich nie, weder am Morgen, noch am Mittage, noch am Abende. Und den Sabbat habe ich ebenfalls noch nie mit einem Finger entheiligt.

6] O darum danke ich Dir, mein Gott, nun mit vollster, überzeugender Inbrunst aller meiner von Dir mir gütigst verliehenen Kraft, derwegen ich stets gerecht gewandelt habe vor Dir und bin gerechtfertigt vom Scheitel bis zur Zehe und bin nicht ein Sünder gleich den gemeinen Juden, gleich den Landstreichern, gleich den Tagdieben, Räubern und Mördern, gleich den Hurern und Ehebrechern, gleich den Sabbatschändern und Schweinefressern und nicht im geringsten gleich all den öffentlichen Sündern, Gauklern, Tänzern, Komödianten, Zauberern, Zöllnern und niedrigen Wucherern und nicht im geringsten gleich den Samaritern und dergleichen mehr!" — Das war so etwa das Dankgebet des gerechten Pharisäers.

7] Aber ganz im Hintergrunde des Tempels stand auch ein sündiger Zöllner. Dieser getraute sich kaum seine Augen aufzuheben und sprach in der völligen Zerknirschung seines Gemütes:

8] „O Herr! Ich armer, schwacher Sünder bin nicht wert, Dein Heiligtum zu schauen, nicht wert, auch nur am letzten Platze Deines Tempels zu stehen! Sei, o Herr, mir armem, schwachem Sünder aber gnädig und barmherzig, wenn ich je noch einer Erbarmung im allergeringsten würdig bin!" — Hier schlug der Zöllner sich auf die Brust und verließ weinend den Tempel!

9] Wer von diesen beiden ging nun wohl gerechtfertigt aus dem Tempel? — Ich sage dir jetzt, wie Ich es damals gesagt habe: Keineswegs der prahlerische Pharisäer, der Mir seine Gerechtigkeit vorrechnete und sich für viel besser hielt als alle andern; sondern der schwache, sündige Zöllner, der sich für schlechter hielt als alle andern. Darum kam Ich später auch in sein Haus und aß und trank mit ihm und nahm ihn als einen Bruder zu Mir und Meinen Brüdern auf.

10] Nun siehe, wenn demnach der Zöllner Mein Freund wurde, der Pharisäer aber gerade das Gegenteil, so wird es doch etwa klar sein, warum **Paulus** spricht: „Auf daß ich mich nicht der hohen Offenbarung überhebe, ist mir gegeben ein Pfahl ins Fleisch, nämlich ein Engel Satans (d. i. fleischliche Liebe oder fleischliche Lustbegierde), damit er mich mit Fäusten schlage." — Desgleichen spricht auch **Hiob**:

11] Was ist wohl leichter, als sich in einem hohen Amte zu überheben und sich für besser zu halten denn alle seine Brüder, denen ein solches Amt nicht zuteil ward!? Was aber ist für des Menschen Geist wohl auch gefährlicher als eben solch eine gar leicht mögliche Ueberhebung?!

12] Darum also war es auch für Paulus und jeden seines Amtes nötig, eine beständige **Mahnung** im Fleische zu haben, die so zu ihm sprach: „Siehe, du bist nur ein Mensch und durchaus kein Gott! So oft du fallen wirst vor Mir, will Ich dich wieder aufrichten, damit du gedenkest, daß du nur ein Mensch seiest!" — Paulus merkte in sich solchen Jammer. Darum bat er Mich auch dreimal heftig, daß Ich ihn von dieser Probe befreien solle.

13] Ich aber sprach zu ihm darauf: „**Lasse dir an Meiner Gnade genügen, denn Meine Kraft ist nur in den Schwachen mächtig!**" — d. h. so sie ihre Schwäche lebendig **erkennen**, wie denn auch Paulus darauf bekennet, da er spricht: „Also will ich mich denn am allerliebsten rühmen meiner **Schwachheit**, auf daß allzeit die Kraft Christi bei mir wohne! Und darum denn bin ich, Paulus, nun auch stets guten Mutes in meinen Schwachheiten, in Schmach, in Nöten, in Verfolgungen und Aengsten um Christi willen. Denn ich weiß es ja, daß ich nur dann stark bin, so ich schwach bin!"

14] **Warum** denn also? — Weil Paulus wohl wußte, daß Ich dem Schwachen und dadurch **Demütigen** stets näher bin als einem Starken oder sich wenigstens törichterweise für stark Wähnenden!

15] Wer fällt wohl öfter im Gehen als die **Kindlein**?! Und dennoch sage Ich: „So ihr nicht werdet wie die Kleinen, werdet ihr nicht eingehen in Mein Reich der Himmel!" — Daraus kannst du auch ersehen, warum sich der Paulus seiner Schwäche rühmte.

16] Aber auch daraus [kannst du es ersehen], daß der gute Hirte die 99 gerechten Schafe verläßt und gehet suchen das hundertste Verlorene, und so Er es findet, es sobald unter der größten Freude auf Seine Achsel legt und es nach Hause trägt! — Und endlich kannst du den Schwachheitsruhm des Paulus auch daraus gar deutlich verstehen, daß der Vater nur dem verlorenen Sohne entgegenkam, ihn aufnahm, ihm dann sogar ein großes Gastmahl bereitete, ihn schmückte mit dem Herrnringe und ihn setzte in die größten Ehren!

17] Ich meine, Mein Freund und Bruder A. H.-W., mit dieser Lampe beleuchtet, wird es dir nicht mehr schwer werden, dergleichen Texte aus dem Grunde lebendig zu verstehen! — Ich, dein Vater und Gott Jesus, sage dir aber noch hinzu:

18] Wer da kämpfet in seiner Schwäche und sieget, ist Mir ums Tausendfache lieber als ein Starker, dem der Sieg ein leichtes ist. — Wenn der Schwache fällt, da will Ich ihn aufrichten, wie oft er auch immer fällt. Aber der Starke mag sich selbst aufrichten, so er gefallen ist.

19] Dies also sei dir ein gutes Bindeband von Mir, Jesus, an deinem Tage! Denn Ich binde dich dadurch in deiner Schwäche an Meine Stärke. Des sei völlig versichert zeitlich wie ewig! — Ich, dein lieber Vater Jesus! Amen.

☆

Das Wesen des Mannes und des Weibes

Am 3. Mai 1843

In dem 1840—1844 niedergeschriebenen Hauptwerke „Die Haushaltung Gottes" werden u. a. die Verhältnisse der auf den Gebirgshöhen wohnenden Nachkommen Adams geschildert. Die Urväter erhalten dabei vom Herrn Enthüllungen über das Wesen des Mannes und des Weibes.

Die Urväter: „O Herr, Du allerliebevollster Vater! Gib uns allen zu unserer Beruhigung über Deine erhabenste Antwort an den Muthael ein größeres Licht; denn in dem Lichte über unsere sittlichsten, besten Weiber können wir nicht glücklich, sondern nur unglücklich sein, da sie nach Dir doch unser allergrößtes Gut sind und wir Dir für dieses ewig nie genug werden danken können. . . O lieber Vater, laß daher unsere lieben Weiber samt uns von oben sein und nicht von unten!"

2] Und der Herr öffnete Seinen Mund und sprach zu den Vätern: „Ihr redet noch wie völlig Blinde in Meiner Ordnung! — So ihr nicht wisset, was im Geiste ‚oben' und was ‚unten' besagt, warum fraget ihr denn nicht danach, sondern verlanget dafür von Mir da ein Licht nur, wo ihr keines bedürfet, und daß Ich eures törichten Wunsches halber Meine ganze ewige Ordnung verkehren solle?!

3] Saget Mir: Verliert denn dadurch vor Mir das Weib etwas, so Ich von ihr gegenüber dem Manne aussage, daß sie von unten sei und also gegen den Mann den notwendigsten Gegenpol ausmacht, ohne den weder der Mann für sich, noch das Weib für sich bestehen könnte?!

4] Was werdet ihr denn aber sagen, so Ich nun zu euch sage: Ihr seid Mir gegenüber alle von unten her, und nur Ich allein bin von oben! — Höre Ich aber darum nur etwa auf, euer Schöpfer und alleiniger, ewig heiliger Vater zu sein?! Oder habe Ich nicht dich, Adam, aus der Erde Lehm, wie dein Weib, die Eva, aus deiner ‚Rippe' erschaffen?!

5] Da ihr aber alle wisset, daß der ‚Lehm' Meine Liebe und die ‚Rippe' Meine Gnade und Erbarmung bezeichnen, da Meine Gnade und Erbarmung eben also euer Leben einschließt, wie da einschließt und verwahrt des Leibes Leben dessen festes Gerippe, so müsset ihr euch ja doch selbst als überblind erkennen, wenn ihr da einen untröstlichen Unterschied findet, wo ihr einen nur übertröstlichen finden sollet!

6] Saget Mir, was wohl lobenswerter ist: die leuchtende Sonne selbst, oder ihr ausgehendes Licht? Was haltet ihr da für höher?

7] Ihr saget in euch: »O Herr, da ist ja das eine so notwendig und gut wie das andere!« — Gut, sage Ich; so die Sonne als die gesetzte Höhe in sich zu betrachten ist, was ist aber da mit ihrem ausgehenden Lichte für ein Standverhältnis dann?

8] Ihr saget: »Das muß dann ja notwendig allenthalben unter der Sonne sein!« — Gut, sage Ich; so aber die Sonne an und für sich keinen höhern Wert hat denn ihr ausgehendes Licht, indem doch die Sonne ohne das ausgehende Licht so gut wie gar keine Sonne wäre und auch gar keinen Wert hätte, so wird das ja dem Weibe doch sicher auch nichts schaden und seinen Wert nicht im geringsten beeinträchtigen, wenn es dem Manne gegenüber notwendigerweise ‚unten' steht.

9] Ich aber sage: Wenn das Weib ist, wie es sein soll, so hat es vor Mir den Wert des gerechten Mannes und ist ebensogut ein liebes Kindlein von Mir wie der Mann; verirrt sich aber das Weib, so werde Ich es so gut suchen wie den Mann. — Ein arges Weib aber ist ebensogut arg, als wie arg da ist der Mann; denn der Strahl aus der Sonne ist wie die Sonne selbst.

10] Es wird aber eine Zeit kommen, da Ich den Strahl sammeln werde im Weibe, um die erloschene Sonne im Manne zu erleuchten! — Verstehet solches, und lasset einmal ab von eurer alten Torheit! Liebet eure Weiber gerecht, aber machet aus ihnen nicht mehr oder weniger, als sie von Mir aus sind! Es ist genug, so ihr sie euch gleich achtet; darüber wie darunter soll eine Sünde sein! Amen."

☆

Auslegung des Propheten Obadja

Am 6. Mai 1843

Der Prophet „Obadja", das heißt: Der Prophet der Gegenwart und Zukunft, oder: der Prophet des Aeußeren und Inneren, wie auch des äußeren Glaubens und der inneren Liebe.

2] „Von der Edomiter Strafe und der Israeliten Erlösung",[1] das heißt: Vom Gerichte der Welt und von der Freilöse der Kinder der Liebe Gottes, oder: von der Weltmenschen Verworfenheit und von der Herrlichkeit der wahren Anbeter und Liebhaber des Herrn Gott Zebaoth in Jesu Christo, wie auch: von der Zugrundegehung der Weltkirche und ihrer Diener und der Auferstehung der wahren, lebendigen Kirche in der reinen Liebe zu Gott, dem Herrn in Jesu Christo.

3] 1. Vers: „Dies ist das Gesicht Obadjas. So spricht der Herr Herr von Edom: »Wir haben vom Herrn gehört, daß eine Botschaft unter die Heiden gesandt sei: Wohlauf, lasset uns wider sie streiten!«"

4] Dies ist das Licht der Gegenwart und der Zukunft, des Aeußeren und des Inneren, des Weltglaubens und des inneren Liebelichtes im Herrn! Also zeuget der Herr vor der Welt und ihren ungerechten, liebelosen Werken! Wir Kinder im Lichte der Liebe zum Herrn wissen es aus Ihm, daß die Welt das Gnadenlicht des Herrn verkehrt in Arges, Geiziges, Selbstliebiges und Hurerisches und achtet des Herrn nicht im geringsten Seiner Selbst willen, sondern macht aus Ihm nur eine falsche, schlechte Ware, um sie als echte an uns zu verkaufen. Wohl uns, und alle Liebe und Anbetung dem Herrn, da Er uns solches angezeigt hat! Wir wollen uns daher in unserem, von Liebe und Gnade des Herrn erfüllten Herzen aufmachen und kämpfen gegen alles, was der Welt und nicht des Herrn ist!

5] 2. Vers: „Siehe, Ich habe dich gering gemacht unter den Heiden und sehr verachtet."

6] Höre Welt! Du bist gerichtet! Deine Liebe ist ein kalter Ofen im Winter und dein Licht zur barsten Finsternis geworden, und all dein Tun, Treiben und dein großes Geschrei gleicht einem besoffenen Esel, der mit verbundenen Augen und dicht verstopften Ohren auf dem Eise herumtanzt zur Lache der Zuschauer.

7] 3. Vers: „Der Hochmut deines Herzens hat dich betrogen, weil du in der Felsen Klüften wohnest, in deinen hohen Schlössern, und sprichst in deinem Herzen: »Wer will mich zu Boden stoßen?«"

[1] Ueberschrift der Prophetie des Obadja in der Lutherbibel; d. Hsg.

8] Deine irrwähnige göttliche Machtvollkommenheit hat dein Herz oder deine Liebe von Mir abgezogen und hat es erfüllt mit Hochmut, Stolz, Zorn, Rache, Hurerei und allem Gerichte, indem du, als die am meisten gerichtete Hure, auch am meisten richten wolltest und auch gerichtet hast nach deinem eigenen Sinne — weil du glaubtest, dazu darum ein Recht zu haben, da du dein loses Wesen listigerweise auf Mein Wort, mißdeutend, gebaut hast wie auf Felsen und Klüfte (verkehrten Wortsinn und unentwirrbare Geheimnisse) und dich trügerischer- und schändlichst eigenmächtigerweise gesetzt hast auf den Thron Meiner Mir allein zukommenden Macht („hohe Schlösser") und sprichst vom geraubten Throne herab: „Kommet alle zu mir! Denn außer mir ist kein Heil, keine Liebe, keine Gnade, keine Erbarmung, kein Licht und kein Leben! Ich allein wohne auf dem Felsen, und keine Hölle kann mich überwältigen!"

9] 4. Vers: „Wenn du denn gleich in die Höhe führest wie ein Adler und machtest dein Nest zwischen den Sternen — dennoch will Ich dich von dannen herunterstürzen, spricht der Herr!"

10] Ich dein Herr und dein Gott donnere dir nun in dein lange schon verstopftes Ohr und in dein zum Steine verstocktes und verhärtetes Herz von allen Seiten her: Wenn du nun dich auch [zum Scheine] erheben möchtest durch allerlei Künste und möchtest auch Licht predigen und in alle Duldung übergehen und aufgeben all dein scharf sehendes Richteramt und möchtest auch zusammenziehen alle Weisen aus Mir und möchtest dir erbauen eine Wohnung unter ihnen im Bereiche Meines Gnadenlichtes — so werde Ich dich dennoch, deiner alten Hurerei willen, ergreifen und hinabschleudern in die Tiefe deines Unflates. Tue, was du willst, Ich will dich aber nimmer ansehen in deiner Art und will dich nimmer erkennen in deinem Gewande, und dein Nest soll eine zeugende Lagerstätte deiner Hurerei verbleiben! — Also donnere Ich, dein Gott und dein Herr!

11] 5. Vers: „Wenn Diebe oder Räuber zur Nacht über dich kommen werden, wie sollst du da zunichte werden! Ja, sie sollen genug stehlen! Und wenn die Weinleser über dich kommen, so sollen sie dir keine Nachlese übriglassen!"

12] In deiner großen Nacht will Ich in deinem Schoße Weise erwecken und will vielen geben heilige Gesichte. Diese sollen deinen alten Schleier lichten und dich aller Kreatur zeigen in deinem wahren Lichte und elendem, ärgstem Zustande! Wie wirst du da aus deiner gräßlichsten Nacht Meinem allerhellsten Lichte aus den Himmeln begegnen?! — Ja, Ich sage dir, diese werden dir alle deine kostbaren Kleider ausziehen und du wirst als eine alte, schändliche Hure und Ehebrecherin nackt, von Meinem mächtigen Lichte beleuchtet, vor der ganzen Welt dastehen! Deine Kostbarkeiten von großem Werte, die du noch verborgen hältst, werden dir genommen werden. Und zur Zeit der großen Ernte in Meinem Weinberge jenseits soll dir nicht einmal die Nachlese der Gassenbuben übrigbleiben, sondern vom Sande sollst du dich sättigen und am dürren Moose den Durst stillen!

13] 6. Vers: „Wie sollen sie den Esau ausforschen und seine Schätze suchen!"

14] O wie sollst du da ausgeforscht werden, du Weltbuhlerin (Esau)! Und wie wirst du dich selbst aussuchen in allen deinen Winkeln! — Aber du sollst nichts finden in dir! Denn was du hattest aus Mir, ist dir genommen worden, du Heidenkönigin! Du wirst umsonst geprüfet werden! Denn die dich durchsuchen werden, sollen fürder nichts in dir finden.

15] 7. Vers: „Alle deine eigenen Bundesgenossen werden dich zum Bunde hinausstoßen, die Leute, auf die du deinen Trost setztest, werden dich betrügen und überwältigen; die dein Brot essen, werden dich verraten, ehe du es merken wirst."

16] Alle deine Anhänger, die du dir zu eigen angebunden hast mit deiner langen Doppelzunge Macht, werden dich in ihren Herzen gar höchlichst verabscheuen. Und diejenigen blinden Leute, auf die du bautest wie auf einen Felsen, werden dich überlisten mit der Macht ihrer Nacht und werden dir nehmen alle deine Macht. Ja sogar deine geweihten Knechte, Diener und Söldner, also deine Geschworenen und Gesalbten, werden dich vor der ganzen Welt enthüllen und dich dem Volke zeigen, wie du bist in deiner Art voll Torheit, voll Lüge und voll Betruges. Du aber sollst es nicht einmal merken, wie es diese anstellen werden, um an dir den lang verdienten Hochverrat zu begehen.

17] 8. Vers: „Was gilt's, spricht der Herr, Ich will zu selbiger Zeit die Weisen zu Edom zunichte machen und die Klugheit auf dem Gebirge Esau."

18] Was gilt es? — Also donnert der Herr: Du wähnest unüberwindlich zu sein, weil du dich den Machthabern der Erde aufgedrungen hast und diese dich in den Waffenschutz aufgenommen haben! Und du glaubst, Ich werde dir darum nichts anhaben können, weil du dazu auch noch eine Menge Weiser hast und eine Menge Scharfzüngler, die für deine ewig sein sollenden Rechte sprechen!? — Ich, dein Herr, aber will zu dieser deiner letzten Zeit deine Weisen zu Toren machen, die alle Welt auf den ersten Blick erkennen soll, und alle deine Prunkerhabenheit zur allgemeinen Weltlache! Da sehe du dann weiter, was es da mit dir für eine Bewandtnis in Zukunft haben soll! — Also deine falsche Liebe (Edom) und all dein falsches Licht (Esau) sollen auf ewig zunichte werden.

19] 9. Vers: „Denn deine Starken zu Theman sollen zagen, auf daß sie alle auf dem Gebirge Esau durch den Mord ausgerottet werden."

20] Deine Starken im Worte (zu Theman), welche sich „Gottesgelehrte" nennen, aber dennoch von Gott noch nie eine Silbe vernommen haben, sondern alle ihre diplomatische Gottesgelehrtheit von der Welt her haben, will Ich ängstigen in ihrem Weltgewissen. Und wenn sie ein Konzilium ihrer doktorlichen Weisheit halten werden, da will Ich sie gerade auf den Scheitel ihrer Weisheit schlagen und sie zugrunde richten lassen von den schwächsten Meiner [wahrhaft] weisen Kinder in der Wiege Meiner Liebe, Gnade und Erbarmung!

21] 10. Vers: „— um des Frevels willen, an deinem Bruder Jakob begangen."

22] Und das will Ich tun des großen Frevels willen, welchen dieses dein „samaritisches Geschlecht" an Mir und Meinem Worte verübt hat.

23] 11. Vers: „Zu der Zeit, da du wider ihn stundest, da die Fremden sein Heer gefangen wegführten und Ausländer zu seinen Toren einzogen und über Jerusalem das Los warfen, da warst du gleich wie derselbigen einer. Darum sollst du zu allen Schanden werden und ewiglich ausgerottet sein!"

24] Du warst allezeit gleich den ärgsten Heiden. Wenn du auch gewaltig gegen sie kämpftest, da sie Mein Wort zertraten und an dessen Stelle das finstere Heidentum einsetzten und über Mein Wort gleich Tigern herfielen, so bist du aber dennoch, im Besitze Meines Wortes, nicht nur ihnen völlig gleich, sondern ärger um vieles als sie. (Siehe an die Kriege zu Konstantins Zeiten und dann die Kreuzzüge!) — Ich aber sage dir: Eben darum sollst du in deiner Wirkung ausgerottet werden ewiglich! Deine Bekenner sollst du an den Fingern zählen und sollst schuldig werden aller Welt!

25] 12. Vers: „Du sollst nicht mehr deine Lust sehen an deinem Bruder zur Zeit seines Elends und sollst dich nicht freuen über die

Kinder Juda zur Zeit ihres Jammers und sollst mit deinem Maule nicht zu stolz reden zur Zeit ihrer Angst!“

26] Bis jetzt jubeltest du, so du sahest Meine Bekenner (Antirömlinge, Protestanten, Hugenotten) in irgendeinem Elende und schobest alles als Schuld ihres Ketzertums gegen dich auf sie und nanntest das eine „gerechte Züchtigung“ und stimmtest Lobgesänge an, wenn durch deine Ranglust und arge List tausende Meiner Bekenner getötet worden sind. Aber in der Zukunft sollst du diese Freude nimmermehr haben! Du sollst dich nicht freuen über die Prüfungen der Meinen, und deine Gesandten sollen mit ihnen nichts richten in der Zeit ihrer Probe!

27] 13. Vers: „Du sollst nicht zum Tore Meines Volkes einziehen zur Zeit ihres Jammers! Du sollst nicht wider sein Heer schicken zur Zeit seines Jammers!“

28] Du sollst nicht in das geheime Gnadenlicht eindringen zur Zeit der Heimsuchung Meiner Bekenner! Mit Ekel sollst du erfüllt sein gegen Meine Erbarmung, Liebe und Gnade für Meine Bekenner! Wenn sie an weltlichen Dingen darben und fasten werden, da soll dir alle Lust vergehen, dich zu freuen über Meine Bekenner! Wenn sie von Mir geläutert werden, auch da werden deine Prediger zu großen Schanden werden vor ihnen!

29] 14. Vers: „Du sollst nicht stehen an den Wegscheiden, seine Entronnenen zu morden! Du sollst seine übrigen nicht verraten zur Zeit der Angst!“

30] Wenn du dich an die Wege stellen möchtest, um in dein Netz zu fangen die Schwachen Meiner Bekenner, da wird dir solches nicht zugelassen werden! Und wirst du dich an die Höfe der Könige wenden, da sollst du abgewiesen werden in deinen verräterischen Forderungen zur Zeit der Umwandlung Meiner Bekenner!

31] 15. Vers: „Denn der Tag des Herrn ist nahe über alle Heiden. Wie du getan hast, so soll dir wieder geschehen, und wie du verdient hast, so soll dir's wieder auf den Kopf kommen!“

32] Siehe, Mein Tag der Gnade, des Lichtes und der Liebe ist herangekommen über die Meinen; aber als ein Gerichtstag über alle Heiden und um so mehr noch über dich. Wie du es mit anderen getrieben hast, so sollen sie es nun treiben mit dir! Und dein lange schon wohlverdienter Lohn soll über dein Haupt kommen!

33] 16. Vers: „Denn wie ihr auf Meinem heiligen Berge getrunken habt, so sollen alle Heiden täglich trinken! Ja, sie sollen's aussaugen und verschlingen, daß es sei, als wäre nie etwas dagewesen!“

34] Wie du aber deine Weltmacht auf Mein Wort fälschlich und arglistig gestützt hast und hast dir große Ehre, Gold und Edelsteine verschafft — desgleichen sollen nun deine „Heiden" dir tun und sollen dich gleich Blutigeln aussaugen bis auf den letzten Lebenstropfen! Ja sie, die durch dich „Heiden" geworden sind, sollen über dich von allen Seiten herfallen und dich völlig verschlingen, daß du darob sein sollst, als wärest du nie gewesen.

35] 17. Vers: „Aber auf dem Berge Zion sollen noch etliche gerettet werden, die sollen Heiligtum sein, und das Haus Jakob soll seine Besitzer besitzen."

36] Aber von den Bekennern Meines Wortes, die da sind im Glaubenswahren, werden diejenigen zum lebendigen Worte in ihnen und somit zur völligen Wiedergeburt des Geistes gelangen, die durch ihren Glauben Mich, den Herrn, in der Liebe ihres Herzens werktätig ergriffen haben. Diese sollen dann aber auch ein geistiges Amt (Heiligtum) überkommen und Mein lebendiges Wort. Das Haus Jakobs soll ihrer Glaubens- und Liebe-Gerechtigkeit zu eigen werden, und also das Haus Jakob seine Besitzer besitzen.

37] 18. Vers: „Und das Haus Jakob soll ein Feuer werden und das Haus Joseph eine Flamme! Aber das Haus Esau Stroh; das werden sie anzünden und verzehren, daß vom Hause Esau nichts übrigbleibe. Denn der Herr hat's geredet!"

38] Das lebendige Wort wird ein Feuer werden in den Herzen derer, die es besitzen werden, und eine leuchtende Flamme denen, an die es aus dem Munde der Besitzer übergehen wird, in dessen Lichte sie gleich dem Besitzer schauen sollen die großen Wundergeheimnisse Meines Reiches! Alles menschliche, weltgelehrte Wort aber soll dagegen werden wie ein leeres, dürres Stroh; desgleichen auch alle studierten Mundpredigten und Kanzelreden — wenn das „Haus Jakobs" und das „Haus Josephs" über das „Haus Esaus" kommen werden! Und es soll vom „Hause Esaus" nach dem Brande nichts mehr übrigbleiben. „Denn der Herr hat es geredet", das heißt: Solches wird ganz gewiß geschehen, hier zeitlich und jenseits ewig!

39] 19. Vers: „Und die gegen Mittag werden das Gebirge Esau und die in den Gründen werden die Philister besitzen. Ja sie werden das Feld Ephraims und das Feld Samarias besitzen, und Benjamin das Gebirge Gilead."

40] Die im Lichte der inneren, wahren Weisheit sind, die werden auch alle Weltweisheit unterjochen und sie am Ende zunichte machen.

Welche aber in dem Feuer der Liebe stehen, also die eigentlichen Besitzer des „Hauses Jakobs", aus welchem erst das „Haus Josephs" hervorgeht, werden in der Fülle gefangennehmen die falschen Propheten, Lehrer, Prediger, Redner und Gesetzgeber, welche da sind Diener, Knechte und auch Herren im „Hause Esaus"! Ja sie werden das Reich der Liebe und das Reich der Gnade aus Mir besitzen, das heißt: Das Reich der Himmel — und zwar das „Haus Jakobs" den zweiten, das „Haus Josephs" den ersten oder untersten Weisheits- und Gnaden-Himmel. Benjamin aber, oder: die reine Liebe zu Mir — das Gebirge Gilead, oder: die Kraft des lebendigen Wortes aus Mir in ihnen, oder: den obersten Liebe- und Unschulds-Himmel. Denn „Benjamin" bezeichnet Meiner reinsten Liebe Kinder, die da zu Mir kommen sollen und denen solches niemand verwehren soll ewiglich — da „solcher ist das wahre, oberste Reich der Himmel!"

41] 20. Vers: „Und die Vertriebenen dieses Heeres der Kinder Israel, so unter den Kanaanitern bis gen Zarpath sind, und die Vertriebenen der Stadt Jerusalem, die zu Sepharad sind, werden die Städte gegen Mittag besitzen."

42] Die aber von den Weltklugen und Weltpriestern am meisten gehaßten sogenannten „Ketzer", die darum also genannt werden, weil sie statt des Weltreligionskrames und Tandelmarktes das reine Evangelium ergriffen haben, und nun darum auch nur als Geduldete hie und da unter den Kanaanitern bestehen und ebenso auch die „Altgläubigen", welche von jeher beim Worte geblieben sind und jetzt gänzlich unbeachtet leben (die „Schismatiker"), sollen in der Weisheit und Liebe geweckt werden, das ist: „die Städte gen Mittag beziehen."

43] 21. Vers: „Und es werden Heilande heraufkommen auf den Berg Zion, das Gebirge Esau zu richten! — Also wird das Königreich des Herrn sein."

44] Und es werden von allen Seiten, das heißt aus allen Glaubensrichtungen übereinstimmende, im Geiste mächtig geweckte Besitzer des lebendigen Wortes von Mir aufgestellt werden, auf den Berg Zion kommen und werden aller Welt ein neues Licht anzünden und sie somit richten in ihrer grenzenlosen Torheit und sie „strafen", das heißt, mit ihrem Lichte zur wahren Buße und Umkehr bringen.

45] Und das wird sein „Mein Reich auf Erden“, oder Ich als der ewige König unter Meinen getreuen Bekennern, Liebhabern, Kindern und wahren Anbetern Meines Namens im Geiste und aller Wahrheit. Und der Tod wird seine Rechte einbüßen, wo der König des Lebens also herrschen wird — das heißt, der Tod des Geistes, aber nicht etwa des Fleisches. Denn dieses muß getötet werden, wenn der Geist lebendig werden soll, da es die eigentliche Erbsünde des unsterblichen Geistes ist, also ein Erbe des Satans — durch Meine Erbarmung aber nur auf eine kurze Zeit zu tragen!

46] Das ist also das Verständnis dieses Propheten in weltlicher und geistiger Hinsicht, allgemein betrachtet! — Es hat aber alles dieses auch noch einen besonderen Sinn für jeden Menschen. Wer solches fassen will, der nehme sein „Weltliches“ unter „Esau“ und sein „Geistiges“ unter „Jakob“ oder „Israel“, so hat er es ganz für sich anwendbar. — Solches ist demnach auch zu beachten! Amen.

Für geistig Schwerhörige

Am 10. Mai 1843

Bemerkung Anselm Hüttenbrenners: Bei Jakob Lorbers Abreise von Graz, die am 18. Sept. 1844 stattfand, haben sich unter seinen, mir zur Ordnung und Aufbewahrung übergebenen Papieren folgende zwei Nebenworte vorgefunden:

Ich weiß schon, was du möchtest! — Aber siehe, es kann diesmal nicht sein. Denn wo junge Pharisäer in solchen Ehren stehen, die Mich doch kreuzigen Tag für Tag und an allem eine größere Lust haben als an Mir und Mich nicht erkennen, sondern nur verkennen lernen in jeder Silbe Meines Wortes — da bleibe Ich ferne. Ist es doch sicher eine böse Lust, sich unter die zu mengen, welche das Henkerhandwerk lernen, um Mich von neuem zu kreuzigen in jegliches Menschen Herz!

2] Wer Lust hat mit Tigern, Löwen und Hyänen zu spielen, der habe sie immerhin; aber nur Mich lasse er dabei ungeschoren! — Ich bin nicht etwa dagegen. Ein jeder tue nach seiner Lust! Ich jedoch will nicht dabei sein. Denn auch Ich habe Meine eigene Lust — aber nur an den Pharisäern nicht und an denjenigen auch nicht, die da eine so große Lust und Freude an ihnen haben.

3] Daher gebe Ich dir auch diesmal nichts für sie[1] und werde dir so lange nichts geben, als in ihnen die gar intime Pharisäerliebe, -freundschaft und -lust dauern wird!

4] Komme Mir denn auch mit so etwas nicht sobald wieder! Denn Ich bin kein Gelegenheitsdichter! — Verstehe solches! Amen.

☆

5] Das Folgende gieb der Julie H., so du es willst und wann du es willst. Denn Ich werde hinfort kein Wörtchen an sie richten, da sie Meine letzte väterliche Liebewarnung nicht beachtet hat, die darin bestand, daß Ich ihr anzeigte, wie sie sich zwischen Mir und der Welt zu schwingen hat angefangen.

6] Sage ihr, daß vor Meinen Augen kein Ding verborgen ist! Niemand kommt bei Mir auf mit was immer für einer Unwahrheit in seinem Herzen!

7] Solches aber mißfällt Mir, daß sie stumm wird, da sie für sich anfängt so manche Geheimnisse in ihrem Herzen zu sammeln und dieselben zu verbergen sucht, entweder durch Wortlosigkeit oder durch Worte anderen Sinnes!

8] Sage ihr, bis jetzt noch war Ich, der heilige Vater Selbst, ihr großer Schutzgeist, da Ich ihr aus Meiner großen Liebe habe eine Gelegenheit verschaffen wollen, durch welche sie ehestens zur völligen Wiedergeburt des Geistes gelangt wäre. Siehe, da ersah sie jedoch ein paar unbärtige Weltknaben, an denen ihre Augen mehr Wohlgefallen fanden als an Mir! Sie kehrte Mir den Rücken in ihrem Herzen. Und darum auch habe Ich ihr nun an Meiner Statt einen mittelstarken Geist beigesellt, der sie in ihrer weltlichen Ordnung leiten und ihren Leib wohlgefällig ausbilden soll für die Lüsternheit der Weltmenschen — was ihr nun auch seit kurzer Zeit zum allerliebsten geworden ist!

9] O siehe, siehe, wie veränderlich und wetterwendisch doch die Menschen sind! — Die Mich heute liebend umfangen, die sind des anderen Tages voll Freuden in ihrem Herzen, wenn der Satan wieder die ersten Ketten um ihren Nacken geworfen hat!

10] Sage dem Mädchen, das zwar gerne in die Kirche läuft (warum, das weiß Ich) und auch gerne daheim verbleibt (warum, das weiß Ich auch) und gar wenig Lust und Eifer mehr zu Mir und Meinem

[1] d. h. die Freunde der „jungen Pharisäer"; d. Hsg.

Worte wie auch zur lieblichen, sanften Sprache der Töne hat (darum ihr auch nicht selten deine Lektionen zu lang werden und ebenso auch die Zeit, wann der Vater aus Meinem lebendigen Worte eine kurze Vorlesung hält) — [dieser Tochter kannst du kundtun,] daß sie das Gesagte ja gar wohl bei sich erwägen und beachten solle!

11] Sonst hat sie hiermit von Mir die letzte Warnung erhalten! Und ihre weltlich gemengten Wünsche darf sie dann auch nur der Welt vorlegen. Denn den Gebeten weltlicher Herzen pflege Ich kein Ohr zu leihen. Solches aber sollen alle Weiber und Mägde erfahren, daß da Meine Geduld mit ihnen um vieles eher zu Ende ist denn mit dem Manne, darum sie schon von jeher waren die Wurzel aller Sünde! Und darum solle sich auch dies Mädchen nicht wundern, so sie solches vernimmt von Mir. Denn die Mädchen und die Weiber sind ja noch allzeit der Fall der Männer gewesen. Und darum auch habe Ich die größte Geduld nicht mit den Weibern und lasse sie viel eher sinken denn einen Mann, wenn sie Meinem Vaterrufe nicht folgen wollen.

12] Solches kannst du nun also, so du willst, dem Mädchen wohl kundgeben. Aber zur Pflicht mache Ich es dir nicht, da sie Mein letztes Wort an sie nicht beachtet und heimlich deinen oftmals ausgesprochenen Rat an sie verlacht hat! — So du also willst, kannst du es ihr ja geben.

☆

Die Schiffspredigt des Herrn

(Zum Evangelium des Lukas, 5. Kapitel)

Am 16. Mai 1843

Diese Predigt, aus 64 Versen bestehend, ging bei der ersten großen Kirchenversammlung verloren. Hier aber wird sie von Wort zu Wort wiedergegeben zum Frommen der gläubigen Liebhaber des Herrn. — Die Predigt aber lautete mit den 3 vorhergehenden Versen also:

2] „Es begab sich aber, daß sich das Volk zu Ihm drang, zu hören das Wort Gottes aus Seinem Munde, da Er am See Genezareth war und vor dem großen Andrange des Volkes nicht Platz hatte, am Ufer zu stehen.

3] Er sah aber zwei Schiffe am See[-Ufer] liegen, aus denen die Fischer ausgestiegen waren, ihre Netze zu waschen.

4] Da trat Er sobald in eines der beiden Schiffe, welches da des Simon war, und bat ihn, daß er es ein wenig vom Lande führete. Als solches der Simon voll Ehrfurcht und geheimer Liebe getan, da setzte Sich der Herr alsbald und begann aus dem Schiffe das Volk zu lehren." Und Er tat Seinen Mund auf und sprach laut zum Volke:

5] „Der Geist des Herrn ist über Mir, darum hat Mich der Herr gesalbet. Er hat Mich gesandt, den Elenden zu predigen, die zerbrochenen Herzen zu verbinden, zu predigen den Gefangenen eine Eröffnung und den Gebundenen eine Erledigung, wie es der Prophet Jesajas gesagt hat.

6] So höret denn ihr Elenden und jauchzet! Denn euer Licht geht auf wie die Sonne aus dem Meere, und eure Herzen werden hell leuchten wie die Wogen des Meeres im Lichte der aufgegangenen Sonne.

7] Denn siehe, Finsternis bedecket das Erdreich und ein großes Dunkel all die Völker; aber über dir gehet auf der Herr, und Seine Herrlichkeit erscheinet über dir!

8] Und die Heiden werden in deinem Lichte wandeln und die Könige im hellen Glanze, der nun über dir aufgeht.

9] Freue dich, Zion, deinen Kindern und allen denen, die sich bekehren werden von der Sünde, ist ein Erlöser gekommen! Höre, also spricht nun der Herr:

10] Wie lange ist es wohl, daß ihr gebunden seid?! Und wer aus euch mag die Jahre zählen, die ihr schon von Uranbeginn her schmachtet?!

11] Eure Väter weinten, als sie Knechte wurden zu Babel; und Mütter herzten ihre Kinder und wehklagten.

12] Aber hier ist mehr als Babylon! — Ich habe die Kinder auferzogen; aber sie haben ihre Heimat vergessen; ihren Vater kennen sie nicht mehr.

13] Wehe euch, die ihr euch frei zu sein dünket! Denn ihr seid des Tempels Knechte geworden. Das ganze Haupt ist krank, und das Herz ist matt geworden.

14] Was soll Mir die große Menge eurer blinden Opfer? Solches spricht doch der Herr: »Ich bin satt geworden der Brandopfer von Widdern und des Fetten vom Gemästeten. Ich habe keine Lust zum Blute der Farren, der Lämmer und Böcke.[1]

[1] Jesaja Kap. 1, V. 11—14.

15] Wenn ihr aber hereinkommet, zu erscheinen vor Mir, saget, wer fordert solches von euern Händen, so ihr in Meinen Vorhof tretet? — Ich sage euch: Nicht Ich, nicht Der, der Mich gesalbt hat von Ewigkeit, sondern die Habsucht der Diener des Tempels und des Vorhofes.

16] Bringet daher nicht mehr Speisopfer so vergeblich! Das Rauchwerk ist Mir ein Greuel und der Neumond und der Sabbat, da ihr zusammenkommet und habet nichts davon denn leere Mühe und tote Angst.

17] Meine Seele ist feind geworden allen euren Neumonden, Jahreszeiten, Festen und Jubeljahren! Ich bin ihrer Leerheit überdrüssig und bin müde geworden, noch länger zu schauen eure Torheit. Denn so ihr Gott nicht liebet, was sollen da eure toten Opfer Mir, dem Lebendigen!«

18] Also [sprach und] spricht auch nun der Herr: »So ihr aber den Vater von Herzen lieb habet, wozu dann des Tierblutes und des Rauchwerkes?«

19] Und Er sagte ihnen darauf dieses Gleichnis:

20] „Es war eine Witwe, die hatte zwei Söhne. Der eine hieß Levi und der andere Josua.

21] Die Witwe aber war krank und ächzte und stöhnte auf ihrem Lager, und ihr Angesicht ward blaß, und ihre Augen fingen an sich zu verdunkeln.

22] Da rief sie ihre Söhne zu sich und sprach zu ihnen: »Meine geliebten Söhne, höret mich, eure hinscheidende Mutter! Meine letzte Stunde ist gekommen. Gehet aber hin und betet, ob der Herr Sich etwa meiner erbarmen möchte oder möchte zu Sich nehmen meine Seele im Frieden.«

23] Da gingen die Söhne hinaus und weinten. — Und der Levi sprach: »Wer wird sich unser erbarmen und uns versorgen, wenn die Mutter von uns genommen wird?«

24] Aber Josua sagte: »Möchte ich doch lieber nichts haben als Brot und Wasser, wenn ich nur das Grab meiner Mutter nicht sehen müßte! — Lieber Bruder, laß uns hingehen und beten, ob der Herr Sich unser erbarme und sende Seinen Engel, daß Er die Mutter stärke und ihr Rettung bringe von oben!«

25] Und Levi, der Erstgeborene, ging hierauf in den Tempel und sprach bei sich selbst:

26] Ich will dem Herrn ein Brandopfer tun zum süßen Geruche, zwei junge Farren, einen Widder, sieben jährige Lämmer. Dazu als

Speiseopfer drei Zehnten Semmelmehl mit Oel gemengt zu einem Farren, zwei Zehnten zu dem Widder und je einen Zehnten zu einem der sieben Lämmer.

27] Aber Josua ging hinaus unter die Palmen, kniete dort nieder, faltete seine Hände und betete also:

28] »Ach! Der Du hörest das Seufzen der Betrübten und das Wehe-klagen des zerbrochenen Herzens, siehe an meine Tränen und mein verfallenes Angesicht und hilf mir, Du lieber, heiliger Vater im Himmel!

29] Auf Dich allein hofft meine Seele! Erbarme Dich, du Trost der Elenden, erbarme Dich unser, o du lieber, guter, heiliger Vater!

30] Ich kann Dir ja nichts geben als nur dies mein armes, zerbrochenes Herz; aber ich will Dich lieben mit unendlicher Liebe und auf dem Wege der Gerechtigkeit wandeln mein Leben lang!«

31] Und sehet, ein heller Glanz verbreitete sich unter den Palmen und eine Stimme sprach aus der strahlenden Wolke:

32] »Sie lebet! — Dein Bruder hat Mir Brandopfer gelobt; aber keine Träne hat seine Augen befeuchtet.

33] Du aber hast vor Mir gebetet und geweint und hast Mir dein Herz gegeben. Darum gehe aber auch hin im Frieden!«

34] Und als er heimkam, da trat schon seine Mutter aus der Hütte ihm entgegen, schloß ihn in ihre Arme und segnete ihn.

35] Was meinet ihr, welcher Sohn da ein rechtes Opfer dem Herrn gebracht hat? — Ihr sprechet: »Josua!«

36] Ich aber sage euch: Eben darum hänget auch ihr euer Herz nicht an den leeren Tempel und pochet nicht darauf! Denn er ist von Menschenhänden gemacht und wird bald verwittern, da seine Zeit kommen wird, und seine Priester werden sterben.

37] Was dünket euch? — der Tempel ist groß zu Jerusalem und das Herz ist klein in der Brust. Aber dieses kleine Herz kann den großen, lebendigen Gott lieben. Ist es darum nicht ein schöneres und herrlicheres Werk als das, welches Salomo baute?

38] Habt ihr gelesen, was der Prophet Jesaja spricht?[1] — Das ist sein Wort: »Ich will Gold anstatt des Erzes und Silber anstatt des Eisens bringen und Erz anstatt des Holzes und Eisen anstatt der Steine und will machen, daß deine Vorsteher den Frieden lehren sollen und deine Pfleger Gerechtigkeit predigen.«

[1] Kap. 60, V. 17.

39] Aber wo ist der Friede auf Erden? Und wo hauset die Ruhe unter den Menschen?

40] Sehet, das Leben gleichet dem Schifflein im Meere, das stets hin und her wanket und immerdar geschlagen wird von den zornigen Wellen. Sie fahren stolz einher und bäumen sich hoch auf. Aber bald fallen sie zurück ins Meer und werden da zu nichtigem Schaume.

41] Ich bin von Gott gesandt, um Frieden zu bringen den Menschenkindern vom Aufgange bis zum Untergange; aber dem ungeachtet ruhet der Arge nicht, und der Teufel hat seine Apostel bis zu seiner Zeit.

42] Ich bin der Stein des Anstoßes und ein Fels der Aergernis dem Hause Israel, zum Strick und Falle all den Heuchlern auf Erden, daß ihrer viele sich daran stoßen, fallen, zerbrechen, verstricken und gefangen werden.

43] Wehe euch Pharisäern und Sadduzäern, das Licht ist schon vormals dem Moses erschienen, als der Busch brannte im Feuer; aber ihr verbindet euch selber die Augen!

44] Das Gesetz des Herrn ist ewig und steht in eines jeden Menschen Herzen geschrieben; aber ihr, die ihr den Frieden predigen sollet, entzweiet die Menschen und verdammet da, wo ihr mit aller Liebe suchen sollet.

45] Ihr seid verkehrte Leiter und Führer des Volkes, und eure Kinder und Kindeskinder werden es noch ärger machen!

46] Ihr schlaget den Fels; aber er bleibet verschlossen. Ihr küsset noch die Rute Arons; aber sie grünet nicht mehr.

47] Höret, die ihr pflanzet die Zeder unter dem Felsen und bindet die Rebe an einen morschen Pfahl! Die Zeder wird dennoch grünen, und die Rebe wird sich an dem Felsen hinaufranken.

48] Hebet eure Augen auf und schauet ins Meer! Meinet ihr [oft] nicht: Die bergehohen Wogen wollen die Sonne verschlingen?

49] Ich aber sage euch: Es ist nur der Sonne Bild, das sie brechen; aber die Sonne waltet ganz unbekümmert um dieses Meeres Wogen am hohen Himmel und freut sich ihres ewigen Tages.

50] Darum sollet ihr die Herzen nicht binden und plagen mit vergeblichen Worten und nicht schreien: »Hier ist eine Schlange und dort ist eine!« — da ihr doch selbst keine sehet und je gesehen habt.

51] Höret daher auf zu lehren das Volk, ihr Heuchler, Hurer und Ehebrecher, sondern lernet selbst von denen, die den Weg des Herrn suchen in der Liebe und Einfalt ihres Herzens!“

52] Und Er sagte ihnen abermals ein Gleichnis:

53] „Nathan, der Alte, war gestorben und hatte zwei Söhne hinterlassen und Malkah, seine Tochter.

54] Diese Kinder befragten sich untereinander und sprachen: »Was meinte doch unser Vater, als er starb und vor seinem Hinscheiden sagte, wir sollen sein Gedächtnis im Segen erhalten?«

55] Und die Söhne stritten und zankten darüber miteinander von der Frühe bis zum Untergange der Sonne.

56] Sie wollten ein Denkmal setzen — der eine von Holz, der andere von Marmor. Der eine wollte, daß die Ueberschrift lang, der andere aber, daß sie kurz sein sollte. Der eine wollte dieses Denkmal in den Garten, der andere aber an der Wegscheide setzen.

57] Am nächsten Tage kamen sie wieder zusammen und fingen von neuem an, miteinander zu hadern.

58] Um die elfte Stunde aber, als es Abend ward und die Sonne sich neigte, ging Malkah allein zum Grabe und kniete da nieder, pflanzte einen Rosenstock auf das Grab des Vaters und benetzte denselben mit den Tränen ihrer Liebe.

59] Wahrlich, Ich sage euch: Sie hat das beste Denkmal dem Vater gesetzt und hat allein seinen Willen vollkommen erfüllet!

60] Ihr [Pharisäer und Sadduzäer] seid gleich den beiden Söhnen! Mit Holz und Steinen, mit Blut und Rauchwerk wollt auch ihr den Vater im Himmel ehren; aber eure Herzen sind ferne von Ihm!

61] Ihr könnet lange Gebete auswendig und noch längere traget ihr auf langen Streifen bei euch, damit die Menschen von euch glauben sollen, als wäret ihr groß, mächtig und angenehm vor Gott.

62] Aber das lebendige kurze Gebet im Herzen ist euch fremd, da ihr den Vater nicht kennet und Ihn noch nie erkannt habt.

63] Ihr saget gleichwohl: Wenn ein »ungereinigter« Sünder vor Gott betet, so sündiget er noch ärger! — O ihr habsüchtigen, mörderischen Betrüger des Volkes! Was sollen demnach eure Gebete sein, da ihr doch stets vom Anbeginne schon voll Greueltaten, voll Hurerei und Ehebruches waret! Propheten habt ihr gemordet und getötet alle, die euch nicht opferten in großen Massen, und ihr saget noch: »Wir sind Kinder Abrahams, Isaaks und Jakobs!«

64] Abraham, Isaak und Jakob erkannten aber den Vater, als Er zu ihnen kam. Was ist's denn, daß ihr Ihn nicht erkennet, da Er zu euch gekommen ist? — Weil ihr Kinder des Teufels, aber nicht Kinder Abrahams seid!

65] Ich aber sage euch: Diesmal wird es der Vater mit euern »Sündern« halten und wohnen in ihren Häusern und wird Kost nehmen bei den Zöllnern. Euch aber wird Er schlagen mit der äußersten Finsternis, damit an euch erfüllet werde, was der Prophet Jesaja spricht, indem er sagt:[1]

66] »Wer hat den Gerechten vom Aufgange erweckt, wer rief Ihn, daß Er ging? Wer gab die Heiden und Könige vor Ihm hin, daß Er ihrer mächtig ward, und gab sie Seinem Schwerte wie Staub und Seinem Bogen wie zerstreute Stoppeln?«"

67] Viele bekehrten sich durch diese Rede.

68] Als aber darunter mehrere Pharisäer und Sadduzäer gewaltig zu schmähen anfingen und Er darum auch aufgehört hatte zu reden, da sprach Er zu Simon:

69] „Fahret auf die Höhe und werfet eure Netze aus, auf daß ihr einen guten Zug tuet!"

70] Das Fernere ist zu ersehen im Evangelium des Lukas, 5. Kapitel.

71] Diese Rede aber haben von Mir auch bekommen: Geiring, Tauler, Tersteegen, Lavater, Stilling und einige andere euch weniger Bekannte; darunter euch nur der Witschel bekannt ist. — Rom und andere Höfe haben sie wohl auch; aber sehr entstellt.

Die Himmelfahrt Christi

Am 24. Mai 1843

Höret ein nicht bekanntes Evangelium über die Himmelfahrt des Herrn [, die da stattfand] in Bethanien auf einem Berge, welcher aber zuvor keinen Namen hatte und darum erst nach der Auffahrt des Herrn den Namen bekam: die „Höhe des Herrn", auch „Höhe der Auffahrt", nach einigen auch „der Weg in die Höhe Gottes".

2] Wie lautete aber dieses freilich wohl nur kurze Evangelium? — Also lautete es damals allgemein, erzählt von allen Augenzeugen:

3] „Nach dem Erscheinen des Herrn am See, da Seine Brüder[2] einen Fischfang taten, verweilte der Herr noch etliche Tage unter ihnen und enthüllte ihnen tiefe Geheimnisse des inneren Lebens.

---

[1] Kap. 41, V. 2. — [2] d. h. Seine geistigen Brüder, die Jünger; d. Hsg

4] Was Er aber in dieser Zeit zu ihnen redete, durfte nicht aufgezeichnet werden, der Menge wegen und [um] des Unverstandes der Welt willen.

5] Es waren aber da nicht alle Seine Brüder und Jünger zugegen, sondern nur vorzüglich Seine Lieblinge. Solche aber waren: Petrus, Jakobus, Philippus, Jakobus der Kleinere, Andreas, Matthäus und Johannes.

6] Zwei Tage aber vor einem Sabbate sprach der Herr zum Petrus: »Simon, da du Mir dreimal in deinem Herzen geschworen hast, daß du Mich liebest, auf daß du weidest Meine Schafe, so gehe denn hin und verkündige es den andern Brüdern, daß der Herr Herr ihrer harret!«

7] Und der Simon Petrus ging und tat, was ihm der Herr geboten hatte.

8] Als aber die andern Brüder solches erfuhren, da verließen sie sobald Jerusalem und zogen hinaus gen Bethanien und viel Volkes mit ihnen, das da auch glaubte an das Wort des Herrn.

9] Da sie aber an die Stelle kamen, da der Herr weilte mit den sechsen, glaubten viele, daß es der Herr sei, der da gekreuzigt worden war. — Aber es waren auch viele unter dem Volke, welche nicht glaubten und den Herrn für einen verkleideten Jünger hielten, der dem Herrn ähnlich wäre von Gesicht und Person.

10] Der Herr aber öffnete Seinen Mund und sprach zu Seinen Aposteln:

11] »Verwahret euch noch zehn Tage lang, dann werde Ich euch den Heiligen Geist senden und geben. Nicht einen fremden Geist werde Ich euch senden und geben, sondern Meinen Geist der Liebe und aller Weisheit werde Ich euch senden und geben, auf daß ihr mächtig werdet durch ihn, wie Ich mächtig war unter euch durch den Vater, der Mich gesandt hat in Seiner Fülle zu euch aus der Höhe aller Heiligkeit Gottes.

12] Wie aber der Vater in Mir ist und Ich in Ihm und wir eines sind gewesen von Ewigkeit, also werdet auch ihr und Mein Geist in euch eins sein bis ans Ende der Welt.

13] Ich zwar werde euch jetzt sichtbarlich verlassen, und ihr werdet Mich hinfort mit den Augen eures Fleisches nicht mehr sehen. — Aber in Meinem Geiste werde Ich bei euch verbleiben bis ans Ende der Welt. Und dieser Mein Geist wird euch in alle Weisheit leiten und wird euch alles geben, was ihr erbittet in Meinem Namen.

14] Ich aber kann also hinfort nicht unter euch verweilen, sondern um eures ewigen Heiles willen muß Ich auffahren in die Höhe Meiner ewigen Herrschaft, auf daß Ich euch bereite eine bleibende Wohnstätte im Reiche der Himmel.

15] Jetzt könnet ihr zwar noch nicht dahin, wohin ihr Mich werdet ziehen sehen; wenn aber eure Stunde kommen wird, da werdet ihr auch dahin ziehen können, wohin ich nun ziehen werde.

16] Wenn ihr aber den Geist aus Mir werdet überkommen haben, dann ziehet aus nach allen Landen der Erde und lehret alle Völker, was Ich euch gelehret habe und was ihr gesehen habt, und taufet sie dann im Namen des Vaters, des Sohnes und des Heiligen Geistes in euch.

17] Und welche da eure Lehre annehmen werden und werden von euch getauft werden, wie Ich getaufet ward im Flusse Jordan von Johannes, über die wird auch sobald der Heilige Geist aus Mir kommen und wird in ihren Herzen zeugen von Mir vor euren Augen.«

18] Nach diesen Worten hauchte der Herr alle Seine Apostel an und sagte darnach zu ihnen:

19] »Dies ist Mein Geist! Wie Ich einst dem Adam eine lebendige Seele in seine Nüstern hauchte, also hauche Ich in euch nun Meinen lebendigen Geist zum voraus, auf daß ihr auch nicht einen Augenblick als Waisen dastehen sollet!

20] Nehmet also hin diesen Meinen Geist, auf daß ihr wissen möget, wer da ist ein Sünder! Dem Reuigen wird dieser Mein Geist die Sünden erlassen in Meinem Namen; dem Verstockten aber wird Mein Geist in euch die Sünde vorenthalten. Desgleichen [tuet] auch ihr in Meinem Namen!

21] Löset also und bindet auf Erden — und es wird desgleichen auch im Himmel gelöset oder gebunden sein!

22] Richtet aber niemanden und verdammet keine Seele, wollet ihr der Rache der Welt nicht zu früh in den Rachen fallen!«

23] Nach diesen Worten bestieg der Herr den kleinen Berg, und eine lichte Wolke nahm Ihn auf. Und Er ward sobald unsichtbar vor den Augen aller Anwesenden. Und viele Ungläubige wurden dadurch bekehrt.

24] Es kamen aber bald zwei lichte Männer von oben, gaben Zeugnis vom Herrn, verhießen Seine einstige Wiederkunft, verschwanden dann. Und die Brüder und das Volk kehrten frohlockend wieder nach Jerusalem."

☆

Der schönste Sieg

Am 2. Juni 1843

Ein Wörtchen für Pauline H.

Kein Sieg ist schöner als der, den Liebe und Wahrheit erkämpfet. Wer aber möchte wohl zählen alle die Heere von Feinden der himmlischen Liebe und Wahrheit, die verderblichen Waffen alle — und dazu noch berechnen den Grimm der Feinde, mit welchem diese beiden herrlichen Schwestern noch allezeit bedräuet wurden!? Wie ein gewaltiger Sturm brausten die Feinde gegen sie heran und wie Wogen im sturmbewegten Meere tobten sie hin und her.

2] Aber der allmächtige Herr im Himmel wußte noch allezeit ihrer Wut zu spotten. Er Selber schützt das kleine Häuflein, das für Liebe und Wahrheit lebt und streitet. Er gibt ihm Mut, Kraft, Geisteshöhe, Seelengröße, Vertrauen, Ausdauer und Sieg. Und die Feinde mit all ihren Waffen und ihrem Grimme müssen verstummen, als wären sie nie gewesen.

3] Die gute Sache siegt, und ein hoher, heiliger Triumphgesang ertönt von einem Weltende zum andern. Und dann wird ein jeder Tag ein Festtag des Geistes sein, der da ein Sieger ward in der Liebe und aller Wahrheit aus ihr!

4] Lassen wir daher den Türken seinen Feiertag, den Juden seinen Sabbat und den Namenchristen den Sonntag feiern! Wir aber wollen jeden Tag feiern in der Liebe zum Herrn, unserem allerbesten, heiligen Vater in Jesu Christo! Dadurch werden wir im Lichte wandeln und uns allezeit des Sieges erfreuen im Herrn, der da ist die ewige Liebe, Weisheit und Wahrheit Selbst.

5] Sein heiliger Name sei allezeit hochgelobt und gepriesen! Amen.

☆

Das Bethaus mit den zwei Wahrzeichen

Am 2. Juni 1843

Für Wilhelmine H. ein kleines, wohlzubeherzigendes Gleichnis.

In einem Orte stand ein großes Bethaus, und dieses Bethaus hatte zwei Glockentürme. Der eine war geziert mit einem Kreuze, der andere aber mit einer Wetterfahne.

2] Ein ehrbarer Vater ging in irgendeinem Geschäfte mit seiner zwölfjährigen Tochter gerade des Weges an dem doppeltürmigen Bethause vorüber. Da bemerkte die scharfsichtige Tochter den grellen Unterschied der Zier auf den Türmen und fragte darob den Vater:

3] „Guter Vater! Was hat doch solches wohl zu bedeuten, daß da der eine Turm mit einem Kreuze, der andere mit einer Wetterfahne geziert ist?"

4] Und der Vater erwiderte der Tochter: „Siehe, das ist ein doppeltes Merkzeichen für denkende Menschen! — Das Kreuz auf dem einen Turme erinnert uns an die alte Kirche, die da feststand im Glauben und in der Liebe zu Gott. — Der Wetterfahne des anderen, neueren Turmes aber gleicht die jetzige Kirche. Sie läßt sich auch durch allerlei Weltwinde umherdrehen und -treiben in ihrer Lehre sowohl als in ihrem Handeln und wird bald selbst nicht mehr wissen, wer in ihr Koch oder Kellner ist!"

5] Die Tochter aber sah dem etwas ereiferten Vater ins Angesicht und sagte darauf: „Lieber Vater! Ereifere dich doch nicht so sehr, denn die Fahne mag ja doch auch ihren Nutzen haben! — Zudem habe ich dich selbst schon öfter nach der Fahne als nach dem Kreuze blicken gesehen!"

6] Und der Vater erwiderte: „Ja, ja, du hast recht, mein Kind! Siehe, es ist aber auch notwendig, damit man von der großen Unbeständigkeit des Kirchenwetters nicht benachteiligt wird in der Gesundheit seines Geistes! — Verstehst du solches?"

☆

Ein denkwürdiges Protokoll

Teils nach mündlicher Erzählung, teils nach kleinen Aufschrieben Jakob Lorbers niedergeschrieben von Anselm Hüttenbrenner.

Am 18. Februar 1842, als Jakob Lorber eben am 159. Bogen des Hauptwerkes[1] schrieb und an die Stelle gelangt war, wo die Naëme zu Jehova spricht: „Ich aber bin ja ohnehin eine traurige Frucht der Nacht und der Sünde und trage, als der Sünde allzeit sichere Strafe, schon in mir den ewigen Tod" — da erschien dem Schreiber des Wortes Gottes sein am 15. September 1841 in einem Alter von 75 Jahren verstorbener musikalischer Freund, der Kapellmeister und Orchesterdirektor Ed. H., sehr düster und blaß aussehend, ärmlich gekleidet, und sprach zu Jakob Lorber:

2] „Lieber Bruder, mir geht es schlecht! Ich und noch mehrere, die mit mir sind, wir gleichen herrenlosen Hunden. Wir müssen gewaltig Hunger leiden. Ich lebe von alten, harten Stückchen Brotes, die ich in meiner Rocktasche finde, so oft mich hungert. Anderen geht es noch viel schlechter, die verzehren faules Holz, ja manche essen sogar ihren eigenen Unrat."[2]

3] Jakob Lorber ermahnte seinen Freund, daß er sich nur an den Herrn Jesus wenden solle, dann werde er schon mehr und bessere Kost bekommen.

4] Tags darauf, am 19. Februar 1842, kam E. H. wieder zu Jakob Lorber und erzählte ihm, daß er auf einer Schaubühne ein mit einem lieblichen Antlitze versehenes Frauenzimmer von kolossaler Größe erblickt habe. Ihre Füße seien beinahe so dick wie ein Halbstartinfaß[3]. Anfänglich sei sie ihm bekleidet erschienen, dann aber habe sie sich ihm ganz nackt gezeigt, und er, E. H., sei immer genötigt, sie anzuschauen.

5] Jakob Lorber bedeutete seinem Freunde, daß er seine Augen nur abwenden solle von dieser entblößten Weibsperson und solle dafür gläubig auf den Herrn sehen. Diese nackte Gestalt sei die aus dem E. H. durch Hilfe des Herrn hinausgetretene fleischliche Begierde.

---

[1] „Die Haushaltung Gottes."
— [2] Die in ungeläutertem Zustande von der Welt abscheidenden Seelen gelangen zunächst in einem traumartigen, seelisch-geistigen Innenleben zur Weiterentwicklung. Was sie dabei in sich schauen und erleben, ist nicht objektive Wirklichkeit, sondern eine von den belehrenden Schutzmächten beeinflußte Vorstellung ihrer Phantasie. (Vergl. „Unsterblichkeit und Wiedersehen", S. 19 ff.; „Großes Evangelium Johannis", Bd. 7, Kap. 66, 11 ff.) Von diesem Gesichtspunkte aus sind auch die Angaben des Geistes E. H. zu verstehen. D. Hsg.
— [3] Startin, steirisches Flüssigkeitsmaß.

6] Auf die Frage, wie es dort aussehe, wo E. H. sich jetzt befinde, sagte dieser, daß der Ort seines Aufenthaltes ein gar trauriger sei. Man sehe keine Berge, keine Häuser, keine Tiere, keine Pflanzen; alles sei in dichten Nebel gehüllt.[1]

7] Beim dritten Besuche erzählte E. H., daß er endlich ein gar schmales Tal zwischen zwei hohen Bergen entdeckt habe, welches sich aber nach und nach so sehr verengte, daß er nicht weiter wandern könne, sondern bloß durch eine Spalte eine gar freundliche Gegend erblicke. Und würde er auch durch diese Spalte hindurchdringen können, so könnte er doch in jene schöne Landschaft deshalb nicht gelangen, weil er ein tiefes Gewässer zuvor passieren müßte.

8] Beim vierten Besuche, am 21. Februar, berichtete E. H. mit Freuden, daß er glücklich durch die Spalte und übers Wasser in jene anmutige Gegend gelangt sei, woselbst sich ein kleines, artiges Städtchen befinde. Da habe er zu seiner nicht geringen Verwunderung eine Geigenhandlung und in selber die prächtigsten Violinen von Amati, Guarneri und Stradivari angetroffen, Instrumente „zum Küssen"!

9] Jakob Lorber bedeutete ihm darauf, er solle sich in die Anschauung dieser Lieblingsinstrumente nicht vertiefen, sondern einzig und allein an den Herrn denken.

10] Zum fünften Male, am 22. Februar, kam E. H. wieder und sagte, er sei von jenem Städtchen in eine ziemlich große Stadt gekommen, wo heute eben Händels Kantate „Timotheus" von einer zahlreichen Musikgesellschaft zur Aufführung komme. Er könne heute nicht lange bei Jakob Lorber bleiben, seine Freunde seien bereits dahin gegangen, wo die Kantate aufgeführt werde, und er müsse bald auch dahin eilen; denn er brenne vor Begierde nach diesem musikalischen Genusse.

11] Jakob Lorber hielt ihn jedoch ab vom Besuche dieses Konzertes und sagte, daß er sich durch keinen wie immer gearteten Genuß vom Suchen des Herrn abhalten lassen solle.

12] Am 23. Februar ist E. H. dem Jakob Lorber nicht erschienen. Dagegen kam er am 24. Februar 1842 zum sechsten Male zu Jakob Lorber und sagte, daß er gestern wegen Erblindung nicht habe kommen können. Er sei nämlich zu einer brennenden Stadt gelangt, und der starke Qualm habe ihn bis heute der Sehe beraubt.

13] Darauf antwortete Jakob Lorber seinem Besucher: „Wenn du wieder zu der brennenden Stadt kommen solltest, dann spreche nur

[1] Entsprechend dem Seelenzustande des E. H.! D. Hsg.

alsbald folgende Worte, und es wird sogleich besser mit dir werden, und der herbe „Qualm“, wie du sagtest, wird deine Augen nimmerdar erblinden machen. — Also aber lauten die mächtigen Worte:

14] »O Du mein so lange von mir großem Sünder und Toren allergröbst verkannter, allbarmherzigster Herr Jesus! — Siehe gnädig auf mich groß irrenden Sünder und Toten herab und helfe mir, freilich Deiner Hilfe unwürdigstem Sünder aus dieser meiner großen Not! — O sende nur einen allergeringsten Diener Deiner Erbarmung zu mir herab in diese Tiefe des Verderbens und lasse mich nicht völlig zugrunde gehen, sondern beschütze mich vor den Flammen und dem Qualme dieser großen Stadt! — Dein heiliger Wille geschehe! Amen.«“

15] E. H. fragte darauf: „Was bedeutet denn diese brennende Stadt?“ — Jakob Lorber sagte: „Siehe, lieber Freund, das ist die arge Welt in uns! — Sei unbesorgt und vertraue auf den Herrn Jesus, so wird es schon bald besser werden mit dir. Heute wird sicher ein Bote vom Herrn an dich abgesendet werden.“

16] Weiter fragte E. H., ob er auch das „Vaterunser“ beten dürfe. — „Jawohl“, antwortete Jakob Lorber, „das versteht sich von selbst! So du das heilige Vaterunser beten kannst, da tue es nur immerhin! Es wird dir großen Nutzen bringen!“

17] E. H.: „Darf ich zu dir kommen, wann ich will?“

18] Jakob Lorber: „Kannst ja kommen, wann du willst! Du weißt ja, daß es mich allzeit freut, wenn du kommst!“

19] E. H.: „Du, aber deine Hausfrau hat wohl gar keinen Glauben!?“

20] Jakob Lorber: „Lassen wir die Hausfrau! In der weiten Schöpfung Gottes wachsen doch allerlei Kräuter mit heilenden Kräften!“

21] E. H.: „Darf ich bei dir bleiben?“

22] Jakob Lorber: „Kannst ja hier bleiben, so lange du magst, kannst und darfst. — Ja, ja — du hast noch keinen Geisterverband. Bleibe daher nur. — Jetzt aber muß ich wieder an mein Geschäft! — (Dieser Besuch am 24. Februar fand von 9 bis ½10 Uhr vormittags statt, als Jakob Lorber eben in der Fortsetzung des Hauptwerkes begriffen war.)

23] Am 5. März 1842, vormittags ½11 Uhr, erschien E. H. zum siebenten Besuche nur auf einige Augenblicke dem Jakob Lorber, als dieser eben eine Klavierlektion gab — und sagte zu ihm: „Lieber Bruder, ich will dich nicht stören! Ich habe noch immer einen Führer, kann aber tun, was ich will. Vielleicht komme ich heute abend wieder zu dir." — E. H. sah an diesem Tage kleiner aus als die früheren Male. — Abends ist er nicht gekommen.

24] Am 7. März 1842, vormittags, kam E. H. zum achten Male zu Jakob Lorber mit den Worten: „Guten Morgen, guten Morgen, lieber Freund!" — Jakob Lorber erwiderte diesen Gruß mit ebendenselben Worten und fragte den E. H., wie er mit dem „Führer" ausgekommen und wie es ihm in der Zwischenzeit ergangen sei.

25] E. H. erzählte, daß sein Führer kein trockener Bruder und nichts weniger als ein Jesuit sei. Er sei ein ganz fideler Gefährte und lasse ihm volle Freiheit, zu tun, was er nur wolle. Er habe mit dem Führer das Theater besucht, auch seien sie in eine Gesellschaft gekommen, wo Quartette gespielt werden. Er, E. H., habe auch ein Solo auf der Violine vorgetragen. Dann seien sie in einen Weingarten geraten, wo die ausgesuchtesten Weine aufgetischt wurden und wo sehr reizende Mädchen zugegen gewesen seien. Er habe aber, nachdem er vom allerbesten Weine getrunken, leider wieder seine Sehkraft verloren, und es wurde um ihn her alles wieder so neblicht und finster wie anfänglich.

26] Jakob Lorber erwiderte hierauf: „Du warst also im Besitze der vollen Freiheit! Hast du dich wohl überall, wohin dich dein Führer geleitete, abgewendet von all den mir erzählten Ueppigkeiten und dafür nach meiner Anweisung dich überall an den Herrn Jesum Christum, den Gekreuzigten, gewendet?"

27] Antwort: „Darauf habe ich rein vergessen!"

28] Jakob Lorber: „Ja, mein lieber Freund, siehe, da hast du groß gefehlt! — Und dein zweiter Weg wird beschwerlicher sein als der erste! — Warum hast du mich denn nicht gehört und bist nicht meinen Worten gefolgt?"

29] E. H.: „Was soll ich jetzt tun?"

30] Jakob Lorber: „Was du jetzt tun sollst? — Hast du das Gebetlein noch? — (E. H. bejaht es.) — Nun gut, so bete es unablässig, ja so lang, bis es wieder helle wird um dich her und dir der Herr vielleicht wieder einen Führer senden wird! — Dann aber sei klüger und lasse dich von ihm nirgends mehr hingeleiten denn allein zum Herrn! — Wollte Er, um dich zu versuchen, dich irgendwo anders hinführen, dann bitte ihn, daß er dich nur zum Herrn geleiten möge durch Wort, Rat und Tat!"

31] E. H. beteuerte, daß er von nun an bloß den Herrn suchen wolle und daß er selbst dem Erzengel Michael nicht Folge leisten würde, so ihn dieser woanders hinführen wollte als zum Herrn.

32] Jakob Lorber sagte darauf: „Ja, Freund, bleibe ewig treu diesem deinem Vorsatze! Der Herr sei mit dir!"

33] Schließlich fragte E. H., wann er wiederkommen dürfe?

34] Jakob Lorber: Allzeit, wann du willst! Lebe wohl in Gott! Amen.

35] Am 18. März 1842, gegen 3/4 7 Uhr abends, saß ich, Ans. H., mit Jakob Lorber im Gasthause „Zum grünen Anger". Wir hatten eben ein Gespräch beendet und waren einige Minuten stille und nachdenkend, da ergreift mich Jakob Lorber plötzlich beim Arme und sagt: „Sie, der H. ist wieder da!"

36] Ich betrachtete den Jakob Lorber während seines Schauens und seiner geistigen Unterredung und fand, daß sein Angesicht sich etwas entfärbte und sein Blick sich auffallend veränderte.

37] Die Anwesenheit des Gastes aus dem Hades mochte etwa 5 bis 7 Minuten gedauert haben, da erzählte mir Jakob Lorber den Inhalt seiner Unterredung mit E. H. wie folgt:

38] E. H. fragte: „Wo bist du denn jetzt, lieber Bruder?"

39] Antwort: „Beim grünen Anger."

40] E. H.: „Bist du allein?"

41] Antwort: „Nein! Dein guter Freund Anselm Hüttenbrenner sitzt neben mir."

42] E. H.: „Den grüß' mir recht herzlich!"

43] Ich fragte den Jakob Lorber, wie E. H. aussehe und welchen Platz er einnehme. — Jakob Lorber sagte, sein Aussehen sei freundlich und er schwebe über dem rechts neben ihm, Lorber, stehenden Sessel.

44] E. H. erzählte darauf bei diesem seinem neunten Kommen, daß er seinen jetzigen Führer erkannt habe. Es sei sein Ururgroßvater. — Das allergrößte Wunder aber sei das, daß Christus Gott und Mensch sei! — Er, E. H., werde nun bald in ein Kollegium kommen, wo er über Christus Belehrung erhalten werde. — Schließlich sagte er, er sei schwer gestorben, da er ohne Glauben an Christus gestorben sei.

45] Am 20. März 1842, nach 2 Uhr nachmittags, ging Jakob Lorber vom Hause des Ans. H. durch die Wickenburggasse gegen die Kettenbrücke zu. Unterwegs kam E. H. wiederum — es war das zehnte Mal — zu ihm und sagte: „Bruder! Ich fühle mich so schwer beladen! Mein Führer darf es mir nicht sagen, was es ist, das mich so drückt."

46] Jakob Lorber sagte hierauf: „Ich habe kein Verbot, es dir zu sagen, was dich so belastet. Siehe, es ist das Kreuz Christi! — Betrachte es aber für eine große Gnade des Herrn, daß Er dir jetzt Sein Kreuz aufbürdet, da du es in der Welt nicht zu tragen Lust hattest!"

47] E. H. erwiderte: „Ja, ja, ich sehe es schon ein. Ich verstehe es schon, du hast recht!"

48] Am 23. April 1842, nachmittags um 1/24 Uhr, wusch sich Jakob Lorber die Augen mit Wasser im Schlafzimmer des Ans. H., da erschien ihm E. H. außerordentlich klein, nicht viel über einen Schuh hoch, freundlichen Angesichts. Er sagte bei diesem elften Besuche, daß er noch denselben Führer habe, er sei nicht ferne vom Himmel. Den Herrn habe er aber noch nicht gesehen. Jeder, der auf dieser Erde nicht zum Kinde geworden, müsse zum Kinde werden, ansonst er nicht zum Herrn gelangen könne. „Unsereinem", fuhr er fort, „geht es dort gerade so wie einer Hure, die durch den übermäßigen Genuß mit vielerlei Unrat und ansteckenden Stoffen angefüllt wurde. Werden deren Leibesteile nicht völlig gereinigt und wieder in Ordnung gebracht, so kann eine solche Hure nicht Mutter werden. Geradeso steht es mit unserem Geiste[1], der auch von allem Schlamme gesäubert und, da er sich zu sehr ins Sinnliche ausgedehnt hat, erst in die Enge getrieben, d. h. klein werden muß, um dann von neuem wachsen anfangen zu können." — Weiter sagte E. H., daß er ein großes Feuer gesehen habe. Jetzt wisse er noch nicht, was dasselbe bedeute. Morgen komme er aber gewiß wieder und werde hoffentlich darüber Aufschluß erteilen können.

49] Am 25. April 1842, nachmittags um 6 Uhr, kam E. H. zum zwölften Male zu Jakob Lorber und sagte ihm: „Das Feuer, das ich letzthin sah, hat mich umfangen. Und da ich nun in diesem Feuer stehe, sehe ich es nicht mehr. Aber es brennt mich dennoch unaussprechlich stark. Aber ich werde stärker und größer in diesem Feuer! Anfangs war der Schmerz unerträglich. Aber so sehr es mich auch von außen brennt, so aber tut es mir doch überaus wohl im Herzen. Ich sage dir, lieber Bruder, in diesem Feuer möchte ich ewig verbleiben. — Doch jetzt muß ich wieder gehen und werde dir nächstens mehreres davon kundgeben. — Lebe wohl!"

[1] d. h. der Seele des Menschen; d. Hsg.

50] Am 3. Mai 1842, abends nach 1/2 9 Uhr, spielte ich, Ans. H., Klavier. Jakob Lorber hörte zu. Und währenddem erschien ihm E. H., wohlaussehend und größer als letzthin.

51] Der Freund sagte, das Feuer, von welchem er umgeben worden, bedeute den Kampf seiner Leidenschaften mit der Liebe des Herrn. Das äußere, brennende Feuer seien die Leidenschaften, das innere, wohltuende Feuer sei die Liebe des Herrn. Nachdem er durch dieses Feuer gereinigt worden, habe er sich in eine ganz öde Gegend versetzt gesehen, nackt und von allen verlassen. Da sei er in einen tiefen Schlaf versunken und in einen gar schönen Traum, der aber nicht Traum, sondern Wirklichkeit sei. — Er befand sich an der Grenze des Kinderreiches, wo es so herrlich sei, daß er ewig dableiben möchte.

52] Sein Führer sei zu ihm gekommen und habe gesagt, er, E. H., könne, wenn er wolle, hier mit allen den Geistern sprechen, die er nur immer zu sprechen wünschte, auch mit Beethoven, Händel usf. — E. H. verlangte aber gar nicht darnach, sondern betrachtete nur immer ein gar schönes Licht, das in der Morgengegend des Kinderreiches glänzte. Und er hoffte, in diesem Lichte den Herrn zu erblicken. Er wolle nun nichts anderes als den Herrn sehen.

53] Schließlich sagte E. H., daß er nur noch zweimal zu Jakob Lorber kommen werde.

54] Am 8. Juli 1842, nachmittags gegen 4 Uhr, sah Jakob Lorber im Zimmer des Ans. H. den E. H. zum vierzehnten Male wieder. — Dieser erzählte, er sei noch immer an der Grenze des Kinderreiches, in welchem er sehr glänzende Stellen erblicke. Auch sehe er noch immer ein sehr helles Licht über einem Gebirge im Osten des Kinderreichs. Den Herrn habe er aber noch nicht erschauen können.

55] Er habe noch stets denselben Führer. Aber es komme zuweilen noch ein anderer Führer zu ihm, der aber ein ganz gewöhnliches Aussehen habe. Dieser zweite Führer spreche nur mit dem ersten Führer; mit ihm, E. H., spreche er nichts.

56] Jakob Lorber bedeutete dem E. H., er solle auf diesen zweiten Führer (der immer aus dem Kinderreiche herkommt) ein ganz besonderes Augenmerk haben.

57] E. H. sagte noch, er dürfe jetzt nur noch einmal zu Jakob Lorber kommen. — Sein Aussehen war heiter, die Kleidung gräulichblau.

58] Am 23. August 1842, vormittags um 1/2 8 Uhr, kam E. H. zum fünfzehnten und letzten Male zu Jakob Lorber und sagte, daß er sich in einer Gesellschaft seinesgleichen befinde und daß da jeder seinen Führer habe, der sich aber zuweilen entferne und dann wiederkomme. — Mit dem andern, [gewöhnlich aussehenden] Führer habe er bisher noch nicht sprechen können. Dieser spreche nur mit den übrigen Führern, die vor demselben eine besondere Hochachtung zu haben scheinen. Ihm, E. H., gehe es übrigens wohl.

59] Jakob Lorber sah diesmal den E. H. nicht, sondern fühlte nur seine Anwesenheit und hörte ihn reden.

60] Da E. H. seit dem 23. August 1842 sich nicht mehr dem Jakob Lorber geistig genaht hat, so wird dieses „Protokoll" sonach für abgeschlossen angesehen.

Graz, am 13. Juni 1843 Ans. H.

☆

Kreuzesschule im Jenseits

Am 13. Juni 1843

O Herr! Da unser lieber Freund und Bruder E. H.[1] seit 23. August 1842 nichts mehr von sich hören und sehen läßt, so bitte ich Dich demütigst, Du mögest aus Deiner großen Liebe, Gnade und Erbarmung zu dem über seine 15 Erscheinungen geführten Protokolle, welches ich nun für abgeschlossen betrachte, ein Amen hinzufügen.

O ja, das kann Ich schon! Aber da erwartet ja nicht, daß Ich euch etwa unnötige Aufschlüsse über jemanden geben werde, der sich noch lange nicht völlig zu Mir wenden mag und lieber stets von neuem zurücksinkt in seine alte Gewohnheit, die da ist ein wahres „eisernes Hemd voll Rostes", das sich so bald nicht vom Leibe des Geistes schaffen läßt, wie ihr etwa meinen möchtet.

2] Ich sage euch aber daher auch: Leget noch beizeiten eure fleischlichen Gewohnheiten ab, sonst wird es euch um nichts besser ergehen als eurem Freunde, der nun zwar auch recht viel Gutes hört und weiß; wenn es aber aufs Handeln darnach ankommt, so macht er es wie ihr und noch manche euresgleichen auf Erden, die da wohl vom Kreuze recht gerne erhaben und würdevoll reden hören — aber nur auf ihre Schultern darf es nicht kommen. Ist das, wenn auch nur leise versuchsweise der Fall, dann fliehen sie gar bald dem Kreuze davon und sind dann nicht leichtlich wieder unter das Joch des Querholzes zu bringen.

---

[1] Gestorben zu Graz am 15. Sept. 1841, 75 Jahre alt.

3] Solange aber jemand das Kreuz nicht mit großer Freude aufnimmt, so lange ist auch von einer völligen Wiedergeburt des Geistes weder hier noch jenseits eine Rede.

4] Wer da schwach ist hinsichtlich der Fleischliebe — sei es Mann oder Weib — der wird so lange in dieser Schwäche versucht werden, bis er den letzten Tropfen solch unreiner Liebe aus sich verbannt hat. Und solange solches nicht erfolgt ist, kann er nicht eingehen in sein Innerstes, allda das Reich Gottes seiner harret.

5] Wer da ist ein Schwelger, der wird versucht durch gute Bissen. Solange ihm aber diese überaus gut schmecken und er stets einen starken Appetit nach ihnen hat, wird es mit ihm auf keinen Fall besser. — Er muß freiwillig sein Kreuz nehmen, welches besteht aus tüchtigem Fasten, und muß unter diesem für ihn sehr schweren Kreuze aus Liebe zu Mir eine gänzliche Abneigung gegen die guten und wohlschmeckenden Bissen bekommen, wenn es mit ihm besser werden soll.

6] Und so wird jeder in seiner Schwachheit und weltlichen Gewohnheit dereinst sein sicheres Kreuz finden, welches ihm in der geistigen Welt viel zu schaffen machen wird, wenn er es nicht auf dieser Welt mit freilich viel leichterer Mühe völlig oder wenigstens zum größten Teile siegreich über sich gebracht hat.

7] Der reiche Jüngling im Evangelium aber ist ja ein laut sprechender Beweis dafür, wie schwer die Gewinnung des Reiches Gottes ist, wenn das Herz noch mit Weltlichem belastet ist.

8] Sehet, also gehet es auch dem [Freunde], um welchen ihr fraget! — Derselbe hat einige Gewohnheiten pickfest mit hinübergenommen, von denen er nicht oder nur sehr langwierig und sehr schwer zu befreien ist. Verloren kann er wohl nie werden, solches wisset ihr bereits. Aber wie lange er noch seine bedeutenden Schwächen nähren wird, dies ist eine ganz andere Frage.

9] Denn im Geiste kann jemand, der das Kreuz scheut, alles, wonach es ihn gelüstet, so lange haben, als er frei und unabhängig sein will. Mit einem solchen Geiste ist aber nicht viel zu richten. Wenn er aber einmal durch häufige Witzigungen, welche aus seinen Schwachheiten entspringen, erst eines besseren und festeren belehrt wird, so kann es schon nach und nach besser mit ihm werden.

10] Wenn ihr den Freund aber jetzt fragen könntet, wie es ihm geht, so würde er euch vollkommen zufrieden antworten. Denn nach seinem Urteile geht es ihm überaus gut. Aber nach dem besseren Urteile des Himmels sicher nicht; denn dieser ist noch so ziemlich ferne von ihm.

11] Warum aber kommt er im Geiste nicht mehr zu euch? Weil er euch in manchen Stücken für „läppisch und dumm" erkannt hat. Er wird auch fürder nicht leichtlich mehr kommen, da es ihm [nach seiner Meinung] also besser geht.

12] Betet aber für ihn im Herzen, so werdet ihr ihm dadurch mehr nützen, als so ihr euch ferner nach seinem Zustande erkundigen möchtet.

13] Also stehen die Sachen! Schreibet sie auch werktätig hinter eure Ohren, so sollet ihr daraus Nutzen schöpfen! Amen.

☆

Von Gottes Langmut

Am 23. Juni 1843, vormittags

O Herr und allerbester, heiliger Vater! — Ich erfuhr gestern durch Deinen und meinen Freund A. H.-W., daß eine Mutter ihr Kind über eine Hyäne grausam gemißhandelt hat — und bedenke aber nun auch dabei, daß dergleichen schändlichste Grausamkeiten im noch viel potenzierteren Maße da und dort ausgeübt werden.

Sage mir doch, ob denn Du, als der allgerechteste und allmächtige Gott des Himmels, der Erde und aller Menschen solches achtest oder nicht?

Denn siehe, wenn man so die großen Zornschändlichkeiten der Menschen betrachtet, wie sie so ganz ungestraft verübt werden können, da kommt man beim besten Willen auf wenigstens den halben Gedanken, als möchtest Du Dich nicht im geringsten mehr um die Menschheit der Erde im allgemeinen wie im sonderlichen kümmern.

Sage mir daher doch, wie verhält es sich denn mit derlei scheußlichen Erscheinungen? Nimmst Du davon Kenntnis, oder läßt Du alles so ganz unbekümmert dahingehen, gehe es, wie es gehe? Oder geschieht das notwendig, und muß es also geschehen? — Was soll ich davon halten? — O Herr und allerliebevollster, heiliger Vater aller Menschenkinder auf Erden, gebe mir darüber doch einen hinreichenden Bescheid! — Dein Wille geschehe! Amen.

Zuerst muß Ich dir sagen, daß deine Frage ganz überflüssig und dazu noch sehr dumm ist. Denn so du einen Mir gleichen Gott [der Liebe] ahnest, wenn auch noch nicht auf Ihn vollkommen vertrauest und hoffest und Ihn liebest, so sollte dir schon bei der Ahnung kaum eine so törichte Frage in den Sinn kommen, geschweige erst in deinem Zustande, wo du nun schon über drei Jahre mit Mir in beispielloser Weise zu jeder Sekunde reden kannst wie mit einem Menschen deinesgleichen!

2] Fürs zweite aber habe Ich dir schon zu öfteren Malen die endlose Notwendigkeit des freien Willens der Menschen gezeigt und dir erklärt, wie davon ganz allein das ewige Leben des Geistes im Menschen abhängt und daß Ich, so Ich es erhalten will, eher Selbst sterben muß, als eben diesen freien Willen mit Meiner Allmacht nur im geringsten anzutasten. Denn die allerleiseste Berührung der Freiheit des menschlichen Willens mit Meinem Willen kostet jeden Menschen ja augenblicklich das Leben!

3] Solches alles habe Ich dir schon — wie oft! — gezeigt. Und doch kannst du Mich, den du doch schon kennen solltest, so entsetzlich dumm fragen?!

4] Siehe an das Weib Loths! Sie wurde ergriffen von Meines Willens Macht. Was aber ist aus ihr geworden?! — Zur Zeit Noahs ergriff Mein Wille die Erde. Wohin kam aber dadurch ihre Bevölkerung, und was mußte Ich darauf tun, um den Toten, den Vernichteten wieder das Dasein und das Leben zu bringen?! — Soll Ich Mich denn nun bei jeder Zornsünde der Menschen wieder von neuem totschlagen lassen, um ihnen dadurch ein neues Leben zu verschaffen?

5] Wie aber liebst du Mich denn, so du Mich fragst, warum die Menschen in ihrer Freiheit so ungestraft Arges tun — und möchtest Mich lieber zu einem Zuchtmeister als zu einem überguten Vater haben — und Mich also von neuem wieder bringen ans Kreuz?! — Hast du schon mit Menschen ein gerechtes Mitleid, wie kommt es denn, daß Ich von dir keines verdiene? Soll Ich Mich denn täglich ans Kreuz schlagen lassen?!

6] Wenn du eine törichte Mutter oder einen unsinnigen Vater sein Kind mißhandeln siehst, da bist du gleich im Harnisch und möchtest sogar hadern mit Mir, dem liebevollsten Vater, und sagst gleich keck heraus: „Aber Herr, wenn Du irgend einer bist, wie kannst Du solche Greuel ansehen?!“ — Ich aber sage dir: Gerade das garstige Weib soll dir ein Evangelium sein! Denn es hat dein Gemüt empört, und du hättest sie sogleich mit höllischem Feuer bestrafen, sie also mit einem endlos größeren Tormente[1] züchtigen mögen, als womit sie ihr Kind gezüchtiget hat!

---

[1] Strafmittel.

7] Aber du bedenkst dabei nicht, daß alle Menschen der Erde Meine Kinder sind. Und wenn du schon die schlechte Handlung von solch einer Mutter für gemütempörend fandest, da möchte Ich nicht gerne in dein Herz schauen, was dieses zu Mir sagen würde, so auch Ich ebenso unbarmherzig auf Meine irrenden Kinder bei jedem nur einigermaßen namhaften Vergehen losdreschen möchte?!

8] Du willst, daß Ich die Menschen barmherzig machen solle. Ich aber soll schonungslos sogleich jedes irrende Kind totschlagen!? — Wahrlich, mit diesen Begriffen von Mir kannst du für die Zukunft schon hübsch fein zu Hause bleiben! — Meinst du denn, Ich sehe die Laster auf Erden nicht? — O du Tor!

9] Ich sehe sie wohl; aber noch ist es nicht an der Zeit, darum die Sonne am Himmel auszulöschen. Es wird diese frühzeitig genug für jedermann ausgelöscht werden!

10] Jenseits aber wird ein jeder den Lohn für seine Arbeit finden und bei ganz besonderen Gelegenheiten auch schon hier! — Das ist genug, und es braucht nichts mehr dazu!

11] Lerne Mich sonach besser kennen und zwinge Mich nicht, zu werden, wie du bist; sondern sei, wie Ich bin, so wirst du klüger urteilen und strafen. Amen.

Der Geist und sein Leib

Am 24. Juni 1843

1] Im armen Stübchen ruht die Leiche.
Die Freunde stehn um sie herum
und seh'n noch einmal auf das bleiche
Gesicht und weinen, trauern stumm.

2] Wohl trocknen sie die heißen Zähren,
doch nicht versiegt der Wehmut Strom;
denn bald soll'n sie gar hart entbehren
den, der da war so gut und fromm!

3] Als sie dann aus der Trauerkammer
zurück sich ziehn ins Schlafgemach
und sie da hält ihr tiefer Jammer
vom Schlafe los und trauernd wach,

4] da zuckt herab ein heller Schatten
zur Bahre hin im Mondesstrahl.
Denn eh' den Leichnam sie bestatten,
will er ihn sehn zum letzten Mal.

5] „So hab' ich dich", spricht er, „verlassen,
hab wie ein Kleid dich abgelegt.
Ich kann noch kaum die Wonne fassen,
in der mein Sein sich nun bewegt.

6] Ich, nun ein freies, rein'res Wesen,
bin leicht beflügelt, hell und klar.
Ein neu Gewand ist mir erlesen,
viel hehrer als dies alte war.

7] O Tod! — wie doch so sanft gelinde
hast du im Schlummer mich entrückt!
O wie ich mich nun seligst finde
und über jeglich Maß entzückt!

8] Wie macht mich der Gedank' nun bangen,
daß nur auf eine kleine Rast
der Leib mich wieder könnt' umfangen
mit seiner schweren, toten Last!

9] Wie zogst du mich zu toten Freuden,
o Leib, oft wider Willen hin!
Wie mußte drum mit dir ich leiden
für schlechten Lohn, für Tod's Gewinn!

10] Doch fühl ich jetzt ein Mitleidsbeben
und muß hier einen Dank dir weihn;
war nackt auch unser ein'ges Leben,
so konnt' ich doch ohn' dich nicht sein!

11] Du gabst mir wohl auch manche Wonnen,
so sie, die nun der Schlaf umhüllt,
des Hauptes seelenvolle Sonnen,[1]
entzückete der Schönheit Bild.

---

[1] d. h. die Augen des Leibes; d. Hsg.

12] Wenn süße Tön' das Ohr umflossen,
die Hand gedrückt des Freundes Hand,
wenn meine Arm' ein Glück umschlossen
und selbst die Lippe Lieb' empfand.

13] Doch nun bist du allein geblieben.
So sink' denn auch allein zur Gruft!
Ich hab' ja alles schöner drüben,
dort in der Himmel reinster Luft!

14] Nur eins stört meinen sel'gen Frieden
und macht mir ein wehmütig Herz:
Die, welche ich beließ hienieden,
ergeben sich zu sehr dem Schmerz!

15] Ich hör' sie mächtig um mich weinen,
der süße Schlaf erquickt sie nicht!
Wie gern doch möcht' ich euch erscheinen,
umstrahlt vom hellsten, klarsten Licht!

16] Wie gerne möcht' ich euch entdecken,
welch eine Wonne mich umfleußt!
Doch würdet ihr gar sehr erschrecken.
Ihr scheut ja den verklärten Geist!

17] So will ich harren an der Schwelle
und nur ganz heimlich nach euch sehn.
Und fließt um euch des Schlafes Welle,
mit leisem Tritte zu euch gehn.

18] Da will zu eurem Haupt ich treten,
umwehen es mit sanftem Hauch,
euch segnen, liebend für euch beten
— denn solches ist der Sel'gen Brauch."

19] Dies Liedchen ist gut und wahr, daher soll es wohl recht beherziget werden! Es gibt zwar schon ähnliche Lieder in guten Reimen, aber es klebt ihnen noch so manches Irdische an, darum sie auch minder zu beachten sind.

20] Dieses aber ist geistig wahr und rein! Darum soll es denn auch beachtet sein von jedermann! Denn es stellt wirklich eine Abschiedsszene eines guten Geistes von seinem irdischen Leibe dar!

21] Ganz besonders aber sei dieses Liedchen dem Töchterchen Julie des A. H.-W. beschieden zu ihrem Leibesgeburtstage, damit sie in eben dieser Kleingabe ersehen möge, um wie vieles der Geist besser ist als der dem Tode anheimfallende Leib!

22] Sie soll aber darum etwa nicht sterben oder einen Tod befürchten, sondern nur daraus den hohen Wert des Geistes vor dem Leibe erschauen. Amen.

☆

Paulus an die Galater

Am 15. Juli 1843, abends

„Aber wofern wir oder ein Engel vom Himmel euch predigen möchten anders, als was wir euch gepredigt haben — Fluch sei ihm!" (Gal. 1, 8)

Höre, das ist ein Vers der Verse, der da allein kräftig genug ist, mit einem Hiebe das ganze heidnisch-zeremoniell-kirchliche Wesen zu zersplittern! Aber man muß zuvor den ganzen Paulus in eins zusammenfassen und daraus ersehen:

2] Erstens, daß Paulus nie einen Zeremoniendienst eingeführt hat, da er von Mir gänzlich aufgehoben ward.

3] Zweitens, daß er nur eine lebendige innere Kirche geistlich im Herzen der Seele, aber nie und nirgends eine aus Steinen und faulen Priestern bestehende gegründet hat.

4] Drittens, daß Paulus, gleich Mir, nur das alleinige [Liebes-] Gebot mit demselben Liebesmahle bekräftigt hat und hat noch dazu dieses Mahl dadurch wohl unterschieden von einer anderen, gewöhnlichen Mahlzeit, daß er alle teilnehmenden Gemeinden darauf aufmerksam machte, daß sie Meinen Leib, das ist Meine endlos große Liebe, wohl unterscheiden sollen von der [Welt-]Liebe der Menschen!

5] Aus dem allem aber geht hervor, daß Paulus sicher die allerreinste Liebe gepredigt hat, in der alle Freiheit des unsterblichen Geistes waltet, welche durch keinen allerleisesten Gesetzesdruck solle gefährdet werden. — Kurz und gut, nach Paulus soll der Geist des Menschen, von Mir Selbst erzogen, in der höchsten Freiheit wie ein Blitz, wie eine Weltensonne dastehen, von dem alles abhängt, nach dem sich alles richten muß, der vollkommen eins ist oder sein soll und kann mit Mir!

6] Nun aber bedenke, was der Geist des Menschen wird durch eine ganz falsche, heidnische Lehre?! — Ein Sklave, ein kaum halb lebendes Wesen! Er, der nach Paulus das Leben des Lebens sein soll, wird ein feiger Knecht des tötenden Gesetzes, ein Diener des Todes — kurz, ein Wesen, das sich nicht einmal aus eigener, von Mir ihm für ewig eingehauchter Kraft nur im geringsten zu rühren wagen darf, ohne sich sogleich dadurch in ein Meer von lauter tötenden und ihn für ewig verdammenden Gewissensbissen zu stürzen.

7] Siehst du da die Pest für den freien Geist, gegen die Paulus aus dem gerechtesten Eifer, sogar fluchend, ziehet!?

8] Und doch hat die Sklaverei gesiegt über die ewige Freiheit des Geistes! — Wer aber sind die Sieger? — Es sind des Lebens entschiedene Feinde!

9] Ich aber sage dir: Die Feinde des Lebens werden in dem Ausspruche Pauli ihren Lohn finden! — Aber alle die von ihnen arg gefangenen Geister werde Ich frei machen in der Fülle. Haben sich die Feinde des Lebens auch diese Erde unterjocht, so aber habe Ich schon noch gar viele andere Erden, die da ewig nie ein Eigentum der Lebensfeinde werden sollen!

10] Verstehst du Mich? — Siehe, Ich bin ein Vater, aber kein feiger Richter — ein ewiger Beleber, aber kein Töter des Geistes! — Verstehst du solches? — Ja, verstehe es, auf daß du lebest ewig! Amen.

☆

Ein gutes Gebetlein

Am 18. Juli 1843, vormittags

Hiermit gebe Ich dir ein gut Gebetlein für die, welche sich des Zuges der Welt nicht erwehren können, da er sich ihnen als ganz unschuldig und unschädlich darstellt, während er ein von Meiner Liebe erwärmtes Herz als eine kühlende und somit der weltlichen Sinnlichkeit wohltuende, aber dabei überaus giftige Schlange bekriecht und es durch solche arge, wahrhaft höllisch-schlangenhafte, magnetische Manipulation sanft einschläfert für Mich und für Meine Liebe und Gnade, auf daß das Herz ja mit der Zeit von Mir abfallen und in den ewigen Tod übergehen solle!

2] Darum also gebe Ich dir hier dies mächtige Gebetlein! — Wer es lebendig, treu und wahr in sich aussprechen wird, der wird damit diese arge Schlange aus seinem Herzen verbannen! — Und so schreibe denn das Gebetlein!

3] „Heiliger, liebevollster Vater! Sieh mich armen, schwachen, ganz ermatteten Sünder gnädigst an! — Du, o lieber Vater, hast mich mit der höchsten, ewig wahren Liebehitze ergriffen und ziehest mich gewaltig zu Dir! — Aber ich, ein laues, ja vom Grunde aus kaltes Wesen, bewege mich nur im alten Elemente meiner angeerbten Todeskälte munter, freudig und lebhaft weiter. In Deinem heiligen Elemente des Feuers Deiner Liebe aber werde ich sobald träge und hinfällig faul, daß es mir leichter ist und viel behaglicher, mich eher im alten Elemente Tage und Wochen lang umherzutreiben als nur eine Stunde lang in der großen Wärme Deiner Liebe.

4] Das lehret mich die tägliche Erfahrung! — Ich sehe aber auch, daß mir dadurch nur der vollkommene Tod des Geistes werden kann, da solcher Sinn aus der Hölle mir eingehaucht wird! — So bitte ich Dich, ohne Verzug, o heiliger, liebevollster Vater, treibe aus mir die arge, mich für das Leben des Geistes gänzlich einschläfernde Schlange und hauche mich mit Deinem göttlich väterlichen Troste an, auf daß ich ja nicht nach und nach stets mehr verderbe in meinem Elemente des alten Todes und zugrunde gehe im sanft kühlenden Gifte meiner eigenen Weltsinnsschlange, so sie mein von Deiner Liebe erwärmtes Herz, wenn schon wohltuend und weltlich erheiternd, beschleicht und bekriecht!

5] O siehe, wie ich mich freue, so ich mit meiner weltfreudevollen Gesellschaft irgend zusammenstoße und mich mit ihr belustige über schale, eitle und völlig nichtige Dinge! Aber von Dir, o Vater, zu reden und mein Herz und Angesicht zu Dir zu kehren, da werde ich bald schläfrig und voll langer Weile. Und es ist mir nicht selten die unbedeutendste Weltarbeit auf den ganzen Tag erheiternder, als mich eine halbe Stunde nur Dir allein zu widmen!

6] O Herr und Vater, erhöre mich und sei mir armem und überschwachem Sünder gnädig und barmherzig! Deine Liebe belebe mich, Deine Gnade erleuchte und Deine Erbarmung und Milde stärke und ziehe mich stets mächtiger zu Dir! — O Vater! Ergreife mich mit Deiner Hand und führe mich in Dein Reich und in Dein Vaterhaus für ewig! Amen."

☆

Fixe Ideen, deren Heilung und Verhütung

Am 29. Juli 1843

O Herr! Wie kann jemand von einer fixen Idee, z. B. daß er der Papst, der Kaiser oder ein Virtuos sei, geheilt werden?

Was da diese Frage betrifft, so ist der Grund solcher fixen Einbildungen schon bei einer andern Gelegenheit erörtert worden, und zwar da es gezeigt wurde, wie der Verstand gleich ist einem Ballone und die Liebe gleich einem unteren Schwerpunkte, an dem der Verstand mittelst der Willensschnur gebunden ist. Wenn nun der Verstand zu heftig zieht, dann reißt die Schnur und wird, wie ihr zu sagen pfleget, „das Rädchen laufend". Nun aber hat der Verstand keine Nahrung; das geistige Dephlogiston[1] entströmt, und der Verstandes-Ballon fängt an zu sinken.

2] Der Mensch aber ist ein Mikrokosmos. So der Verstand nun gesunken ist, dann trifft es sich geistig, daß die abgerissene Willensschnur in dem Mikrokosmos bald auf den einen, bald auf den andern Gegenstand entsprechendermaßen stößt. Dahin sie stoßet, da auch hängt sie sich an und klebt sich gleich einem Polypen fest (da sie doch eine noch immer lebende Schnur ist) und sauget daraus wie ehedem aus dem wahren Lebensgrunde und nährt damit den Ballon.

3] Hat die Schnur bei ihrem Niedersinken im Mikrokosmos wie zufällig, freilich nur in entsprechender Weise, z. B. einen Baum, einen Hund, einen Vogel, ein Weizenkorn, einen Stein oder einen wie immer gestellten Menschen erreicht, so wird sich sobald der ganze Mensch als das zu sein wähnen, wovon sein Ballon gesättigt wird.

4] Ist der Gegenstand, auf den die abgerissene Schnur zu sitzen kam, fruktiv[2], so wird dieser fixe Zustand lange dauern. Ist er aber das nicht, so wird der Mensch bald in den sogenannten Kretinzustand übergehen, da sein Ballon samt der Schnur einschrumpfen wird. Und kommt die Schnur über einen andern fruktiven Gegenstand, so wird dann die fixe Idee gewechselt und der Mensch wird etwas anderes zu sein glauben und geht so von einer Tollheit zur anderen über.

5] Ich meine, das wird nun klar ersichtlich sein. — Wo aber ist die Hilfe dafür?

6] Bei Mir! Denn Ich sehe da sogleich vor, daß im Augenblicke, wann ein solcher Bruch geschieht, der an der Liebe zurückgebliebene Schnurteil sich ergreift und sich zuoberst in einen neuen

---

[1] Füllgas. — [2] fruchtbringend.

Verstandes-Ballon auszubilden beginnt. Wird der abgerissene Schnurteil auf eine kluge Art von außen her weislich seines Fruktivgegenstandes beraubt, und das so oft, als er sich neu irgendwohin niederläßt, dann schrumpft er bald ein. Und der neue Verstandes-Ballon wächst desto besser fort, aus welchem Grunde der Mensch wieder ganz geordnet zu denken anfängt.

7] Wird aber dem alten Ballon der Fruktivgegenstand nicht gehörig aus dem Wege geräumt, so gelangt dann der Mensch in einen Doppelzustand, der da bald geordnet, bald wieder verwirrt aussieht und auch ist. Um diesen Zustand zu heben, nähre der Arzt vorzüglich das Herz des Patienten. Dadurch wird der neue Ballon schnell zunehmen und der Wirkung des alten Ballons energisch entgegenzutreten anfangen.

8] Das sind die wirksamsten Mittel für derlei Zustände. Aber gewisse harte Verfahren sind da ganz vergeblich und verschlimmern eher die Sache, als daß sie dieselben besserten; denn durch sie wird das neue Wachstum verhindert. Wird auch dem alten Ballone seine Nahrung benommen, so wird aber doch dem neuen auch keine bereitet, daß er dann samt dem alten verkümmern muß — und der Kretinzustand ist fertig.

9] Hier und da wäre auch der Somnambulismus erfolgreich anzuwenden. Er müßte aber von sehr willensstarken Menschen ausgeübt werden, sonst hätten bei solchen Rapporten die Magnetiseure das Ueberkommen des Zustandes des Kranken zu befürchten. Magnetische Paquete[1] aber werden da wenig nützen, weil das Uebel ein seelisches und kein materielles ist.

10] Siehe, das wären die Mittel, mit denen man äußerlich diesen Uebeln begegnen kann. Aber das beste Remedium[2] vom Grunde aus bin Ich! Wer von Anfang an hübsch bei Mir zu Hause verbleibt und nicht in die Welt hinaus trachtet, bei dem wird ein solcher Bruch nie geschehen.

11] Wer aber nur nach dem Weltlichen trachtet, der ist schon mehr oder weniger in einem solchen Zustande, welcher sicher von Tag zu Tag ärger wird, bis die Schnur ganz entzwei wird. — Verstehst du solches?

12] Ja du sollst es verstehen! Denn auch du hast Kinder, die da ihre Schnur schon recht stark in die Welt gespannt haben. Ziehe

[1] Behandlungsweisen. — [2] Heilmittel.

sie zurück, sonst dürfte bald das eine oder andere sich in bedeutender Gefahr befinden! Denn Ich kann sie nicht halten und darf es nicht, ihres Heils und ihres Lebens willen, so sie Mich nicht ansehen und an Mein Wort nicht lebendig glauben.

13] Solches also beachte auch du, Mein lieber Freund! Amen.

☆

Zwanglose Botschaft

Am 31. Juli 1843

„Wer ist so blind wie Mein Knecht? Und wer ist so taub wie Mein Bote, den Ich sende? Wer ist so blind wie der Vollkommene und so blind wie der Knecht des Herrn?" — Auf wen, o Herr, zielt diese Weissagung des Jesaja (42, 19)?

Zum ersten zielt diese Weissagung auf Mich und besagt da nichts anderes als: Wer ist so voll Liebe wie Ich, Gott von Ewigkeit, der Ich sogar Knechtsgestalt anziehe, um als Vater allen Meinen Kindern zu dienen auf die allergerechteste Art? Und wer ist so voll Geduld, Langmut, Gnade und Erbarmung und höret nicht an die vielen Lästerungen der Menschen und tut denen Gutes auf der Welt, die Ihn verhöhnen, mißachten und alles, was nur immer die Welt hat, lebendiger lieben als Ihn, den Herrn des Lebens?!

2] Wer ist so nachsichtig wie der Allsehende? Und wer achtet der Menschen Sünden so wenig wie Ich, der Alleinheilige, da Ich sogar in die Wohnungen der Sünder eingehe und halte mit ihnen ein fröhliches Mahl und lehre sie Selbst die Wege des Lebens und ziehe sie und führe sie und zwinge sie dennoch nicht, aus ihrer äußeren Freiheit zu treten und dieselbe gefangen zu nehmen, um dadurch zur inneren, wahren Freiheit zu gelangen im Geiste — sondern ein jeder kann dabei tun, was er will?!

3] Es versteht sich ja von selbst, daß da ein jeder nur durch die freiwillige, völlige Beschränkung seiner äußeren Weltfreiheit, also durch eine völlige Selbstverleugnung, zur inneren Freiheit des Geistes gelangen kann, darinnen begründet ist das ewige Leben. — Denn was immer der Mensch tut vergnüglich nach seinem äußeren freien Willen, das zieht ihn ab vom Geiste und verrammet ihm den stillen und allzeit schmalen Pfad in den geistigen freien Willen.

4] Er mag wohl äußerlich das Wahre, zum inneren Leben Benötigte als solches erkennen. Aber er wird dennoch nie den mächtigen Liebetrieb in sich gewahren, das auch völlig zu tun, sondern wird sich entweder mit dem alleinigen Wissen begnügen oder er wird sein halb hin und halb her — also ein Lauer, der schwerlich je zur inneren, geistigen Freiheit gelangen wird!

5] Aber für alles das bin Ich stets taub und blind und lasse einem jeden seine Freude und seine Liebe, bis es sich am Ende zeigen wird, was da jemand mit der äußeren Freiheit sich wird errungen haben, und wäre sie noch so billig vor der Welt.

6] Wie es sich aber zufolge dieser Weissagung mit Mir verhält, ebenso verhält es, zum zweiten, sich auch mit einem jeden Knechte und Boten, den Ich sende oder erwecke. Er darf nur lehren, aber niemandem eine Gewalt antun, sondern muß sich in solchem Falle sobald zurückziehen und sich blind und taub machen, damit da jedermann der freie Gebrauch seines Willens bleibe, ob zum Leben oder zum Tode — dafür sei der Knecht nicht verantwortlich und sei er taub und blind, damit einem jeden sein eigenes Verdienst werde, entweder so oder so!

7] Darum denn gebe Ich nun auch den Knechten keine andere Wundermacht mehr, außer allein die des Wortes. Wer sich durch dieses wird leiten lassen, der soll zur inneren, geistigen Freiheit gelangen. Wem aber dieses Wunder nicht genügt, der soll ungestört verbleiben in seiner äußeren Freiheit und ihren Folgen!

8] Siehe, auf das alles zielt diese Weissagung! Beachte sie, so wirst du zur inneren Freiheit gelangen! — Also spricht der Herr! Amen, Amen, Amen.

☆

Weise Widersprüche

Am 25. August 1843, abends

Was du[1] hast, das hast du nicht. Was du aber nicht[1] hast, das hast du.

2] Denke an die Zeit, sie ist dein und nicht dein. Dein, wenn sie nicht dein ist; und nicht dein, wenn sie dein ist.

3] Das Leben ist dein höchstes Gut. Denn ohne dasselbe bist du nichts und ist alles nichts für dich. Wenn aber das Leben dein ist, dann hast du es nicht; ist es aber nicht dein, dann hast du es.

[1] Ergänze hier die Worte „nur äußerlich“, so wird der weise Sinn klar. Aehnlich ist bei den anderen „Widersprüchen“ zu verfahren; d. Hsg.

4] So du zu Gott betest, da zeugest du von dir selbst, daß du aus Gott bist. Aber so du betest, so betest du nicht; wann du aber nicht betest, dann betest du.

5] Die Wahrheit ist die allein wesenhafte Wirklichkeit. Wer aber mag diese aussprechen für sich? Denn alles ist wahr und alles ist falsch. Ein Ding, wie es ist, ist es nicht; wie es aber nicht ist, also ist es. Wo ist also die Wahrheit, da sie ist, wo sie nicht ist, und wieder nicht ist, wo du meinest, daß sie ist!?

6] Suchen ist des Menschen Hauptsinn. Was er aber sucht, wird er nicht finden und wird finden, was er nicht sucht.

7] Die Liebe ist das einzige Gesetz alles Lebens, durch sie ist jedes Sein bedingt. Aber wer da liebt, liebt nicht. Wer aber nicht liebt, der ist es, der da liebt. Denn ein jeder Mensch hat ein Leben und hat kein Leben, und hat eine Liebe und hat keine Liebe. Daher lebt er nur, so er nicht lebt, und liebt, so er nicht liebt.

8] Wer kann sagen: Ich kenne Gott, so Gott für ihn nicht ist, da er nicht für Gott ist. Wer aber ist für Gott nicht? Der für sich ist! Gott aber ist nur für den, der nicht für sich ist, und ist nicht für den, der für sich ist.

9] Also ist auch das Weib kein Weib, so es [nur] ein Weib ist. Wenn es nicht [nur] ein Weib ist, dann ist es ein Weib. Denn es ist ja ein rechtes Weib in sich auch ein Mann und ein rechter Mann in sich auch ein Weib. Darum ist weder das eine noch das andere für sich das, was es ist, sondern nur, was es nicht ist.

10] Also ist auch der [Nur-[1]]Vater kein Vater und die [Nur-[1]]Mutter keine Mutter. So aber der Vater kein [Nur-[1]]Vater und die Mutter keine [Nur-[1]]Mutter ist, dann ist der Vater ein Vater und die Mutter eine Mutter.

11] Wer die Wahrheit in ihrer Tiefe fassen will, der verstehe diese Sprüche! Wer sie aber [nur mit dem Kopfverstand] verstehen wird, der wird sie nicht verstehen; wer sie aber nicht [nur mit dem Kopfverstand] verstehen wird, der wird sie verstehen! — Das ist etwas für den Geist!

☆

---

[1] Siehe Fußnote auf Seite 233.

Anarchie und Not

Am 8. September 1843

O Herr! Was wäre das einfachste, sicherste und kürzeste Mittel, der Anarchie in Spanien und der Not in Irland abzuhelfen?

Das sicherste und wirksamste Mittel bin Ich, der Herr des Himmels, aller Welten, aller Völker und Fürstentümer! — Wenn die Völker Spaniens und Irlands Mich ergreifen werden, dann wird Friede und Ruhe in ihren Landen sein.

2] Solange das aber nicht der Fall sein wird, soll der Zankapfel von ihren Landen nicht genommen werden. Alle noch so feinen politischen Mittel sollen fruchtlos sein, sie mögen Junten über Junten[1] bilden und Repealversammlungen[2] über und über halten, und es soll ihnen solches dennoch wenig oder gar nichts helfen.

3] Denn Ich allein bin der Herr und tue nach Meinem Plane, was Ich will! — Meinst du denn, daß Meine Pläne von ein paar Jahren abhängen? O sieh, vor Mir sind tausend Jahre wie ein Tag. Und ein leiblich Unglück der Völker, welches sie wach hält, ist besser als eine glückliche Nacht, in der es kaum jemand der Mühe wert hält, an Mich zu denken und im Herzen zu glauben, daß da alles von Mir abhängt und daß Ich auch ein stets wachender Herr bin aller Völker und Herren der Welt!

4] Meinst du aber etwa, man solle diesen Menschen gute Bücher und geistig geweckte Menschen zukommen lassen, auf daß sie die Wahrheit erschauen möchten!? — O siehe, an dergleichen Mitteln habe Ich es noch nie in einem Lande fehlen lassen. Wenn aber der Acker ein durchaus schlechter Grund und voll Unkrautes ist, wird da das Weizenkorn wohl aufgehen und eine Frucht bringen? Ja, es werden wohl einzelne Halme aufschießen; aber sie werden wenig beachtet, da ihr Dasein von keinem gemeinsamen Nutzen ist. Wenn aber das Unkraut auf dem schlechten Acker abgemäht wird, da wird äußerlich auf die wenigen einzelnen Halme keine Rücksicht genommen, es müßten nur gar schöne und samenreiche darunter sein, welche der Herr des Ackers durch seine Knechte sammeln ließe wegen des guten Kornes. Denn so ein Halm gute Frucht bringt auf schlechtem Grunde, wird er noch eine bessere tragen in fetter, unkrautloser Erde.

5] Aber die schlechten Gründe müssen aufgebrachet werden und durchstochen und durchwühlet das Land, damit alles Unkraut ver-

[1] Vereinigungen, Regierungsausschüsse in Spanien. — [2] Abschaffungs- oder Aufhebungsversammlungen in Irland.

derbe; alsdann erst wird der Acker mit der Zeit fähig werden, einen guten Samen fruchtbringend in sich aufzunehmen.

6] Also werden nun auch die von dir erwähnten Länder aufgewühlt und in die Brache gelegt, damit sie in der rechten Zeit fruchttragend werden mögen. — Verstehst du solches? — Ja, Ich sage dir: Also muß es geschehen! Denn nun ist die Zeit gekommen, da Ich das Unkraut verderben und die Länder nach der Reihe brach legen lasse.

7] Je mehr des Unkrautes, desto eher soll diese Arbeit vor sich gehen. Auch deinem Lande steht ein gleiches Los bevor! Da will Ich alle Lauen aus Meinem Munde speien und alles Unkraut bis in den Grund vernichten im Feuer Meines Grimmes. — Das sage Ich, der Herr! Amen, Amen, Amen.

☆

Erforsche und leite mich!

Am 8. September 1843

„Erforsche mich, Gott, und erkenne mein Herz, prüfe mich und erkenne, wie ich's meine! Und siehe, ob ich auf bösem Wege bin, und leite mich auf ewigem Wege!" (Psalm 139, 23 f.)

Was da diese Verse betrifft, so sind sie wohl leicht zu erkennen, und ihr Sinn liegt zu offen, als daß Ich darüber eine mächtige Erläuterung zu geben brauchte! — Wahrlich, hier möchte Ich zu dir auch sagen: Wie lange werde Ich dich denn noch ertragen müssen in deinem Unverstande? Wie lange werde Ich dir noch vorpredigen müssen, auf daß du verständiger wirst?

2] Weißt du aber, worin der Grund steckt, darum du solch leicht faßliche Stellen noch immer nicht verstehest? — Siehe, in deiner nicht seltenen Lauheit des Liebeernstes und in der noch tüchtigen Portion Weltstaubes, der dir noch vielseitig anklebt! — Du bist wohl fleißig im Schreiben und Lesen, aber nicht auch gleich ernstlich im Handeln — darum du auch die Unterschiede zwischen dem Geistigen und Weltlichen nicht hell erschauen magst, sowohl bei dir, wie auch bei deiner um vieles mehr weltlichen als geistigen Familie!

3] Siehe, die Welt ist sehr geschmeidig und verstellerisch und weiß ihr totes Zeug mit dem geistig scheinenden so geschickt zu verschmelzen, daß du es, wenn schon nicht als geistig, so aber doch als ganz unschädlich ansiehst! — Aber dem ist nicht also! — Und Ich sage dir:

Das Weltliche ist nirgends und niemals gefährlicher, als so es unscheinbar, ganz unschädlich scheinend und ganz kleinlaut und geringfügig auftritt!

4] Denn so es grell auftritt, dann gewahret es sogar ein Blinder und kann demselben begegnen. Tritt es aber in ganz leisen und unschuldig scheinenden Graden auf, dann ist es ein schleichendes Gift, das da seine Opfer nimmer ausläßt und höchst sicher hinabzieht ins Verderben des ewigen Todes! Es gleicht da einem Vampyr, der seine Beute in einen allersüßesten Schlaf fächelt, um dann ganz ungestört derselben den letzten Blutstropfen auszusaugen!

5] Und siehe nun, gerade diesen überargen Zustand hat auch der David nur gar zu gut gekannt, darum er denn auch ausrief: „Erforsche mich, Gott, und erkenne mein Herz, prüfe mich, und erkenne wie ich es meine! Und siehe, ob ich auf bösem Wege bin, und leite mich auf ewigem Wege!“

6] Denn „Erforsche mich, Gott!“ heißt so viel als: Erleuchte mich, Gott, mit Deiner Gnade! — Und „Erkenne mein Herz!“ heißt: Siehe, was im Grunde meines Lebens rastet, ob Weltlichgiftiges im Kleide des Geistigen, oder ob wirklich Geistiges? — Und „Erkenne, wie ich's meine!“ heißt: Erleuchte mich, auf daß ich ein rechtes Verständnis überkomme und dadurch erkenne, wie da mein gegenwärtiges Verständnis bestellt ist!

7] Ebenso besagt auch ganz dasselbe der 24. Vers, der heißt: „Und siehe, ob ich auf bösem Wege bin“ — das heißt: Laß mich sehen, welchen Weg ich wandle? — „Leite mich auf ewigem Wege“ aber heißt doch sichtbar: Laß mich die reingeistigen Wege zum ewigen Leben erkennen und wandeln!

8] Siehe, das ist das überaus leichte Verständnis dieser Verse! — Wenn aber schon der überaus geistige und gerechte Seher David, der Mann nach Meinem Herzen, solch einen Respekt vor der im geheimen schleichenden „Welt“ hatte und sich so manchmal nicht auskannte, wie er so manche unschuldig scheinende Erscheinungen der Welt nehmen sollte — um wie viel mehr ist solches dir in der gegenwärtigen Zeit vonnöten, in der die Welt sogar ihre grellsten Bösetaten also zu beschönigen weiß, daß sie ganz sittlich und in der größten Ordnung erscheinen!

9] Wer von euch wird einen heiratssüchtigen jungen Mann oder desgleichen eine Jungfrau tadeln? — Vor der Welt ist solches billigst! — Aber siehe, nicht also ist es bei Mir! Denn wer da zuvor nicht lebendigst Meiner süchtig wird, der ist ein Weltgeiler, und die Jungfrau ist Mir gegenüber eine verächtliche Dirne! — Denn wer da immer über etwas Flüchtiges Meiner auch nur eine Stunde lang vergessen kann, der ist Meiner nicht wert. Und Ich wende wahrlich sofort Mein Angesicht weg von ihm und sehe ihn nicht eher an, als bis er Mir alles opfern wird, was er hat. — Denn Ich bin Gott, von dem alles abhängt, und weiß, warum Ich den Menschen erschaffen habe!

10] Wenn aber dem Töpfer ein Topf nicht gerät, dann schlägt er ihn zusammen. Ich aber bin der Schöpfer und weiß auch, was Ich mit den ungeratenen Gefäßen tun werde. — Verstehe solches! Denn Ich, der Herr, sage es dir!

☆

Weisheitssprüche

Am 27. September 1843

So du willst, kannst ja auch einmal einige Aphorismen schreiben. Aber ja nicht anders, als wie Ich es dir gebe! — Denn Ich will nicht prunken wie ein weltgelehrter Naturforscher, sondern will sein wie ein Bänkelsänger, den man überall hinauswirft, wo es nobel zugeht! — Verstehe, also will Ich's in der Welt haben — weil die Welt Mich nicht anerkennen will! — Und so schreibe denn!

2] Die Unterhaltung ist ein Vergnügen des sterblichen Menschen, durch welches er sich zeitlich den ewigen Tod versüßt. Ja, ein solches Vergnügen ist darum eine wahre Unter-haltung, weil der Geist dabei zu unterst gehalten wird — und die tote Lust des Todes zu oberst!

3] Konversation, wie sie in der Welt üblich ist, ist ein barster „Zapfenstreich“ für den Geist! — Beim Soldaten folgt zwar auf den Zapfenstreich ein früher Tagesweckruf, weil die Naturwelt dem steten Tag- und Nachtwechsel unterworfen ist. Aber für den Geist gibt es nur einen Tag oder eine Nacht. Wenn für die Nacht des Geistes aber einmal der Zapfenstreich getrommelt wurde, da wird schwerlich mehr ein Tagesweckruf folgen einer unendlichen Nacht. — Verstehst du nun die „Konversation der Welt“?

4] Die Reunionen, wie sie jetzt gehandhabt werden unter Ballmusik, Fraß und Hurerei aller Art, wenn auch bei dreifacher Wachsbeleuchtung und freiem Eintritte, sind im Ernste wahrhafte Reunionen der Menschen zum ewigen Tode. Denn die Menschen ergreifen hier mit vereinten Kräften das Ruder am Lebensschiffe, um desto schneller und sicherer auf die angenehmste Weise von der Welt in den ewigen Tod hinüberzusegeln! — Daß sie dieses Ziel nicht leichtlich verfehlen, sorgt schon der Fürst der Nacht und des Todes! — Das also ist die „Reunion der Welt".

5] Visiten sind gegenseitige Erkundigungen, ob jemand im Geiste noch tot ist — und sind aber dann auch wieder gegenseitige Komplimente über das ruhige Wohlbefinden im Tode. Denn findet ein Visitant jemanden lebendigen Geistes, da wird er ihm nicht mehr viele Visiten machen. Denn er ist in der Furcht, daß der Lebendige möchte zu ihm sagen, daß er, der Visitant, ein Toter ist! — Beim Toten aber hat er das nicht zu befürchten. — Verstehst du das?

6] Die Gefallsucht ist eine Schlaftrunkenheit des Geistes. Wie der Schlaftrunkene nichts sehnlicher wünscht als ein Schlafbett, so sucht der Gefallsüchtige nichts emsiger als den tödlichen Weltweihrauch, um im Geiste für ewig einzuschlafen. — Verstehst du das?

Königtum und Volksherrschaft

Am 7. Oktober 1843

O Herr! Kann es gebilligt werden, daß das griechische Volk im Einverständnisse mit dem Militär seinen König in der Nacht aufweckt und ihm eine Konstitution aufdringt? — Wird dieses äußerst überraschende Faktum nicht schlimme Folgen für dieses sonst heldenmütige Volk haben?

Du weißt ja die rechte Norm, wie da ein Staat bestellt sein soll! Siehe, unter was für Bedingungen einst die Juden einen König hatten, also sollte es überall sein. Von einer „Konstitution" aber kommt nirgends etwas vor in der Schrift. Daher sollte sie auch im Leben nirgends vorkommen.

2] Der König ist von Mir aus ja nur zur Demütigung der aufgeblasenen Juden und zur Unterdrückung der wechselseitigen Herrschsucht derselben über Israel gesetzt worden, als es mit Meiner Regierung unzufrieden ward! — So aber nun ein Volk nur einen Titelkönig unter sich bestehen läßt, der da ohne den Willen des Volkes gar nichts zu tun und zu befehlen sich wagen darf — was ist das hernach wohl für ein König?! — Da ist ja ein Freistaat unter gewählten Richtern unvergleichlich besser als so ein Königtum, wo der König vom Volke, nicht aber das Volk nach Meiner Ordnung vom Könige abhängt!

3] Der rechte König soll wohl *weise Räte* aus dem Volke um sich haben, mit denen er sich über die gerechte Leitung beraten kann. Aber die *Ausführung* des Rates soll allein dem Willen des Königs und nicht einmal dem Willen der Räte als mittätig anheimfallen. Denn die Räte sind da bloß nur des weisen Rates, aber nicht auch des Gebietens wegen. Hat ja doch Mein lieber Apostel *Paulus* sich deutlich ausgesprochen, und das unter der Regierung eines Tyrannen aller Tyrannen, unter dem Kaiser Nero — daß man der weltlichen Obrigkeit in weltlichen Dingen gehorchen solle, ob sie gut oder böse ist. Denn die eine wie die andere habe ihre Gewalt von oben.

4] Der König Griechenlands war lange noch kein Nero, warum hat das Volk ihn denn hernach abgesetzt? — Das Volk soll nur *Mir* die Ein- und Absetzung der Könige überlassen, dann wird es besser fahren denn also herrschsüchtig eigenwillig!

5] Will Ich ein Volk frei machen, so werde Ich es tun, so das Volk sich zu Mir gewendet hat. Aber einem stolzen und nur herrschsüchtigen Volke werde Ich die Freiheit noch lange nicht geben!

6] *Denn es ist besser, ein Knecht sein auf der Welt als ein ewiger Sklave im Geiste!* — Wer aber den Weg des *Geistes* gehen will, den werde Ich so lange unter jeder Regierung zu *schützen* wissen, solange er sich nicht irgendeine Herrschaft öffentlich anmaßen wird. Tut er aber das ohne Meinen ausdrücklichen Befehl, so muß er sich's auch gefallen lassen, von der Welt gezüchtigt zu werden!

7] Also wird es auch den Griechen über kurz oder lang ergehen! — Siehe, also stehen die Sachen! Denke aber selbst reiflich darüber nach, und du wirst finden, daß es also sein muß zur Demütigung der Welt! — Also verstehe es! Amen.

☆

Ein Verkünder der Neuoffenbarung

Am 9. Oktober 1843

Bericht Anselm Hüttenbrenners: Heute erzählte mir die nach Graz gekommene Mutter des Jakob Lorber, daß sie voriges Jahr die Bekanntschaft eines beiläufig siebzigjährigen Bettlers in einem fremden Hause gemacht habe. Dieser rede immer nur über göttliche Dinge, er sei von großer Gestalt, hager, dabei freundlichen Aussehens. Der Sprache und Kleidung nach müsse er ein Illyrier sein. Befragt, woher er sei und wo er sich aufhalte, antwortete er: „Ich bin eigentlich überall und doch nirgends zu Hause!"

Späterhin (im Sommer 1843) besuchte dieser Greis die Mutter des Jakob Lorber in ihrer Behausung und teilte ihr eine alte Prophezeiung mit, nach welcher Steiermark ein glückliches Land sei, in welchem seiner Zeit ein Mann aufstehen werde, aus dem der Geist Gottes sprechen wird.

Darauf sagte er zur Mutter: „Euer Sohn ist dieser Begnadigte! In einem Schlafe hat er diese Gnade erhalten. — Wißt ihr, wie lange euer Sohn schon die Stimme Gottes hört?"

Die Mutter, von der Offenbarung an ihren Sohn nur halbwegs unterrichtet, sagte: „Ich glaube, ungefähr zwei Jahre!" — Der Alte sprach: „Seht, das weiß ich besser! Euer Sohn schreibt schon im vierten Jahre. Und wenn das vierte Jahr vollendet sein wird, dann wird er abermals in einen tiefen, bei 24 Stunden anhaltenden Schlaf versinken und wird dann vom Hören ins Schauen übergehen."

Weiter sagte der Alte: „Es wäre gut, wenn euer Sohn zur Zeit dieses zweiten Schlafes nicht in der Stadt, wo er jetzt lebt, sondern bei euch in seiner Heimat sich befände."

Die Mutter trug dem Alten ein Nachtlager an, da es schon ganz finster war. Er aber sagte, er müsse noch weiterziehen und es würde ihn sehr freuen, wenn er einmal mit ihrem Sohne Jakob sich besprechen könnte. Nach Graz könne er nicht kommen, da habe er keine Bekannten. — Als die Mutter zu dem Manne über die Priesterschaft sich ungünstig verlauten ließ, verwies er ihr solches und sagte, sie solle alles gänzlich Gott anheimstellen. Dieser werde schon alles in Ordnung bringen. Man solle nur Ihn allein walten lassen!

Die Mutter, die den slavischen Dialekt des Alten nicht vollkommen versteht, glaubt, aus seinen Aeußerungen auch entnommen zu haben, er habe einst beim Militär gedient. Sie kann aber nicht verbürgen, ob sie recht verstanden habe. Ans. H.

Anfrage des Knechtes: O Herr! Du liebevollster, heiliger Vater! Was ist wohl mit dem Manne, von dem mir meine Mutter die Nachricht überbrachte? — Ist seinen Aussagen zu trauen?

Schreibe! — Dergleichen Männer, jung und alt, werden bald mehrere aufgestellt und von Meinem Geiste erfüllt werden. Daher ist ihnen gar wohl zu trauen.

2] Ich Selbst gehe nun nicht selten in solchen Männern einher und bereite die Menschen hier und da auf Meinen nahe bevorstehenden großen Auftritt vor!

3] Fürwahr, fürwahr, mit Feuer und Schwert werde Ich die Städte, die Wohnungen der Teufel und ihrer Diener, heimsuchen. Große Teuerung, Hunger und Pest werde Ich über sie ausgießen und große Gewässer kommen lassen über das wucherische Land. Das ist eine gültigste Prophezeiung!

4] Aber auch jener Mann redet aus Meinem Geiste, jedoch im Schauen ist er nicht völlig. Mit dem „Schlafe" hat es seine Richtigkeit nicht. Denn du mußt wach sehend werden.

☆

Gratulation

Am 3. November 1843, vormittags

Schreibe nur, denn was du möchtest, das habe Ich schon seit gar lange her bestimmt.

2] Höre Mich an, mein geliebter K. G. L.! — Auf der Welt ist es unter euch üblich, daß ihr euch zu euren Geburts- und Namenstagen mit allerlei Glückwünschung gegenseitig entgegenkommet, gegenwärtig leider bei weitem mehr mittelst der sogenannten Besuchskarten als mittelst wahrer, liebeerfüllter Herzen!

3] Auch die Kinder sagen ihren Eltern Verse auf, und das nicht selten in einer fremden Sprache, die gewöhnlich die Kinder noch gar nicht recht verstehen, mitunter wohl auch so manche Aelteren nicht. Was dabei die englisch oder französisch gratulierenden Kinder während ihres marterlichen Versaufsagens empfinden, dürfte wohl demjenigen Urstoffe gleichkommen, von dem man sagt, daß Ich aus ihm die Welt erschaffen habe. Also sind die Gratulanten selten der gerührte Teil beim Akte des Gratulierens, da sie diesen Akt allzeit mehr aus einer gewissen Pflicht als aus irgendeinem liebelebendigen Grunde begehen. Nur die Gratulierten sind gewöhnlich auch die Gerührten. Und die Eltern rühren nach dem Anhören einer nicht selten echt türkischen Ode oder gar Dithyrambe in französischer oder englischer Zunge ihren Daumen und Zeigefinger, wodurch dann erst die Herzen der Kinder gerührt werden!

4] So auch gratulieren nicht selten die Armen ihren wohlhabenden Wohltätern aus lauter Rührung, aber nicht etwa des Herzens, und beten gar oft um die Erhaltung und Gesundheit solcher Wohltäter, aber nicht aus freier, sondern aus Notliebe!

5] So wird denn also in der Welt gewöhnlich gratuliert an den vorbestimmten Geburts- und Namenstagen! — Daneben stelle denn aber nun auch Ich für Mich die Frage: Wie soll denn Ich, als euer aller Vater, euch, Meinen Kindern, gratulieren?

6] Etwa mittelst nicht ganz leerer Visitenkarten? — Das tue Ich wohl täglich, aber man achtet wenig darauf. — Siehe, die Blüten, das Laub der Bäume, all das Gepflanze der Erde, die Sterne der Nacht, der Mond, die aufgehende Sonne, wie nun auch die große geistige [Sonne der Neuoffenbarung] — das sind alles Gratulationsbillete von sehr viel bedeutenderer Art, als da sind die eurigen aus gepreßten Papierschnitzeln! — Allein die Kinder halten wenig darauf. Rühr' Ich dabei nicht auch den „Daumen", so haben diese Meine Billete keinen Wert.

7] Ich tue wohl, was da die Eltern tun, so sie von ihren Kindern beglückwünscht werden oder so sie selbst ihren Kindern Glück wünschen. Aber dennoch entdecke Ich nie oder nur sehr selten eine wahre, freie Liebe in Meinen Kindern, sondern zumeist nur eine Notliebe, bei der die Kinder allezeit mehr auf Meinen Daumen als auf Mein Herz ihre Augen heften!

8] Ich sehe wohl, daß die Kinder dadurch in der wahren, freien Liebe verlieren — und dennoch tue Ich nach dem Wunsche der Kinder, auf daß sie durch Meine freigebige Liebe zur wahren, freien Liebe zu Mir sollen erweckt werden.

9] Und so denn komme Ich nun auch zu dir, du Mein lieber Sohn, als Vater mit starker Herzens- und zugleich Daumen- und Zeigefingerrührung, da ohne diese letztere Meine sonstigen großen Visitenkarten [auch bei dir] von keinem großen Werte sind!

10] Ich, dein heiliger Vater, rühre somit den „Daumen und Zeigefinger" und segne dich mit dem Daumen Meiner Kraft und Stärke, auf daß du stark werden möchtest in der Liebe wie im Glauben; und [segne dich auch] mit dem Zeigefinger, um dir den rechten Weg zu zeigen, der dich führen soll in Meine Wohnung, in dein ewiges, endlos großes, heiliges Vaterhaus!

11] Nehme sonach diese Meine Gratulation als eine ewig lebendig-wahre an! Denn Ich, dein heiliger Vater Jesus, gebe sie dir!

12] So ihr euch aber untereinander gratulieret, da waschet euch untereinander die Füße, wie Ich, euer Vater, euch täglich die Füße wasche, d. h. tut euch gegenseitig Gutes, geistig und körperlich, so werde Ich allezeit bei euch sein mit Rührung des Herzens, des Daumens und des Zeigefingers. Und Meine Sonne wird euch erleuchten und erwärmen als eine große und lebendige Visitenkarte. Amen. — Das sage Ich, euer Vater Jesus! Amen.

☆

Der Herr als Liebhaber

Am 19. November 1843

Schreibe, denn Ich kenne deinen Wunsch, demzufolge Ich dir schon wieder einen Gelegenheitsdichter machen soll!

2] Willst du Verse oder Prosa? — Wenn es dir daranliegt, eine [äußerliche] Namensgratulation zu machen, da würden sich Verse besser schicken als die Prosa. — Willst du aber statt der Gratulation einen Aufsatz, der sich mehr auf das innere Wohl deiner Klientin bezieht, so bleiben wir bei der Prosa!

3] Du willst also letzteres! — So fangen wir auch die Sache ganz prosaisch an. Und unser Glückwunsch laute also ganz kurz:

4] Ich bin der Letzte überall! Dein Herz denkt an Mich zuletzt. — Wenn du des Tages Geschäfte beendet hast, da wendest du dich zu Mir, manchmal mehr, manchmal weniger in die Welt zerstreut. — Am Morgen denkst du wohl an Mich; aber neben manchen leeren Weltsorgen. — Auch unter tags denkst du an Mich; aber da sind deine Gedanken nicht selten wie eine gewisse Zuspeis' zum Rindfleische. — Kurz und gut, ganz wie es sich gebühren möchte, magst du deines Herzens Gedanken nimmer zu Mir erheben, nie ganz ohne alle Welt!

5] Was ist wohl das, worin liegt da wohl der Grund? — Siehe, Ich möchte es dir wohl sagen, aber es würde dich kränken. — Daher sage Ich dir bloß, daß Ich ganz außerordentlich eifersüchtig bin und Mich von niemandem etwas mehr kränkt, als so die Meinen Mir dann und wann ein wenig untreu werden!

6] Siehe, wer Mich liebt, der muß Mich ganz lieben! — Wenn sich die Meinen irgendeiner Weltbelustigung manchmal mehr freuen denn Meiner Liebe, siehe, das kränket Mich schon! Denn Ich bin ein Todfeind von aller Weltkoketterie!

7] Glaube es Mir, ganz kleine Seitenblicke von denen, die Ich zu den Meinigen aufgenommen habe, bereiten Mir schon einen Schmerz! — Willst du Mich so recht kennen, da stelle dir so einen recht hitzigen und kreuz und quer eifersüchtigen Liebhaber vor! Dieser liebt seine Braut mit aller Glut seines Herzens, und ihr Leben ist ganz das seinige; aber wehe ihr, so er sie auf irgendeiner Zweideutigkeit ertappt! Wie wird er sie das auf alle mögliche Weise fühlen lassen! — Kehret sie aber wieder um und bekennet dem Liebhaber reuig und offen einen schwachen Seitenblick, so kehrt in dem Liebhaber sobald die alte Glut wieder zurück. Und er liebt seine ihm ein wenig untreu gewordene Braut noch glühender als vorher!

8] Siehe, gerade ein solcher Liebhaber bin Ich auch! — Freilich wohl habe Ich mehr Geduld und viel öfters Nachsicht als ein sogestaltig hitziger Weltbräutigam. Aber was da die Kränkung anlangt, so trifft sie Mich bei Untreue Meiner Bräute auch ums Vielfache ärger als einen Weltbräutigam, eben da Ich so oft verzeihe und Meinen Bräuten die so oftmaligen Weltkoketterien nachsehe!

9] Denke: Liebe, Leben, Gesundheit und Meine Gnade haben die Bräute in jeder Sekunde von Mir! Ich versehe sie sorgfältigst mit allen Wohltaten des Lebens, sie stehen in Meiner alleinigen Verpflegung ewig! Sollte es Mich da nicht kränken, wenn Ich Mich dennoch so dann und wann unter den Liebhabern als der Letzte ansehen muß?!

10] Daher aber sage Ich, als der letzte Gratulant an diesem deinem Namenstage, dir auch das als Meinen Wunsch: daß du Mich in Zukunft zum ersten Liebhaber in deinem Herzen an- und aufnehmen möchtest!

11] Mit diesem Wunsche aber verbinde Ich auch Meinen Vatersegen — und segne dich und will dich allezeit segnen, so du Mir allezeit völlig treu verbleiben wirst! — Ich werde dir ewig nimmer untreu. Daher bleibe du Mir auch treu, und du wirst in dieser Treue das ewige Leben finden!

12] Das ist Mein ernster, wahrster Wunsch an dich für ewig! Amen. Das sage Ich, dein liebevollster Vater Jesus!

☆

Die himmlische Liebesaktie

Am 29. November 1843

Schreibe du, Mein Knecht, ein kurzes Handbilletchen an Meinen lieben Freund und Bruder Andr. H.-W.

2] Mein Freund und Bruder! — Siehe, auch Ich bin schon wieder unter denen, die dir zu deinem Namenstage gratulieren! — Was wohl soll Ich dir wünschen?

3] Ja, so Ich dir nur bloß etwas wünschen möchte und nichts geben, da wäre Ich, dein Gott, dein Vater, dein Bruder und Freund, um nichts besser als die Menschen, die wohl auch sich gegenseitig nicht selten allerlei, freilich wohl nur zumeist irdisch Gutes, wünschen. Aber so es aufs Geben ankommt, da zieht ein jeder die Hand zurück!

4] Ich aber will dir daher gar nichts wünschen, sondern geben, was dir am meisten frommen wird! — Und die Gabe bestehe darin, daß Ich dir alle deine Fehler gegen Mich vollkommen nachlasse und dich Meiner Liebe und Gnade völlig versichere! — Und das ist aber auch schon Mein ganzes Bindeband, das Ich dir zu diesem Tage wie für alle Ewigkeit darreiche!

5] Schlicht und ganz gering scheint zwar die Gabe dem Aeußeren nach zu sein. Aber glaube es Mir, deinem Vater: du erhältst damit mehr, als so Ich dir alle Königreiche der Erde schenken möchte!

6] Siehe, alles, was du auf Erden nun besitzest, wirst du einst verlassen müssen — und wirst ganz entsetzlich arm jenseits anlangen. Kein Geld und kein Brot wirst du mitbringen, und umsonst wird dir niemand etwas geben. Denn der Geiz dauert über dem Grabe fort. Aber in deiner großen Not wirst du deine Taschen zu durchsuchen anfangen, und siehe, da wirst du eben diese Meine „Liebesaktie" finden!

7] Diese werden zwar die Geizigen jenseits auch nicht respektieren, aber es werden sich auch Meine Engel heimlich an deiner Seite befinden. Diese werden diese Aktie erkennen, werden dich in deiner großen Armut ergreifen samt der Aktie und werden dich in das große Wechselhaus der Himmel aller Himmel führen, in welchem Ich, dein Vater, voll der allerhöchsten Liebe dir mit dem Vaterkuß und -gruße für ewig die heilige Aktie auswechseln werde, so gewiß als Ich sie dir hier jetzt gebe!

8] Mit dieser ewig wahren und heiligen Versicherung segne Ich dich mit Meiner Liebe, Gnade und Erbarmung und beschließe zugleich die Formel dieser meiner für ewig geltenden Hauptaktie an dich.

9] Ich Selbst bin ihr Preis für dich, du mein Sohn, Bruder und Freund für ewig! Amen.

☆

Vom Feigenbaum-Gleichnis

Am 15. Dezember 1843

Siehe, im Lukas, Kapitel 13, vom 6. bis 9. Vers, stehet ein Gleichnis von einem Herrn, der in seinem Weinberge einen Feigenbaum gepflanzt hatte, der aber drei Jahre hindurch keine Früchte tragen wollte!

2] Ich sage dir: Dieses Bild enthält für jedermann Großes! — Jetzt ist seine Zeit! — Betrachtet es in euch, und wohl dem, der sich in diesem Bilde finden wird!

3] Dieses Bild ist wie ein geheimer, verborgener Schatz. Wohl dem, der ihn findet!

4] Doch nun ist's genug! Mehr sage Ich dir nicht darüber, und du brauchst daher auch nicht mehr zu schreiben. Amen.

☆

Lesen — und betätigen!

Mit dieser, dem Abschluß des großen Werkes „Die geistige Sonne" folgenden Kundgabe begann eine Reihe von „Nebenworten", welche als „Nacherinnerungen zur Geistigen Sonne" bezeichnet werden. Sie sind in dem Werk „Schrifttexterklärungen" veröffentlicht.

Den 20. Dezember 1843, von 1/2 5 Uhr bis 3/4 6 Uhr abends

Meine lieben Kinder! Mit diesen folgenden ‚Nacherinnerungen' will Ich euch eine gar wichtige und nützliche Regel geben, ohne die ihr euch durch die Lesung was immer für geistiger guter Bücher keinen Nutzen verschaffen könnet. Ihr möget die Heilige Schrift wie auch dieses neue Wort tausendmal nacheinander durchlesen, so werdet ihr aber dennoch ohne diese Regel stets auf dem alten Flecke stehenbleiben!

2] Ihr habt euch durch das öftere Lesen wohl euer Gedächtnis so recht vollgestopft; fraget aber euern Geist, was er davon gewonnen hat, und seine stumpfe Antwort wird also lauten:

3] „Ich bin wohl chaotisch von allerlei Baumaterialien umlagert, und da liegen Balken und Steine bergartig übereinander; aber aus all diesen Baumaterialien ist noch nicht einmal irgendeine schlechte Keusche[1] erbaut, in der ich frei zu wohnen vermöchte! Ihr häufet zwar das Baumaterial fortwährend auf — lauter Edelsteine und das schönste Zedernholz liegen in plumpen Haufen vor mir — und ich vermag es nicht zu ordnen! Und habe ich hie und da auch irgend angefangen, eine kleine Ordnung herzustellen, da führet ihr schon wieder eine kolossale Menge neuen Materials dazu, so daß ich notwendig in meiner Tätigkeit ermüden muß und am Ende beim Anblick der Größe des zu ordnenden Materials erschaudere und mit Wehmut denke, wann doch einmal all dieses Material zu einer Wohnung wird geordnet werden können!"

4] Sehet, das ist eine ganz gründliche Antwort des Geistes, die ein jeder Mensch, der irgend viel gelesen hat, in sich selbst auf das allerklarste finden muß!

5] Wenn so jemand sein Leben hindurch ein paar tausend Bücher durchgelesen hat, welch ein Chaos hat er am Ende in seinem Gedächtnisse! Und wenn es gut geht, so wird er nach einer solchen reichhaltigen Belesenheit mit genauer Not so viel hervorbringen, daß er jetzt erst einsieht, daß er nichts weiß.

6] Was aber ist dieses Geständnis? Es ist nichts anderes als eine und dieselbe wehmütige Klage des Geistes, der dadurch sagen will, daß er bei dieser ungeheuren Menge des Baumaterials nicht einmal eine allerschlechteste Keusche zur freien Wohnung erbaut überkam!

7] Also gibt es Menschen, die das Alte und Neue Testament von Wort zu Wort auswendig können; fraget sie aber um den innern Sinn nur eines einzigen Verses, so werden sie da geradesoviel wissen wie diejenigen, die nicht einen einzigen Vers auswendig können, ja oft kaum wissen, daß da eine Heilige Schrift existiert! — Was nützt also denen dieses herrliche Material?

8] Der Geist wohnt nur im Geistigen! — Kann ihm aus diesem Material nicht einmal eine schlechte Keusche erbaut werden im inneren Geiste der Wahrheit, wo soll er dann wohnen, wo seine

[1] ‚Keusche' ist der österreichische Ausdruck für Hütte; d. Hsg.

Rechnung führen, und von welchem Punkte aus soll er das Material zu ordnen anfangen?!

9] Ist es denn nicht besser, weniger Material zu besitzen, aus demselben aber für den Geist sogleich eine kleine respektable Wohnung zu erbauen, damit der Geist dann einen festen und freien Platz bekommt, von welchem aus er seine nächsten Pläne machen und nach denselben ein neu anlangendes Material verwenden kann?!

10] Was wird ein Acker wohl für ein Gesicht bekommen, wenn er auch das beste Erdreich ist, so ihr tausenderlei Samen, in der größten Unordnung durcheinandergemengt, zu gleicher Zeit auf denselben aussäet? Die Samen werden richtig aufgehen; aber zu welchem Nutzen für den Sämann? — Fürwahr, das Erträgnis dieses Ackers wird kaum für eine schlechte Fütterung des Viehes taugen! Die stärkeren Pflanzen werden die schwächeren ersticken, das Unkraut wird wuchern, und das Weizenkorn wird nur hie und da sparsam und sehr verkümmert und brandig zum Vorscheine kommen!

11] Aus diesem aber geht hervor, daß überall, wo für euch ein Nutzen heraussehen soll, eine Ordnung bewerkstelligt werden muß, ohne die ihr Dornen, Disteln, Kraut und Rüben durcheinanderbauet, was euch nimmer irgend nützen kann.

12] Worin aber besteht diese Ordnung?

13] Wenn ihr einen geläuterten Weizen habt, so säet ihn auf einen reinen und guten Acker, und ihr werdet eine reine und gute Ernte bekommen.

14] Wer da eine gute Baustelle hat und hat Material dazu, der warte nicht, bis er einen überflüssigen Haufen Baumaterial zusammenbekommen hat, bis er dann erst sein Haus zu bauen anfangen möchte; denn er wird sich mit dem großen Haufen Baumaterial am Ende den ganzen Bauplatz völlig anführen[1]!

15] Und so dann der Baumeister kommen wird und wird ihn fragen: „Freund, an welcher Stelle willst du denn das Haus aufgeführt haben?", was wird er ihm dann entgegnen? — Sicher nichts anderes als: „Allda, Freund, wo der große Haufen des Baumaterials liegt!"

16] Und der Baumeister wird zu ihm sagen: „Warum ließest du denn dieses Material auf dem Bauplatze zuvor aufhäufen, bevor wir den Plan gemacht und den Grund gegraben haben? — Willst du nun das Haus auf dieser Stelle haben, so mußt du all dieses Ma-

[1] anfüllen; d. Hsg.

terial eher zur Seite schaffen und mußt den Platz ganz frei machen; dann erst werde ich kommen, werde den Platz ausmessen, den Plan entwerfen, darnach den Grund graben lassen und am Ende erst das Material prüfen, ob es durchaus zur Erbauung deines Hauses taugt!"

17] Sehet, aus diesem Gleichnisse könnet ihr schon ziemlich klar entnehmen, wie wenig jemandem eine große Belesenheit nützt, wenn er mit derselben nicht in der wahren Ordnung fortschreitet!

18] Worin aber besteht diese wahre Ordnung? — Diese wahre Ordnung besteht ganz einfach darin, daß ein jeder eine jede neue Ladung oder Ueberkommung des Materials alsogleich zu einem Wohngebäude zu ordnen anfängt und nicht eher nach einer zweiten Ladung greift, als bis er die erste verarbeitet hat. Auf diese Weise wird er in seinem Bau rasch vorwärtsschreiten und wird um denselben immer genug freien Raum haben, auf welchem er in guter Ordnung ein hinlängliches neues Baumaterial aufschichten kann.

19] Auf deutsch und ganz verständlich gesagt aber besteht diese Ordnung darin, daß jeder nach dem Gelesenen sogleich tätig werde und sein Leben darnach einrichte. — So wird ihm das Gelesene nützen, im Gegenteile aber schaden; denn jeder sei nicht nur ein purer Hörer des Wortes, sondern ein Täter desselben!

20] Nächstens der „Erinnerungen" mehr!

☆

Ein Wort an den Knecht

Am 8. Februar 1844

Was kümmert's dich, so jemand dies oder jenes [mit törichtem Vorwurf] zu dir sagt?! — Sieh auf Mich, deinen Herrn, und du wirst alle die Stellungen[1], die dir nur in einem geringsten Maße zukommen, bei Mir überklar erschauen!

2] Siehe an das 7. Kapitel Johannis, Vers 1—5. Da wirst du zur Genüge erschauen, wie selbst Meine gläubigsten Brüder, die Apostel, mit Mir verfahren sind, da es ihnen nicht recht war, daß Ich Mich in Galiläa eine kurze Zeit ruhig verhielt und Judäa floh, wo man Mir nach dem Leben strebte!

3] Ich ward von den Aposteln, von Meinen getreuesten Brüdern, der Lauheit und des Nachlasses in Meinem Eifer beschuldigt! — Möch-

[1] d. h. widrigen Erfahrungen; d. Hsg.

test du etwa besser daran sein als Ich? — Schau, schau, wie töricht du denkst!

4] Siehe, wärest du ein Schreiblustiger, dann hätte Ich dich nie erwählt! Denn die Schreiblustigen schmuggeln gern und verkaufen unter Meiner echten Ware auch ihre eigene auf Meine Rechnung! — Eben darum aber erwählte Ich dich, weil du kein Schreiblustiger bist, um eben dadurch Meine Ware einmal ganz rein vor die Welt zu bringen! — Wird sie aber auch noch in dieser Reinheit verkannt, dann wehe in jüngster Zeit der Welt!

5] Bei jedem ist Mir der Eifer lieber als die Lauheit. Du aber mußt träge sein wie ein Fließpapier, durch das man eine unlautere Flüssigkeit dennoch ganz rein durchfilterieren kann! Denn in deinem Eifer könntest du so manches aus deinem Kopfe unters Meinige bringen. Weil Ich dir aber keinen eigenen Eifer lasse, sondern du alles nur aus Meinem Eifer tun mußt, ohne daß dabei dein freier Wille irgendeinen Zwang erhält, so kommt Meine Ware rein ans Tageslicht!

6] Darin magst du hinreichend deine Entschuldigung finden. Und darum soll sich aber auch niemand an deinen, sondern allein an Meinen Eifer binden! Wem der nicht genügt, der wird übel fahren!

7] Und bei dem [hier Gesagten] hat es zu verbleiben für allezeit und ewig! — Denn niemand wird selig durch den Eifer Meiner Knechte, wohl aber durch Meinen Eifer, welcher ist Meine Liebe zu euch allen! Amen. — Verstehe solches wohl!

☆

Seelisches Ungeziefer

Am 16. Februar 1844, vormittags

So schreibe denn ein paar Wörtlein hin, weil du es schon also haben willst — und glaubst, daß ohne diese Wörtlein die Erde ein Loch bekommen möchte!

2] Ich fege stets bei groß und klein und jung und alt in aller Gestalt! — Und so höre Mich denn auch du, kleine Weltmartha, an, was Ich dir sage an diesem Tage!

3] Siehe, alles in der Welt vergeht, nur eines bleibet, und das ist die reine Liebe zu Mir und jede Handlung aus ihr!

4] So du diese Liebe haben wirst, dann erst werde Ich dich erkennen und vollkommen segnen! — So du aber diese Liebe überkommen willst, da mußt du zuvor dein Herz ganz rein machen von aller andern Liebe, die dir jetzt allerlei kleine und gar nichtige Vergnügungen schuf!

5] Siehe, von was das Herz erfüllt ist, davon geht der Mund stets über, und die Vögel erkennt man an ihrem Gesange. Höre dich demnach nur einen ganzen Tag selbst an, was alles aus deinem Munde zum Vorschein kommt, und du wirst daraus gar leicht und klar ersehen, wie viel des allerwertlosesten Zeuges dein jugendliches Herz voll ist! — Und solange das Herz von solchem Zeuge nicht gereinigt ist, kann von einer reinen Liebe zu Mir keine Rede sein!

6] Siehe, du bist noch eine unreine Seele und willst ein reines Bett haben zum Schlafen; und es würde dir sehr ekeln, so du dich anstatt in ein reines Bett in eine Kehrichttruhe legen müßtest. — Um wie viel mehr muß es dann erst Mir, dem Allerheiligsten und ewig Reinsten, ekeln, so Ich müßte in einem unreinen Herzen Meine Wohnung nehmen!

7] Ich will dir aber dadurch nicht sagen, als sei dein Herz etwa eine Wohnung von Drachen, Schlangen und Vipern; o nein, davon bist du weit entfernt! — Aber siehe, Läuse, Flöhe und Wanzen unter dem Kehrrichte sind eben auch nichts Anziehendes!

8] Die Menschen sind jetzt in ihren Herzen voll „Läusen, Flöhen und Wanzen" und halten solche Bescherung noch obendrauf für sehr löblich. — Aber Ich bin durchaus nicht dieser Ansicht! Denn Ich war nie ein Freund von solchem Ungeziefer.

9] Du wirst aber fragen: »Ja, was sind denn die „Läuse, Flöhe und Wanzen des Herzens"?« — Höre Mich nur an! Ich werde sie dir sogleich näher bezeichnen!

10] Die „Läuse" sind allerlei alberne, dumme Gedanken, von denen der Kopf voll ist! — Vom Kopfe steigen diese Läuse gerne ins Gewand und werden da lästiger als am Kopfe. — So steigen auch öfter dumme Gedanken vom Kopfe ins Herz und werden zu peinlichen Weltbegierden! — Siehe, das sind die „Läuse" des Herzens!

11] Wenn es warm wird und die Zimmer unrein sind, da entstehen die Flöhe. Und so ist es auch [geistig] beim Menschen! Wenn er sein von unreinen Begierden angefülltes Herz eben durch diese Begierden erwärmt, so entstehen daraus allerlei nichtige und oft schmutzige Sorgen, die das Herz jucken und stechen und fleißig hin und her und auf und ab springen. — Siehe, das sind die „Flöhe" im Herzen.

12] Und was sind denn nun die „Wanzen“? — Siehe, wo ein Haus nicht sorgfältig gereinigt wird, da entstehen die Wanzen aus dem Unflate der Gemächer und nisten in allen Klüften und beunruhigen die Schlafenden durch ihr Stechen und durch ihren Gestank! — Ebenso geht es auch im Herzen des Menschen zu, wenn er durch allerlei Gedanken, Begierden und Sorgen zu so manchen Vorsätzen und Taten belebt wird! Auch diese stinken schon und geben dem Herzen keine Ruhe mehr. Und solche Vorsätze und Willensstimmungen sind dann die „Wanzen“ des Herzens!

13] Dieses alles findet sich auch schon in deinem Herzen vor! — Darum sage Ich dir heute an diesem deinem Tage, daß du auf dich selbst recht aufmerksam sein sollst — und sollst von deinem Munde dein eigenes Herz kennenlernen und sonach es sorglich reinigen von allem solchem Zeuge, auf daß Ich dann in selbes einziehen kann!

14] Hinweg mit alledem — so werde Ich zu dir kommen und Wohnung nehmen in deinem Herzen! — Das sage und rate dir Ich, dein liebevollster, heiliger Vater, auf daß du Mir eine recht reine und liebe Tochter werden sollest für ewig. Amen.

☆

An ein Mädchen

Am 11. März 1844, vormittags

Schreibe nur, Ich weiß ja, wo dich schon wieder der Schuh drückt! — Denn die dir heimlich gefällt, die gefällt auch Mir, da sie ihren Vater hochschätzt und liebt und ihre Mutter achtet im Herzen und ist keuschen Sinnes und betet manchmal recht herzlich zu Mir und liebet Mich auch im geheimen! — Darum sage ihr in Meinem Namen zum Tage ihrer Leibesgeburt:

2] Ich, dein Schöpfer, dein Vater, dein Erlöser, dein Wiedergebärer zum ewigen Leben, dein wahrer Bräutigam, habe dich recht herzlich liebgewonnen. Wahrlich, mehr als eine Million Sonnen mit aller ihrer Herrlichkeit liebe Ich dich, da du Mich nur ein wenig liebst!

3] Wahrlich, möchtest du Mich aber lieben, wie Mich die Magdalena geliebt hat — da würdest du Mich zwingen, zu dir zu kommen sichtbar und dich zu umfassen mit all Meiner Glut und dich zu tragen durch dein ganzes irdisches Leben auf Meinen Armen in Meine ewige Wohnung!

4] O du Mein Töchterchen, wenn du wüßtest, wie nahe Ich dir bin und wie sehr Ich dich liebe, du möchtest keine Sekunde lang mehr die Anschauung der Welt ertragen. Aber Ich enthalte Mich, auf daß du leben magst auf dieser Welt!

5] Darum aber bitte Ich dich, bleibe Mir getreu und wende stets mehr und mehr dein Herz zu Mir und liebe Mich, deinen ewigen Vater, deinen wahren Bräutigam — und Ich will dich reich machen aus Meinem ewigen Hausschatze und will dir den Tod so ganz hinwegnehmen, daß der Tag einst, da Ich dich von der Erde nehmen werde, dir zu einem allerhöchsten Wonnetage werden soll! Und du sollst nicht fühlen und schmecken je die Gewalt und den gar starken Druck des Todes in deiner letzten Zeit!

6] Aber nur das sage und rate Ich dir: Erforsche dein Herz an jedem Tage in der Liebe zu Mir! Und findest du dann und wann eine andere Liebe und Neigung in ihm als die zu Mir, so rufe Mich und zeige Mir dein Herz! Und Ich werde es sogleich reinigen für Mich und jede unlautere Begierde und Lust aus dir treiben!

7] Suche ja nicht in der Welt etwas anderes zu erreichen als ganz allein Meine Liebe, so wirst du allzeit und ewig glücklich und selig sein!

8] Zähle auch nicht die dummen Jahre deines Leibes und denke nicht, du möchtest im älteren Zustande etwa kein Glück mehr machen! Wahrlich, darum habe Ich dich nicht erschaffen, daß du die Märtyrerin eines unzüchtigen Mannes werden sollst — sondern für Mich allein habe Ich dich erschaffen!

9] Ich bin nicht einer, der Jahre zählet — sondern richte allein auf das Herz Meine Augen. Ist dieses schön und rein, dann bist du für Mich ewig jung und schön!

10] Glaube daher nie der Welt! Denn wahrlich, so arg ist sie jetzt, daß bei dem besten Teile ein jeder Hauch eine Lüge ist und jeder Herzschlag ein schmählicher Betrug. — Aber was Ich dir hier sage, dem traue fest! Denn es sollen eher Himmel und Erde vergehen, als da nur ein Häkchen von dem verrückt werden soll, was Ich dir hier gesagt habe!

11] Denn Ich ganz allein bin der ewig Wahrhaftige, dein rechter Vater und dein rechter Bräutigam, der dich mehr liebt als eine Million Sonnen mit aller ihrer Herrlichkeit!

12] Diese Meine wahrste und getreueste Versicherung sei dir, du Mein Töchterchen, du Meine Braut, ein lebendiges Bindeband an diesem deinem Tage! Denn Ich, dein Vater und dein Bräutigam, Ich, dein Jesus, gebe es dir durch Meinen Knecht für ewig. Amen, Amen, Amen.

☆

Segensvolle Gedenkfeier

zum vierten Jahresschluß der Neuoffenbarung

Am 14. März 1844

Schreibe nur, Ich weiß ja, was du willst! Meinst du denn, daß man auch bei Mir bittschriftlich einkommen muß, so man etwas erhalten will? — O nein! Siehe, das Herz allein gilt für die wahre Bittschrift! Wer bei Mir mit der einkommt, der wird erhört ohne Papier, Tinte und bittschriftliche Beilagen! Daher brauchst auch du keine schriftliche Bitte hier voranzusetzen und mit allerlei Exklamationen zu belegen, indem ich Mich allein an dein Herz halte. — Und so schreibe:

2] Ich weiß es, daß nun wieder ein irdisch Jahr verflossen ist seit deiner Berufung, zu arbeiten in Meinem Weinberge! Allein der Jahrestag zählt bei Mir an und für sich nichts. Denn ein jeder Tag, an dem Ich Mich dir offenbarte, ist ja ein gleich bedeutender Tag Meiner Gnade an dich und an Meine sonstigen Freunde. Und es ist darum der erste Tag nicht vorzüglicher als jeder andere!

3] Ich aber sage dir: Ein jeder tut am besten, so er seine schlechten Tage zu Jahresgedächtnistagen macht, seine Untreue zu Mir an solchem Tage überdenkt, sich zu Mir kehret und solche Tage mit ihren argen Werken aus Liebe zu Mir verabscheut und bereut!

4] Wer solches tut, der hält eine wahre, Mir wohlgefällige Jahresfeier, und ganz besonders dann, wenn er solche Jahrestage zu besonderen Liebetätigkeitstagen macht!

5] Wohl dem, der sich täglich dankbar Meiner Wohltaten erinnert und ist sonst ohne Fehl und Sünde! Aber 99mal wohl dem, der seiner Irrtage reuig und sich wohl bessernd gedenkt! Wahrlich, dem werde Ich entgegenkommen und werde ihn aufnehmen und werde ihm ein großes Freudenmahl bereiten. Und es soll da mehr Freude sein über einen als über 99 Gerechte!

6] So ein Vater einen Sohn hätte, der ihn an einem Tage schwer beleidigt hätte, der Sohn aber erinnerte sich am Jahrestag und spräche zu sich selbst: „O du unheilvoller Tag! In dir habe ich meinem Vater eine große Unbill angetan; aber gerade heute will ich zu ihm gehen, will mich vor ihm, der mir zwar meine Untat schon lange nachgesehen hat, aber dennoch hinwerfen und will also sprechen:

7] »Guter, lieber Vater! Siehe, heute ist wieder ein gar trauriger Erinnerungstag für mich, deinen unwürdigsten Sohn! An diesem Tage habe ich mich soweit vergangen, daß ich vergessen konnte, daß du mein überguter Vater bist allezeit gewesen! Darum komme ich denn nun gerade an diesem Tage in der vollsten Zerknirschung meines Herzens zu dir und bitte dich, daß du dieses schnöden Tages nimmer gedenken möchtest und möchtest mich nur deiner geringsten Gnade würdigen! Denn der böse Tag soll allein für mich ein allezeit trauriger und demütigender Erinnerungstag verbleiben!«"

8] Was wird der gute Vater mit solch einem Sohne wohl tun? — Ich sage, er wird zu ihm sprechen:

9] „Mein Sohn, es ist wahr, an diesem Tage hast du mein Herz traurig gemacht. Da du aber nun wie sonst keiner dich dieses Tages erinnert hast und kommst zu mir und hast deinen Fehler bekannt — so hast du dadurch eben diesen Tag zu solch einem Freudentage für mich gemacht, wie es sonst keinen gibt! Komm und lasse uns denn über die Maßen fröhlich sein an diesem Tage, an dem ich dich, mein geliebtester Sohn, so vollkommen wiedergefunden habe!"

10] Was meint ihr alle, ist solch ein Feiertag nicht mehr wert als tausend andere?! — Ja wahrlich, also ist es auch bei Mir! — Wer von euch so zu Mir kommen wird, den will ich ebenso aufnehmen wie der Vater in diesem Gleichnisse seinen Sohn!

11] Also begehet auch ihr öfter eine solche Erinnerungsfeier bei euch, und sie wird Mir lieber sein als die von zehntausend Sabbaten! — Das sei euch allen eine gute Gabe an diesem Tage Meiner Gnade an euch! — Tuet danach, so werdet ihr das Leben überkommen wahrhaftig für ewig! Das spreche Ich, der Herr, euer ewiger Schutz und Hort! — Amen.

☆

Falsche und rechte Seelenweide

Am 25. März 1844

So die Lämmer auf guter Weide sind, da gedeihen sie. Ihre Wolle wird reichlich und zart, und sie werden fett und munter und stark. Aber so die Lämmer auf schlechter Weide sind, da gedeihen sie nicht; ihre Wolle wird arm und zottig, und sie werden mager, träge und schwach.

2] Was ist denn aber das für ein Fall: So Ich den Lämmern eine gute, überfette und reiche Weide gebe; sie jedoch laufen dennoch mit großer Vorliebe auf einen Platz, da eine schlechte Weide ist, und fressen das schlechte Gras und das Steppenmoos, auf daß sie ja nicht fett werden vor Mir, dem Herrn der Herde?!

3] Und welch ein Unterschied ist wohl zwischen einem, den Ich Selbst mit Meiner Hand und mit Meinem Geiste zu einem rechten Knechte gesalbt habe, und denen, die nur mit der Zeremonie der Welt als solche gesalbt sind, aber Meine Hand und Meinen Geist noch nie gefühlt und geschmeckt haben?! — Und dennoch gelten letztere mehr als einer, der von Mir Selbst gesalbt ist mit Meinem Geiste! — Was ist denn das? Wie ist das zu verstehen?

4] Wer sind denn diejenigen, für welche die Liebe eine Sünde ist — und wer ist Der, der die Liebe zum einzigen Gesetze wiederbringt und gibt es einem vom Geiste Gesalbten? — Und dennoch erbrennen die Herzen vor jenen, die nicht lieben dürfen, weil sie die Zeremonie zu „Knechten der Kirche" gesalbt hat — aber vor Mir erbrennen sie viel minder und noch minder vor jenem, der mit dem Geiste der Liebe gesalbt ist! — Das ist eine Sache, die Mir nicht wohl im Munde schmecket!

5] Und siehe, das wünsche Ich, daß da die Lämmer auf der guten Weide verbleiben sollen, auf daß sie Mir bald Wolle brächten und Ich damit bekleidet würde in ihren Herzen, in denen die Flamme stark hin und her flackert, wobei Mir dann in Meinem noch stark nackten Zustande kalt wird, so sich die Flamme abwendet zu denen, die von der Zeremonie gesalbt sind.

6] Wahrlich, nackt bin Ich wohl nicht gerne, denn also war Ich am Kreuze!

7] Dieses gilt aber nicht bloß für die [Tochter], welche du, Mein Knecht, meinst; sondern das gilt für alle Menschen! — Die [Tochter] aber, die du meinst, soll das aus rechter Liebe zu Mir auch recht beherzigen samt ihren Geschwistern und soll nicht zu sehr rühmen, was Mir nicht gefällt; sondern soll sich sättigen auf der fetten Weide Meiner Liebe! Dann wird ihr schon eine „bessere Wolle“ erwachsen!

8] Die „Wolle“ aber ist ein lebendiger Glaube, der da ist das Licht aus der Flamme der wahren Liebe. Die Liebe aber ist das ewige Leben. — Und dies alles wünsche Ich der Marie H., wie allen, heute und allezeit und ewig. Amen.

☆

Ein reicher Knicker im Jenseits

Am 30. März 1844

Schreibe nur ein ernstes Wort ob des Traumgesichtes der alten C. H., zu der ein armer und sehr schmutziger Geist kam, der ein reicher Knicker war auf der Welt!

2] Dieser Geist, dem es sehr schlecht geht in seiner Sphäre, da er aus sich heraus nichts hat als Nacht und eine große Wüste um sich her, und der viel Hunger, Durst und Kälte leidet, ist bei sich der grundirrigen Meinung, sein Geld im Diesseits werde ihm, so es an die Armen verteilt würde, Erleichterung bringen. — Darum ward es ihm auch gestattet, sich der Person [C. H.] in dieser Hinsicht zu eröffnen, da er [den Bedürftigen] ein für allemal jede angebettelte Unterstützung aus einer höchst unmännlichen Achtung gegen sein dummes und schmutziges Weib vorenthalten hatte!

3] Das ist aber bloß des Geistes Plan, der von Mir noch keine Ahnung hat, sondern sich unter „Gott“ nur die allwaltenden Kräfte der Natur denkt! — Da er aber dennoch von der Welt so viel Gefühl und Bewußtsein mitgenommen hat, um sich zu erinnern, daß man durch Unterstützung der Armen sich irgendeinem allfälligen Gottwesen wohlgefällig machen kann, so ist nun solch ein Wille in ihm erwacht, den er in die Ausführung bringen möchte.

4] Da er aber zugleich die Unausführbarkeit dieses törichten Planes mitersieht, so macht ihn das ganz überaus unglücklich. Und es wird ihm noch gar lange nicht zu helfen und zu raten sein, da in ihm darum auch ein großer Aerger gegen sein hinterlassenes Weib erwächst, die diesem Traume kein Gehör geben wird, da ihre Ohren mit Erz verstopft sind! — Wehe aber dem Weibe, so sie in nicht zu langer Zeit dem Manne folgen wird und in die Hände des Mannes gerät! Und wenn sie so bleibt, wie sie jetzt ist, wird sie davor auch gar nicht beschützt werden.

5] Das ist also der Zustand dieses Geistes jenseits! — Wahrlich, er ist traurig und sehr leidend. — Aber noch ums Tausendfache elender wird der des Weibes sein, wenn es sich nicht bei Lebzeiten ernstlich zu Mir wenden und nicht zwei Drittel ihres Einkommens jährlich der notleidenden Menschheit zukommen lassen wird — und das aus reiner Liebe zu Mir und zu den Armen!

6] Wahrlich, wahrlich, wer ein großes Vermögen auf der Welt hat und verteilt es nicht bei seinen Lebzeiten unter die armen Brüder und erquicket damit die Herzen derselben, sondern tut das erst an seinem Weltende, der soll als ein Geiziger angesehen werden, und es wird ihm sein Vermächtnis nimmer zugute kommen!

7] Wer da auf der Welt Kinder hat und ist nur für ihre Versorgung bedacht, auf daß sie nach seinem Ableben selbständig als gleichfalls reiche Menschen auf der Welt bestehen mögen und gute Heiraten machen können — wahrlich, wahrlich — so viel Pfennige der Vater oder die Mutter den Kindern erspart hat über das ohnehin unrechtmäßige Stammvermögen, so viele Jahre sollen sie [die Eltern] jenseits in obbezeichneter Nacht, Armut und Kälte gehalten werden und sollen daraus nicht eher gehoben werden, als bis irgend ein letzter Nachkomme ihres Stammes vor Armut den Bettelstab tragen wird!

8] Hätte besagter Geist bei Lebzeiten einen „ungerechten Haushalter" gegen sein dummes Weib gemacht und hätte mit dem großen Vermögen für die Armen gewirtschaftet und nicht für sein dummes Weib und für seine Kinder, so stünde es nun besser mit ihm. Denn darum ward er des reichen Weibes Mann, daß er ihr Vermögen hätte für den Himmel verwenden sollen. Er aber vergaß Meiner und arbeitete nur für sein Weib! — Also sucht er nun auch die Hilfe dort, wofür er gearbeitet hat! — Für Mich aber hat er nie gearbeitet, da er nur ein Widersacher zu Mir war. Darum erkennt er Mich auch nicht und sucht auch nicht Hilfe bei Mir, der Ich ihm doch nur ganz allein helfen kann.

9] Was Hartes wäre es denn, so ein Reicher mit zwei Dritteln seines Einkommens armer Eltern Kindern eine Aussteuer gäbe, daß auch diese heiraten könnten und nicht der Unzucht preisgegeben würden zur Zeit ihrer fleischlichen Reife und der Not? — Wahrlich, wer das gar leicht täte, der würde sich dadurch Untertanen für den

Himmel züchten, die ihm da eine bessere Lebensernte abwerfen würden, als so er auf der Welt sorgt, daß seine Kinder Herrschaftsbesitzer und darum stolze und unbändige Menschen werden, die sich von Meinem Geiste nimmer wollen strafen lassen, der doch so sanft mahnt und aller Kreatur das Leben gibt!

10] Das ist Mein Rat! — Ein jeder aber tue, was er wolle! Ueber ein kurzes wird er schon die Früchte erschauen, die ihm seine Werke jenseits bieten werden!

11] Ich aber sage noch zu jedem Reichen diesseits: Du kannst es an dir erproben, was du jenseits ernten wirst! Siehe, so du kreuzerweise Almosen gibst, so tut dir das nicht weh, und du machst dir nichts daraus. Wenn du aber um Gulden angesprochen wirst, da siehst du dir den Bettler schon genauer an und schmollst nicht selten darob! Wenn aber jemand zu dir sagen würde: „Freund, Bruder! Du bist reich, gib mir 1000 oder 2000 oder 6000 Gulden, denn ich habe dessen vonnöten, was dir überflüssig ist" — was für eine Antwort wohl würde so ein kecker Bettler erhalten?!

12] Ich aber sage: Mit welchem Maße ihr ausmesset, mit dem Maße wird euch wieder eingemessen werden! — Wenn du auch betest: „Zukomme mir Dein Reich! Gib mir Brot des Lebens! usw." — so werde Ich aber dich, reichen Mann, dennoch also anhören, wie du den kecken Tausend-Gulden-Bettler angehört hast! Denn Ich meine, Mein Reich und Mein Brot sollte doch mehr als gar viele tausend Gulden wert sein?!

13] Solange demnach jemand hier ist, kann er sich helfen durch sein Vermögen, so er es nach Meinem Willen gebraucht. Wenn er aber drüben ist, so nützt es ihm zu nichts, und wenn Millionen für ihn verspendet würden. Denn ein jeder Mensch wird nach seinen Werken, und nicht nach den Werken anderer, sein ganz eigenes Gericht finden!

14] Ich aber brauche eure Opfer nicht, sondern ihr brauchet sie! Daher opfert, dieweil ihr opfern könnet! Denn über dem Grabe gibt's keine Opferaltäre mehr!

15] Die Armen aber sind die Opferaltäre! Darauf leget reichliche Brandopfer eurer Liebe, so werdet ihr euch Schätze für den Himmel bereiten!

16] Fraget daher nicht mehr, wie dem Verstorbenen zu helfen sei? — Denn dem kann niemand helfen als Ich allein, wann es an der Zeit sein wird. Und ferne sei es von euch, Mich zur Erbarmung bewegen zu wollen, als wäret ihr barmherziger denn Ich!

17] Ein jeder aber kehre vor der eigenen Türe und sorge für sein Auge[1], so wird er nicht nötig haben, dereinst eitle Hilfe zu suchen bei den Weltmenschen, sondern wird solche finden bei mir in Ueberfülle für ewig! Amen. — Das spricht der ewig Wahrhaftige. Amen, Amen.

☆

Die evangelische Kur

Väterlicher Gesundheitsrat für K. G. Leitner

Am 13. April 1844

Schreibe nur, Ich weiß, was du hast! — Also höre Mich denn diesmal recht folgsam an, du, den Ich so lieb habe, du Mein Freund, Mein Bruder! Ich kenne dein Herz, es ist geschmückt wie eine Braut und so wohlgeschmückt wie ein Brautgemach, darum es Mir auch so wohlgefällt, bei dir mit allerlei Ordenskreuzlein in diesem deinem Herzen einzusprechen.

2] Ich möchte wohl ganz und gar in dein Herz einziehen, wie einst in Jerusalem, aber du hältst die Türe in dies Mir wohlgefällige Gemach des Lebens stets sehr enge, so daß Ich mit Meiner Eselin nicht hineinkann. Was aber ist es wohl, das in dir die Türe in dein Herz so sehr beengt? — Siehe, es sind die Sinne deiner Seele, welche da ausmachen deinen Verstand; dieser ist zu angestrengt tätig, entzieht dadurch dem Herzen zu viel des Lebensfeuers und verbraucht es im Gehirne um nichtige Dinge. Dafür aber leidet dann dein Herz einen Mangel und wird von außen her beengt, weil es zu wenig des Lebensfeuers rückbehält.

3] Es ist wohl dein Innerstes im Herzen in der schönsten Ordnung, allwo des Geistes Wohnstätte ist. Aber weil die äußere Umfassung des Herzens stets beengt wird durch den zu unverhältnismäßigen Lebensfeuerverbrauch und das Herz auch zu Zeiten nicht so viel Lebensfeuer erzeugen kann aus dem Geiste, wie dein nicht selten über die Maßen tätiger Verstand zu seiner weltlichen Funktion vonnöten hat, so wird dein Verstand oft schwach in allen seinen Teilen. Und du empfindest dann den Mangel dieses Feuers doppelt, und zwar zuerst durch eine Art Trübung im Verstande oder in den

[1] d. h. er schaue nach dem Splitter im eigenen Auge! — D. Hsg.

Sinnen der Seele, und dann aber auch durch leere Beängstigungen in deinem Herzen, welche natürlich darin ihren Grund haben, daß durch den Mangel an Lebensfeuer die äußere Umfassung des Herzens sich zusammenzieht, dadurch auf die inneren Lebenskammern einen Druck ausübt und die äußeren Gefäße, selbst des fleischlichen Herzens, strenger und strenger anzuziehen beginnt, woher sich dann auch dein physisches Leiden zu Zeiten und Zeiten datiert!

4] Weil vom Herzen aus alle Nerven zuerst ihre Nahrung bekommen müssen, so werden sie natürlich schwach, wenn sie durch den Mangel an Lebensfeuer hungrig werden. Und der zuckende Zustand derselben ist nichts anderes als eine Sprache, eine Forderung an das Herz und lautet: „Wir Bänder und Hebel des organischen Lebens sind hungrig und durstig geworden! Herz! Du sonst gastliche Küche des Lebens, gib uns zu essen und zu trinken und gönne uns auch einmal eine frische und stärkende Luft! Und lasse uns nicht verkümmern unter dem Staube, den deines Verstandes weltliche Werkstätten so reichlich und verderblich erzeugen!"

5] Ich aber sage dir: Gib folgsames Gehör den Worten der Nerven, und du wirst gesund sein! Und noch sage Ich zu dir und frage dich: Warum sorgest und kümmerst du dich so viel vergeblich?

6] Bin Ich dir doch noch allezeit zur Seite gewesen, und es ist noch alles also gut ausgefallen. Und was Ich je zu dir geredet habe, entweder durch Meinen schwachen Schreiber oder durch ein unmittelbares Einfließen in dein Gemüt, ist es nicht in die pünktlichste Erfüllung gegangen?

7] Und dennoch sorgest du dich stets von neuem wieder so, als hinge das Gelingen deiner Arbeit für die Welt lediglich von deiner Tatkraft ab! — Warum das? — Weißt du ja doch, daß ohne Mich niemand etwas vermag! — Warum sorgest du dich denn da vergeblich, wo Ich doch allezeit und überall für dich sorge und vollauf tätig bin?!

8] Ich sage dir: Sei in der Zukunft leichtsinnig in allen deinen Weltarbeiten[1] im lebendigen Vertrauen auf Mich! Und Ich werde alle deine Arbeiten segnen, auf daß sie besser werden, als du sie je selbst berichtigt hast! — Kehre auf eine Zeit von wenigstens vierzehn Tagen allen deinen Geschäften den Rücken, sorge dich um nichts, lege alle deine Sorgen volltrauig auf Meine Schultern, und es wird alles zur rechten Zeit in der besten Ordnung sein.

[1] d. h. nimm deine Welttätigkeit für weniger wichtig! — D. Hsg.

9] Dabei aber lebe recht gut und lasse dir ein von Mir allzeit gesegnetes Essen und Trinken recht sorglos gut schmecken! — Und gebrauche morgens und abends die evangelische Kur, nämlich:

10] Nimm roten, ungerichteten Wein und Olivenöl, das rein ist, und reibe dir damit die Brust, die Glieder, den Rücken, das Genick, am Abend auch das Haupt und ganz besonders die Schläfe im Glauben und Vertrauen auf Mich, so wirst du bald wieder ganz stark und gesund werden!

11] Doch sollst du in der Zeit dich vom Kaffee und vom schlechten Weine enthalten, weil darinnen arge und unreine Geister hausen, die da stürmisch und sehr unruhig sind.

12] Dieses Rezept aus dem Munde deines ewigen Vaters, deines Schöpfers und deines Herrn und Gottes, beachte jetzt und allezeit im sorglosen Vollvertrauen auf Mich, und es wird mit dir in allem gut, besser und am besten gehen, sein und werden allezeit wie ewig in Meinem Namen.

13] Das sagt dir dein Vater Jesus durch des Knechtes Mund! — Amen.

Nachbemerkung des ersten Herausgebers: Diese für K. G. von Leitner gegebene Weisung scheint gut gewirkt zu haben. Denn zu seinem 91. Geburtstage sagte ihm später der himmlische Vater: „Heute sage Ich dir, du kannst bleiben auf Erden, so lange du willst, oder auch heimgehen, wann es dir beliebt." Leitner blieb noch ein Weilchen, und dann zog den Hochbetagten die Ewige Liebe heim im Sommer 1890.

Baalsdienst

Am 17. April 1844

Magst ja einige Punkte notieren über ein gewisses Fest, das Ich nicht näher bezeichnen will und das Ich [auch] nicht angesehen habe. Denn was die Welt tut im Glanze, da ist bei Mir tiefste Nacht. Und Ich will und mag nicht sehen, was da ist und geschieht. Es wird jenseits schon ohnehin alles auf das allergenaueste offenbar werden, was in der Welt war und geschah!

2] Daher werde Ich hier auch nur das von dir Geschaute und Gehörte ganz kurz beachten, weil Ich von diesem Feste nur so viel gesehen habe, wie viel du gesehen hast. — Und so schreibe denn!

3] Du hast gesehen den „Triumphzug"[1], der glänzender war als Salomo in all seiner königlichen Pracht! — Weißt du aber auch von

[1] eine prunkhafte kirchliche Prozession. — D. Hsg.

einem solchen Zuge, den Ich als der Herr Himmels und der Erde je gehalten habe — außer dem Einzug auf der Eselin in Jerusalem und dann dem großen Triumphzug mit dem Kreuze auf Golgatha?!

4] Du hast ferner gesehen: die „Infelkronen" der Bischöfe, wie sie glänzten vom Golde! — Meinst du wohl, daß die Dornenkrone, die bei Meinem letzten Triumphzuge auf Golgatha Mein Haupt zierte, auch also prachtvoll glänzte?!

5] Du hast gesehen die „Hirtenstäbe", für deren Wert man hundert Arme auf Jahre versorgen könnte — und die Edelsteine, mit denen diese Szepter verziert waren?! — Ich mußte Mich mit einem Schilfrohre begnügen und hatte von der Geburt an nicht einmal einen Stein von der größten Gewöhnlichkeit zu eigen, daß Ich ihn vollrechtlich vor der Welt hätte unter Mein Haupt zu legen vermocht.

6] Hätte Ich dich hier wohl nicht auch fragen können wie einst die Jünger und Juden wegen des Täufers Johannes: „Was bist du hinausgegangen zu sehen?" — Ich meine, die Antwort gibt sich hier von selbst!

7] Steht es aber nicht in der Schrift: „Alles, was vor der Welt groß ist, das ist vor Gott ein Greuel"?! — Was hältst du diesem Satze gegenüber von dem Feste? — War es groß und glänzend vor der Welt? — Oder war es dem gleich, das Mir einmal der Nikodemus zur Nachtzeit aus Furcht vor den Juden und Hohenpriestern gab — also ganz klein und unbedeutend?

8] So wird auch in der Schrift angerühmt die „enge Pforte"! — Hast du die Pforte des „Triumphbogens", durch die der glänzende Zug ging, wohl auch „eng" gefunden? — Mir wenigstens kam sie sehr breit vor!

9] Als Petrus bei Meinem letzten Triumphzuge dem Knechte Malchus das Ohr abhieb, da sagte Ich: „Petrus! Stecke dein Schwert ein! Denn wer da mit dem Schwerte umgeht, der kommt auch durchs Schwert um!" — Wie gefielen dir demnach die streng bewaffneten Wachen, die da diesen Festzug begleiteten? — War das nicht ein Umgang mit gar vielen Schwertern, ganz wortlautig genommen?

10] Am Triumphbogen befand sich ein zu Leihen genommenes „Abendmahlsbild" und war so gestellt, daß es dem Festzuge unbemerkbar bleiben mußte! — Was meinst du wohl: Bin Ich Selbst nicht eine ähnliche Verzierung bei dieser rein heidnischen Sekte?

11] Ja, Ich sage dir: Ich bin ihr noch viel weniger! — Das Bild hat doch einen reellen Kunstwert. Ich aber habe da gar keinen Wert, außer wenn durch Meinen Namen Gold und Silber zu gewinnen ist!

12] Ich könnte dir noch so manches sagen, aber Ich werde zu ärgerlich darob! Darum sage Ich dir nichts mehr. Denn zu groß ist so ein Skandal vor Meinen Augen.

13] Und wahrlich! Von nun an will Ich diese Sekte zu schlagen anfangen und alle die mit ihr sind, groß und klein, jung und alt! — Wehe nun allen Liebhabern und Liebhaberinnen der Diener des Baal! Denn Ich fange an, Mein Schwert über sie zu schwingen!

14] Wahrlich, die sich heute noch freuen, wenn sie besucht werden von den Baalsdienern, diese sollen in der Bälde mit großer Angst und Trauer erfüllt werden, weil sie Mich nicht erkennen wollen und stets bei den Götzendienern ihr Heil suchen! — Amen.

☆

Der vergangene, zukünftige und — gegenwärtige Christus

Am 21. April 1844

Schreibe nur, was du hast! Aber auf die gewisse [menschliche] Art zu gratulieren, ist Meine Sache nicht — sondern zu lehren, zu ziehen, zu führen und den Wanderer auf jene Wege zu lenken, die da führen in Mein Reich [— das ist Meine Art]! Und in der Art will Ich dir auch jetzt für deinen Mann etwas geben!

2] Höre du, Mein lieber A. H.-W., recht wohl, was Ich dir nun durch Meinen Knecht kundtun werde! — Ich sage dir, es tut dir und deinem Hause not!

3] Siehe, du hast wohl einen recht festen Glauben; aber deine Liebe in deinem Herzen ist noch bei weitem nicht so fest wie dein Glaube — und das darum, weil du noch stets deine Liebe an Meine sichtbare Persönlichkeit hängst und suchest Mich irgend zu vernehmen und zu erschauen. Und [erst] so du Mich irgend erschautest oder wenigstens vernähmest, da würde dann auch dein Herz für Mich vollkräftig entflammen.

4] Und siehe, gerade also steht es auch mit deiner Familie! Ihr liebt alle den Christus, der einst lehrte auf der Welt oder der da wiederkommen möchte, zu richten die Welt — also den vergangenen oder den zukünftigen Christus liebet ihr nur!

5] Aber das ist gefehlt! Denn bei solcher Verfassung kann Ich Mich euch nicht nahen als euer Vater in der Gegenwart, sondern nur als der der Vergangenheit oder der der Zukunft, und kann euch nicht kräftigen, weil ihr Mich nur in eurer Erinnerung ehret, aber nicht in euren Herzen lebendig liebet!

6] Wie aber die Erinnerung ihre Gegenstände bald recht lebhaft erfaßt und bald wieder ganz fallen läßt, also ist es auch bei euch mit Mir der Fall! — Leset ihr gerade etwas Erbauliches von Mir, dann seid ihr wie voll Liebe zu Mir — aber das ist nicht Liebe, sondern nur eine zeitweilige Aufregung eures Erinnerungsvermögens. — Sobald ihr euch umkehret und etwas anderes erschauet, da schließt sich eure Erinnerungskammer im Kopfe, und Ich bin draußen, als wäre Ich kaum je darin gewesen.

7] Ihr könnt dann Visiten machen, mit der Welt verkehren, euch belustigen mit weltlichen Dingen, allerlei Zeug plaudern, euren Leib zierlich bekleiden. Und so irgendein Freund oder eine Freundin euch besucht, da könnet ihr mehr Freude haben, als je irgend in der kurz dauernden Erinnerung an Mich!

8] Denn an alledem hindert euch der vergangene wie der zukünftige Christus nicht, der wohl in eurer Erinnerung, aber nicht in euren Herzen wohnet! — Ich aber sage dir und deiner Familie und euch allen: *Der vergangene und der zukünftige Christus wird euch wenig nützen, so ihr nicht den gegenwärtigen lebendig in euren Herzen traget!*

9] So Ich Meinen Knecht heute von euch nehme, durch den Ich euch bereits vier Jahre lang tagtäglich Erfrischungen zusende und euch so nur ein bißchen von der Weltfreundlichkeit heimsuchen lasse — da werdet ihr Mich nach und nach so schön unvermerkt aus eurer Erinnerung spielen, daß dieser Erinnerung kleine Fünklein euer Herz kaum mehr auf Augenblicke für Mich entzünden werden.

10] Ihr freuet euch nun wohl allezeit, wenn ihr von Mir etwas vernehmet. Aber eure Freude ist nicht bleibend, weil sie mit eurer Erinnerung gleichen Schritt geht. Und ihr freut euch dann bald darnach auf irgendein vorhabendes weltliches Vergnügen mehr als auf Mich und machet Pläne, was ihr tun werdet, ohne zu bedenken, daß ihr ohne Mich nie etwas tun könnet und noch viel weniger tun sollet.

11] Und so Ich euch daran hindern möchte, dann könnet ihr darob sogar traurig werden und sagen: Aber dürfen wir denn gar keine Freude haben?!

12] Ich aber sage: Ihr *sollet* ja Freude haben, und nimmer soll die Freude von euch genommen werden — aber Ich [*euer himmlischer Vater*] *sollte stets eure größte Freude sein!*

13] Fraget euch selbst: Was bietet euch wohl eure eigengemachte Freude? Wie lange dauert sie? — Wenige Stunden habt ihr wieder unnütz mit der dummen Welt vergeudet, dumm verplaudert und verlacht. Dann steht ihr wieder am alten Flecke! Und nur Meiner endlosen Liebe und Geduld habt ihr es zu verdanken, daß ihr nach einer jeden weltlichen Freude nicht zurück, also dem Tode näher gekommen seid!

14] Bei solchen Verhältnissen ist von einem merklichen Fortschritte zu Mir noch lange keine Rede, und Ich bleibe stets noch euer „vergangener" oder „zukünftiger" Christus.

15] Ich aber sage dir dies alles gerade an diesem deinem Tage, auf daß du mit deinem ganzen Hause für die Zukunft Mir näher kommen mögest, als das bis jetzt der Fall war!

16] Du kennst die Wege zu Mir. Willst du aus dem vergangenen oder zukünftigen Christus dir einen gegenwärtigen, lebendigen Christus bereiten, so mußt du vollernstlich auf diesen Wegen wandeln und dein Haus mit dir! — So wirst du Mich von deiner Erinnerung in dein Herz bringen und wirst dann erst jene Freude überkommen, die dir keine Welt und keine Ewigkeit mehr wird nehmen können auch nur auf einen allerkürzesten Augenblick!

17] Diese endlose Freude aber wirst du nicht eher überkommen, als bis du mit Paulus wirst sagen können: „Nun lebe nicht mehr ich, sondern Christus lebet in mir!"

18] Siehe, alle Welt ist Mein Feind; wie aber kann jemand sagen, daß er Mich liebe, so er andererseits dennoch der Welt die Hand zum Gruße bietet?!

19] Beachte daher diese Meine neue Belehrung und Vermahnung, so wirst du bald zu jener Freude gelangen, die niemand mehr von dir nehmen wird! — Das sei dir Mein Wunsch und Meine väterliche „Gratulation" zu diesem deinem Tage! Und Meine Gnade, Liebe und Erbarmung sei mit dir ewig! Amen.

☆

Mißfällige Weltlust

Am 10. Mai 1844

Was forderst du immer Dinge von Mir?! — Warte doch, bis Ich sie dir aus freien Stücken geben werde. Du wirst doch nicht besser wissen wollen als Ich, wann Ich jemandem etwas geben will und kann zu seinem Besten?!

2] Du hast zwar heute schon etwas getan, das Mir gefiel; und so würde Ich dir schon darum etwas geben, so es hier an der Zeit wäre, die Mir gefiele. Aber diese „Zeit" bei der, für die du etwas möchtest, gefällt Mir nicht. Darum gebe Ich dir auch nichts. Denn Meine Tröstung — und weltliche Lach- und Plauschgratulationen taugen nicht zusammen auf einem Tische!

3] Sage aber deiner „Klientin", daß es, um sich Meines Wohlgefallens zu versichern, nicht genug ist, wenn man Meine Worte nur gerne und beifällig liest und hört, sondern man muß sich auch lebendig im Herzen darnach kehren!

4] Der aber kehrt sich nicht darnach, dem weltliche Verlustigungen und Erheiterungen dann und wann recht sehr am Herzen liegen!

5] Genug! Mehr sage Ich nicht. — Wer dies Kleine ehrt, sei des Größeren wert! — Das sagt der Herr! — Amen.

☆

Religion und Offenbarung

Am 21. Mai 1844

Also schreibe ein rechtes „Kriterium" über Religion und Offenbarung!

2] Die Religion ist eine Wiederverbindung des Menschen mit Gott, der ihn aus Sich frei erschaffen und wie außer Sich in die materielle Welt gestellt hat, zur Probung und Ausbildung der Freiheit, die allein das Leben des Geistes bedingt, weil sie in sich die Liebe, als das Grundurwesen alles Seins, ist!

3] Man sagt, Gott könnte ja durch Seine Allmacht die Menschen so gestalten und halten, daß sie ihrem [göttlichen] Berufe allezeit vollkommen entsprechen könnten. — Wozu da dann eine geoffenbarte Religion? — Wozu das Geschöpf frei wandeln lassen unter Geschöpfen und Wesen, die es so wenig wie sich selbst erkennt?

4] Das könnte Gott wohl,[1] aber dann wäre der Mensch nicht Mensch, sondern nur ein Tier. Er wäre gerichtet gleich dem Tiere

[1] mit seiner Allmacht die Menschen gestalten und leiten; d. Hsg.

und müßte sich notwendigerweise in den engen Schranken des ewigen Muß bewegen! — Hätte aber dann der Mensch nach der Absicht des Schöpfers wohl auch ein selbständiges, freies Leben?

5] Nein, das hätte er ewig nimmer! Denn alles eigentliche, selbständige Leben muß als solches frei erworben sein, weil ein jeder Zwang die Freiheit hemmt und somit auch das eigentliche Leben richtet und eben dadurch tötet.

6] Selbst die Liebe ist tot ohne Freiheit! — Daher kann beim Menschen nicht die göttliche Allmacht anstatt der geoffenbarten Religion [zur Grundlage] genommen werden.

7] Die darauf sich stützende Notwendigkeit einer göttlichen Offenbarung ist der erste [grundsätzliche] Beweis für die Echtheit[1] einer solchen Offenbarung. Denn ein jedes gerichtete Wesen kommt schon mit allen ihm zukommenden Vollkommenheiten zur Welt und braucht daher keine Offenbarung. — Aber ganz anders verhält es sich mit dem Menschen! Dieser kommt in seiner ganzen Sphäre nackt zur Welt und bedarf daher gar wohl einer geoffenbarten Anleitung, nach der er seine ganz freie, durch nichts gebundene Lebenskraft soll auszubilden anfangen, um ein wahrhaft selbständig freies, lebendiges Wesen zu werden.

8] Worin aber liegt dann das „Kriterium" der Echtheit einer wirklich notwendigen göttlichen Offenbarung? — Das Kriterium liegt lediglich im Handeln nach der Offenbarung. Wer da gewissenhaft einer erkannten Offenbarung getreu lebt, der wird zur inneren Freiheit seines Geistes gelangen, ob er ein Jude, ein Türke, ein Brahmine oder ein Christ ist — so wie da ein jeder, der nach einer Schule irgendeine Kunst lernt, sicher ein Meister wird, so er fleißig die Schule studiert und nach ihren Grundsätzen vorwärtsschreitet.

9] Also steht es ja auch geschrieben: Wer da tun wird nach Meinen Worten, der wird es erkennen, ob sie von Gott oder ob sie vom Menschen sind.

10] Darin liegt das Hauptkriterium für die Echtheit einer göttlichen Offenbarung! Denn also muß ein jeder Mensch „von Gott gelehrt" sein! Wer es nicht von Gott lernt, der hat es nicht und weiß es nicht.

11] Ein jeder aber lese den ersten Brief Pauli an die Korinther, und zwar das zweite Kapitel! — Dort wird er auch ein Hauptkriterium finden. — Es sei!

☆

[1] d. h. hier: für das tatsächliche Bestehen; d. Hsg.

Der sechste Engel

Am 2. Juni 1844

Vor einigen Tagen hörte ich, Ans. H., in einem Traume auf einmal die deutlichen Worte: „Jetzt ist der sechste Engel da!" — Ich dachte, da ich hierüber erwachte, sogleich an die sieben Engel in der Offenbarung Johannis, welche die sieben Schalen des göttlichen Zorns ausgießen.

Jakob Lorber, dem ich dieses Begebnis mitteilte, erhielt vom Herrn nachstehende Erklärung, und zwar über den 12. bis 16. Vers des 16. Kapitels der Offenbarung Johannis.

Das ist eine rechte Frage, darüber gebe Ich gerne einen Aufschluß!

2] Die Stimme, die du, A. H.-W., wie im Traume gehört hast, war richtig und wahr. Denn sie war die Stimme Meines Mundes. Und somit ist der „sechste Engel" auch da, auszugießen seine Schale.

3] Du aber verstehst noch nicht den „sechsten Engel", so wie du auch die anderen nicht verstehst. Daher will Ich dir diesen „sechsten Engel" ein wenig beleuchten, auf daß du einsehest, was das Werk dieses Engels anzeigt. — Und so höre denn:

4] Dieser Engel „goß seine Schale über den ganzen Strom Euphrat aus. Und dessen Wasser vertrocknete, auf daß da bereitet würde der Weg den Königen vom Aufgang der Sonne."

5] Der „Engel" ist Mein Wille. Und die „Schale" ist Meine Erbarmung. Und was „ausgegossen" wird — ist Meine Gnade.

6] Der große „Strom Euphrat" ist das Falsche und Böse der Welt, das die große Hure Babels oder der eigentliche Widerchrist angerichtet hat unter allen Völkern der Erde und das da völlig gleicht dem großen Gebirgsstrome Asiens, der da zu öfteren Malen anschwillt, seine Ufer nicht selten mehrere Ellen hoch überflutet und die größten Verheerungen anrichtet und so das Land auf vielen Stellen versandet und zur öden Wüste macht.

7] Und wie dieser Naturstrom böse wirkt, also wirkt auch der arge geistige Strom, der von dem Munde der Hure ausgeht, Böses und Falsches im Lande des Geistes.

8] Ueber diesen bösen geistigen Strom also gießt der sechste Engel die Schale aus, daß er vertrockne und dann die rechten „Könige vom Aufgange der Sonne" wieder zu den Völkern der Erde gelangen möchten und nun auch gelangen werden. Diese „Könige" aber besagen die rechten und lebendigen Erkenntnisse aus dem Worte.

9] Wird aber der „Drache" oder die „Hure" damit wohl zufrieden sein, so ihr Hauptstrom vertrocknen wird, wenn ihr Gericht, ihr

Einfluß bei den Großen der Welt geschmälert, ja endlich ganz versiegen wird, wenn ihr Machtspruch unter den geweckten Völkern der Erde von der Wirkung sein wird wie das nächtliche Gesumse einer Gelse?[1]

10] O damit wird der „Drache" nicht zufrieden sein! — Er wird sich gar gewaltig ärgern und wird seine falschen Propheten aussenden, wie er selbst einer ist im vollsten Sinne. Und diese werden sein gleich drei „Fröschen", die zur Nachtzeit ganz gewaltig in den Sümpfen und Morästen quaken.

11] Wer wohl sind so ganz eigentlich die „Frösche", diese „unreinen Geister", diese echten „Teufel"? — Ich brauche sie dir nicht namentlich aufzuführen, aber bezeichnen will Ich sie dir, daß du sie leicht erkennen wirst.

12] Siehe, die „Frösche" sind die drei Hauptgesellschaften unter dem Szepter der Hure, die da in der Zeit sich überall hervortun und Demut, Entsagung und die allerstrengste Buße predigen und rufen die „Könige" und die Großen um Aufnahme und Beistand an, auf daß sie dann leichter herrschen möchten über alle Kreaturen der Erde. Denn demütige, allem entsagende und somit büßende Völker sind leicht zu regieren und gewähren den Herrschern die größten Vorteile!

13] Aber eben diese drei Gesellschaften sind selbst die herrschsüchtigsten und sind vorzugsweise der „Strom Euphrat", über den nun die Schale ausgegossen wird.

14] Sie rüsten sich wohl zum „Kampfe am Tage Gottes". — Ich aber werde sie alle versammeln im Orte der ewigen Nacht, „Harmagedon". Und Mein Tag wird sie verschlingen auf immer — also wie er die Diener des Zeus verschlungen hat.

15] Dieser große Tag aber ist schon da und breitet sich im verborgenen aus und kommt heimlich wie ein Dieb.

16] Wohl euch, die ihr ihn erkannt habt und euch schon lange sonnet an seinen lebendigen Strahlen!

17] Wehe aber denen, die dieser Tag unvorbereitet treffen wird! — Wahrlich, die Tiefe des Meeres mit einem Mühlsteine am Halse wäre ihnen besser denn dieser Tag, der euch schon so helle leuchtet zum ewigen Leben!

18] Das ist der Sinn des „sechsten Engels"! — Verstehet ihn wohl! — Amen.

☆

[1] Mücke.

Jesuiten, Opernspiel und Hostienkult

Am 6. Juni 1844

O Herr! Laß mich armen Sünder einige Fragen tun, auf daß durch deren Beantwortung aus Dir, o heiliger Vater, mein Gemüt erleuchtet und erleichtert werde!

1] So stelle denn deine nicht sehr wichtigen Fragen!

1. O Herr! — Was soll ich von der nunmehrigen Ueberhandnahme der Jesuiten und auch anderer Orden halten?

2] So viel wie von einem Schnee im Monate März, der heute fällt und morgen von den Sonnenstrahlen vernichtet wird! Wenn der Schnee die Gegend bedeckt, da sieht es wohl recht traurig aus und es hat das Ansehen, als hätte sich der tiefe Winter wieder eingefunden. Aber nur wenige Stunden Sonnenschein, und der so mächtig drohende Winter ist nicht mehr!

3] Siehe, das ist von der jetzigen Institution dieser Kongregation zu halten! — Hast du nicht gesehen, wie die Schmarotzerpflanzen sich an einem Baume ansetzen, als wollten sie dem Lebensschwachen eine neue Lebenskraft verleihen?! — Aber gerade sie sind des Baumes voller Tod! — Verstehst du dieses Bild?

2. Was soll ich, o liebster Herr und Vater, denn von der gestrigen, mich in musikalischer Hinsicht sehr erbauenden Oper halten? — Wie soll ich sie nehmen, daß ich mich dabei etwa nicht gegen Deinen Sinn verhalten möchte?!

4] Das ist eine rein weltliche Sache, die Mich nichts angeht! — Das aber kannst du dir ja merken: Diese Opera, oder besser musikalische Komödie ist wie jegliches Menschenwerk, das da allezeit besteht aus Unrat und Gold! — Der „Unrat" ist das Materielle, und bei der Komödie die schandvolle Handlung. — Das „Gold" ist die geistige Tätigkeit vor jeder materiellen Handlung — wird aber eben durch die Handlung in Unrat verkehrt.

5] So ist es auch mit der Musik bei dieser Komödie der Fall! Sie ist ein Gold, mit dem ein Unrathaufe vergoldet ist, der aber dennoch durch das schöne Gold hindurch gar gewaltig stinkt, und das ganz besonders für junge Menschen, deren sinnliche Nüstern sehr empfindlich sind!

6] Die Handlung ist zwar in höllischer Art wahr. Denn also [wie in der Komödie] tun rein höllische Geister. Der sogenannte „Don Juan" ist aus der dritten Hölle, sein Gefährte aus der zweiten und das meiste andere Personal aus der ersten! — Nun frage dich selbst, ob solch höllisches Zeug wohl tauglich ist, mit Himmlischem bekleidet zu werden?!

7] Vor der Welt erscheint die Sache wohl, als bestünde gerade hier die größte Harmonie zwischen der Handlung und zwischen der Musik. Aber vor Mir ist gerade hier die größte Disharmonie zwischen der Handlung und zwischen der Musik. Denn je abgefeimter irgendeine Handlung ist, desto weniger taugt sie für die [edle] Musik!

8] Du denkst zwar nun und sprichst bei dir: Durch eine solche schändliche Handlung, die ihr höllisches Ziel erreicht, können Menschen ja doch nur eher abgeschreckt, als zu ähnlichen Handlungen verleitet werden.

9] Ich aber sage dir: Beispiele sind gleich einem Zugpflaster, das auch die guten Säfte auszieht und die schlechten desto fester in der Haut läßt! — Es hört wohl öfter auf ein Zugpflaster der Schmerz auf, aber nicht wegen der Verminderung der schlechten Säfte, sondern nur darum, weil durch das Zugpflaster die Gegend, die früher noch für den Schmerz empfindlich war, zufolge der Entziehung der guten Säfte, förmlich abgetötet wurde.

10] Und siehe, gerade also geht es auch mit der sogenannten moralischen Besserung durch die Aufführung höllischer Handlungsweisen! Sie ziehen die edlen Gefühle aus der besseren Seele und töten dann die halbe Seele durch die zurückgelassenen unedlen Gefühle, deren Geburtsort die Hölle ist. Und es braucht dann wieder recht viel, bis die böse Wunde geheilt und die halbgetötete Seele wieder belebt wird!

11] Siehe, das ist eine vollkommene „Rezension“ über deine gestrige Musikkomödie. — Die Welt würde sie kaum gutheißen; aber in den Himmeln wird nur also geurteilt.

12] Wenn jemand aber über Worte Töne setzt, so soll er allezeit nur über Worte aus den Himmeln Töne setzen, aber nie über Weltworte. Weil die Töne an und für sich himmlisch rein sind.

13] Am besten aber ist es, die Töne allein zu setzen und sie in ihren melodischen und harmonischen Weisen anzuhören. Denn dann sind sie gleich der Rede in den Himmeln, die sich in einer Zustandsferne auch als die reinste Musik vernehmen läßt!

14] Solches also verstehe und beachte wohl!

3. Herr, Du heiliger, lieber Vater! Was ist denn mit dem Frohnleichnamsfest? Soll man dasselbe wohl also feiern, wie es die römische Kirche haben will?

15] Darüber zu reden, bin Ich nicht aufgelegt! — Unter diesem Feste wird die Erfindung und Einsetzung der Hostie und dabei auch der Monstranz gefeiert! — Was aber ist die Hostie und was die Monstranz — und was demnach das Fest? — Bin Ich und die

Hostie eins? — Und ist die Monstranz gleich dem Himmel, der da ist Mein ewiger Thron?!

16] Wenn es aber einen Kaiser gäbe, der da allen seinen Untertanen ein Gedächtniszeichen gegeben hätte, wie Ich dereinst das Liebesmahl mit Brot und Wein — und die Untertanen aber wären mit dem Denkzeichen nicht zufrieden, sondern möchten es ummodeln und so gestalten, daß es mit dem ersten nicht die leiseste Aehnlichkeit mehr hätte, ehreten dann dieses ganz veränderte Denkzeichen mehr als den Kaiser selbst und möchten am Ende nicht den Kaiser als den Kaiser, sondern dafür lediglich das umgestaltete Denkzeichen für den lebendigen Kaiser halten.

17] Und wenn der Kaiser selbst käme und fragete: „Was tut ihr? Ist das mein Denkzeichen?" Und die Untertanen möchten dann den Kaiser verhöhnen, sich allezeit wider ihn empören und sagen: „Dies Zeichen hat uns der Kaiser also gegeben, und es ist lebendig der Kaiser selbst, und es gibt keinen anderen Kaiser! Wenn du dieses Denkzeichen nicht also anerkennst, wie es das echte und lebendig wahre ist, dann bist du der Kaiser nicht, sondern nur ein allerketzerischester Widerkaiser, ein Fürst der Hölle, und bist des Feuertodes schuldig für ewig!"

18] Sage! Wie wohl wird diese Erwiderung ob des Denkzeichens dem wahren Kaiser munden? — Siehe, also mundet auch Mir dies Fest!

19] Was würde aber ein Kaiser zu seinem Diener sagen, der ihm ins Angesicht sagte: „Dein Reich trete ich mit Füßen und dich selbst habe ich in meiner Gewalt!" — und möchte dann der Diener dem Kaiser dennoch Feste geben, als hielte er, der Diener, etwas auf den Kaiser — wird der Kaiser diesem Feste wohl beiwohnen und sich ergötzen an demselben?!

20] Ich meine, das wird der Kaiser fein bleiben lassen! Und Ich meine aber auch, daß da von Mir aus bei einem ganz ähnlichen Feste derselbe Fall sein wird!!

21] Und schließlich meine Ich auch, du wirst an dem bisher Gesagten genug haben. — Verberge aber diese Zeilen gut! Denn sie würden denen, die nicht Mich, sondern nur das gewaltig veränderte Denkzeichen für alles halten und setzen, zu sehr mißfallen!

22] Das alles sage Ich dir wie im stillen Vertrauen nur. Darum teile es nicht vielen mit! — Das ist Mein guter, heiliger Wille! — Deine Freunde aber dürfen es schon erfahren. Amen.

☆

Druck des Neuen Wortes

Am 9. Juni 1844

O Herr! Siehe, ich habe jetzt schon so viel Gnade von Dir empfangen, daß ich mich ob der großen Menge nicht genug wundern kann. Es ist auch die Bedeutung der gegebenen Gnade so groß und erhaben, daß ich sie nimmer ermessen kann. — Soll denn dieses heilige Licht nur allein mir und meinen wenigen Freunden zu eigen verbleiben? — Oder soll es nicht vielmehr durch den Druck für alle Menschen in die Welt gehen? — Und wenn es in die Oeffentlichkeit übergehen soll, da fragt es sich: Wie, wann und wo? — O Herr! Darüber bitte ich Dich inbrünstigst um einen Bescheid!

Daß und worin das, was Ich dir gebe, groß und wichtig ist, das weiß Ich am besten. — Das „wie, wann und wo für die Welt" aber ist eine Frage, für die eine effektive Antwort — so wie die Welt — nicht reif ist! — Ich sage dir aber:

2] Die Welt ist jetzt wie ein Mensch, der sich bei einer schlechten Mahlzeit gar sehr den Magen verdorben hat, daß ihm dann auch die allerbeste Speise zum Ekel wird. Wenn du sie ihm vorsetzest, da wird es ihm alsbald bis zum Erbrechen übel, und er wird das beste Gericht fliehen!

3] Siehe, gerade also erginge es vor der Welt nun Meinem Worte! Die Welt würde es fliehen und sich vielfach ärgern an ihm und würde es verdammen und verwünschen, weil es nicht für ihre Interessen gegeben ist, sondern nur für die Interessen des Geistes, den aber die Welt schon lange nicht mehr hat!

4] Es hat aber diese Meine große, lebendige Gnadengabe wohl die Bestimmung in die Welt überzugehen, aber erst dann, wenn die verdorbene Welt den Hunger nach Meiner Mahlzeit wieder bekommen wird!

5] Den Hunger aber bereitet nun die römische Kirche! — Wie aber? — Durch ihre schlechte Mahlzeit und durch die eben durch diese Mahlzeit bewirkte Verschlechterung des seelischen Magens. Dieser wird dann eine Zeitlang jede Kost fliehen und dadurch in den gerechten Hunger gesetzt werden; dann aber mit gar großer Gier nach diesem Meinem wahren Himmelsbrote greifen und sich an ihm sättigen zum ewigen Leben!

6] Siehe, also will Ich es haben! Weil die dumme, arge Welt noch nicht genug gewitziget ist durch alle die namenlosen Tormente, die sie von der Hure Babels zu bestehen hatte, und ihr noch immer die Cour macht von allen Seiten, aus lauter schändlichen, weltinteresselichen Rücksichten. — Darum schlage Ich nun solche Welt mit dreifacher Blindheit, auf daß sie ja desto sicherer ins alte, aber nun neu ausgebesserte und gar kunstvoll aufgerichtete Garn geht, auf daß dann Babel mit solcher gefangenen Welt auf eine Art verfahren wird, wovon die Geschichte kein Beispiel aufzuweisen hat!

7] Aber das sage Ich auch, daß dieser Rummel Babels nur höchst kurz dauern und man gar bald vielfach entdecken wird, was die Hure so ganz eigentlich im Schilde führt! — Dann aber zehnmal Wehe der großen Hure! — Jedem Hunde an der Kette soll es besser ergehen als der Hure, wenn man ihr die alte, aber wohlbefestigte Maske abnehmen wird! — Eine größere Schande und Schmach hat noch nie jemand auf der Welt erlebt und nie jemand eine härtere Züchtigung!

8] Diesmal wird Babel schnell wachsen, denn es hat einen gut gedüngten Boden an den Fürsten der Welt. War der erste Weg mühsam, da Babel erst untersuchen mußte mit seinen Knechten, wie es mit dem Boden steht, so wird es aber nun um so schneller emporkommen, weil es sein Territorium gar wohl kennt und aus alter Erfahrung gar wohl weiß, was es zu tun hat, um ans erwünschte Vollherrscherziel zu gelangen! An der baldigen Erreichung dieses Zieles aber liegt auch der ebenso baldige volle Untergang dieser Herrscherin.

9] Und siehe, in eben diesem sicheren Begebnisse liegt eine Hauptvorbereitung zur Offengabe dieses Meines Wortes. Denn sonst müßte es sich auch, so gut wie alles aus Mir, das Verdammungsurteil von Seite dieser Hure gefallen lassen, was aber für diesmal und fürder allemale nicht in Meiner Ordnung liegt.

10] Du meinst freilich, die Lutheraner wie auch alle anderen Konfessionen würden dies Mein Wort gewiß vielseitig mit der größten Begierde aufnehmen?! — Das weiß Ich wohl am besten, wie viele es gibt, die es darnach dürstet! — Aber Ich sage ein für allemal: Unter vielen Millionen geben etliche Tausende keinen Ausschlag!

11] Für die Besseren ist nun allenthalben gesorgt. Daher bedürfen die wenigen Auserwählten dieses Meines Wortes vor der Zeit weniger als der ungeheuer große und überdumme Welttroß! — Zur rechten Zeit aber wird es schon allen zukommen, die darnach verlangen werden in ihrem Herzen!

12] Aber steht es nicht in der Schrift: „Viele sind berufen, aber nur wenige auserwählt!“? — Siehe, also ist es auch hier! — Ihr wenigen Auserwählten aber seid über die Maßen froh, daß ihr eben zu den Auserwählten gehöret, und freuet euch dessen hoch, was ihr empfangen habt! Der Welt aber kümmert euch nicht, ob, wie, wann und wo es diese empfangen wird! Denn wahrlich, diese ist solcher Meiner Gnade noch lange nicht wert!

13] Ich sage dir: Wer da würdig ist, der soll erlöset werden, wie dereinst Loth zu Sodom und Noah in seiner Zeit! Für die Unwürdigen aber habe Ich keine anderen Gaben als die nur, die ein jeder irdische Tag mit sich bringt! — Zu Abrahams Zeiten habe Ich nur dem Abraham allein die große Verheißung gegeben, obschon die Erde damals schon viele Hunderttausende von Bewohnern zählte. War es damals gut und recht, warum soll es jetzt nicht so sein? Ich aber bin ja noch gleich derselbe, wie in der Zeit Abrahams, und tue also jetzt, wie Ich damals getan habe.

14] Ich offenbare Mich allezeit nur wenigen, die da reif sind und denen Mein Wort nicht zum Gerichte wird. — Wenn aber durch Meine Fürsorge mehrere reif werden, dann will Ich auch sie — wie dereinst die Kinder Abrahams aus der ägyptischen Knechtschaft — befreien zur rechten Zeit!

15] Frage daher nicht: Wie, wann und wo? — sondern tue, was du vorderhand zu tun hast; für alles andere werde schon Ich sorgen. — Ohne dein Verdienst und ohne deine Sorge habe Ich dir diese Gnade gegeben, denn du warst noch nie ohne Sünde vor Mir! Und also haben es auch deine Brüder empfangen ohne ihre Sorge!

16] Also soll es auch bei der Veröffentlichung dieses Wortes gehen! — Zuvor aber muß ein großes Wehe über einen großen Teil der Welt ergehen aus der Hure. Wehe allen jenen Staaten, die nun der Hure auf den Thron helfen, und daß sie ihre Throne feste! Wahrlich, diese werden einen Fall von ihrem Throne tun, größer und weiter, als die beiden Pole des Himmels voneinander abstehen! — Fürchte dich aber nicht darum! Denn Ich werde die Meinen allezeit schützen, und es solle nie ein Haar auf ihren Häuptern gekrümmt werden.

17] Und nun meine Ich, die Antwort auf deine Frage dürfte die hinreichende Ausdehnung haben. Daher begnüge dich mit ihr, denn mehr zu sagen ist in dieser Hinsicht wohl nicht vonnöten! — Nur erwähne Ich schließlich noch, daß sich das auch deine Freunde als ein vollgültiges Notabene nehmen sollen. Und auch sie sollen Mich sorgen lassen und Meine Ratungen befolgen, so wird alles den besten Weg gehen in Meinem Namen. Amen.

☆

Vorbereitung auf das Neue Wort

Am 23. Juni 1844

Frage nicht, sondern schreibe! Denn siehe, du hast es vor dir und magst es ja so gut wie förmlich abschreiben, wie für die Protestanten gesorgt wird in dieser Zeit! — Schelling[1], Steffens[2], Gustav A.[3] und dergleichen mehrere sind dazu schon höhererseits gebildet!

2] Damit du aber hier auch etwas erfahrest, wie deren Geist beschaffen ist, so sollen dir einige Stellen aus dem Werke Steffens', darin er vom „falschen Glauben und von der wahren Theologie" spricht, ein Licht geben.

3] Auf Seite 5 und 6, da Steffens von der „falschen Theologie" spricht, heißt es:

4] „Wir reden hier nicht von einer sogenannten Vernunftreligion, die abgesondert von der Offenbarung sich gestalten will. Ist es nicht erlaubt, das ordnende Prinzip der geselligen Verhältnisse der Menschen, abgesondert von der geschichtlichen Entwicklung des Geschlechtes, durch Reflexionen herauszuheben und ein lediglich aus dem Standpunkte eines reflektierenden menschlichen Bewußtseins erzeugtes Naturrecht zu begründen, so ist eine Religion, die lediglich aus dem Meinen und Denken der Menschen entsprungen wäre, ein noch viel härterer Widerspruch. — Alle Religion ward als Offenbarung, als eine Gabe höherer Geister betrachtet und war nur dadurch Religion.

5] Die christliche Religion ist die Offenbarung der ewigen Liebe Gottes, ist, so wie sie den Gläubigen geschenkt ward, die Enthüllung eines seligen höheren Lebens, gegen welches alle irdische Erscheinung erblassen muß, so daß alle Größe der Erde

---

[1] Friedrich Wilhelm Schelling, als Sohn eines evangelischen Geistlichen geb. 1775 in Leonberg, Württemberg, gest. 1854 in Ragaz, Philosoph. — [2] Heinrich Steffens, geb. 1773 in Stavanger, Norwegen, gest. 1845 in Berlin, Natur- und Religionsphilosoph, beeinflußt von Schelling. — [3] Gustav A., Persönlichkeit mangels näherer Bezeichnung nicht feststellbar.

nicht wert ist der Herrlichkeit, die uns einst offenbar werden soll und die wir wirklich hier schon im festen Glauben besitzen!

6] Eine Vernunftreligion ist daher gar keine Religion. Und nur ein verirrtes Denken kann in diesem Worte eine Zusammensetzung dulden, die sich selber aufhebt.“[1]

7] Weiter kommt auf Seite 109 desselben Werkes eine gar wichtige Stelle vor, die also lautet:

8] „Jetzt, da ich mich bis in die innersten Tiefen des Daseins gebunden fühlte, da das Sein in dem verborgensten Mysterium des Daseins, das Denken sich durch das Bewußtsein des Abfalls gefesselt sah, mußte ich einsehen, daß nur eine unbedingte Hingebung mich befreien konnte. Wird nicht die Spekulation dann erst lebendig, wenn der Verstand sich in unauflösliche Widersprüche verwickelt sieht, und wird sie nicht im höheren Sinne bestätigt, indem man ihren engeren Standpunkt zu verlassen wagt?

9] Die Philosophie ist die absolute Selbsttat. Das Selbstbewußtsein findet in sich selbst alle Schätze des Erkennens. Aber sie vermag nichts; denn der Formalismus des Denkens hat keine erzeugende Kraft. Wird sie (die Philosophie) nicht im höheren Sinne in sich klarer wieder erstehen, wenn der Erbauende heimisch wird in der erhabenen Welt der eigenen Persönlichkeit, wenn er nicht bloß denkt, sondern auch lebt, wo seines wahren Denkens unzweifelbare Quelle gefunden wird? — Und so wäre denn die absolute Hingebung in den Willen Gottes die dritte, höchste Stufe der geistigen Entwicklung — aus ihrem stärksten Gegensatze erzeugt!“[2]

10] Siehe, das ist eine vorzüglich gute Stelle, über die aber freilich so manche hochweltweise Rezensenten ihre Nasen rümpfen. Aber das tut nichts. Denn es gibt doch Tausende, die sich darnach kehren in ihrem Denken und auch in praktischen Versuchen!

11] Gehen wir aber nur weiter und hören wir, was Steffens in seines Werkes 129. Seite spricht! — Also lauten die Worte:

12] „Der fromme Christ braucht einen Ausdruck, welcher oft angefeindet wird. Er wünscht (nämlich), daß der Heiland Gestalt in ihm gewinnen möge. Man findet diese Aeußerung mystisch,

---

[1] Am 24. Juli 1844, also einen Monat später, erhielt K. G. von Leitner das in Breslau 1831 bei Joseph Max & Co. erschienene Heinrich Steffens'sche Werk: „Von der falschen Theologie und dem wahren Glauben, eine Stimme aus der Gemeinde durch Heinrich Steffens“, neue Ausgabe, worin der vorstehend angeführte Text festgestellt werden konnte. — [2] Diese Stelle, die Seite 109 stehen soll, erscheint in vorangeführter, zweiter Auflage nicht. — Anselm Hüttenbrenner.

fanatisch, schwärmerisch. Wie soll es mir gelingen, euch, meinen Freunden, begreiflich zu machen, daß diese Aeußerung recht im Innersten das ausdrückt, was ich die tiefste Seligkeit der Liebe nennen möchte?

13] Der Apostel, wenn er die Gemeinde als den Leib des Herrn darstellt, benützt die Glieder des Leibes, die eins sind und alle einander gleich durch die Einheit des Lebens. Dieses Bild ist herrlich; aber seine eigenen flammenden Worte über die Liebe fordern, daß wir es in einem höheren Sinne nehmen.

14] Die Organe des Leibes sind, wenngleich dem Ganzen einverleibt, doch gebunden auf eine bestimmte Weise. Das ganze Leben ist in einem jedem Organe, doch aber gefesselt in der besonderen Form. Wir sind frei im Heilande, Kinder Gottes durch Ihn. Daher tritt uns in Ihm die geheiligte Person aller Persönlichkeit, die Urgestalt aller Gestalten entgegen. Und vermögen wir uns Ihm hinzugeben, dann gibt Er Sich auch uns hin ganz und gar, daß wir, wie die Besonderen, so doch auch in Ihm, mit Ihm Er Selbst sind.“ [1]

15] Siehe, diese Stelle ist noch erhabener und zeigt dem tiefer Denkenden klar, was er zu tun hat, um aus Mir das wahre, ewige Leben zu überkommen!

16] Aber Ich lasse es noch weiter gehen, und so schreibe weiter, was dieser Schriftsteller noch Erhabeneres sagt auf Seite 136 seines Werkes. — Die Worte lauten also:

17] „Das Abendmahl ist der höchste individualisierende Prozeß des Christentums. Durch dasselbe versenkt sich das ganze Geheimnis der Erlösung in seiner reichen Fülle in die empfängliche Persönlichkeit. Der fruchtbringende Strom der Gnade, welcher die ganze Natur und Geschichte seit jenen (großen) Zeiten ihrer großen Wiedergeburt durchwallt und reif macht für eine selige Zukunft, nimmt die Gestalt des Heilandes an, damit alles in allem für Sein Herz sei.

18] Daher das Abwenden vom Bösen, die vereinigende Vergebung, die gänzliche Hingebung! — Diese eben ist die Liebe! — Nur eine Persönlichkeit kann Gegenstand der gänzlich sich opfernden, den Willen völlig in Anspruch nehmenden Liebe sein.

19] Und ewiges Leben durch die Liebe ist die innerste, tiefste Bedeutung des Christentums.

20] Was der Geist wohl glaubt, was den Tod überwindet, ihn zugleich zurückdrängt in die Sinnlichkeit, dann wie in ihm schlummert,

[1] Auch diese Stelle, die Seite 129 stehen sollte, erscheint in vorbeschriebenem Werke nicht. Vielleicht ist sie in der 1. Ausgabe enthalten. — Anf. Hüttenbrenner.

das wird durch die beseligende Gegenwart des Erlösers, der für ihn ist — ganz ist — hier Gewißheit, Genuß, Nahrung.

21] Nur wer das Wesen der Liebe kennt — und der kennt es nur, welcher es erlebt hat — kann jene Innigkeit fassen! — Alles, was wir denken und wollen, jede keimende Idee des Geistes, alles, was wir Großes und Herrliches schauen und genießen — jene Züge der Urgestalt, die in der irdischen Erscheinung geheimnisvoll vereint, durch das verworrene Leben gefesselt und gebunden sind, Leib und Seele zu einem höheren, geistigen Bunde sich durchdringend, treten uns in dem gegenwärtigen (persönlichen) Heilande entgegen. Alles, was Er der Welt war und sein wird, was er lehrte und litt, gestaltet sich in uns, daß wir dann innewerden: Seine Worte sind Er Selbst — sind Geist und Leben!"[1]

22] Aus diesen Stellen kannst du zur hinreichenden Genüge ersehen, wie Ich nun, wie schon gar lange her, für die Protestanten sorge, gesorgt habe und noch sorgen werde und wie Ich sie alle vorbereite auf die große Gabe!

23] Du wirst zwar den Stil sehr gelehrt finden. Ich aber sage dir: Wer alle gewinnen will, der muß auch mit allen alles sein. Er muß weinen mit den Weinenden, scherzen mit den Scherzenden, lachen mit den Lachenden, fröhlich sein mit den Fröhlichen, traurig sein mit den Trauernden, leidend mit den Leidenden, gesund mit den Gesunden, krank mit den Kranken, stark mit den Starken, schwach mit den Schwachen, ein Narr mit den Narren und somit auch ein Gelehrter mit den Gelehrten! — Denn ein jeder ist nur in seiner Schwäche, die sein Joch, sein Netz und seine Schanze ist, zu fangen!

24] Also muß man zuerst auch hier mit den zumeist gelehrten Protestanten gelehrt sprechen und sie so fangen in ihrer Schanze, so man sie für die absolute Stimme des Vaters, der Ewigen Liebe, will empfänglich machen!

25] Und siehe, also komme Ich nun allen entgegen mit weit ausgebreiteten Armen und rufe von neuem: „Kommet alle her, die ihr mühselig und beladen seid! Ich Selbst will euch alle erquicken!"

26] Darum sollst du dich auch nicht zu sehr sorgen, was mit deinem Empfange[2] geschehen solle! — Denn siehe, Ich habe ja eine Menge Arbeiter nun für Meinen Weinberg gedungen, die das Erdreich umgraben und die Stöcke beschneiden!

[1] Auch diese Stelle konnte in der zur Verfügung stehenden Auflage nicht festgestellt werden. — Anf. Hüttenbrenner. — [2] d. h. mit den Jakob Lorber gewordenen Offenbarungen. — D. Hsg.

27] Lassen wir daher diese ihre erste Arbeit beenden! — Und so dann bald die Triebzeit kommen wird, dann werden wir schon die große Sonne aufgehen lassen, an deren Licht und Wärme alle Frucht die baldige Vollreife erlangen soll. — Amen, Amen, Amen.[1]

☆

[1] Zu dieser Kundgabe vom 23. Juni 1844 teilt K. G. von Leitner in seiner Lebensbeschreibung Jakob Lorbers (S. 26 f.) mit: „Einen unwiderleglichen Beweis dafür, [daß Jakob Lorber bei seinen Niederschriften nicht aus seiner eigenen, sondern aus einer fremden Intelligenz geschöpft hat] lieferte folgendes Ereignis: Am 25. Juni 1844 gab mir Anselm Hüttenbrenner einen Aufsatz Lorbers zu lesen, welchen dieser zwei Tage vorher niedergeschrieben hatte. Es wurde darin kundgetan, daß Schelling, Steffens und Gustav A. berufen oder vielmehr auserwählt seien, um unter den Protestanten die Gemüter auf das Erscheinen dieser neuen theosophischen Schriften vorzubereiten. Zur Bestätigung dessen waren darin zwei Stellen aus dem Werke Steffens: „Die falsche Theologie und der wahre Glaube" mit genauer Angabe der bezüglichen Seitenzahlen wörtlich angeführt. — Weder Anselm Hüttenbrenner noch Lorber hatten bis dahin Steffens auch nur dem Namen nach gekannt. Lorber war daher hoch erfreut, als ihm jener, welcher inzwischen im Konversationslexikon von Brockhaus nachgeschlagen hatte, die Mitteilung machte, es gebe wirklich einen Schriftsteller dieses Namens, und dieser habe wirklich ein Werk mit dem angeführten Titel im Drucke erscheinen lassen.

Da ich dieses Werk des mir übrigens wohlbekannten Autors ebenfalls nicht kannte, so machte ich sogleich darauf Bestellungen bei der Universitätsbuchhandlung, welche es mir am 24. Juli einhändigte. Ich übergab es noch am Abende desselben Tages an Anselm Hüttenbrenner und verfügte mich des nächsten Morgens zu ihm, um zu erfahren, welches Ergebnis sich bei der zwischenweiligen Vergleichung der Texte in Druck und Schrift ergeben habe. Hüttenbrenner hatte bereits die von Lorber mit Hinweisung auf die Seiten 5 und 6 angedeutete Stelle im Buche aufgefunden, und ich überzeugte mich selbst, daß sie mit jener in Lorbers Manuskript angeführten wörtlich übereinstimmte, nur daß in letzterem ein paar Wortversetzungen vorkamen. Die übrigen von Lorber angegebenen Stellen, welche auf den Seiten 109, 129 und 136 des Buches angetroffen werden sollten, hatte Hüttenbrenner darin nicht aufgefunden. Und auch bei einer von ihm und mir nun gemeinschaftlich wiederholten Suche vermochten wir dort nichts zu entdecken, was mit dem Texte in Lorbers Schrift von Wort zu Wort übereingestimmt hätte, wohl aber trafen wir dort auf Stellen, welche den nämlichen Geist atmeten, in welchem Lorbers Anführungen geschrieben waren. Es bleibt aber bei dem Umstande, da uns nur die zweite Auflage dieses Werkes zur Hand war, doch noch immer die Möglichkeit nicht ausgeschlossen, daß sich vielleicht in dessen erster Auflage auch diese Stellen wörtlich vorfinden. Jedenfalls beweist die wörtliche Uebereinstimmung der auf den Seiten 5 und 6 wirklich im Drucke vorgefundenen Stelle mit jener in der Handschrift Lorbers, daß er sie unter dem Einflusse einer andern Intelligenz als der seinen niedergeschrieben hat — was freilich allen jenen unbegreiflich erscheinen muß, welche diesem Beweise menschlicher Erfahrungswissenschaft hartnäckig Ohr und Augen verschließen."

Der Herr und der Rezensent

Nachbemerkung zu der Kundgabe vom 23. Juni 1844

Am 24. Juni 1844

Ebendiese [in der vorangehenden Kundgabe] angeführten Stellen[1] mit noch einigen mehreren sind schon in der Allgemeinen Zeitung von Jena in Deutschland von einem der puren Vernunftreligion das Wort sprechenden, sauren Rezensenten ganz gewaltig beschnüffelt worden, welcher Rezensent aber eben durch solche seine Rezension an den Tag gelegt hat, daß er trotz seiner scharfen Philosophie noch gar lange nicht fähig sein wird, ein höheres Licht des Geistes zu empfangen und daher auch lange nicht zu verstehen, was der vom Rezensenten genannte „Knabe" Steffens aus Mir niedergeschrieben hat!

2] Er beschuldigt den „Knaben" zwar des Hegelianismus, gewahrt aber nicht, daß gerade nur aus ihm der Hegel und Strauß spricht, während Steffens und Hegel zwei sich ganz entgegengesetzte Pole sind.

3] Der superkluge Rezensent findet darinnen freilich nichts als eine poetische Schwärmerei eines mystisch fanatischen, jugendlichen Gemütes, nichts als Nebel und Firmamentwolken einer mystischen Phantasie und schreit und macht einen großen Lärm darob — und noch so manche mit ihm.

4] Aber das tut nichts zur Sache — darum ist Steffens, wie noch mehrere seinesgleichen, dennoch unter den Auserwählten, während der saure Rezensent nicht einmal zu den vielen Berufenen gehört, sondern gleich ist den Schmarotzerpflanzen, die sich an den mächtigen Eichen ansetzen und prangen da auf den hohen Aesten, als wären sie gleich oder gar über der Eiche. Wann aber ein Sturm kommt, dem die Eiche trotzt, so reißt er bald und leicht das lockere Gezweige des Unkrautes vom Stamme. Und lose Buben sammeln dann das zerstreute Gezweige samt der Frucht und kochen daraus einen Leim zum Fange für lockere Zeisige, Finken, Spatzen und Gimpel! Was aber eben nicht viel sagen will, denn der mächtige Aar wird doch ewig solcher Fangstelle zu spotten wissen!

5] Solches ist hier auch zu beachten, damit sich da niemand stoße, so ihm irgendwann eine solche Schmarotzerpflanze von einer Vernunftrezension in die Hände fallen sollte!

6] Das sage auch Ich, der persönliche Heiland in dir und in deinen Freunden und Brüdern! Amen.

☆

[1] aus dem Werke von Heinrich Steffens: „Die falsche Theologie und der wahre Glaube". — D. Hsg.

Uebung macht den Meister

Am 29. Juni 1844

Also gebe der, die da ein wenig dürstet, dies gute Tränklein! — Ich gebe denen ja alles gerne, die sich auf Meine Gabe freuen. Aber die sich auf Meine Gaben fürchten, denen gebe Ich nicht so gerne, weil Ich Selbst durch irgendeinen geheimen Gewissensdruck niemanden in seiner Freiheit beirrt haben will!

2] Es fürchtet sich zwar Mein Töchterlein auch ein wenig, aber darum gebe Ich ihr doch gerne etwas, weil sie Mich im geheimen lieb hat!

3] Das aber sei die Gabe! — Höre Mich, du Mein liebes Töchterlein!

4] So ein kränkelnder und hungernder Mensch, der da gesund und gesättiget werden möchte, eine gute Medizin und einen Tisch voll der besten Speisen vor sich hat, nimmt aber nicht die Medizin und isset nicht von den Speisen, sondern er beriecht nur sowohl die Medizin als auch die Speisen und meint, es werde ihn auch der alleinige Geruch schon heilen und sättigen — meinst du wohl, mein Töchterlein, daß dieser Mensch geheilt und gesättiget wird durchs alleinige Beriechen der Medizin wie der Speisen?

5] O nein! Er wird nur schwächer und schwächer werden und wird am Ende so gut Hungers sterben wie einer, der nichts zu essen hatte! Denn der Wohlgeruch stärkt und beseliget wohl den gesunden und gesättigten Menschen, aber wo der Magen noch leer, da ist der bloße Wohlgeruch offenbar zu wenig!

6] Siehe, du Mein liebes Töchterlein! Also kranke und hungrige Menschen gibt es aber jetzt eine große Menge auf der Welt. Diese Menschen sind ruhig und haben gute und ehrliche Sitten, aber sie machen sich eigene dumme Gesetze in ihrer Natur, denenzufolge sie wohl an allem Guten und Wahren den besten Geschmack und ihr größtes Wohlgefallen finden. Aber dennoch wollen sie selbst nicht in das Gute und Wahre beißen!

7] Sie gleichen auch denen, welche die Künstler allezeit lieben und bewundern. Aber Selbstkünstler wollen sie in keinem Falle werden; denn da bedenken sie die Mühe und haben dann nicht den Mut, ihre Hände ans Werk zu legen. Sie möchten wohl sehr gerne auch selbst Künstler sein, wenn sie andere Künstler hören oder ihre Werke schauen — so das Künstlerwerden nur nicht mit so viel Mühe verbunden wäre!

8] Darum aber heißt es denn auch: Viele sind berufen, aber nur wenige auserwählt!

9] Siehe, also geht es mit alledem, was des Geistes ist! Ich sage dir: Da ist das Sehen und Hören zu wenig! Dem Künstler genügt das wohl zu seiner Stärkung, aber der Laie wird [für sein eigenes Können] in einem Konzerte wenig ernten!

10] Und also ist es auch mit Meinen Gaben! Sie müssen nicht nur gelesen, sondern werktätig geübt werden! Dann werden sie dem Leser und Hörer erst den wahren lebendigen Nutzen bringen.

11] Uebe du dich daher nur fleißig in der lebendigen Liebe zu Mir und werde darin eine wahre Virtuosin, so wirst du dann erst lebendig in dir erschauen, wie groß jede Meiner Gaben ist für ewig!

12] Das ist Mein Wunsch an dich, Mein Töchterlein! Befolge ihn lebendig, so wirst du leben ewig! Amen.

Geben ist seliger als Nehmen

Ein Wahlspruch des Herrn

Am 6. Juli 1844

O Herr! Als Dein Paulus eine Abschiedsrede zu Miletus hielt, da sagte er zu den Aeltesten, man müsse eingedenk sein des Wortes des Herrn Jesu: „Seliger ist Geben als Nehmen!“ (Apgesch. 20, 35)

Da nun dieses überherrliche Wort in den vier Evangelien nicht vorkommt, so bitte ich Dich, Du allerliebevollster Herr, daß Du uns kundgeben möchtest, bei welcher Gelegenheit Du dies himmlische Vaterwort ausgesprochen habest!

Mein lieber A. H.-W.! Wie magst du fragen darum? — Das muß dir ja doch klar sein, daß Ich im Verlaufe von dreiunddreißig Jahren sicher mehr werde geredet haben, als da enthalten ist in den vier Evangelien! — Also kann Paulus gar wohl irgendein Wörtlein von Mir genommen haben, das Ich geredet habe, obgleich es nicht in den vier Evangelien zu finden ist, wohl aber in Taten und Gleichnissen.

2] Damit du aber dennoch deine Wißbegierde befriedigest, so wisse, daß dies Sätzlein mein gewöhnlicher Wahlspruch war, der einer jeden Handlung wie auch so mancher Rede voranging. Daher kann Ich dir hier auch nicht irgendeine bestimmte Gelegenheit anzeigen, bei der ein solches Sätzlein eigens wäre ausgesprochen worden. Denn bei Mir war ja alles, was Ich sprach und tat, eine reichlichste Gabe an die Menschen. Daher ging auch dieses Sprüchlein allezeit voran. Und die Evangelisten nahmen es eben darum nicht [in ihren Bericht], weil es ihnen zu alltäglich aus Meinem Munde war!

3] Paulus aber konnte damals noch gar sehr wohl wissen von solch einer Eigenheit seines Herrn und gab es daher in seiner Abschiedsrede an die etwas hartherzigen Mileter und dadurch auch euch allen zur strengen Beachtung kund!

4] O möchtet auch ihr es lebendig in euch aufnehmen und empfinden — und lebendig fühlen, um wie viel das Geben seliger ist als das Nehmen! Dann würdet auch ihr euch dieses Sätzlein zum lebendigen Wahlspruche machen!

5] Aber da ihr noch bei weitem mehr fürs Nehmen als fürs Geben eingenommen seid, so möget ihr auch die große Seligkeit des Gebens nicht empfinden. So aber soll es nicht sein unter denen, die Ich berufen und erwählet habe!

6] Ich sage demnach: Erwählet auch ihr euch diesen Meinen Wahlspruch, und ihr werdet dadurch Meine wahrhaftigen Jünger und Kinder sein allezeit und ewig. Amen.

Wunder Gottes

(Aus dem Hauptwerk „Die Haushaltung Gottes“)

Am 14. August 1844

So es Mir, dem Herrn, allezeit gar wohl möglich ist, die allergrößte Weltmenagerie Tag für Tag zu erhalten, so wird es Mir etwa wohl auch damals möglich gewesen sein, die Menagerie Noahs in der Arche ungefähr ein halbes Jahr lang zu erhalten! — Daß in selber Zeit für den frommen Noah und noch für viele andere Menschen Meine Engel sichtbar den Erhaltungsdienst verrichteten, das macht keinen Unterschied vor der gewöhnlichen Alltagserhebung Meiner Geschöpfe; denn das ist ja immer ein gleiches Geschäft der Engel aus Mir, und die Sichtbarkeit bildet da gar keinen Unterschied.

2] Wären die Menschen in dieser Zeit eben auch also fromm, wie es Noah war, da würden sie auch zu öfteren Malen sehen, wie da gar viele Engel Tag und Nacht vollauf tätig sind, um Meine große Weltmenagerie zu erhalten...

3] Wenn man aber sagen möchte: „Wie haben es denn hernach zu Noahs Zeiten auch sogar die rein bösen Menschen sehen können, wie da die Engel die Tiere führten und ihr Futter nachtrugen in großer Masse?“

4] Da sage Ich: Das tut Meine Barmherzigkeit allezeit vor einem allgemeinen Uebel der Welt, welches sich allezeit die dummen Menschen selbst bereiten infolge ihrer großen Unkenntnis in allen Dingen der Welt! Bei und vor jedem Unglücke werden die Menschen allzeit durch außerordentliche Vorerscheinungen gemahnt, den Ort zu verlassen und sich traulich unter Meinen Schutz zu begeben, wo ihnen gewiß nichts von einem Leide zustoßen würde.

☆

Der reichste Fürst

Ein Gleichnis zur Frage der Vorexistenz

Am 15. August 1844

Frage Ans. Hüttenbrenners: „O Herr, hatte ich schon einmal irgendwo ein Dasein? — Dachte, fühlte und handelte ich nicht schon, ehe mich meine Mutter empfing?"

Höre du, Mein lieber Freund A. H.-W., ihr saget öfter: „Das ist eine kitzliche Frage!" — Und siehe, also muß da auch Ich zu dir sagen: Das ist eine sehr kitzliche Frage!

2] Ein Ja, ein Nein, beides wäre hier gleich, denn du möchtest das eine so gut wie das andere glauben, da dir in diesem deinem irdischen Zustande durchaus weder für noch gegen [solche Annahme] irgendein einleuchtender Beweis gegeben werden kann und in Rücksicht auf dein freies geistiges Wohl auch nicht gegeben werden darf!

3] Ich aber werde dir dafür ein Bild geben! — So du Weisheit besitzest, da wirst du vieles daraus entnehmen können! — Und so höre denn:

4] Siehe, es war irgendein großer Fürst, dieser hatte ein überreiches Land an Gold, Silber, Edelsteinen, Aeckern, Wiesen, Tieren und Wäldern von der besten Art. Und dieses Land hatte auch eine gerechte Bevölkerung.

5] Daneben aber war ein anderer Fürst, dessen Land bei weitem ärmer war an allen angezeigten Schätzen. Und so gab es noch eine Menge kleinerer Fürstentümer rings umher, und alle waren an allem dem um sehr vieles ärmer als das Land des einen reichen Fürsten.

6] Dieser Fürst aber achtete seiner Schätze nicht, so groß sie auch waren, sondern sein Augenmerk war stets auf die Güter der viel ärmeren Fürsten gerichtet und darauf, wie er solcher habhaft werden könnte!

7] Mitten unter diesen Fürsten lebte ein überaus weiser Mann, der nichts als seine hohe Weisheit besaß. Aber er war dennoch darum der Reichste unter allen, denn ohne seinen Rat getraute sich keiner der Fürsten etwas zu tun.

8] Diesen Mann fragte einmal der überreiche Fürst, was er wohl tun solle, um die Güter der andern an sich zu bringen, auf daß er die großen Schätze seines Landes, die er nicht achte, an sich selbst schonen könnte?!

9] Und der weise Mann sprach zu ihm: „Weißt du was? Siehe, da habe ich einen guten Rat! Willst du deinen ungerechten Wunsch fördern, da werde mir gleich! Gib alles, was du hast, an die, denen du alles nehmen möchtest, so wirst du gleich mir, der ich nichts besitze, aber dennoch alles haben. Und du wirst mit allem verfügen können gleich mir, der ich auch alles hatte, aber eben darum alles hergab, um alles tausendfältig zu gewinnen!"

10] Diese Rede des weisen Mannes gefiel dem reichen Fürsten überaus wohl, und er tat sobald nach dessen Worten!

11] Und als er darum alle die Fürsten zusammenberief, um ihnen sein Land gänzlich abzutreten, da fragten diese ihn voll Staunens, warum er doch solches tue.

12] Und er, der große Fürst, sprach: „Weil ich eben darum die wahre Weisheit überkomme, in der alle diese Schätze tausendfach enthalten sind!" — Als die andern Fürsten solches vernahmen, da sprachen sie: „Wenn also, so bist du schon wahrhaft ein überweiser Mann und wir wollen, daß du über uns alle gebieten sollest!"

13] Der Fürst aber sprach: „Nicht also, meine Freunde, ich habe nur erst den ersten Schritt in der Schule der Weisheit getan! — Lasset mich zuvor meine Bahn vollenden, und nehmet ihr mein Gut! So ich vollendet aus der Schule wiederkehren werde, dann will ich euch ein rechter Führer sein!"

14] Damit übernahmen die andern Fürsten das reiche Land. Der reiche Fürst aber begab sich sobald in die Schule der Weisheit zum weisesten Manne.

15] Siehe, das ist ein geheimes Bild, in ihm liegt die Antwort! — Strebe diesem Bilde nach, so wird dir in allen Dingen Licht werden für ewig. — Amen, Amen, Amen.

☆

Heilige Lebenslehre

Am 15. August 1844

Tuet den Menschen alles, was ihr wollt, daß sie es auch euch tun sollen!

2] Siehe, darin liegt alle Rechtfertigung einer guten Handlung! — Und zur rechten Tugend gehört, daß man die Betrübten tröste, die Zerschlagenen aufrichte in ihrem Gemüte, den Notleidenden helfe, die Gefallenen aufhebe, die im Geiste Gefangenen erlöse, die Schwachen stärke, den Irrenden den rechten Weg zeige, alle Aergernisse vermeide und denselben bei anderen vorbaue, auf daß, so jemand einen Schatz hat, er ihn nicht für sich behalte, sondern ihn teile bis auf den letzten Tropfen.

3] Denn wahrlich, so lange wird niemand Mein Reich erben, bis er nicht alles wird hergegeben haben, was er hat! — Und wahrlich, wer von euch nicht weltlich und geistlich zuvor so arm wird wie eine Kerkermaus, der wird Mein Reich in ihm nicht lebendig überkommen!

4] Denn so jemand zuvor nicht zum Fremdlinge wird auf der Welt, wird er nimmer einheimisch in Meinem Reiche.

5] Wenn da aber jemand meint und spricht: „Herr, so ich auf der Welt nur Ruhe habe durch ein Amt oder durch ein Vermögen und bin versorgt für meine leiblichen Bedürfnisse, dann will ich, o Herr, alle meine Zeit Dir widmen!" — da sage Ich: Freund! — solche deine Zeit kann Ich zufolge meiner ewigen Ordnung durchaus nicht brauchen! Denn Ich Selbst habe nicht gelehrt, daß man zuerst die weltliche Versorgung suchen solle, und hat man diese gefunden, sodann erst Mein Reich — sondern gerade umgekehrt! — Denn es heißt: „Vor allem suchet das Reich Gottes und dessen Gerechtigkeit, dann wird euch alles andere hinzufallen!"

6] Darum aber muß jemand zuvor alles von sich geben, so er Mein Reich ernten will! — Gebe alles hintan und verteile es unter die Armen und folge Mir nach, so wirst du Mein Reich ernten!

7] Damit ist nun zur Genüge gezeigt, was dazu gehört, um zu wissen, wann man in und aus „Meinem Reiche" handelt und wann Ich so ganz eigentlich ein Wohlgefallen habe an einem vollbrachten Werke!

8] Wenn du Gutes tust und fragst, ob es Mir wohlgefalle, dann hast du Mein Reich wohl äußerlich in dich einfließend, aber innerlich noch lange nicht.

9] Wenn du aber Mein Reich auch innerlich also hättest, wie Ich es dir von außen her gegeben habe, um dir dadurch die Aussicht in die Welt zu verrammen — dann würdest du nach einer Handlung nicht fragen, ob sie eine Eingebung von Mir, somit gerecht und Mir wohlgefällig sei, sondern du würdest, so du auch aus aller Engel Liebe und Weisheit heraus gehandelt hättest, nur sagen: „O Herr! Ich bin ein fauler und unnützer Knecht!"

10] Siehe, also sieht das rechte „Reich Gottes" aus! Und also mußt du handeln aus Meiner Liebe heraus — dann wird alles gut, recht und Mir durchaus wohlgefällig sein.

11] Es war übrigens deine Handlung wohl gut und recht und eine gute Tugend. Lege aber bei dir dennoch keinen Wert darauf, so du willst, daß Ich sie ansehe! Rühme dich auch nirgends damit, willst du Meine Ehre! Denn was deine Rechte tut, das erzähle nicht einmal der Linken! Dann werde Ich dein Werk annehmen und werde dich ehren, weil du Mir die Ehre gabst.

12] Vor allem aber suche Mein Reich auf die vorbesagte Weise in dir lebendig — dann wirst du allezeit wissen, woher und woraus du gehandelt hast und für Wen!

13] Diese Lehre sei dir heilig für ewig! Amen. Das sage Ich, dein guter, heiliger Vater.

☆

Der Rock von Trier

Am 31. August 1844

„Herr! Du liebevollster Vater! — Was ist wohl mit Deinem vorgeblichen Leibrocke, der nun in der Stadt Trier gegen sehr bedeutende Geldopfer und gegen ewige Ablässe gezeigt wird? — O Herr, die Sache kommt mir höchst sonderbar vor! — Ist da wohl am Rocke selbst etwas daran? — Und wie kam diese allergeheiligtste Reliquie nach Trier?"

Höre! — So auch der Rock echt wäre, dann wäre dennoch Christus nicht im Rocke! — So aber obendrauf der Rock dem fünfzehnten Jahrhundert angehört und in Trier selbst verfertigt wurde, alsodann als eine vorgeblich aufgefundene, außerordentliche Reliquie von gewissen Mönchen aus Jerusalem durch Rom nach Trier gegen ein starkes Opfer gebracht ward und in ihm also Christus sicher nicht zu Hause ist — was wird das wohl sein? Ich meine, da dürfte es wahrlich unnötig sein, diese Sache näher zu bezeichnen![1]

2] Was tun habsüchtige Menschen, so sie gern reich und dadurch mächtig werden möchten, es aber auf eine ehrliche und redliche Weise nicht werden können? — Siehe, da fangen sie an zu lügen, zu betrügen, zu stehlen und endlich zu rauben und zu morden!

3] Also ward hier mit einer mächtigen Lüge und einem noch mächtigeren tatsächlichen Betruge angefangen! Diesem wird bald folgen Dieberei, Raub und Mord!

4] Man wird Mir einen Prachtdom erbauen![2] — Wann aber habe Ich solches je verlangt? — Ist es nicht des Menschen Herz nur, in dem Ich zu wohnen pflege, so es liebevoll und von aller Welt befreit ist? — Wozu soll da der Dom gut sein, und besonders da Trug sein Grundstein ist?!

5] Ich sage aber: Dieser Dom wird dennoch zu etwas gut sein — nämlich zu einem ganz gewaltigen Steine des allgemeinen Anstoßes, und wird ein neues Zeugnis sein für jene, die der Geschichte nicht glauben, wie dereinst in den finstersten Zeiten Rom in Meinem Namen freventlich gehandelt hat — Ich sage, ärger als einst Babel und als die Heiden!

6] Denn diese hatten doch irgendeine geheime Furcht vor einem oder dem andern Götzen! — Jene aber haben auch nicht die allergeringste Furcht darum, weil sie keinen Glauben und keine Spur von einer Liebe haben; sondern sie machen sich selbst zu Meinen Herren. Ich muß sein, wie sie Mich brauchen können für ihre großen Gold- und Silberbeutel. Mein Wort wird verboten und dafür der armen Menschheit der niedrigste und stinkendste Unrat geboten! — Was wohl ist das?

7] Siehe, also muß der „verlorene Sohn" es nun mit den Schweinen halten und darf nicht einmal mit ihnen das elendste Trebermahl genießen! Also muß der Feind steigen, auf daß er den letzten Fall mache zum ewigen Verderben seiner elenden Natur!

---

[1] Der sogenannte Heilige Rock in Trier, angeblich von der Kaiserin Helena der Kirche von Trier aus dem Morgenland überbracht, wurde 1512 zum erstenmal in Trier ausgestellt. Eine solche Ausstellung fand auch im Jahre 1844 statt und führte zu der von Ronge begründeten Deutschkatholischen Gegenbewegung. — Angeblich echte Röcke werden auch in Argenteuil, in der Laterankirche zu Rom und an anderen Orten aufbewahrt. — [2] mit den reichlichen Opfergaben der Pilger. — D. Hsg.

8] Ihr aber freuet euch dessen, denn auch das ist der „Feigenbaum", der da „saftig" wird, seine Knospen auszutreiben anfängt und zeigt, daß es nun sehr nahe vor der Türe ist!

9] O wehe dir, die du lügest und betrügest ohne Ziel und Maß! — In der Kürze sollen über dich gewaltige „Diebe, Räuber und Mörder" kommen, werden dich hernehmen wie reißende Tiere ihre erjagte Beute und werden in dir nicht einmal das Mark der Knochen verschonen!

10] O siehe, das tut nicht einmal eine ärgste Hure, was nun diese tun von neuem! — Daher sollen sie aber einen eigenen Lohn finden!

11] Doch nun nichts mehr weiter davon! — Redet aber nicht davon! Denn es ist nicht löblich für den, der den Himmel hat, sich über das, was der Hölle ist, zu beraten! Es ist genug, daß ihr wisset, daß das Kleid falsch und somit ohne Christus ist für alle Ewigkeit.

12] Wie aber nun dies Kleid, so ist die ganze Kirche, die es ums teure Geld, wie ein Gaukler seine Künste, sehen läßt!

13] Nun weißt du alles! — Daher nichts mehr von diesem „Greuel der Verwüstung!" — Amen.

☆

Die beste Kur

Am 13. September 1844

Also sage es dem feinherzigen K. G. L.: Die Glaubenskur aus der Liebe zu Mir, dem Vater über Leben und Tod, ja, die Kur aus dem wahren Liebeglauben zu Mir, eurem Vater, ist die allerbeste!

2] Wenn du glaubst in deinem Herzen, daß Ich dir allezeit helfen kann und will, wenn du nur immer Meiner allein rechten und wahren Hilfe vonnöten hast und wann du dich immer lebendig volltrauend darum zu Mir wendest, daß Ich dir helfe — dann soll dir auch allezeit geholfen sein!

3] Aber bei Mir und bei der Weltkunst sollst du nicht zugleich Hilfe suchen, denn da kann die Weltkunst nur gerade so viel verderben, wie Ich dir helfe.

4] Das Gesundheitsrezept[1] hast du ohnehin vollständig von Mir. Halte dich darnach, so wirst du wenig mit den Weltärzten zu tun haben.

---

[1] Siehe „Die evangelische Kur", Seite 261. — D. Hsg.

5] Den kleinen Ausschlag aber beschmiere in Meinem Namen mit warmem Baumöle, wenn es sich wieder zeigen wird — und es soll dann schon besser werden! Enthalte dich aber in den kalten und nassen Zeiten von hitzenden Getränken und sauren Speisen! Und halte dich mäßig warm, so wirst du wenig Katarrh zu bestehen haben.

6] Damit empfange du aber auch Meinen Segen und bleibe Mir getreu in deinem Herzen! Und Ich, dein heiliger Vater, werde dich schützen und schirmen in allen Dingen. Amen! — Das sage Ich dir, dein heiliger, liebevollster Vater.

☆

Trostwort in trüber Zeit

an K. G. Leitner.

Am 17. Februar 1845

Was sucht wohl der Mensch hienieden, daß er darob so sehr umstrüppet sein Gemüt? Was kann die kalte Zeit dem Steuermanne bieten, der sein Ruder fruchtlos an den Eisschollen zerschellet? Was bläst der Weltweise über beeiste Bergzinnen hinweg, als wollte er mit seinem Odem den Aether der Himmel durchfegen und die Elemente zügeln wie ein ungewaschener Fuhrmann sein elend Fuhrwerk?

2] O siehe, du Mein lieber Herzensfreund, das ist alles eitel! Wer wohl kann Mich bezwingen?! Was nützt es dem weisen Toren, so er es heute schreibt und sagt: »Morgen soll alles weiß sein!«? — In Meiner alleinigen Macht aber steht es, alles schwarz zu machen! Meinst du wohl, daß er neben Mir, dem Herrn, aufkommen wird?

3] Man sagt wohl, Ich sei taub und blind geworden. Allein dem ist nicht also! Denn siehe, so der Dieb ins Haus will, da ist er vorher auf der Lauer und ist stille und meldet sich nicht — und da eben behorcht und belauscht er alles am sorgfältigsten und wartet den Augenblick ab, der zu seinem Unternehmen der günstigste sein möchte. Und so alles im Hause schläft, da bricht er ein und würget und holt sich seinen Raub.

4] Wohl da den Wachenden! Die werden den Herrn der Herrlichkeit sicher erkennen, ob Er wohl ein Dieb oder ob Er der wahre Herr sei! — Aber den Schlafenden — wehe! Denen wird der in der Nacht Kommende tun, was der Dieb tut, so er zur Nacht ins Haus bricht!

5] Diese wenigen Worte betrachte du, Mein Herzensfreund, wenn die stumme, tote Welt dich ärgert — und du wirst eine mächtige Stärkung finden! Denn du wirst daraus ersehen, daß der dir in manchen welttrüben Stunden fern zu sein Scheinende der Welt eben gerade da am nächsten ist, wo sie Ihn am fernsten wähnt! — Dieses diene dir wie eine Sonne in der Nacht! Amen.

☆

Erscheinungen der Seligen

Greifenburg, den 26. Januar 1846

Aus einem Brief an Andreas Hüttenbrenner.

1] ... Es ist für uns besser, solange wir noch im Leibe zu leben und zu wirken haben, wenn uns die Bürger des Himmels nicht oft erscheinen, weil sie sowohl unsere Freiheit beirren, als auch nicht selten uns dem Leibe nach krank und zum Dienste des Nächsten untüchtig machen und endlich auch aus unserem Glauben, daß wir ewig leben sollen, ein Erfahrungswissen machen, in dem nicht das Leben, sondern der Tod zu Hause ist. Denn es heißt in der Schrift: „Wann du von dem Baume der Erkenntnis essen wirst, dann wirst du sterben!"

2] Es wird demnach vom Herrn nur selten zugelassen, daß sich Selige auf die Erde ihren irdischen Freunden rückäußern können. Und wenn es schon dann und wann geschieht, so geschieht es nur eines erloschenen Glaubens halber, um dadurch demselben auf eine solche außerordentliche Weise aufzuhelfen. Und dann bekommen auch nur die Erwählten die Gesichte, weil ihnen die Gesichte nicht mehr schaden können; die anderen aber machen sich das viel Bessere des Glaubens zum fruchtbringenden Nutzen.

3] Ihr sie allezeit segnender und ewig liebender Freund

Jakob Lorber.

☆

Die leidige Zukunft

Am 9. Dezember 1846

Also fragte dein Freund und Bruder, was da wohl die Zukunft bringen werde? — Das ist freilich wohl eine sehr eitle Frage. Aber gleichwohl will Ich eine Antwort darauf geben. — Nun siehe, da ist sie schon:

2] Die Zeit ist und bleibt „Zeit", wie die Welt fortwährend „Welt" bleibt. Wer da bessere Zeiten und eine bessere Welt erwartet, der irrt sich sehr in seiner irdisch frommen Erwartung! Denn die Welt war allezeit arg und wird es auch sein bis ans Ende aller Zeit.

3] Daher kann auf der Welt für die Welt die Zeit nichts als nur Arges bringen! — Für den aber, der mit Mir ist und Ich mit Ihm, dem wird weder die Welt noch ihre lose Zeit etwas anhaben können — wie euch alle schon die tausendfache Erfahrung hinreichend belehrt hat.

4] Es ist mit der Welt nahe also wie mit der Hölle. In ihr finden nur ihre Eigenen die Hölle, nicht aber auch Meine Engel, die zumeist sich daselbst befinden, um die argen Geister zu bessern oder zu strafen.

5] Aus dem geht aber für den Geistesverständigen leicht hervor, daß der Gute auf der Welt allezeit nur Gutes, wie der Schlechte allezeit nur Schlechtes zu erwarten hat.

6] Wer auf Meinen Wegen wandelt, der wird mit seinen Füßen an keinen Stein stoßen; will aber jemand nur ein wenig die Wege der Welt prüfen, der wird sicher schon beim ersten Tritte auf einen tüchtigen Stein stoßen.

7] Was fragt ihr aber: „Werden wir Krieg bekommen? Werden die Polen aufstehen? Was wird Frankreich, was England machen? Was Oesterreich, was Preußen, was Rußland?" — Oh, das sind eitle Fragen!

8] Glaubet denn auch ihr noch an eine Vorbestimmung der Volksschicksale? — Sollte Ich etwa sagen und fest bestimmen, so und so wird es diesem oder jenem Volke ergehen!? — So Ich das täte, wäre da wohl Liebe in Mir und Geduld und Erbarmung? — Oder ist wohl Liebe im Richter, der da über einen Gesetzesübertreter den Stab bricht und dann zu ihm spricht: „Morgen mußt du sterben!"? Dasselbe wäre bei Mir ja um so mehr der allerliebloseste Fall, wenn Ich mit den sündigen Menschen der Welt also verfahren möchte, da

Mir, als der ewigen Allmacht, doch ewig nie eine sonderheitliche Macht trotzen kann.

9] Sehet, auf der Welt lasse Ich alles **frei walten**, was nur immer den Namen Mensch hat! — Warum? — Das wißt ihr ja schon lange.

10] Wäre es wohl recht von Mir, so Ich nun ganz fest bestimmen möchte: „Am 21. März 1847 wird ein überaus blutiger Krieg seinen Anfang nehmen und wird sich zehn Jahre dauernd über ganz Europa erstrecken!“? — So sich nun aber die Menschen im einen oder andern bessern würden, und Ich ließe dennoch diese Geißel über sie kommen — wäre Ich da wohl ein rechter Richter und ein Vater jedes Menschen?

11] O sehet, wie eitel doch eure Fragen sind! — Ich sehe wohl in euren Herzen eine Kriegslust, durch die ihr gerne anmaßende Herrscher gedemütigt sehen möchtet! Was aber würde wohl die Frucht davon sein? Der eine wird wohl gedemütigt, aber Tausende werden dafür in ihrem Sinnesrausche erbost und werden dann ein noch viel ärgeres Spiel mit der armen und schwachen Menschheit treiben als irgendein jetziger, sich zwar wohl mächtig dünkender Herrscher, der aber dennoch in gewissen Schranken sich zu halten bemüßigt ist, weil er anderen Mächten wie auch seinem Volke doch nicht völlig traut. Wird aber einer oder der andere seine Macht erproben, dann wird auch alle mißtrauische Furcht verbannt sein, und er wird dann mit eisernem Szepter seine unterjochten Völker beherrschen, was viel Jammer, Heulen und Zähneklappern mit sich bringen würde.

12] Wer **Licht** sucht und will, dem wird es; wer den **Frieden**, dem soll er werden! Der **Gute und Barmherzige** wird Güte und Barmherzigkeit finden, wie der **Böse** seinen unbarmherzigen Richter. — **Ihr** aber kümmert euch alles dessen gar nicht, sondern eure Frage sei nur: „Herr, Vater, bist Du bei uns?“ — Und Ich sage zu euch dann: „Ja, Meine Kinder!“ — Alsdann lasset nach Krakau Oesterreicher, Russen oder Chinesen einziehen, und es wird für euch ganz einerlei sein!

13] **Mag da geschehen, was da wolle, die Meinen werden allezeit sich unter Meinem allmächtigen Schutze befinden, sei es auf der Welt oder in der Hölle. Die Welt und ihre Schwester, die Hölle, aber wird stets das bleiben, was sie ist — bis zu ihrem Gerichte.**

14] Ich aber weiß gar wohl, warum Ich über ein oder das andere Volk dies oder jenes kommen lasse. Euch aber genüge es, zu wissen, daß da von Mir, dem Vater aller Menschen, keine bösen Gaben den Kindern, wie diese auch beschaffen sein mögen, gereicht werden, am wenigsten denen, die Mich suchen, erkennen und lieben. Amen! — Das zu eurer Belehrung und Danachachtung!

☆

Zur silbernen Hochzeit

Am 10. Dezember 1846

So schreibe ein kurz Wörtlein darob, daß dein und Mein Freund ein Fest in guter Weise feierte, das ihm und seiner Familie eine seltene Freude machte.

2] Ich habe zwar an keinerlei [äußerlichen] Festen, welche die Menschen auf Erden begehen, irgendeine Freude. Aber wenn Feste zu seltenen Malen begangen werden von solchen, die in Meinem Herzen gezeichnet sind, da freilich wohl bin auch Ich dabei, wie bei der Hochzeit zu Kana in Galiläa, und verwandle das Wasser der Welt in den belebenden Wein des Geistes!

3] Das habe Ich wohl auch bei unserem Freunde nicht unterlassen — und habe es dadurch sichtbar angezeigt, daß Ich dich[1] zu dieser Zeit in dies Haus brachte und war und bin mit dir sichtlich daselbst eingekehrt. Und wie du da Aufnahme fandest, also habe auch Ich solche, Mich sehr erfreuend, gefunden, nicht nur geistig, sondern sogar leiblich — was aber also, nach dem Evangelium, zu verstehen ist:

4] Wer Mich in seinem Glauben bekennt und tut nach Meinem Worte, der nimmt Mich geistig auf, und Ich bin im Geiste bei ihm. — Wer aber aus Liebe zu Mir einen Bruder aufnimmt in Meinem Namen, der nimmt Mich in dem Bruder leibhaftig auf.

5] Der aufgenommene Bruder ist dann nicht mehr der, der er dem Aeußern nach zu sein scheint. Sondern der aufgenommene Bruder bin dann leibhaftig Ich Selbst in der Fülle Meiner Liebe, Gnade und Erbarmung. — In der Liebe bin Ich's, weil dem Bruder Liebe erwiesen ward; in der Gnade bin Ich's, weil der Bruder mit offenem Herzen Aufnahme fand; und in der Erbarmung bin Ich's, weil da nicht nur ein, sondern mehrere Brüder, die es hungerte, eine barmherzige Aufnahme zur Sättigung ihres Leibes fanden.

[1] Jakob Lorber

6] Wenn da aber jemand meinen und sagen möchte: so der aufgenommene Bruder ein schwacher, sündiger und sterblicher Mensch ist, wie wohl reime sich da Meine leibhaftige Gegenwart zu so einem sündigen Bruder — da sage Ich: Wie reimte sie sich denn im Hause des Zachäus?

7] Sie reimte sich dadurch, daß der Arzt allezeit nur um die Kranken und nicht um die Gesunden, die Seiner nicht bedürfen, sich aufhält und mit ihnen zu tun hat.

8] Wie aber könnte ein Sünder Mein Knecht sein, so Ich nicht bei ihm und in ihm wäre? — So Ich aber nur Gesunde, also Nichtsünder, Mir zu Knechten erwählete, fraget euch: wo auf der Erde fände Ich diese wohl?!

9] Daher sehet dem Bruder nicht die Sünde an, sondern das, was ihm not tut, so werdet ihr in jedem sündigen Bruder ein „Haus des Zachäus" treffen, in das Ich einziehe und wo Ich Mittag halte an des Sünders Tische.

10] Und siehe nun, du A. H.-W., so habe Ich dir bei deinem Hochzeitsfeste die Gnade erwiesen, daß Ich dir den Bruder aus der Ferne wieder zuführte und Selbst mit ihm leibhaftig in dein Haus kam!

11] Aber nicht nur in diesem einen Bruder kam und komme Ich, sondern auch durch jeden Armen, der die Flur deines Hauses betritt — und zwar nach dem Grade deiner Erbarmung!

12] Dennoch aber hat dieser Bruder das voraus, daß er aus Mir allezeit das Wort hat, das da lebendig machet das Herz und den Geist. Wie aber er gibt, also gebe es Ich. Und wer ihm etwas gibt, der gibt es unmittelbar Mir Selbst.

13] Ist auch sündhaft sein Fleisch, wie es da ist alles Fleisch, so ist aber dennoch Mir geheiliget sein Geist, vor dem alle Schätze der Himmel erschlossen sind zur Kundgabe an die, welche darnach trachten in ihren Herzen.

14] Aus dem aber wirst du, A. H.-W., wohl ersehen, wie Ich in dem Bruder leibhaftig bei deiner Hochzeit zugegen war. — Gleichwie du aber dem Bruder geblieben bist ein Bruder im Werke und zogest ihn wieder an deinen Tisch, so auch bin und bleibe Ich der Alte bei dir heute wie allezeit und werde dein guter Gast sein an jedem Tage, bis du einst der Meinige wirst ewig mit deinem ganzen Hause. Denn

Ich will dein Haus nicht [von dir] trennen — ob deiner Liebe zu Mir, so du in selber verharrest zunehmend bis ans Ende der Zeit.

15] Das aber sei das Wahrzeichen deiner sogenannten „silbernen Hochzeit", daß du in der Liebe wachsest und zunehmest an Demut und Geduld! — Denn siehe, das sind Meine Grundeigenschaften selbst im höchsten Vollmaße ewig!

16] Wann du nun an deine sogenannte „silberne Hochzeit" denkest, so erinnere dich dessen allezeit in deinem Herzen kräftig, so wirst du vor Mir allezeit ein würdiges Nachfest begehen und Mein Segen wird bei dir sein und bleiben ewig! Amen. — Solches also zu deinem werktätigen Gedächtnisse!

Sprüche des Herrn

Am 16. Dezember 1846

Einige Sprüche des Herrn, die in den gewöhnlichen vier Evangelien nicht vorkommen, aber dennoch vom Herrn sehr oft gebraucht wurden:

1] Geben ist seliger als Nehmen.

2] Laßt uns allem verkehrten Wesen feind sein und dagegen streiten!

3] Es müssen die, die mit Mir bekanntzuwerden und an Meinem Reiche teilzunehmen verlangen, unter Bedrängnissen und Leiden Mich annehmen.

4] So Ich euch auch schon als Tischgenossen und Busenfreunde um Mich versammelt sähe und ihr wolltet Meine Vorschriften nicht beachten, dann würde Ich euch dennoch fortgehen heißen. — „Weg von Mir!" würde Ich sagen, „Ihr geht Mich nichts an, ihr Lasterhaften!"

5] Der Herr sagte einmal zu Petrus: „Ihr werdet sein wie Schafe unter den Wölfen!" — Darauf antwortete Petrus: „Wie nun, wenn die Wölfe die Schafe zerreißen!?" — Darauf gab ihm der Herr zur Antwort: „So haben doch die Schafe dann, wenn sie tot sind, weiter nichts von den Wölfen zu befürchten. Und so dürfet auch ihr diejenigen nicht fürchten, die euch töten, weil sie euch weiter nichts Böses mehr zufügen können. — Ihr aber fürchtet vielmehr den, der nicht nur den Leib töten, sondern auch die Seele zur Hölle verstoßen kann!"

6] Behaltet den Leib rein und das Siegel (der Taufe oder des Geistes) unversehrt, damit ihr das ewige Leben davontraget!

7] Werdet geschickte Wechsler und treibet Wucher mit Meinen Talenten!

8] Worüber Ich euch einst antreffen werde, darüber werde Ich euch richten.

9] Bittet um das Große, so wird euch das Kleine als Zugabe geschenkt werden! — Oder: Bittet um das Himmlische, so wird euch auch das Irdische hinzugegeben werden!

10] Um der Schwachen willen bin Ich schwach, um der Hungrigen willen hungrig und um der Durstigen willen durstig.

11] Wer es genug zu schätzen weiß, der wird im Reiche Gottes eine wichtige Stelle bekommen. Und wer diese wohl verwaltet, wird die wahre Ruhe finden.

12] Niemals habt ihr Ursache fröhlicher zu sein, als wenn ihr euren Bruder liebreich handeln sehet. (Dies hat der Herr sehr oft zu Seinen Jüngern gesagt).

13] Da den Herrn jemand fragte, wann das Reich Gottes kommen werde, gab Er zur Antwort: „Wann einst die Zwei, das Aeußere und das Innere, eins sein werden!"

14] Salome fragte in ihrer Einfalt einst den Herrn: „Wie lange wohl werden die Menschen auf der Erde noch sterben müssen?" — Der Herr sagte: „Solange die Menschen in die Welt geboren werden!" — Da nun die Salome sich zum Verdienste anrechnete, nie ein Kind in die Welt geboren zu haben, erwiderte ihr der Herr weiter: „Es heißt aber im Sprichworte: »Iß, was für Kräuter du gerne willst, aber die bitteren laß' liegen!«"

15] Einmal sagte der Herr: „Ich bin gekommen, die Werke des Weibes zu zerstören." — Um die Bedeutung dieser Worte befragt, erklärte Er: „Des Weibes Werke sind die sinnlichen Begierden. Und alles, was sie erzeugen, deren Wirkungen: das [fleischliche] Werden und das Sterben — werde Ich einst aufheben."

16] Wehe denen, die sich geben lassen, als ob sie es selbst nicht hätten; oder, so sie aus Eigenem leben könnten, dennoch von andern lieber nehmen wollen! — Aber noch mehr wehe denen, die viel haben und doch nicht geben wollen denen, die nicht haben!

17] Einmal sprach der Herr zu den Jüngern: „Gleichwie des Menschen Sohn nicht gekommen ist für viele, sondern nur für jene, die Sein Wort hören und darnach leben — also sende Ich euch auch nicht zu vielen, sondern nur zu jenen, die euch annehmen und anhören werden."

18] Wer da strebet nach dem Höheren, der wird das Niedrige erhalten. Wer aber nach dem Niederen strebet, dem wird das Höhere zuteil werden.

19] So ihr zu dem Geringen keine Sorge traget, wer wird euch dann das Größere anvertrauen?!

20] Schließlich hat der Herr zu den Jüngern gesagt: „Bleibet bei zwölf Jahre um Jerusalem! So sich nun jemand von den Israeliten bekehren will, und zwar dadurch, daß er Mich annimmt und also an Gott glaubt, dem werden die Sünden verziehen sein. — Nach zwölf Jahren aber gehet mit dieser Einladung zu allen anderen Nationen über, damit dereinst niemand sagen könne, er habe nichts davon gehört!"

21] Einst hatte jemand vor dem Herrn eine sehr vernünftige Rede gehalten. — Als der Redner damit zu Ende war, sagte der Herr: „Schon lange hätte Ich so etwas hören mögen, und noch nie ist es Mir zu lieb also geworden!"

Meteor im Preußenlande

Am 20. Dezember 1846

Du möchtest wissen, was dieses dreifache Zeichen[1] wohl bedeute, das da zu sehen war zuerst in der Gestalt eines Schwertes, dann eines Winkels und endlich eines Kreises, in welcher Gestalt es dann erlosch. — Siehe, dies Zeichen am Himmel ist wirklich ein sehr vielsagendes. Aber es versteht dasselbe bisher niemand in dem Lande, da es zum Vorscheine kam. Sie werden es jedoch in drei bald darauf folgenden Zeiträumen kennenlernen.

2] Du wirst unter Schwert wohl Krieg nehmen? — Ja, Krieg — aber was für einen?! — Unter dem Winkel wirst du eine politische, gelehrte, wohlgemessene Oppugnation[2] meinen? — Ja, eine solche — aber was für eine?! — Und unter dem Kreise wirst du eine Absonderung und Sicheinschließung von allen Seiten meinen? — Ja, eine Absonderung und Abschließung von allen Seiten — aber was für eine?

[1] Am 23. November 1846, nachts um 1 Uhr, hat man in Berlin ein ausgezeichnet schönes Meteor am Himmel beobachtet. Der Himmel war rein und sternenhell. Und das Meteor, in der Gestalt eines feurigen Schwertes, blieb acht Minuten lang fast unbeweglich stehen, zog sich in einen Winkel und zuletzt in einen Kreis zusammen und verschwand. (‚Stiria' Nr. 152, 4. Jahrg., 19. Dezember 1846). — [2] Bestürmung, Bekämpfung.

3] Ich sage dir: Da wird sein alles wie Kraut und Rüben untereinander: Krieg mit Federn, Krieg mit leeren Taschen, Krieg mit Dieben und Räubern, deren es schon jetzt bloß in B. bei fünfundzwanzigtausend gibt, die lediglich vom Schimpfen, Stehlen, Betrügen, Einbrechen und Rauben leben. Das ist ein Segen des Kommunismus! Dann wirklich Krieg mit dem Schwerte, Krieg mit der Not, Krieg mit der Unzucht, Krieg mit dem Teufel, Krieg mit sich selbst, Krieg mit der Sittlichkeit, Krieg mit der Menschheit, Krieg mit der Religion, Krieg mit der Weltweisheit und sogar Krieg mit dem Tode!

4] Wenn dann dieser wahre Vielkrieg wird ausgefochten sein, dann wird man das Winkelmaß nehmen und wird alles kritisch und mathematisch ausmessen, was ein jeder Mensch haben, essen und wissen darf, was er reden und was er schreiben darf. — Das ist das Winkelmaß, das da allzeit drei Viertel des Kreises ausläßt. — Das wird die gelehrte Proposition sein, welche aber bald eine ganz gemeine Oppugnation finden wird!

5] Endlich wird man einen Kreis ziehen und wird sich sondern und wird sich allein als das Vollkommenste betrachten. — Das wird der Kreis sein!

6] Ich aber werde Mir dann ganz heimlich die Freiheit nehmen und werde solchem närrischen Kreise ein Ende machen — Wie? — das weiß Ich wohl! — Das wird dann sein ein Ende eines überaus dummen Liedes dieses Geschlechtes.

7] Siehst du aber nicht, wie der nordische Eisbär[1] sich am Eise die Zähne spitzig schleift? — Das Seehundefleisch will ihm nicht mehr munden. Ihn lüstet lange schon nach den Rindern und Schafen des Südens. — Bald wird er aus den Quetschzähnen seines Hintergebisses lauter Reißzähne geschliffen haben. Dann wehe den fetten Rindern und den feisten Schafen des Südens! Ich sage dir, ihr Fett wird sehr gerinnen an den Eisküsten Sibiriens!

8] Siehe, das ist einer, der keine Furcht hat vor den Gänsekielen und verabscheut diese Waffe. Aber sehr viel Gold und Silber, sehr viel Reiter und sehr viel Flinten und Kanonen sind seine Sache! — Wehe, wenn er sein Lager verlassen wird! Ich sage dir, er wird siegen durch Macht und tyrannische Großmut! — und das bald, recht bald, sehr bald, wenn sich die Rinder und Schafe des Südens nicht bald in Löwen umgestalten werden, d. h. in Löwen der Weisheit und in Löwen der wahren inneren Kraft.

[1] Rußland; d. Hsg.

9] Da hast du nun dein Meteor! — Nur denke dabei nicht, daß das alles darum schon also geschehen muß, weil Ich es dir also vorgesagt habe. Sondern es kann also geschehen, wenn sich diese Menschen nicht ändern, sondern in ihrer großen Torheit beharren! — Und dazu sage Ich dann erst das unerbittliche und unabänderliche Amen.

☆

Das Sonnenweib

Am 21. Dezember 1846

Erklärung zu Offbg. Joh., Kap. 12, Vers 1, 2, 5: Und es erschien ein großes Zeichen am Himmel: ein Weib, bekleidet mit der Sonne, der Mond unter ihren Füßen, und auf ihrem Haupte eine Krone von zwölf Sternen. Und sie ward schwanger, schrie in Kindsnöten und hatte Pein und Wehen der Geburt. — Und sie gebar ein Kind, einen Sohn, welcher alle Völkerschaften regieren würde mit eisernem Szepter. Und ihr Kind ward entrückt hin zu Gott und zu dessen Thron.

Aber Freunde, so etwas Klares und Leichtes nicht zu verstehen, was euch alle doch so nahe angeht und nun schon so klar vor euren Augen ausgebreitet liegt! Wo habt ihr denn euren Geist, wo euren Sinn? Wohin ist der wohl gerichtet?!

2] Wenn jemand in der Nacht fragt: „Wo steht nun etwa die Sonne?", da mag so etwas wohl angehen. Aber höret, am Tage sich nach dem Stande der Sonne zu erkundigen, heißt das nicht blind sein oder sich wenigstens geflissentlich die Augen zuhalten und mit dem Stande der Sonne die sogenannte „blinde Maus" spielen!?

3] Was wohl ist das „Weib", das am Himmel mit der Sonne bekleidet erscheint? — Das „Weib" ist das edle Bild eines Menschen ohne Zeugungskraft, wohl aber fähig und empfänglich für die Zeugung. Alsonach ist dieses Weib ein vollkommenes Ebenmaß des Menschen, somit kein Zerrbild, kein Unmaß des Menschen.

4] Ebenso ist auch Meine Lehre, die doch sicher in dem vollkommensten Himmel erscheint, weil sie in Mir und aus Mir hervorgeht, gleich dem Weibe ein vollkommenstes Ebenmaß dem geistigen Menschen, für sich zwar nicht zeugungsfähig, aber der Mensch wird durch sie aufnahmefähig für alles Liebegute, was da ist die reine, himmlische Gottliebe als das ewige Geistleben aus Mir. — Das Geistleben der Gottliebe aber ist das „Kind", mit dem Meine Lehre befruchtet wird im Herzen des Menschen.

5] Es ist hier freilich nur von Meiner reinen Lehre die Rede wie von einem vollkommenen himmlischen Weibe — also von keiner Irrlehre und von keinem Affenweibe. Daß dieses vollkommene Weib oder Meine reine Lehre sicher mit der „Sonne“ oder mit Meinem Lichte alles Lichtes „umkleidet“ ist, weil sie aus Mir Selbst kommt, das wird ja etwa doch ganz natürlich sein!

6] Weil aber eben dieses vollkommene himmlische Weib oder Meine reine Lehre nur zur Aufnahme der himmlischen Liebe aus Mir fähig ist, so tritt sie den „Mond“, als das unbeständige Symbol der Selbst- oder Weltliebe, mit den Füßen als eine ihrem rein himmlischen Wesen ganz entgegengesetzte Polarität — um mit euch ein bißchen gelehrt zu sprechen.

7] Und so ist sie auch geziert mit „zwölf Sternen“ oder mit den zehn Geboten Mosis und zuoberst mit den zwei Geboten der [Gottes- und Nächsten-]Liebe — aber nicht etwa mit den zwölf Aposteln und ebenso auch nicht mit den zwölf Stämmen Israels, sondern wie gesagt, geziert mit allen den zwölf Gesetzen des ewigen Lebens.

8] Das „Weib“ oder die tätige Lehre aus Mir im Menschen aber wird und ist schon „schwanger“. — Womit? — Habt ihr nie etwas von der Wiedergeburt gehört!? Heißt es da nicht: „Wer da nicht wiedergeboren wird aus dem Geiste, der kann in das Reich Gottes nicht eingehen!“?

9] Sehet, das „Kind“, womit das Weib schwanger ist, ist die reine Gottliebe, welche aber durch die mannigfache Selbstverleugnung dem äußern Menschen sehr wehe macht, bis diese himmlische Liebe im Geiste des Menschen durch sie [die Lehre] reif wird zur herrlichen Wiedergeburt zum ewigen Leben.

10] Das Kind aber ist ein „Knabe!“ — Warum denn kein Mädchen, also ein Weib in der Entstehung? — Weil in dieser Liebe, wie im Manne und nicht im Weibe, die schöpferische Zeugungskraft liegt und liegen muß.

11] Dieses Kind oder die aus Meiner Lehre geborene Gottliebe im Geiste des Menschen wird dann mit „eisernem Szepter“ oder mit der unbeugsamsten Gotteskraft „alle Völkerschaften“ oder alle Forderungen und sinnlichen Leidenschaften der Welt bändigen — und wird dadurch, als Leben aus Mir, den Geist des Menschen und alle seine Neigungen zu Mir hin „entrücken“ und wird seine Wonne schöpfen an Meinem „Throne", der da ist die wahre Weisheit aus Mir ewig!

12] Seht, das ist der überaus leicht faßliche Sinn dieser Verse! — Also muß aber alles in diesem allein wahren Lichte betrachtet und begriffen werden, sonst ist es ein Zwielicht, das da mit der Zeit jeden Leiter (Führer) in die finsteren Sümpfe und Moräste irreleitet.

13] Solches also sehr wohl gemerkt und verstanden! Amen.

☆

Haussegen

Am 1. Januar 1847

Ja, ja, schreibe nur einen kleinen Haussegen den Brüdern und Schwestern, die Mich suchten und noch emsig suchen, Mich liebten und noch lieben in Mir Meine armen Brüder und Schwestern!

2] Das ist aber Mein besonderer Wunsch für euch alle, die ihr Mein waret und es noch seid, so ihr es sein wollet — daß ihr alle eine besondere Freude habt an Meinen armen Brüdern und Schwestern und gerne teilet euren Vorrat mit ihnen. Und je zerlumpter und ärmer sie sind, desto teurer sollen sie euch sein, da diese Mir viel näher stehen als jene, die da als weniger arme und dürftige genannt zu werden das Recht haben.

3] Fraget den Armen, bevor ihr ihm etwas gebet, aber ja nicht: „Wie bist du in dieses Elend gekommen? Warum hast du zu rechter Zeit nicht gearbeitet und gespart?!" Oder: „Warum hast du, da deine Vermögensumstände sich schon anfangs so kärglich zeigten, dir noch dazu ein Weib genommen und hast zum größten Nachteile für deine Existenz mit demselben noch Kinder gezeugt?" und dergleichen lieblose Fragen noch mehr.

4] Wahrlich, wahrlich, wer solches tut, der ist es, der da von Meiner Haushaltung Rechnung verlangt! Wer aber von Mir Rechnung verlangt und Mich in Meinen Armen richten will, von dem werde auch Ich, als der ewig allmächtige Gott und Herr alles Lebens und Todes, zu seiner Zeit eine Rechnung verlangen, in der auch der vollkommenste Engel auf tausend nicht eins zu erwidern wüßte, geschweige erst so ein elender Welt-Richter, der die Armen erforschen und richten will, bevor er ihnen etwas gereicht hat.

5] Solange ihr noch Arme habt, so lange habt ihr auch Mich und Meinen Segen. So euch aber diese einmal verlassen werden, dann soll die Pest der Hölle über euch hereinbrechen und euch verderben auf ewig! — Heißt es denn nicht in der Schrift: „Verkaufe alle deine großen Güter und teile sie alle unter die Armen und folge dann Mir nach, so wirst du einen großen Schatz im Himmel finden!"?

6] Ihr möget wohl sparen für eure Kinder, und doch habe Ich solches nie geboten — wie tut ihr denn dann das so schwer, was doch Mein ausdrücklicher Wille ist!?

7] Ich will euch damit aber nicht schelten, als wäret ihr solche Karge, die da solches Fluches wert seien — sondern den rechten Weg nur will Ich euch damit zeigen, auf daß ihr zu aller Zeit erkennen sollet, wie ihr euch in den armen Brüdern und Schwestern Mir wohlgefällig erweisen sollet und sollet nicht tun gleich der Welt, die Mein Gericht hat und den ewigen Tod in allem, was sie tut!

8] Wohl den Barmherzigen — sie sollen auch bei Mir Barmherzigkeit finden und sollen vom ewigen Tode womöglich noch gerettet werden!

9] Dies gute Wörtlein sei euch allen ein guter „Haussegen"! — So ihr es gerne beachtet, da werde auch Ich euer achten zu jeder Zeit und Meine Gnade wird euer sein ewig! Werdet ihr es aber klein achten, so werde auch Ich euer klein achten und werde mit Meiner Gnade Mich ebenso zu euch verhalten, wie ihr euch verhaltet zu den Armen, bei denen Ich auf Erden wohne körperlich!

10] Wer Mich sonach suchen will und finden, der suche Mich unter den Armen! — Das sage Ich, euer Gott, Herr und Vater für ewig! Amen.

Von der Cholera

Am 10. Januar 1847

Auf die Anfrage: ob die kürzlich am kaspischen Meere erschienene Cholera nach Oesterreich wandern werde und ob das von der Somnambule A. H. im Jahre 1830 im magnetischen Schlafe angegebene Heilmittel gegen diese Seuche von guter Wirkung sei, gab der Herr kund:

Diese Krankheit wird in der Zeit, in der ein Mensch mäßigen Schrittes den Weg vom kaspischen Meere bis nach Wien, Prag und andern Städten dieses Reiches zurücklegen würde, so er Tag und Nacht ginge, im Staate Oesterreich erscheinen und wird hauptsächlich Wien, Prag, Lemberg, Ollmütz und andere Städte mehr oder minder mächtig heimsuchen. Ihre Opfer wird sie diesmal hauptsächlich in den Großen und Reichen und besonders in deren Kindern nehmen. Auch das Militär wird leiden und die Priesterschaft. Wehe den Unzüchtlern und Schwelgern!

2] Auch eure Stadt (Graz) wird diesmal nicht mit ganz heiler Haut durchkommen, denn es gibt auch hier schon sehr viele Arme darum, weil die Reichen denselben auf indirektem Wege alles entziehen, ihren ohnehin schon sehr reichen Kindern noch größere Reichtümer bereiten und den Armen nichts oder nur höchst wenig davon geben wollen. Diesen sollen ihre Erben genommen werden, damit die Armen sie beerben können. Ich aber werde den Reichen diesmal schon auf eine solche Art zuheizen, daß sie sicher weich und zum Kreuze kriechen werden.

3] Wohl wird anfangs der Arme ergriffen werden, auf daß der Reiche mitleidig werde. Wird er das, so soll diese Strafe gemildert werden. Wird er das aber nicht, da soll das „Schwammweib" (Cholera) mit tausend Sensen unter ihnen schonungslos zu wüten anfangen — tausend Schober soll es an einem Tage schneiden!

4] Siehe, um die Armut zu verringern und den Reichtum der Reichen zu schützen, will man die Ehen der Armen beschränken, und das mächtig beschränken. O das ist die verfluchteste Ausgeburt der Hölle, ein Werk des Satans! Siehe, das ist der Grund aller Pest!

5] Durch die Vorenthaltung der Ehe und der gerechten und geordneten Zeugung der Kinder, wo der Trieb da ist, wie auch durch die gewaltige Ausrottung der (wilden) Tiere aller Art sowie der Wälder wird die erlösende Aufnahme der Erdurgeister in die höheren Leitungs- und Läuterungsstufen gehindert. Wenn diese Naturgeister, die sich zuerst im Schimmel und in den (Pilzen oder) Schwämmen zu regenerieren anfangen, durch diese Stufe aufgestiegen sind und die nächste Stufe zu geringe finden, so daß sie nicht völlig aufgenommen werden können, dann vereinen sie sich in ein nahezu menschlich aussehendes Wesen, wandern sodann auf der Erde herum und ergreifen die Menschen und auch Tiere und Pflanzen in der Absicht, um in ihnen zu gradieren.[1] Allein da diese Geister noch zu unreif sind, so bringen sie allem den Tod, was sie einmal ergriffen haben.

6] Menschen sind ihnen am liebsten, weil sie da auf dem kürzesten Wege ihre völlige Freiwerdung zu erreichen wähnen, was aber wohl

[1] fortzureifen.

freilich für ihre noch höchst materielle Intelligenz ein Irrwahn ist. Weil aber die Menschen selbst (durch den Egoismus) zu dieser Erscheinung die Ursache sind, so lasse Ich es eben auch zu, daß sie für solchen Frevel auf das allerempfindlichste gezüchtigt werden, und das geistig und leiblich.

7] Sehet, das ist der verruchte Grund aller Pest, die darum vorzüglich im Oriente zu Hause ist, weil dort die ordentliche Zeugung der Menschen auf tyrannisch gewaltsame Weise manchmal sogar durch Verstümmelung unterdrückt wird.

8] Wird aber nun auch im noch etwas besseren Europa, der Industrie einiger Reichen wegen, dieser Erlösungsakt für das ganze (Natur-) Geisterreich der Erde ebenfalls unterdrückt, so sollen darum auch die verheerendsten Folgen zum Vorscheine kommen — woraus die Uebriggebliebenen erkennen sollen, daß Ich die Erde nicht der Industrie, nicht der Eisenbahnen und am wenigsten der Reichen wegen erschaffen habe, sondern lediglich zur Erlösung der in ihr gebannten Urgeister!

9] Das verstehet ja wohl: Mein Zweck ist ein anderer mit der Erde, als ihn da die gegenwärtige, vom Satan ganz in Beschlag genommene Welt erkennt!

10] Die Erdäpfelkrankheit war schon ein Vorläufer! Wie es aber bis jetzt dieser Frucht erging durch Meine Gnade für die Menschen, um diese zu schonen — so wird es bald den Menschen selbst ergehen, so sie sich nicht bessern und ihre Gesinnungen gegen die Armen nicht ändern werden.

11] Das angegebene Rezept des N. N. durch dessen Schwester A. H. ist gut. Dennoch aber werde Ich dir zu seiner Zeit ein noch besseres und wirksameres geben.[1]

12] Die angezeigten Städte dieses Reiches haben das Eheverminderungssystem schon völlig entwickelt, daher sollen sie auch dafür gehörig belohnt werden. Es wird aber diesmal ganz Europa, besonders in den großen Industriestädten, ganz gewaltig gezüchtigt werden.

13] Doch das Ganze kann durch Gebet und gute Werke an den Armen sehr gemildert werden, besonders wo die Ehen nicht gar zu arg und planmäßig unterdrückt werden. — Dies zu eurer tieferen Belehrung und Darnachachtung! — Amen.

☆

[1] Siehe die Lorberschrift „Die Heilkraft des Sonnenlichts".

Vom Schwefeläther und dessen Wirkung

Am 28. Februar 1847

Der sogenannte Schwefeläther ist eigentlich nichts anderes als ein reinster Wein- oder auch Obstweingeist, und es ist vom Schwefel kein Atom dabei. Denn was bei der Bereitung die kochende Schwefelsäure von ihrem Gehalte in Dämpfen aufsteigen läßt, das vereinigt sich mit den gleichzeitig aufsteigenden Wasserdämpfen, die in dem noch unreinen Wein- oder Obstweingeist enthalten sind, und fällt als eine schwere, tropfbare, sauere Flüssigkeit wieder in die kochende Schwefelsäure zurück.

2] Der reine Wein- oder Obstäther geht aber dann frei als eine höchst zarte und reine Flüssigkeit in die Vorlage über. Diese Flüssigkeit ist dann eben der sogenannte Schwefeläther.

3] Jeder Aether, als eine spirituelle spezifische Flüssigkeit, wirkt auf den Nervengeist betäubend. So auch der Wein, das Bier, der Obstmost und dergleichen noch eine Menge, weil in derlei Flüssigkeiten die seelischen Spezifika schon freier und ungebundener sind als im Wasser und in anderen ungegorenen Flüssigkeiten. Aber natürlich in dem reinen Aether sind die seelischen Spezifika schon nahe ganz frei und können nur in einem festverschlossenen Gefäße festgehalten werden. Wird ein solcher Aether dann durch das Einatmen in eine innere Verbindung gebracht mit dem leiblichen Organismus, in dem der Nervengeist waltet, so wird er gierigst von dem ihm verwandten Nervengeiste aufgefangen und zur Sättigung der inneren Nervenkammern verwendet.

4] Wenn aber diese Kammern auf eine plötzliche, unvorbereitete Weise gesättigt worden sind, da werden sie eben durch solche Sättigung aufgebläht gleich einer Blase und sind in solchem aufgeblähtem Zustande keiner Reaktion, weder durch äußere Verletzungen, noch durch innere Ergreifungen von Seite des Nervengeistes, fähig.

5] Da aber dadurch auch der Nervengeist seinerseits für den Leib untätig wird, weil er sich ob der momentanen Uebersättigung der Nervenkammern außer Verband mit demselben gestellt hat — so wird die Seele frei, da sie der Nervengeist in solcher Uebersättigungszeit der Nervenkammern nicht an dieselben bindet. Wenn aber aus diesem Grunde dann die Seele frei wird, so befindet sie sich in der kurzen Zeit solcher Betäubung der Nerven in jener Sphäre der Geisterwelt, die dem Zustande entspricht, in welchem das (betreffende) menschliche Herz oder Gemüt sich befindet.

6] Ist dieser Zustand ein guter, so wird die Seele sich auch in paradiesischen Gefilden voll Seligkeit befinden. Ist aber der Gemütszustand ein schlechter, so wird die Seele sich für den Zeitpunkt der sogenannten Narkose (Betäubung, Erstarrung) in dem ihrem Gemüte entsprechenden schlechten Zustande befinden.

7] Da hier aber Seele und Nervengeist sich wie beim natürlichen Schlafe noch im Vollverbande befinden und die Seele die Formen ihrer Anschauung in den mit ihr noch verbundenen Nervengeist überträgt, so kann sie sich dessen, was sie in der Geisterwelt sah, noch recht wohl erinnern, während sie von dem Leibe — was unterdessen mit ihm vorgegangen ist — nichts weiß.

8] Aus einem rein somnambulen Zustande aber wie auch aus einem tieferen natürlichen Traumleben bringt die Seele darum keine Rückerinnerung in den natürlichen Zustand zurück, weil sie da gewöhnlich außer Verband mit dem Nervengeiste tritt. Denn dieser bleibt [in solchem Falle] im Verbande mit den Nerven, welche, weil sie sonst keine Sättigung haben und gewöhnlich schwach sind, ohne den Nervengeist alsbald sterben und sich auflösen würden, was natürlich dann auch des Leibes vollkommener Tod wäre.

9] Bei der Aether-Narkose aber ist eben der Aether das Substitut des Nervengeistes, wie beim natürlichen Traumleben der Magenäther aus den Speisen. Da kann der Nervengeist sich schon frei machen und völlig allein der Seele zu Diensten stehen — woraus denn auch die Rückerinnerung der Seele von dem, was sie in der Geisterwelt schaute.

10] Darin aber liegt sehr leicht begreiflich der Unterschied zwischen diesem Aetherbetäubungszustande und dem sogenannten magnetischen Schlafe, in welchem die Seele ihren Leib beschauen kann, weil der Nervengeist noch mit demselben verbunden ist (was aber bei der Narkose, wie gesagt, nicht der Fall sein kann, weil da beide außer Verband mit dem Leibe sind).

11] Die nachträglichen Wirkungen, welche der Narkose mit der Zeit hie und da bei einem oder dem andern Menschen folgen, sind denen gleich, welche jedermann bei den in Kerkern Gefangenen leicht entdecken kann. Diese wünschen nichts sehnlicher als die Freiheit; und wenn es einem einmal gelungen ist, aus einem Kerker durch irgendein Loch zu entfliehen, und er wird aber wieder eingebracht, so wird er darauf noch einen desto größeren Wunsch in sich hegen, sobald wie nur immer möglich wieder aus dem Kerker zu entfliehen.

12] Dasselbe Bedürfnis wird auch der Seele durch die Aethernarkose eingepflanzt. Daher wird bei Menschen sich in gewissen Perioden diese Seelenentwischungslust unter manchen konvulsivischen Zuständen wiederholen, und das besonders bei Nervenstarken, obschon davon gerade auch nicht alle Nervenschwachen ausgenommen sind. Gegen dieses Uebel kann dann der Somnambulismus und besser noch eine vollgläubige Handauflegung mit Gebet und Fasten als heilendes Gegenmittel angewandt werden.

13] Dies sonach zu eurer beruhigenden, gründlichen Wissenschaft über die natürlich-gute Sache des sogenannten Schwefeläthers.

14] Wo Ich dabei bin, da schadet auch das Gift der Hölle nicht, geschweige dieser Aether, der natürlich-gut ist und im gerechten Gebrauche gut sei! — Amen.

☆

Das Mädchen aus den Sternen

Am 7. März 1847

Ja, ja, schreibe nur! Ich will schon was Rechtes und Gutes sagen. Aber da werden wir uns schon so recht zusammennehmen müssen! Denn dieses Mädchen ist sehr empfindlich und braust gleich auf, wenn man ihm nicht so etwas recht Artiges und Schönes sagt und auf gut deutsch. Sie hat nun schon recht viele Klassiker gelesen und kennt die dritte Endung sehr von der vierten auseinander und hat mehr Wohlgefallen an der halbvergangenen als an der völlig vergangenen Zeit, und die verbindende Art klingt ihr besser als die anzeigende. Auch liebt sie erhabene Stellen, besonders wenn sie etwas dunkel und unverständlich sind oder witzig.

2] Auf diese Stücke müssen wir daher sehr acht haben, so wir ihr mit diesem Wörtlein irgendeinen Gefallen erweisen wollen. — Also nur zugeschrieben, aber gescheit, erhaben und dabei doch etwas pikant und witzig! Sonst werden wir ihr, besonders ob dieser etwas nötigen Vorbemerkungen, eben nicht am besten gefallen. — Und somit zur Sache!

3] Ein Mädchen auf Erden einst lebte geschmückt im Herzen, so wie da geschmückt ist des Orion strahlender Gürtel. Es seufzte in Nächten und weinte im Schlafe. Am Tage allein nur sah oft man es lachen und scherzen mit allen den Sternen der Himmel, die es allein am Tage nur konnte erschauen. Zur Nachtzeit der heiterste Himmel kein Sternchen ihm bot, und der Schlaf ohne Träume die nächtlichen Stunden durchschlich.

4] O da mußte zum Zauber ihm werden ein jeglicher Tag! Denn er gab ihm ja alles, dem seltenen Mädchen, was sonst nur die Nacht, diese nährende Mutter der Erde, den Träumenden gibt. — O nun rate, du liebliches Töchterchen, die du entstammest dem Schoße der Sterne, da keine Nacht drückt die bestaubten Gefilde der leuchtenden Welten, **wer** wohl dieses seltene Mädchen doch ist?

5] Sieh, wohl weiß Ich, daß du Mir die Frage nicht leichtlich beantworten wirst. Aber dennoch mußte Ich diese Frage hier geben, um dir damit klärlichst zu zeigen den Mantel der Weisheit und wie er nur schwer ist zu lichten im Herzen, in das manche irdische Pflanzen die Wurzel getrieben schon haben.

6] Doch sollst du dies seltene Mädchen wohl kennen, denn es ist dir näher, als du es hier glauben wohl möchtest. Darum will Ich Selbst auf die Frage die Antwort dir geben. Und so denn Mich höre, du liebliche Tochter der Sterne! — Das seltene Mädchen ist **göttliche Liebe** im menschlichen Herzen, ist **Geist**, das ganz eigentlich **ewiglebendige Wesen aus Mir.**

7] Dieser **lebte** einst völlig im Menschen und webte im Herzen den leuchtenden Faden ins ewige Leben. Das war für dies seltene Mädchen ein herrlicher Tag! — Aber nun ist die Nacht ihm geworden, und siehe, es seufzet gewaltig; gar bald wird ein finsterer Schlaf seine Augen beschleichen, und da wird es weinen, das seltene Mädchen, im finsteren Schlafe des Lebens!

8] Darum, o Mein liebes Töchterchen, trachte dies seltene Mädchen in deinem gebildeten Herzen stets mehr und stets mehr zu beleben! Dann wirst du am ewig stets heitersten Tage im Herzen stets lachen und fröhlich sein über die Maßen.

9] Das wünscht dir dein Vater, dein heiliger Vater, zum ewigen Tage der neuen Geburt aus dem Geiste der Liebe und Wahrheit, in Ewigkeit! Amen.

☆

Mahnung zur Liebe und Geduld

Am 14. März 1847

Liebe Freunde, Brüder und Kinder! Ich, der Herr, euer Gott, Vater, Meister und Bruder, Ich, euer Lehrer und Führer, mache euch kund und zu wissen, daß Ich es allezeit wie jetzt **gerne** sehe, so ihr irgend **zusammenkommet in Meinem Namen** und führet da gute Gespräche von Mir und von der Liebe des Nächsten. Denn derlei gute Reden erheitern den Geist und erfreuen das Gemüt, und das ist gut. Denn ihr sollet wohl allezeit fröhlich sein in Meinem Namen und auch euren Leib erquicken mit guter Speise und gutem Tranke im gerechten Maße und Ziele.

2] Aber höret! Einen, der unter euch war, den hättet ihr wohl auch noch laden sollen, ob er käme oder nicht käme. Es ist zwar einerlei, ob er da ist oder nicht; denn das geht auf seine Rechnung — aber ihr wollet ihn auslassen, das ist wieder eure Rechnung. Und es wird ihn schwer kränken, so er es erfahren wird, entweder hier oder dort. — Er benimmt sich wohl so, daß es den Anschein hat, als würdet ihr von ihm gewisserart außer acht gesetzt sein samt Mir. Allein dem ist nicht völlig also.

3] Er selbst beschuldigt sich, an euch gesündigt zu haben, und hat den Mut nicht, euch zu gestehen, was ihn drückt. Darum kostet es ihn auch allezeit eine kleine Ueberwindung, zu euch zu kommen. Denn dieser euer Bruder hat ein wohlgeziertes Herz, in dem aber nur ein schwacher Geist wohnt; daher der Mann auch mehr Kraft in seiner Seele als in seinem Geiste besitzt. — Darum aber müsset ihr auch die rechte Nachsicht, Geduld und Liebe mit ihm haben, wollet ihr wahre Wandler auf Meinen Wegen sein.

4] Denn sehet, Menschen gezierten Herzens, starker Seele, aber schwachen Geistes sind sehr empfindlich und merken oft bei ihren Freunden die kleinsten Gemütsdifferenzen, die ihnen sehr weh tun, weil ihre Seele in ihrer oft ganz isolierten Selbstkraft überaus empfindsam ist.

5] So aber jemand dieser Empfindsamkeit Nahrung gibt, der sündigt an seinem Bruder! Denn so schon jemand sieht die Schwäche des Bruders, tut aber vor ihm, als wäre dieser ein starker Geist, und der schwache Bruder ärgert sich darob, so ist solch eine Tat eine Sünde, und wäre sie noch so gerecht in den Augen eines starken Geistes. Denn der Geist kann nicht geärgert werden, aber die Seele kann Schaden nehmen durch Aergernisse. Darum sind diese aus höchst weisen Gründen zu vermeiden.

6] Liebe und Geduld sind aber endlos mehr wert als alle Weisheit und alle Gerechtigkeit! Darum haltet euch stets an die Liebe und an ihre Schwester, die Geduld, so wird euch die Sünde zur Unmöglichkeit werden.

7] Nach der Gerechtigkeit wäre es auch wohl recht gewesen, so Ich nach Meinem eigenen, durch Moses gegebenen Gesetze hätte die Ehebrecherin zu Tode steinigen lassen. Denn also lautete ja das offene Gesetz, daß da jede Ehebrecherin solle zu Tode gesteinigt werden. Aber da trat an die Stelle der harten Gerechtigkeit Meine Liebe, Geduld und Erbarmung. Und diese ließen die große Sünderin nicht nur nicht steinigen und töten, sondern schrieben ihre Schuld samt dem harten Gerechtigkeitsgesetze für alle Zeiten des irdischen Lebens in Sand und übertrugen das einstige Gericht der Liebe eines jeden zu sich und über sich, auf daß sich ein jeder selbst finde und richte nach seiner Liebe für ewig.

8] Daher weg von eurem Herzen, was nur den leisesten Schein nach einem sogenannten „Revangieren" hat! Denn das macht euer Herz gleich anders aussehen als das Meinige; und das soll bei euch, Meinen Kindern, nicht sein.

9] Und schließlich noch ein Wörtlein über Meinen Knecht, der euch zu einem großen Segen gegeben und erwecket ward vor sieben Jahren und den Ich auf eine kurze Zeit euer- und seinetwegen von euch weggeführt habe!

10] Was ihr ihm getan habt, das habt ihr Mir getan; und was ihr ihm noch tut, das tut ihr auch Mir; und was ihr ihm noch tun wollet, von allem dem wird euch ein großer Schatz werden im Himmel, wie er euch schon in aller Fülle der Liebe und Weisheit geworden ist leibhaftig — darinnen ihr finden und haben sollet für ewig das Reich des Lebens, das da ist Meine große Gnade, die ihr habet und die Millionen vorenthalten ist.

11] In dieser Gnade aber möget ihr auch nun für ewig hinnehmen Meinen Vatersegen, der euch bleiben soll, so ihr lebet nach Meinem Worte. — Amen.

☆

Rat an ein deutsches Mädchen

Am 28. März 1847

Denen gebe Ich ja gerne allezeit zu trinken aus dem Brunnen, da lebendiges Wasser innen ist, die darnach dürsten. Auch ist der Arzt nur für Schwache und Kranke; denn die Starken und Gesunden bedürfen ja des Arztes nicht.

2] Höre du, meine liebe Pauline! Willst du ehestens deines kindlichen Herzens albernster Bürde los werden, dann mußt du recht viel Ernst anwenden. Denn siehe, die „Schwarzen" gehen nicht so leicht heraus wie die „Weißen". Das heißt, finstere und unordentliche Gedanken haften viel mächtiger im Herzen und verfinstern dasselbe und finden schwer den Ausweg, darum, weil sie das Herz finster machen. Die lichten Gedanken aber kommen bald und leicht wieder heraus, weil sie selbst Licht sind und alle Winkel erleuchten und leicht wieder herausfinden, besonders so es ihnen darin neben den „Schwarzen" etwa nicht bestens gefällt.

3] Das menschliche Herz ist für die schwarzen Weltgedanken ein Himmel. Aber für die himmlischen Lichtgedanken ist es eine Hölle — besonders wenn noch die Winkel des Herzens mit allerlei weltlichen Torheiten vollgepfropft sind.

4] Willst du, Meine liebe Tochter, dein Herz rein machen, auf daß es wohlgefalle den himmlischen Geistern, darinnen für bleibend und siegend zu wohnen, so mußt du wie eine weise Gastwirtin all das dumme, faule, schlechte und unnütze Gesinde aus deinem Hause verbannen, ja es gewaltsam hinauswerfen; dann alle Gemächer deines Herzhauses wohl fegen und reinigen, auf daß den neu anlangenden Himmelsgästen die Gaststuben gefallen und sie darinnen eine wohlgefällige Wohnung finden mögen und fortan darinnen bleiben.

5] Meide daher jede Gelegenheit, dem dich zu nahen, was dein Herz verfinstert! — So dich aber der besucht, der dir sehr schädlich ist, da halte dich ferne seiner Gesellschaft, im Herzen sowohl als dem Leibe nach! Und er wird ausbleiben! Denn er kommt, so er kommt, nur hauptsächlich deinetwegen, alles andere ist Schein und leerer Vorwand.

6] Ich meine nun, Meine liebe Tochter, das wird doch geradeheraus ein echt „deutscher Rat" sein! — Befolge ihn daher auch redlich deutsch in einem deutschen Herzen, so wirst du auch bald dastehen, wie es sich gebührt für ein deutsches Mädchen!

7] Denn siehe, ein echt deutsches Mädchen ist Mir lieber als tausend römische Klosterjungfrauen!

8] Also handle, Meine liebe Tochter! — Ich aber werde dir kräftigst beistehen und dir helfen allezeit und ewig! — Amen.

☆

Zum Volljährigkeitstage

Am 28. März 1847

Also schreibe an Marie Hüttenbrenner, die Tochter des A. H.-W., die da ist die Aelteste und nach eurer Rechnung die sogenannte „Majorennität"[1] erreicht hat — welche Rechnung freilich ganz unrichtig ist. Denn ein Mädchen ist, sobald es reif und mannbar geworden ist, „majorenn" dem Leibe nach. Dem Geiste nach aber ist nur der majorenn, der da im selben die volle Wiedergeburt erlangte. Wer diese nicht erlangt, der wird wohl für ewig sehr stark „minorenn"[2] verbleiben.

[1] Volljährigkeit, Mündigkeit. — [2] Minderjährig, unmündig.

2] So ist auch unsere Tochter dem Leibe nach schon etliche Jahre hindurch sehr stark majorenn; aber dem Geiste nach noch ebenso stark minorenn.

3] Da wäre ihr zu diesem ihrem 25. Geburtstage ihres Leibes wohl vor allem hauptsächlich zu wünschen, daß sie sich sehr befleißen möchte, in der wahren, lebendigen Lebensschule es bald dahin zu bringen, um die Majorennität des Geistes zu erlangen. Denn diese hängt von dem freiwilligen Herzensfleiße ab und kommt nicht, wie die des Leibes, mit den natürlichen Erdjahren, sondern, wie gesagt, nur einzig und allein mit dem beharrlichsten Herzensfleiße.

4] Fleiß aber fordert vor allem einen festen Glauben an Mein Wort! Das ist das A-B-C des Lebensbuches!

5] Nach dem rechten Glauben fest und unverdrossen handeln, das ist das Buchstabieren und Syllabieren!

6] Aus dem Handeln zur Liebe zu gelangen und in ihr liebtätig zu leben, das ist das Lesen aus dem Lebensbuche.

7] Durch dieses Lesen kommt man zum Lichte des Geistes und zur Gnade Gottes! Gott aber macht den Geist frei, auf daß er eins werden kann mit dem Heiligen Geiste in der Gnade Gottes.

8] In dieser Einung kommt dann die Weisheit, in ihr die wahre Gottesliebe und mit ihr das wahre ewige Leben. Und dieses ist die wahre „Majorennität des Geistes", nach der eben unsere Tochter Marie H. mit allem Fleiße streben soll.

9] Aber es geht die Sache bei ihr etwas hart vorwärts, da sie etwas harthörig ist — im Glaubenstempel ihres Herzens noch bei weitem stärker als in ihren Leibesohren. Es hat sich ihr Gehör wohl gebessert, auch ihr Herz ist etwas gläubiger geworden, und es geht bei ihr wohl etwas vorwärts. Aber freilich beinahe so [langsam] wie das Korallenwachstum!

10] Darum sammle sie sich emsiglich im Herzen und wachse mit dem Tage! Dann wird sie auch bald den wahren Tag des Lebens erreicht haben.

11] Sie möchte auch wohl schon gerne Weib, Frau und Mutter sein. — Das soll sie auch werden und wird es, wenn sie klug ist! — Aber ihr Geist ist mehr wert für sie als ein Mann! Daher soll sie an den Geist des Tages öfter denken als an einen Mann — so wird ihr letzterer auch nicht entgehen. Denn was ein gläubig Herz wünscht und will, das wird ihm nimmer entgehen.

12] Ein weises und wohlverständiges Herz aber suche vor allem das Reich Gottes und dessen Gerechtigkeit in sich selbst, so wird ihm alles andere zu einer freien Zugabe werden!

13] Diese kurze, aber überaus wichtige Lebenslehre suche du, Marie H., in deinem Herzen recht fest anzufachen, so wird dein Herz darin bald alles finden, darnach es redlich Hunger hat und Durst.

14] Damit sei dir gegeben Mein Segen, Meine Erbarmung, Meine Liebe und alle Gnade aus ihr für ewig! Amen. — Das sage und wünsche Ich, dein heiliger Vater Jesus, dir, der Ich dein Herz und deinen Geist wohl kenne für ewig. Amen.

☆

Die Kraft des Glaubens

Am 2. April 1847

Im Glauben liegt die große Verheißung und die Auferstehung. Wie Ich, der Eine, auferstanden bin aus eigener Kraft und Macht, so wird jeder auferstehen durch die Kraft des Glaubens in ihm, so der Glaube Den erfaßt hat, der das Leben Selbst ist. Denn da hat der Glaube das Leben selbst und bedarf nicht, daß ihn jemand erwecke vom Tode, sondern er selbst ist der Wecker in dem, der ihn hat.

2] Und so ist es, daß da jedweder „seines Glaubens leben“ wird und leben muß. Denn der Glaube ist der Leib der Liebe. Er ist die reine Seele oder die Intelligenz des Seins.

3] Die Liebe ist der ewige Geist in diesem Leibe. Und so der Glaubensleib da ist und gebaut aus Dem, der ewig das Leben selbst war, ist und sein wird — wie könnte der ohne Liebe, ohne Geist sein, der der Liebe entwachsen ist, die da ist das Leben selbst?!

4] Wer also glaubt an Den, der da kam, kommt und kommen wird von Ewigkeit als ein Leben aus Gott, Selbst Gott, das Alpha und das Omega, der Anfang und das Ende, ohne Anfang und ohne Ende — der hat das ewige Leben schon in sich.

5] Niemand aber kann leben ohne einen Glauben, weder zeitlich noch ewig. Ist der Glaube dumm, so ist es auch das Leben; ist der Glaube gerichtet, so ist es auch das Leben. Wer im Glauben gebunden ist, der ist es auch im Leben, außer der Geist macht ihn frei.

6] Darum glaubet recht und an Mich, der Ich das Leben und die Auferstehung Selbst bin, so werdet ihr auch auferstehen in euerem Glauben und werdet eueres Glaubens ewig leben! Amen.

7] Das spricht, Der die Auferstehung und das Leben Selbst ist. Amen. Amen. Amen.

☆

Hungersnot als Zuchtrute

Am 11. April 1847

Schreibe nur, Ich brauche keinen Bittkopf, Ich weiß ohnehin, was den Irländern fehlt. Diesem Volke fehlt alles. Daher diese Rute, die immerhin besser ist als der ewige Tod! Wenn dem Weisen weniges genügt, so solltest du damit auch schon genug haben; aber der Brüder wegen werde Ich schon noch etwas hinzusetzen müssen.

2] So Ich sage, diesem Volke fehlt alles, so heißt das soviel als, dieses Volk hat erstens — keinen Gott, außer blinden Götzen aus Mittel-Welschland und dem Mammon Geld. Die Götzen sind in den Bethäusern und können weder helfen, weil sie tot sind, noch nützen, weil ihr Material schlecht und wertlos ist. Der Mammon aber befindet sich in den Händen der Wucherer und in der „Repealkasse“[1], die aus lauter Herrsch- und Ranglust zusammengesetzt ist. Das wird doch eine starke Rubrik sein in der Konsignation dessen, was dem Volke fehlt!

3] Zweitens fehlen dem Volke Menschen, und das ist auch eine starke Rubrik! O'Connell war noch ihr bester Mensch und war dennoch keinen Galgenstrick wert. Was soll's hernach mit den andern Menschen unter ihnen und endlich mit ihnen selbst!? O'Connell ging weg[2], und die andern starben weg. Am besten wird es sein, so bald alle weg sein werden. Glück zu auf die Reise ohne Gott und ohne Menschen und ohne „Geld“ für die andere Welt! In der Hölle gibt es der Begebnisse in übergroßer Menge. Aber nur zu in dieser Weise auf die Reise in die Ewigkeit, dort sind lauter „Repealer“ zu Hause!

4] Handeln kann das Volk zwar wie es will, aber die Folgen sind unabänderlich in Meiner Hand. Werfet soviel Steine als ihr wollt in die Höhe — daß sie wieder herabfallen müssen, das ist Meine Sorge.

5] Drittens hat dieses Volk keine Gesetze; und wenn es schon welche hat, so achtet es sie nicht, die weltlichen so wenig wie die göttlichen, die es kaum noch dem Namen nach kennt. Dafür aber hat es destomehr Wucherer aller Art und stets viel Militär. Und der Segen von alledem ist — die Hungersnot!

6] Als dem Volke die Erdäpfel wohlgerieten, da wußte es kaum, was alles es daraus machen sollte: Schnaps, Syrup, Mehl, Stärke, Bier und noch eine Menge derlei Industrieartikel. Ich aber gab diese Frucht nur als ein höchst einfaches Nährmittel, das der Aermste sich leicht bereiten kann. So aber dieses „Erdbrot für Arme“

[1] Kampfkasse der irischen katholischen Unabhängigkeitspartei O'Connells. — [2] Gest. auf der Reise nach Rom, am 15. Mai 1847 in Genua.

ein Industrieartikel für den Luxus und die Geldsäcke der ohnehin Reichen werden sollte, da nur weg mit diesem Nährmittel der Armen!

7] In diesem Lande gäbe es jetzt noch für etliche Mißjahre Geld und Getreide in großer Menge in den Händen der Wucherer, aber eben da muß ja das schnöde Eigentumsrecht[1] aufrechterhalten werden, wenn darob auch Hunderttausende ins Gras beißen müssen! — Aber schützet das Eigentum der Wucherer nur noch mehr, stellet Wachen zu ihren Kornspeichern, lasset aber dafür Hunderttausende verhungern — wahrlich, euer Lohn wird groß sein in der Hölle! Verflucht sei der Wucherer und auch das Gesetz, das ihn schützt!

8] Ich aber sage: Dem Wucherer hänget einen Stein an den Hals und werfet ihn ins Meer, da es am tiefsten ist! — So jemand einen Menschen tötet, den verurteilet ihr auch zum Tode — so aber ein solcher Geldteufel von einem Wucherer Hunderttausende tötet durch seine unersättliche Gewinnsucht, für den habt ihr kein Gesetz! O so geschieht euch, ihr dummen Briten, recht, so ihr alle Hunger sterbet samt Irland! Nur zu mit der Gerechtigkeit, es soll ja alles noch besser werden hier auf Erden!

9] Ich meine nun, daß es genug sei, auf daß ihr Irlands Hungersnot, ihre Ursache und ihren Grund einsehet.

10] Das aber sage Ich euch: Wenn es auch anderswo so wird um die Menschheit wie in Irland, dann wird ihr Los noch ärger sein denn das dieses Landes. Denn da gibt es für die Menschen keine andere Schule als die des Elendes! — Das spricht Der, der alle Völker der Erde kennt. Amen.

☆

Wahres Abendmahl

Am 25. April 1847

Frage des Anf. H.-W.: O Herr, Du guter, lieber, heiliger Vater! — Sind von Dir aus nur die Priester der christlichen Konfessionen berechtigt, im Gedächtnismahle Dein Fleisch und Blut in Brot- und Weingestalt auszuspenden, oder dürfte auch ein Dich demütig liebender Laie ein Gleiches tun — und das um so mehr dann, wenn er, von Dir erleuchtet, erkennt, daß in der Kirche, in der er erzogen ward, der Abgötterei gehuldigt wird und daß die Klerisei dieser Kirche Finsternis statt Licht verbreitet und mehr darauf sieht, daß ihre Satzungen als Dein heiliges Wort vom Volke beachtet werden?

In der Schrift steht nur: „Dies tuet zu Meinem Gedächtnis!" — Wer aber das tun solle im besonderen Sinne, davon steht nichts geschrieben. Daß dies ein jeder, der wiedergeboren ist, d. h. getauft

[1] Hier ist das allzu eigennützige, das allgemeine Wohl bedrohende, wucherische Eigentumsrecht gemeint. D. Hsg.

aus dem Wasser und Heiligen Geiste in Meinem Namen, tun kann, zeigt ja die Schrift klar, die es allen und nicht einzelnen anratet.

2] Wäre es nicht also, so dürfte der Laie ja auch das „Vaterunser" nicht beten und sonst auch nichts tun, was im Evangelium zu tun geboten ist. Denn von Mir aus haben ja nur die Apostel und Jünger die Lehre und die Gebote erhalten. Ich aber habe nie zu den Aposteln gesagt: „Das tuet ihr besonders, und die Gläubigen dürfen es unter der strengsten Todsünde nicht tun!" — sondern allenthalben heißt es: „Das tuet!" — Und das gilt allen gleich, ob Boten oder Schüler! Denn „Einer ist euer aller Meister und Herr, ihr alle aber seid Brüder! An der Liebe aber wird man euch erkennen, ob ihr Meine Jünger seid." — Also lautet es in der Schrift.

3] Wer das eine tun soll und tun muß, um das ewige Leben zu erreichen, der tue auch das andere! Denn wer das Wort, das Ich gelehrt habe, nicht völlig erfüllt, der ist wie eine Frucht, die mangels des starken Sonnenlichtes nicht zur gewünschten Vollreife gelangen konnte.

4] Wie aber jeder gute Christ taufen kann, wenn ein Mensch für die Taufe des Geistes fähig ist, also ist es aber auch eine noch größere Pflicht für jeden rechten, wahrhaft evangelischen Christen, so er es tun kann, den Brüdern und Schwestern zu Meinem Gedächtnisse ein rechtes Liebesmahl, bestehend in gutem Brote und Weine, zu reichen — wobei nur zu bemerken ist, daß daran nicht auch die „Schweine" teilnehmen sollen, die an Mich nicht glauben und Mich nur verhöhnen und verachten.

5] Ich aber sage euch: Wahrlich, wahrlich, so oft ihr, die ihr Mich liebet, esset und euch dabei Meiner erinnert, und besonders, so oft ihr arme Brüder in Meinem Namen speiset und tränket, so oft nehmet ihr das rechte Liebesmahl in euch auf und spendet es auch würdigst aus.

6] Denn was ihr den Armen tuet, das tuet ihr Mir Selbst! — Wollt ihr etwa noch Größeres und Heiligeres tun? — Mir, dem Herrn, ist keine größere und heiligere Handlung bekannt!

7] Das ist das echte „Hoc est enim corpus meum" [1], daß ihr wahre Werke der Liebe verrichtet! Denn ein rechtes Liebewerk in Meinem Namen ist Mein eigentlichster, wahrhaftigster „Leib", der für viele, ja für alle, nicht nur für die Apostel oder Priester, gegeben ist zur wahren Gewinnung des ewigen Lebens.

[1] Kirchliche Abendmahlsformel, zu deutsch: „Dies ist Mein Leib!"

8] Ebenso verhält es sich mit dem Kelche, der da ist Mein „Blut", d. h. Mein Wort, das an alle Völker, wie das Blut an alle Glieder des Leibes, ausgegossen werden sollte in der ersten Reinheit und Echtheit, also als ein reiner, echter, aber nicht als ein unreiner, allergepanschtester Wein.

9] Wo sonach bei einem Liebesmahle Mein Name wahrhaft im Herzen bekannt wird, da wird auch der Kelch im Geiste und in der Wahrheit genossen. — Will noch jemand aus euch mehr?

10] Was wohl ist besser: Liebe oder Hostie oder sogenannter konsekrierter Wein? — Ich sage euch: Wo Ich nicht bin in der Liebe der Menschen und in Meinem Worte, da ist Brot und Wein eine Null! — Wo Ich aber bin in der Liebe und im Worte, da bin Ich auch als fortwährendes ewiges Abendmahl in jedes Menschen Herz, Seele und Geist — ohne alle priesterliche Konsekration! Amen. Amen. Amen.

Beichte und Sündenvergebung

Am 2. Mai 1847

Schreibe nur! — Zwischen einer Beichte, bei der Sünden vergeben werden in der römischen Kirche — und einer Beichte, in der sich ein durch Mein lebendiges Wort gereinigter und mit dem Heiligen Geiste getaufter Mensch irgendeinem Priester zeiget bloß des äußeren Kultus wegen, ist ein himmelweiter Unterschied.

2] Denn im ersten Falle wird eine in der Schrift nirgends angeordnete Handlung begangen ob der vermeintlichen Sündenvergebung. Im zweiten Falle aber ist der Sünder lange schon völlig gereinigt und hat sich lediglich nur irgendeinem vernünftigen Priester zu zeigen, welches Sichzeigen eben auch in einer Art Beichte bestehen kann, in welcher der sich Zeigende dem Priester angeben kann, was, wie und wann er gesündigt und seit wann er diese Sünden durch Meine Gnade völlig abgelegt hat und sie nicht mehr beging.

3] Der vernünftige Priester wird ihm dann auch die gewöhnliche äußere Absolution erteilen, nach welcher der die Beichte also Verrichtende die kultusmäßige Kommunion empfangen kann, um den äußeren Forderungen der Kirche, in der er sich befindet, Genüge zu leisten.

4] Es versteht sich aber von selbst, daß, so da jemand an einen dummen Priester käme, der ihm die Absolution verweigern wollte, man von ihm sich zu entfernen hat, und zwar mit dem besten Gewissen. Denn wem Ich Selbst die Sünden erlasse, dem sind sie schon erlassen, und wenn sie ihm tausend Priester vorenthalten würden!

5] Der [Zurückgewiesene] soll sich auch wegen der Kommunion keinen Skrupel machen! Denn wer Mich Selbst im Geiste der Liebe, Gnade und Erbarmung im Herzen trägt, der kann wohl auf die äußere bloße Kultuskommunion leicht vollen Verzicht leisten!

6] Das beste Mittel zur Nachlassung der Sünden aber ist, die Sünden nicht mehr zu begehen, die begangenen aber wahrhaft zu bereuen, dafür den Armen aus Liebe zu Mir Almosen zu geben und all seinen Feinden von Herzen zu vergeben und für sie zu beten im Geiste und in der Wahrheit. — Denn wenn es einen gereuet, daß er gesündigt hat, da gereuet es auch Mich, daß Ich ihn darob strafen wollte. — Das Almosen aber bedecket ohnehin die größte Menge der Sünden. — Und dem, der vergibt, wird auch vergeben werden, und hätte er Sünden, wie da ist des Sandes im Meere und des Grases auf der Erde!

7] Das sind demnach die einzigen Mittel, durch die jedweder Sünder ohne alle Beichte die Sündenvergebung erhalten kann, und sonst gibt es keine!

8] Hat aber jemand auf diese Weise die rechte und allein gültige Sündenvergebung von Mir aus erhalten, so er den vorgeschriebenen evangelischen Bedingungen werktätig im Geiste und in der Wahrheit nachgekommen ist, dann kann er sich, so er will, des äußeren Kultus wegen ja einem vernünftigen Priester zeigen. — Aber als „Bedingung zur Seligkeit" habe dieser Rat keine Geltung! Sondern er ist euch lediglich darum gegeben, damit ihr durch dessen ganz unschädliche Beachtung in eueren irdischen Verhältnissen desto unbeanstandeter durchkommen möget!

9] Ihr dürfet alles tun, was der äußere Kultus verlangt, um niemandem irgendein Aergernis zu geben. Denn das sind ja die Zeichen der Wiedergeburt eures Geistes, daß auch ihr möget die Schlangen und Skorpionen dieser Zeit angreifen, und sie werden euch nicht schaden, und möget auch den vergifteten Becher trinken (d. h. die Lehre Babels anhören), und das Gift wird euch nicht verkümmern.

10] Ich meine, das wird doch deutsch genug sein!? — Darnach tut und lebet! Amen.

☆

Materielle und geistige Teuerung

Am 16. Mai 1847

Also schreibe ein Wörtlein über die gegenwärtige Teuerung der materiellen Lebensmittel!

2] Siehe, zu allen Zeiten der Welt war es also und wird es also bleiben, daß die materiellen Lebensmittel stets gleichen Schritt halten mit den geistigen. — Die Israeliten wurden oft mit Mißwachs, Teuerung, Hungersnot und Pestilenz gestraft, wenn ihr Herz und Geist von Mir abließ und sich anderen Göttern zuwandte. In den heutigentags abgöttischen Ländern herrscht fortwährend Not und Pest mehr oder weniger. Warum denn? — Ob der Abwesenheit Meines Geistes!

3] Solange im verschieden-sektisch christlichen Europa das Volk allgemein sich mehr um Mich bekümmerte und nach Meinem Geiste strebte, solange gab es Engel in die große Menge unter den Menschen. Dadurch wurden nicht nur die Menschen, sondern auch der Erdboden gesegnet, so daß er stets reichliche Ernten trug. Aber diese Ernten brachten die Völker auf lauter industrielle Gedanken — und die Gedanken an Mich sind gesunken!

4] Anstatt der echt geistigen Schriften, die man sowohl von seiten Roms als auch von seiten der niederen Staatspolitik stets mehr zu verpönen, ja förmlich als ketzerisch zu verbieten angefangen hat, hat man nun die Welt mit einer Legion sinn- und gehaltloser Journale und andere Schriften angestopft. Man hängt wieder Reliquien aus und ordnet Wallfahrten an, gründet wieder Orden und dergleichen Greuel mehr.

5] Es ist dadurch für den Geist eine große Hungersnot ob der vorangegangenen, stets größer werdenden Teuerung der geistigen Nahrungsmittel eingetreten. Die Engel haben sich von dem Erdboden wieder mehr und mehr zurückgezogen, da ihnen die stets größer werdende Finsternis der Erde durchaus nicht mehr zusagt und sie die große Hurerei der Menschen, besonders der römischen, schon gar nicht anzieht. So ist daher ja auch leicht begreiflich, daß der Erdboden in der stets größeren Ermangelung der himmlischen Arbeiter auch im selben Verhältnisse magere Ernten bei einer oder der anderen Fruchtgattung abgeben muß.

6] Im vorigen Jahre[1] habe Ich nur die Erdbirnen[2] hie und da etwas über die Hälfte geschlagen, und sehet, nahezu ganz Europa seufzt! Was wird denn aber dann sein, so Ich nebst den Erdbirnen auch das Korn, den Mais und die Gerste schlagen möchte und sehr wahrscheinlich auch schlagen werde, wenn die Menschheit in diesem

[1] 1846. — [2] Kartoffeln. D. Hsg.

ihrem Finsternis-, Hurerei-, Unzuchts- und allerlei Industrieeifer fortfährt und Meiner noch mehr vergißt?! Dann erst werdet ihr von großem Jammer und großer Not und vom tiefsten Elende lesen und hören, daß euch darob die Haare zu Berge stehen werden!

7] Ich wollte wohl die Cholera nach Europa kommen lassen. Aber es „gereute" Mich; denn Ich entdeckte recht viele Wohltäter unter so manchem Volke. — Aber zugleich entdeckte Ich auch eine noch größere Masse Wucherer, unmittelbar der Hölle entsteigend, die in ihnen im Vollmaße ist. Diese Teufel in noch menschlichen Larven müssen Meine Strafrute fühlen nach dem Maße ihrer Frevel. Daher sollen allerlei Uebel die Erde nun nach der Ordnung beschleichen. Bis diese Brut vertilgt ist und es auf der Erde lichter wird, will Ich den Erdboden nicht segnen, außer dort örtlich nur, wo irgend Menschen leben, die Mich wahrhaft in ihren Herzen tragen und glauben, daß Ich bei ihnen bin und sie auch mit wenigen Broten bestens erhalten und ernähren kann.

8] Fürchtet daher auch ihr diese Zeit nicht! So ihr auf Mich wahrhaft vertrauet, wird euch nirgends hungern. Habt ihr wenig, so will Ich das Wenige segnen, und es wird für euch ein großer Ueberfluß vorhanden sein. — Aber so ihr, im Bewußtsein Meines Segens, euch noch sorgen und kümmern würdet und würdet fragen: „Was werden wir essen und womit werden wir uns kleiden?" — dann würde Ich euch sorgen lassen und würde Mich etwas zurückziehen und Meinen armen und doch wieder sehr reichen Knecht und Bruder von euch nehmen. Dann versorget euch mit hundert Metzen Mehl und allerlei eßbaren Dingen — und ihr werdet dennoch hungern, als hättet ihr wochenlang nichts gegessen!

9] Denn wie überall, so ist auch hier an Meinem Segen alles gelegen! — Darum bleibet gleichfort ganz voll Vertrauen auf Mich; möge sich die Zeit gestalten, wie sie will, so werde Ich euch nimmer verlassen, und euch soll nicht hungern, weder geistig noch leiblich. Und wenn da schon der Knecht verreisete, so werde aber dennoch Ich stets gleich segnend bei euch sein so lange, als ihr euch nach diesem Wörtlein verhalten werdet.

10] Also wohlgemerkt: Nicht gesorgt, gefürchtet und gekümmert solange Ich bei euch bin; es wird euch nichts geschehen! Niedergedrückt, traurig und ängstlich dürfet ihr nicht sein; denn das wäre ein Aushängeschild des Herzens, das da besagen würde: „Siehe, der Herr ist wohl da; aber Er schläft und mag uns nicht helfen!" —

Weg also auch mit diesem Aushängeschild! Denn wo Ich bin, muß Freude und volle, seligste Ergebung in Meinen Willen und nicht Furcht, Kleinmut und Traurigkeit herrschen! Dann herrsche auch Ich kräftigst in solchem Herzen und in solchem Hause! Amen.

11] Das sage Ich, euer aller segnender Gott, Herr und Vater. Amen.

☆

Wahre Lebenskunst

Am 17. Mai 1847

Die Tugend ist eine Fertigkeit des menschlichen Gesamtwesens, das Gute frei zu wählen und danach, ohne sich durch irgend etwas im geringsten beirren zu lassen, fest und getreu zu handeln. Hat irgendein Mensch in sich diese harmonische Fertigkeit erlangt, derzufolge er alle seine vielen Bedürfnisse und Begehrungen nunmehr völlig in eins vereint hat, wonach er dann handelt, so ist er völlig tugendhaft.

2] Wenn es aber irgendein Mensch noch nicht dahin gebracht hat und nur hie und da so in einzelnen Punkten tatfertig ist, in anderen aber wie ein laues Wasser, so ist er im Einzelnen etwas, aber im Ganzen dennoch nichts. — Denn so schon ein in allem völlig Tatfertiger zu sich sagen sollte: „Ich bin ein unnützer Knecht!", was soll dann der mit noch sehr viel Lauheit Unterspickte von sich aussagen? Ein solcher aber ist denn auch noch lange nicht tugendhaft, sondern ein armseliger Stümper in all seinem Tun und Lassen. Er ist gleich einem Gärtner, der seinen Garten mit lauter Weidenreisern besteckt, weil diese am leichtesten, fast ohne alle Mühe und weitere Gartenpflege, aufgehen; aber niemand kann von ihnen irgend genießbare Früchte sammeln.

3] Es sind darum schon alle Pflanzen zur Belehrung der Menschen also eingerichtet, daß diejenigen, die am wenigsten des menschlichen Fleißes benötigen, auch entweder gar keine oder nur sehr schlechte und für den Menschen wertlose und völlig unbrauchbare Früchte zum Vorschein bringen. — Ebenso steht es denn auch mit einem Menschen, der nach der Lehre des Evangeliums das eine wohl tut, dagegen aber wieder das andere zu tun völlig unterläßt.

4] Er ist im Pflanzenreiche des ewigen Lebens nichts als eine eitle Weide, die zwar mit den edlen Fruchtbäumen viel Aehnlichkeit hat — denn sie hat gute und feste Wurzeln in der Erde, hat einen schönen Stamm, grünt, treibt schöne, anmutige Aeste und Zweige und treibt recht viele Blätter und auch eine Blüte — aber die Frucht, die Frucht, wo ist diese?! Ein nichtiger Same, den der leiseste Hauch verweht, ist alles, was man von diesem Baume haben kann, der aber für nichts anderes taugt als schlechtweg kaum für die eigene Fortpflanzung. Das Holz selbst ist sogar für das Feuer zu schlecht und taugt noch weniger zum Häuserbau und am wenigsten zur Anfertigung nützlicher Hausgerätschaften. Man setzt daher diese Bäume auch nur an Bäche und Flüsse, damit ihrer viele mit ihren festen Wurzeln, die das Beste an ihnen sind, die Ufer vor der Zerstörung durch große Gewässer schützen müssen. Dieser Dienst wird aber von ihnen auch oft noch schlecht genug versehen.

5] Also ist, wie schon gesagt, ein Mensch, der das eine wohl recht genau tut, das andere aber unterläßt, nichts als eine eitle Weide, die zufolge ihrer nieder stehenden Aeste höchstens irgendeinem Judas Ischariot zum Selbstmorde behilflich sein kann, aber sonst nur zu sehr wenig taugt.

6] Wer demnach recht tugendhaft sein will, der darf nichts unbeachtet lassen, was das Evangelium zu beachten vorschreibt. Er sei in allem nicht ein eitler Hörer und Halbtäter des Wortes, wohl aber ein eifriger Volltäter desselben. Dann wird er gleich sein einem Gärtner, der mit allem Fleiße, keine Mühe und Arbeit scheuend, in seinem Garten lauter gute und edle Fruchtbäume zieht, die ihm seine Arbeit hundertfältig ersetzen werden. Und er wird nicht gleichen jenem dummen Pflanzer, der in seinem Garten, um Mühe und Arbeit zu ersparen, Weidenreiser steckte, deren Frucht dann die Winde verzehren.

7] Auch wird er nicht gleich sein dem Weidenbaume selbst, dessen Nützlichkeit oben beschrieben wurde, sondern er wird gleich sein einer edlen Rebe, die, von ihrem kräftigen Weinstocke getrieben, die herrlichsten und wohlschmeckendsten Trauben voll des geistigsten Saftes bringen wird, aus denen für Mich, den Herrn und Vater des Weinberges, für alle Ewigkeiten der köstlichste Wein ausgekeltert wird; die Liebe für die Liebe, das Herz für das Herz, das Leben für das Leben, der Geist für den Geist!

8] „Tugend" — ein großes Wort! — Wohl dem, der sie besitzt! Er ist ein wahrer Künstler des Lebens im Leben geworden.

9] Welche Mühe gibt sich mancher Mensch, um in irgend etwas auf der Erde ein Künstler zu werden! Jahrelang übt er sich mit allem Fleiße täglich stundenlang, um nur sein vorgestecktes Künstlerziel zu erreichen! Kann aber ein Mensch eines irdischen Vorteiles wegen sich so großen Selbstverleugnungen unterziehen und alle seine Kräfte einem harmonischen Tatpunkte zuwenden, warum denn nicht ebenso leicht und noch viel leichter der viel höher, ja endlos höher stehenden Künstlerschaft im allerhöchsten Fache des ewigen Lebens?!

10] Dazu bedarf es keiner Glieder- und Kehlenverrenkungen, keiner Augenmarter, keiner Bauch- und Lungenanstrengung, sondern nur einer sehr geringen Gedächtnisanstrengung. Alles aber kommt da an auf den Glauben dessen, was das Wort lehrt, und dann auf den rechten Liebewillen aus und nach dem Worte. Durch eine leichte Uebung kann es jeder darin bald zu der hervorragendsten Fertigkeit bringen; denn Mein Joch ist ja sanft und Meine Bürde leicht.

11] Die Regeln der Lebensschule sind überleicht begreiflich und ebenso leicht ausführbar. — Warum werden sie denn so wenig beachtet? — Weil sie die Eigenliebe scheinbar ausschließen, während doch jeder mit verbundenen Augen einsehen sollte, daß da ein jeglicher dem Reiche Gottes ernstlich Nachstrebender — wenn er die Werke der Liebe übt und seinen Bruder leiblich unterstützt — an jedem Bruder nur einen edelsten Fruchtbaum im Garten seines eigenen Lebens pflegt, der ihm für alle Ewigkeiten die reichsten Früchte tragen wird; denn dieser wird sicher zu keinem Weidenbaume werden, da er als solcher nie gepflanzt worden ist, indem in dem Garten des Wortes Gottes derlei Gewächse nimmer vorkommen können — sowenig wie Distelknospen auf einer edlen Weinrebe.

12] Gebet also alle nichtigen, kleinen Perlen her, so ihr die eine große, unschätzbare finden und kaufen könnet! Werdet rechte Gärtner und wachset nicht auf wie Weidenbäume, sondern wie edle Reben am Weinstocke, so werdet ihr Künstler des Lebens werden nach der gegebenen Schule des Lebens. Und Ich, euer Herr, Gott und Vater, werde Mich dann ewig ergötzen an den mannigfaltigsten, herrlichsten Produktionen des Lebens Meiner geliebten Kinder und Kinderchen!

Kaiser und Gott

Am 23. Mai 1847

„Gebt dem Kaiser, was des Kaisers ist, und Gott, was Gottes ist.“
(Matth. 22, 21)

Es gibt jetzt gar viele in der Welt, die da keine Grenzen finden können, was Gottes ist und was des Kaisers. Ja manche sind sogar in jeder Hinsicht Republizisten, d. i. gegen Gott und gegen den Kaiser. — Von solchen sei hier die Rede mitnichten. Denn wer da über sich nichts Höheres anerkennen will und sich selbst genügt, der hat in sich schon jene höchste Wahnstufe erreicht, auf der er wohl schwerlich je wird eines höheren und reellen Aufschwunges fähig werden.

2] Selbstsucht, Selbstliebe, eigenmächtiger Dünkel von Eigengröße und Eigenfülle an Weisheit — also echter Stoizismus in der allertrockensten Bedeutung des Wortes und Sinnes, sind eine wahre Blausäure für den Geist. Welcher Geist damit vergiftet ist, der wird wohl schwerlich je unterscheiden können, was für ein Unterschied da ist zwischen den Pflichten eines rechten Menschen gegen Gott und gegen den Kaiser!

3] Darum sei das hier Gesagte auch nur an jene gerichtet, die da suchen, aber dennoch das Rechte nicht finden können, weil sie noch so manches weltliche Irrlicht in ihrem Herzen daran hindert.

4] Um aber solche Irrfunken im Herzen auszulöschen, so sei hier der Pflichtenunterschied in aller Kürze gezeigt, der da zwischen Gott und Kaiser obwaltet, und was der Mensch dem Einen und was dem Andern zu geben schuldig ist. — Und so höret denn und merket wohl auf, was der Herr darüber spricht!

5] Der Mensch besteht aus Geist, Seele und zeitweilig aus einem materiellen Leibe. — Die Seele ist der eigentliche Mensch zwischen Geist und Leib und muß mit ihrem Verstande und ihrer Vernunft sorgen gleich wie für den ewigen Geist, also auch für den zeitweiligen Leib.

6] Was aber braucht der Geist, und was der Leib? — Das ist nun jedem von euch sicher mehr als über die Maßen bekanntgegeben worden, und es wäre gleich einem leeren Strohdreschen, wenn hier all das viele darüber Gegebene sollte förmlich aller Länge und Breite nach wiedergekäuet werden. Daher nur das Nötigste in aller Kürze!

7] Gebet also dem Geiste, was rein des Geistes ist, und dem Leibe, was des Leibes ist — aber also nach der Ordnung, daß darob dem Geiste kein Nachteil werde! — Also dem Geiste das Seinige und dem Leibe das Seinige!

8] Wer sieht hier nicht auf den ersten Blick, daß alles, was vom Geiste kommt, als das Wort Gottes, der Glaube, die Liebe und das feste Vertrauen auf Mich, den Herrn, rein Geistiges ist und dem Geiste angehört.

9] Aber irdische Speise und Trank, Kleidung, Wohnung und Künste und Gewerbe, insoweit sie zum Ernährungserwerb brauchlich, sind Angehör des Leibes und daher auch dem Leibe zu verabreichen auf die Art, wie er dieselben anzunehmen fähig ist im gerechten Maße und Ziele — die Speise und der Trank in seiner Art, die Kleidung in ihrer zweckdienlichen Art, die Wohnung desgleichen und die nötige Fertigkeit und Geschicklichkeit zur natürlichen Ausübung von Künsten und Gewerben eben auch in rechter Art.

10] Sehet, da ist Gott und der Kaiser nebeneinander gestellt, und jeder von euch kann daraus überleicht ersehen, was er als reiner Seelenmensch dem einen und was dem andern zu geben schuldig ist.

11] Wie sich aber die beiderlei Pflichten bei und in einem und demselben Menschen verhalten, ebenso verhalten sie sich auch im weitern Sinne zwischen Mir, Gott dem Herrn, und einem weltlichen Oberhaupte, das lediglich von Mir aus irdisch bemächtigt ist und keine andere Macht hat, als die ihm von Mir, dem Herrn aller ewigen und unendlichen Macht und Kraft, verliehen ist, so oder so, süß oder bitter, nach dem Bedürfnisse der Menschen, die da sind entweder gut oder böse.

12] Solch ein weltliches Oberhaupt ist und bleibt stets eine Zuchtrute in Meiner Hand. Und jeder Mensch ist daher ihm das zu geben schuldig, was er ordentlicherweise seinem eigenen Leibe schuldet.

13] Aber was er seinem Geiste schuldet, das gehet das Staatsoberhaupt nichts an. Und wenn dieses darin über seine Grenze Forderungen an die Menschen stellt, so wird es darin auch sein unvermeidliches Gericht finden.

14] So aber irgendein Monarch durch leiblichen Zwang auch den Geist der Menschen in Fesseln ziehen und ihm aus der Materie vorschreiben will, welche Gebühr er Mir, dem Herrn, zu entrichten schuldig sei, so entrichte der Aufgeforderte um des Kaisers willen auch solche, damit er ihn nicht ärgere. Aber im Herzen kehre er sich nicht daran, sondern gebe Mir im Geist und in der Wahrheit, was Mein ist, so werde Ich dann schon ein sicheres Mittel treffen, den Kaiser also zu richten, wie er es ob seiner mißbrauchten Gewalt an der Menschheit verdient hat.

15] Niemand aus den einer kaiserlichen Gewalt Untergebenen aber soll sich unterfangen, in irgend etwas den Kaiser richten zu wollen, ob er gut oder böse handelt! Denn solches habe Ich Mir ganz allein vorbehalten.

16] Alles aber, was jemand für den Kaiser tun kann aus gutem Herzen, das tue er und bete häufig für den auf eine hohe und harte Probe gestellten Bruder, so wird er im Vollmaße dem Kaiser geben, was er demselben schuldig ist, und in solcher allgemeinen Nächstenliebe auch sicher Gott, was Gottes ist.

17] Was darunter oder was darüber — ist Sünde. — Wer da aus speichelleckerischen, eigennützigen Absichten unter dem patriotischen

Deckmantel den Kaiser förmlich anbetet und mit ihm eine wahre Abgötterei treibt, der sündiget, indem er dem Kaiser gibt, was allein nur Gott dem Herrn gebührt. — Wer aber dem Kaiser die geziemende Ehrfurcht versagt, ihm ungetreu dient und andere Pflichten, die der Kaiser von ihm fordert, durch allerlei Schleichwege vorenthält, der sündigt ebenfalls und gleicht einem Menschen, der gegen seinen Leib fortwährend mit ganz ernsten selbstmörderischen Ideen umgehet — wie der erstere, der dem Kaiser zuviel gibt, gleich ist einem, der an und in seinem Leibe einzig und allein den Gegenstand findet, dem er alles zuwenden muß. Da ist dann einer ein so großer Sünder wie der andere und jeglicher in seiner Art gleich.

18] Aus dieser sehr klaren Mitteilung wird sicher jeder von euch einsehen, was er so ganz eigentlich Gott und was er dem Kaiser schuldig sei — und was für ein leicht begreiflicher Unterschied da ist zwischen diesen beiden Hauptpflichten eines jeden Menschen, welche sich am Ende dennoch in den zwei Hauptgeboten der Liebe ganz vollkommen wiederfinden.

19] Da ihr aber solches verstehet, so tuet auch darnach im Geiste des Evangeliums, der hier gezeigt ist, körperlich, so werdet ihr wahrhaft selig leben zeitlich und ewig. — Amen.

☆

Zum Namenstag

Am 28. Mai 1847

Aus einem Brief an Wilhelmine Hüttenbrenner:

Ich wandte mich für Sie an den Herrn, um für Sie von Ihm ein heiliges Wörtlein zu bekommen. Allein diesmal war Er, wenigstens für diesen Augenblick oder gerade für diesen Tag, durchaus nicht dazu zu bewegen. — Nur zu mir sagte Er nach einer Weile:

2] „Was willst denn du, alberner Dummkopf, Mich stets zu einem Namenstagsgratulanten gebrauchen? — Warum soll denn gerade allezeit der Namenstag dazu bestimmt sein, dir für deine Mädchen gratulative Nebenwörtchen zu geben? — Ich will von den Geburtstagen des Leibes nichts sagen, aber was gehen Mich eure dummen Namenstage an?! Ich habe es dir schon einmal gesagt, daß Ich die irdischen Namenstage nicht leiden kann, und dennoch kommst du Mir schon wieder mit so etwas!

3] Was ist ein Namenstag? — Siehe, das ist der erste Eitelkeitstag — für die Eltern zuerst, da sie gar nicht wissen, auf was für einen allerschönsten Namen sie ihr Kind taufen lassen sollen; und dann für das Kind auch, wenn es einmal so viel Auffassungskraft besitzt, die Schönheit seines Namens einzusehen.

4] Komme Mir daher nur nicht bald wieder mit so einem ersten Eitelkeitstage, sonst werde Ich dir gratulieren, und das nicht auf die sanfteste Art! — Das merke du dir vorderhand, auf daß du dich künftig zu benehmen weißt, wenn wieder irgendwo ein Namenstag im Anzuge sein sollte.

5] Ich habe dir sonst wohl auch an solchen Tagen deiner gutmütigen Dummheit wegen Wörtlein gegeben; aber da waren die »zehn Buchstaben« des Hauptwerkes[1] noch nicht enthüllt. Nun sie aber enthüllt sind, da verlange Ich von dir wie von jedem, für den sie enthüllt sind, eine genaue Ueberlegung dessen, um was du zu Mir kommst.

6] Ich will aber darum nicht härter sein, sondern nur genauer. Und so werde Ich wohl bei einer anderen Gelegenheit dem Töchterchen des A. H.-W. auch etwas geben, was ihm wohl zustatten kommen wird. Aber jetzt zum Namenstage gebe Ich durchaus nichts, außer Meine alltägliche, gewisse Lebensgnade.

7] Nebstdem aber verlange Ich in der Zukunft auch von jedem, der von Mir einen besonderen Rat oder Trost haben will, daß er sich zuvor vollernstlich in seinem Herzen an Mich wende und nicht an dich, da es dann zur Hälfte herauskäme, als so du ein willkürlicher Ausspender Meiner Gnaden wärest und brauchtest zu Mir nur zu sagen: »Herr, tue dies und tue das!« — und Ich müßte dann etwa gar tanzen nach deiner Pfeife?!

8] O das tue Ich nicht mehr, sondern von nun an mußt du dich von Mir ziehen lassen, so du selbst weiterkommen willst. — Wenn aber du oder jemand anderes etwas aus dem Worte näher enthüllt haben will, da bin Ich noch stets der gleiche, allezeit bereitwillige Geber. — Aber nur keine Namenstagsgratulation mehr!

9] Also für deine Klientin nächstens etwas, wenn sie Mich Selbst darum recht liebeernstlich zuvor angehen wird und Ich dich dann Selbst dazu auffordern und antreiben werde — aber sonst nicht! — Das merke dir nun ein für allemal! Amen. — Verstehe das wohl! Amen."

☆

10] Sehen Sie, aus welchem Grunde ich für diesmal nichts als bloß nur für mich einen recht derben Putzer von dem lieben, besten Herrn bekommen konnte! — Nehmen Sie sich aber das auch recht ernstlich zu Herzen, wenn Sie vom Herrn etwas haben möchten!

---

[1] Siehe „Die Haushaltung Gottes", Bd. 1, Kap. 3, 12 und Nachtrag S. 434 ff.

11] Bitten Sie Ihn zuvor ja recht herzernstlich, so wird Er Ihnen sicher etwas geben. — Für diesmal aber müssen Sie sich schon mit meinem guten Willen fürs Werk begnügen, so wie ich mit meinem Kardinalputzer.

12] Befolgen Sie sonach meinen Rat, so Sie vom höchsten Geiste Gottes etwas haben wollen! Mich aber betrachten Sie als ein stummes Werkzeug, das allezeit bereit ist, im Namen des Herrn jedermann zu dienen. Solches sagt zu Ihnen, Ihres Namenstages wohl im Herzen eingedenk, Ihr Freund und Bruder im Herrn

Jakob Lorber.

☆

Hast Du mich lieb? Bist Du mir gut?

Zwei Fragen eines Mädchens

Am 30. Mai 1847

1] Erste Frage: O Herr, Du lieber, heiliger Vater, hast Du mich wohl lieb?!

2] Antwort: Allerdings vieltausendmal lieber als du Mich, mein Töchterchen! Denn Ich, dein Gott und Vater, sorge in jedem Augenblicke für dein ganzes Leben. Du aber denkst nicht so fleißig an Mich, sondern nur dann und wann, so du dir dazu Zeit nehmen willst. Täte Ich mit dir, wie du mit Mir, dann wäre es, Mein Töchterchen, um dein Leben wohl schon lange geschehen! — Aus dem aber kannst du schon sehen, daß Ich dich vieltausendmal lieber habe, als du Mich, Mein Töchterchen! — Ich meine aber, du wirst Mich von nun an stets lieber haben!?

3] Zweite Frage: Bist Du, liebster, heiligster Vater, nicht grämlich auf mich, weil ich fast alle Sonntage zu meiner Tante gehe und mich dort ein wenig unterhalte?

4] Antwort: Ja, Mein liebes Töchterchen, das ist Mir wohl freilich nicht sehr angenehm, weil du dadurch stets mehr Sinn für die Welt in dich aufnimmst, durch den du mit der Zeit Mich stets mehr und mehr vergessen könntest, was Mich dann wohl sehr schmerzen würde, so du Mir endlich völlig untreu werden möchtest.

5] Daher wäre es Mir wohl lieber, wenn du gerade nicht an jedem Sonntage dich zur Tante abholen ließest, sondern nur dann und wann, wenn du schon die Tante besuchen mußt, von der du außer einem kleinen Imbiß und einigen sehr wohlfeilen, nichtssagenden Spielereien eben nicht viel Besseres bekommst. — Wenn du aber in deinem Herzchen so manchmal, statt allezeit zur Tante, zu Mir kämest, da könnte Ich dir mit etwas viel Besserem aufwarten als deine Tante, die sehr eitel ist.

6] Siehe also, du Mein liebes Töchterchen, mit deinem regelmäßigen Zur-Tante-Gehen bin Ich schon nicht so recht einverstanden, verbiete es dir aber auch nicht im geringsten, dahin zu gehen. — Du kannst tun, wie es dir Freude macht. Denn siehe: Mich erfreut ja eine erzwungene Liebe nicht, sondern nur eine freie.

7] Wenn du Mich manchmal frei deiner Tante vorziehen wirst, dann wird es Mich freuen. Aber so Ich dich dazu zwingen möchte oder müßte, da würde Mich deines Herzens Opfer nicht freuen! Gerade wie es dich auch nicht freuen möchte, so dich jemand nur dann lieb hätte, so du ihn dazu zwingen müßtest — gerade also ist es auch bei Mir!

8] Die sind Mir stets die Liebsten, die von selbst zu Mir kommen, Mich allezeit im Herzen aufsuchen und Mich dann von ganzem Herzen über alles lieb haben. — Sie habe aber dann auch Ich über alles lieb und eröffne ihnen alle Schätze Meiner Himmel!

9] Tue du, Mein liebes Töchterchen, denn auch also, so wirst du bald in Meiner großen Liebe groß werden und wirst sehen, wie übergut und überreich Ich, als dein wahrer Vater, bin und was alles Ich denen geben kann, die Mich über alles lieben!

10] Das beherzige du, Mein liebes Töchterchen, nur recht von ganzem Herzen, dann wirst du bald ganz in Mein Vaterherz kommen! — Das sage und verheiße Ich, dein lieber Vater, dir! Amen.

Vor Gott ein Greuel

Am 30. Mai 1847

„Da sagte Er zu ihnen: »Ihr seid Leute, die sich selbst vor den Menschen als gerecht hinstellen. Gott aber kennt eure Herzen! Denn was von den Menschen als groß angesehen wird, ist ein Greuel vor Gott!«" (Luk. 16, 15).

An diesem Texte haben sich wohl schon sehr viele Große und Kleine auf das gewaltigste gestoßen. Denn natürlich gilt dieser Ausspruch den Menschen und nicht den Dingen und Tieren. Und so sind es da auch besonders die Menschen von weltlich hohem Range, denen dieser Text widriger klingt als die allerverstimmteste Musik!

2] Aber dessenungeachtet kann dieser Ausspruch dennoch ewig nimmer zurückgenommen und als ungültig erklärt werden. Dieser Text ist ein Eckstein, den die gewöhnlichen Bauleute tatsächlich verwerfen und über den sie oft ganz gewaltig herfallen und sich dabei scheußlich zerschlagen – oder, was noch ärger ist, der Eckstein fällt über sie; da erst werden sie ganz zermalmt!

3] In gar vielen Ländern, wie in Frankreich, Spanien, den Niederlanden und in noch manch andern, ist dieser Eckstein schon öfters den sich groß dünkenden Bauleuten – natürlich und geistig – auf den Kopf gefallen und hat sie samt ihrer Wahngröße ganz entsetzlich zermalmet. – Diabolus autem non in pace suam habet requiem![1] Daher werden diese dennoch nimmer durch solche Erfahrung klug, sondern sind gleich dummen Sperlingen, die sich bald wieder auf denselben Ast setzen, von dem sie eine Minute früher ein Jäger durch einen scharfen Schuß bis über die Hälfte herabsubtrahierte.

4] Ja, gar viel mehr würde Ich bei den Großen gelten, so Ich diesen Ausspruch nicht getan hätte. Da Ich ihn aber eben dennoch gemacht habe, wohlwissend, daß er den Weltgroßen nicht munden werde, so bin Ich für Mich Selbst bei ihnen nicht am besten angeschrieben. Sie behandeln Mich daher auch nur als eine moralisch-politische Person, der sie des gemeinen Volkes und „Pöbels“ wegen die Göttlichkeit belassen, ja der sie goldene sogenannte Gottesdienstfeste halten und, eben wegen des Volkes und „Pöbels“, oft selbst um Geld diesen Dienst verrichten. Aber ihr Herz ist (meist) so ferne von Mir, als da entfernt sind die äußersten Polarsterne der Weltschöpfung.

5] Daher sage Ich allezeit zu ihnen: Wehe euch, ihr hochmütigen Pharisäer, die ihr Mücken säuget, dafür aber Kamele verschlinget – euch wird dieser Eckstein dreifach schwer treffen! – Wehe euch, ihr argwöhnischen Großen, die ihr euch für groß und mächtig dünket und drücket durch eure Greuellast den Geist und das Fleisch der Kleinen und Armen! Euch wird der Eckstein zehnfach schwer treffen und wird euch zermalmen wie der Mühlstein das Korn und zerschmeißen wie der Sturm eine leichte, wertlose Spreu!

6] Warte nur, du reicher und durch dein Geld mächtiger Prasser in den Gelüsten der Welt, der du deinen Knecht und deine Magd schlägst und tötest, so sie dir gestehen, daß auch sie Menschen sind! Dein

[1] Der Teufel hat auch im Frieden keine Ruhe! – D. Hsg.

Gericht wird wie ein glühendes Erz über dich ausgegossen werden. Und es wird sich zeigen, ob du Mir auf tausend eins wirst antworten können!

7] Die aber auf der Welt des Volkes wegen groß sein müssen, als Kaiser, Könige, Herzoge und Fürsten — diese geht unser Text nicht an, so sie ihn nicht verachten. Verachten sie ihn aber, dann geht er auch sie an, obschon sie Meine gesalbten Machtträger auf Erden sind!

8] Alle aber, die sich groß dünken und nicht gesalbt sind — weder irdisch und noch viel weniger geistig — als da sind Reiche an Geld und Gütern und Reiche an allerlei weltlichen Wissenschaften und sonstigen Geld und Auszeichnungen tragenden Geschicklichkeiten, als etwa allerlei Doktoren, Meister (Professoren), Gaukler, Schauspieler, Dichter, Maler, Tonkünstler und noch eine Menge derlei, so sie Brotneider und Ehrabschneider an allen ihres Gelichters sind — diese alle sind, je größer und geachteter sie sich dünken und je mehr sie ihresgleichen in den Staub herabzudrücken sich bemühen, desto mehr Greuel vor Mir, dem Herrn!

9] Jede Vollkommenheit kommt von Mir und ist als eine Gabe Meines Geistes zu betrachten. Wer sie demütig und zum Nutzen seiner Brüder (Mitmenschen) verwendet und nicht damit gieret nach Geld und Ehre der Welt, dem soll sie ein rechter Segen sein zeitlich und ewig! Wer aber damit das Gegenteil tut, der ist wie ein Sünder gegen den Heiligen Geist und somit buchstäblich ein Greuel vor Mir, der Ich ihm solche Gabe verliehen habe.

10] Herrscher und Amtleute sollen sich bemühen, Männer nach Meinem Herzen zu sein, im Geiste und in der Wahrheit! — Reiche sollen für die Armen pure Sachwalter sein! — Doktoren (Gelehrte) sollen Meine Gnade fassen! — Künstler sollen aus ihrer Kunst Mich erkennen! — Und alle sonstigen irdischen Meister sollen bloß Mich als den alleinigen Meister in allen Dingen anerkennen, dann das, was sie sind, in Meiner Ordnung sein — alsdann wird aller Greuel vor Meinen Augen verschwinden für ewig! Amen. Amen. Amen.

☆

Die Macht im Schwachen

eine kleine Gleichnisgeschichte

Am 31. Mai 1847

Es war dereinst eine Witwe, der drei Männer im Verlaufe von kurzen Zeitfristen gestorben waren. Als sie zum dritten Male Witwe ward, da überlegte sie bei sich tief trauernden Herzens, was sie tun solle: ob sie noch einen Mann nehmen solle, so man zum vierten Male um sie werben sollte?

2] Sieben Tage lang überlegte sie diese Sache. Am achten Tage aber siegte ihr Herz über ihre Gedanken, und sie sprach zu sich: „Ich habe nun die Ueberzeugung in mir gefunden, daß, so ich mir den vierten Mann nehme, auch dieser sterben würde in der Bälde, denn ich bin zu sehr mit weiblichen Reizen ausgestattet und diese bringen jedem Manne den Tod. Daher will ich nun Witwe verbleiben bis an mein Lebensende, und kein Mann soll mehr den Tod in meinen Reizen finden! Also beschlossen und also getan muß es sein! Denn ich sehe, daß ich für die Männer nicht geschaffen bin."

3] Am neunten Tage nach solchem festen Beschlusse aber kam ein Freier und warb um ihre Hand. Und die Witwe gedachte ihres Beschlusses und sprach zu dem Werber: „Freund, was willst du von mir? Soll ich auch dir den Tod geben? — Hast du denn nicht gehört, wie bald die drei, denen ich Weib war, gestorben sind, da sie meinen Reizen nicht widerstehen konnten — und alle waren Männer von großer Stärke?! Du aber bist ein Schwächling und willst mich zum Weibe! Wirst du nicht schon in den ersten Tagen unter Meinen Reizen als ein Opfer deiner Schwäche fallen?!"

4] Aber der schwache Bewerber um die Hand der Witwe sprach mit gemessenen Worten: „Schönstes Weib! Wohl weiß ich das Schicksal der drei Männer, denen du ein Weib warst und von denen du eine dreifache Witwe bist. Aber siehe, nicht von der Art dieser deiner drei früheren Männer bin ich. Mir werden deine Reize nichts anhaben, denn ich kenne mich ebensogut, wie du dich selbst kennst! Was deinen früheren Männern zum Tode gereichte, das wird mir zum Leben gereichen! Und du sollst nicht verantwortlich sein, so ich auch stürbe an deiner Seite. Wohl aber sage ich dir: Siehe, ich werde deinen Leichnam eher ins Grab legen, als du den meinigen! Versuche es nur, und du wirst dich überzeugen, daß ich, als der »Schwache«, am Ende dennoch stärker sein werde als du und deine drei ersten, aber nun im Grabe modernden Männer, die an deinen Reizen den Tod fanden."

5] Als die Witwe solches von dem schwachen Manne vernommen, wurde sie erbost in ihrem Herzen und sprach zum schwachen Bewerber: „Wohl denn, weil auch du ein Feind deines Lebens bist, so nimm hier meine Hand — und stirb! Ich bin nun dein Weib, dein Tod!"

6] Und der Mann nahm der Witwe Hand, drückte sie an sein Herz und sprach: „Ich habe gesiegt! — Wohl ist Tod in dir, dein Blut ist Gift und Pest dein Hauch und dein Fleisch wie das der Nattern. Aber doch sollst du mir nicht den Tod geben!"

7] Als die Ehe ein Jahr gedauert hatte, ward das Weib zum ersten Male gesegnet und verwunderte sich darob, daß der Schwache solches vermochte, was die drei früheren nicht vermocht hatten, da sie allezeit eben daran starben.

8] So kam auch das zweite Jahr, und wieder war das Weib gesegnet; und das dritte und das vierte Jahr, und jedes war neu gesegnet. — Und das Weib staunte über ihres Mannes Kraft und Vermögen und ward schwach, krank und starb.

9] Als sie aber dann zum Grabe gebracht wurde, da ließ es der Mann nicht zu, daß sie begraben würde, sondern ließ den Sarg öffnen und legte seine Hand auf das Herz des Weibes. — Und siehe, da fing es an, sich zu regen. Und sie richtete sich auf und ward wieder völlig lebend.

10] Und der Mann sprach zum wiederbelebten Weibe: „Siehst du nun, wieviel Kraft in dem »schwachen« Manne ist! Nicht nur stirbt er nicht und wird ewig nimmer sterben, sondern er kann auch die beleben, die schon gestorben an seiner Hand und seinem Herzen!"

11] Da sprang das Weib aus dem Sarge und hüpfte und sprang vor Freude um ihren wunderkräftigen Mann und sprach: „Wer bist du, der du solches vermagst wie keiner vor dir?"

12] Und der Mann sprach: „Ich bin das *Alpha und Omega, den du, Welt, lange verkanntest!* — Aber eben Der, den du am Ende für nichts hieltest, ist es, der dir das wiedergab, was du vermißtest an denen, die zuvor deine Hand und dein Herz hatten und denen du zum Tode warst! — Da du aber nun erwecket bist und wieder lebst und nimmer sterben wirst und hast aus Mir gezeugte lebendige Frucht zutage gefördert, so sollen *auch die wieder leben*, die an dir gestorben sind! — *Es werde!*"

13] Diese kleine Geschichte soll erst nach einiger Zeit näher enthüllt werden. Amen.

☆

Von der Weisheit und Güte Gottes

eine Gleichnisgeschichte

Am 1. Juni 1847

Es war ein Hausherr, der hatte einen großen Garten, darin viele und verschiedene Obstbäume standen. Unter diesen waren einige, die ein frühreifes Obst trugen, andere wieder trugen ein etwas später reifendes und wieder andere trugen ein noch späteres. Und endlich waren auch Bäume da, die ihre Frucht nur sehr spät zur mäßigen Reife brachten, und diese mußte darum den halben Winter abliegen, bis sie genießbar war.

2] Dieser Hausherr hatte aber auch viele Diener und mehrere Kinder. Die Kinder und die Diener aber hielt er gleich und sandte sie fleißig in den großen Garten, zu warten die Bäume und zu sehen, wie die Früchte stehen und ob sich hie und da etwas Reifes zeige?

3] Die Kinder und Diener erfüllten genau des Hausvaters Willen. Und als sie auf den Frühbäumen etliches reife Obst entdeckten, da rannten sie eilends und voll Freude zum Hausvater und zeigten ihm solches an.

4] Da ging der Hausvater hinaus und besah die etlichen, schon sehr früh reif gewordenen Früchte der Frühbäume und gebot den Dienern, sie herabzunehmen und sie den Kindern, die sich schon sehr darauf freuten, zu geben.

5] Und die Diener taten nach dem Worte des Hausvaters. — Als aber die Kinder dieses Erstlingsobst der Frühbäume verkosteten, da machten sie ganz saure und wässerige Gesichter und sprachen zum Vater: „Wahrlich, mit dieser Frucht ist unsere Mühe nicht belohnt! Das Obst sieht wohl recht herrlich und schön aus, aber hier trügt der Schein."

6] Und der Hausvater sprach: „So lasset dieses Obst und wartet noch einige Tage, bis die Glut der Sonne es mehr würzen wird! Dann wird es schon wohlschmeckender sein. Denn wir wissen es ja schon seit lange her, daß allenthalben die Erstlinge nicht viel heißen[1]."

7] Und Diener und Kinder gaben sich mit diesem Bescheide zufrieden und verließen mit dem Hausvater den Garten. — Nach einigen Tagen aber kehrten sie wieder in den Garten zurück und fanden schon eine Menge wohlreifes Frühobst und gingen und zeigten solches dem Hausvater an. — Und dieser ging sogleich mit ihnen hinaus in den Garten, besah das Obst und sprach zu den Dienern: „Nun gehet und holet allerlei Körbe ob der verschiedenen Gattungen, daß sie nicht vermengt werden! Und löset alles Vollreife herab, auf daß wir dann eine rechte Mahlzeit halten!"

---

[1] nütze sind.

8] Und die Diener taten, wie es ihnen der Hausvater geboten hatte. — Als das Obst nun gelöset und im Hause auf den großen Tisch gesetzt war, da segnete es der Hausvater. Und Kinder und Diener setzten sich an denselben Tisch und nahmen die Früchte und aßen dieselben mit großer Lust — und wurden gesättigt.

9] Als sie aber satt waren, dankten sie dem Vater und sprachen: „Vater! Nun hat das Obst wohl einen viel besseren Geschmack. Aber siehe, nun ist auf einmal so viel da, daß sich ob der Menge und dadurch bewirkten Uebersättigung der gute Wohlgeschmack am Ende verliert! Wäre es denn nicht besser, so die Erstlinge so wohlschmeckend wären, wie nun dieses vollreife Obst? Welche Erquickung würden sie gewähren!"

10] Der Hausvater aber sprach: „Ihr habt recht! Aber wisset, was da zu tun ist? — Sehet, fürs erste: eine rechte Mäßigkeit! Und fürs zweite: eine rechte Geduld! Früchte nie früher von den Bäumen nehmen, als so sie vollreif sind, und dann nur so viel, als es ein einmaliges Bedürfnis erheischt! — Darum wollen wir bei der zweiten Fruchtgattung diese Regel beachten, und es wird euch dann alles sehr wohl schmecken."

11] Und siehe, es kam die Reife der zweiten Obstgattung, und es wurde des Hausvaters Regel beachtet. Und alles Obst schmeckte den Kindern und Dienern wohl! — Der gleiche Fall war es mit der dritten Gattung.

12] Als aber die späteste Gattung zur Reife gelangte, da sprachen die Kinder und Diener zum Hausvater: „Siehe, die Tage werden kalt, und die letzte Frucht hängt wohl sehr reichlich an den Bäumen, sieht gut aus, aber so man sie verkostet, da zieht ihre Säure den Mund zusammen, so daß man alle Lust verliert, sich an ein zweites Obststück zu machen. Was aber sollen wir da tun?"

13] Und der Hausherr sprach: „Also ist der Zeitenlauf vollendet! — Ich weiß wohl, daß diese letzte und späteste Gattung nicht zur Vollreife gelangen konnte auf dem Baume, da das Licht und die Wärme schon so sehr abgenommen haben und die Nächte lang und die Tage kurz und kalt geworden sind. Dennoch aber wollen wir die nicht zur Vollreife gekommenen Früchte nicht auf den Bäumen zur Beute des alles tötenden Winters werden lassen, sondern gehet und holet mir allerlei Gefäße für die verschiedenen Gattungen und löset mir dieses Spätobst mit vierfacher Behutsamkeit von den Bäumen! — Dieses Obst wollen wir in erwärmten Gemächern abliegen lassen, und dann soll es besser werden als alle die früheren Gattungen, die durch des Sommers Glut schon auf den Bäumen die Vollreife erlangt haben."

14] Und Kinder und Diener taten, wie es ihnen der Hausvater geboten. Und siehe, also war es gut, und der Winter fand, als er kam, nichts als Laub an den Bäumen, aber eine Frucht fand er nimmer, daß er sie tötete!

15] Und so war am Ende dennoch alles gut. Und Kinder und Diener lobten gleich des Hausvaters Weisheit und Güte.

16] Was diese kleine Geschichte etwa doch für einen Sinn hat — darüber denket in euerem Herzen nach, auf daß ihr auch aus dem Bilde der Natur es lernet, wie die Geheimnisse Gottes bestellt sind.

17] Seid jedoch nicht zu eilfertig mit euerer Auffassung! Denn auf einen Hieb fällt kein Baum von Bedeutung! — Nach einiger Zeit will Ich euch dazu die Enthüllung geben. Amen.

Gott über alles!

Am 3. Juni 1847

Bitte der Wilhelmine Hüttenbrenner: „O Du allerheiligster, allerliebster und allerzärtlichster Herr Jesus, mein Gott, mein Vater! — Wie soll ich es denn anstellen, was tun, um Dich, du ewige, purste Liebe, überalles lieben zu können? — Denn siehe, ich kann mich noch so zusammennehmen und mich im Gemüte fassen, so kräftig ich es nur immer vermag, und kann es dennoch nicht dahin bringen, daß ich Dich mehr lieben könnte als so manches in der Welt, das mir in seiner Art irgend wohlgefällt und mein Herz besonders anzieht. — Ich weiß aber, daß es also gefehlt und nicht in der Ordnung ist. Darum wende ich mich an Dich, daß Du mir durch Deinen Knecht den rechten Weg zeigen möchtest. Vergib mir diese meine vielleicht recht dumme Dreistigkeit! Dein allein heiliger Wille geschehe!"

Meine liebe Tochter! Diese Anfrage, wenn sie so recht vollernstlich aus deinem Herzen gekommen wäre, wie sie da oben steht, gefiele Mir um gar vieles besser als dein Namenstag. Aber siehe, da hat's, wie ihr zu sagen pfleget, eben einen kleinen „Haken"!

2] Ich weiß wohl, daß du Mich, wenn es so ziemlich leicht sein könnte, so recht von ganzem Herzen über alles lieben möchtest. Aber das ist eben der „hakliche" Umstand, daß dieses nicht ganz so leicht sein kann, wie du es dir, größerer Bequemlichkeit wegen, wünschen möchtest.

3] Mich über alles zu lieben, ist eine recht schwere Lebensaufgabe — weil Ich nicht so, wie allenfalls ein junger

Mensch, in geschmeidigen Kleidern sichtbar bin, Mich auch nicht darauf verstehen kann, euch Mädchen im sogenannten guten Tone den Hof zu machen. Auch bin Ich weltlicherseits ein rechter „Schroll", der sich auf die feine Sprache eigentlich nie verlegt hat und die Gegenwart von manchmal sehr empfindlichen Kindern auch gar nicht brauchen kann. Ich rede, so Ich rede, so hübsch derb von der Leber weg; meine es aber damit freilich wohl allezeit am allerbesten.

4] Aber das will nicht jedermann gefallen. Und darum geschieht es denn auch gar so leicht, daß sich junge, wohlgestaltete und wohlgesittete Mädchen leichter in irgendeinen jungen Weltmenschen verlieben können, besonders wenn er so recht nett zusammengestutzt ist — als in Mich, einen rauhen Zimmermannssohn, der dieses Handwerk bis in sein dreißigstes Jahr ausgeübt hat, um Sich und Seinen irdischen Eltern, Brüdern und Schwestern das tägliche, kümmerliche Brot zu verdienen, und der sehr grobe Hände hatte, mit vielen Arbeitsblattern versehen, und durchaus keine feine Rede; wohl mitunter fürs gemeine Volk recht herzlich, aber nie fein.

5] Siehe, so wie Ich aber war, bin Ich noch: weltlich ungeschliffen, geraden, aber stets ewig wahren Wortes, ein Feind aller Weltpracht, die den Geist verdirbt; und schaue auf sonst nichts, als bloß nur aufs Herz und auf dessen Werke!

6] Nun siehe, so du nun wissen möchtest, wie du es anfangen sollest, um Mich so recht über alles zu lieben, da frage dein Herz, wenn du so einen recht durch und durch arbeitsmüden Tagwerker, in grobe Kleider gehüllt, von der Sonne verbrannt, im Gesichte voll Bart und grober Arbeitsfalten und Striemen, siehst — ob du dich in ihn so recht von ganzem Herzen verlieben könntest darob, daß er Mir, so sein Herz in Ordnung ist, am nächsten steht?

7] Wirst du finden, daß du so einem Taglöhner, wie Ich Selbst einer auf der Erde war, recht von Herzen vor der ganzen Welt gut sein könntest, so werden auch wir uns in dem Grade nähern, als du in dir selbst die Möglichkeit gefunden hast, dich im Herzen also zu demütigen. (Obschon Ich wieder nicht verlange, daß jemand das wirklich in der Tat ausführen solle, wozu er im Herzen die lebendige Befähigung hat! Denn da bin Ich vollkommen durch den demütigen Willen zufrieden.)

8] Wer Mich recht lieben will, der muß Mich als gemeinen Taglöhner und Zimmermannsgesellen zu lieben anfangen und so emporsteigen zum Herrn, zum Vater und dann zum Gotte. — Dann wird er Mich bald und leicht „über alles“ lieben. — Aber wohlgemerkt! Allezeit beim gemeinen Zimmermannsgesellen anfangen! Sonst geht es schwer oder gar nicht!

9] Das nehme dir, du Mein liebes Töchterchen, recht wohlüberleglich zu Herzen — dann wird dir das schon werden, was dir nun noch abgeht! Amen. — Das sagt dir der gemeine „Zimmermannsgeselle“ und voll zerarbeitete „Taglöhner“! Amen. Amen. Amen.

☆

Die kunstvolle Turmuhr

Ein Gleichnis

Am 4. Juni 1847

Auf einem hohen Turme in einer Stadt dieser Zeit ließ ein Herzog eine prachtvolle Uhr aufrichten. Da der Turm achteckig war, so ließ er an jeder der acht Flächen, die natürlich zwischen die acht Ecken fielen, ein Zifferblatt machen, auf daß jedermann von allen möglichen Punkten aus die Stunden bemerken und sich überzeugen könne, um die wievielte Tagesstunde, Minute und Sekunde es sei.

2] Nebst der genauesten Zeiteinteilung von der Stunde bis zur Sekunde zeigte die Uhr aber auch das monatliche Tagesdatum, den Stand des Mondes und auch den Stand der anderen Planeten, sowie die tägliche Dauer des Lichtes vom Aufgange bis zum Niedergange der Sonne und danebst auch die vier Jahreszeiten — aber natürlich alle diese besonderen astronomischen Daten auf eigenen, unter dem Hauptuhrblatte angebrachten astronomischen Zifferblättern.

3] Nebst all dem aber, was diese Uhr auf ihren Zifferblättern zeigte, hatte sie auch ein ganz vortreffliches Stunden- und Viertelstundenschlagwerk und dabei auch noch ein allerreinstes Glockenspielwerk — und für allen diesen überaus kompliziert künstlichen Mechanismus nur ein einziges Triebgewicht! Kurz und gut, diese Uhr suchte vergeblich ihresgleichen irgendwo in der ganzen gebildeten Welt!

4] Allein daran liegt nichts, auch daran nicht, daß sie einen so verschiedenen Dienst so überaus richtig verrichtete; aber daß da alle diese unter sich sehr verschiedenen Verrichtungen nur von einem und demselben Triebgewichte in die zweckdienlichste Bewegung gesetzt wurden, das war das eigentliche Wunderbare bei dieser Uhr.

5] Als ein *Fremder* in diese Stadt kam, da fiel ihm die also ersichtliche Uhr wohl zuerst auf, und er fragte den nächsten besten, wie viele Triebfedern und Gewichte wohl etwa diese Uhr habe. Als man ihn beschied: „Nur eines!", da ward er völlig verblüfft und ungläubig und sprach: „Das ist eine Unmöglichkeit! So viele und so verschiedene Verrichtungen und nur eine Triebkraft!? Nein, nein, das geht nicht, das ist unmöglich!"

6] Wieder kam ein *anderer* von der Fremde und besah die Uhr und verwunderte sich über und über, als man ihm erklärte, was die Uhr alles verrichte. Er meinte, es müsse da ein jedes Zifferblatt ein eigenes Triebwerk haben, wodurch der Turm natürlich von lauter verschiedenen Uhren angestopft sein müßte. Als man ihm aber erklärte, daß da nur ein *einziges* Triebwerk all die Zeiger bewege, ward er völlig aufgebracht, da er meinte, daß man sich ob seiner Unwissenheit mit ihm nur einen Foppspaß erlaube. Und er ging von dannen und erkundigte sich nicht weiter um dies Uhrwerk.

7] Und wieder kam ein *anderer* aus der Fremde und bewunderte diese Uhr und fragte nach dem *Meister* derselben. Und man gab ihm zur Antwort: „Der Meister dieser Uhr war ein ganz schlichter Landmann, und es ist nicht gewiß, ob er des Lesens und Schreibens kundig war!"

8] Diese richtige Antwort brachte den Fremden in eine förmliche Wut, daß er darob schwieg und bald ging, weil er nicht gekommen sei, um sich da für einen blöden Narren auf eine so plumpe Art schelten zu lassen.

9] Und so kamen noch eine *Menge* und fragten wie die ersten. Als man sie aber näher in die Geheimnisse dieses Kunstwerkes einweihen wollte, da wurden sie alle ärgerlich und sprachen: „Bis wir das mit eigenen Augen gesehen haben, können wir es nicht glauben!"

10] Und siehe, man führte sie in den Turm. Als sie aber da das nahezu zahllose Räderwerk, die vielen Hebel, Zylinder, Haken, Stangen und noch tausend andere mechanische Vorrichtungen und Verbindungen erblickten, da wurden sie förmlich unsinnig und sprachen und schrien: „*Wer* kann dieses Werk durchschauen und begreifen? Das kann kein *Mensch* gemacht haben! Da gehören hundert Menschenalter dazu, um nur die Bestandteile dieses Werkes *abzuzählen*, geschweige erst zu *machen*!" — Und all diese Fremden gingen ganz unsinnig von dannen.

11] Nur *wenige* ließen sich über die Richtigkeit dieses Werkes belehren, obwohl den wenigen Besseren der zu schlichte und *unwis-*

senschaftlich gebildete Werkmeister mehr oder weniger ein Stein des Anstoßes blieb.

12] Was wohl lehret dieses Bild? Was ist dessen innerer, geheimer Sinn? — Darüber denke ein jeder ein wenig nach und übe sich also im Aufsuchen der inneren Wahrheiten und entdecke darin so viel, als ihm möglich ist, bis seiner Zeit die vollkommene Löse gegeben werden wird! Amen.

☆

Ein Nocturno

Am 5. Juni 1847

Siehe, viele weltliche Dichter schrieben und schreiben „Nocturnos" und haben doch keinen rechten Grund dazu. Daher werde doch wohl auch Ich irgendein Nocturno zuwegebringen, da Ich nun gar viel Grund dazu habe.

2] Was ist denn eigentlich ein „Nocturno"? — Es ist ein Nachtstück oder ein Stück, das in der Nacht spielt oder nur in der Nacht gegeben wird. — Ein solches Stück wird etwa doch nicht schwer zu geben und noch leichter zu machen sein, da nun auf der Erde überall die größte Nacht herrscht und alles, was da vorkommt, ein wahrstes Nocturno ist!

3] Komme Ich Selbst zu den Menschen durch den Geist Meiner Liebe, so kommt dieser, Mich tragend, allezeit ins größte Nocturno der Menschen! — Denn einige wenige glauben es zwar wohl, aber sie machen den Glauben nicht lebendig durch die Werke und haben nur wenig oder wohl gar kein Vertrauen aus ihrem Sologlauben an Mich! Daher ist da sehr viel Nocturno!

4] Andere glauben nichts, tun, was sie wollen, und setzen all ihr Vertrauen auf Silber, Gold und Bankaktien. — Da ist noch bei weitem mehr Nocturno!

5] Andere wieder sind voll Glaubens, voll Eifers, voll guten Willens und haben Liebe und Vertrauen — solange ihr Leib so recht kerngesund ist. Wenn Ich aber ihr Fleisch nur ein wenig heimsuche, so ist auch bei ihnen alsbald alles Nocturno. — Wenn auch der Glaube noch eine Zeit anhält, so geht aber die heilige Liebe zu Mir und ihr festes Vertrauen auf Mich ins barste Nocturno über. Denn da jammern sie bald entsetzlich und trauen Mir in ihrem Herzen gerade so viel, wie einem Arzte, der noch nie so glücklich war, irgendeinen Patienten von einer Krankheit zu retten, sondern einen jeden, der sich ihm anvertraute, in die andere Welt expedierte! — So etwas wird doch ein ganz echtes Nocturno sein?!

6] Wieder gibt es Menschen, die nur dann recht begeistert von Mir reden und Mich nur dann loben, wenn sie so ein wenig vom Wein oder Biere begeistert worden sind. Ist aber dieser Geist verflogen, dann bin Ich zu einem ganz trockenen Patron ihres Herzens geworden. Da ist kein Enthusiasmus, keine liebeglutsprühende Rede und kein diamantenes Vertrauen mehr zu verspüren! — Ist das etwa nicht auch ein Nocturno?!

7] Und so hie und da Mein Wort so trocken behandelt wird, wie da ist der Sand der Wüste Sahara in Afrika, daneben aber irgendein überaus dummer und fader Roman wie eine Heilquelle — das wird doch etwa auch ein echtes Nocturno sein, wenn man den Dreck für Gold, das Gold aber, das echte Gold, für einen baren Dreck ansieht!? — O das ist ein wahres Nocturno-Solo!

8] Wenn Menschen aus Gewohnheit oder aus Politik in die Bethäuser laufen und darinnen entweder schlafen oder ihresgleichen begaffen und bekritteln, lüsterne Blicke auf üppige Dirnen werfen, und diese umgekehrt die Schnauzbärte und Modefräcke der Stutzer beliebäugeln und gar nicht bedenken, daß Meine Häuser Bethäuser sind und nicht Modebazars und ebensowenig Schlaf-, Ausricht- und Stelldicheinhäuser — so etwas wird doch auch wieder ein allerbarstes Nocturno sein?!

9] Oh — und das ist ein Nocturno nonplusultra, wenn man sich in der christlich sein wollenden Kirche für allerlei gottesdienstlich sein sollende Handlungen ganz wuchermäßig zahlen läßt und gegen Zahlungsunfähige sogar Exekution führt — was vorzugsweise dann geschieht, wenn einem verstorbenen Bruder ein sogenannter kirchlich-christlicher Liebedienst (als da ist eine Beerdigung und das Beten für ihn) erwiesen wird, der Tote nachweislich kein Geld hatte und seine Hinterlassenen, das nicht wissend, ihn doch etwas besser als irgendeinen Selbstmörder wollten beerdigen lassen. Da erscheint dann bald der Kirchendiener mit einem Konto, wie ein Fleischer am Ende des Jahres bei einer Herrschaft, der er das ganze Jahr hindurch auf Rechnung geliefert hat! — Ob das nicht auch ein ganz entsetzlich grobes Nocturno ist?!

10] Und was etwa ist das, wenn so manche Große alles Licht von ihren schwächeren Brüdern durch allerlei finsteres Blendwerk mit

Gewalt hintanhalten?! — O das wird sicher auch ein ganz sonderlich gewaltig starkes Nocturno sein?!

11] O Nocturno über Nocturno in allen Winkeln der Erde! — Nocturno in der Religion, Nocturno in aller Wissenschaft, Nocturno im Glauben, Nocturno in der Liebe zu Mir und zum Nächsten, Nocturno in allem Tun und Lassen, Nocturno im Handel und Wandel, Nocturno in aller Freundschaft, Nocturno in der Treue, Nocturno im Halten des Versprechens, Nocturno in der Beharrlichkeit zum Guten und Wahren — und dergleichen Nocturnos noch eine unzählige Menge!

12] Daher aber auch von Mir aus ebensoviele Nocturnos gegen die Menschen! — Ihre Gebete sind für Mich Nocturno und werden nicht erhört. – Die große allseitige Not — Nocturno, Ich kenne sie nicht! — Ihr Jammer und ihre große Trübsal — Nocturno, Ich sehe sie nicht! — Seuche, Hungersnot, Pestillenz — Nocturnos, Ich will Mich alles dessen nicht annehmen! — Die Aussicht auf ein einstiges ewiges Leben in Meinem Reiche — sehr starkes Nocturno mit Begleitung des Heulens und Zähneklapperns! Ich kümmere Mich dessen kaum! — Und so noch eine Menge Nocturnos von Mir aus!

13] Nocturno her — also auch Nocturno hin! Und somit Nocturno für Nocturno! – Sehet aber zu, daß bei euch nicht auch irgendein Nocturno einreißt, da Ich dann genötigt wäre, ihm auch mit einem Kontra-Nocturno zu begegnen! — Dieses beherziget recht tief! Amen.

Ein falscher Volksführer

Am 7. Juni 1847

Siehe du, Mein Knecht, so lohnt die Erde jene Geister, die das Evangelium in die Materie setzen, in dieser ihr Heil suchen und dann solch ein Wahnheil auch ihren Nebenmenschen aufbürden unter mannigfachen Lasten, die sie auf ihren eigenen Rücken nur dann legen, wenn dadurch entweder ein großer Ehr- oder Goldgewinn herausschaut, oder so ihnen derlei Lasten von irgendeinem mächtigeren Gerichte, wie das Joch dem Ochsen, an den Hals gebunden werden.

2] Was hat nun dieser Mann[1], dessen Name auf der ganzen Erde viel ausgedehnter als der Meinige genannt wird, von all seiner,

[1] Daniel O'Connell, berühmter katholischer Volksführer in Irland 1775—1847. Er betrieb mit Feuereifer den Widerruf (repeal) der Vereinigung des katholischen Irland mit dem protestantischen England. D. Hsg.

irdischen Ruhmgröße, darnach er so ganz eigentlich gegiert hat — von seinen großen materiellen Reichtümern, die er sich gleich einem Salomo in überschwenglicher Fülle erworben hat?! Was hat er nun von all seinen hochtrabenden, prahlerischen Reden, was von seinem ultramontanen, allerschwärzesten Jesuitengeiste, wie er jetzt beschaffen ist und mit geringer Ausnahme auch allezeit beschaffen war?!

3] Nichts als den Lohn der Erde, der in dem besteht, daß der Name in den Zeitungen zum Ueberdrusse mancher Leser noch einige Male vorkommen wird. Wird dieser einmal den Zeitungsschreibern gar keine Milch mehr tragen, dann wird er noch in mehreren Biographien vorkommen, die schon sehr wenig gelesen werden. Darauf werden ihm die Geschichtsschreiber noch ein Plätzchen in ihren Geschichtsbüchern einräumen, und irgendein Bildhauer wird ums teure Geld auch ein heidnisches Monument meißeln und aufsetzen, währenddem sein Herz in Rom in goldenem Gefäße zu Staub und sein anderer Leichnam in Irland zu Asche wird![1]

4] Das Alleraußerordentlichste, was ihm nach Verlauf von mehreren Jahren noch passieren kann, ist, daß er von Rom aus heilig gesprochen werden, sein Name dann in irgendeiner Litanei für Irland vorkommen und unter der alten, höchst nichtigen Formel: „Heiliger O'Connell, bitt für uns!" angerufen wird aus dem Munde der Blinden!

5] Das ist aber dann auch schon das Nonplusultra[2] des Erdlohnes — und nur bis hieher, und dann um kein Haar mehr weiter! — Denn was es drüben, im Reiche wahrer, lebendiger Geister, mit solchen irdisch-jesuitischen „Großgeistern" für eine Bewandtnis haben wird, das läßt sich von jedem im höheren Geisteslichte nur ein wenig Bewanderten leicht herausleiten.

6] Ich will dir das nur durch eine ganz leicht faßliche Analyse zeigen. Und so höre! — Dieser Mann wollte aus lauter heimlicher Herrschsucht Irland von der nun rechtmäßigen Herrschaft Englands trennen und es dann im Sinne der Jesuiten beherrschen. — Frage: Wie viel Leben für den Geist liegt in der Herrschsucht!

7] Dieser Mann war sehr reich an Geld und an Grundbesitz und tat, selbst in der Zeit der Not, nicht, was Ich vom reichen Jünglinge verlangte. Was aber sagte Ich damals zu den Aposteln,

[1] laut letztwilliger Verfügung O'Connells. — [2] Allerhöchste

als der Reiche weinend von Mir schied, weil Ich die Austeilung seiner Güter unter die Armen von ihm verlangte, ihm aber dafür den ewigen Lebensschatz der Himmel anbot? Ich glaube, das Gleichnis vom Kamele und dem Nadelöhr wird dir bekannt sein!

8] Der Mann [O'Connell] trachtete nach dem größten Weltruhme, der ihm auch mit großem Uebermaße zuteil ward. Wie aber und was ist das vor *Mir*, was vor der Welt groß ist?

9] In der Schrift heißt es: „Wer unter euch der Erste sein will, der sei der Letzte unter euch und sei euer aller Knecht!" — War das wohl dieser Mann, der mit seiner Weisheit das ganze englische Parlament wie eine Mücke zerquetschen wollte und bei jeder Gelegenheit kräftigst bemerkte, wie er nur zu winken brauche, und Millionen werden sich seinem Winke mit Blut und Leben fügen?! Wahrlich, aus derlei Beteuerungen schaut doch sicher überaus wenig Demut heraus, ohne welche niemand das ewige Leben erreichen kann!

10] Hätte der Mann kein *Licht* gehabt, so wäre es so schlimm nicht um ihn. Aber er hatte Licht, wandte aber sein Gesicht dennoch freiwillig der Finsternis zu, um nur seine Weltgröße zu befestigen. — Frage: Wie viel des ewigen Lebens schaut da heraus?!

11] Freilich wohl sind bei Mir gar viele Dinge möglich, die bei den Menschen nicht als möglich gedacht werden können. Aber neben dem bleibt der Ausspruch doch ewig stehen, demzufolge ein Kamel leichter durch ein Nadelöhr geht als ein solcher glanzreicher Advokat ins Himmelreich.

12] Dieses sei aber darum dennoch *nicht* als ein *Gericht* von Mir ausgesprochen, demzufolge dieser Mann *verloren* sein müßte; sondern es sei dir und deinen Freunden nur gezeigt, wie Mein Wort in seiner Forderung und Wirkung fortwährend gleich verbleibt und wie es den Mann in ihm selbst richtet, der es weiß und nicht befolgt!

13] Hätte dieser Mann Liebe zu Gott und zum Nächsten, rechte Untertänigkeit und vollste Demut gegen die rechtmäßige weltliche Obrigkeit, ob sie gut oder böse[1] sei, gepredigt und hätte er das Volk auf Mich allein zu vertrauen gelehrt und ihm gezeigt, wie man das Kreuz ergreifen und Mir nachfolgen muß, um das ewige Leben zu gewinnen — so stünde sein Name mit großen, glänzenden Buchstaben im Buche des Lebens geschrieben. — So aber steht er wohl

[1] d. h. mild oder hart; d. Hsg.

sehr oft schwarz auf weiß in den Schriften der Welt, aber im Buche des Lebens ist blutwenig von ihm zu sehen!

14] Von der „Repealsteuer" und von den großen „Meetings"-Schmausereien steht in der Bibel sicher kein Jota – ausgenommen die Fresserei des reichen Prassers mit ihren jenseitigen sehr schlimmen Folgen! – Darum müssen nun aber ebensoviele Hungers sterben, als wie viele bei den vielen „Meetings"[1] unnötigerweise samt ihrem weltlichen Freiheitsapostel geschwelgt haben. – Jedem gar zu tollen Streiche folgt die Strafe allezeit auf der Ferse. Dieser irische aber war schon einer der allertollsten – daher auch die scharfe Rute nicht unterm Weg bleiben konnte!

15] Ich aber handle stets gleich. Wenn Ich am entferntesten zu sein scheine, da bin Ich am nächsten, entweder lohnend oder strafend! Und wenn jemand am sichersten zu sein wähnt, wird er von Mir ergriffen, entweder zum Lohne oder zur Strafe!

16] Wehe dem, der da hat, wie dieser Mann, und schweiget in seinem Herzen zur Not seines Nächsten und macht sich am Ende physisch oder geistig aus dem Staube! – O Mir wird er nicht entgehen – wir werden gerade am rechten Orte zusammenstoßen!

17] Und des sei versichert auf ewig: Ich werde Mir nicht wehe tun, so Ich mit ihm zusammenstoßen werde – aber er wird zerstoßen werden jämmerlichst! Denn alles Harte, Große und Schwere wird auch einen harten, großen und schweren Stoß zu erleiden haben – in der Zeit wie in der Ewigkeit! Amen.

18] Das sage Ich dir, der Ich das Schwert wie den Lohn in Meiner Rechten halte. Amen.

Allerlei Müßiggänger

Am 8. Juni 1847

Wer ist ein Müßiggänger und wird den Lohn als solcher ernten, nämlich den Lohn dessen, der sein Talent vergrub?

2] Jeder ist ein barster Müßiggänger, der nicht beachtet das Wort des Lebens vom Anfang bis zum Ende, auf daß er in sich auffinden möchte den Brunnen Jakobs, darinnen das lebendige Wasser ist für die rechte Taufe – in der Wiedergeburt des Geistes – aufbewahret zum ewigen Leben!

[1] Versammlungen; d. Hsg.

3] Wer da sucht viel *irdische Güter* zu erwerben und ist voller Tätigkeit darum, der ist der *größte* Müßiggänger in Meinem Reiche. Und wüßte er auch die ganze Heilige Schrift von Wort zu Wort auswendig, so wäre das für ihn um so schlechter, wenn er dennoch lieber das tut, was die Welt als „vornehm" und „ehrbar" bekennt und woraus ein pur irdischer Nutzen herausschaut, Mein Wort aber nur insoweit beachtet, als es mit seiner weltlichen Tätigkeit vorteilhaft vereinbar ist, alles andere darin aber tatsächlich rein verwirft, und das nicht selten mit der ganz leichten Entschuldigung: „Das kann der Herr damit nicht gemeint haben! Und hat Er das gemeint, so kann Er weder die Menschen noch ihre Bedürfnisse gekannt und richtig vorgesehen haben!"

4] Ich, der *Herr*, aber sage darauf: Für *dich*, du weltsüchtiger Faulenzer in Meinem Reiche, habe Ich es gemeint, gerade also wie du es wähnest, daß Ich es nicht gemeint habe! Du barster Müßiggänger aber gleichest vollkommen jenem Toren, der sein Haus auf Sand baute, und als da kam ein Sturm und ein mächtiger Regen und stieß an das lose Haus, da fiel es alsbald und ward fürder keine Spur mehr davon zu entdecken, wie und wo es gestanden! So wird auch deines kurzen Daseins Spur für die Ewigkeit verwischt werden, da du auf Erden (Mir) ein barster Müßiggänger und ein leichtsinniger blinder Tor warst und wolltest lieber auf Sand denn auf einen Felsen das Haus deines Lebens bauen!

5] O es gibt überaus fleißige Menschen für die Welt, die Tag und Nacht sinnieren, was sie tun sollen, wie ihre Güter verwalten und bearbeiten lassen, damit sie desto reichlichere Prozente abwerfen, und wie sie ihre vielen Gelder auf die sicherste und einträglichste Art irgend anlegen sollen, und sie beten sogar auch zu Mir, daß Ich ihnen solches ihr Unternehmen ja doch so reichlich als nur immer möglich segnen möchte. Sie üben auch eben darum mäßige Werke der anscheinlichen Nächstenliebe. Aber das alles entbindet sie nicht von der geistigen Müßiggängerschaft.

6] Sie sind und bleiben dennoch *doppelte* Müßiggänger im Reiche des Lebens, weil sie *Meinen Segen* obendrauf noch haben wollen, daß er ihnen noch mehr bringen solle, was ihnen den Geist dreifach tötet, einmal schon gleich diesseits. Denn ihr Sinn ist die Welt, alles andere aber, was sie vorgeben, ist Lüge. Sie leben nicht nach dem Worte, auf daß ihnen das ewige Leben würde; sondern, so sie auch in irgendeinem oder dem andern Stücke nach dem Worte leben, so tun sie das auch nur der Weltglückseligkeit wegen — wodurch ihr Geist natürlich schon in dieser Welt ganz tot wird. Ist aber dieser schon in der und für die Welt tot, so ist er auch ewig tot für den Himmel.

7] Also derlei ehrbare und weltfleißige Menschen sind dennoch die größten Müßiggänger fürs Himmelreich und werden dort in die äußerste Finsternis hinausgestoßen werden, da ewiges Heulen und Zähneknirschen sein wird — darum, weil sie auf eine gar so entsetzlich leichtsinnige Art ihr Talent (für den Himmel) in die Furchen der Welt verscharrten.

8] Es gibt zwar noch andere Müßiggänger, die weder für die Welt, noch für den Geist etwas tun. Es sind das die sogenannten „Lumpen und Vagabunden", „Pflastertreter und Tagediebe". — Diese Klasse Müßiggänger ist, obschon natürlich zum Himmelreiche nicht tauglich, dennoch viel besser daran als die erste (geistig betrachtet). Denn sie hängt fürs erste schon bei weitem weniger an der Welt, und das, woran sie noch hängt, wird von der ihnen bevorstehenden Armut leicht vollends herabgestreift.

9] Fürs zweite haben recht viele von diesen „Pflastertretern" nicht selten das beste Herz, und wenn sie die Mittel hätten, würden sie die halbe Welt — nach ihrer Idee — glücklich machen. Eine bald darauf folgende Armut macht aus ihnen nicht selten die rarsten Menschen, die schon leicht zu Mir zu wenden sind. Denn die eigentliche „Welt" war nie ein Magnet für ihre Herzen.

10] Fürs dritte sind diese „Lumpen" gewöhnlich Freunde der Glückseligkeit und der Freigebigkeit. Hat ihnen die darauf folgende Armut den dabei starken Anteil von Dummheit herabgestreift (und sie also weiser gemacht), und hat ihr Herz so recht derb die Härte der Weltmenschen verkostet, dann wenden sie sich, voll Galle gegen die Welt, zu Mir. Und Ich sage, sie sollen an Meinem Tische speisen, auf daß erfüllet werde, was die Pharisäer zu Mir sagten: „Siehe, das soll der Messias sein!? Mit Sündern, Zöllnern, Huren und Ehebrechern geht er um und ist selbst ein Sabbatschänder!"

11] Allein das macht Mir weder heiß noch kalt, und Ich tue, wie und was Ich will, und sage allezeit Meinen Dienern: Da die Geladenen nicht kommen wollen, so sollen sie auch ewig draußen bleiben! Ihr aber gehet hinaus an die Zäune, Straßen und Gassen und treibet herein, wen ihr da antreffet, also alles „Lumpenpack"! Von den Geladenen aber soll keiner Mein Lebensmahl verkosten, außer er ist auch unter dem „Lumpengesindel" anzutreffen da draußen an den Zäunen, Straßen und Gassen.

12] Du fauler Feigenbaum aber, der du nichts trugst als Laub (Werke für die Welt), so daß, als Ich hungrig zu dir kam, du keine Frucht der reinen Liebe auf deinen vielen Zweigen hattest, damit Ich Mich hätte sättigen können, sei verflucht! Denn ewig solle von dir niemand mehr eine Frucht genießen im Reiche des Lebens!

13] Diesem Feigenbaume völlig gleich sind alle jene hier in dieser Kundgebung zuerst bezeichneten Müßiggänger fürs ewige Leben des Geistes, und sein Los wird auch das ihrige sein, so sie in solchem ihrem Müßiggange bis ans Ende verharren werden.

14] Eine dritte Art Müßiggänger für Mein Reich sind auch die vielen Weltgelehrten in allerlei Sach und Fach, darunter meistens Brotgelehrte und nur selten allein der reinen Wissenschaft wegen Gelehrte. Solche gleichen zumeist den „törichten Jungfrauen", die erst dann ihr Oel kaufen gingen, als der Bräutigam sich schon dem Hause näherte, und die dann Einlaß verlangten, als der angekommene Bräutigam schon alle Tore versperrt hatte.

15] Oh, so ihr saget: „Solange wir hier leben, müssen wir tun, was die Welt will, auf daß wir Brot haben! Wann wir nachher Drüben sein werden — wenn nämlich irgendein »Drüben« ist — dann werden wir auch tun, was des Drübens ist" — da werde Ich, der Herr Jesus, aber sagen: Dann wird es zu spät sein! — Denn wer nicht hier bittet, sucht und anklopft, dem wird Drüben nicht aufgetan werden — außer die Pforten der Finsternis!

16] **Was jedermanns eigentliche Liebe ist, das wird auch sein ewiges Drüben sein!**

17] Das spricht Der, der das Gericht — sei's zum Leben oder zum Tode — in Sein Wort ewig unabänderlich gelegt hat! Amen. Amen. Amen.

☆

Von der Heiligkeit der Ehe

Am 10. Juni 1847

Sagt Er zu ihnen: Moses hat euch eurer Herzenshärtigkeit wegen gestattet, eure Weiber zu entlassen; von Anfang aber ist es nicht so gewesen. Ich sage euch aber: Wer seine Frau entläßt, es sei denn wegen Unzucht, und eine andere heiratet, bricht die Ehe. — Sagen zu Ihm die Jünger: Wenn das Recht zwischen Mann und Frau so ist, dann ist es nicht gut heiraten. — Er aber sagte zu ihnen: Nicht alle fassen dieses Wort, sondern die, welchen es gegeben ist. Denn es gibt Verschnittene, die so geboren sind von Mutterleib her, und gibt Verschnittene, die von den Menschen verschnitten wurden, und gibt Verschnittene, die sich selbst verschnitten haben um des Reichs der Himmel willen. Wer es zu fassen vermag, fasse es. (Matth. 19, 8-12)

In dieser Stelle des Evangeliums wird hauptsächlich der Ehebruch angezogen und was alles als ein Ehebruch angesehen werden kann, wenn die Gesetze der Ehe vorher entschieden und hinreichend bekanntgegeben sind; denn ohne eine solche Entscheidung und Bekanntmachung der Ehegesetze hört natürlich auch der Ehebruch auf, als eine bare Sünde zu gelten.

2] Wer für die Ehe völlig untauglich ist aus einem oder dem andern Grunde, der da im Matthäus Kap. 19, Vers 12, angeführt ist, der kann auch keinen Ehebruch begehen, indem er völlig zeugungsunfähig ist. Wer immer aber zeugungsfähig ist, ob ledigen Standes oder ob verehelicht, kann ein Ehebrecher werden, so er ein Weib beschläft, das da verehelicht ist, ob sie mit dem Manne lebt oder vom selben durch einen Scheidebrief getrennt ist.

3] Dasselbe ist auch von einer ledigen oder verehelichten Weibsperson der Fall, wenn sie mit einem verehelichten Manne eine Sache hat, der schon ein Weib hat — außer das Weib wäre entschieden unfruchtbar. In diesem Falle kann der Mann auch eine oder mehrere Mägde mit der Einwilligung des rechtmäßigen Weibes beschlafen, um sich aus ihnen Kinder zu zeugen. Aber ohne Einwilligung des rechtmäßigen Weibes begeht er ebenfalls den Ehebruch, so wie jede Dirne, die sich wider den Willen des rechtmäßigen Weibes dem Manne hingibt.

4] Das Weib aber bricht allezeit die Ehe, so sie mit einem andern eine Sache macht — es müßte nur sein, daß der Mann erweislichermaßen die im Evangelium angezeigten Gebrechen hätte und das Weib hätte vor der Ehe nichts davon gewußt, oder der Mann hätte sich, als er schon verehelicht war, ohne Wissen des Weibes selbst verschnitten oder verschneiden lassen. Wenn aber das jemand an dem

Manne gewaltsam verübt hätte aus was immer für argem Grunde, so wird das Weib zur Ehebrecherin, so sie sich ohne Wissen, Willen und Verlangen des unglücklich gemachten Mannes hätte von jemanden beschlafen lassen. Wenn aber der Mann solches will und verlangt, so begeht das Weib auch keinen Ehebruch, so sie sich von einem Ledigen oder einem reinen Witwer beschlafen läßt; ließe sie sich aber von einem Verehelichten beschlafen, dann würde sie auch die Ehe brechen mit dem, von dem sie sich beschlafen ließe.

5] Ließe sich aber ein Weib bloß der Wollust wegen beschlafen, sei es von wem immer, dann begeht sie neben dem Ehebruche auch die Sünde der Hurerei und der völligen Unzucht, wodurch sie sich dann eine dreifache Strafe an den Hals zieht, und sie wäre nach Moses mit dem Feuer zu bestrafen.

6] So aber ein Lediger mit einer Ledigen Unzucht treibt, und es vermeiden beide die Zeugung, dann begehen beide das Verbrechen des Kindesmordes und sollen danach bestraft werden. Möchten aber beide einen Nachkommen zeugen, da soll dem ledigen Manne die Dreiviertelverpflegung des Kindes zufallen nebst der Verpflichtung, das Mädchen ehestmöglich zu ehelichen oder wenigstens alle Sorge zu tragen, daß das Mädchen an seiner Stelle einen Mann bekommt — und er soll nicht ehelichen, bis das Mädchen verehelicht ist; läßt er aber das Mädchen im Stiche und ehelicht eine andere, so wird er einst als ein Ehebrecher gezüchtigt werden in der Hölle!

7] So ein Lediger oder ein Witwer aber einem Mädchen die Liebe zusagt unter eidlichen Beteuerungen und das Mädchen hat es angenommen, er aber heiratet dennoch eine andere, so begeht er auch einen Ehebruch — außer das Mädchen hätte ihn verlassen, in welchem Falle aber dann sie sich des Ehebruchs schuldig macht, so sie ihm ihre Liebe entgegen beteuert hatte.

8] Solche aber, die im sogenannten freien Zöllibate leben und nicht verschnitten sind, aber dennoch Weiber und Mädchen beschlafen, diese sind allezeit die gröbsten Ehebrecher, indem sie allezeit ihr freies Gelübde brechen. Denn jede Brechung eines Gelübdes ist ein Ehebruch, außer das Gelübde wäre ein erzwungenes oder ein im Rausche gemachtes, das niemand zu halten schuldig ist, außer er habe sich nachträglich dazu bekannt oder weltliche Gesetze verlangen es wegen des allgemeinen Wohles.

9] So aber irgend Verschnittene geilen möchten, da sollen sie mit Ruten gezüchtigt werden, indem sie wohl sehen sollen, daß da in ihnen keine Zeugungskraft mehr vorhanden ist.

10] „Aber“, wird jemand sagen, „da sieht für den gesunden Verstand nirgends ein haltbarer Grund heraus, warum die Menschheit gerade in diesem Punkte gar so sehr eingeschränkt sein soll wider alle Anforderungen der Natur! Fürs Pissen und Kotlassen gibt es kein Gesetz, und das sind doch auch häßliche Verrichtungen, die die Natur verlangt! Gerade für diesen Akt nur, den ebendieselbe Natur verlangt, gibt es Regeln und Gesetze, daß man darob zu einem Narren werden möchte!“

11] Ich aber sage darauf: Eben in diesem Punkte kommt es darauf an, worauf das Evangelium mit den Worten hindeutet: Wer es fassen mag, der fasse es!

12] Ist denn nicht der Mensch der Kulminationspunkt aller Schöpfung?! — So er aber das doch unleugbar ist, kann da seine Zeugung ein gleichgültiger Akt sein?!

13] Die Zeugung der Tiere ist eine gerichtete und kann darum nicht anders als in der strengsten Ordnung verrichtet werden. Die Zeugung des Menschen aber ist eine freie; durch sie soll schon der erste freie Same in den Embryo gelegt werden, aus dem wieder ein freier Mensch hervorgehen soll. Wie soll aber dieser heilige Zweck erreicht werden, so mit diesem allerersten und allerwichtigsten Akte, bei dem es sich um das Allerhöchste handelt, die barste Schindluderei zu treiben gestattet wäre?! Durch Pissen und Kotlassen wird nichts erzeugt; aber bei dem Akte der Zeugung handelt es sich um die Werdung des Kulminationspunktes der ganzen Schöpfung!

14] Es handelt sich um das Wunder aller Wunder; um einen freien Menschen handelt es sich, der berufen ist, für ewig [als] ein Gott mit Gott zu leben und zu verrichten Gottes Taten!

15] Solch ein Akt, solch ein großer Akt sollte unter gar keiner Regel, in gar keiner Ordnung ausgeübt werden?! — O du kurzsichtiger Menschenverstand, der du dich gesund nennst und bist dennoch über und über voll Beulen und Geschwüren!

16] Die Ehe ist ja eben die erste Ordnung, in der die Menschheit gezeugt werden muß, so sie je in eine höhere Ordnung eingangsfähig werden soll! Die Ehe ist eine freie Einung zweier Herzen, zweier Seelen, zweier Geister, aus welcher einst die große Einung in Mir und mit Mir Selbst hervorgehen soll als ein Endzweck alles Seins.

17] Wie und wann aber sollte das erreicht werden, wenn dazu nicht der erste Same durch eine wohlgeordnete, rechte Ehe und durch die durch sie bedingte geordnete Zeugung gelegt werden soll?!

18] Also fasse es, wer es fassen kann! — Durch Unzucht, Geilerei und Hurerei des Fleisches, also durch Ehebruch aller Art, kann für Gott keine Frucht gezeugt werden! — Darum ist derlei Sünde über Sünde! Denn Ich, Gott der Herr, bin die allerhöchste und vollkommenste Ordnung und kann daher nicht zugeben, daß der Mensch, als der Schluß all Meiner Schöpfung, gleich den Fröschen in stinkenden Pfützen gezeugt werden soll!

19] Das fasse, wer es fassen kann! Amen.

☆

Törichte Klagen

Am 14. Juni 1847

Manche Menschen klagen und sagen: „Herr, wir beten zu Dir und bitten Dich um so manches, das uns recht und gut dünkt — und Du benimmst dich dabei wie einer, der schwer oder gar nicht hört! Du lässest alles gehen, wie es geht, und scheinst Dich eben nicht viel zu kümmern um uns. Und so bleibt alle Sache so hübsch beim alten. Es wechseln die Jahre und die Jahreszeiten wohl regelmäßig miteinander ab; jedes Jahr bringt seine alten Früchte, bald reichlich, bald spärlich — und die Menschen bleiben fort und fort die gleichen Sünder. Die Großen führen Kriege und die Kleinen reiben sich, wo nur möglich, und übervorteilen sich gegenseitig bei jeder Gelegenheit.

2] Statt des Lichtes, das Du verheißen hast, kommt nur stets mehr Finsternis (in geistigen Dingen) von allen Seiten zum Vorscheine! Stets mehr Götzentempel werden errichtet, und die Bilder fangen an, eine stets größere Rolle zu spielen. Sie haben schon jetzt Dich beinahe ganz hinausgespielt, werden Dich noch mehr hinausspielen und werden an Stelle Deiner früheren Bekenner entweder Atheisten oder ganz absurde Abergläubige hinsetzen!

3] Siehe Herr, das alles siehst Du wie mit ganz gleichgültigen Augen an und scheinst Dich dessen kaum zu kümmern! — O Herr, was wird, was soll daraus werden? Wir gehen offenbar zugrunde, so Du Dich unser nicht mehr annimmst, als es bisher augenscheinlich der Fall war!"

4] Auf diese Klagen gebe Ich folgende Antwort, die also lautet: Es ist richtig also — wenn du die Sache nach der äußeren Erscheinlichkeit beurteilest! Aber im Innern, was den Geist und die Wahrheit betrifft, ist es ganz anders! — Die Menschen beten und bitten wohl mit den Lippen um und für allerlei, das ihnen recht und gut dünket, aber ihr Herz hängt nicht an Mir, sondern an dem nur, um was sie beten und bitten. Daher gebe Ich ihnen das nicht, um was sie beten und bitten, damit sie sich dadurch nicht von Meinem Herzen noch mehr entfernen.

5] Also bleibt dem Aeußern nach auch wohl alles, wie es war, beim alten und geht seinen gerichteten Gang fort. — Was würden aber auch die Menschen für Gesichter machen, wenn Ich einige gewaltige Veränderungen in der äußeren Schöpfung vornehmen würde!? Wenn Ich z. B. auf einmal alle die bisherigen Früchte vertilgete und ganz neue und anders aussehende an ihre Stelle setzete?! Wer wohl würde sich's getrauen, von solchen neuen, wunderlichen Gewächsen zu essen?! Wie viele würden da aus Schreck, Furcht und Gram sterben, wie viele aus Hunger?!

6] O siehe, wie schrecklich wäre das für das schwache Gemüt des Menschen, so Ich ein „Neuerer" wäre und alle Tage eine andere Mode in Meiner Schöpfung hervorbrächte!? — Daher muß eurer Schwäche wegen alles hübsch beim alten verbleiben. Erschreckt die Menge oft schon ein kleiner Komet und macht sie eine Finsternis ängstlich, was würde sie tun, so sie auf einmal sechs Monde und drei Sonnen aufgehen sehen würde!? — Daher, wie gesagt, muß alles beim alten verbleiben.

7] Daß die Menschen sind, wie sie immer waren, das ist auch wahr. Aber ist es nicht besser, daß die Menschen dem Aeußern nach so sind, wie sie allezeit waren, als daß sie fort und fort revoltieren würden und sogleich jedem den Kopf herunterschlügen, der es nicht mit derlei fortwährenden Progressisten (Fortschrittlern) hielte!? — O es gab schon solche Zeiten und Menschen; aber wer lobt sie, wem gefällt die Inquisition Spaniens, wem Frankreichs Revolution?!

8] Daß das Licht des Geistes nicht so reichlich da ist, wie das Naturlicht, das liegt bei jedem einzelnen Menschen. Denn das Geistlicht kommt bei jedem einzelnen innerlich, und nie äußerlichen Schaugepränges, wie das natürliche Sonnenlicht. Einzeln und innerlich aber kommt es fort und fort zu jenen, die ernstlich darnach trachten. — Allgemein aber wird und kann es darum ewig nie zu den Menschen kommen, weil dasselbe nur jeder in sich zu suchen und zu finden hat.

9] Daß da äußerlich viele Götzentempel entstehen und dieselben eher im Zu- als im Abnehmen sind, weiß Ich wohl am besten! — Ich weiß es auch, daß auf dem Weizenacker fast mehr Unkraut als Weizen wächst. Aber da ist eben durch Mein Wort im Evangelium auch vorgesagt von dem Feinde, der unter den Weizen das Unkraut säte, und auch was dann zu geschehen hat und stets geschieht und allezeit geschehen wird!

10] Und du Menschenkind kannst daraus ersehen, wie ungegründet, wie lose und seicht jede Klage ist, mit der du Mich zu einer gewissen Art Rechnung ziehen möchtest! — O Ich bin allezeit bereit, euch über Meine Haushaltung Rechnung zu legen, und ihr werdet Mir auf tausend nicht eins antworten können. Wie wäre es aber, so Ich von euch Rechnung verlangete, würdet ihr Mir auch also Bescheid geben können? — Ich meine es kaum!

11] Daher klaget und jammert nicht ob Meiner Haushaltung! Denn diese geht in der größten Ordnung. Sondern lebet nach Meiner Lehre getreu, so werdet ihr auch Meine rechte Ordnung gar wohl erkennen zum ewigen Leben. Amen.

☆

Bergwanderung

Am 18. Juni 1847

Viele Täler durchwanderte ein Freund der Schöpfung und fand da nicht selten recht sonderlich schöne Gegenden und gar manche reizende Partien. Die schönsten jedoch waren für ihn jene, die mit Seen geschmückt waren oder mit ziemlich ansehnlichen Bächen oder Flüssen, und die daneben auch mit hohen Bergen umfaßt waren. Ganz große Flachländer gefielen dem Wanderer nicht, wie auch jene Gegenden nicht, deren Boden mit großen Städten bedeckt war.

2] So sehr es aber unsern Wanderer gar oft gelüstete, auf einen oder den andern hohen Berg zu steigen und von seinen Zinnen einmal eine großartigste Aussicht zu genießen, so konnte er aber dennoch nie den Mut dazu gewinnen, sich auf irgendeine bedeutende Höhe hinaufzuschwingen. Denn bald glaubte er, es würden ihm seine Füße den Dienst dazu versagen, bald wieder fand er keine nach seiner Idee verläßlichen Führer, bald wieder war ihm die Unbeständigkeit des Wetters auf solchen Höhen ein sehr bedenkliches Hindernis, bald steile, ungebahnte Wege, bald die breiten und dichten Wälder, die gewöhnlich schon am Fuße solcher Alpen beginnen und nicht selten über 5–6000 Fuß hinaufgehen — und dergleichen Hindernisse mehr.

3] Einmal jedoch, als er in eine kleine, aber sehr niedliche Ortschaft kam, die gerade am Fuße einer gar schönen und sehr hohen Alpe lag, und eine gar schöne Witterung ihm sehr günstig zu sein schien, bekam er eine gar mächtige Lustanwandlung, mit gewählten und gar wohlerfahrenen Führern diese Alpe zu besteigen, um doch endlich auf seinen vielen Reisen einmal zu jenem vielgepriesenen, wahrhaftigen Hochgenusse zu gelangen, der sich den Bergbesteigern auf eine unbeschreibliche Weise in stets überschwenglicher Fülle darbietet — was aber natürlich unser Wanderer nur vom sogenannten Hörensagen und aus manchen gelesenen Gebirgsreiseskizzen kannte.

4] Fest ward also der Entschluß gefaßt, koste es nun, was es wolle, nimmer solle nun diese Vornahme durch was immer für eine möglich vorkommende Kalamität als aufgegeben und unausführbar betrachtet sein! — „Also frisch auf!", sprach der Wanderer. „Bald, bald, du stolze Spitze, sollst du von meinem schwachen Fuße gedemütigt werden! Ein Sterblicher wird dich, einer Ewigkeit trotzen Wollende, überragen und von dir in weite Fernen hinausschauen und einen Anblick genießen, der dir viele Jahrtausende deines stolzen Daseins hindurch versagt war und fürder versagt bleiben wird!"

5] Die Bergführer standen bereit, mit allem Nötigen versehen. Der Wanderer überließ sich ganz ihrer Leitung, und so ward die Bergreise mutig angetreten. Die erste Stunde ging es gut; denn da war noch recht viel Abwechslung, bald eine Bergkeusche[1], bald eine Herde mit ihrem Hirten und bald eine Wiese, die ein Bächlein gar behende durchrieselte. Aber nun begann der Wald, anfangs nur spärlich aussehend; je höher hinauf aber ein stets steiler und rauher werdender Weg unsere Gesellschaft führte, desto dichter auch wurde der Wald und desto mehr wurde er von nicht selten nahezu undurchdringlichem Gestrüppe durchzogen.

6] Drei Stunden hatten die Wanderer mit der Besteigung des Berges bloß durch den Wald zugebracht, und noch wollte er kein Ende nehmen. Da fragte der Wanderer die Führer, wie lange wohl der Wald noch dauern werde. — Und diese sprachen: „Noch ein paar Stunden Weges!" — Da ward der Wanderer unwillig und sprach: „Das ist ja entsetzlich! Wahrlich, so der überaus beschwerliche Wald noch ein paar Stunden dauern sollte, da kehre ich lieber um und will unten im Tale einen förmlichen Eid ablegen, mit diesem höchst

[1] Berghütte; d. Hsg.

ermüdenden Versuche für alle meine Lebzeiten jede künftige Bergbesteigungslust auf das vollkommenste abgekühlt zu haben!"

7] Aber die Führer sagten: „Freund, das tun Sie ja nicht! Wir sind nun dem Ziele, das wir hier verfolgen, näher, als Sie glauben! Daher wäre es sehr unmännlich, nun umzukehren ob dieser kleinen Strecke Waldes. Machen wir uns daher nur recht mutig wieder auf den Weg, und bald werden wir auf die freien Alpentriften gelangen, wo jeder Schritt von neuen Wundern gewürzt sein wird!"

8] Diese Rede gefiel dem Wanderer, und er setzte mit seinen Führern den Weg durch den noch übrigen Wald mutig fort. — Nun ward der Wald dünner, die Bäume wurden klein und verkrümmt, und schon wurden hie und da die weitgedehnten blaßgrünen Alpenmatten, glitzerndes Steingerölle und vermoderte übereinanderliegende Urbaumstämme ersichtlich. — Endlich ward auch der letzte Rest des Waldes hinter den Rücken gelegt, und die Gesellschaft gelangte auf die ganz freien Alpentriften und nahm da Rast und einige Stärkung für die noch allerbeschwerlichste weitere Besteigung der höchsten Spitze.

9] Man rastete bei einer halben Stunde, erhob sich dann und wollte weiter aufwärtsziehen; aber siehe, da kam — was auf derlei Höhen nichts Ungewöhnliches ist — plötzlich ein heftiger Wind, und die höchste Kuppe wurde von dichtem Gewölke umlagert. Da machten die Führer bedenkliche Mienen, und der Wanderer verwünschte jeden Gedanken, der ihn dazu bewogen hatte, diesen Berg ersteigen zu wollen; denn die schon sehr schöne Aussicht von den hohen, freien Alpentriften war ihm durchaus zu wenig Lohn für seine große Mühe. — Da der Wind aber stets heftiger ward und die Nebel tiefer und tiefer herabfielen, da beschloß die Gesellschaft, den Weg von der Alpe auch so schleunig als möglich wieder zurückzumachen, um einem sicheren Hochgewitter zu entgehen.

10] Schnellen Schrittes ging es nun abwärts, und das Tal ward in der halben Zeit erreicht, welche die Gesellschaft zur Ersteigung dieser Alpe brauchte. Als sie alle, die Führer und der Wanderer, wieder in der Ortschaft ankamen, siehe, da kam ein anderer Wind, und alle Bergspitzen standen wieder kristallrein vor den Augen der müden Wanderer.

11] Da bereute es auch unser Wanderer, daß er sich von einem kleinen Wetter hatte einschüchtern und entmutigen lassen und beschloß, bei einer künftigen ähnlichen Gelegenheit klüger und ausdauernder zu sein.

12] Ein alter Mann aber, der gehört hatte, wie der Wanderer vor dem Abmarsche gar stolz den Berg angeredet hatte, sagte zu ihm: „Wenn du wieder einen Berg besteigen willst, so mußt du dich vorher recht klein, aber nicht recht groß machen; denn siehe, jede Höhe ist rein und geheiligt! Daher will sie auch in der Demut und nie im Hochmute erstiegen sein. — Wehe aber dem, der sie im Hochmute ersteigt; der wird einen mächtigen Fall tun und wird sich zerschellen, und sein Fleisch wird hängenbleiben an den schroffen Spitzen emporragender Felsen!

13] Wenn du aber ein rechter Wanderer sein willst, dann laß dich fürder nicht abschrecken von den Höhen und besteige sie sattsam, so wirst du erst recht innewerden, wie herrlich, groß und mächtig Der sein muß, dem es ein leichtes war, eine so große und herrliche Erde bloß durch Sein ‚Werde' hervorzurufen! Es sind wohl die Täler, die du schon überhäufig bereist hast, auch demselben allmächtigen ‚Werde' entsprossen, aber es ist dennoch ein großer Unterschied zwischen ihnen und den Bergen. Die Aussicht in dem Tale ist beschränkt und eingeengt, auf den Bergen aber frei und oft unübersehbar. Es gleicht das Tal einem ganz gewöhnlichen Menschen, der außer den natürlichen Bedürfnissen keine höheren kennt; die Berge aber sind daneben gleich einem Weisen, der über alle die weltlichen Bedürfnisse erhaben sein Herz und Haupt hoch emporhebt und seine Augen nur dorthin richtet, wo er die großen heiligen Denkmäler Dessen erschaut, den sein Herz so ehrfurchtsvoll und dabei aber doch auch ebenso heilig kindlich froh »Lieber, heiliger Vater!« nennt.

14] Siehe, du mein lieber Freund, also reise du, und also besteige du gerne die Berge, dann werden dir deine Reisen einen großen Gewinn für dein Leben bringen zeitlich und — verstehe — dadurch auch ewig! Denn wir alle sind Wanderer und wandern von der Wiege bis zum Grabe manchen beschwerlichen Weg. Da geht es manchmal steil, holpericht, manchmal wie auf dem Glatteise. Die meisten Lebenswanderer gleichen dir und bleiben lieber in den Tälern ihres Tierwesens, als daß sie sich einmal die Mühe nähmen, einen Berg zu besteigen, um da wenigstens die Aussicht zu einem wahren Menschen zu bekommen. — Also aber soll es nicht sein!

15] Wir sollen wohl in den Tälern der Demut wohnen; aber darin sollen wir nicht vergessen, daß die Berge der freien Gott- und Menschenerkenntnis zu besteigen sind — was von Gott Selbst vorgeschrieben ist!"

16] Dessen gar wohl eingedenk ging unser Wanderer seinen Weg weiter, fand die Worte des alten Dorfweisen richtig und nachahmungswert und — fand das Leben!

17] Wollet ihr es auch finden, so folget seinem Beispiele! Amen.

☆

Törichte Jungfrauen

Am 20. Juni 1847

Herr, siehe, die beiden Töchterlein des A. H.-W., Pauline und Julie, bitten nun schon seit einiger Zeit um ein tröstend und stärkend Wörtlein von Dir, du allgütigster, liebvoller, heiligster Vater! — Ich bin nun, wie allezeit, bereit, Deine Gnade hier mit dem steten Bewußtsein meines Nichts vor Dir niederzuschreiben. — O Herr, gib mir für die beiden ein Wörtlein, wofür, wie für alles, Dich mein und der beiden Herz allezeit und ewig loben und preisen soll! — Dein heiligster Wille geschehe allezeit und ewig! Amen.

Nun denn, so schreibe, da du schon durchaus etwas schreiben willst! — Ich weiß, ich weiß es wohl, daß die beiden schon seit einiger Zeit den Wunsch in sich tragen, von Mir wieder irgendein Wörtlein zu bekommen. Aber siehe, dieser Wunsch hat sich bis jetzt noch bei keiner so recht lebendig im Herzen ausgesprochen. Darum Ich denn mit einer solchen Gabe bis jetzt noch äußerlich zurückhielt, obschon Ich innerlich bei jeder unaufhörlich gleichfort einfließe und sie wiedergebäre zum ewigen Leben des Geistes und der Seele — bei welcher Arbeit sie Mir aber mit noch allerlei weltlichen Dingen kleine Hindernisse in den Weg legen, so daß Ich mit ihnen ohne Beirrung ihres freien Willens nicht jene schnellen Fortschritte machen kann, wie Ich gern machen möchte.

2] Es kommt da bald dies, bald jenes, und Ich verhalte Mich da wie einer, der zu seinem dürftigen Freunde kam, um ihm zu helfen, worüber dieser zwar eine große Freude hatte; da aber der helfenwollende reiche Freund mit seinem armen Freunde reden und sich besprechen wollte über dessen Lage, hatte der Arme allerlei kleine Verrichtungen in seiner Dürftigkeitshütte vorzunehmen und ließ seinen reichen Freund vielfach allein sitzen im kläglichen Gemache.

3] Dem reichen Freunde ging da die liebe Geduld schon nahe gänzlich aus, und er stellte es seinem armen Freunde ganz ernstlich vor, so er wolle, daß ihm geholfen werde, da solle er endlich einmal da verharren, wo allein ihm Abhilfe zuteil werden könne, und nicht alle Augenblicke zu seinen nichtigen Geschäftlein davonspringen, die ihm nicht ein warmes Wasser abgeben können.

4] Dasselbe möchte Ich wohl auch zu diesen zwei Töchtern sagen, wenn sie das nicht in sich selbst gewahren möchten. — Sie gewahren es freilich wohl und sollen also daran auch nur erinnert sein. Und sie sollen das unterlassen, was Mir keine Freude ist!

5] Ich gab ja ohnehin einer wie der andern Verhaltungsregeln, wie sie es machen sollen und was meiden, so sie leiblich und geistig recht gesund werden wollen. Aber siehe, sie halten sich nicht eifrig darnach! — Wie soll Ich ihnen nun ein neues Rezept geben, so sie das frühere noch nicht recht und nicht völlig beachtet haben?!

6] Meine Rezepte sind nicht wie die der weltlichen Aerzte, wo, so eines nicht hilft, vielleicht ein zweites helfen mag. Meine Rezepte müssen nach der Ordnung gebraucht werden. Und da hilft ein zweites nichts, so das erste nicht völlig beachtet wurde.

7] Darum sage den beiden: Leset euere früheren Gaben recht aufmerksam durch und beachtet genau, was euch darin angeraten ist, sodann wird schon ehestens ein zweites Rezept folgen!

8] Die eine hüte ihr Herz und nehme nicht so viel Tabak! Und die andere hüte ihren Leib und ihren Magen und sei mehr Maria als Martha! Und keine putze sich zu sehr auf die Hochzeit! Amen.

☆

Vertrauen, Mut und Frieden

Am 24. Juni 1847

„Frieden lasse Ich euch, Meinen Frieden gebe Ich euch! Nicht wie die Welt gibt, gebe Ich ihn euch! — Euer Herz werde nicht unruhig noch furchtsam!" (Joh. 14, 27)

Wenn jemand diesen Text nicht versteht, obwohl er überaus klar ist, so liegt der Grund lediglich darin, daß er seiner eigenen Zunge (Muttersprache) nicht völlig mächtig ist und nicht weiß, was so eigentlich der Friede ist.

2] Wer den Frieden für eine Ruhe hält, sowohl im Gemüte als auch im gegenseitigen Handeln der Menschen, der ist in einer sehr großen Irre. — Wenn z. B. zwei Völker miteinander Krieg führen, wann wohl werden sie Frieden machen? Sicher nicht eher, bis der Mut des einen Teiles den andern besiegt hat, welch besiegter Teil sich dann dem Sieger unterwirft, wodurch dann beide Teile Ruhe haben und in dieser Ruhe erst den Frieden.

3] Wenn ein Schwacher zur Nachtzeit durch einen Wald geht, so wird er voll Furcht und sein Gemüt voll Unruhe, und er wird im größten Unfrieden seiner Seele die nächtliche Wanderung durch den Wald machen. — Wenn aber ein vollkommen geharnischter Riese Goliath denselben Weg um die Mitternachtszeit macht, so hat er nicht nur keine Furcht, sondern nur die größte Beherztheit und in ihr den unerschütterlichsten Mut, es mit allem vollkommen siegreich aufzunehmen, was ihm nur irgend feindlich entgegenkommen möchte. Dieser vollste Mut gibt seinem Gemüte die größte Ruhe und Furchtlosigkeit und der Seele den unbestreitbarsten Frieden, den ihm kein begegnender Feind wegnehmen kann.

4] Wenn irgendein armer, mittelloser Mensch in das Haus eines reichen Weltherrn käme und möchte da um die Hand einer Tochter dieses reichen Weltherrn anhalten, wie wird er da zaghaft sich dem Hause nähern. Sein Gemüt wird voll Unruhe sein und voll Furcht seine Seele, so daß er an Ort und Stelle kaum ein Wort wird herauszubringen imstande sein ob des starken „Unfriedens" seiner Seele! — Aber mit welch' ganz anderer Gemütsbeschaffenheit wird sich ein ebenbürtiger Fürstensohn diesem Hause nähern! Voll Mut und voll der sichersten Ueberzeugung wird er in dies Haus treten, wohl wissend, daß er in diesem großherrlich reichen Hause nur mit der größten Zuvorkommenheit aufgenommen wird, ob seiner noch größeren Schätze, seiner Macht und seines Ansehens.

5] Sonach aber stellt sich nun heraus, daß der Friede nichts anderes ist als der volle Mut der Seele, den sie aus der Zuversicht schöpft, aus der sie sich solcher Fähigkeiten bewußt ist, mit denen sie jeder wie immer geartet sein sollenden, möglicherweise vorkommenden feindlichen Begegnung siegreich entgegensieht. Wem demnach diese Fähigkeiten fehlen, dem fehlt natürlich auch das Vertrauen und die Zuversicht auf solche Fähigkeiten. Wo aber kein Vertrauen und keine Zuversicht, da ist auch kein Mut und also auch kein Friede.

6] Wenn Ich daher im Evangelium sage: „Frieden lasse Ich euch, Meinen Frieden gebe Ich euch", so heißt das so viel als: Meine Fähigkeiten, Mein zuversichtliches Vollvertrauen auf dieselben und somit Meinen vollsten Mut lasse und gebe Ich euch; natürlich einen Mut, den die Welt nicht kennt, nicht hat und also auch nicht geben kann.

7] Die Wirkung dieses Mutes aber sei, daß euer Herz nicht furchtsam und nicht unruhig werde bei was immer für feindlichen Begebnissen, die euch hie und da begegnen können. — Ich meine, das wird doch klar genug sein!

8] Trachtet daher aber auch ihr nach solchen Fähigkeiten, aus denen euch ein gleicher evangelischer, wahrer Friede werden soll! — Das sagt der wahre „Held des ewigen Friedens". Amen.

☆

Die Schnecke als Lebensbild

Am 25. Juni 1847

Der Mensch, wie er sein soll und wie er auch nicht sein soll, ist gleich einer Schnecke!

2] Die Schnecke, ein gar elend Tierchen, ist ein Doppelbild, das zu allen Zeiten und, außer an den Polargegenden, fast an allen Orten der Erde vorkommt unter mannigfach veränderten Gestalten und Größen und den Menschen darum auch hauptsächlich so recht zur Beobachtung nahe gestellt ist, auf daß sie von ihr lernen möchten, wie sie sein sollen und wieder auch wie sie nicht sein sollen.

3] Die Menschen sollen ihre Augen ebenso sorgsam, wie die Schnecke ihre Fühl- und Sehrüsselchen, von der Welt abziehen und in sich kehren, so diese ihnen, den Menschen nämlich, ihre Lockungen vorhält und sie damit blenden will. — Aber sie sollen wieder nicht wie die Schnecke ihre Augen von sich hinaus in die Welt treiben, wo sie dann nichts als die Welt nur sehen mit all ihren Lockungen und für Mich kein Auge mehr haben!

4] Die Menschen sollen, gleich den Schnecken, vier Augen haben, von denen die zwei großen Seelenaugen — Vernunft und Verstand — nach oben zu Mir, Gott dem Herrn, und nur die zwei ganz kleinen Leibesaugen nach unten zur Welt gerichtet sein sollen. — Und dennoch sollen sie wieder nicht gleich den Schnecken die großen Augen in die Welt hinausstecken, auf ihre vielen sinnlichen Bedürfnisse schauen und nur mit den kleinen Augen den so über alles wichtigen Lebensweg betrachten, was (NB.!) jetzt wohl bei gar so vielen Menschen der Fall ist.

5] Die Menschen sollen ferner wieder ebenso vorsichtig sein wie die Schnecken und sollen nur, so es not tut, ihr inneres Wesen über ihr naturgemäßes Gehäuse (den Leib) hinausstellen und da zeigen, daß sie keine leeren Gehäuse sind — und sollen dasselbe, gleich den Schnecken, auch alsogleich wieder ins Gehäuse zurückziehen, so demselben von der Welt her irgendeine Gefahr droht. — Aber sie sollen wieder ihr Inneres nicht, gleich der Schnecke, bloß sinnlicher Bedürfnisse wegen entäußern; oder die Menschen sollen nicht ihre geistigen Talente dazu verwenden, um sich durch dieselben irdische oder weltliche Vorteile zu verschaffen!

6] Wieder sollen die Menschen die Geduld von der Schnecke nehmen und also ihr Ziel mit einer schneckischen Geduld und Beharrlichkeit verfolgen und sollen allezeit bedenken, daß da auf einen Hieb kein Baum von einiger Bedeutung zum Falle kommt! — Aber den Weg des geistigen Lebens sollen sie nicht mit der Schneckenpost verfolgen! Und so es sich darum handelt, den Dürftigen und Notleidenden zu helfen, auch da sollen sie sich nicht mit der unendlich geduldigen Trägheit der Schnecken auf die Beine machen, sondern da sollen sie eilen wie ein Hirsch und springen wie ein Löwe!

7] Ferner soll der Mensch sein irdisch Haus nur so wie die Schnecke für ein einfaches Bedürfnis ganz einfach bauen und einrichten, auf daß dessen Bürde nicht das innere, geistige Leben erdrücke! — Aber wieder sollen die Menschen nicht gleich der Schnecke an ihrem [leiblichen] Gehäuse hängen, auf daß, so es ihnen abgenommen wird, sie dann nicht in ihrer Seele also den Tod erleiden wie die Schnecke, so ihr das Gehäuse zertrümmert wird!

8] Wiederum sollen die Menschen durch den stets unversiegbaren Ausfluß ihrer alles an sich ziehenden und ankleben machenden Liebe tun, wie es die Schnecke mit ihrem reichlich aus ihr hervorquellenden Safte tut, mittelst dem sie sich an alle Gegenstände klebt und sie dadurch gewisserart an sich zieht, auf daß sie ihr zur Unterlage des Lebens dienen. — Aber es sollen die Menschen auch nicht mit ihren schmutzigen und ehrabschneidenden Worten also auf allen ihren Wegen alles besudeln und beschmieren, was ihnen nur immer unterkommt, wie die Schnecke mit ihrem Schlammsafte ihren Pfad, den sie bekreucht!

9] Dergleichen Bilder könnten von der Schnecke noch mehrere gegeben werden, doch für euch genügen diese vollkommen, so ihr sie für euer Leben beachten wollet. Daher sage Ich euch noch einmal: Seid und handelt wie die Schnecken, und seid und handelt auch wieder nicht wie die Schnecken, so werdet ihr leben wie rechte Menschen! Amen.

☆

Welt-, Tempel- und Gottesdienst

Am 5. Juli 1847

Machen auch wir einige „Aphorismen" — aber natürlich ganz eigener Art! — Und so schreibe:

2] Es dehnen sich Häuser, es blühen die Städte, und eiserne Straßen befahren dem Wasser entfesselte Geister und treiben mit Flügeln der Winde gar mächtige Lasten die ehernen Bahnen entlang.

3] O dafür aber greulich verkümmern die Herzen der Menschen, die einzig alleinigen Wohnungen Gottes auf Erden! Und nimmer will jemand die Mühe sich nehmen, zum Baue der einzigen, heiligen „Gottesstadt" einige gute Bausteine, bestehend aus christlichen Werken der Liebe zum Nächsten, beizuschaffen und ebensowenig die Wege, die lange Ich Selbsten gebahnet, mit leichtester Mühe ein wenig nur aufrechtzuerhalten, auf daß denn doch einige bessere Wanderer zum ewigen Leben am Wege nicht möchten ersticken im endlosen Kote der Welt.

4] Es wird wohl die Industrie dieser Welt fleißigst betrieben, um schneller den Geist zu ertöten und möglicherweise auch ganz zu vernichten die ohnehin kärgliche Aussaat des Samens zum ewigen Leben! — Vom Gegenteil höret man nichts; keine Industrie will sich erheben, in welcher man eigene „Manufakturen" errichten wohl möchte, Ich meine „Fabriken", in denen nur Werke der christlichen Liebe, der Demut und lieblichsten Sanftmut erzeugt werden möchten und nimmer die Werke der Hölle, des Todes, des Satans.

5] Es reisen jetzt Künstler, Gelehrte und allerlei Forscher zu Land und zu Wasser. Sie reisen zu Haufen auf allen nur möglichen Wegen und Stegen. — Was wird wohl der Zweck ihrer Mühe doch sein? — O der ist gar nicht schwer zu erraten! — Was reimt sich auf „Welt"? — Siehe, „Geld"! — Ja, das Geld, das verfluchte, beweget nun alle die Künstler, Gelehrte und allerlei sonstige Forscher zu Land und zu Wasser. Und keiner von all den Genannten bereiset die Erde aus höheren Gründen: aus Liebe zu Mir und aus Liebe zum Nächsten.

6] Die weltliche Ehre, ob welcher in früheren Zeiten auch manche gar seltene Taten verübten, ist nun auch dem Tode verfallen. Es ist zwar kein Schade um sie, denn gar oft hat sie Brüder gegen Brüder entzündet, und zahllose Kaine erschlugen die Abel. Doch diese Triebfeder zu greulichen Taten ist nun beinahe gänzlich verschwunden. Das Geld hat nun die Stelle der Ehre übernommen; wer dieses besitzt, dem wird alles zuteil! — Ob's ewige Leben auch?! — Dieses wird einstens sich zeigen! — Wohl möglich bei manchen — unmöglich bei vielen.

7] Geschmückt sind die römischen Kirchen und Tempel mit Türmen und Kuppeln, das Innere prunket mit Gold und Silber und viel Edelgesteinen. In allen den Türmen erschallen gewaltig die ehernen Glocken zu allen besonderen Zeiten der Tage, der Wochen und Jahre. Im Innern der Kirchen und Tempel ertönen die Orgeln und manchmal Posaunen, Trompeten und Pauken und Pfeifen. Und Sänger wetteifern, wer eh' sich aus ihnen die Kehle und Lunge zersprengen wohl könnte. Und Menschen bedrängen sich mächtig, wenn Messen in goldnen Gewändern und teuer bezahlt, vorgeblich zu Meiner Ehr aufgeführt werden. Denn so eine Messe wird „Opfer" benennet und ist für die römischen Christen der allervornehmste, erhabenste, heiligste Dienst, der Mir einzig allein wohlgefällt, und am meisten, wenn er so prunkvoll und teuerst bezahlt wird gegeben!

8] O Zeiten, o Sitten, o Menschen! — Wo steht es denn geschrieben: Bethäuser mit Türmen, mit Kuppeln, mit Gold und mit Silber und Edelgesteinen zu schmücken, mit teueren Glocken zu läuten, mit Orgeln, Trompeten, Posaunen und Pauken und Pfeifen und sonstigem Geplärr voll des greulichsten Unsinns, Mich, euren Gott, zu verehren — ums Geld noch dazu?!

9] O das ist noch ärger, als was der Prophet Jesaias gesprochen, indem er da sagte: „Dies Volk Mich verehrt mit den Lippen; sein Herz doch ist ferne von Mir!" — Doch hier wäre es noch gut, so man nur das von allen römischen Christen alleinig aussagen wohl könnte. Doch hier muß man sagen: Dies Volk Mich verehrt mit gemauerten Kirchen und Türmen, mit Glockengeläute, mit Orgeln und allerlei Pfeifen, mit Klingel und Klangel, mit Büscheln und Bändern, mit Weihrauch und brennenden Kerzen, in goldnen Gewändern für Geld und für Gold und für Silber, für Wein und für Braten in allen Gestalten. Mit Lippen jedoch macht sich's dabei nicht viel zu schaffen. Es hat dafür Glocken und andere geweihte Werkzeuge! Wozu dann noch Lippen abwetzen? Das tut man zum Schein nur lateinisch ein wenig.

10] Ums Herz darf man da nicht mehr fragen, ob's nah oder ferne Mir ist. Denn das kennet Mich nicht und hat nie Mich erkannt! — Oder haben wohl Mauern und Türme und Glocken und Orgeln und Büschel und Bänder, vergoldete Götzen und allerlei Schnitzwerk und Rauchfaß und Weihbrunn und Kerzen und Lüster und Lampen, Altäre und goldne Gewänder und allerlei andre geweihte Werkzeuge auch Herzen?

11] O Zeiten, o Sitten, o Menschen! Wohin seid gekommen ihr Tollen, ihr Blinden, ihr Armen, ihr Toten allsamt?! — Heißt denn das — Gott im Geiste und Wahrheit anbeten?! — Erwachet doch einmal und machet's nicht ärger noch, als es vor Zeiten gemacht haben einzig allein nur die finstersten Heiden!

12] Wer wagt es zu sagen: „Ich kenn' den allmächtigen Gott, den dreiein'gen, den ewig Getreuen" — und will doch nie anders als einzig allein nur ums Geld Mich lateinisch anbeten! — O das wird doch etwa die Krone der Lüge wohl sein?!

13] O seht, wer Mich kennet im Herzen als Gott und als Vater, der wird auch im Herzen alleinig durch Liebe Mich ehren und so nur in „Wahrheit" und „Geist" Mich anbeten — weil Ich als Gott und als Vater durch Meinen allerheiligsten Geist nur in den Herzen derjenigen wohne, die Mich als das kennen, was Ich von Ewigkeit war und als was Ich Selbst Mich auf Erden habe zu erkennen gegeben!

14] So das aber einzig die ewige Wahrheit nur ist — was wohl wird dann das übrige sein: All' die Kirchen und Tempel und Türme und Glocken und Orgeln und Pauken, Trompeten und Pfeifen und Meßbuch und Weihrauch und Rauchfaß und Klingel und Klangel und Büschel und Bandel und aller der götzische Plunder?!

15] Ich meine, die Antwort wird jeder leicht finden. Darum nichts mehr weiter von allen den Werken der Nacht und des Todes für ewiglich! Amen.

☆

Rom und das Kommen des Gottesreichs

Am 8. Juli 1847

O Herr, Du ewiger Lenker der Wege, Stege und Zustände der Menschen! — was haben wir armen, sündigen Menschen von Rom aus zu erwarten in dieser Zeit, und zwar infolge der mir in manchen Stücken recht weise vorkommenden Regierung des gegenwärtigen Hierarchen Pius IX.? — Wird es lichter oder noch finsterer werden? Und was hätten wir in letzterem Falle in und für diese Welt zu tun? — O Herr, so es Dein heiligster Wille wäre, so wolle uns aus Deiner endlosen Liebe- und Weisheitsfülle einige Winke geben; aber nur Dein heiligster Wille geschehe allzeit wie ewig! Amen.

Von Rom aus wird es nie licht, und möge da als kirchlicher Regent Petrus oder Paulus auf dem Hierarchenstuhle sitzen! Denn ihr wisset es ja, daß das wahre Licht als eigentliches Gottesreich nie äußerlich mit materiellem Schaugepräge, sondern nur ganz in aller Stille innerlich im Menschen vorkommt, ganz unbeachtet — wie ein Senfkörnlein, so es in die Erde gesäet ist, dann auch vom Innern der Erde als ein zartestes Pflänzchen zum Vorscheine herauskommt, dann wächst und größer und fester wird und dann Aeste und Zweige treibt, so daß sogar, wenn es erwachsen ist, des Himmels Vöglein darunter Wohnung nehmen.

2] Auch kommt das Gottesreich, wie ein Kind aus dem Mutterleibe, aus dem Herzen des Menschen hervor und durchströmt dann den ganzen Menschen und fasset Wurzeln in allen seinen Teilen und macht, daß der ganze Mensch endlich ein ganz neues Wesen wird und unsterblich in allen seinen Teilen!

3] Dieses Licht, dieses wahre Gottesreich, kann sonach nie von Rom ausgehen, und möchte der Papst auch ein Engel sein — sondern allezeit nur von jedem einzelnen Menschen selbst, so er in der Schrift unterrichtet und darnach getauft ist durch Werke und durch das kräftigst wahrnehmbare Zeugnis des Heiligen Geistes. Wo dieses mangelt, da hilft weder Rom noch Jerusalem und weder Papst noch Wassertaufe und Bischof und Konfirmation!

4] Der gegenwärtige Papst aber ist ein recht feiner Weltmann und sorgt mehr für die politische als für die äußerlich kirchliche Konsistenz seines Regimentes. Er gebraucht das Kirchliche zu rein politischen Zwecken. Wird er diese erreichen, dann wird er tun, wie es seine Vorgänger taten, d. h. er wird auch hie und da äußerlich etwas Besseres säen. Aber seine Nachfolger werden es schon wieder zugrunde richten, wie es noch allezeit der traurige Fall war.

5] Was der Papst als Mensch Gutes tut im verborgenen und nicht in alle Welt ausposaunen läßt, davon wird er auch den ewigen Lohn ernten. Aber von seinem kirchlichen Wirken wird im Himmel wenig oder gar keine Notiz genommen werden, außer eine solche wie von aller Weltäußerlichkeit.

6] Das erste Zeichen des ankommenden Gottesreiches aber ist die rechte, ewig nie eine scheinbare und noch weniger eine sogenannte Kurial- und Pontificaldemut[1], laut der sich ein Papst wohl einen „Knecht der Knechte" nennt, sich aber daneben gleich wieder gegen Mein Wort und Gebot „Heiliger Vater" titulieren läßt und dadurch ein Herrscher der Herrscher sein will — in welchem Stücke ein Papst dem andern ebenso ähnlich ist wie ein Auge dem andern.

[1] Förmlichkeitsdemut der mit ihren Würdezeichen bekleideten Priester beim Gottesdienst.

7] Es fehlt demnach dem Papste sogar das allererste Zeichen des Gottesreiches, ohne das niemand ewig je zum Lichte der Himmel gelangen kann. Wo aber das A völlig mangelt, woher soll dann das B und noch weniger das C, D und E kommen? — Das wäre gerade also, als sollte ein Weib je schwanger werden und gebären, wenn sie sich, aus lauter Stolz und Hochmut, nie so tief herablassen wollte, sich von einem Manne beschlafen zu lassen, auf daß er in ihr einen Samen hätte erwecken können.

8] Woher aber sonach ewig nie ein Licht zu erwarten ist (aus den obenangeführten allertriftigsten Gründen), von dorther kann alsonach nur Finsternis kommen. Und es lasse sich da keiner berücken, wenn es auch so und so aussieht!

9] Denn was da geschieht, ist pur Aeußerliches. Das Innere dagegen wird als ein „Geheimnis aller Geheimnisse" bescheidet und ist so gut wie gar nicht da. — Und wäre es auch da, so müßte es aber doch ewig ohne Wirkung bleiben gleich dem Keime in einem Samenkorne, das nie ins Erdreich gesäet wird. So ein Keim muß dann freilich wohl auch ein „ewiges Lebensgeheimnis" verbleiben, weil er nie ins Leben übergehen kann, da ihm das Mittel, durch das er sich entwickeln und zum Leben manifestieren sollte, für alle Zeiten abgeschnitten ist.

10] Wo Gott, der da ist der ewige Grundquell alles Lebens, ein „Geheimnis" ist — was soll da das Leben und dessen Licht sein?!

11] Gott ist in allem der Grund, die erste Bedingung alles Seins, also auch das Hauptlicht alles Lichtes und muß zuerst angenommen und erkannt sein, so alles andere, das aus Ihm ist, soll erkannt werden. — So aber Gott ein Geheimnis, also eine barste Nacht ist, was soll dann alles andere sein? Wo das Licht schon die barste Finsternis ist, was soll dann erst die eigentliche Hauptfinsternis selbst?

12] Ich meine, so Ich bei euch nur ein wenig Licht im Hause bin, so werdet ihr aus dem leicht entnehmen können, was zu allen Zeiten von Rom zu erwarten ist, solange es bleibt, wie es ist und wie es war.

13] Das aber glaubet ja nicht, daß es je von Rom abhängen wird, ob Licht oder Nacht — sondern das alles hängt rein von Mir ab! — Wann es die rechte Zeit sein wird, so wird es Licht wie am Tage. Und Rom wird dem „großen Tage des Geistes" so wenig Schranken zu setzen imstande sein, als jemand imstande ist, der Sonne den Aufgang zu verwehren.

14] Daher bleibet nur ganz unbesorgt! — Wer am und im Tage wandelt, hat von der Nacht nichts zu befürchten. Aber wehe denen, die in die Hände der Räuber fallen! — Amen.

☆

Von den kirchlichen Mysterien und Zeremonien

Am 9. Juli 1847

O Herr, was sind denn so ganz eigentlich die „Geheimnisse", mit denen besonders unsere römische Kirche so überaus vollgestopft ist und worauf sie sich viel zugute tut und sozusagen ihr Hauptansehen stützt? — So es Dein heiligster Wille wäre, gib uns darüber einige Winke!

„Geheimnisse" (Mysterien) sind nichts anderes als Nacht und Finsternis in eben den Dingen, die als ein Geheimnis betrachtet werden. Und so sind auch die [kirchlichen] „Geheimnisse" die barste Blindheit der Seele und ein völliger Tod des Geistes.

2] Und wieder sind die „Geheimnisse" eine Bosheit! Denn die Menschen hüllen gewöhnlich das in Geheimnisse, womit sie sich nicht offen ans Licht getrauen, weil da die andern den Betrug erschaueten und dann Rache nehmen möchten an den Betrügern — was sich eben auch nicht zu selten schon ergeben hat! — Jeder Betrug aber ist eine allergröbste Sünde und somit eine größte Bosheit. Und somit ist ein „Geheimnis", das da nichts ist als ein Betrug, auch eine barste Bosheit.

3] Weiter ist ein „Geheimnis" auch ein Mörder und ein Totschläger! Denn nichts tötet den Geist so sehr, als eben die „Geheimnisse". — Daher sind sie denn auch geistige Räuber, Mörder und Totschläger. Denn über alles hat der Mensch mehr Mut als über ein Geheimnis — aus welchem Grunde in der früheren Zeit auch der Aberglaube so ausgebreitet wurde, da niemand den Mut hatte, hinter die Augendecke Mosis zu greifen, um sich zu überzeugen, was denn so ganz eigentlich hinter derselben liegen könnte! Jeder betrachtete die „Geheimnisse" als rein unerforschlich und blieb und bleibt dabei stehen, weil er am Ende nicht nur das Geheimnis, sondern auch dessen Enthüllung fürchtete und noch fürchtet.

4] Jedes Geheimnis aber gebiert ein anderes, und das andere ein drittes, und das so fort, bis endlich alles ein „Geheimnis" wird, das ganze Leben samt dem Tode. Um also die Menschheit geistig völlig zu töten, braucht man sie nur in recht viele und recht derbe Geheimnisse zu treiben, so kann man seiner Sache gewiß sein, natürlich von der höllischen Seite her.

5] Aber in der Nacht ist es einträglich, auf den Raub auszugehen; im trüben ist gut fischen. Die Blinden lassen sich leicht führen. Und die Toten kann man überhaupt tragen, wohin man will, und sie sieden und braten noch oben darauf, und sie werden sich nicht rühren. Daher gibt es ja kein besseres Mittel als recht viele große „Geheimnisse", und ein Volk ist auf ein Jahrtausend zerschlagen und läßt alles aus sich machen.

6] Dergleichen „Geheimnisse" dürfen dazu nur noch mit einigen taschenspielerischen Wundern, mit großem Pompe und glänzender Zeremonie begleitet sein und mit recht viel Rauch und schrecklichen Historien, so haben sie dann eine gewaltige Macht, der selbst die beherztesten Menschen keinen Widerstand zu leisten imstande sind.

7] Ja, da ist dann die Trübsal so stark, daß sie selbst den Auserwählten schaden könnte, so diese möglicherweise ohne Meinen besonderen Beistand in ihr Gebiet könnten geleitet werden. Daher auch nun alle die Christen, bei denen „Geheimnisse" walten, über das Wesen des Lebens nach des Leibes Tode im völligen Tode wandeln. Denn sie wissen davon nichts und glauben an dasselbe, wenn es gut geht, nur ungefähr also, wie ein Lottospieler auf einen Terno, der möglicherweise wohl herauskommen könnte, aber höchstwahrscheinlich nicht herauskommen wird!

8] Wie viel aber ist solch ein verfluchter Glaube wert? — Ich sage: Er ist nicht einmal des Auslachens und Anpfeifens wert! — Denn er kann niemanden vom Tode erretten. Daher solche Schwachgläubige auch alle dahinsterben, als wären sie nie dagewesen, und zu Schemen und Phantomen der Geisterwelt werden, denen sogar die Fähigkeit mangelt, Meinen Namen auszusprechen — was alles eine Frucht der „Geheimnisse" ist!

9] Was Gott, was Ich, Jesus, was der Heilige Geist, was also diese Dreieinigkeit, was das Abendmahl, was das Wort Gottes ist, davon wissen sie gerade so viel wie der nächste beste Stein! — Sie beten zwar wohl Gott an; aber einen Gott, der nirgends ist und sein kann. Der Vater aber, der ihr allerbekanntester und allernächster Erzieher sein sollte, ohne welchen niemand das ewige Leben erhalten kann, ist das geheimnisvollste und somit entfernteste und also auch ein völlig nichtdaseiendes Wesen! — Frage: Wie kann zu solch einem Vater je eine Liebe erweckt werden, von der doch alles abhängt, was nur immer das ewige Leben bedingt?!

10] Es kann wohl für Laien Geheimnisse geben — wie für Schüler, solange sie noch in der Schule sind und lernen müssen. Aber bei Menschen, bei wahren Menschen sollen keine Geheimnisse sein! Denn ihr wißt es nun, daß der rechte Geist Gottes, so er im Menschen ist, auch in Meine Tiefen dringt, wie es Mein Paulus aus Mir gelehrt hat.

11] Hinweg daher mit allen „Geheimnissen"! — Sie gehören der finsteren Welt an!

12] Bei euch aber sei es Tag in eueren Herzen! — Denn darum lasse Ich stets so viel Licht zu euch, auf daß ihr für ewig aus der harten Gefangenschaft der „Geheimnisse" erlöst werden sollet! Amen.

☆

Stellung zur Kirche

Am 12. Juli 1847

O Herr, Du liebevollster Vater und Schöpfer der Geister- und Naturwelt! Siehe, wenn von keiner äußeren Kirche etwas für den Geist zu erwarten ist, außer die alles verdunkelnden Mysterien — was sollen denn die Menschen dann tun, woher den ersten Unterricht im Evangelium erhalten? — Man kann doch nicht annehmen, daß da Engel aus den Himmeln herabsteigen werden, um die Kinder in den ersten Grundlehren des Katechismus zu unterweisen oder Dein Evangelium den wilden Völkern zu verkündigen?

Und so scheint es mir denn doch, daß wenigstens für den Anfang eine äußere Kirche ebenso notwendig ist wie die darauffolgende innere für den Geist zur unfehlbaren Gewinnung des ewigen Lebens. — Was ist da so ganz eigentlich Rechtens? — O Herr und Vater, laß uns auch darin nicht in der Dunkelheit — aber nur nach Deinem heiligsten Willen! Amen.

Diese Anfrage ist zwar gut und in gewisser Hinsicht, besonders in dieser Zeit, wichtig. — Aber die Antwort ist auch schon gegeben worden und somit auch, was jeder von der äußeren Kirche zu halten und zu nehmen hat.[1] In diesen Verhaltungsregeln steht das Beste und Notwendigste. Was darunter oder darüber ist, ist nicht in Meiner Ordnung.

2] Wer aber dessenungeachtet noch nicht weiß, was er so ganz eigentlich tun solle, der lese das Evangelium, allda wird er finden, was er darüber für sein Heil zu wissen braucht!

3] Siehe, also fragten Mich auch einmal die Apostel und viele Jünger, als Ich sie alle vor den Hohenpriestern, Pharisäern und Schriftgelehrten gar weidlichst warnte. Sie sprachen: „Herr, was sollen denn wir dann tun? — Siehe, Moses, den Gott verordnet hatte unter großen Wundern, hat buchstäblich von Gottes Willen aus

---

[1] So besonders in den Lorberschriften „Der Weg zur Wiedergeburt" (46 Seiten), „Erde und Mond" (250 Seiten), sowie an verschiedenen Stellen in „Himmelsgaben".

eine solche Ordnung eingeführt, wie sie heute eben auch noch buchstäblich, obschon wohl höchst äußerlich, erfüllt wird. Wenn aber das unverbrüchlich wahr ist, warum willst Du nun das wieder zerschmeißen, was Du gewisserart Selbst aufgebaut hast?"

4] Da Ich aber der Jünger Not gar wohl merkte, so sprach Ich zu ihnen: „Wahrlich, auf dem Stuhle Mosis sitzen die Hohenpriester, Schriftgelehrten, Leviten und auch die strengen Pharisäer, so sie aus dem Stamme Levi sind. Was sie euch lehren aus der Schrift, das haltet und befolget! Aber ihren Taten folget nicht und ihren eigenen Satzungen auch nicht! Denn diese sind nicht von Gott, sondern sind eitles Menschenwerk gegen den Willen Gottes, weil sie, diese Mosisnachfolger, dadurch nur ihre eigenen irdischen Vorteile und nicht im geringsten die Erfüllung des göttlichen Willens bezwecken wollen."

5] Sehet nun aber auch ihr und merket es: Eben das, was Ich den Aposteln und Jüngern dereinst in Bezug auf die Hohenpriester und Schriftgelehrten sagte, dasselbe sage Ich nun auch euch in Bezug auf jede äußere Kirche und ihre Diener:

6] Folget ihrer Lehre, wo sie Mein Wort und die Demut und die Liebe verkündigen. Aber ihren Werken und Satzungen folget nicht, so sie wider Mein Wort gerichtet sind und nur der Priester irdische und weltliche Vorteile im Schilde führen; und lasset euch von denselben nicht beirren und irgend breitschlagen!

7] Es ist wohl ganz wahr, daß die Rinde an einem Baume tot ist, und je äußerlicher, desto toter. Und niemand kann aus solch toter Rinde eine Lebensnahrung ziehen. Aber so man diese tote Rinde einem Baume nehmen würde, besonders zur Winterszeit, da würde der Baum entweder einen großen Schaden leiden, oder würde ganz und gar zugrunde gehen. — Gerade so aber steht auch die äußerliche Kirche zur inneren, wie die äußere Rinde des Baumes zum inneren, in seiner Art lebendigen Baume!

8] Von der äußeren Kirche wird freilich wohl ewig nie das Gottesreich kommen, welches da ist das eigentliche innere, ewige Geistesleben. Aber diese äußere Kirche ist nach Meiner Fürsehung und Sorge ein Schutz für die innere Kirche, die jedermann leicht finden kann, wenn er sie nur suchen und finden will.

9] Und dabei ist es gleich, in welcher äußeren Kirche er sich befindet — so sie nur irgend Meinen Namen und Mein Wort verkündiget! Denn es ist nicht vonnöten, daß da jemand die ganze Bibel im Kopf haben müsse, um damit Mein Reich und Mich zu finden. Sondern dazu genügen auch wenige Texte und ein genaues Beachten und Leben nach denselben.

10] Wer also tut, zu dem wird sich das Gottesreich bald also kehren und vernehmen lassen, wie es im Evangelium steht und also lautet: „Ei du getreuer Knecht, dieweil du im Kleinen getreu warst, so sollst du nun über vieles und Großes gesetzt werden!"

11] Wer sich aber in irgendeiner äußeren Kirche befindet und hört da Mein Wort verkünden und vermeint, es sei das Wort falsch und tot, weil in der Kirche sonst so viel Lug und Trug vorkomme, beachtet es darum nicht und verwirft so „das Kind samt dem Bade" und fluchet dem ganzen Baume, weil dessen äußere Rinde tot ist — der gleicht dem, der sein Talent vergrub, und wird dereinst auch also gerichtet werden.

12] So aber jemand in der inneren Kirche schon in aller Fülle wäre, da wird es ihm dennoch nie zur Sünde gerechnet werden, so er die Bethäuser der äußeren Kirche besucht. Denn es ist ihm besser, ein Bethaus als oft unnötigerweise ein Gasthaus zu besuchen. Nur soll er darin kein Aergernis nehmen ob der götzischen Ausstattungen, wohl aber Mich bitten, daß Ich dieses dunkle Gemach mit Meinem Lichte erhellen möchte — so wird er in seinem Herzen den Armen im Geiste ein lieber Bruder sein, der darob den ewigen, großen Lohn ernten wird. Amen.

13] Das spricht der Herr der äußeren und der wahren inneren Kirche! Amen. Amen. Amen.

Väterlicher Rat
für eine junge Tochter

Am 13. Juli 1847, vormittags

Pauline, Mein liebes Töchterchen! Da du von Mir gern erfahren möchtest, ob du zu deiner Welttante nach Obersteier auf ihre Herrschaft gehen oder daheimbleiben sollest, um als Gesunde gesund zu werden, sage Ich dir: So du Mich mehr liebst als deine Welttante, dann bleibe du zu Hause bei deinen Eltern und glaube, daß nicht die obersteierische scharfe Luft, sondern allezeit nur Ich dir helfen kann — wie Ich dir bisher auch ohne die obersteierische Herrschaftsluft geholfen habe und gemacht, daß du jetzt recht gesund bist, und gesünder, als du es selbst glaubst.

2] Warum aber hast du ohne Meinen Rat deine Tante besucht und gebeten darum? — Siehe, das war nicht recht, weil du dadurch derselben eine große Weltfreundschaftspflicht auferlegt hast, der sie nun nachkommen will, weil sie es dir einmal zugesagt hat und noch der Meinung ist, dir damit einen Hilfsdienst zu erweisen, während sie dir dadurch nur einen Schadendienst erweisen würde, so du davon einen Gebrauch machen möchtest.

3] In der Zukunft fange daher alles mit Mir an, so wirst du auch leicht alles mit Mir beenden!

4] Nun aber danke deiner Welttante weltlich und sage ihr, daß du nun völlig gesund bist und daher lieber daheim bleibst bei den lieben Eltern und Geschwistern, deren längere Entbehrung dir als ein leidiges Heimweh mehr schaden als nützen würde, wie es dir „ein geschickter Arzt" (der Ich Selbst es bin, aber namentlich nicht der Welt zu nennen) sagte — und auch riet, daß dir die obersteierische schärfere Sauerstoffluft nicht dienen würde wegen deiner schwachen Brustnerven, denen nur eine milde, südlichere Süßluft zuträglich ist.

5] Also entschuldige dich mit der Wahrheit und bleibe daheim, so du es willst! — Willst du aber lieber dem Rufe und der Einladung deiner Welttante folgen, so kannst du das auch tun. Aber es wird dir nicht dienen, dieweil du dir wohl leicht denken kannst, daß Ich auf Herrschaften, Schlössern und Burgen ebensowenig zu Hause bin wie Gold in den Kloaken — und daher auch ferne mit Meiner Hilfe.

6] Tue also, was du willst, Ich werde dir darob nicht gram sein. Aber mit dir auf die „Herrschaft" gehe Ich auf keinen Fall. — Wäre deine Tante gleich deiner Mutter eine Bürgerin geworden statt einer „Herrschaftsinhaberin", so wäre sie Mir recht lieb. Aber als „Herrschaftsinhaberin" steht sie Mir ferne und soll von Mir nur das haben, was Ich aller Welt gebe durch Meine Geister, nämlich Boden, Sonnenschein, Regen, Wind, Schnee und endlich den Tod des Leibes und, wenn sie sehr „herrschaftlichen" Sinnes wird, auch den Tod der Seele und des Geistes.

7] Gehe du aber daheim morgens und abends in die Luft, entweder auf den Schloßberg oder auch irgendwo anders hin in die Freie! — Und halte dein Herz im Zaume, so wirst du gesund werden wie ein Fisch im Wasser — besonders so du, wie bis jetzt, dich von dem dummen und häßlichen Tabakschnupfen[1] sorglich enthältst,

[1] Eine leidige Liebhaberei von Männern und Frauen der damaligen Zeit; d. Hsg.

nicht zu heiß und zu gäh issest, auch nicht zu fett und zu sauer, dafür aber dann und wann einen guten, reinen Wein mit etwas Wasser trinkest und dazu ein frisches Brot issest, das wohl ausgebacken ist.

8] Ich meine, dieses Rezept wird dir keinen bitteren Mund machen und keine Uebligkeit im Magen. Beachte es allezeit geistig und auch leiblich, so wirst du dir dadurch selbst die größte Wohltat erweisen in Meinem Namen für Zeit und Ewigkeit. Amen. — Das sage Ich, dein wahrer und bester Arzt.

☆

Gesegnete Bergbesteigung

Am 15. Juli 1847

Auf Anfrage der Marie und Wilhelmine Hüttenbrenner wegen Besteigung des Berges Schöckel:

Auf Berge gehen ist wohl gut und recht, aber nicht zu jeder Zeit! Und wer von der Besteigung eines Berges einen Nutzen haben will für Leib, Seele und Geist, der muß es in Meinem Namen tun und am Berge recht von ganzem Herzen zu Mir beten und Mir allein die Ehre geben. So werde Ich ihn segnen und machen, daß er auf der Höhe nur von den reinsten Geistern umhütet wird, wodurch dann sein Leib, seine Seele und Geist über die Maßen erheitert und dreifach gestärkt wird.

2] Es muß aber auch eine rechte Zeit sein, wie solches schon oben bemerkt wurde. Die rechte Zeit aber ist der halbe Monat September und von da weiter bis zum halben Oktober; und im Frühling vom halben Mai bis zum halben Juni. — Um diese Zeit beziehen die reinsten Geister die Höhen und segnen alles, was sich da befindet in Meinem Namen.

3] Aber vor und nach dieser Zeit, als etwa im Winter oder im hohen Sommer, ist es nicht gut und rätlich die Berge zu besteigen. — Fürs erste, weil da auf den Höhen gewöhnlich nur die unreinen Geister ihr Wesen und allerlei heimlichen, argen Mutwillen treiben und eine große Freude haben, jemandem irgendeinen Leck anzuhängen. — Und fürs zweite, weil zu der Zeit die Höhen nicht in Meinem Segen stehen und demnach dem Wanderer und Besucher sind wie eine Stiefmutter ihren Stiefkindern!

4] So aber jemand eines sehr frommen Gemütes ist und hat nötige Geschäfte auf irgendeinem Berge zu verrichten, der gehe in der Nacht hinauf und gehe wieder zurück, wann die Sonne untergegangen ist — und eile weder hinauf noch zurück und bete mehrmals zu Mir, so wird es ihm nichts machen, so er auch im Sommer oder im Winter auf die Berghöhen ginge. Am besten aber kommen da natürlich jene Menschen davon, die ohnehin zu allen Zeiten auf den Bergen wohnen.

5] Aber Menschen, die tiefgelegene Städte und Dörfer bewohnen, die sollen außer an den obbenannten zwei günstigen Zeitpunkten nicht die Höhen der Berge besuchen, außer in einem dringend notwendigen Falle, und dann nur unter Gebet und gerechtem Fasten, d. h. mäßig gefüllten Magens — sonst holen sie sich wenigstens für den Leib eine Krankheit, die sich allezeit darauf in einem Vierteljahre hervortut und dem Fleische viel zu schaffen macht.

6] Starke Rheumatismen, Gicht, Zahn- und Halsschmerzen und auch nicht selten Nervenfieber sind die gewöhnlichen Folgen einer unzeitigen Bergbesteigung. Bei Frauenzimmern auch Lungenentzündung, Lungensucht und Blutgang. — Daß dabei Seele und Geist wenig oder nichts gewinnen, versteht sich von selbst.

7] Jedermann aber kann in der für höhere Gebirge ungünstigen Besteigungszeit kleinere und niedere Berge mit viel Nutzen bereisen. Jedoch viel höher als dreihundert Klafter [1] dürfen sie nicht sein, denn was darüber ist, gehört schon der Alpenwelt an, die in obgenannten Zeiten Meines besonderen Segens völlig entblödet ist und je höher hinauf desto mehr.

8] Hier habt ihr die Regeln, wie und wann die Berge mit Nutzen zu besteigen und zu bereisen sind! — Will aber jemand aus was immer für einem Nebengrunde auch zu den als ungünstig bezeichneten Zeiten auf diesen oder jenen schon bedeutend hohen Berg gehen, so muß er es sich selbst zuschreiben, so er sich dabei wenigstens für seinen Leib einige nachträgliche Leiden abholt.

9] Wie aber gesagt, schon gewohnte Bergbesteiger können es wohl zu allen Zeiten wagen: es wird ihnen wenig machen, besonders wenn sie in Meinem Namen wandeln. Sind sie aber pure Naturmenschen [2], dann sind sie mit den Berggeistern nahe ohnehin gleichen Gelichters. Und da gesellt sich Gleich und Gleich gern und beschädiget einander selten mit etwas anderem, als daß solche Wanderer entweder früh graue Haare bekommen oder manchmal gar kahlköpfig werden.

10] Nun sich aber die Menschen durch ihren Weltverstand allein bewegen und sich von der alten Weisheit ganz losgemacht haben,

[1] Klafter, früheres Längenmaß, etwa 1,9 Meter; d. Hsg. — [2] d. h. nur mit der Natur, nicht mit Gott verbundene Menschen.

wissen sie auch nichts mehr von der alten Ordnung der Dinge und tun, was sie wollen und wie und wann es ihnen am gelegensten ist und gutdünkt. Denn da fragt niemand mehr um Meine Zeit, sondern lediglich um seine eigene. Und keiner fragt, ob es Mir wohlgefällig wäre — sondern jedem genügt sein eigen Wohlgefallen, und er tut dies und jenes, wie es ihm sein Sinn, seine Zeit und seine Gesellschaft gibt.

11] Darum aber entstehen auch von Jahr zu Jahr stets mehr und neue Uebel, leiblich und geistig, unter den Menschen, und die Aerzte wissen dafür kein Rezept!

12] Tut daher, was ihr wollt — aber vergesset Meiner nicht und Meiner Zeit nicht!

13] Ich verbiete euch damit nicht im geringsten, zu dieser noch stark ungünstigen Zeit auf euren beabsichtigten Berg zu gehen. Und so ihr gehet, wird es euch auch zu keiner Sünde gerechnet, so wenig wie jemandem, der in die Freie geht, so ein Hagel aus den Wolken stürzt. — Aber euretwegen kann Ich aus dem Juli dennoch keinen September machen, also Meine Zeit und Ordnung nicht ändern!

14] Nun wisset ihr genug und könnt ohne Gewissensangst tun, was ihr wollt. — Aber ob dabei euer Leib sozusagen einen „Buckel voll Schläge" bekommt — dessen werde Ich Mich nicht allzusehr kümmern. Amen. — Das sagt Der, der in allen Dingen Seine Zeit und Ordnung hat. Amen.

☆

Das Wettrennen

Ein Gleichnis des Weltlebens

Am 18. Juli 1847

Heute produziert die nun in dieser Stadt anwesende sogenannte Kunstreitergesellschaft ein Wettrennen zu Pferde, und zwar auf dem Glacis. Jeder Reiter muß die elliptische Bahn in wenigen Minuten dreimal durchreiten; und wer aus der ganzen Reitergesellschaft in der kürzesten Zeit die Rennbahn dreimal durchreitet, bekommt eine Ehrenfahne als Siegesprämie und sonst nichts als seine gewöhnliche Gage. — Also zeigt es der Kündzettel an.

2] Diese an sich ganz wertlose und Mir höchst zuwidre Sache ist aber dennoch ein treffliches Bild der Menschheit und ihres Strebens in dieser Zeit.

3] Der Wirkungskreis der jetzigen Menschen ist gleich einer solchen Wettrennbahn, in der jeder nach Kräften sich zu Tode rennt, aber dennoch nicht um ein Haarbreit weiterkommt. Denn von dem Standpunkt (des Todes nämlich), von wo er ausläuft, auf demselben Standpunkte bleibt er auch stehen — gewöhnlich für die ganze Ewigkeit.

4] Das dreimalige Herumrennen aber entspricht dem dreifachen Weltrennen der Menschheit. — Es ist gleich dem, wie da ein Mensch in seiner frühen Jugendzeit einmal einen fleischlichen Sündenzyklus in aller Eilfertigkeit und mit überaus großem Leichtsinn durchtobt mit Fressen und Saufen, Mode und Hurerei, Tanzen und Spielen und dergleichen mehr. — Nach diesem ersten Rennen kommt der sogenannte männliche, zweite Zyklus, bestehend aus Lug und Trug, Neid und Geiz, Scheelsucht und Ehrabschneidung, Stolz, Hochmut und Herrschsucht, Gewinn-, Gold- und Geldlust, Lieblosigkeit, Unbarmherzigkeit, Unglaube und endlich volle Gottlosigkeit und dergleichen mehr.

5] Darauf kommt dann das dritte Rennen, wenn so ein „Weltwettrenner" sich nicht schon beim ersten oder zweiten Durchrennen seiner Weltwirkungs-Kreisbahn zu Tode gerannt hat. Dies dritte Rennen heißt die Altersschwäche des Leibes und noch mehr der Seele und gar am allermeisten des Geistes und ist nur im tempo moderato von den ersten zweien unterschieden. Es entspricht auch dem alten Sprichworte „Jung gewohnt — alt getan".

6] Und so gleicht ein „Rennen" dem andern auf ein Haar. Und der Mensch, der solche Bahn durchlaufen hat, bleibt sich gleich und ist dann im Alter auch selten um ein Haar besser, als er es in seiner Jugend war.

7] Der Lohn, eine wertlose (Ehren-)Preisfahne bei der heutigen Wettrennerei, ist eben auch völlig dieser gleich — nur mit dem Unterschiede: der Wettrenner bekommt sie in die Hand und gibt sie daheim wieder ab für einen ferneren gleichen Zweck; der Weltwettrenner aber wird damit zugedeckt, aber auch nur zum Scheine; denn am Grabe wird diese Ehrenfahne (das verschiedengradig eitelverzierte Bahrtuch) ihm ebenfalls wieder abgenommen für einen ferneren gleichen Zweck bei einem anderen Weltrenner! Diese Fahne ist dann bei gar vielen auch ein Siegeszeichen und Aushängeschild, daß der Tod über sie gesiegt hat, und nicht sie über den Tod! — Ein trauriger Preis für so viel eitle Mühe und Arbeit in dieser Welt — für diese Welt!

8] Ganz am Ende kommt noch das: „sonst nichts als die gewöhnliche Gage!" Diese ganz gewöhnliche Gage für all die eitel törichten Weltrenner ist das jedermann wohlbekannte Grab, die Verwesung, und anstatt der Auferstehung der ganz gewöhnliche ewige Tod oder die Hölle!

9] Und seht, da haben wir dann unsere „Weltrennerschaft" und „Weltkunstreiterei" samt Preis und „sonst nichts als die gewöhnliche Gage" so schön beisammen unter dem Bilde der heutigen Kunst- und Wettrennproduktion, daß wir es uns nicht schöner wünschen und malen könnten! — Gehet hin, so ihr wollt, und betrachtet aus einiger Ferne ihr loses Getriebe, und ihr habt die enthüllte Welt vor euch, oder, so ihr es lieber annehmet, auch die enthüllte Hölle!

10] Nur der Unterschied ist anbei noch zu bemerken: Diese Kunstreitergesellschaft sorgt durch dieses ihr halsbrecherisches Unternehmen und eitles Mühen doch wenigstens für ihren irdischen Lebensunterhalt, wenn auch für sonst nichts. Aber die Weltrenner sorgen meistens nicht einmal für das, weil sie in diesem Punkte gewöhnlich ohnehin versorgt sind. Sie sorgen daher lediglich nur für das, was da ist des ewigen Todes. Denn vom Leben wissen sie nichts und sorgen sich daher auch nicht um selbes. Und so sie auch irgendwann an selbes gemahnt werden, so glauben sie aber dennoch nicht und bleiben nach wie vor „Weltkunstreiter" und „Weltrenner" für obigen Preis und gewöhnliche Gage.

11] Hütet euch daher vor solchen (darunter entsprechend gemeinten) Weltkünsten, die einen so schnöden Preis zur ewigen Folge haben! — Das sage Ich, der Allgewaltige! Amen.

☆

Blindenheilung zu Bethsaida

(Markus 8,22–26)

Am 20. Juli 1847

Ich weiß es nur zu überaus gut, wie sehr diese etwas saumselig scheinende Heilung des Blinden von Bethsaida gar vielen zu einem Steine des Anstoßes geworden ist und noch fürder bleiben wird. Aber Ich weiß es auch, warum und wes Grundes Ich eben diesen Blinden also behandelte, zum ewigen Zeugnisse wider die arge Welt. Diese aber soll sich nur stoßen nicht nur an dieser, sondern an noch tausend anderen Stellen, auf daß sie sich zerschelle.

2] „Bethsaida" stellt hier die äußerste „Welt" dar, in der nur einer für die Welt blind war. Aber eben diese Blindheit für die Welt war der Grund, aus dem dieser einzige für die Welt Blinde es merkte, daß Ich nach Bethsaida kam, und darum die Weltsehenden bat, daß sie ihn zu Mir führeten, auf daß Ich ihn heilete und ihm wiedergebe das Licht der Welt.

3] Da von Mir aber gemäß der vollen Willensfreiheit jeder haben kann, was er will, Gift und Balsam, wie sie auf der Erde vorkommen, so konnte auch dieser haben, was er wollte. Er wollte anfangs das Weltlicht, darum führte Ich ihn außerhalb des Fleckens und spützete allda in seine Augen zum Zeichen Meines gerechten Abscheus vor der Welt und ihrem Lichte, legte ihm aber auch Meine Hände auf zum Zeichen, daß er, wie jeder in der Welt, sich in der Macht Meiner Hände befindet, ob er es merkt oder nicht, und Anteil hat an Meiner Gnade und Erbarmung, so oder so, d. h. entweder für den Himmel oder, so es ihm lieber ist, auch bloß für die Welt!

4] Aus eben diesem Grunde ließ Ich diesen einzigen Blinden von Bethsaida nicht sogleich allerklarst weltsichtig werden, sondern nur wie durch einen Schleier, und fragte ihn dann, ob er etwas sehe. Und der für die Welt Blinde blickte in der Welt auf und sprach: „Ich sehe die Menschen wie Bäume wandeln!"

5] Diese Aussage ward zu einem Zeichen und Zeugnisse, wie die Weltmenschen aussehen ihrer inneren Natur nach, und was sie darnach sind, nämlich: sie sehen aus wie wandelnde Bäume, die kein Leben mehr haben, da ihre Wurzeln in keiner Erde mehr stecken, daß sie Nahrung bekämen, sondern in der Luft hängen — weil sie von den Orkanen ihres Weltsinns und ihrer Weltleidenschaften sich haben aus dem Erdreiche Meiner Liebe, Weisheit und Ordnung reißen und gänzlich entwurzeln lassen!

6] Da der Weltblinde durch dies Bekenntnis der Welt ein richtiges Zeugnis angesichts Meiner und Meiner Brüder gab und in sich gewahr wurde, was an der Welt und ihrem Lichte ist, so legte Ich ihm nun aus rechter Gnade und Erbarmung abermals die Hände auf, damit er das, was er nur wie durch einen Schleier sah, auch in der vollen Klarheit schauen solle. Und Ich spützete ihm darum auch nicht mehr auf die Augen, zum Zeichen, daß Mir ein rechter, wahrer Blick in die Welt angenehm ist, demzufolge die Welt einen solchen Richtigseher nicht mehr in ihre tausendmaltausend Schlingen fangen kann zum ewigen Verderben.

7] Durch diesen puren Gnadenakt der Händeauflegung ohne vorhergehende Anspützung wurde der Blinde erst völlig hergestellt. — Als er aber also hergestellt war, da sprach Ich zu Ihm: „Gehe nun in dein Haus", d. h. in das Haus deines Geistes, deines inneren Lebens. Wenn du aber in den Flecken gehest, d. h. wenn du in der Welt etwas zu tun hast, so lasse sie es nicht merken, daß du von Mir aus sie nun in ihrem wahren Höllenlichte beschauest, auf daß du Ruhe habest vor ihr und sie dir kein Leid zufügen könne. Dies besagt das freundliche Verbot: „und sage es niemand, sondern behalte es in dir!" Denn die Zeit der Ausbreitung Meines Reiches in der Welt ist noch nicht da, darum, weil die [Erden-]Welt noch immer „Welt" ist und [die „Welt"] solches in sich bleiben wird ewig!

8] Siehe nun, also ist dieses evangelische Faktum zu verstehen und läßt eine andere Deutung nicht zu, außer eine rein himmlische, darnach der Weltblinde die Seele des Menschen, der Flecken Bethsaida sein Leib und das Haus des Weltblinden sein eigener Geist ist, und zwar unter entsprechenden gleichen Verhältnissen.

9] Da Ich dir nun aber dies gewichtige Bild enthüllt habe, so verstehe es auch also tatsächlich! Denn du weißt es, daß das Wissen allein niemand etwas nützt, sondern lediglich das Tun. Also tue du zuerst darnach stets gleichfort wie bis jetzt. Denn siehe, noch ist die Welt stetsfort gleich dem Flecken Bethsaida. Daher enthalte sich jeder in allem von ihr und lasse es sie nicht merken, daß er sie kennt in ihrer wahren Gestalt, auf daß er von ihr keinen Schaden bekomme, weder leiblich und noch viel weniger geistig! Das sage Ich, der wahre Augenarzt, dir für ewig! Amen.

☆

Von den Politikern[1]

Am 23. Juli 1847

Also schreibe auch du heute etwas Humoristisches, aber es versteht sich von selbst: in re vera[2]!

2] Politik ist eine Hülle, durch welche sich selbst am meisten berücksichtigende Menschen so manche Unternehmungsaktionen zu ihrem eigenen Besten so viel als möglich zu verbergen suchen, weil sonst bei deren Bloßheit denn doch ein der Wahrheit und Rechtlichkeit beflissener Menschenfreund sich die Freiheit nehmen könnte, so einen

[1] im Sinne unredlicher politischer Geschäftemacher. — [2] Wörtlich: in wahrer Sache, d. h. wahrheitsgemäß.

industrieösen Sichselbstliebhaber zu fragen: Quid agis, amice?[1] — und, so der Gefragte keine Antwort gäbe, der Menschenfreund ihn dann wie einst Kisehel den Lamech[2] beim Schopf nehmen könnte, welches Begebnis dem politischen Sichselbstliebhaber freilich etwas unangenehmer sein könnte, als so er ganz fein politischerweise oder fast ganz inkognito jemandem einige Scheffel Goldstücke herauszupraktizieren vermöchte.

3] Da die Politik sonach eine Hülle oder Decke besonders über Sünden der Selbstsucht und Eigenliebe ist, sind die Politiker samt und sämtlich als eine „verdeckte Speise" zu betrachten, nur mit dem Unterschiede, daß eine verdeckte Speise gewöhnlich eine gute Speise, ja ein Leckerbissen ist, während die Politiker ein ganz überaus schlechtes Gericht sind, an dem sich viele arme, gute Menschen den bürgerlichen Tod essen.

4] Die Politiker, als verdeckte Speise, überraschen zwar auch ihre leidigen Konsumenten, aber nie auf eine angenehme, sondern allezeit auf eine unangenehme Weise und verursachen oft die größten Wehen in einer bürgerlichen Gesellschaft. Daher auch vor ihnen jedermann mit Recht einen gewissen heimlichen Respekt hat, der jener fieberhaften Ehrfurcht gleichkommt, die so manche schwachnervige Antizoologinnen beim Anblicke einer mit der Doppelzunge blitzelnden und sie ganz entsetzlich unheimlich anglotzenden Boa constrictor empfinden — welcher sonderbare Respekt aber auch ganz in der Ordnung ist, da ein solcher Politiker auch im Ernste geistig nichts anderes ist als eine Boa constrictor, die bekanntlich ihren Raub zuvor erdrückt, um ihn dann ohne alle Sorge und Furcht in einem wehrlosesten Zustande nach Lust zu verzehren.

5] Aus diesem Grunde suchen denn auch die Politiker ihre ausersehenen Opfer durch allerlei Giftmittel zu betäuben, zu ersticken, zu erblinden und sie dadurch, wie eine Boa constrictor ihre Beute, völlig wehrlos zu machen, um sie dann leichter, wie man zu sagen pflegt, „bei Butz und Stengel" aufzufressen.

6] Daher nehme sich jeder wohl in acht, so er mit einer solchen „verdeckten Speise" von einer „Boa constrictor" zu tun hat, sonst wird er bald gewahr werden, daß die Politiker schon lange vor Jackson den Schwefeläther erfunden haben, um harmlose Menschen zu

[1] Was treibst du, Freund? — [2] Siehe das Lorberwerk „Die Haushaltung Gottes", Bd. 2, Kap. 179.

Tode zu narkotisieren — was für sie auch wirklich nicht schwer war, da sie ja zu allernächst dem Schwefelpfuhle entstammen — ihr wißt schon welchem!

7] Daher noch einmal gesagt, nehmt euch in acht vor den Politikern, wollt ihr nicht narkotisiert werden zeitlich und auch ewig! Amen.

☆

Uebertritt in die geistige Welt

Am 13. August 1847

Mit der nachstehenden Kundgabe begannen die umfangreichen Eröffnungen über „Bischof Martin“[1]. Sie wurden fast täglich fortgesetzt bis zum Abschluß am 11. Oktober 1848.

Ein Bischof, der auf seine Würde große Stücke hielt und ebensoviel auf seine Satzungen, ward denn einmal zum letzten Male krank.

2] Er, der selbst noch als ein untergebener Presbyter[2] des Himmels Freuden mit den wunderlichsten Farben ausmalte — er, der sich gar oftmals völlig erschöpfte in der Darstellung der Wonne und Seligkeit im Reiche der Engel, aber daneben freilich wohl auch die Hölle und das leidige Fegefeuer nicht vergaß, hatte nun als selbst schon ein beinahe achtzigjähriger Greis noch immer keinen Wunsch, von diesem seinem oft gepriesensten Himmel Besitz zu nehmen. Ihm wären noch tausend Jahre Erdenleben lieber gewesen als ein zukünftiger Himmel mit allen seinen Wonnen und Seligkeiten!

3] Daher denn unser erkrankter Episkopus[3] auch alles anwandte, um nun wieder irdisch gesund zu werden. Die besten Aerzte mußten stets um ihn sein; in allen Kirchen seiner Diözese mußten Kraftmessen gelesen werden, und alle seine Schafe wurden aufgefordert, für seine Erhaltung zu beten und an seiner Statt fromme Gelübde gegen Gewinnung eines vollkommenen Ablasses zu machen und auch zu halten. In seinem Krankenlagergemache ward ein Altar aufgerichtet, bei dem vormittags drei Messen zur Wiedergewinnung der Gesundheit mußten gelesen werden; nachmittags aber mußten bei stets ausgesetztem Sanktissimum[4] die drei frömmsten Mönche in einem fort das Breviarium[5] beten.

---

[1] „Bischof Martin“, die Entwicklung einer Seele im Jenseits.
[2] ‚Aeltester‘ im Kirchenrat.
[3] Bischof. — [4] Allerheiligstes, geweihte Hostie. — [5] ‚Kurze Ueberſicht‘, Gebet aus dem Gebetbuch der katholischen Geistlichen. D. Hsg.

4] Er selbst rief zu öfteren Malen aus: „O Herr, erbarme Dich meiner! Heilige Maria, du liebe Mutter, hilf mir, erbarme dich meiner fürstbischöflichen Würden und Gnaden, die ich trage zu deiner Ehre und zur Ehre deines Sohnes! O verlasse deinen getreuesten Diener nicht, du alleinige Helferin aus jeder Not, du einzige Stütze aller Leidenden!"

5] Aber es half alles nichts; unser Mann verfiel in einen recht tiefen Schlaf, aus dem er diesseits nicht mehr erwachte.

6] Was hier [auf Erden] mit dem Leichnam eines Bischofs alles für ‚hochwichtige' Zeremonien geschehen, das wisset ihr, und wir brauchen uns darum dabei nicht länger aufzuhalten; dafür wollen wir sogleich in der Geisterwelt uns umsehen und schauen, was unser Mann dort beginnen wird!

7] Seht, da sind wir schon — und seht, da liegt auch noch unser Mann auf seinem Lager; denn solange noch eine Wärme im Herzen ist, löst der Engel die Seele nicht vom Leibe! Denn diese Wärme ist der Nervengeist, der zuvor von der Seele ganz aufgenommen werden muß, bis die volle Löse von Seite des Engels vorgenommen werden kann; denn alles geht da den ordnungsmäßigen Gang.

8] Aber nun hat dieses Mannes Seele schon völlig den Nervengeist in sich aufgenommen, und der Engel löst sie soeben vom Leibe mit den Worten: „Hephata", d. h. „Tue dich auf, du Seele! Und du, Staub, aber sinke zurück in deine Verwesung und zur Löse durch das Reich der Würmer und des Moders durch sie! Amen."

9] Nun seht, schon erhebt sich unser Bischof, ganz wie er gelebt hatte, in seinem vollen Bischofsornate und öffnet die Augen und schaut erstaunt um sich und sieht außer sich niemanden, auch den Engel nicht, der ihn geweckt hat! Die Gegend ist nur in sehr mattem Lichte, gleich dem einer schon ziemlich späten Abenddämmerung, und der Boden gleich einem dürren Alpenmoose.

10] Unser Mann erstaunt nicht wenig über diese sonderbare Bescherung und spricht nun mit sich: „Was ist denn das? Wo bin ich denn? Lebe ich noch, oder bin ich gestorben? Denn ich war wohl sehr stark krank, und es kann sehr leicht möglich sein, daß ich mich nun schon unter den Abgeschiedenen befinde! — Ja, ja, um Gotteswillen, es wird schon so sein! — O heilige Maria, heiliger Joseph, heilige Anna, ihr meine drei mächtigsten Stützen — kommet, kommet und helfet mir in das Reich der Himmel!"

11] Er harrt eine Zeitlang, sorglich um sich spähend, von welcher Seite die drei kommen würden — aber sie kommen nicht.

12] Er wiederholt den Ruf kräftiger und harrt — aber es kommt noch niemand!

13] Noch kräftiger wird derselbe Ruf zum dritten Male wiederholt — aber auch zum dritten Male vergeblich!

14] Darob wird unserem Manne überaus bange, und er fängt an, etwas zu verzweifeln. Und er spricht in seiner stets mehr verzweifelt werdenden Lage: „Oh, um Gotteswillen, Herr, steh mir bei! (Das ist aber nur sein angewöhntes Sprichwort.) — Was ist denn das? Dreimal habe ich gerufen — und umsonst!

15] Bin ich denn verdammt? — Das kann nicht sein; denn ich sehe kein Feuer und keine Gottstehunsbei![1]

16] Hahahaaaaa (zitternd) — es ist wahrhaft schrecklich! — So allein! — O Gott, wenn jetzt so ein Gottstehunsbei herkäme, und ich — keinen Weihbrunn — dreimal konsekriert[2] — kein Kruzifix! — — Was werde ich tun?!

17] Und auf einen Bischof soll — Gottstehunsbei eine ganz besondere Passion haben?! — Oh, oh, oh, ooooh (bebend vor Angst), das ist nun ja eine ganz verzweifelte Geschichte! Ich glaube gar, es stellt sich bei mir schon 's Heulen und Zähneklappern ein?!

18] Ich werde dies mein Bischofsgewand ablegen, da wird Gottstehunsbei mich nicht erkennen! — Aber auf das hin hätte Gottstehunsbei vielleicht noch mehr Gewalt über unsereinen?! — O weh, o weh, was ist der Tod doch für ein schreckliches Ding!

19] Ja, wenn ich nur recht ganz tot wäre, da hätte ich auch keine Furcht; aber eben dieses Lebendigsein nach dem Tode, das ist es! — O Gott steh mir bei!

20] Was etwa geschehen würde, so ich mich weiterbegäbe? — Nein, nein, ich bleibe! Denn was hier ist, das weiß ich nun aus der kurzen Erfahrung; was aber nur ein rätselhafter Tritt weiter vor- oder rückwärts für Folgen hätte, das wird allein Gott wissen! Daher will ich in Gottes Namen und im Namen der seligsten Jungfrau Maria lieber bis auf den Jüngsten Tag hier verharren, als nur um ein Haarbreit vor- oder rückwärts mich bewegen!"

☆

[1] ‚Teufel'. — [2] geweiht, eingesegnet. D. Hsg.

Zahnwehrezept und Mundwasser

Am 1. Dezember 1847

So schreibe ein kleines Rezeptlein für unsere kranke Wilhelmine-Gabiela!

2] Mein liebes Töchterlein! Du hast wohl ein rechtes Kreuzlein mit deinen morschen Zähnen; aber habe nur Geduld noch eine kurze Zeit, dann wird es schon besser werden. Siehe, weil Ich dich mit solchen, dem Leben nicht gefährlichen Krankheiten heimsuche, so bleibst du verschont von solchen Krankheiten, die zwar weniger schmerzhaft, aber dafür dem Leibesleben desto gefährlicher sind.

3] Nimm nur noch ein paar Tage hindurch recht fleißig zum Abführen ein und iß eine Zeitlang kein Obst, weil es dir das Blut dick und sauer macht! Halte dir die Füße warm, iß nie zu heiß und meide die Zugluft! Gehe auch nun, da du von diesem Leiden befallen bist, nicht zu frühe aus deinem Bette, weil allezeit der Morgenschweiß gegen solche rheumatische Leiden das beste Heilmittel ist! So wird es dir wieder recht bald und dauernd besser gehen.

4] Auch mußt du den leidenden Zahn nicht reiben, nicht mit der Zunge um ihn herumfahren oder den Zahn besaugen, weil derlei Verrichtungen die nackten Nerven zu sehr irritieren — so wird auch der Schmerz desto eher sich verlieren.

5] Auch mußt du dir im Winter, wie auch bei sonstiger windiger und nasser Witterung, die Ohren mit Baumwolle sogestaltig verstopfen, daß du aus reiner Baumwolle zwei lockere Klümpchen machst, in ein jedes Klümpchen ein grießkorngroßes Stückchen Kampfer hineinwickelst und dir dann mit diesem Klümpchen die Ohren zustopfest. Das wird dich nebst Meiner Hilfe vor künftigen Rheumatismen schon recht wohl verwahren.

6] Du kannst dir mit der Zeit aber wegen deiner Furcht zu Hause die faulen Wurzeln auch herausziehen lassen, wobei du wenig Schmerz empfinden wirst. Dann wirst du in der Zukunft von deinem Leiden ganz verschont sein, obschon du, so du diese einfachen Regeln beachtest, fürder nicht viel mehr leiden wirst. — Ein wenig Leiden so manchmal aber schadet gar keiner Seele!

7] Wenn du aber heftige Schmerzen hast, so lege dir Meerrettich ins Genick und auf die Fußsohlen! Und so jemand magnetische Kraft besitzt, der tauche den Ringfinger in ein frisches Wasser und beschreibe dir abends sieben Ringe hinter den Ohren, so wird der Schmerz sogleich nachlassen.

8] Hauptsächlich aber habe auf Mich ein recht lebendiges Vertrauen, so wirst du bald und für immer ohne Schmerzen sein!

9] Auch mußt du dich nicht so oft erzürnen wegen nichtiger Dinge, so wirst du zu einem reinen Blute gelangen.

10] Schließlich noch ein gutes Mundwasser: Nimm eine kleine Handvoll Salbeiblätter und verkoche sie in einem Halbseidel Wasser. Wenn das Wasser grünlich geworden ist, dann seihe es ab, laß es laulich werden und spüle dir damit den Mund aus! Das aber täglich, dann wirst du nie mehr Zahnschmerzen bekommen, besonders so du auch die obige, ganz einfache Diät beachten wirst.

11] Nun hast du ein gutes Rezept, nicht nur für dich, sondern auch für deine Geschwister und andere an solchen Uebeln Leidende. Aber dieses Rezept wird erst dann recht gute Dienste leisten, so dein Vertrauen zu Mir recht lebendig wird. — Das sage und gebe Ich, dein bester Arzt, dir! Amen. Amen. Amen.

Politische Priesterränke

Am 13. Dezember 1847

Also schreibe denn ein wohlzubeachtendes Wörtlein Meinem lieben Andreas H.-W.[1], nach dem er ganz getrost und besten Mutes handeln soll! Und es wird die rechte Wirkung nicht unterwegs verbleiben.

2] Ich habe es dir, du lieber Andr. H.-W., ja schon im vorigen an dich gerichteten Wörtchen gesagt, daß diese verkehrte Art nun alle Minen wird sprengen und kein Mittel unversucht lassen, durch das es ihr däucht, ihren finsteren und herrschsüchtigen Zweck zu erreichen. Aber darob mache du dir nur keine Skrupel! Denn siehe, alles, was sie nun ergreift, führt sie nur eine Stufe näher zu ihrem Untergange, also, wie es gerade Mein Wille ist. Denn siehe, mit den eigenen Zähnen wird sich diese Natter zerfleischen!

3] Auf daß du dich aber bei allen künftigen Begebnissen, die da vorkommen können und auch werden, zu richten und zu benehmen wissest, so merke, was Ich dir nun sagen werde!

4] Es wird sich ergeben, daß diese nach Rache lechzenden Diener Baals, da sie keinen rechten Grund irgend fassen können, das Gubernium[2]

---

[1] Andreas Hüttenbrenner, Bürgermeister von Graz, mit dem ihm vom Herrn erteilten Beinamen „Willig" (W). — [2] Die Landesbehörde.

und den Magistrat wie die Polizei bei Hofe zu verdächtigen, selbst Hand ans Werk legen, im verborgenen Krawalle und demonstrative Meutereien gegen sich selbst anzetteln, sich dies und jenes antun lassen und dann sagen werden: „Seht, das sind die Früchte, die durch lauter weltliche hohe Staatsbehörden an uns Jüngern Gottes verübt werden! Das tut ein gottloses Gubernium, das ein Magistrat, dessen Beamte von A bis Z lauter gotteslästerliche, verdammliche Ketzer sind, die alle der Hölle und dem Teufel angehören!" — und dergleichen Geschrei mehr an das dumme, blinde Volk durch Predigten, im Geheimen, in den Beichtstühlen, wie auch womöglich an die harmlose Schuljugend während der Katechisierstunden.

5] So werden sie es auch nicht unterlassen, Mietlinge zu dingen, die dieser Stadt und ihren weltlichen Behörden wie auch ihren Vorständen ein „Lebehoch" darbringen werden in anderen Städten, und zwar an solchen Plätzen, an denen ein solch demonstratives Benehmen irgendeinem Hofmanne zumeist auffallen muß.

6] Daher habe Ich dir schon letzthin eine strenge Ueberwachung dieser Baalsknechte anbefohlen, weil Ich wohl sehe und sehr genau weiß, was da diese Verruchtheit alles zu tun imstande ist, um ihre Rache zu kühlen und dadurch zu ihrem herrschsüchtigen Zwecke zu gelangen.

7] So werden sie auch anonyme Blätter unter allerlei Entstellungen über das hier nicht nach ihrem Sinne erfolgte Begräbnis[1] einsenden, um womöglich die weltlichen Behörden dieser Stadt zu verdächtigen und sie so irgendeiner Verantwortung zu unterziehen, ja sie womöglich sogar aus dem Amt zu entfernen, oder das Staatsoberhaupt wenigstens dahin zu vermögen, daß es ihnen [den Priestern] die Gewalt einräume, solchen „ketzerischen" Landes- und Stadtbeamten ein zweites sogenanntes lebendiges Glaubensbekenntnis abzunehmen, indem solche Beamte weder Kirchen zu besuchen und noch weniger der Beichte obzuliegen pflegen und somit Kirche und Staat nicht mehr wissen könne, in was für verruchten Händen sich die weltliche Amtsgewalt befinde.

8] Ich aber sage und rate dir: Sammle dir eine gerechte Beschwerde, lasse sie von recht vielen Zeugen bewahrheitskräftigen, suche auch den Gouverneur dazu zu vermögen, ein gleiches zu tun; und getrauete er sich nicht, so tue es für dich! — Solche gegründete Beschwerde reichet höchsten Ortes ein und bittet auf euere Kosten um

[1] einer hervorragenden Persönlichkeit in Graz; d. Hsg.

eine völlig unbefangene *Hofkommission*, so werdet ihr den Baalsdienern die Wege abschneiden, auf denen sie euch bei Hofe zu verdächtigen emsigst bemüht sind — was ihnen aber freilich nicht gelingen wird, da dies Meine Sorge ist.

9] Denn es sehen *die da oben*[1] nun wohl recht gut ein, daß ihnen in dieser *politischen Geistlichkeit* eine große *Laus im Pelze* sitzt. *Aber sie können ihrer darum nicht los werden, weil sie sich in ihre eigenen Lebensfibern eingefressen hat.* Wird sie getötet (das heißt, in ihrem finsteren Wirken), so fürchten sie, mit ihr mitgetötet zu werden. Und lassen sie diese Laus aber wuchern in ihrem Lebensorganismus, dann sehen sie wohl auch ein, daß solch eine Laus sie am Ende selbst auffressen muß.

10] Darum aber sind sie [die obersten Staatsbehörden] auch still und sagen zum Ganzen nichts und warten bloß beobachtend ab, wohin am Ende nach einer Zeit die Waage den größeren Ausschlag geben wird.

11] Die Pfaffen spüren das wohl, wie viel geringer ihr Gewicht gegenüber dem gerechten ist, das sich in deiner Wagschale befindet. Darum aber tragen sie nun auch nach all ihren Kräften allerlei Unflat in ihre leere Schale, um damit euer gerechtes Gewicht zu vernichten. Aber ihre Schale ist glühend vor Zorn und verzehrt bald von selbst, was sie hineinlegen. Daher sie denn auch bisher noch nichts ausgerichtet haben!

12] Tue du, Mein lieber Freund, aber nur, was Ich dir geraten habe! Und sei hier sehr *wachsam* auf jede *meuterisch* riechende Bewegung! Ahnde streng und gerecht jeden, der da auf irgendwie immer gestaltete Demonstrationen offen sinnt und sich über die Ausführung derselben bespricht! Und schone da niemand, weder Geistliche noch Weltliche — auf daß sie keine Sache wider dich irgend finden und dann sagen sollen, du seiest lau oder gar heimlich mit den Demonstranten einverstanden. — Denn siehe, alles das rührt von ihnen her!

13] So ein Volk *selbst* um seine Rechte kämpft, da erweckt es Mein Wille in großer *Masse* — und nicht in verächtlichen nächtlichen *Klubs*, die allezeit von den „Schwarzen" herrühren. Gegen solche muß kräftigst zu Felde gezogen werden.

14] Es wäre auch gut, so die Geistlichkeit des *Landes* durch die Bezirksobrigkeiten genauer überwacht würde als bis jetzt. Sonst wiegeln diese Geistlichen in ihren Pfarreien das Landvolk zu Demon-

[1] d. h. die oberste Staatsbehörde; d. Hsg.

strationen auf und werden dann die Schuld auf die Hauptstadt schieben und sagen: „Sehet, das sind die Früchte, wenn ein Land Ketzer zu höchsten Landesbeamten hat! Exempla trahunt[1]! Weil in der Hauptstadt uns Geistlichen Gubernium und Magistrat nicht gehorchten, so tut nun das gemeine Landvolk auch desgleichen!"

15] Kurz und gut, diese verkehrte Art muß nun unter ein strenges Augen- und Ohrenmerk gestellt werden, sonst wird sie unter der Hülle ihres Schafpelzes wühlen wie eine Schermaus im Finstern und kann dem Lande einen großen Schaden zufügen. Denn Ich kann und darf nicht mit Meiner Allmacht ihren Willen brechen. Und Mein Licht würde sie töten, wie das Leuchten des Blitzes die Krebse, so sie sich zuvor nicht in ihre Sumpflöcher verkriechen, bevor ein Wetter kommt.

16] Darum rate Ich euch hier die rechte Klugheit an, die oft mehr vermag als eine Heeresmacht von vielen hunderttausend Kriegern!

17] Ich aber werde dieser Art nur noch eine ganz kurze Zeit zusehen, ob sie sich bessere. Dann aber werde auch Ich ein „Kriegsheer" gegen sie anrücken lassen, desgleichen die Welt noch nicht geschaut hat!

18] Ueber alles aber sei du voll guten Mutes! Ich werde stets dir zur Seite sein und dir kein Haar krümmen lassen. — So klug wie diese sind, werde wohl etwa auch Ich sein! — Alles dessen sei du, mein lieber Andr. H.-W., völlig versichert! — Das sage Ich, der allsehende Jesus, dir! Amen.

Das Haupt des Mannes, des Weibes und Christi

Am 21. Dezember 1847

„Ihr sollt aber wissen: Jeglichen Mannes Haupt ist Christus; das Haupt des Weibes ist der Mann; das Haupt Christi ist Gott." (1. Kor. 11,3)

Dieser Text ist ein ganz natürlich-leicht zu fassender, wie sobald kein anderer. — Nur muß man hier wohl wissen, wer und was da ein „Mann" ist.

2] Der „Mann" ist die Polarität[2] des Göttlichen, das da ist das Allerhöchste, nämlich der Kulminationspunkt des Gotteslichtes. Dieses Gotteslicht aber ist Christus, der da in die Welt kam als ein Licht, das erleuchtete die Finsternis der Welt (d. h. der Weltmenschen). — Wie aber da ist Christus ein Licht des Lichtes, also ist auch das

[1] Wörtlich: Beispiele ziehen! — [2] d. h. der ergänzende Gegensatz.

Haupt das Licht des Menschen und ist dessen oberste, also positive Polarität.

3] Ein Haupt aber, das da blind ist und taub und stumm, ist für des Menschen Leib kein Licht, also auch keine oberste positive Polarität. — Ebenso steht es auch mit der christlichen Männlichkeit! — Ein Mensch ist erst dann ein „Mann", wenn er im Lichte Christi ein Mann oder wenn Christus des Menschen eigentliche positive Polarität ist — ohne welches Licht kein männlicher Mensch ein eigentlicher Mann, sondern nur eine schale Gestalt ist.

4] So aber Christus des rechten Mannes Licht ist, so ist er auch desselben „Haupt" (weil das Haupt das Licht des Menschen ist). — Ich meine, das dürfte wohl mit den Händen zu greifen sein!

5] Und daß hernach der in Christo erleuchtete Mann ebenso des Weibes Haupt oder Licht ist, wie da Christus ist das Haupt und Licht des Mannes, das gibt schon die Natur der Dinge, da der Mann an und für sich der positive Pol, also der Lichtpol des Weibes ist.

6] Daß aber Gott das Haupt Christi ist, das scheint freilich etwas sonderlicher zu klingen, ist aber dennoch ein und dasselbe Verhältnis.

7] Denn „Gott" oder die „Liebe" ist in Sich das Urfeuer und das Urlicht und ist alsonach auch das eigentliche Feuer und Licht in dem Gottmenschen Christus Jesus. Durch dieses Lichtes endlose Fülle wohnt die „Fülle der Gottheit" in Ihm, Christus, körperlich, d. h. wirklich, und nicht nur durch die Ueberstrahlung, wie etwa die Sonne in einem Spiegel. Denn in Christus ist die [Gottheits-]Sonne selbst und nicht etwa bloß ihr Abbild!

8] Wie aber die [naturmäßige] Sonne ist das Haupt oder das Licht oder der positive Pol aller anderen Weltkörper, also ist die Gottheit als das wesenhafte Grundlicht alles Lichtes, als das Grundsein alles Seins auch das Haupt Christi, der da ist der eigentliche vollkommenste Gottmensch und somit Gott in aller endlosen Fülle dieses allerhöchsten Begriffes!

9] Christus aber wäre ohne Gott nicht Christus, und Gott ohne Christus nicht Gott — gleichwie der Mensch ohne Haupt kein Mensch wäre, und das Haupt ohne Mensch ein Unding!

10] Und so ist auch der Mensch oder Mann ohne Christus kein Mensch und kein Mann. Und Christus ohne den Menschen — wer sollte Den denken können?! Wäre wohl das Weib ohne Mann ein Weib? Sicher nicht! Denn wo nichts Positives da ist, da kann auch kein Negatives gedacht werden. Und wo das Negative fehlt, da kann auch das Positive niemals sich äußernd auftreten. Gleich wie, wenn einem Menschen das Haupt abgeschlagen wird, dann weder das eine noch das andere für sich fortleben kann, obschon beide ganz eigene Lebensfunktionen für sich besitzen — desgleichen kann auch kein Mensch, so er sich von Mir in seinem Herzen getrennt hat, ein Leben haben.

11] Ich meine, dieser Text dürfte euch nun wohl klar und einleuchtend sein. Beachtet ihn aber nun auch nach dieser seiner Klarheit! Amen.

☆

Brustkatarrh

ärztlicher Rat

Am 2. Februar 1848

Sage es dem Weibe des Ans. H.-W.[1], daß Ich ihr sagen lasse und also rede:

2] Höre du, Meine liebe Tochter Elisabetha! Du mußt nicht ängstlich sein ob deines kleinen Brustleidens! Denn siehe, es ist nicht so viel daran, wie du meinst, da dein Arzt eine bedenklich scheinende Miene dazu gemacht hat!

3] Die Aerzte machen zu kleinen leiblichen Uebeln darum bedenkliche Mienen, um dann, so das Uebel mehr von selbst als durch die Hilfe des Arztes wich, sagen zu können: „Da seht! Diese und jene habe ich vom Tode errettet!“ Solches aber sagen sie ganz natürlich aus dem Grunde, um sich desto mehr Zutrauen und dadurch auch desto mehr Kunden zu verschaffen.

4] Und siehe, da ist ein Arzt wie der andere! Rede mit einem oder mit Tausenden, so wird sich dir ein jeder als „Lebensretter“ anpreisen, wie er diesem und jenem, den schon alle Aerzte aufgegeben haben, durch ein nur ihm bekanntes Mittel vollständig, und das in der kürzesten Zeit, geholfen habe.

5] Manche Aerzte aber machen oft aus einem kleinen Uebel auch darum viel Lärmens, um den Patienten zur genauen Befolgung ihrer Vorschriften zu nötigen, wodurch dann der Patient auch zur reichlicheren Honorierung des Arztes bestimmt wird, so ihn dieser von einem Uebel befreite, an dem er sonst unfehlbar, d. h. nach des Arztes Worten, zugrunde gegangen wäre.

6] Wie aber mit äußerst geringer Ausnahme nun fast alle Aerzte beschaffen sind, also ist es auch der deinige, der zwar durch Erfahrung

[1] Anselm Hüttenbrenner, genannt „Wortemsig“ (W.)

so manches gegen andere, jüngere Aerzte voraus hat, aber in allen anderen ärztlichen Politiken den Aerzten so gleichsieht, wie ein Auge dem andern.

7] Ich sage dir das aber darum, daß du den Ausspruch eines Arztes nicht für eine von Mir unterschriebene Wahrheit halten sollst und sollst Mir mehr glauben als einem Arzte, der dich allezeit lieber länger als kurz dauernd krank haben möchte. — Verstehst du das?

8] Dein Brustübelchen aber ist nichts als eine Verkühlung, also ein leichter Brustdrüsenkatarrh, der hauptsächlich durch die unpassenden Medikamente erst zu seiner gegenwärtigen Konsistenz gediehen ist.

9] Halte dich aber nun warm und belege deine Brust mit gestoßenem warmem Leinsamen öfters im Tage und lasse solch einfaches Pflaster auch durch die Nacht auf der Brust. Trinke daneben einen guten Blutreinigungstee morgens und abends! Enthalte dich von zu saueren Speisen und Getränken! Hauptsächlich aber sei nicht ängstlich und vertraue fest auf Mich, so wird dein Uebelchen sich bald verlieren. — Nimm dann und wann, etwa alle 14 Tage die Wintermonde hindurch, ein leichtes Abführmittel zu dir, so wirst du auch von deinen Halsübeln befreit sein.

10] Aber auf Mich mußt du stets mehr vertrauen als auf die Arzneimittel, die Ich dir hier angeraten habe — sonst möchten sie dir wenig oder nichts nützen. Denn alle Arzneien bekommen erst durch Mich ihre volle Heilkraft.

11] Hauptsächlich aber, wie gesagt, darfst du nicht ängstlich sein. Dann werde Ich dir schon helfen und deinen Leib wieder völlig gesund machen, wie Ich ihn schon öfters gesund gemacht habe. Des sei du völlig versichert in Meinem Namen! Das sage Ich, der rechte Arzt, dir. Amen. Amen. Amen.

☆

Das Beste für jedermann

Am 2. Februar 1848

An Alexandrine Hüttenbrenner.

Ich bin das Beste dir und jedermann, so du Mich erwählest für dein Herz auf ewig und nicht dabei denkst: „Mit diesem oder mit jenem könnte ich vielleicht auch glücklich sein."

2] Ich sage dir: Alle „diese und jene" sind gleich wie ein falscher Schmuck. Sie prunken wohl und scheinen etwas zu sein. Aber im Grunde sind sie alle dennoch nichts — gleichwie da nichts ist ein falscher Schmuck, für den dir kein Wechsler etwas gibt, so du, durch Not gedrängt, ihn verkaufen müßtest.

3] Wer aber Mich erwählt hat und denkt nicht: „Dieser und jener könnte auch mein Glück sein“ — der hat einen echten, wertvollsten Schmuck sich angeschafft. Und so er dann alles verlöre, als: Reichtümer und alle seine kostbaren Freunde — so ist er aber dennoch überglücklich bei all' solchem Verluste. Denn er hat ja noch den kostbarsten Schmuck im Kasten seines Herzens, dessen endlosen Wert alle Ewigkeiten nimmer aufzehren werden.

4] Mein Töchterlein! Da heute dein Geburtstag ist, so kann Ich, als dein wie aller Menschen und Engel Vater, dir nichts anderes wünschen, als daß du vor allem dich um solch einen Schmuck vollernstlich umsehen solltest. Alsdann erst wirst du auch alles andere erlangen können. Und was du dann erlangen wirst, das wird echt sein. — Was du aber ohne solchen Hauptschmuck erlangen wirst, wird ein falscher Schmuck sein, für den dir zur Zeit der Not die Wechsler des Himmels nichts geben werden.

5] Also das Beste dir und jedermann! — Erwähle Mich vollkommen für dein Herz, so hast du dir für ewig und auch zeitlich schon das Beste erwählt!

6] Diesen Wunsch heute wie ewig dir und jedermann! Amen. Das sagt dein Vater dir! Amen. Amen. Amen.

Brustkatarrh

weiterer Rat

Am 13. Februar 1848

Das kleine Brustübelchen wird sich nach und nach schon verziehen, so das angeratene Mittel fleißig angewendet wird — natürlich hauptsächlich durch ein lebendiges Vertrauen auf Mich, den Arzt der Aerzte! Das Mittel muß aber auch recht angewendet sein, sonst zersetzt es die in der Brust angehäuften untauglichen Spezifikalpotenzen entweder nur sehr langsam oder auch wohl gar nicht.

2] Also aber muß das angeratene Mittel recht zubereitet und angewendet werden: Der Leinsame muß womöglich ein frischer, und nicht ein 4—5 Jahre alter sein; bei den Kräutlern, auch in der S..apotheke ist er schon zu bekommen. Solch frischer Leinsame muß gut zerstoßen sein und dann mit frischem Wasser zu einem

Teige gemacht werden, welcher in einem eigens dazu gemachten Säckchen über einer Wärmpfanne vor dem Gebrauche zu erwärmen ist, und zwar so, daß es ein wenig zu dampfen anfängt, allwann es dann sogleich auf die kranke Brust zu legen ist und dann eine Stunde darauf liegen soll, nach welcher Zeit dann ein frisches aufzulegen ist.

3] Obenerwähnter zerstoßener Same kann, wenn dann und wann wegen eines bevorstehenden Wetterwechsels sich mehr Schmerzen in der Brust vernehmen lassen, wohl auch mit Eibisch-, Geißpappel- und Himmelbrand-Tee zu einem Teige gemacht und sodann auf die vorbeschriebene Art verwendet werden. — Ebenso können unter den Leinsamen auch ein viertel Teil Kamillenblüten gestoßen werden, was die Schmerzen noch eher stillen wird. — Aber allezeit muß ein solches Sackpflaster wohl erwärmt sein.

4] Es sollen aber wenigstens für einen Tag vier gleiche Säcklein in Bereitschaft sein, die sich nach der Ordnung von Stunde zu Stunde abzulösen haben. Für den nächsten Tag aber müssen vier frische in der Bereitschaft sein. — Am dritten Tag können dann schon wieder die ersten vier Säcklein gebraucht werden, aber natürlich müssen sie zuvor gereinigt und dann mit einem frischen Teige gefüllt werden.

5] Wenn die Säcklein gegen Abend schon trockener geworden sind, dann räuchert man sie vor dem Gebrauche mit Kamillen, gemengt mit etwas Zucker und Weihrauch.

6] Da aber in der Nacht das Auflegen neuer erwärmter Säcklein mit viel Beschwerlichkeit verbunden ist, so kann anstatt dieser Säcklein auch eine Auflage von Hanfwerg wohldienlich sein, welches Werg aber ebenfalls vor dem Gebrauche mit den früher erwähnten drei Spezies durchzuräuchern ist.

7] Den Blutreinigungstee aber nimm auch in der S.. apotheke, und nicht in der am Graben, allwo dergleichen Medikamente alt und abgestanden sind! Ueber solchen Tee ist bloß ein siedendes Wasser zu gießen. Nach dem Aufguß muß der Tee 12 Minuten lang wohl verdeckt stehen gelassen werden und erst nach dieser Zeit in eine Tasse abgeseiht und mit Zucker versüßt, eine halbe Stunde vor dem Frühstücke und abends eine halbe Stunde nach dem Abendessen getrunken werden.

8] Das eine kurze Zeit also genau gebraucht, wird dir, du Meine liebe Elsba, die volle Gesundheit schon wieder geben.

9] Aber eins mußt du dabei auch noch dazu beachten, nämlich: Wenn es dir noch nicht wohl ist und draußen ein starkes Tauwetter ist, mußt du deine Wohnzimmer nicht waschen lassen, sonst wird dir Mein Rat nicht helfen können in kurzer Zeit. Denn für derlei gichtisch-rheumatische Uebel taugen feuchtgemachte Zimmerböden wohl noch schlechter als die Fäuste auf die Augen!

10] Es ist dir viel gesünder, beim schlechtesten Wetter vier Stunden in der Freie herumzuwaten, als nur eine Viertelstunde in einem feuchtlichen Zimmer zu sein. Das mußt du dir hauptsächlich merken, so du recht gesund sein willst. Gebrauche also dies alles, wie Ich es dir nun bestimmt habe, so wirst du schon wieder ehestens gesund werden.

11] Wenn nun schöne Tage kommen, kannst du auch schon täglich unter Mittagszeit auf eine halbe bis eine Stunde in die frische Luft gehen. Dies wird dich stärken. Und Ich werde dich auch stärken! Amen.

☆

Besser Liebe als Furcht

Am 17. Februar 1848

Aha, Ich weiß schon, was du möchtest! Aber siehe, deine „Martha" hat diesmal keine absonderliche Sehnsucht darnach, weil sie sich wegen ihres stets wiederkehrenden dummen Tabakschnupfens fürchtet vor Mir — obschon sie wohl bedenken sollte, daß Ich, fürs erste, kein zornsüchtiger Schreckbartel bin und daß, fürs zweite, Ich wohl niemanden, und schon am wenigsten jenen, die Mich lieb haben, je einen Rat oder ein anderes Wort gebe, als das Meiner höchsten Milde und Vaterliebe nur! Und für solche Gabe ist wohl jede eitle Furcht läppisch und einfach kindisch.

2] Es soll das Marthchen nur Meine früheren Gaben fleißig durchlesen und sich darnach halten, so wird es nicht nötig haben, vor Mir eine unnötige Furcht in sich auftauchen zu lassen. — Es fehlt aber dem Marthchen ein recht fester Glaube! Darum auch kann sie das so schwer beachten, was Ich ihr doch allein zu ihrem Besten geraten habe und ihr noch als der gleiche und unverändert gute Vater rate.

3] Da sie nun aber schon eine Furcht vor Mir hat, so warten wir auf eine furchtlosere Zeit! In dieser wollen wir ihrer dann schon wieder reichlicher gedenken.

4] Das aber sage ihr, daß Mir die Liebe um sehr vieles lieber ist als die Furcht! Denn wer Mich wahrhaft liebt, der hat keine Sünde vor Mir. Denn die Liebe löschet jede Sünde und läßt keine werden.

5] Wer Mich aber fürchtet, der fällt leicht in eine Sünde. Denn Furcht schützt ebensowenig vor Sünden wie ein dornig Gestrüppe einen Flüchtling vor den Kugeln seiner ihm nachjagenden Feinde.

6] Die Liebe aber ist gleich einer festen Burg auf einem Felsen, den kein Feind je besiegen kann.

7] Daher sage der kleinen Martha, sie solle sich ja nicht fürchten vor Mir, sondern solle Mich nur lieben aus allen ihren Kräften, so wird sie sich vom Tabakschnupfen leicht enthalten — und Ich werde ihr, sobald sie es wünscht, und was sie wünscht, geben.

8] Das sage Ich, ihr allerbester und liebevollster Vater. Amen.

☆

Ehelustigen zur Beachtung

Am 20. Februar 1848

Für Wilhelmine-Gabiela Hüttenbrenner:

Schreibe nur, es ist schon recht! Denn Ich gebe gern, ja Ich gebe sehr gern, Ich gebe überaus gern denen, die etwas Rechtes wollen! — Das volljährig gewordene Töchterchen hat aber auch gern etwas Rechtes. Daher soll ihr so etwas auch sehr gern gegeben sein!

2] Am liebsten wäre ihr wohl so ein recht ansehnlicher, guter und in Jahren nicht zu sehr vorgerückter Mann. Aber da muß Ich nun schon offen gestehen, daß Ich im Ernste in dieser Beziehung wenig oder nichts tun kann. Denn da gegenwärtig bei Ehebestimmungen nicht der Mensch, sondern nur seine Wohlhabenheit dem Menschen gegenüber als ein Wert angesehen wird, und also nur das Geld den Mädchen Männer und den Junggesellen Weiber verschafft, so bin Ich rein überflüssig in diesen Angelegenheiten und habe das alles der Welt überlassen und sorge Mich darum gar nicht mehr, außer es müßte nur sein, daß sich jemand vollernstlich an Mich wendete und die Welt gänzlich aus dem Spiele ließe. Da freilich würde Ich solch eine Ehe segnen und fürs Fortkommen sorgen.

3] Aber wenn sich zwei einander ehelichen Wollende fragen und sagen: „Wie viel hast du? Und wie viel Du? Und welche Ehrenstelle bekleidest du? Von was lebst du? Und wer sind deine Eltern? Sind sie etwa vom Adel, oder sonst von einem ehrbaren Stande?" — da ist es denn auch schon rein aus bei Mir! Denn das sind ja lauter Mir allerwidrigste, weltliche Dinge! Und es wird von Mir doch niemand verlangen wollen, daß Ich noch jemandem zu dem helfen solle, was ihn von Mir ganz abzieht und rein der Hölle zuwendet, von der gar viele nur höchst schwer und viele auch wohl gar nicht mehr entbunden werden können!

4] Du siehst alsonach leicht, daß, so Mich eines oder das andere um einen Mann bittet, Ich solche Bitten nicht erhören kann, besonders wenn sich jemand schon etwas ausgesucht hat, will es aber dann dennoch von Mir haben. — Wer sich's schon genommen hat, wie sollte Ich dem das noch geben können, was er ohnehin schon hat?!

5] Ich aber sage dir, du Mein Töchterchen, suche du vor allem nur Mich, trachte nach all' deinen Kräften mit aller „Welt" fertig zu werden und erwarte dann von Mir alles andere — aber vollgläubig! — so wirst du mit allem versorgt werden!

6] Denn du weißt es, daß da niemand zwei Herren dienen kann! Und so kann es auch Ich Selbst nicht, Mir und dem Satan zugleich, sondern bloß nur Mir durch die Liebe — dem Satan aber durch das schärfste Gericht!

7] Wer aber demnach von Mir etwas will, der muß auch rein nur das Meinige wollen und nicht danebst auch einen Anteil des Teufels!

8] Aber nun ist schon einmal alle Welt „rein des Teufels". Daher kann Ich nur sehr sparsam hie und da Meine Gnade anbringen, zumal sich die meisten Menschen der Welt gegenüber ihrer schämen!

9] Du wohl gehörst ja nicht zu dieser Welt und schämst dich Meiner Gnade nicht. Aber dessenungeachtet wirkt die Welt auch in dich ein und hat vieles, das da deine Sinne lockt. — Ich aber rate dir:

10] Mache du mit deinen Sinnen einen festen Bund wider die Welt, so werde Ich mit dir alsbald einen neuen, himmlischen Bund errichten!

11] Du sagst freilich, das sei so wohl nicht leicht möglich! — Ich aber sage dir: Das alles weiß Ich wohl, ob die Sache leicht oder etwas schwerer geht. Aber ob es dir leicht oder schwer falle, so muß Ich Meiner ewigen, unverletzbaren Ordnung dennoch getreu bleiben und kann niemanden eher über einen Berg sehen lassen, als bis er sich die Mühe genommen hat, des Berges Spitze zu erklimmen.

12] Denn siehe, solange die Materie das bleibt, was sie ist — ist und bleibt sie auch undurchsichtig. Also Mühe hin, Mühe her! Kein Berg ist durchsichtig. Wer über den Berg sehen will, muß hinaufsteigen, wie hoch es auch immer gehe!

13] Diese guten Sentenzen überlege dir, du Mein Töchterchen, recht oft, bis du dich in ihnen zurechtfinden wirst — so wirst du alle deine Gedanken und Wünsche in eine gute Ordnung bringen und sonach in der Wahrheit geistig „majorenn“[1] werden. Amen.

14] Das ist Mein Wunsch für dich, wie für alle, zu deinem Geburtstage! Den behalte treu und lebendig!

☆

Bleichsuchtsdiät

Am 28. Februar 1848

Ich kenne die Bleiche wohl und auch, aus was Ursache sie bleich ist. Aber es ist etwas schwer mit ihr umzugehen, da sie nicht gerne folget dem, was ihr geraten wird, und nicht unterläßt, was ihr schadet.

2] Also sage ihr: Lasse den Kaffee, solange du bleich bist, und nimmer iß gar die gebrannten Giftkörner! Denn solange du das nicht lassen wirst, sollst du nicht rot werden. — Frage nicht, warum du solche Giftkörner nicht essen dürfest! Denn der Grund würde dich unsittlich berühren und dir eine Entdeckung machen, die zu wissen sich für dich noch nicht fein geziemt. Also folge dem Rate und frage nicht — willst du gesund sein; ansonst du für jedes Giftkorn eine Woche länger bleich verbleiben wirst.

3] So mußt du dich auch von fetter Speise enthalten und von fetter Milch! Denn das Fett belebt die geilen Geister, und finden diese ihre Befriedigung nicht, so dringen sie ins Blut, durchwühlen dasselbe und machen es müde, faul, träge und schwer, wodurch dann die sogenannte Bleichsucht entsteht, die allezeit eine Folge ist der zu frühen geilen Geisteraufregung, die nicht befriedigt werden kann.

4] Willst du aber ehestens gesund sein, dann beachte folgende Diät: Zum Frühstück nimm entweder eine leichte Schokolade, noch besser einen Kakaokaffee von gerösteten Kakaoschalen oder auch einen Maistee mit leichter (entrahmter) Milch und etwas Zucker. — Zu Mittag iß eine gute frische Suppe mit gebähter Semmel, nicht zu stark gesalzen. Dann auch ein mageres Rindfleisch mit etwas Senf oder auch frischem, aber gezuckertem Meerrettich, den man zuvor mit Essig und Oel anmacht. Auch Kälbernes ist gut. Sollte dir aber solches Fleisch weniger schmecken, so iß gedünstete Aepfel mit Semmel. Aber

[1] volljährig, mündig.

vor allen Würsten und Käsen mußt du dich sorglichst hüten; ebenso auch vor Kohl und Sauerkraut, weniger vor roten und weißen Rüben, dagegen vor gelben Rüben, überhaupt vor allen blähenden Speisen, weil diese ebenfalls die geilen Geister erwecken. — Abends aber begnüge dich entweder auch mit dem, was du des Morgens genießest, oder mit einer Suppe mit gebähtem Brote. Du kannst auch mäßig einen guten Wein mit Wasser genießen. Sonst aber trinke Wasser, das nicht zu kalt ist.

5] Zu allem dem aber gebrauche eine sogenannte Latwerge[1], die zu dem Behufe in der Apotheke zu haben ist; oder auch die Pillen zu dem gleichen Zwecke! Und mache dazu vormittags eine Stunde vor dem Essen eine Bewegung im Freien, am besten an der Mur, wo in dieser Zeit die Luft am reinsten ist — aber nur nicht in einer Allee von wilden Kastanien, die eine schädliche Ausdünstung (für dich) haben.

6] Zu allem dem aber mußt du auch hauptsächlich auf Mich vertrauen und recht heiter sein, so wirst du bald wieder rot und gesund sein.

7] Ich habe dich wohl sehr lieb; aber du mußt Mich auch sehr lieb haben, so wirst du schon fein gesund werden und verbleiben! — Wenn du aber eigensinnig wärest und hättest ein erregbares Gemüt, da würdest du jahrelang bleich verbleiben.

8] Nun, Mein Töchterchen, weißt du vorderhand alles, was dir not tut. Tue darnach, so wirst du den Segen Meines Rates ernten! — Amen. Das sagt, Der dich sehr lieb hat. Amen.

☆

Himmlische und irdische Liebe

Am 12. März 1848

An Pauline Hüttenbrenner.

Höre du, Mein liebes Töchterlein! Die erste Bedingung alles Seins ist und bleibt ewig die Liebe — aber wohlgemerkt, die rechte Liebe nur, wie Ich, als die Ewige Liebe Selbst, sie alle Menschen gelehrt und uranfänglich jedem Menschen für sich selbst in das Herz gelegt habe. So jemand diese wahre Liebe in seinem Herzen auszubilden sucht nach Meiner Lehre, dann wandelt er den vollkommen rechten Weg zur wahren Wiedergeburt seines Geistes.

[1] Abführmittel.

2] Hat jemand diese erreicht, so hat er auch das eigentliche, wahre Ziel seines Lebens erreicht. — Um aber dieses allerwichtigste Ziel zu erreichen, muß man auf dem Bildungswege seines Herzens recht sehr behutsam sein und muß sich bei jeder Neigung seines Herzens fragen, ob in solch einer Neigung nicht irgend etwas vom bösen Samen der Eigenliebe neben der rechten Liebe enthalten ist.

3] Rechte Liebe ist durchgehends leidenschaftslos. Sie ergreift wohl alles mit der größten Macht und Kraft und läßt, was sie einmal ergriffen, ewig nimmer aus. Aber dessenungeachtet ist solcher wahren Liebe Wirken durchgehends ein überaus sanftes, begleitet von der größten Duldsamkeit.

4] Das Wirken der Eigenliebe, obschon an und für sich höchst ohnmächtig, tritt aber nur zu bald als ein Handeln auf, das da sogleich alles zerstören möchte, was ihm ungünstig in den selbstsüchtigen Weg treten möchte. Und dieses Benehmen ist eben die Leidenschaftlichkeit, die da in der Eigenliebe zuhause ist.

5] Daher, wie gesagt, muß jeder bei der Bildung seines Herzens sehr behutsam sein, ob dasselbe wohl mit wahrer Liebe oder ob mitunter auch mit kleinen Portionen von Eigenliebe genährt wird. — Und eben darauf mußt auch du, Mein liebes Töchterlein, recht sehr bedacht sein, so du ehestens den wahren Geburtstag deines Geistes erleben willst.

6] Siehe, Menschenliebe ist wohl gut und recht, wenn man die Menschen liebt, weil sie Menschen sind, und nicht Unterschiede macht — außer insofern, ob jemand zufolge seines geistigen Standpunktes Mir näher oder ferner ist. Denn da ist ein Unterschied gerecht. Es kann ja niemand zwei Herren dienen, d. h. einem guten und einem schlechten zugleich! — Aber irgendeine aus weltlichen Gründen entstandene Bevorzugung wegen gewisser weltlicher Würden und Werte des Menschen ist schon Eigenliebe, weil das Herz darin am Ende, wenn schon ganz heimlich, aber dennoch sicher seine eigene Erhöhung sucht. Und wo ein solches Bestreben, wenn auch noch so leise, sich kundgibt, da ist schon nicht mehr die Demut, sondern ein in solcher Liebe versteckter Hochmut die Triebfeder der sittlichen Bewegung des Herzens.

7] Wenn daher dein Herz etwas ergreift, so frage du allezeit, ob damit nicht dein irdisches, der sogenannten höheren Welt untergeordnetes Ehrgefühl in Anspruch genommen wird. Findet dieses bei einem Unternehmen deines Herzens seine Sättigung, so ist das schon ein Zeichen der Eigenliebe, die sich auf dem Bildungswege deines Herzens wie ein arger Buschklepper hinter einem Dickichte gelagert hat und mit der Weile als ein geheimer Abgesandter der Hölle alles Edle verderben will.

8] Denn die Eigenliebe ist selbst in ihren unscheinbarsten Vorkommnissen nichts als ein böser Same, den der Feind des Lebens unter den edlen Weizen streut, damit dieser in seinem Emporkeimen verkümmert oder womöglich wohl auch ganz und gar vernichtet werde.

9] Daher muß man bei der Liebe der Menschen sorgfältig prüfen und das Herz in einem fort fragen: Warum liebst du diesen und jenen, diese und jene, oder auch (bei Sachen) dieses und jenes?

10] Wird dabei das Herz aus der Demut antworten, dann ist die Liebe recht und führt dich der geistigen Vollendung zu. — Antwortet das Herz aber aus einer angestammten weltlichen Eitelkeit heraus, dann ist die Liebe nicht mehr Liebe, sondern eitle Selbstsucht nur, die wohl zum Scheine mit dem Lämmergewande der Liebe angetan, inwendig aber nur ein reißender Wolf ist, der am Ende alles Edle im Herzen zerreißt und den Geist, wo möglich, zu erdrücken strebt.

11] Ich gebe dir, du Mein liebes Töchterchen, diese kleine, aber dabei dennoch überaus wichtige Lehre und wahre Lebensregel als dein überaus guter Vater wie einen guten Zehrpfennig auf deiner irdischen Lebensreise, auf daß du mit sorglicher Benützung desselben gar leicht das eigentliche und wahre Ziel deiner irdischen Lebensreise erreichen kannst.

12] Hast du dieses erreicht, dann erst wirst du in aller Fülle einsehen, wie endlos gut Der ist, der dir nun dieses Wörtlein zu deinem leiblichen Geburtstage gibt, auf daß du desto eher den Geburtstag deines Geistes erreichen möchtest.

13] Liebe Mich über alles, wie Ich dich über alles liebe, und laß dein Herz nicht verblenden von der Welt, so wirst du einen leichten und sanften Weg zu wandeln haben!

14] Das sage dir Ich, dein guter Vater! Amen.

☆

Brustkatarrh

Mahnung zur Geduld

Am 7. Mai 1848

Du möchtest wohl schon gern gesund sein, Meine Tochter?! Aber siehe, es kann nicht alles so geschwind gehen, wie so manches Herz es wünschet! Denn siehe, auch Ich habe so manche Wünsche für die freien Menschen auf der Erde übrig; aber die Menschen wollen solchen Meinen besten Wünschen auch nicht nachkommen.

2] Ich selbst leide schon seit sehr vielen Jahren in der Brust, die da übervoll ist von Liebe zu euch Menschen. Aber die berufenen Säuglinge wollen nicht kommen und Meine Vaterbrust von der Ueberbürde Meiner Liebe zu euch, Meinen Säuglingen, entlasten! Nichts bleibt Mir übrig als die Geduld! — Werde also [auch darin] Meine Nachfolgerin, willst du Meine rechte Tochter sein!

3] Betrachte einen Fruchtbaum! Siehe, die Kinder betrachten ihn, ob er bald schon reife Früchte tragen möchte. Und so sich an einem Kirschbaum einige Kirschbeeren nur ein wenig zu röten anfangen, da meinen die Kinder, sie seien schon reif und völlig gut zu essen. — Aber da sagt der Gärtner den Kindern: „Nur Geduld, meine kleinen Freunde! Noch drei Wochen, und die Kirschen werden vollreif sein!"

4] Eine Mutter gibt sich alle Mühe mit ihrem Säuglinge. Sie lernt ihn gehen; sie legt ihm leicht aussprechbare Wörtlein in den Mund; sie mißt ihn und hat eine Freude, so ihr Liebling auch nur um einige Linien gewachsen ist. Und sehnsüchtig harrt sie jener Zeit entgegen, in der sie ihn als einen vollreifen Jüngling vor sich erblicken wird. Aber trotz aller Sehnsucht läßt sich die Zeit nimmer übers Knie brechen. Und es kommt da schon wieder alles auf die Geduld an.

5] In dieser Sturmzeit[1], in der alle Menschheit wie eine Hölle gärt, hat manch friedlich Herz ganz unschuldig eine mächtige Wunde erhalten und wünscht sehnsüchtig nichts so sehr als einer guten Ordnung baldigste und vollkommenste Herstellung. Aber kein Gebäude kann so schnell wieder erbaut werden, wie geschwinde man ein früheres niederriß. Daher heißt es da denn nun auch hier wieder — sehr viel Geduld haben!

6] Und so mußt du, Meine liebe Tochter, auch noch recht viel Geduld haben, mußt des Sommers bessere Tage voll Wärme abwarten! Diese werden deine Geschwulst schon ganz ausheilen.

---

[1] Inmitten der politischen Unruhen des Jahres 1848! — D. Hsg.

7] Unterdessen aber gebrauche du nur dein Pflaster und deinen Tee! Das wird deine Geschwulst schon nach und nach entweder zum Aufbruch bringen oder dieselbe, so du dich diät hältst, verdunsten und verteilen — was dir noch heilsamer sein wird, obschon etwas länger dauernd.

8] Die Diät aber besteht darin, daß du nichts Saueres oder keine zu fetten Speisen genießest, ebenso den (Kakaoschalen-)Kaffee lieber mit frischer Milch als mit fetterem Rahm trinkest und nicht stark, kein Schweinefleisch oder zu hartes und zu gesalzenes Rindfleisch issest, so auch nicht saures Kraut oder Kohl, auch keine fetten und herben Brühen, sondern Spinat, Milch, Meerrettich, Mandel-Meerrettich und dergleichen.

9] Uebers Pflaster lege du bloß erwärmte Tücher, zuvor ein wenig durchräuchert mit Weihrauch und Wachholderbeeren. Aber feuchte Sachen sollst du nicht übers Pflaster legen, diese schwächen die Wirkung desselben. Sie schaden zwar im Grunde nicht, aber sie verzögern die Wirkung des Pflasters. Nur auf Wärme mußt du sehen! Denn in der Kühle zeitigt so ein katarrhalisches Schleimgeschwür lange nicht, sondern verhärtet eher innerhalb der Schleimhäute.

10] Wenn nun noch kalte Tage sind, da bleibe du lieber im Bette. An warmen Tagen aber gehe spazieren und komme in einen recht tüchtigen Schweiß! Der wird dir gute Früchte bringen.

11] Es wäre dir aber schon viel besser, so du dich nicht im vorigen Monat in Bezug auf dein Uebel einigemal sehr verkühlt hättest! Daher mußt du nun dafür schon ein bißchen mehr Geduld haben, dann wird dein Schleimgeschwür schon wieder gut werden.

12] Auch darfst du keine Furcht haben ob der Ereignisse dieser Zeit! Denn von nun an werden sie[1] die Städte weniger bedräuen denn das Land, allwo die Landleute einer starken Sichtung unterworfen werden. Doch davon sollst du nächstens Näheres und Umständlicheres erfahren. Daher sei nun ohne Furcht! Es wird alles besser gehen als du nun erwartest. — Also keine Furcht, Tochter! Wo Ich bin, da geschieht nichts Arges! Amen.

☆

[1] Die Aufständischen des Jahres 1848; d. Hsg.

Die Zeit ist da!

Am 12. Mai 1848

Die „große Zeit der Zeiten“ ist nun — „an der Zeit“! Daher siehe, daß sie[1] gedruckt wird in einigen hundert Exemplaren, ja auch in tausend und etwas darüber. Denn dies Lied wird bald viele Abnehmer finden. Teuer aber solle es nicht sein, damit sich's viele anschaffen können. So es zwanzig Kreuzer kostet, dann ist es weder zu teuer noch zu wohlfeil. Nur werde Ich zu dem einleitenden Kopfe noch ein Köpfchen als Vorleitung hinzufügen, was du leicht über der jetzigen Einleitung in einigen Zeilen anfügen kannst.

2] Zugleich mußt du in einer kürzesten Bemerkung aber auch das Wesen einer Hülsenglobe erläutern, ansonst kein Leser diesen Begriff verstehen würde. — Der Ertrag soll dir zugute kommen.

3] Darauf aber kann sogleich das von euch sogenannte „Hauptwerk“ und darauf Meine „Jugendgeschichte“ folgen. — Und dann „Sonne und Planeten“[2], „Die Erde“ und verschiedene „Naturzeugnisse“. — Den Titel, unter welchem ein noch folgendes Werk herausgegeben werden soll, werde Ich schon zur rechten Zeit hinzufügen.

4] Benützet die Zeit, denn sie ist nun da, die Ich für die Veröffentlichung dieser neuen Offenbarung bestimmt und tauglich gemacht habe. Scheuet nun keine Mühe und anfänglich auch keine kleinen Kosten! Ich sage euch, ihr werdet dabei alle einen tausendfachen Gewinn haben geistig!

5] Die Zeit also, von der Ich dir anfangs sagte, daß sie in Kürze kommen wird, in der die Welt dieses Meines neuen Wortes bedürfen wird, ist nun da! — Die „Hure“ ist geworfen; des Drachen Geifer ist unschädlich geworden. Daher hinaus nun mit dem neuen, großen Tage! Amen. Amen. Amen.

☆

Ausheilung und Vorbeugung

Eine ärztliche Weisung

Am 29. Juni 1848

Wenn du immer um Rezepte kommen wirst, so werde Ich Mich noch ehestens müssen zu einem Doktor graduieren lassen, sonst werden Mich die Doktoren der Welt am Ende noch vor ein Gericht zitieren! — Aber da Ich vor den weltlichen Richtern gerade keine

[1] d. h. die so betitelte Kundgabe, ein großes Lehrgedicht, „Pathiel oder die große Zeit der Zeiten“. —

[2] d. h. das Werk „Die natürliche Sonne“.

Furcht habe, so kann Ich deiner bis auf eine Wundnarbe ganz gesund gewordenen Patientin ja gleichwohl ohne Furcht vor der Polizei so viel sagen, daß sie bis auf die nach einigen Wochen sich nahe völlig verlierende Geschwürnarbe völlig gesund ist.

2] Ich meine, über diese Medizin geht keine! — Uebrigens kann das Pflaster noch einige Zeit fortgebraucht und die Wunde beim Wechseln (des Pflasters) mit lauem Eibischtee oder Eibischwasser gereinigt werden, worauf dann wieder das Pflaster aufzulegen ist. Wenn das des Tages einmal geschieht, so ist es hinreichend.

3] Auch den Reinigungstee kannst du ihr alle andern Tage zu trinken anraten; aber alle Tage braucht sie ihn nicht zu trinken. — Sonst soll sie die bekannte Diät im Essen und Trinken beibehalten. Nur soll sie sich abends nicht zu lange im Freien aufhalten! Denn die Abende dieses Jahres sind besonders in den flachen, tiefer liegenden Gegenden voll unreiner Geister, als Vorboten von einer leichteren Art Cholera, welche in nicht gar zu langer Zeit diese Gegenden hie und da beschleichen wird.

4] Die von dieser Krankheit verschont werden wollen, müssen sich daher schon jetzt vor der Abendluft recht in acht nehmen, besonders Weiber, Mädchen und Kinder jedes Geschlechtes. Auch Männer tun besser, wenn sie möglicherweise des Abends vor zehn Uhr im Hause sich befinden. Wird diese Krankheit auch schon nicht so gefährlich sein wie die eigentliche Cholera, so wird sie aber dennoch große Schwächen im Fleische zurücklassen bei denen, die aufkommen[1] werden.

5] Segnet aber abends eure Zimmer und Betten in Meinem Namen und räuchert sie mit Wachholderbeeren! Und so sich die Krankheit hierher verlaufen sollte, da bestecket die Fenster auch mit frischen Wachholderbeerstauden, so werdet ihr völlig sicher sein vor ihr. — Aber nur die Abendluft ein wenig meiden!

6] Dies Rezept also gut beachtet! Denn ihr wisset es schon, daß das selten ausbleibt, was Ich euch vorhersage, weil die Menschen nun nicht darnach sind, daß sie Mich zur Rücknahme Meiner angedrohten Gerichte nötigten. Daher habet auf alles wohl acht, was Ich euch sage! — Amen.

☆

[1] davon genesen. D. Hsg.

Gottes Rat

Am 15. August 1848

Schreiberin: Pauline Hüttenbrenner.

Man sagt: „Guter Rat ist teuer". — Diese „Taxe" ist richtig, unter den Menschen ganz besonders, weil wohl kein Mensch dem andern einen wahrhaft guten Rat geben kann, und das darum, weil kein Mensch gut ist.

2] Einen wahrhaft guten Rat kann nur der erteilen, der in sich selbst durchaus wahrhaft gut ist. In sich selbst aber wahrhaft gut ist niemand als Ich allein, spricht der Herr. — So demnach Ich als der Herr jemandem einen Rat erteile, so ist dieser Rat einzig und allein gut, weil Ich als der Erteiler des Rates durchaus vollkommen gut bin.

3] Es fragt sich aber hier weiter: Warum ist denn solch ein Rat teuer? — Ein solcher guter Rat ist fürs erste darum teuer, weil er wegen seiner Abstammung und Herkunft und wegen der in ihm enthaltenen ewigen Wahrheit von überaus großer Köstlichkeit ist. — Fürs zweite [ist er teuer], weil er selten ist; alles aber, was selten ist, ist eben darum köstlich und daher auch teuer.

4] Gleichwie Diamanten und große Perlen und Gold wegen ihrer Seltenheit köstlich und teuer sind, ebenso ist auch ein Rat aus Mir sehr köstlich und teuer, weil er eben sehr selten ist. — Warum ist aber Mein Rat ein seltener?

5] Weil es nur sehr selten auf der Welt irgendeinen Menschen gibt, der sich durch ein freilich nur so kaum halbwegs nach Meinem Worte geregeltes Leben jene Befähigung verschafft hat, die ihn in den Stand setzt, von Mir einen guten Rat vernehmen zu können, auf daß er dann diesen guten Rat für sich sowohl als für seinen Nächsten in die Anwendung bringen könne.

6] Würden sich viele Menschen durch eine besondere zeitweilige Selbstverleugnung der Befähigung teilhaftig machen, daß sie von Mir bei jeder kritischen Gelegenheit ihres Lebens einen guten Rat aus Mir haben und vernehmen könnten, da käme solch ein wahrhaft guter Rat freilich wohl nicht gar so teuer zu stehen, und es könnte da ein jeder fortwährend einen guten „Haus-Rat" haben. Aber da dies leider nicht der Fall ist, da unter mehreren Millionen Menschen oft kaum einer ist, der solch eine Befähigung besitzt, so kommt ein wahrhaft guter Rat auch nur sehr selten unter die Menschen und muß daher auch in jeder Hinsicht sehr teuer sein.

7] Ich als der alleinige gute Ratgeber sehe gar wohl, daß die Menschen mit einem guten Rate aus Mir beinahe geradeso verfahren wie Kinder, denen die Eltern Spielereien geben, die da bestehen möchten aus geschliffenen Glasperlen, mitunter aber auch aus echten Diamanten. Die Kinder unterscheiden das gemeine Glas nicht vom köstlichen Diamanten, kennen seinen Wert auch nicht und behandeln daher beides gleich. — Da also solches, wie gesagt, und zwar besonders in dieser Zeit, bei den Menschen der Fall ist und die Menschen den Wert Meines Rates gar nicht beurteilen können — und so es auch einige könnten, da wollen sie es aber dennoch nicht, weil ihnen die Welt mehr am Herzen liegt als Ich und Mein guter Rat (dessen Befolgung allezeit etwas schwer ist, weil er nie für, sondern allezeit nur gegen die Welt gerichtet ist) — so muß es Mir am Ende ja doch auch mehr oder weniger gleichgültig sein, den Menschen einen guten Rat zu geben, da Ich doch sicher voraussehe, daß er um kein Haar besser befolgt wird, als so ihn der nächste beste Platzfeger und Straßenreiniger gegeben hätte.

8] Wer sonach von Mir einen wahrhaft guten Rat haben will, der prüfe zuvor sein Herz, ob es, fürs erste, eines Rates aus Mir würdig ist; und fürs zweite, ob ein solches Herz Meinen Rat vollernstlich befolgen will; und fürs dritte, ob ein solches Herz wegen der vielen in ihm wohnenden Welttümlichkeiten solchen Rat auch befolgen kann.

9] Wenn im Herzen diese drei Bedingungen vorhanden sind, dann komme der Mensch zu Mir und verlange einen guten Rat, und Ich werde solchen guten Rat keinem vorenthalten, dem es ernst ist, darnach zu handeln. — Ist aber dieser Ernst nicht da, so versteht es sich auch von selbst, daß Ich Meinen allein guten Rat für nichts und wieder nichts den Menschen nicht erteilen werde, die ihn entweder nicht befolgen wollen oder nicht befolgen können, weil ihr mehr oder weniger an der Welt hängendes Herz dafür nicht befähigt ist.

10] Darum mußt du, gegenwärtige Schreiberin dieses Nebenwortes, dich ebenfalls auch recht vollernstlich fragen, ob du vollkommen fähig bist, einen guten Rat von Mir vollernstlich zu befolgen. Dann werde Ich dir auch einen solchen geben.

11] Sagt dir aber dein Herz: Ich werde ihn schwer oder, darnach der Rat ist, vielleicht auch gar nicht befolgen können — da wäre ein Rat von Mir für dich ja ebenso gut wie gar keiner.

12] Ich gebe dir aber hiemit dennoch einen überaus guten Rat, der darin besteht, daß du dein Herz prüfen sollest und sollest solche Prüfung zu einer Hauptregel deines Lebens machen! Sodann wirst du Meinen Rat sicher um sehr vieles billiger haben können als bis jetzt. — Das sagt der Geber des allein guten Rates. Amen.

☆

Freies, freudiges Gottvertrauen

Am 26. September 1848

Höre du, Mein lieber Ans. H.-W., also spricht der Herr, dein Gott und dein Vater:

2] Warum bist du nun gar so ängstlich und hast eine ärgerliche Furcht vor deiner angeschwiegerten Welt, als hänge von ihr allein das Heil deines Hauses ab? — Was bin denn hernach Ich, der Herr über das Leben deines Weibes, aller deiner Kinder, über dein und deiner Schwiegerschaft Leben und Vermögen?!

3] Hast du Mich lieb und hast du Mich aufgenommen, wer soll dir da schaden können? Wen willst oder magst du noch fürchten an Meiner Seite?! — Ich rede zu dir durch Meinen Knecht und rede zu dir durch das Mädchen, dem du deine Hände auflegst. Ja, Ich gehe in deinem Hause beinahe sichtbar aus und ein! Ich poche auch an dein Herz, Ich stärke dich mit Meiner Hand, Ich vergebe dir und habe dir schon lange vergeben deine Sünden und deines Fleisches Schwächen! Aber das genügt dir noch nicht; noch bist du voll heimlicher Furcht, voll Aengstlichkeit, voll Kleinmut, und Ich sage es dir, auch voll Kleingläubigkeit!

4] Siehe, das ist nicht recht! Du leidest dabei am meisten, weil du noch immer nicht vertrauensvollen, freien Gemütes zu Mir im Ernste sagen kannst: „Herr, Vater! Dein Wille geschehe!"

5] Du mußt dich über alles das erheben, in den Kreuz enthaltenden Erscheinungen in deinem Hause mußt du Meinen Willen erkennen, der dich aufrichten und von allem geistigen Uebel erlösen will, nicht aber etwa erdrücken und zugrunde richten! Dann wirst du freien und leichten Gemütes einhergehen und wirst dich unter allen Erscheinungen des Daseins erfreuen, weil du aus und in ihnen den besten Willen deines Erlösers, deines Gottes, deines Vaters erkennen und ersehen wirst.

6] Du mußt Mir zuliebe alles verlassen können! So Ich dir auch alles nähme: Weib, Kinder und Vermögen — so mußt du noch mit Hiob sagen: „Herr, Du hast es mir gegeben, Du kannst auch alles wieder nehmen! Dein Wille allein ist heilig!" — Wenn du also in dir reden wirst, da werde auch Ich zu dir um so wirksamer sagen:

7] Bruder, weil du Mich mehr liebst als dein Weib, deine Kinder und viel mehr als ein irdisches, nur zu vergängliches Vermögen, so will Ich dir aber auch alles vielfach wiedergeben, was deinem Herzen nach Mir noch irgend teuer ist! Denn Ich allein bin ja nur der Besitzer der Unendlichkeit, Mir allein gehört alles. Ich allein kann geben und nehmen und das Genommene hundertfach wiedergeben.

8] Ich sehe eure Gebrechen und wähle die tauglichsten Mittel, euch zu helfen, zuerst geistig und dann auch leiblich, so das Geistige geordnet ist. So du aber das weißt, wie kannst du denn ängstlich sein?!

9] Ich sage dir, du bist nicht wegen der Wissenschaft ängstlich, sondern nur wie einst Meine Jünger am Meere, als ein Sturm dessen Wogen stark an das Schiff trieb. Sie wußten wohl, daß Ich sie erretten könne, so Ich wach wäre. Aber weil Ich gewisserart schlief, da wurden sie aus ihrem Kleinglauben heraus voll Angst und schrien: „Herr, wache auf und hilf uns, sonst gehen wir zugrunde!" — Sage, war dieser Angstruf nicht ein eitel dummer? — Denn wer kann sich fürchten an der Seite des allmächtigen Schöpfers der Unendlichkeit, so irgendein Stürmchen weht, das vom selben Schöpfer ausgeht, der das Meer erschaffen hat?! — Siehe, das kann nur ein Kleingläubiger tun! — Und so bist auch du kleingläubig und daher ängstlich!

10] Dir fehlt es nicht an der gegründetsten und durch viele Erfahrungen gefesteten Wissenschaft. Aber am wahren, festen Großglauben fehlt es dir! Und darum hast du noch immer eine starke Furcht vor der Welt — weil du den irdischen Unterhalt viel mehr in den Händen der Welt als in den Meinigen der Wahrheit nach wähnst und erwartest.

11] Glaube es Mir, Ich kann und will dich und deine Kinder auch dann erhalten, so dir alle deine Habe genommen würde, und kann dir auch irdisch eine zehnfach größere bereiten und geben. Aber du mußt fester sein in deinem Herzen, als du bis jetzt es warst! Du mußt dich nicht fortwährend mit der Schwäche deiner Natur entschuldigen! Denn deine Natur ist viel stärker, als du es glaubst.

12] Am schwächsten ist bei dir nur die Seele, weil sie noch mehr an der Welt als an Mir hänget! — Klammere dich aber in der Zukunft nur recht fest an Mich an, dann wirst du gleich sehen, ob deine Natur schwach oder stark ist.

13] Ich sage dir: Sei froh und heiter, denn Ich bin bei dir! Iß und trinke (aber einen echten Wein, natürlich mäßig, mit Wasser)! Denn von Mir hängt es ab, ob dir Speise und Trank dienen oder nicht.

14] Ich sage dir, du magst fasten und seufzen und trauern, so werde Ich dir darum dennoch nicht helfen. — Aber durch den Vollglauben und durch deine wahre Liebe zu Mir und daraus zu deinen Brüdern werde Ich dir allezeit helfen!

15] Wenn du voll Angst und Kleinmut sprichst: „Herr, Dein Wille geschehe!" — so gilt das bei Mir nichts. Aber so du das mit freiem und freudigem Herzen sprichst, da wirst du allezeit Hilfe finden. Denn nur in einem in Meinem Namen freien und freudigen Herzen wohne Ich kräftig; in einem bedrückten, seufzenden und ängstlichen aber ebenfalls bedrückt, seufzend und ohnmächtig.

16] Oder kann ein Baumeister auf einem zu weichen, feuchten und sandigen Boden ein kräftiges und starkes Haus erbauen? Ich meine, ein Felsgrund wird dazu wohl tauglicher sein. Also muß auch dein Herz und der Glaube im Herzen zu einem Felsen werden; sonst findet Meine Kraft in dir keinen so festen Stützpunkt, daß sie, sich an ihn stemmend, nach deinem und Meinem Wunsche vollkommen wirksam äußern könnte.

17] Sei also mutig und freien, freudigen Herzens und glaube wahrhaft ohne Scheu vor der Welt, daß Ich dir und deinem Weibe nicht nur helfen kann, sondern auch helfen will und werde — so wird es auch geschehen, wie du glaubst und in Meinem Namen willst. Aber mit einem ängstlichen und dadurch kleingläubigen Herzen wirst du nicht viel ausrichten — außer mit der Zeit dich, dein Weib und deine Kinder noch schwächer und ängstlicher machen, als es bis jetzt der Fall war.

18] Siehe, Ich bin wahrhaft bei dir und helfe auch deinem Weibe! Also sei nicht ängstlich! Entschließe dich im Herzen, Mir alles zu opfern, und Ich werde dir alles geben! Denn Meine Liebe zu dir ist größer um sehr vieles als die deine zu Mir.

19] Du weißt es ja, daß Ich also geredet habe, daß jener Meiner nicht wert ist, der noch irgend etwas in der Welt mehr liebt als Mich.

Also liebe Mich wahrhaft über alles, und Ich werde dir dann auch alles über alles geben!

20] Die Krankheit deines Weibes aber betrachte als eine wirkende Arznei gegen den sinnlichen Krebsschaden deines Fleisches, dem Ich dadurch helfen will und werde, auf daß du ein vollkommener Geist werden könnest. Dann wirst du leichter atmen, weil du darin nur Meine große väterliche Liebsorge für dein und deiner Kinder Wohl klar ersehen wirst!

21] Wohl leidet dein Weib dabei naturmäßig; aber ihre Seele wird dadurch mächtig gestärkt und ihr Geist frei gemacht, was du aus ihrer Geduld und großen Beharrlichkeit gar leicht entnehmen kannst. So du aber das doch unwidersprechlich einsehen und Mein Wirken in deinem Hause erkennen mußt, so darfst du dich ja nur gewaltig freuen und nicht ängstlich werden.

22] Lasse die Welt reden und staunen und drohen oder kneipen und keifen! Ich bin ja bei dir! Und so Ich bei dir bin, wer soll dir da etwas anhaben können? — Glaube alsonach und vertraue auf Mich mit freiem und freudigem Herzen, und Ich werde dir hier und jenseits, also zeitlich und ewig von allem Uebel helfen! Amen. Amen. Amen.

An Justinus Kerner,

den ersten Herausgeber des Neuen Wortes.

Gegen Ende 1848

Aus einem von Anselm Hüttenbrenner an Justinus Kerner, Doktor der Heilkunde in Weinsberg bei Heilbronn am Neckar, im damaligen Königreiche Württemberg, gerichteten Schreiben:

Euer Wohlgeboren! In beiliegenden Schriften[1] erhalten Sie eine große Gabe Gottes, nämlich die in unseren Tagen geoffenbarte „Geschichte des Menschengeschlechtes" von der Erschaffung des ersten Menschenpaares an bis zum Tode Noahs und noch etwas darüber hinaus.

2] Der Herr Jesus spricht in einem hier lebenden armen, anspruchslosen Manne, namens Jakob Lorber, seit dem 15. März 1840 beinahe Tag für Tag. Dieser schreibt das Gehörte nieder oder diktiert es einem seiner vertrauten Freunde.

[1] Urschriften des dreibändigen Lorberwerkes „Die Haushaltung Gottes"; d. Hsg.

3] Außer diesem beiliegenden Werke besitzen wir noch die vollständige Enthüllung unserer Sonne in mehr als 50 Heften, ferner die enthüllte naturmäßige und geistige Erde, die Beschreibung des herrlichen Planeten Saturnus, die vollständige Jugendgeschichte des Herrn, dann eine Menge Erklärungen wichtiger Texte des Alten und Neuen Bundes, eine Offenbarung über Besessenheit, 9 Szenen aus dem Geisterreiche, wovon die letzte[1], bereits über tausend Quartseiten betragend, ihrer Vollendung entgegengeht; endlich eine Menge Antworten des Herrn über gestellte Anfragen betreffend die außerordentlichen Begebenheiten unserer Zeit, auch mehrere Gedichte, von denen das beiliegende[2] in der hierortigen Kienreich'schen Buchhandlung unlängst erschien.

4] Wir hätten diese heiligen Schätze schon lange gern der Welt mitgeteilt, aber wir durften nicht. Erst seit kurzem erhielten wir des Herrn Auftrag zur Veröffentlichung. Er lautet: „Die Zeit, in der die Welt dieses Meines neuen Wortes bedürfen wird, ist nun da! Die ‚Hure' ist geworfen; des Drachen Geifer ist unschädlich geworden. Daher hinaus mit dem neuen, großen Tage!"

5] Daß ich mich in dieser wichtigen Angelegenheit vorerst an Euer Wohlgeboren wende ...

Hier ist aus dem Folianten des „Geistigen Tagebuches", welcher die Wiedergabe dieses Schreibens enthält, von unbekannter Hand ein Blatt entfernt. — Auf der nächsten Seite geht dann der unterbrochene Text weiter mit den folgenden Schlußwendungen des Briefes:

... um wahrhaft zu leben, mein liebes, braves Weib, mit dem ich ... Jahre sehr glücklich lebte. Dieses Ereignis hat mich gewaltig erschüttert und ist Ursache, daß meine Antwort so spät erfolgt.

6] Könnte ich doch vor meinem Ende noch so glücklich sein, Ihnen in friedlichen Tagen einen Besuch in Weinsberg zu machen! Alles, was ich zwanzig Jahre hindurch als Magnetiseur Wunderbares hörte und schaute, möchte ich vor allem Ihnen mitteilen und dann am Grabe der frommen Dulderin von Prevorst den Kuß der Liebe und Verehrung an Ihre edle Stirne drücken!

7] Haben Sie im kommenden Jahre, das Ihnen und all Ihren Lieben heilbringend sein möge, einige freie Minuten, o so erquicken Sie nur mit wenigen Zeilen Ihren in größter Hochachtung verharrenden

Anselm Hüttenbrenner.

☆

[1] „Bischof Martin". — [2] „Pathiel oder die große Zeit der Zeiten".

Robert Blums Erdenlaufbahn

Am 27. November 1848

Mit der nachstehenden Kundgabe begannen die umfangreichen Eröffnungen über „Robert Blum"[1]. Sie wurden fast täglich fortgesetzt, bis zum Abschluß am 2. Januar 1851.

Dieser Mensch der deutschen Zunge, Robert Blum, kam unter den dürftigsten Umständen auf diese Erde und hatte bis auf einige seiner letzten Jahre stets mit der natürlichen, irdischen Lebensnot zu kämpfen — was ihm aber aus gutem, der Welt freilich gänzlich unbekanntem Grunde zuteil ward. Seine Seele und sein Geist stammte von jenem Planeten her, von dem ihr aus der Enthüllung der „natürlichen Sonne" wisset, daß seine Einwohner mit ihrer hartnäckigsten Beharrlichkeit ganze Berge versetzen und, was sie leiblich nicht vollbringen, sogar als Geister nach und nach ins Werk setzen[2].

2] Dieser durch seine Tollkühnheit gefangengenommene und für diese Welt gerichtete Mann zeigte schon von seiner Kindheit her, welch beharrlichen Geistes er war. Und obschon Ich Selbst ihm, wo er sich nur immer erheben wollte, wegen seines Heiles stets die tauglichsten Hindernisse in den Weg legte — so half das aber am Ende, besonders für diese Welt, doch wenig. Denn seines Geistes zu rastlos beharrliches Streben brach sich endlich aus all seiner ihm gestellten Unbedeutendheit doch eine Bahn, auf der er zu einem größeren Wirken gelangte.

3] Auf diesem Wirkungsstandpunkte machte er sogleich tausend große Pläne und setzte sie auch nach Möglichkeit ins Werk. Vor allem lag ihm ein gewisses Völkerwohl am Herzen, welches zu bewerkstelligen er kein Opfer scheute! — Fürwahr, so er alle Schätze der Erde besessen hätte, so hätte er sie auch alle, samt seinem Leben, für die Verwirklichung dieser für ihn höchsten Idee in die Schanze geschlagen!

4] Diese Völkerwohlidee hatte er freilich hauptsächlich der reinen Welt-Religionsschule des Ronge[3] und dessen Genossen zu verdanken, welche aber eigentlich gar keine Religion und keine Kirche ist und

[1] „Robert Blum". Erfahrungen und Erlebnisse des 1848 erschossenen Revolutionärs Robert Blum im Jenseits. Die beiden Bände geben ein überaus lebendiges, vielseitig aufklärendes Bild der jenseitigen Weiterentwicklung.
[2] Dieser Planet ist der Uranus; siehe „Die natürliche Sonne", Kap. 44, 20.
[3] Der Begründer des von Rom unabhängigen Deutsch-Katholizismus.

auch nie sein wird, weil sie Mich, den Herrn, leugnet und Mich zu einem ganz gewöhnlichen Menschen und Volkslehrer der Vorzeit macht. Diese sein wollende „reine Kirche" verwirft sonach auch den Grundstein, auf dem sie ihr Gebäude aufführen will, baut somit auf Sand; und ihr Haus wird daher einen schlechten Bestand haben.

5] Wie aber Ronge seine Kirche baute, so baute auch unser Mann seine Völkerwohlideen — auf Sand. Ihm war alles, was die Welt darbietet, nur äußerst klein und ohnmächtig; bloß in seiner Rednergabe sah er jene Machtgröße, der es gelingen müsse, in Kürze allen Machthabern den Stab zu brechen.

6] Seine Ueberzeugung war darin so stark, daß er darüber nahe keines Bedenkens fähig war. Mahnte Ich ihn auch innerlich bei zu toll gewagten Unternehmungen, so vermochte ihn aber das dennoch nicht von dem abzuhalten, was er sich einmal zu verwirklichen vorgenommen hatte. Denn es war bei ihm eine Art Wahlspruch, daß ein rechter Deutschmann eher alles opfern solle, als von einer einmal gefaßten und durchdachten Idee abzugehen. Er meinte, ein Deutscher höre auf, ein Deutscher zu sein, so er mit Ideen zu tauschen anfange.

7] Zur Festhaltung seiner einmal gefaßten und zur Ausführung bestimmten Ideen bestärkte ihn auch das mehrmalige glänzende Gelingen derselben. Und so wagte er sich nun auch an ein Himalajagebirge, weil ihm die Abtragung einiger politischen Hügel gelungen war, durch welche Arbeit er sich auch allgemein bemerkbar gemacht hatte — und gewann dabei das Vertrauen eines ganzen Landes; welches Vertrauen ihm aber dann auch den Weg zu seinem unvermeidlichen irdischen Untergange bahnte.

8] Er erprobte in der Deutschen Versammlung[1] die Macht seiner Zunge zu öfteren Malen und hatte heimlich eine große Freude über seine gefeierten Zungensiege, woran freilich sein starker Geist den größten Anteil hatte. — Auf diese Siege gestützt und allerfestest vertrauend, eilte er vom Orte seiner Bestimmung in eine große ostdeutsche Stadt[2], wo das Volk auch die unverkennbarsten Symptome seiner Ideen tatsächlich ans Tageslicht zu fördern begann. Da wollte er sozusagen mit einem Schlage etliche dreißig sogenannte Fürstenfliegen totschlagen, ohne zu bedenken, daß hinter diesen Fliegen auch Ich, der Ich freilich für ihn nichts war, etwa doch auch ein paar Wörtchen zu reden hätte, bevor sie eine Beute seines Fliegenpatschers werden sollten!

[1] Deutsche Nationalversammlung in Frankfurt a. Main 1848. — [2] Wien.

9] Unser Mann ging hauptsächlich von der Idee aus, die er wohl aus Meinem Worte borgte, daß man „vollkommen" sein solle gleich dem Vater im Himmel, und daß da nur Einer der Herr ist, alle anderen aber „Brüder" ohne Unterschied des Standes und des Geschlechtes. — Aber er glaubte fürs erste an Den nicht, dem die Menschen in der Vollkommenheit gleichen sollen. Für den Herrn aber hielt er nur so ganz eigentlich sich — durch die Macht der Rede; vergaß aber dabei ganz, daß die Fürsten auch Menschen sind im Besitze der Macht aus Mir; und vergaß auch jenes Schrifttextes, wo es heißt: „Gebet dem Kaiser, was des Kaisers ist, und Gott, was Gottes ist!" — wie auch: „Seid jeder Obrigkeit untertan, ob sie gut oder böse[1] ist; denn sie hätte keine Macht, so sie ihr nicht von oben gegeben wäre!" — Gegen diese Macht hilft nur das Gebet und ein rechter Lebenswandel nach Meinem Worte, aber kein sogenannter politischer Fliegenpatscher.

10] Dieser Mann wurde in der obenerwähnten Stadt, wo er seine völkerbeglückende Idee durch die Gewalt der Waffen wie durch seine Reden verwirklichen wollte, als ein dem Staate gefährliches Individuum gefangengenommen und nach einem kurzen Prozesse aus dieser in die andere Welt befördert[2]. Und somit ward auch sein diesweltlicher, Völker beglücken-sollender Wirkungskreis geschlossen.

☆

Aufgabe der Jugend

Am 23. Januar 1849

Anfrage des Felix Hüttenbrenner über Matth. Kap. 20, V. 16: „Viele sind berufen, aber wenige sind auserwählt."

Mein lieber Studiosus Felix! Ich habe dich recht lieb, und es freut Mich, daß du Meiner schon öfter zu gedenken anfängst und wünschest von Mir auch „Nebenwörtlein" zu bekommen. Aber du bist noch zu wenig reif für derlei.

2] Aber sei du vorderhand nur recht fleißig in deinen Studien und reinige deinen Lebens- und Erkenntnisbaum von der äußersten, faulen und toten Rinde, von dem Moose und von den hie und da vorkommenden Raupennestern — da werde Ich dann den Kern deines

[1] d. h. mild oder hart. — [2] Robert Blum wurde am 9. November 1848 auf Befehl des kaiserlichen Oberstkommandierenden, Fürst Windischgrätz, in der Brigittenau, Wien, standrechtlich erschossen.

Baumes schon beleben und stärken zur Tragung edlerer Früchte. Und so wirst du ein Auserwählter sein, was nur wenigen beschieden ist.

3] Wirst du aber nicht gut und genau erfüllen, was dir deine gegenwärtigen Studierpflichten zu erfüllen auferlegen, und wirst also nicht fleißig reinigen deinen Lebens- und Erkenntnisbaum von der äußersten, toten Rinde, vom Moose und von den Raupennestern, darunter verstanden werden die eigenen Geister der Trägheit — da wird dann der Kern deines Baumes schwach und matt verbleiben, und du wirst kein Auserwählter werden und verbleiben, sondern bloß nur ein ganz einfach Berufener, wie es deren gar viele Tausende gibt.

4] Siehe, wenn im Winter ein Brunnen stark gefroren ist, so muß die Eisdecke zuerst durchgebrochen werden, ehe man zum Wasser gelangen kann. Ebenso mußt auch du zuerst durch einen rechten Fleiß das Eis deines Verstandes durchbrechen. Dann erst muß es sich zeigen, ob dein inneres Lebenswasser entweder zum Kochen oder allein zum Waschen der schmutzigen Wäsche taugt. — Das Kochwasser ist ein „Erwähltes", und das Waschwasser ein „Berufenes". — Schaue demnach, daß du ein „Kochwasser" wirst!

5] Es gibt aber noch gar vieles Wasser, das da weder zum Kochen noch zum Waschen taugt, sondern allein zum Tragen großer Lasten und zur Aufnahme alles Weltunflates, wie exempli gratia [1] das Meerwasser. Daher schaue ja und sieh dich gut vor, daß sich in deinem Lebensbrunnen nicht ein „Meerwasser" ansammle! Denn das ist vorderhand weder berufen und noch weniger erwählt, sondern allein nur gerichtet.

6] So viel es dir nun vonnöten ist, deinen angeführten Text zu verstehen, habe Ich dir jetzt zu verstehen gegeben. Wenn du aber reifer wirst, dann wirst du eine reifere Erläuterung erhalten. — Das also zu deiner Darnachachtung! Amen.

☆

Einem Gottesliebling zum Namenstag

Am 18. Februar 1849

Meine kleine „Martha" [2]! — Nicht deine irdische Mutter, die allerseligst bei Mir, sondern Ich Selbst, als dein liebevollster Vater aus allen Himmeln, gratuliere dir ausnahmsweise zu deinem Namenstage, und das darum, weil du Mich lieb hast mehr denn deine Geschwister und mehr als dein irdischer Vater, der Mich wohl viel

[1] zum Beispiel. — [2] gemeint ist Julie Hüttenbrenner mit dem Beinamen Martha; d. Hsg.

besser kennt als du Meine liebe kleine Martha, aber sein Herz ist dem Meinen bei weitem nicht so nahe wie das deinige. Denn er läßt sein Herz nun zu sehr von allerlei weltlichen Eindrücken hin und her lenken, auf daß es dann ja nicht zu jener gemessenen Ruhe gelangen kann, in der allein Meine wahre Liebe im selben auch die wahren Lebenswurzeln schlagen kann.

2] Du aber hast diese Ruhe und denkst weniger daran, was nun geschieht in der Welt und läßt Mich ganz ruhig schalten und walten und richten die Welt. Daher aber kann auch deine Liebe zufolge der viel geringeren Beirrungen deines Herzens mehr und mehr wachsen zu Mir, deinem lieben Vater.

3] Und die Wirkung davon ist, daß Ich dich denn auch überaus lieb habe und nicht der kleinen Fehlerchen gedenke, die so manchmal dein Außenwesen bekriechen gleichwie die Fliegen eine reine Fensterscheibe, die sie wohl auf der Oberfläche beschmutzen, aber darum der inneren Reinheit des Glases dennoch nicht den allerleisesten Schmutzschaden zufügen können. Denn so das Glas dann wieder auch nur mit einem feuchten Lappen abgewischt wird, da ist es wieder also rein, als wäre es nie beschmutzt gewesen.

4] Und siehe, dieser dein Wesen von all den kleinen Besudelungen stets reinigende Lappen ist — deine Liebe zu Mir!

5] Wachse nur recht in dieser Liebe, so wirst du Mir ein über alles liebes Töchterlein werden. Und Ich werde dir dann auch alles geben, darnach dein Mir gar allerliebstes Herzchen sich nur sehnen mag und kann. — Ich habe auch wohl deine Geschwister sehr lieb, da sie Mich auch recht lieb haben. Aber Ich sehe an Ihnen mehr Welttümliches als an dir, du Meine liebste kleine häusliche Martha — und Magdalena aber dennoch auch dabei! — Darum aber sage Ich dir auch ganz unumwunden, und das gerade ausnahmsweise zu deinem Namenstage, daß du Mir unter deinen Geschwistern die allerliebste bist.

6] Ich meine, dies Mein Bekenntnis an dein Herzchen wird dir doch sicher nicht unangenehm sein. Aber Ich sehe es auch, daß dies Mein offenes Bekenntnis an dein Herz deinen Geschwistern nicht so gut gefallen wird wie dir. Aber sie sollen Mich nur auch recht über alles zu lieben anfangen und ein wenig mehr das Urteil der Welt außer acht lassen, sondern sich lediglich nach Meinem Herzen richten — da werde Ich sie auch so lieb haben wie dich.

7] Ich habe sie aber dessenungeachtet, obschon sie ihre Augen mehr nach der Welt kehren als du, sehr lieb und fließe stets in ihre Herzen ein und vermehre darin die Liebe zu Mir eben also wie in dir. Und so mögen sie in dieser Versicherung auch einen gar mächtigen Trost finden!

8] Ich liebe ja sogar jene Menschen, die Meine abgesagtesten Feinde sind. Um wieviel mehr euch, die ihr Meine Freunde und Freundinnen seid!

9] Ich sage euch: Obschon ihr noch dem Leibe nach auf der Erde wandelt, so seid ihr dennoch dem Geiste nach als Engel auch schon bei Mir! — Aber es gibt auch Unterschiede in der Liebe, sogar der reinen Engel in den Himmeln; wie sollten sie unter euch nicht sein, die ihr noch im Fleische wandelt?!

10] Aber die Engel, die Mich am meisten lieben, die sind auch am nächsten bei Mir.

11] Weil Mich die Magdalena am meisten liebte, so war sie auch die erste, die Mich nach Meiner Auferstehung zu sehen bekam. Und so sage Ich auch zu dir: Weil du Mich am meisten liebst, so bist du Mir auch am nächsten.

12] Befolge alle die Vorschriften, die Ich dir habe zukommen lassen! Halte dein Herz und auch deinen Leib rein! — Wenn manchmal irdische Gedanken und Begierden es besudeln wollen, gleich wie die Fliegen ein reines Glas, da ergreife nur schnell den feuchten Lappen Meiner Liebe — und dieser wird dich allezeit rein erhalten und rein machen!

13] Das sagt dein lieber, heiliger Vater dir. Amen. Amen. Amen.

☆

Kundgabe einer Seligen

Am 18. Februar 1849 zeigte sich dem Knecht während einer anderweitigen geistigen Beschäftigung die im November 1848 verstorbene Elisabeth Hüttenbrenner, Gattin Anselm Hüttenbrenners, um durch ihn ihren Töchtern Julie und Wilhelmine mütterliche Ermahnungen zu übermitteln. Ueber diese Unterredung schrieb Jakob Lorber Nachstehendes nieder:

Elisabeth: „Mein lieber Jakob! — Ich bin auch da, ich bin auch da, und möchte auch meiner Julerl und auch der Minerl ein wenig gratulieren!"

2] Rede ich, Jakob Lorber: „Ja so, ja so! Nun, nun, das freut mich sehr, daß Sie, meine seligste Elisabeth, mich auch einmal wieder besuchen! Sie darf man wohl nicht fragen, wie es Ihnen geht!? Denn dort, wo Sie sind, kann es jedem Glücklichen nur unendlich gut gehen. — Daher zur Sache! — Ich bin schon bereit alles zu schreiben, was Sie nur immer wollen — aber nur so hübsch kurz, bitte ich, weil die lumpige Zeit mich auch schon ein wenig drängt! Ein nächstes Mal will ich Ihnen, meine allerliebste Frau — [»Nicht ‚Frau' sagen!« spricht inzwischen die Elise] — Elisabeth einen ganzen Vormittag zu den allerbereitwilligsten Diensten stehen. — Wenn Sie aber nur nicht gar so himmlisch schön wären, da könnte ich auch leichter schreiben! Aber so ich Sie anschaue, da möchte ich Sie um sehr vieles lieber umarmen und in solch einer himmlischen Umarmung sterben, als auf dem Papiere mit der Feder hin und her wackeln!"

3] Spricht Elisabeth: „Nur nicht so schlimm sein, mein lieber Jakob! Denn das schickt sich nicht. Aber weil Sie denn doch noch ein wenig schwach sind, so werde ich mich hinter Ihren Rücken stellen. — So, nun bin ich schon hinter Ihrem Rücken! — Schauen Sie sich nicht um und schreiben Sie fleißig, sonst kriegen Sie einen Schupfer!"

4] Rede ich: „Bin schon in der Ordnung! — Aber ich bitte, mich nicht mit »Sie«, sondern mit »Du« anzureden."

5] Spricht Elisabeth: „Ja, ja, aber da mußt du mich auch so anreden! Aber nun schreibe, sonst wird die Zeit noch kürzer!"

6] Elisabeth diktiert: „An meine Julerl und Minerl! — Meine lieben Töchter! Wenn der Herr bei euch ist, da bin auch ich bei euch. Denn ich bin nun stets beim Herrn, und mein Glück ist unendlich, meine Seligkeit unaussprechlich!

7] Meine Julerl! Bereichere nur stets mehr und mehr dein Herz mit der Liebe zum wahren himmlischen Vater, so wirst du ebenso glücklich und selig werden und vielleicht schon auf Erden sein, wie ich nun im Himmel. Denn der Herr hat dich sehr lieb — wie du heute auch das unaussprechliche Glück hattest, vom Herrn Selbst die gleiche Versicherung zu bekommen. Aber tue auch alles, was dir der heilige, liebevollste Vater schon gar so oft angeraten! Da kannst du noch sehr leicht eine wahre Braut Seines innersten Herzensgrundes werden. Und das ist der Seligkeiten höchste, die nur sehr wenigen zuteil wird.

8] Aber auch du, Minerl, befleißige dich dieser heiligen Liebe! Denn der heiligste Vater hat auch dich sehr lieb, wie alle die anderen und auch meinen Anselm. Aber nur denket nicht so sehr in gewissen Zeiten und Stunden an die weltlichen Dinge, wie z. B. ans leidige Heiraten, an das nach mir von Seite der Großeltern an euch entfallende Erbe und so noch an manche anderen unnötigen Dinge; **sondern allein der heiligste Vater sei der einzige, eure Herzen allertiefst beschäftigende Gegenstand** — so werdet ihr zur rechten Zeit von Ihm schon alles bekommen, was euch nottut und euren Seelen gut und nützlich ist!

9] Denket öfter an mich, eure irdische Mutter, die ich auch öfter allerlei Wünsche hatte und mich freute, mit euch irgendwo auf dem Lande meine letzten Tage zu beschließen. Allein was ist aus all diesen Wünschen geworden?! Ich brauche es euch nicht zu wiederholen, denn das Grab und der Leichenstein wird es euch sagen.

10] Ich sage euch: Der Erde Boden ist nichts als ein großes Leichenhaus, ein echter Friedhof. Die Berge auf der Erde sind Leichensteine. Und so kann wohl niemand im Hause der Toten ein Glück erhoffen, außer ein solches, wie es meinem Leibe zuteil ward.

11] Aber ich, die ich den Herrn Vater Jesus über alles liebte, bin nicht ins Grab gelegt worden zur Verwesung, sondern war allerlebendigst vom Herrn Vater in Seinen Himmel aufgenommen worden, wo es gar so unbeschreiblich schön ist, wo sich alle Menschen so inniglichst lieben, daß es auf der Welt nicht einmal einen Gedanken gibt, der solche Schönheit und Liebe nur annähernd beschreiben könnte!

12] Anstatt auf der Erde irgendwo eine Bäuerin zu sein, bin ich nun im Himmel der Himmel, begabt mit der höchsten Freiheit! — Was, dünkt euch, ist wohl besser? — Ja, der Himmel, der Himmel, das ist der wahre Aufenthalt für alle, die Gott lieben! Das ist alles Wirklichkeit und Wahrheit — während die ganze Erde nur eine Erscheinlichkeit ist, die nur zu bald vergeht. Daher trachtet denn auch vor allem nach dem Reiche Gottes, so wird euch auch alles andere werden.

13] Dies nun von mir, eurer Mutter, an euch gerichtete Wörtlein beachtet wohl, so werdet ihr ewig glücklich sein! — Des Herrn Vaters Segen, Liebe und Gnade sei mit euch allen in des Herrn Vaters Namen! Amen."

14] **Elisabeth** gab mir nun einen Klopfer auf den rechten Arm und sagte, daß ich den Mädchen sagen möchte, daß sie heute Abend um 9 Uhr zusammen ein gutes Gebetlein beten sollen. Dann werde sie unsichtbar, aber dennoch leise fühlbar, zu ihnen kommen und sie alle segnen. — Darauf verschwand sie.

☆

Nochmals: Kaiser und Gott

Am 10. Juni 1849

Als Mich die Pharisäer durch ihre und durch die von Herodes an Mich in den Tempel gesandten Diener mit allerlei verfänglichen Fragen fangen wollten, um einen Grund zu Meiner Gefangennehmung zu bekommen, da fragten Mich eben diese pfiffigen Apostel, ob es recht wäre, daß die Juden an den Kaiser nach Rom, trotzdem sie ohnehin dem Landespächter Herodes einen kaum erschwinglichen Tribut zahlen mußten, auch den verlangten Zins zahleten; denn der Kaiser habe ja ohnehin vom Herodes den ganzen Landestribut zu erheben, wofür dem Herodes dann das Recht eingeräumt sei, das Land nach seiner Willkür zu besteuern und Erpressungen zu bewerkstelligen, die den Juden kaum den Bettelstab übriglassen. Dazu komme nun noch der Kaiser selbst und verlange einen eigenen Zins!

2] Deshalb handle es sich nun darum, daß Ich, als der bezeichnete Messias, es endlich bestimme, ob man dem Kaiser noch den außerordentlichen Zins zahlen solle oder nicht. — Die Frage war somit im Ernste eine sehr verfängliche, da der Kaiser, der dem Herodes alle Rechte gegen einen großen Pachtzins abgetreten hatte, nun auch mit einer außerordentlichen, aber freilich rechtlichen Zinssteuer zum Vorscheine kam.

3] Jedem, der alle Verhältnisse nicht Mir gleich durchschauen konnte, die da zwischen den Juden, dem Pächter Herodes und dem Kaiser bestanden, wäre da eine rechte Antwort, um sich nicht ein- oder anderseits verfänglich zu machen, sicher im Halse stecken geblieben. Aber das konnte bei Mir nicht der Fall sein, da Ich alle die Verhältnisse nur zu klar kannte, die da in Meiner irdischen Zeit zwischen Volk und Kaiser sowohl im geheimen, als auch zwischen dem Pächter und Kaiser und Volk offenkundig bestanden.

4] Der Pächter Herodes hatte unter vielen Rechten auch das, Geld unter seinem Namen und Bilde zu prägen. Das Geld war damals, wie nun, ein Tauschmittel; und alle Geschäftsleute, alle Händler und Wechsler gebrauchten dasselbe als eine „conditio sine qua non“[1]. Um aber dieses Tauschmittels habhaft zu werden, mußten sie es entweder gegen rohes Metall oder gegen andere Stoffe guter und edler Art in der Herodianischen Münze kaufen, in welchem Falle sie dann auf fünfzig Jahre vollkommen Eigentümer des Herodischen Geldes wurden.

---

[1] als etwas Unumgängliches; d. Hsg.

5] So konnte aber auch sonst jeder Mensch, der entweder ein gutes Pfand hinterlegte oder ein Grundstück hatte und dasselbe an die Münze verschrieb, Herodisches Geld bekommen, das er als Tauschmittel besonders mit den Griechen gebrauchte. Aber auf diesem Gelderreichungswege mußte er dann dem Herodes jährlich von je hundert Groschen oder Pfunden zehn Groschen oder zehn Pfunde als Zins bezahlen, und zwar mit der Verpflichtung, das also entliehene Geld erst in fünfzig Jahren zurückzahlen zu dürfen; und wäre er da zahlungsunfähig, entweder ein ewiger Schuldner (eine Art Sklave) zu verbleiben und die Zinsen fortwährend zu entrichten; oder der Herodes wie auch dessen Erben hatten das Recht, solchem Schuldner Grund, Vieh, Weib und Kinder zu verkaufen, was da nicht gar zu selten geschah.

6] Daß aber die Juden durch solche Mäkeleien des Herodes sehr schlecht bestanden, läßt sich leicht denken, sowie daß dabei gar viele höchlichst verarmen mußten und viele zu verkauften Sklaven wurden. — Dieser üble Umstand aber führte denn auch die Juden bald auf die Idee, zu erfahren, ob der Kaiser auch Gelder gegen Pfand und Verschreibung leihe, und wie viel vom Hundert er dann nehme. Die tatsächliche Antwort aber ging dahin, daß auch der Kaiser sein Geld jedem seiner Untertanen gegen Pfand oder Verschreibung leihe, doch keines verkaufe, was für die Wechsler eben nicht erfreulich war.

7] Der Kaiser verlangte aber von edlem Gelde aus Gold und Silber fürs Jahr fünf und fürs unedle Geld aus Kupfer und Erz nur ein bis einundeinhalb Prozent.

8] Die Folge davon war ganz natürlich, daß das Volk sich nach Möglichkeit der Herodianischen Schuldigkeit entledigte und durch die Vermittlung des römischen Landpflegers auch die Herodianischen Leihkontrakte zu Gunsten des Kaisers annullierte und Geld vom Kaiser auf obbesagte Art entlieh, daß er es nach Belieben abzahlen mochte, wann er es nur immer wollte und konnte.

9] Nun, das war denn aber auch für die Pharisäer, die sich hauptsächlich mit dem Wechseln, Kaufen und Verkaufen abgaben, wie auch für den Herodes, der ihnen dazu das Geld prägte, eine ganz verzweifelt zuwidere Sache, indem ihre Geschäfte natürlich sobald ins Stocken geraten mußten, als das viel billigere Geld des Kaisers im Land unter dem Volke in den Umlauf kam.

10] Aus diesem nun bekanntgegebenen Umstande aber datiert sich denn auch die kitzliche Frage, die, um Mich zu versuchen, Mir eben von den Pharisäern und von den Beamten des Herodes zur Beantwortung vorgelegt wurde.

11] Wer diese richtigen Umstände näher erwägt, der wird es denn aber auch von selbst gar leicht finden, was diese beiden in ein Horn stoßenden Parteien durch diese Frage bei Mir nach ihrer Meinung ganz unfehlbar bezwecken wollten, nämlich: daß Ich Mich entweder zur Partei der Kaiserlichen schlagen werde, wo sie dann gesagt hätten: „Nun, so bist du kein Messias! Denn du trittst die Rechte der Juden mit Füßen und machst mit vielen Treulosen eine Sache wider dein Volk. Du bist nach Moses, Samuel und David des Todes schuldig!" — Hätte Ich aber gesagt: Dem Kaiser gebührt kein Zins, sondern aller dem Herodes, der das Volk Gottes von den Heiden jährlich durch einen starken Tribut loskauft — so hätten sie Mich dann als einen Widersacher des Kaisers deklariert und hätten Mich an die römischen Richter überantwortet.

12] Ich aber ließ Mir die Münze des Kaisers vorweisen, auf der des Kaisers Bild und Unterschrift deutlich zu ersehen war, und fragte sie: „Wessen ist dies Bild und Unterschrift? Ist es des Herodes, dessen Geld ihr Gottesgeld nennt, oder ist es des Kaisers, der auch das Recht hat, seine Gelder seinen Untertanen zu leihen, besonders so es die Untertanen selbst verlangten?" — Die bekannte Antwort war: „Das ist des Kaisers Bild und Unterschrift!"

13] Worauf Ich denn ganz leicht und natürlich nach Recht und Billigkeit sagte: „Nun, so gebet dem Kaiser, was da sein ist!" (das heißt: „Gebet dem Kaiser den bedungenen Zins von seinem Gelde!") — Und gebet aber auch dem, der euch das Gottesgeld geliehen, aus der Gottesmünze, was ihm gebührt!" — Oder kurz: „Gebet dem Kaiser, was dessen ist, und Gott, was dessen ist!" — Und die Fragenden waren somit abgefertigt und konnten nichts dawider entgegnen.

14] Aus dem aber geht anderseits auch von selbst klar hervor, was so ganz eigentlich „des Kaisers", und was in diesem Verstande „Gottes" ist.

15] So die Untertanen mit dem Kaiser rechtlich stipulierte[1] Verbindlichkeiten eingegangen sind, mögen diese nun tausend Jahre oder ein Jahr alt sein, so müssen sie diese halten. Ausgenommen davon sind Zwangsstipulationen, die kein erweisliches Wohl der Untertanen bezwecken, sondern lediglich das der gewaltigen Diktatoren nur. Ist

[1] vereinbarte

aber bei einer Zwangsstipulation ein Untertanenwohl und des gewalttragenden Stipulators guter Wille erweislich, so sind die Untertanen ebenfalls verpflichtet, die Stipulationen als rechtliche anzuerkennen und denselben treulich nachzukommen.

16] Ebenso verhält es sich mit der Gottessache, darunter nicht allein zu verstehen ist die besondere innere Liebeverpflichtung gegen Gott, sondern auch die gegen alle Menschen, als da sind Gläubige, Wohltäter, Lehrer, Führer, Gottesdiener und Knechte, dann alle Diener und Mägde und alle gedungenen Arbeiter, denen allen man eben das zu geben verpflichtet ist, was ihnen gebührt, wie dem Kaiser, was ihm gebührt.

17] Alle diese Privatverpflichtungen sind die eigentliche Schuldigkeit an Gott – so wie alle, wo des Kaisers Name darunter steht, Schuldigkeiten an den Kaiser genannt werden und einzuhalten sind.

18] Das ist also der eigentliche äußere, politisch-moralische Sinn dieses Textes, der aber freilich auch einen inneren, rein geistigen hat, welcher jedoch nicht hierher gehört, sondern auf ein ganz anderes Blatt. Daher davon ein andermal! – Das gibt euch kund der erste und größte Politiker aller Welt. Amen.

☆

Ein widerchristliches Schriftchen

Am 20. Juni 1849

Anfrage des Jakob Lorber:

1. über ein in Leipzig bei Kollmann 1849 erschienenes Werk, betitelt „Historisch wichtige Enthüllung über die Todesart Jesu", nach einem zu Alexandria aufgefundenen Manuskripte eines Zeitgenossen Jesu; und

2. über die in Weimar gedruckte, von Dr. Wohlfarth zu Kirchhasel verfaßte Widerlegung vorerwähnter Broschüre.

So schreibe denn! Das erste ist eine Spekulation der Dichter und Buchhändler, denen jetzt der Faden ausgeht, etwas Anlockendes zu erfinden, womit sie ihre ziemlich luftig gewordene Börse wieder etwas weniger luftig machen könnten.

2] Und das zweite ist eine Frucht von gleichem Gehalte. Es ist darinnen kein Kern. Und wer also ruft und sagt: „Herr, Herr!", den kenne Ich nicht. Und es ist da ein Judas wie der andere. Denn beide arbeiten, verraten und beraten ums Geld!

3] Der erste sagt: „Bruder B.! Ich werde nun eine kleine antichristliche Spekulation in die Welt senden, diese wird von Tausenden begierig gekauft und gelesen werden. Du aber schreibe dann sogleich eine Gegenbeleuchtung, die dann auch ebenso begierig gekauft und gelesen wird. Der Verkauf wird uns ein rundes Sümmchen eintragen, mit dem wir dann etwas Größeres werden unternehmen können. Vielleicht erleben wir sogar mehrere Auflagen. Dann, Brüderchen, Viktoria! Hoch! Dann, sage ich dir, werden wir mit den Verlegern ganz anders reden!"

4] Und der B. sagt dann ganz wohlgefällig über den guten Einfall des A.: „Bruder, die Idee ist sehr gut, aber woher wirst du den Stoff nehmen, damit du der Welt etwas anscheinend Glaubbares vormachen wirst?"

5] Spricht der A.: „Darob sei du nur ganz unbesorgt, du weißt es ja, wie ich so ziemlich mit allen Salben geschmiert bin! — Da sieh her, am Trödelmarkte habe ich um einige Groschen einen Rousseau, einen Helvetius, einen Dr. Strauß und den ganzen Hegel gekauft. Den Dr. Barth und Heß hast du. Da sollte es dann doch mit dem Teufel hergehen, so man aus diesen Autoren nicht ein antichristliches Broschürchen herausbrächte. — Und da sieh her, da habe ich schon eine vollkommene Skizze!"

6] Der B. ist nun ganz beruhigt und hilft dem A. Und wie das Werk des A. die Presse verläßt, so hilft dann der A. dem B. an der Gegenbeleuchtung arbeiten.

7] Siehe, so entstehen solche weltwunderliche Werkchen, schön kurz, daß sie nicht viel Arbeit und Unkosten verursachen und daß sie auch um einen desto wohlfeileren und daher auch desto anlockenderen Preis können verkauft werden.

8] So sind denn auch deine zwei „Wunderwerkchen" entstanden, und es ist daher weder das eine noch das andere zu etwas nütze. Denn das ganze ist eine geldspekulative Spiegelfechterei!

9] Das erste wird keinen nur einigermaßen geweckten Geist von Mir abwenden, indem es zu elend und dumm und seicht ist. Denn ein jeder Meiner echten Bekenner weiß, aus welcher Quelle er die vollste Wahrheit zu schöpfen hat und was in eines Menschen Herzen den unumstößlichsten Beweis für Meine Göttlichkeit lebendig und beschaulich gestaltet und darstellt.

10] Wer aber nicht Mein ist durch die Liebe und durch die Werke nach Meinem Worte, für den gibt es dann aber auch keine Ueberzeugung, weder innerlich noch äußerlich und weder pro noch contra. Denn solche Menschen gleichen dem Staube und den Wolken, die dahin ziehen, wohin der Wind geht. Sie haben keine Selbständigkeit und somit auch kein tieferes und ernsteres Urteil über die Vorkommnisse dieser Welt. Sie haben auch keinen Geist und können sonach auch nicht beurteilen, welches Geistes Kind irgendein Produkt ist. Aus diesem Grunde nehmen sie denn auch bald und leicht etwas an, wenn es gerade ihren Sinnen zusagt. Aber in etlichen Tagen ist alles auch wieder verraucht. Und viele wissen dann kaum noch, daß und was sie so ganz eigentlich gelesen haben.

11] Aus diesem Grunde aber ist für derlei Menschen auch eine Widerlegung ganz überflüssig.

12] Da hast du nun eine rechte Beleuchtung deiner beiden Büchlein. Und Ich erlasse dir eine weitere Mühe, dagegen etwas zu schreiben. Denn diese Feindlein richten uns nicht den geringsten Schaden an, eher noch einen Nutzen. Und daher lassen wir sie denn auch leben! Amen.

☆

Heiligende Liebe

Worte zum Geburtstag

Am 26. Juni 1849

Schreibe nur ein recht nettes Wörtlein an unsere kleine, geliebte Julie-Martha H.! Denn die uns beide liebt und lieb hat, die müssen auch wir lieben und sehr lieb haben.

2] Meine geliebteste Julie-Martha! — Da der heutige Tag ein für dich besonders bedeutender ist, weil er dir den Jahrestag deiner Eingeburt in die Welt wie in einem Echo wieder in deine Erinnerung zurückgibt und du darob eine gar wohl begründete Freude haben kannst, indem du an solch einem Tage durch die Macht Meines Liebewillens in die Reihe Meiner Kinder, also in die Reihe der Gotteskinder, aus der stumpfen Reihe der gerichteten Geschöpfe aufgenommen worden bist — so will aber auch Ich, als ein wahrer Lebensvater, dir solche deine gerechte Freude nicht etwa schmälern, sondern für dein Mir allerliebstes Herzchen nur gar sehr erhöhen dadurch, daß Ich dir hiermit die wiederholte, für dich sicher teuerste Versicherung zukommen lasse, daß du Mir ein allezeit allerliebstes Töchterchen bist, das Mir so pick- und nagelfest ans Herz gewachsen ist.

3] Ich meine, Mein liebstes Töchterchen wird mit dieser Meiner Zusicherung auch sicher über alles zufrieden sein können! Denn überglücklich sind jene für ewig, die von Meinem Vaterherzen aus einer solchen Zusicherung für wert befunden werden. — Aber leider nur wenigen wird eine solche zuteil!

4] Desto mehr aber kannst du dich darob freuen, da du als Mein allerliebstes Töchterchen solch einer höchsten Gnade für wert befunden wirst in Meinem Herzen.

5] Du darfst dir aber darum ja etwa nicht einbilden, als käme dir solch eine Gnade aus irgendeinem Verdienste zu! Sondern Ich ganz allein für Mich, ohne dein Verdienst, habe dich so lieb, weil du Mich auch gar so sehr lieb hast und bist manchmal sogar in Mich ein wenig verliebt, und das eben ist eine ganz besondere Heiligung deines Herzchens. — Denn wie könnte ein unheiliges Herz Mich, den Heiligsten, lieben?! — So Mich aber ein Herz liebt, der Ich heilig bin, wie möglich könnte in solch heiliger Liebe das liebende Herz selbst unheilig verbleiben?

6] Also ist aber auch dein Herzchen durch und durch geheiligt, weil es Mich liebt. Und da Ich es darum wieder gar überaus sehr liebe und Meine heilige Liebe in dasselbe stets mehr und mehr ein-einfließen lasse und es dadurch zu einem Gefäße der Fülle Meiner heiligsten Liebe mache, welche Liebe da heilig ist überheilig, so ist das Gefäß dadurch nicht nur „geheiligt", sondern selbst "heilig". Denn Ich, als der Alleinheilige, kann nicht im Unheiligen, sondern nur im Heiligen wohnen!

7] Fahre du, Mein allerliebstes Töchterchen, in solcher deiner Liebe zu Mir nur treulich fort, so wirst du bald einen zweiten, viel höheren Geburtstag erleben, als dieser heutige deines Leibes es ist.

8] Aber so manche eitle Dinge mußt du von dir schaffen, als z. B. deine manchmal etwas übertriebene Zimmerreinlichkeitsliebe, den manchmal zu starken Appetit nach einer Prise Schnupftabak, dann den Reif im Unterrocke und manchmal zu sehr gesteifte Unterröcke, die dich viel zu dick aussehen machen, was weder schön noch sittig ist.

9] Kleide dich immer recht reinlich, nett und schön! Aber ein zu übertriebenes Stärken ist nicht schön, nicht sittig und für den Leib sogar nicht gut, weil gestärkte Kleider zu wenig die Haut berühren und durch die Berührung keine wohltätige Frottierung zuwegebringen können, anderseits aber auch zu viel kühlende Luft an die mit Schweiß gefüllte Haut treten lassen, die dann den Schweiß oft zurücktreibt und hie und da in den Gefäßen verhärten macht und die Ausdünstung der Haut nicht durchläßt, woraus dann gar leicht allerlei rheumatische Leiden entstehen.

10] Tue also das weg, was unnötig und zwecklos ist, so wird deine Seele dann gleich mehr Zeit bekommen, an der Freimachung des Geistes zu arbeiten. — Ueberhaupt mußt du dich des manchmal zu überflüssigen Marthatums entschlagen, das dich nicht selten in allerlei bekümmerliche Penserelen und manchmalige Aergerlichkeiten versetzt — so wirst du dann viel freier den wahren Weg zum ewigen Leben verfolgen können, was denn doch die einzige Bestimmung eines jeden Menschen sein soll.

11] Also mußt du dich auch über nichts ärgern und keine übertriebenen Sorgen in dir aufsteigen lassen und alle deine Wünsche in Mein Herz legen! — Da werde Ich dir auch alles gar ehestens geben können, was dein Herz verlangt. Aber nur mußt du das recht gern und getreu befolgen, was Ich dir nun geraten habe!

12] Und nun, Mein liebes Töchterchen, nimm mit dieser Meiner Lebensgabe auch Meinen Vatersegen in dein Herzchen auf! Dieser wird dir von selbst getreuest sagen, daß du Mir ein allerliebstes Töchterchen bist zeitlich nun, wie dereinst ewig! Amen. — Das sagt zu dir dein wahrer und einziger Vater. Amen.

Johannes in der Kapelle

Traumerklärung

Am 19. September 1850

In der Nacht vom 17. auf 18. September 1850 träumte mir, Anselm Hüttenbrenner, lebhaft von einer Kapelle, in deren Vordergrunde, in der Höhe, das Christuskind, von Engelchen umgeben, schwebte und auf mehrere Engelchen freundlich herabblickte, die zu dem Christuskind mit seligen Mienen hinaufschauten. — Plötzlich fingen alle diese herrlichen Statuen aus weißem Stein, die ich als Kunstwerke über alle Maßen bewunderte, sich zu regen und zu bewegen an. Und ein unten in der Mitte stehender Engel rief laut: „Ich bin Johannes der Täufer!"

Da sagte ich zu einem neben mir stehenden Freunde: „Sehen Sie, da haben wir ein helles Wunder vor uns!" — Darauf erwachte ich, bedauernd, daß das Wunder leider nur ein Traum gewesen.

Mein lieber Anselm H.-W.! Dein gestriger Traum von der schönen Kapelle ist, so du es fassen willst, nicht ohne eine gar tüchtige Entsprechungsbedeutung für dich, für die Welt, für diese Zeit und am Ende für die gesamte Menschheit.

2] Die Kapelle stellt den äußeren Menschen in seiner kirchlichen Stellung dar.

3] Wie die Kapelle von innen geziert ist mit allerlei schön geformten Statuen, die da Porträte verschiedener seliger Menschengeister vorstellen, ja zuoberst sogar Mein Abbild — aber natürlich alles tot — ebenso befinden sich im kirchlichen Menschen allerlei geoffenbarte Lehren und Begriffe. Der kirchliche Mensch glaubt wohl an sie und bewundert ihre Herrlichkeit — aber da er sie nicht in sein Leben aufnimmt, so bleiben sie gleich den Statuen, an und für sich zwar schön glänzend weiß aussehend und Licht enthaltend, aber dennoch tot.

4] Aber jeder Mensch hat ein von Mir ihm verliehenes Gewissen, das da gleich ist dem Täufer Johannes. — Während alle andern Begriffe, Lehren und Eigenschaften im Menschen wie tot schlafen, wird das Gewissen zuerst wach und kündigt sich als solches an!

5] Dadurch werden dann auch oft alle die anderen Lehren, Mahnungen, Begriffe und Eigenschaften wach. — Achtet nun der Kirchenmensch darauf, tut Buße und bessert er sich, so wird dann bald alles lebendig in der Kapelle.

6] Tut aber der Mensch das nicht und läßt den wachgewordenen Johannes einen „guten Mann" sein, dann wird der Johannes auch wieder zur Statue — und alles in der Kapelle ist dann wieder völlig tot!

7] Und das gilt, wie schon oben bemerkt, für alle Welt, für diese Zeit, für dich, wie für jedermann! — Der Johannes ist überall zu Hause, und zwar zuunterst in eines jeden Menschen kirchlichem Gemütsteile.

8] Wer nur einigermaßen auf diesen Johannes sein Augenmerk tätig richtet, dem wird dieser Johannes von größtem Nutzen sein. Wer aber das Lebendigwerden des Johannes unbeachtet läßt und hört nicht auf ihn, sondern nur auf die lustigen und freudemachenden Dinge dieser Welt, dem wird seine Hauskapelle keine Früchte des Lebens bringen.

9] Das ist kurz die richtige Bedeutung deines Gesichtes! Beachte sie, so wirst du leben! Amen.

☆

Rechte Geburtstagsfeier

Am 14. Oktober 1850

Mein lieber Freund A. H.-W.! Der Geburtstag des Fleisches, wie du gestern den deinen feiertest, hat nur als derjenige irgendeinen Wert, der für einen Menschen der wirkliche Geburtstag ist. Jeder darauf folgende dreihundertfünfundsechzigste Tag ist nur eine Erinnerung und hat als solcher nur dann irgendeine Bedeutung, so der Mensch an solch einem Tage sich seiner Geburt in seinem Herzen gegen Mich dankbar erinnert und sich in Meinem Namen gute und feste Vorsätze macht, sein künftiges Leben stets mehr und mehr nach Meinem Willen und nach Meiner Ordnung einzurichten und Mich dabei um die Kraft und Hilfe bittet, die Ich sicher niemandem vorenthalte, der Mich nur einigermaßen darum lebensernstlich anfleht.

2] Wer den Erinnerungstag seiner irdischen Geburt also begeht, der hat wohlgetan und hat solch einem Tage vor Meinem Angesichte auch einen reellen Wert verliehen. Alles andere, als: Glückwünsche, Präsente und dergleichen sind vor Mir gänzlich ohne Wert, ja manchmal sogar Meinem Wohlgefallen zuwider, besonders bei solchen Menschen, die darauf große Stücke halten und sich an einem solchen Tage mehr und besser zu sein dünken als an einem andern.

3] Nun bei dir, Mein Freund, ist das letztere wohl nicht der Fall. Und es ist Mir lieb, daß du von deinem Geburtstage nichts weiter hältst, als daß du um ein Jahr älter geworden bist.

4] Freilich wäre es Mir sehr lieb, so du auch schon einen vollen geistigen Geburtstag hättest! — Aber da happert es bei dir nun noch ein wenig. — Wenn es auf der Welt keine schönen Mägde gäbe, da hättest du lange schon einen vollen geistigen Geburtstag; aber zufolge der schönen Töchter Evas bleibst du noch immer beim halben.

5] Weil du sonach keinen ganzen, sondern nur einen halben geistigen Geburtstag hast, so gratuliere Ich dir [immerhin] auch zu diesem halben. Denn auch der halbe geistige ist besser als tausend irdische.

6] Trachte aber nun darnach, daß du bald zu einem ganzen geistigen Geburtstag gelangest! Der wird dir alles geben, darnach der bessere Teil deiner Seele dürstet.

7] Siehe, es werden nun Zeiten kommen, in denen große Not und Drangsal herrschen werden, und Krieg, Hunger und Pest wird kommen. Aber die sich an Mich halten und die Ich Mein nenne, haben von allem dem nichts zu befürchten. Denn wo Mein Segen waltet, kann der Hölle Wut den Samen der Pest aller Art nicht ausstreuen und ihr Gifthauch die Bäumchen, die ich gepflanzt habe, nimmer verderben.

8] Aber die Bäume der Welt und alle Einrichtungen, die bisher die Welt zu ihrer vermeintlichen Ruhe und Sorglosigkeit gesetzt hat, werden in Kürze den weidlichsten Schiffbruch erleiden. Die Herren der Erde sollen es erkennen, daß Ich noch immer der Herr bin und durch alle ihre Rechnungen einen Strich ziehen werde!

9] Verstehe solches! Aber fürchte dich darum nicht! Denn du gehörst ja auch Meiner Pflanzschule zu. Und Mein Feuer kann dich nur beleben, dich seliger machen mehr und mehr und nicht töten wie diejenigen, die Mich schnöd auf die Seite setzen, selbst herrschen wollen und Gesetze geben Meinen Kindern, die sie nicht erschaffen und denen sie kein Leben gegeben haben. — Wehe solchen, so sie Mein Feuer ergreifen wird! Das wird ihnen eine böse Zeit geben!

10] Nun sei gesegnet! — Lebe mäßig! Trinke nicht Wein und Bier untereinander, sondern einen guten Wein nur, so wirst du dein Fleisch vor Krankheiten und deine Seele vor fleischlicher Sinnengier bewahren. Das sage Ich dir als dein größter Freund. Amen.

☆

Vom Kommen des Tausendjährigen Reiches

Am 27. Dezember 1850

Ein Schreiben des Jakob Lorber an Dr. Zimpel, z. Zt. in Meran, enthielt außer eigenen Worten Lorbers nachstehende Worte des Herrn:

Lieber Freund und Bruder! Wundere dich nicht darob, daß Ich dich also auszeichne! Denn du weißt ja, daß es in der Guten Botschaft lautet: „Viele sind berufen, aber nur wenige auserwählt."

2] Die Berufenen sind Kinder der Welt, können aber, so sie der Berufung folgen, Meine lieben Kinder und Kindlein werden. — Aber die wenigen Auserwählten sind Meine Brüder und sind weder der Seele und noch weniger dem Geiste nach von dieser Erde, sondern von dorther, von wannen her Ich Selbst bin.

3] Du bist von dannen her, von wannen Ich bin, und bist deshalb ein rechter Bruder Meines Herzens. Das dünke dir aber durchaus nicht eitel! Denn siehe, Ich selbst bin ja von ganzem Herzen demütig! Wie sollen es dann Meine lieben Brüder nicht sein!?

4] Was Ich dir gebe, das ist dir ein Leben des Lebens. Und du wirst leben ewig, und den Abfall deines Fleisches wirst du je weder fühlen noch schmecken. Denn Meine Brüder sind frei! Frei wählten sie in Meinem Lichte aus großer Liebe zu Mir des Fleisches harten Weg. Und wieder frei werden sie das Fleisch ablegen und ihre alten und dennoch ewig neuen Burgen in Meinem ewigen Jerusalem beziehen und allda mit Mir herrschen über die Unendlichkeit.

5] Frage du aber nicht viel um den Beginn des „Tausendjährigen Reiches auf Erden"! Denn ein solches wäre ja ein Gottesreich mit äußerem Schaugepränge! — Ein [wahres] Gottesreich aber kann es nimmer geben in der Materie, sondern allein nur im Geiste. — Und so kommt das „Tausendjährige Gottesreich" nicht irgend äußerlich beschaulich, sondern ganz still und prunklos in den Herzen der Menschen, die eines guten Willens sind.

6] Frage auch nicht: wann und wie? — Denn die Ankunft des „Tausendjährigen Gottesreichs" ist die allzeitige und stets gleiche, volle Wiedergeburt des menschlichen Geistes.

7] Der „gefesselte Drache" sind die gezähmten Gelüste des Fleisches. — Und die kurze, einmalige und „letzte Freilassung" desselben ist die endliche Ablegung des Fleisches, die so manchem Geiste denn doch noch immer das ist, was da ist das Verlassen einer Wohnung, deren jemand sich längere Zeit bedient hat.

8] Die Materie[1] zu einem allgemeinen Gottesreiche auf Erden in den Herzen der Menschen aber hast du nun schon vielfach in deinen Händen.[2] Mache, daß sie bald in die Hände vieler gelangt, und du wirst darin das wahre „Tausendjährige Gottesreich auf Erden" erschauen! Amen.

9] Meine Gnade und Meinen Segen dir zum voraus, und darauf den Segen von Millionen Glücklichen unter glücklichen Fürsten voll Gnade und Weisheit! Amen.

☆

[1] d. h. das Aufbaumaterial; d. Hsg. — [2] In den Niederschriften des Neuen Wortes; d. Hsg.

Kinderprüfung im Tempel zu Jerusalem

Beginn der Niederschrift 1859

Mit der nachstehenden Kundgabe begannen die Eröffnungen über die dreitägige Unterredung des zwölfjährigen Jesusknaben mit den Priestern und Schriftgelehrten im Tempel zu Jerusalem, zusammengefaßt in der Schrift „Die Dreitagesszene“.

Es war Sitte und vorgeschriebener Gebrauch im ganzen Reiche der Juden, daß sie ihre Kinder, wenn sie einmal das zwölfte Jahr zurückgelegt hatten, nach Jerusalem bringen mußten, allwo sie im Tempel von den Aeltesten, Pharisäern und Schriftgelehrten ausgefragt wurden über alles, was sie bis zu diesem Alter besonders in der Lehre von Gott und den Propheten sich zu eigen gemacht hatten.

2] Für solche Prüfung war natürlich auch eine kleine Taxe zu entrichten, nach der die Geprüften auch, so sie es wünschten, gegen eine abermalige kleine Taxe ein Fähigkeitszeugnis erhielten. Hatten sich die Kinder in jeder Hinsicht ausgezeichnet, so konnten sie dann auch in die Schulen des Tempels aufgenommen werden und hatten Aussicht, einst Diener des Tempels zu werden.

3] Konnten die Eltern nachweisen, daß sie dem Stamme Levi entstammten, so ging es mit der Aufnahme in des Tempels Schulen leicht; konnten die Eltern aber das nicht nachweisen, so ging es mit der Aufnahme schlechter, und sie mußten sich in den Stamm Levi förmlich einkaufen und dem Tempel irgendein bedeutendes Opfer bringen.

4] Die Töchter waren von dieser Prüfung ausgenommen — außer sie wollten aus Antrieb ihrer Eltern sich auch prüfen lassen der größeren Gottwohlgefälligkeit wegen. In diesem Falle wurden sie von den Altmüttern des Tempels in einer besonderen Behausung fein geprüft und bekamen auch ein Zeugnis von allen bis dahin erworbenen Kenntnissen und Fertigkeiten. Solche Mädchen konnten dann Weiber der Priester und Leviten werden.

5] Die Prüfungen mit den Knaben und noch mehr mit den Mädchen dauerten nur kurz. Es waren einige Hauptfragen schon für immer bestimmt, die schon ein jeder Jude seit lange her auswendig wußte.

6] Die Antworten auf die bekannten Fragen wurden den Kindern ganz geläufig eingebläut, und es hatte der Prüfer die Frage kaum zu Ende gebracht, so war der geprüfte Knabe auch schon mit der Antwort fertig.

7] Mehr als zehn Fragen hat kein Prüfling bekommen, und es ist darum leicht begreiflich, daß eine Prüfung mit einem Knaben kaum eine Minute Zeit gedauert hat; besonders so er die ersten Fragen ganz gut und sehr fertig beantwortet hatte, da wurden ihm dann die andern meistens erlassen.

8] Nach vollbrachter kurzer Prüfung bekam der Knabe ein kleines Zettelchen, mit welchem er sich dann mit seinen Eltern an derselben Taxkasse zu melden hatte, bei der er ehedem die Prüfungstaxe entrichtete, allwo er gegen Vorweisung des Prüfungszettelchens wieder eine kleine Taxe zu entrichten hatte, so er auf das Zettelchen ein Tempelzeugnis haben wollte. Kinder ganz armer Eltern mußten ein Signum paupertatis[1] mitbringen, ansonst sie zur Prüfung nicht zugelassen wurden.

9] Die Zeit der Prüfung war entweder zu Ostern oder zur Zeit des Laubhüttenfestes und dauerte gewöhnlich 5—6 Tage. Bevor aber die Prüfungen in dem Tempel ihren Anfang nahmen, wurden schon ein paar Tage früher Tempeldiener in die Herbergen geschickt, um sich zu erkundigen, wie viele Prüfungskandidaten etwa anwesend seien.

10] Wer sich da wollte besonders vormerken lassen gegen eine kleine Taxe, der konnte es tun, weil er dadurch früher zur Prüfung kam; aber die Taxlosen mußten dann gewöhnlich die letzten sein, und mit ihrer Prüfung nahm man sich schon durchaus nicht viel Mühe, und die Zeugnisse blieben gewöhnlich aus. Man versprach ihnen wohl, solche einmal nachzutragen, woraus aber gewöhnlich nie etwas geworden ist.

11] Manchmal aber geschah es auch, daß Knaben von sehr viel Geist und Talent den Prüfern auch Gegenfragen stellten und Aufklärung über dies und jenes aus den Propheten verlangten. Bei solcher Gelegenheit gab es unter den Prüfern dann gewöhnlich verdrießliche und ärgerliche Gesichter; denn die Prüfer waren selten in der Schrift und in den Propheten irgend mehr bewandert als heutzutage die sehr mager bestellten Abc-Lehrer. Sie wußten nur soviel, um wieviel sie zu fragen hatten; darüber hinaus sah es gewöhnlich sehr finster aus.

12] Es saßen aber bei den Prüfungen gewisserart als Prüfungskommissäre wohl auch einige Aelteste und Schriftgelehrte. Sie prüften aber nicht, sondern horchten bloß zu, was da geprüft ward; nur

[1] Armutszeugnis.

im vorerwähnten besonderen Falle, so es sich der Mühe lohnte sowieso, fingen sie sich zu rühren an und verwiesen zuerst so einem fragenstellenden Knaben seine unkluge Vermessenheit, der es gewagt hatte, seine Prüfer in eine unangenehme, zeitzersplitternde Lage zu versetzen.

13] Solch ein Knabe wurde, so er sich nicht zu leicht einschüchtern ließ und bei seinem Vorhaben und Begehren verharrte, mehr des Scheines vor dem Volke als irgend der tieferen Wahrheit wegen, ad interim[1] auf die Wartseite gestellt und mußte auf die für derlei kritische Fragen gegebene erklärende Antwort bis zu einer gewissen Stunde am Abende warten, alswann er dann erst eigens vernommen wurde.

14] Kam dann die anberaumte Stunde, so wurden stets mit einigem Unwillen solche Knaben aus ihrem Verstecke hervorgeholt, mußten ihre schon früher gestellten Fragen wiederholen, und einer der Aeltesten und Schriftgelehrten gab dem Fragesteller gewöhnlich eine sehr mystische und soviel als möglich verworrene Antwort, aus welcher der Knabe offenbar nicht klüger wurde — und das Volk schlug sich dabei auf die Brust und bewunderte tief, dumm, stumm, taub und blind die unerforschliche Tiefe des Geistes Gottes durch den Mund eines Aeltesten und Schriftgelehrten und verwies am Ende einem solchen Knaben seine unbesonnene Keckheit!

☆

Des Urlichtes Kommen in die Welt

Mit der nachfolgenden Kundgabe begannen die umfangreichen Eröffnungen über die dreijährige Lehrtätigkeit Jesu, genannt „Das große Evangelium Johannis"[2]. Sie wurden fast täglich fortgesetzt bis zum Abschluß am 19. Juli 1864.

Am 2. August 1851

„Im Anfang war das Wort, und das Wort war bei Gott, und Gott war das Wort." (Joh. Kap. 1, 1)

Dieser Vers hat schon eine große Menge von allerleigestaltigen Irrdeutungen und Auslegungen zur Folge gehabt; ja, es bedienten sich sogar barste Gottesleugner eben dieses Textes, um mit

[1] einstweilen; d. Hsg. — [2] „Das große Evangelium Johannis". In diesem großen, herrlichen Offenbarungswerk erhalten wir nach der Verheißung Joh. 14, 26 eine genaue, eingehende und tief gedankenvolle Schilderung alles dessen, was Jesus in den drei Jahren Seiner irdischen Lehrtätigkeit getan und gesprochen hat. Von der Fülle des in Joh. 21, 25 Angedeuteten hat die Liebe und Gnade des himmlischen Vaters hier den Menschen zu ihrer Erleuchtung und Rettung endlos Großes enthüllt. —

dessen Hilfe Meine Gottheit um so sicherer zu bestreiten, da sie die Gottheit im allgemeinen verwarfen. Wir wollen aber nun solche Finten nicht wieder vorführen, wodurch die Verwirrung nur noch größer statt kleiner würde, sondern sogleich mit der möglich kürzesten Erklärung ans Tageslicht treten; diese, als selbst Licht im Lichte des Lichtes, wird von selbst die Irrtümer bekämpfen und besiegen.

2] Ein Hauptgrund des Unverständnisses solcher Texte liegt freilich wohl leider in der sehr mangelhaften und unrichtigen Uebersetzung der Schrift aus der Urzunge in die Zungen der gegenwärtigen Zeit; allein es ist gut also. Denn wäre der Geist solcher Texte nicht so wohl verborgen, als er es ist, so wäre das Heiligste darin schon lange allertiefst entheiliget worden, was da von größtem Uebel wäre für die gesamte Erde; so aber hat man nur an der Rinde genagt und konnte zum lebendigen Heiligtume nicht gelangen.

3] Nun aber ist es an der Zeit, den wahren inneren Sinn solcher Texte zu zeigen allen, die da würdig sind, daran teilzunehmen; dem Unwürdigen aber soll es teuer zu stehen kommen, denn Ich lasse bei solcher Gelegenheit mit Mir durchaus keinen Scherz treiben und werde nie einen Handel annehmen.

4] Nach dieser nötigen Vorerinnerung aber folge nun die Erläuterung; nur bemerke Ich noch das hinzu und sage, daß hier nur der innere, seelisch-geistige Sinn zu verstehen ist, nicht aber auch der allerinnerste, reinste Himmelssinn. Dieser ist zu heilig und kann für die Welt unschädlich nur solchen erteilt werden, die ihn suchen durch ihren Lebenswandel nach dem Worte des Evangeliums. Der bloß innere, seelisch-geistige Sinn aber läßt sich leicht finden, manchmal schon durch die richtige, zeitgemäß entsprechende Uebersetzung, was nun sogleich bei der Erläuterung des ersten Verses sich zeigen soll.

5] Sehr unrichtig und den innern Sinn sehr verhüllend ist der Ausdruck „Im Anfange"; denn dadurch könnte sogar der Gottheit ewiges Dasein bestritten und in Zweifel gezogen werden, was auch von einigen älteren Weltweisen geschehen ist, aus deren Schule die Gottesleugner dieser Zeit auch so ganz eigentlich hervorgegangen sind. So wir aber nun diesen Text recht geben werden, da wird die Hülle nur sehr dünn erscheinen, und es wird nicht schwer sein, den inneren Sinn durch solche leichte Hülle recht wohl und manchmal sehr genau zu erspähen.

6] Also aber laute die richtige Uebersetzung: Im Urgrunde, oder auch in der Grundursache (alles Seins), war das Licht (der große, heilige Schöpfungsgedanke, die wesenhafte Idee). Dieses Licht war nicht nur **in**, sondern auch **bei** Gott, d. h. das Licht trat als wesenhaft beschaulich aus Gott und war somit nicht nur **in**, sondern auch bei Gott und umfloß gewisserart das urgöttliche Sein, wodurch schon der Grund zu der einstigen Menschwerdung Gottes gelegt erscheint, was im nächstfolgenden Texte auch schon von selbst ganz hell ersichtlich wird.

7] Wer oder was war denn so ganz eigentlich dieses Licht, dieser große Gedanke, diese heiligste Grundidee alles künftigen, wesenhaften, freiesten Seins? — Es war unmöglich etwas anderes als eben Gott Selbst, weil **in** Gott, **durch** Gott und **aus** Gott unmöglich etwas anderes als Gott Selbst nur Sich in Seinem ewig vollkommensten Sein darstellte; und so mag dieser Text auch also lauten:

8] In Gott war das Licht, das Licht durchfloß und umfloß Gott, und Gott Selbst war das Licht.

„Dasselbe war im Anfange bei Gott." (Joh. Kap. 1, 2)

9] So nun der erste Vers zur Genüge erleuchtet, von jedermann einigen Lichtes leicht begriffen werden kann, so erklärt sich der zweite Vers von selbst und besagt nur zeugnisweise, daß das obbeschriebene Wort oder Licht oder der große Schöpfungsgedanke nicht ein in der Folge des Urgottseins entstandener, sondern ein mit Gott als Selbst Gott gleich ewiger ist und somit nimmer irgendeinen einstigen Entstehungsprozeß in sich birgt, darum es denn auch gewisserart zeugnisweise erklärend heißt: Dasselbe war im Anfange oder im Urgrunde alles Seins und alles späteren Werdens als Urgrund selbst bei, in und aus Gott, also Selbst durch und durch Gott.

„Alle Dinge sind durch Dasselbe gemacht, und ohne Dasselbe ist nichts gemacht, was gemacht ist." (Joh. Kap. 1, 3)

10] In diesem Verse bezeugt sich das nur gewisserart als betätigt und handgreiflich, was da schon im ersten Verse sich als das „Wort" oder „Licht" im Urgrunde alles Seins und Werdens völlig gegenwärtig, aber noch nicht als schon ausgegangen bewerkstelligt, klar dargestellt hatte.

11] Es soll demnach dieser dritte Vers, rein gegeben, auch also lauten: Alles Sein ward aus diesem Ursein, welches in Sich Selbst ist der ewige Urgrund Seines Seins durch und durch. Dieses Seins Licht, Wort und Wille stellte Sein höchst eigen Licht, Seine urewige Schöpfungsidee aus Sich Selbst ins feste, beschauliche Dasein, und nichts gibt es in der ganzen ewigen Unendlichkeit, was nicht aus demselben Urgrunde und auf demselben Wege ins erscheinliche und beschauliche Dasein getreten wäre.

12] Wer nun diese drei ganz klar erläuterten Verse vollends aufgefaßt hat, dem ist der Vers 4 schon von selbst notwendig einleuchtend klar.

„In Ihm war das Leben, und das Leben war das Licht der Menschen." (Joh. Kap. 1, 4)

13] Es versteht sich ja schon bei weitem von selbst, daß ein Urgrundsein alles Seins, das Licht alles Lichtes, der Urgedanke aller Gedanken und Ideen, die Urform als der ewige Urgrund aller Formen fürs erste nicht formlos und fürs zweite nicht Tod sein konnte, da dieser den vollsten Gegensatz alles wie immer gearteten Seins im Grunde des Grundes bezeichnet. In diesem Worte oder Lichte oder in diesem großen Gedanken Gottes in Gott, und im Grunde des Grundes Gott Selbst, war sonach ein vollkommenstes Leben. Gott war also das urewigste, vollkommenste Grundleben in und aus Sich Selbst durch und durch, und dieses Licht oder Leben rief aus Sich die Wesen, und dieses Licht oder dieses Leben war das Licht und also auch das Leben in den Wesen, in den aus Ihm hervorgegangenen Menschen; und diese Wesen und Menschen waren sonach völlig ein Ebenmaß des Urlichtes, das in ihnen das Sein, Licht und also auch ein dem ewigen Ursein völlig ähnliches Leben bedingte.

14] Da aber das Urleben Gottes ein ganz vollkommen freies ist und sein muß, da es sonst so gut wie gar kein Leben wäre, dieses gleiche Leben aber in den geschaffenen Wesen ein und dasselbe Leben sein muß, ansonst es auch kein Leben und als sonach Nichtleben auch kein Sein wäre, so ist es ja nur zu handgreiflich klar, daß den geschaffenen Wesen, Menschen, nur ein vollkommen allerfreiestes Leben gegeben werden konnte, das sich selbst als ein vollständiges fühlen, aber aus eben diesem Gefühle auch ersehen mußte, daß es kein aus sich selbst hervorgehendes, sondern nur als ein völlig ebenmäßiges aus Gott nach Dessen ewig allmächtigem Willen hervorgegangen ist.

15] Diese Wahrnehmung mußte in allen geschaffenen Wesen vorhanden sein gleich der, daß ihr Leben und Sein ein völlig Gott ebenmäßiges sein muß, ansonst sie wieder weder ein Leben noch irgendein Sein hätten.

16] So wir aber diesen Umstand näher betrachten, so ergibt es sich, daß sich in den geschaffenen Wesen notwendig zwei Gefühle begegnen müssen, und zwar erstens und zunächst das Gefühl der göttlichen Ebenmäßigkeit oder des Urlichtes Gottes in ihnen und zweitens aus eben diesem Lichte aber dann auch notwendig das Gefühl des zeitgemäßen Werdens durch den Urwillen des Schöpfers.

17] Das erste Gefühl stellt das Geschöpf unbedingt dem Schöpfer gleich und, wie aus sich hervorgehend, völlig unabhängig von dem ewigen Urgrunde, als gleichsam solchen in sich selbst fassend und bergend; das zweite, aus diesem ersten notwendig hervorgehende Lebensgefühl aber muß sich dennoch als ein vom eigentlichen Urgrunde aus sich hervorgerufenes und erst in der Zeitenfolge als in sich selbst als frei manifestiertes und somit vom Haupturgrunde sehr abhängiges ansehen und betrachten.

18] Dieses demütigende Gefühl aber macht das erste Hoheitsgefühl ebenfalls zu einem Demutsgefühle, was fürs Hoheitsgefühl freilich wohl eine höchst- und unumgänglich nötige Sache ist, wie es in der Folge ganz klar gezeigt wird.

19] Das Hoheitsgefühl streitet ganz gewaltig gegen solch eine Erniedrigung und will das zweite Gefühl erdrücken.

20] Durch solchen Kampf aber entsteht dann Groll und am Ende Haß gegen den Urgrund alles Seins und aus dem gegen das niedere Demuts- oder Abhängigkeitsgefühl; dadurch erlahmt und verfinstert sich aber dann das Hoheitsgefühl, und es wird dann aus dem Urlichte im geschaffenen Wesen Nacht und Finsternis. Diese Nacht und diese Finsternis erkennt dann kaum mehr das Urlicht in sich und entfernt sich also, als blind und dabei dennoch selbständig, vom Urgrunde seines Seins und Werdens und erkennt solchen nicht in seiner Verblendung.

„Und das Licht scheinet in der Finsternis, und die Finsternis begreift es nicht." (Joh. Kap. 1, 5)

21] Daher mag dann dieses Urlicht leuchten in solcher Nacht, wie es auch leuchten mag; da aber die Nacht, die wohl auch aus dem Lichte entstanden ist, keine ordentliche Sehe mehr hat, so erkennt sie das Licht nicht, das da kommt in solche Nacht, um selbige wieder ins rechte Urlicht zu umstalten.

22] Sogestaltig kam denn auch Ich, als das ewige Ursein alles Seins und als das Urlicht alles Lichtes und Lebens, in die Welt der Finsternis zu denen, die aus Mir waren; aber sie erkannten Mich nicht in der Nacht ihres ermatteten Hoheitsgefühles!

23] Denn dieser 5. Vers deutet eben darauf hin, wie nach und in den ursprünglichen Maßen und Verhältnissen Ich als ganz Derselbe, der Ich von Ewigkeit war, in diese von Mir und aus Mir geschaffene Welt komme und diese Mich nicht erkennt als ihr eigenstes Grundsein.

24] Aber Ich, als der Urgrund alles Seins, mußte ja aus Meinem urewigen Allichte sehen, wie das Hoheitsgefühl, als Urlicht in den Menschen, durch den fortwährenden Kampf stets matter und schwächer und sonach als Lebenslicht auch dunkler und am Ende gar finster ward, und daß demnach die Menschen, so Ich zu ihnen in dem ihnen aus Mir gegebenen Ebenmaße käme, Mich nicht erkennen würden, wenigstens gar sehr viele nicht, besonders so Ich als ein reiner Deus ex machina[1] ganz unerwartet und unvorbereitet in beschränkter Menschenform zu ihnen käme und Ich es Mir dann Selbst zuzuschreiben hätte, daß Mich die Menschen, als unvorbereitet auf solch Meine Ankunft, unmöglich erkennen könnten.

25] Ja, wohl sah Ich das von Ewigkeit ein und ließ daher den Menschen schon von ihrem ersten aus Mir geschiedenen Entstehen angefangen bis zu Meiner wirklichen Ankunft durch viele tausend Seher, die im Kampfe das Licht nicht verloren, eben solche Meine Ankunft vorhersagen und die Art und Weise und sogar den Ort und die Zeit Meiner Ankunft treulich bezeichnen, und bei Meiner wirklich erfolgten Ankunft ließ Ich große Zeichen geschehen und erweckte einen Mann, in dem ein hoher Urgeist Wohnung nahm, daß er den Blinden verkünde Meine Ankunft und volle Gegenwart auf der Erde.

Lebensschule der Liebe

Am 9. März 1864

Ohne Liebe gibt es kein Leben, und ohne Licht keine Wahrheit! Jede Wirkung, die ein aufmerksamer Beobachter in was immer für einer Sphäre des Daseins und in welchem Reiche der Natur entdeckt, stammt von der Liebe und vom Lichte her.

2] Die wahre Liebe, die man das Leben nennt, ist jene ewige Wärme aus dem göttlichen Zentrum, welches Ich, der Herr, mit dem Ausdruck „Vater“ bezeichne. — Aus diesem „Vater“ geht

[1] plötzlich auftretender Gott; d. Hsg.

infolge der ewig gleichen Lebenswärme das Licht, welches Ich Selbst (als „Sohn“) bin, in alle Unendlichkeit aus.

3] Wer demnach von Mir das Licht, das in Meiner Lehre besteht, tätig aufnimmt, der nimmt auch die Liebe oder das Leben des Vaters auf. Hat er diese aufgenommen, so hat er auch den göttlichen Geist zum ewigen Leben in sich erweckt — alles Wirkung der wahren Liebe und des wahren Lichtes!

4] Es gibt aber neben dem allein wahren Lichte, das aus der wahren Liebe entspringt, besonders auf eurer materiellen Erde, eine unzählige Menge von Liebe- und Licht-Arten, die zwar auch Produkte bewerkstelligen; aber diese Produkte sind ebenso vergänglich wie diese Liebe- und Licht-Arten und hinterlassen stets mehr oder weniger böse Folgen. Besonders häufig dann, wenn sie in Selbstsucht und Eigenliebe ausarten und ihr vermeintes Licht in geistiger Beziehung zur barsten und dicksten Finsternis wird, indem solche Menschen dann unter das Tierreich hinabsinken und nicht selten dahin kommen, daß sie manche Tiere für weiser halten als sie selbst sind.

5] Und sie haben in dieser Hinsicht nicht Unrecht! Es steht mit ihnen wahrlich nicht anders, wenigstens mit dem besseren Teile von ihnen, als mit dem falschen Naturpropheten Bileam, der sich von seinem Esel mußte belehren lassen, wie es mit den geistigen Dingen stehe. Also derartige Menschen haben gar keine Liebe, somit kein Leben und kein Licht, wissen nicht einmal, daß sie eine Seele haben und daß diese unsterblich ist.

6] Jene vielen Menschen, besonders in dieser Zeit, die es in solcher Welt- und Selbstliebe und somit in der Lebensfinsternis so weit als nur immer möglich gebracht haben, werden jenseits auf eben dem Punkte wider anfangen und werden nach Umständen immer ärger und materieller. Und so wahr Ich der Herr bin, der dieses sagt, sie werden wieder in die tote Materie übergehen, und zwar durch einen unsäglich schmerzlichen Prozeß, und das durch lange und lange Zeiten, bis sie selbst wieder zur harten, starren Materie werden, endlich in viele Teile zerteilt und nach langen Zeiten wieder zu Menschen oder zu Geschöpfen, entweder auf diese Erde oder auf andere Weltkörper gestellt, werden. Denn bei Mir sind tausend Erdjahre wie ein kurzer Tag.

7] Was sich vermöge des ihm innewohnenden freien Willens Meinem allen Menschen geoffenbarten Willen nicht unterordnen will, das geht darum nicht verloren, aber es hat eine große und langwierige „Korrektion" zu erwarten.

8] Es leben gegenwärtig Menschen auf dieser Erde bereits das siebente Mal, und es geht mit ihnen nun das siebente Mal besser. Sie werden aber noch einige Weltkörper mit einem leichten leiblichen Ueberwurf durchzumachen haben, bis sie in eine rein geistige Sphäre aufgenommen werden, welche ihr das „untere Paradies" nennen könnt, aus dem es noch viele Stufen gibt bis in das innere, wahre Himmelreich, in welchem die Liebe des Vaters, das Licht des Sohnes und die Kraft des ewigen Geistes waltet und jeden Geist als Engel durch und durch belebt.

9] Darum bedenket diese Meine Worte wohl! Erkennet und liebet Mich als Gott, den Herrn, über alles dadurch, daß ihr euren Nächsten womöglich noch mehr liebet als euch selbst — so habt ihr dann schon die wahre Liebe als das wahre Leben und das wahre Licht als die ewige Wahrheit für Zeit und Ewigkeit in euch und seid so dem Geiste nach schon hier — dort wo Ich bin! Denn also bleibe Ich ja bei euch bis ans Ende der Welt!

10] Das sage Ich euch, den ihr aus Seiner Sprache und ihrem Sinne wohl erkennen möget! Amen.

Briefwechsel J. Lorber [illegible] 6. Octobr. 1855.

№ 2. ein Depot der ganz echt himmlischen
[illegible] dieser Apotheke macht das Dienlichste
für die Wichtigkeit der Sache sagen;—
denn nicht alle Pharmaceuten haben
den wahren und lebendigen Christussinn,
die sehen nur auf materielle Gewinne,
und lassen oft leichtsinnig genug die leidende
Menschheit einen guten Mann sagen.—
Schließlich aber auch dreimal ein Dank
mal des Herrn durch meinen Geist und
durch mein Herz an Dich meinen [illegible]
und geliebtesten Freund!— Vernehmen
Die solchen Dank mit dem [illegible] der
Herren und Meister aller Menschen über
alles liebenden Herzen!— — —
„Mein lieber Freund, du suchest Mich,
weil du Mich lieb hast; und ein Gleiches
ist es darum dir, Mein Gebot der Liebe
lebendig werkthätig zu befolgen.— Siehe,
die Menschen verstehen nur allerlei, und
glauben auch allerlei; und Menschen, die
nicht Liebe verstanden haben, glauben eine
Sache am Ende nicht mehr, außer an das,
was sie verstanden haben, und wahrscheinlich
leicht gewußten Gewinn es ihnen abwirft?!—
das sind Kinder der Welt, die in mancher
oft klüger sind als die Kinder des Lichtes.
Aber Meinen wahren Herzensliebhabern gebe Ich durch ganz andere Dinge, denn
denen der Klugen Welt [illegible]
in ihrem [illegible] die kennen wird.—

Teil eines Briefes von **J a k o b L o r b e r** an Johannes Busch, Verleger der Lorberschriften 1855—1879, welcher über Lorbers Seelenleben beredten Aufschluß gibt.

Siehe, mein Knecht ist wahrlich mir zu lieb-
[illegible], denn er konnte sehr [illegible] sagen, [illegible]
er als Tonkünstler auch durch Meine Gnade
die ausgezeichnetsten Fähigkeiten dazu besitzt;
aber er schlug Anstellungen und sehr vortheil-
hafte Anträge aus, alles aus ganz reiner Liebe
zu Mir, und hat er 25. Gulden, so begnügt
er sich mit 40 kr, und 1 fl und 20 kr vertheilt er
unter die Armen. — Darum aber habe
Ich ihm auch alle Schätze der Himmel [illegible],
jeden noch so weit entfernten Stern ist ihm
so bekannt wie diese Erde, er kann mit dem
Auge seines Geistes jeden beschauen und bewundern nach Herzenslust; aber ihn kümmert
nur derlei wenig, weil Ich allein Ihm alles
in Allem bin. — Und sieh, das ist der allein
rechte und wichtige Weg zu meinem Herzen
den machte [illegible] in meinem Leben: [illegible]
des Gesetzes von Kindheit an, und sollte dadurch
auch das ewige Leben haben; — aber es kam
ihm vor, als fehlte ihm [illegible] noch nicht; er kam darum
zu Mir, und fragte, was er thun sollte um das ewige
Leben zu erreichen? — Und Ich sagte: Halte
die Gebote! — Er aber entgegnete selbes von
Kindheit an gehalten zu haben! — Darauf sagte Ich:
Willst du mehr, so verkaufe deine Güter, vertheile
den Erlös unter die Armen, dann komm und folge
Mir, und der Himmel Schätze werden dir zu Gebote
stehen! — Siehe, das sage Ich aber jedem nun.
Der von Mir Vieles haben will, der muß Mir auch
Vieles opfern, wer aber alles haben will, wahrlich
Mich Selbsten, der muß Mir auch alles opfern, auf
daß wir Eins werden. — Du aber hast Mir schon
Vieles geopfert, und sollst darum auch Vieles be-
kommen! — Die reine innig uneigennützige Liebe aber
ist dem Mir das Höchste! — Mein Segen [illegible]
[illegible] Amen. [illegible]

[illegible]! — Auf diese Worte muß ich bemerken, und verzeihen Sie [illegible] mein [illegible] so [illegible] mein Bekenntnis zu verzeihen. — Ihr Sie innig liebender Freund und [illegible]
Jakob [illegible]

(Der Text dieses Briefes und weitere Urkunden sind in dem Buche „Briefe Jakob Lorbers“ veröffentlicht.)

Inhalt
dieses Bandes
und
Gesamtverzeichnis
der Schriften Jakob Lorbers.*

Niederschriften vom Jahre 1841

Datum		Himmelsgaben Seite
18. Nov.	Liebe, die Grundkraft des Lebens	1
30. Nov.	Ein gutes Angebinde fürs Leben „Psalmen u. Gedichte“	
3. Dez.	Propheten und deren Aufnahme . „Supplemente“	
4. Dez.	Haltet euch an die Liebe!	4
8. Dez.	Von der Trauer um Verstorbene „Heil. u. Gesundhpfl.“	
17. Dez.	An eine Weltmüde	5
17. Dez.	An den Knecht	9
17. Dez.	Die innere Welt	9
24. Dez.	Niemand kann zwei Herren dienen „Psalm. u. Gedichte“	
27. Dez.	Geistige Hausordnung	11
30. Dez.	Gebet des Herzens	12

Niederschriften vom Jahre 1842

Datum		Seite
5. Jan.	Bitte eines Familienvaters	13
6. Jan.	Antwort des himmlischen Vaters	13
12. Jan.	Das Geschick der Unlösbaren	18
13. Jan.	Der rechte Liebeernst	19
25. Jan.	Zeichen der Zeit	20
29. Jan.	Liebe um Liebe	21
5. Febr.	Im neuen Licht . . . „Psalmen und Gedichte“	
6. Febr.	Fünf Worte im geistigen Lichte	23
8. Febr.	Drei Texte . . . . „Supplemente“	
13. Febr.	Er muß wachsen, ich aber muß abnehmen „Supplemente“	
15. Febr.	Das Angebinde	25

* Bei Niederschriften, die nicht in „Himmelsgaben“ enthalten, sondern in andern Lorberwerken veröffentlicht sind, ist das betreffende Druckwerk angegeben. Alle früheren Lorberschriften sind im Inhalt und Gesamtverzeichnis des ersten Bandes von „Himmelsgaben“ aufgeführt.

Datum		Seite
20. Febr.	Versuchung des Herrn in der Wüste „Supplemente"	
22. Febr.	Selig, wer da liest und Gehör gibt	27
26. Febr.	Die Fürsten Juda und der Herr „Supplemente"	
28. Febr.	Briefe vom Vater	30
3. März	60. Psalm Davids . . . . . „Supplemente"	
5. März	Ueber Träume und drei geträumte Worte . . .	31
8. März	„Die Fliege", Beginn der Niederschrift . . . . (Schluß des Werkes am 25. März 1842)	34
10. März	Weltlust und Ewigkeit	46
14. März	Dank- und Bittgebet des Knechts	49
14. März	Von der Herrlichkeit der ewigen Liebe	50
15. März	Weisung an den Knecht	54
22. März bis 24. März	Ursachen und Wesen des Lichts . .	37
27. März bis 5. Dez. 1844	„Psalmen", „Psalmen u. Gedichte"	
28. März	Die vier Evangelien über die Auferstehung „Supplem."	
4. April	Stärkungswörtlein an eine schwache Seele . . .	55
9. April	Mahn- und Verheißungswort an Gabiela . . .	56
9. April	„Vater" und „Sohn"	57
12. April	Aerztlicher Rat bei Besessenheit	58
14. April	Sinnbilder der Liebe und ihr „Hauptschlüssel" . .	60
15. April	Maria und Martha	62
21. April	Vatergabe zum Geburtstag	63
26. April	Vertrauen und Gehorsam ist besser als Medizin . . . . „Heilung und Gesundheitspflege"	
27. April	Zur Frage der Dreieinigkeit	65
30. April	„Der Großglockner", Beginn der Niederschrift . . (Schluß des Werkes am 28. Mai 1842)	68
2. Mai und 9. Mai	Winke zur Kur einer Besessenen . . . . „Heilung und Gesundheitspflege"	
5. Mai	Von der Ausbreitung des neuen Wortes	72
7. Mai	Vom Werben der göttlichen Liebe	75
10. Mai	Der Arzt, der doppelt gesund macht . . . . „Heilung und Gesundheitspflege"	
18. Mai	Drei Fragen	78
18. Mai	Der Fels Petri	81
23. Mai	Von Sekten und Orden	82
23. Mai	Geld und Welt	83

Datum			Seite
25.	Mai	Geistiger Segen der Bergwelt	85
26.	Mai	Falsche und echte Nachfolge	91
27.	Mai	Weise Seelenpflege	92
30.	Mai	Morgenlied . . . . . . „Psalmen und Gedichte“	
31.	Mai	Von den Gaben des Geistes	95
7.	Juni	Aufmunterung an den Knecht	97
7.	Juni	Familien-Seelsorge	99
13.	Juni	Seelen-Mitternacht	102
22.	Juni	Christus lebet in mir!	103
26.	Juni	Von der Freundschaft des Herrn	104
27.	Juni	Eherat	106
28.	Juni	Erweckungsbewegung in Schweden	108
30.	Juni	Elias, der Vorläufer	110
4.	Juli	Kennzeichen wahrer und falscher Propheten . . .	112
6.	Juli	Mann und Weib im Rahmen der göttlichen Ordnung	114
7.	Juli	Verhaltungswinke bei Sonnenfinsternis	116
11.	Juli	Der Siegel-Ring . . . „Psalmen und Gedichte“	
21.	Juli	Naturereignisse als Zeitzeichen	119
25.	Juli	Zum Namenstag . . . „Psalmen und Gedichte“	
25.	Juli	Der Stern im Osten	121
30.	Juli	Gericht der Welt	122
3.	Aug.	Die Sonne (Gedicht) . . „Die natürliche Sonne“	
4.	Aug.	Antwort auf einige Fragen . . . „Supplemente“	
6.	Aug.	Aufklärung über 10 Fragen . . „Supplemente“	
7.	Aug.	Das Gefühl	123
8.	Aug.	„Die natürliche Sonne“, Beginn der Niederschrift . (Schluß des Werkes am 21. November 1842)	124
8.	Aug.	Väterliche Ratschläge	128
15.	Aug.	Vom Geist der Wahrheit	131
16.	Aug.	bis 19. Aug. Erklärung verschiedener wichtiger Texte, ... „Supplemente“	
28.	Aug.	Rat für Dickblütige „Heilung und Gesundheitspflege“	
29.	Aug.	Vom Geist der Wahrheit	132
10.	Sept.	Erklärung zum „Saturn“	133
18.	Sept.	Ueber Matthäus 6, 34 . . . . „Supplemente“	
19.	Sept.	Vater unser, der Du bist im Himmel „Supplemente“	
13.	Okt.	Zum Geburtstag	135
30.	Okt.	Erklärung zur „Sonne“	137

Datum		Seite
4. Nov.	Wahre, lebendige Wissenschaft	140
4. Nov.	Himmlische Zinszahlung	142
11. Nov.	Behandlung eines Halsstarrigen	143
16. Nov.	Triumph und Fall der Kirche	145
19. Nov.	Häusliche Seelenpflege	146
22. Nov.	„Die geistige Sonne", Beginn der Niederschrift (Schluß des Werkes am 16. Dezember 1843)	148
30. Nov.	Einem angefochtenen Ehemann	151

Niederschriften vom Jahre 1843

1. Jan.	Der Herr als prüfende Braut	154
15. Jan.	Die törichte und die kluge Jungfrau	156
16. Jan.	Wo bleibt Gott?	158
18. Jan. bis 28. Jan.	Dr. Strauß	Sonderdruck
2. Febr.	Die besten Trostworte der Schrift	159
13. Febr.	Das Vaterunser, bezogen auf „Liebe"	160
14. Febr.	Das Vaterunser, bezogen auf „Licht"	163
15. Febr.	Das Vaterunser, bezogen auf „Leben"	164
16. Febr.	An eine schwachgläubige Martha	168
17. Febr.	Das Vaterunser, bezogen auf „Kraft"	165
18. Febr.	Das Vaterunser, bezogen auf „Ordnung"	166
20. Febr.	Das Vaterunser, bezogen auf „Freiheit"	167
21. Febr.	Das Vaterunser, bezogen auf „Wahrheit"	167
21. Febr.	Wende dich zu Mir!	170
22. Febr.	Des Herrn „Daheim"	171
23. Febr.	Vulgata oder Lutherbibel?	173
11. März	Lieberuf des Vaters	175
14. März	Vom Feiertag heiligen	176
16. März	Eine rechte Predigt	179
28. März	Priesterliche Sündenvergebung	182
7. April	Wie die Liebe, so der Lohn	183
16. April	Vergebliche Einladung	185
17. April	Vorsicht mit dem himmlischen Licht	186
21. April	Die Seelenlampe der Selbsterkenntnis	188
3. Mai	Das Wesen des Mannes und des Weibes	191
6. Mai	Auslegung des Propheten Obadja	193
10. Mai	Für geistig Schwerhörige	200

Datum		Seite
16. Mai	Die Schiffspredigt des Herrn	202
24. Mai	Die Himmelfahrt Christi	208
31. Mai	Himmel, Erde, Luft, Meer . „Psalmen u. Gedichte“	
2. Juni	Der schönste Sieg	211
2. Juni	Das Bethaus mit den zwei Wahrzeichen	212
13. Juni	Ein denkwürdiges Protokoll	213
13. Juni	Kreuzesschule im Jenseits	220
23. Juni	Von Gottes Langmut	222
24. Juni	Der Geist und sein Leib	224
28. Juni	Aneiferung (Der Morgen) „Psalmen und Gedichte“	
28. Juni	Ein Mahnruf . . . . „Psalmen und Gedichte“	
15. Juli	Paulus an die Galater	227
18. Juli	Ein gutes Gebetlein	228
22. Juli	Einleitung zur Jugendgeschichte Jesu, Beginn der Niederschrift . . . . . . „Die Jugend Jesu“ (Schluß des Werkes im Jahre 1844)	
29. Juli	Fixe Ideen, deren Heilung und Verhütung . . .	230
31. Juli	Zwanglose Botschaft	232
25. Aug.	Weise Widersprüche	233
8. Sept.	Anarchie und Not	235
8. Sept.	Erforsche und leite mich!	236
27. Sept.	Weisheitssprüche	238
7. Okt.	Königtum und Volksherrschaft	239
9. Okt.	Ein Verkünder der Neuoffenbarung	241
13. Okt.	Segen der Heimsuchung „Heilung u. Gesundheitspflege“	
3. Nov.	Gratulation	242
19. Nov.	Der Herr als Liebhaber	244
29. Nov.	Die himmlische Liebesaktie	246
15. Dez.	Vom Feigenbaum-Gleichnis	247
20. Dez.	Lesen — und Betätigen! — „Schrifttexterklärungen“, Beginn der Niederschrift . . . . (Schluß des Werkes am 27. Februar 1844)	247

Niederschriften vom Jahre 1844

8. Febr.	Ein Wort an den Knecht	250
16. Febr.	Seelisches Ungeziefer	251
11. März	An ein Mädchen	253
14. März	Segensvolle Gedenkfeier	255

Datum		Seite
25. März	Falsche und rechte Seelenweide	257
30. März	Ein reicher Knicker im Jenseits	258
13. April	Die evangelische Kur	261
17. April	Baalsdienst	263
21. April	Der vergangene, zukünftige und – gegenwärtige Christus	265
10. Mai	Mißfällige Weltlust	268
21. Mai	Religion und Offenbarung	268
27. Mai	Liebe, Wort und Lehre . . „Psalmen u. Gedichte“	
2. Juni	Der sechste Engel	270
3. Juni	Stärkungslied . . . . „Psalmen und Gedichte“	
6. Juni	Jesuiten, Opernspiel und Hostienkult	272
9. Juni	Druck des Neuen Wortes	275
23. Juni	Vorbereitung auf das Neue Wort	278
24. Juni	Der Herr und der Rezensent	283
29. Juni	Uebung macht den Meister	284
6. Juli	Geben ist seliger als Nehmen	285
14. Aug.	Wunder Gottes	286
15. Aug.	Der reichste Fürst	287
15. Aug.	Heilige Lebenslehre	289
31. Aug.	Der Rock von Trier	290
13. Sept.	Die beste Kur	292
26. Nov.	An Ans. H. aus Greifenburg „Briefe Jakob Lorbers“	
? ?	Laodizenerbrief des Apostels Paulus, Beginn der Niederschrift . . . . . . „Laodizenerbrief“	

Niederschriften vom Jahre 1845

Datum		Seite
11. Febr.	Nebenwort an Ans. H. . „Briefe Jakob Lorbers“	
17. Febr.	Trostwort in trüber Zeit	293
27. März	Brief an Andr. H., zugleich Beginn des „Briefwechsels Jesu mit Abgarus Ukkama“ „Briefe J. Lorbers“	
6. April	Fortsetzung des „Briefwechsels Jesu mit Abgarus“ (Schluß des Briefwechsels Jesu am 18. Dez. 1846)	
28. April	Brief und Nebenwort an Ans. H. „Briefe J. Lorbers“	
23. Juni	Brief an Andr. H. . . . „Briefe J. Lorbers“	
15. Sept.	Nebenwort an K. G. L. . „Briefe J. Lorbers“	
28. Dez.	Brief an Elise H. . . . „Briefe J. Lorbers“	

Datum Seite

Niederschriften vom Jahre 1846

26. Jan. Erscheinungen der Seligen 294
12. Febr. Brief an Julie H. . . . „Briefe J. Lorbers"
21. April Brief an Ans. H. . . . . „Briefe J. Lorbers"
1. Sept. Brief an Ans. H. . . . . „Briefe J. Lorbers"
11. Sept. Nebenwort an K. G. L. . „Briefe J. Lorbers"
9. Dez. Die leidige Zukunft 295
10. Dez. Zur silbernen Hochzeit 297
16. Dez. Sprüche des Herrn 299
20. Dez. Meteor im Preußenlande 301
21. Dez. Das Sonnenweib 303
28. Dez. Beginn der Niederschrift des Werkes „Die Erde"
(Schluß des Werkes am 27. April 1847)

Niederschriften vom Jahre 1847

1. Jan. Haussegen 305
3. Jan. Drei Fragen . . . . „Supplemente"
10. Jan. Von der Cholera 306
31. Jan. Die Perle . . . . . „Psalmen und Gedichte"
14. Febr. Ein Heilswink dem weiblichen Geschlecht . . . .
. . . . „Heilung u. Gesundheitspflege"
28. Febr. Vom Schwefeläther und dessen Wirkung 309
7. März Das Mädchen aus den Sternen 311
14. März Mahnung zur Liebe und Geduld 312
28. März Rat an ein deutsches Mädchen 314
28. März Zum Volljährigkeitstage 315
2. April Die Kraft des Glaubens 317
11. April Hungersnot als Zuchtrute 318
18. April Gesunde Hausdiät . „Heilung u. Gesundheitspflege"
25. April Wahres Abendmahl 319
2. Mai Beichte und Sündenvergebung 321
16. Mai Materielle und geistige Teuerung 323
17. Mai Wahre Lebenskunst 325
18. Mai Viele sind berufen, aber wenige auserwählt „Supplem."
21. Mai Wahre Lebenskunst . . . . . . „Supplemente"
23. Mai Kaiser und Gott 327
25. Mai Du bist Petrus . . . . „Supplemente"
27. Mai Die zehn „Freunde" „Haushaltung Gottes", Bd. 1, K. 3

Datum		Seite
28. Mai	Zum Namenstag	330
29. Mai	Der Fels Petri	„Supplemente"
30. Mai	Hast Du mich lieb? Bist Du mir gut?	332
30. Mai	Vor Gott ein Greuel	333
31. Mai	Die Macht im Schwachen	336
1. Juni	Von der Weisheit und Güte Gottes	338
3. Juni	Gott über alles!	340
4. Juni	Die kunstvolle Turmuhr	342
5. Juni	Ein Nocturno	344
7. Juni	Ein falscher Volksführer	346
8. Juni	Allerlei Müßiggänger	349
10. Juni	Von der Heiligkeit der Ehe	353
14. Juni	Törichte Klagen	356
18. Juni	Bergwanderung	358
20. Juni	Törichte Jungfrauen	362
24. Juni	Vertrauen, Mut und Frieden	363
25. Juni	Die Schnecke als Lebensbild	365
26. Juni	Lazarus	„Supplemente"
28. Juni	Pontius Pilatus	„Supplemente"
2. Juli	Vom Lesen des Gotteswortes	„Supplemente"
5. Juli	Welt-, Tempel- und Gottesdienst	367
8. Juli	Rom und das Kommen des Gottesreichs	369
9. Juli	Von den kirchlichen Mysterien und Zeremonien	372
12. Juli	Stellung zur Kirche	374
13. Juli	Väterlicher Rat	376
13. Juli	Gleichnisse	„Supplemente"
15. Juli	Gesegnete Bergbesteigung	378
18. Juli	Das Wettrennen	380
20. Juli	Blindenheilung zu Bethsaida	382
22. Juli	Verklärung Christi	„Supplemente"
23. Juli	Von den Politikern	384
27. Juli bis 16. Okt. 1848	Sterbeszenen	„Sterbeszenen"
13. Aug.	Uebertritt in die geistige Welt, Beginn der Niederschrift des Lorberwerkes „Bischof Martin" (Schluß des Werkes am 13. Oktober 1848)	386
27. Sept.	Himmlischer Heilsrat	„Heilg. u. Gesundheitspflege"

Datum		Seite
1. Dez.	Zahnwehrezept und Mundwasser	389
13. Dez.	Politische Priesterränke	390
21. Dez.	Das Haupt des Mannes, des Weibes und Christi .	393

Niederschriften vom Jahre 1848

2. Febr.	Brustkatarrh, ärztlicher Rat	395
2. Febr.	Das Beste für jedermann	396
13. Febr.	Brustkatarrh, weiterer Rat	397
17. Febr.	Besser Liebe als Furcht	399
20. Febr.	Ehelustigen zur Beachtung	400
28. Febr.	Bleichsuchtsdiät	402
4. März	Sehet euch vor! „Vaterworte in stürmischer Zeit"[1]	
12. März	Himmlische und irdische Liebe	403
19. März	Allerlei Wirren „Vaterworte in stürmischer Zeit"	
21. März	Komunalpolitische Ratschläge „Vaterworte i. st. Zeit"	
25. März	Beten oder Flucht? „Vaterworte in stürmischer Zeit"	
4. April	Gefahrvolle Lage „Vaterworte in stürmischer Zeit"	
7. Mai	Brustkatarrh, Mahnung zur Geduld	406
7. Mai	Politischer Rat „Vaterworte in stürmischer Zeit"	
12. Mai	Die Zeit ist da!	408
21. Mai	Des Kaisers Flucht aus Wien „Vaterworte i. st. Zeit"	
14. Juni	Die wahre Friedenssonne „Vaterworte i. stürm. Zeit"	
29. Juni	Ausheilung und Vorbeugung	408
9. Juli	Kur für Skrofulöse „Heilung und Gesundheitspflege"	
11. Juli	Warnung an alle! „Vaterworte in stürmischer Zeit"	
23. Juli	Politischer Rat an Andr. H. „Vaterworte i. st. Zeit"	
3. Aug.	Politischer Rat an Andr. H. „Vaterworte i. st. Zeit"	
15. Aug.	Gottes Rat	410
17. Aug.	Das rechte, lebendige Heilmittel „Heilg. u. Gesundhpfl."	
30. Aug.	Ein Himmelszeichen und seine Bedeutung . . . . „Vaterworte in stürmischer Zeit"	
3. Sept.	Heilung der Seele „Heilung und Gesundheitspflege"	
26. Sept.	Freies, freudiges Gottvertrauen	412
1. Okt.	Gericht der Lieblosigkeit . „Vaterw. i. stürm. Zeit"	
? ?	An Justinus Kerner, Brief Anselm Hüttenbrenners	415
14. Okt.	Befreiung . . . „Heilung und Gesundheitspflege	

[1] Unter dem Titel „Vaterworte in stürmischer Zeit" werden diejenigen Nebenworte J. Lorbers in einem Sonderdruck herausgegeben, welche sich auf die Zeitverhältnisse und Vorgänge der Jahre 1848—1850 beziehen.

Datum		Seite
17. Nov.	Friedensarche in geistiger Sündflut „Vaterw. i. st. Zeit“	
18. Nov.	Heilandstrost . . „Heilung und Gesundheitspflege“	
18. Nov.	Geisterkampf Gefallener „Vaterworte in stürm. Zeit“	
27. Nov.	Robert Blums Erdenlaufbahn, Beginn der Niederschrift des Lorberwerkes „Robert Blum“ . . . (Schluß des Werkes am 2. Januar 1851)	417
30. Nov.	Heimgang einer Mutter „Heilg. u. Gesundheitspflege“	
2. Dez.	Euer aller Trost „Vaterworte in stürmischer Zeit“	
30. Dez.	Gottesbund im Völkergericht „Vaterworte i. st. Zeit“	

Niederschriften vom Jahre 1849

Datum		Seite
6. Jan.	Parlamentarismus und Kaiserwahl „Vaterw. i. st. Z.“	
13. Jan.	Ueber Papst Pius IX. „Vaterworte in stürmischer Zeit“	
23. Jan.	Aufgabe der Jugend	419
18. Febr.	Einem Gotteslìebling zum Namenstag	420
18. Febr.	Kundgabe einer Seligen	422
2. März	Die zwei Kälber „Vaterworte in stürmischer Zeit“	
5. März	Alles neu! . . . „Vaterworte in stürmischer Zeit“	
14. März	Der Herr als Liebhaber „Heilg. u. Gesundheitspflege“	
19. März	Gedenkblatt zum 15. März „Vaterw. in stürm. Zeit“	
6. April	Das große Morgenrot. „Vaterworte in stürm. Zeit“	
10. Juni	Nochmals: Kaiser und Gott	425
20. Juni	Ein widerchristliches Schriftchen	428
26. Juni	Heiligende Liebe	430
29. Aug.	Der Toten Rache . „Vaterworte in stürmischer Zeit“	
13. Okt.	Wehe den rachsüchtigen Siegern! „Vaterw. i. st. Zeit“	

Niederschriften vom Jahre 1850

Datum		Seite
8. März	Geistesdruck und seine Folgen „Vaterworte i. st. Zeit“	
25. Mai	Geistige Gewitterschwüle „Vaterworte in stürm. Zeit“	
19. Sept.	Johannes in der Kapelle	432
14. Okt.	Rechte Geburtstagsfeier	434
2. Dez.	Kriegsgewölk . . „Vaterworte in stürmischer Zeit“	
6. Dez.	Staatsbürgerlicher Opfersinn „Vaterw. in stürm. Zeit“	
27. Dez.	Vom Kommen des Tausendjährigen Reiches . . .	435

Datum				Seite
			Niederschriften vom Jahre 1851 bis 1863	
2.	Aug.	1851	Des Urlichtes Kommen in die Welt, Beginn der Niederschrift „Das gr. Evang. Johannis“	439
			(Letzte Niederschrift dieses Werkes am 19. Juli 1864)	
?	?	1851	Die Sonnenkur, Beginn der Niederschrift von . . . . „Die Heilkraft des Sonnenlichts“	
24.	Febr.	1854	Brücke zwischen der Sinnen- und Geisterwelt, Verkehr mit dem Jenseits . Sonderdruck	
6.	Nov.	1855	Brief an Joh. Busch . „Briefe J. Lorbers“	447
?	?	1857	Die wahre Lebensrichtung . „Lebenswinke“	
?	?	1859	Kinderprüfung im Tempel zu Jerusalem, Beginn der Niederschrift „Die Dreitagesszene“ . .	437
			(Schluß des Werkes am 13. Januar 1860)	
15.	Nov.	1859	Nebenwort an L. C. . „Briefe J. Lorbers“	
10.	Mai	1862	Kürzeste Grundbelehrung des ewigen Worts . . . . „Kleine Perlen“	
			Niederschriften vom Jahre 1864	
9.	März		Lebensschule der Liebe	444
17.	März		Vom klugen und unklugen Bauherrn „Supplemente“	
17.	März		Seid gehorsam der Obrigkeit . . „Supplemente“	
17.	März		Fragen über scheinbare Widersprüche in den Evangelien . . . . „Supplemente“	
18.	März		Erläuterung über „Widersprüche“ . „Supplemente“	
19.	März		Vom Jüngsten Gericht . . . . „Supplemente“	
20.	März		Jesus 40 Tage in der Wüste . . „Supplemente“	
21.	März		Vom Backenstreich und Mantel . „Supplemente“	
22.	März		Anmerkung zu 40 Tage in der Wüste „Supplemente“	
22.	März		Seid klug wie die Schlangen . . „Supplemente“	
26.	März		Das Tausendjährige Reich . „Wiederkunft Christi“	
29.	März		Näheres über die Orte in Palästina „Supplemente“	
1.	April		3 Fragen über Schrifttexte . . . „Supplemente“	
7.	April		Ueber den Evangelisten Lukas . . „Supplemente“	
24.	April		Ueber die Evangelien . . . . „Supplemente“	
25.	April		Entstehung des Neuen Testaments „Supplemente“	

Stellenverzeichnis

Die ersten Ziffern bedeuten die Seitenzahlen, die zweiten Ziffern die Verse.